BARRON'S

AP*

SPANISH

7TH EDITION

Alice G. Springer, Ph.D.
Professor of Spanish
Montgomery Bell Academy
Nashville, Tennessee

BARRON'S

Acknowledgments

Special thanks go to my husband, John, without whom this work would not have been possible, to Daniel Paolicchi for his suggestions, and to his students at Montgomery Bell Academy for testing the material, to Cristina Tarazona Marín for her help, and to Kristen Girardi for her forbearance.

All inquiries should be addressed to:
Barron's Educational Series, Inc.
250 Wireless Boulevard
Hauppauge, New York 11788
www.barronseduc.com

ISBN (book & audio CD package): 978-1-4380-7029-2

ISBN (book, audio CD, & CD-ROM Pkg): 978-1-4380-7030-8

Library of Congress Control No. 2010039492

Library of Congress Cataloging-in-Publication Data
Springer, Alice G.
   AP Spanish / Alice G. Springer. — 7th ed.
      p. cm.
   Rev. ed. of: Barron's AP advanced placement exam. Spanish / Alice G. Springer.
   Includes bibliographical references.
   ISBN-13: 978-1-4380-7029-2
   ISBN-10: 1-4380-7029-2
   ISBN-13: 978-1-4380-7030-8
   ISBN-10: 1-4380-7030-6
   1. Spanish language—Examinations, questions, etc. 2. Advanced placement programs
(Education)—Examinations—Study guides. I. Title. II. Title: Barron's AP Spanish.
   PC4119.S7 2011
   468.0076—dc22   2010039492

Printed in the United States of America

9 8 7 6 5 4 3 2

FSC
Mixed Sources
Product group from well-managed
forests and other controlled sources

Cert no. SW-COC-002507
www.fsc.org
© 1996 Forest Stewardship Council

Contents

PART ONE

INTRODUCTION

Preparing for the Advanced Placement Spanish Language Examination

General Considerations

The Advanced Placement Spanish Language Examination is a rigorous test of your ability to communicate in Spanish. It challenges you to demonstrate your competence in all of the skill areas, but in a holistic way that integrates listening, reading, writing, and speaking.

Section I comprises the listening comprehension portion of the examination. The first part includes a series of short and long narratives taken from a variety of sources, but mostly from broadcast media such as radio, television, and Internet. For the short dialogues and narratives, there are multiple-choice answers to questions printed in the test booklet. The questions are not printed in the booklet and are spoken only once. The second part of the listening comprehension section consists of two selections, each lasting about five minutes. Both questions and answers are printed in the test booklet. You will have time to read the questions before listening to the selections. You will also have space to take notes on what you hear.

Also in Section I there is a reading comprehension portion that consists of a series of texts taken from a wide variety of sources, including newspapers, magazines, literature, web pages, and other layouts. The questions may deal with social and/or cultural aspects of the texts, or they may ask you to make inferences about meaning based on what you see printed in the test booklet.

In Section II, in place of specific questions about grammar or vocabulary, you will find the free-response sections for writing and speaking. There are two sections each for writing and speaking, consisting of Interpersonal and Presentational modes of communication.

The interpersonal writing part is a short message you are to write, whereas the interpersonal speaking portion is a simulated conversation. For the conversation you are to initiate, maintain, and appropriately close a conversation. The presentational mode of writing consists of a brief message, such as an e-mail message, a diary entry, a postcard, or some other type of writing sample that asks you to determine register (whether to use second person *tú/vosotros* or third person *usted/ustedes* forms), and to use appropriate language to communicate with someone.

The presentational writing part comprises an essay of about 200 words at a minimum. The presentational speaking part consists of a two-minute oral presentation of the type you would give as a formal report on a given topic. You will record both speech samples to submit with the rest of your examination.

Overall, the examination calls for much more sophisticated language than previous exams, so it is best to prepare thoroughly. This book is designed to do just that. It will prepare you for the examination by helping you review advanced vocabulary and grammar, and by providing practice so you can gauge your readiness and prepare accordingly.

The examination also places great emphasis on your understanding of social and cultural references that appear in texts and situations. You are to recognize appropriate social customs, as reflected in language, in areas such as register. You should notice references to traditions, customs, and values particular to Spanish-speaking societies so that you can make appropriate choices about how to respond and communicate with Spanish-speaking people.

The materials selected for this book include the types of selections you are likely to find on the examination, but they are not, by any means, a definitive listing of the topics. You need to learn as much as you can about Spanish-speaking history, art, literature, business practices, music, humor, customs, traditions, folklore, and other social and cultural topics, and you will need to incorporate that knowledge into your responses on all parts of the examination.

An Advanced Placement course is designed to be the equivalent of a third-year college course. At that level you should be able to understand a native speaker who speaks at a normal speed, uses normal vocabulary, has a good grasp of standard grammar, and has read well-known works of Spanish literature. You will need to read well and to understand spoken Spanish in order to do well even on the free-response section. For each part there are printed source selections to read and audio files for you to listen to before answering the questions or completing the tasks. This material was taken from authentic sources and was read by native speakers similar to those you would hear on radio, television, Internet broadcasts, or any other type of broadcast media.

In scoring your responses you will be evaluated using a 5-point scale, with 5 being extremely well qualified, 4 indicating that you are well qualified, 3 qualified, 2 possibly qualified, and 1 eliciting no recommendation. Each part is also rated according to the 5-point scale. Those rubrics (scoring guidelines) will be presented in the chapter dealing with the respective tasks. Familiarize yourself with them.

Description of the Exam Format

Beginning in 2007, the format of the AP Spanish Language Examination was changed to reflect a greater emphasis on integrating the skill areas and to eliminate the cloze questions. Section I covers the listening and reading comprehension portions of the examination and is machine-scored. Section II is the free-response section, in which the first part covers writing and the last part deals with speaking. A test booklet will be provided for your writing sample. Be sure you use a blue or black pen. You will be asked to submit your recordings in a digital audio file format.

> ### STRUCTURE OF THE EXAMINATION
> Section I: Multiple-Choice Questions
>   Part A: Listening Skills (20%)
>   Short and Long Dialogues and Narratives
>   Part B: Reading Skills (30%)
>   Reading Comprehension
>
> Section II: Free Response
>   Part A-1: Interpersonal Writing (10%)
>   Part A-2: Presentational Writing (20%)
>   Part B-1: Interpersonal Speaking (10%)
>   Part B-2: Presentational Speaking (10%)

Section I: Listening and Reading

Listening comprehension has two parts; one is short dialogues and narratives, and the other consists of two longer selections. At the beginning of each listening selection there is a brief description of the context of the selection you will hear. For example, a narrator will say, "This is a conversation between two friends about homework." The whole listening comprehension part of the exam amounts to 20 percent of the total score, and comprises about 30 to 35 multiple-choice questions. You are to select the best answer from among the four choices to questions asked in the audio selections. The questions are not printed in the test booklet and are played only once. The second part of listening comprehension consists of two longer selections. The questions are printed in the test booklet, and there is time to read the questions before listening to the audio selections. They are not spoken on the recording that you will hear during the examination.

For short dialogues and narratives, you can get some ideas about the context, such as where the speakers are, who they are, what the purpose of their conversation is, and some other details that may be essential from the sound effects or the brief description at the beginning. The dialogues may have been obtained from any type of audio medium, such as radio, television, films, podcasts, or streaming video. They could be casual conversations, or formal interviews, dialogues taken from soap operas, or two friends discussing life. Questions generally go from general to specific, from getting the main idea to details about time and place, for example. Some questions may be a portion that is replayed, followed by a question asking for an interpretation of that specific portion. Or the question may ask for a literal interpretation of a phrase or word. Other questions may deal with an inferred meaning of specific utterances found in the audio selection. For example, there could be a conversation between two people who are discussing going to a movie and trying to decide on when to go. In such a scenario, pay attention to the numbers expressing the hour, to the name of a movie selected from a list of movie names (which is the one they go to see), or the location of the theater.

The two longer selections, each about 5 minutes long, could be interviews, broadcasts, instructions on how to do or use something, stories, or any other kind of spoken material. There will be space to take notes while listening in order to refer to specific information in answering the questions. In some cases there may be some sort of visual material to help put the conversation in context, or an image that will help visualization of what is heard when the audio selection is played. There are no changes to the format of the two long selections of the exam.

Reading selections comprise the remainder of the multiple-choice questions. You will find the usual selections for reading comprehension. Because this part is worth approximately 30 percent of your score, it is very important. In addition to the questions that ask you to find information in the passage and to interpret what you read, you will be asked to think critically about the logic of the passage. This skill is tested by asking you to place a sentence or expression at some point in the selection. In the text you will see four places indicated by a letter in parentheses. In the question, you are asked to find the most logical place to put the sentences from among the four places indicated by the letters A through D.

Reading selections cover a wide variety of topics, including instructions, directions, informational material that you would find in pamphlets, tourism information, and opinion pieces, such as editorial and magazine articles, and literature. Literary selections are usually from short stories or novels.

Section II: Writing and Speaking

There are two parts to the free response. The first is Part A, the writing section, which comprises interpersonal (informal) and presentational (formal) writing. Both types require particular skills, and give you a chance to show your ability to use appropriate language as well as your critical thinking skills. Great value is placed on your ability to synthesize information, infer meaning, and articulate your ideas in the written samples you submit. Equally important is your knowledge of social and cultural references. You should be able to discern when it is appropriate to use formal terms of address, such as the third persons *usted* and *ustedes* instead of the second persons *tú* and *vosotros* for "you."

The interpersonal writing section focuses on the type of writing you would do for a quick note to someone, the sort you would write on a postcard, on a telephone message, a journal entry, or in an e-mail message. You will see a description of a situation accompanied by a list of items to incorporate into your response. Your written note should contain at least 60 words. Your awareness of social and cultural conventions in Spanish-speaking countries is especially necessary in this part, because you need to decide what kind of language is appropriate for the situation. It may be a very casual note to a close friend or family member, or it may be addressed to someone you do not know very well. You would use a different kind of language with someone you do not know than you would for close friends and family. For example, at times the inappropriate use of *usted* or *tú* can lead to embarrassing situations you would want to avoid.

The presentational writing sample requires an essay of a minimum of 200 words in which you respond to a very general question about a topic. Before you write, you will have to read two source selections and listen to an audio file. Using information from the sources, you will organize an essay that responds appropriately to the question. Be aware that you need to synthesize the information instead of simply copying phrases or words from the sources. Finally, you should incorporate in your essay something from each of the three sources given in a relevant, coherent, and well-organized way.

Part B of Section II is the speaking portion. The first part, interpersonal speaking, is a simulated conversation in which you will hear a message, read a script with a description of what is said, and reread the outline of the conversation. After these steps, you will listen to the conversation and have 20 seconds to record your part in it. The conversation will be very interactive, because you are to respond appropriately to what someone else is saying without knowing what is going to be said until you actually listen. An example of a conversation would be two friends making plans to go somewhere on a Friday night, and not being able to agree on where to go or what to do. The script will be somewhat general, so it is useful to prepare by learning fillers, that is, those elements that are common in all conversations, such as words or phrases that are stock responses (for example, *sea lo que sea, que será, será,* or *en mi opinión*). You will find some of those useful expressions in this book.

The second part of Part B is presentational speaking. Once again, you will have a printed source to read and an audio file to listen to before planning your presentation. This is the type of presentation you would make for a class project or class report about someone or something. You might be asked, for example, to compare two singers popular in Latin America. You will need to prepare your presentation so that it is well organized and cohesive, and your delivery is intelligible. In short, the task in this part is to compare and/or contrast two people, places, topics, or things, after reading a printed source and listening to an audio file.

The presentational speaking portion of the examination requires more integrated skills than the other parts of the examination. It comes at the end so that you will have had time to refresh your memory about vocabulary and grammar. You will also have had time to practice listening and reading, the other two skills that are required to produce the two-minute speech sample. You are to take information or ideas from those sources and incorporate them into your presentation in response to a given question. Although cultural information is useful to know for this section, there are no specific questions about knowledge of a cultural nature. However, you will notice that one of the elements of the rubrics is the accuracy of information.

The reading source may be articles from newspapers, magazines, brochures, or even contemporary literature. The speaking sources could be from any broadcast medium (radio, film, television, or Internet). In the response to the information contained in the sources you have to find and report main points and important details in the information, so a personal interpretation, reaction, opinion, or analysis can be offered concerning what you have learned from the print and audio sources in the prompt. Two minutes are allotted to speak, using all the appropriate vocabulary and most correct grammar possible.

Scoring the Samples

Each year there is completely new material for the free-response section. Even in the multiple-choice section, a certain amount of new material is incorporated to keep the material fresh and to maintain continuity and consistency in the examination. No matter how the material changes, however, the rubrics for evaluating your work on the examination stay the same. Each sample is evaluated on the merits of the language you use as a whole. The scoring of each writing and speech sample is holistic; that is, the language is considered a single entity and its elements are not analyzed separately. Points are not deducted for errors. Individual samples are not compared with other samples, nor are the faculty consultants (the people who evaluate the speaking and writing samples) aware of scores on other parts of the exam. You do not have to be a native speaker of Spanish to receive a top score on the examination.

All of the free-response writing and speaking samples are scored on a scale from low to high, with intermediate levels in between. The rubrics (criteria for evaluating) for each sample apply to the level of language used in each kind of response. For all of the samples, you will be scored on three aspects of the sample: task completion, topic development, and language used. As you can see, there is more involved than simply using good grammar. Your score depends on your ability to think critically and articulate your thoughts clearly in Spanish. The tools you need for articulating your ideas are the vocabulary and grammar you know and your ability to read and listen to source materials in order to incorporate information from them into your essay or oral presentation.

The sequence of tasks is deliberate. Throughout Section I you have been refreshing your memory of vocabulary and grammar. In Section II you begin with interpersonal writing, of about 60 words, to help you get into the mode of writing Spanish. Your language can be more conversational, although you should still pay attention to using the correct register. The formal writing sample requires that you develop a longer sample with more planning and writing skill. Writing still gives you time to think about what you want to say. When you get to the speaking tasks, you have had time to begin to think in Spanish as much as possible. The conversation will go by quickly and requires a quick, informal response. It is good preparation for the two-minute oral presentation, which is at the end to give you as much time as possible to remember as much Spanish as possible.

Below are the general descriptions of the rubrics with the characteristics of samples that fall into each range. In all levels your score depends on the degree to which you respond to the question or the prompt. The more completely you respond to the instructions of the task, the higher your score. For all of the samples, organization is key. For the formal writing and the oral presentation tasks, you should always begin with an introduction and end with a real conclusion. Remember that fluency does not refer to how fast you speak. It means that you speak smoothly, without long pauses that would indicate that you are translating from English to Spanish as you go along. Correct yourself if you realize that you have made a mistake. In this book, in the section for each task, there are suggestions for organizing your thoughts and practice exercises.

There are some samples with high, mid, or low rankings. The scores fall on a continuum with excellent critical thinking skills and superior mastery of language at the high end and an inability to understand and communicate in Spanish on the low end. In the middle, at a 3, students should be able to communicate their thoughts coherently, using a good vocabulary and range of structures, including dependent and subordinate clauses. If you compare what you write with the samples, you will get a general idea of how your sample would rate if it were scored.

Samples of interpersonal writing are scored along a continuum from 0 to 5. For each type of sample, the rubrics generally remain the same from one year to the next, except for slight changes to accommodate some peculiarity of a written or spoken sample.

Every sample is rated in terms of its type, completeness of the treatment of the task required, development of the topic, and proficiency in Spanish-language usage. The tasks are those items listed for you to include in your response. For task development, the response is rated according to completeness and cohesiveness. The topic is considered in terms of whether the response is thoroughly addressed or not, the accuracy of social and cultural references, and how well the source material is incorporated into the response. Language is evaluated in terms of vocabulary, use of linguistic structures, orthography, use of paragraphs, punctuation, and use of register. Included in orthography is the correct use of tildes, accent marks, dieresis, and spelling. The linguistic structures refer to word order in sentences, as well as your overall knowledge of grammar.

Below are more specific descriptions of the characteristics of each response according to the type of sample that you submit on the examination. You will notice that at times the difference between ranges is a single word: *very, appropriately, fully, highly,* or *generally.* Another term, *cohesive,* means that there is a logical progression of thoughts or ideas in both the written and spoken responses you make.

5 (HIGH) DEMONSTRATES EXCELLENCE

Interpersonal Writing: The response demonstrates that the requirements for using the topic's source material have been fulfilled and that the task has been thoroughly addressed in a well-organized and cohesive sample. The social and/or cultural references are all accurate. In terms of language usage, the response demonstrates excellent control of complex linguistic structures, and although there may be some errors, they do not reveal a pattern of mistakes. Vocabulary is large and varied, and thoughts are expressed with considerable precision. There is an obvious ease of expression, with accuracy in the conventions of orthography, linguistic structures, paragraphs, and punctuation. The use of register is highly appropriate.

Presentational Writing: The task is fully addressed and thoroughly completed. The writer has referred to all the sources and incorporated information from them into the essay. The treatment of the topic is thorough and relevant, as evidenced by a well-organized and very cohesive essay. All, or almost all, of the information from the two printed and single audio sources is accurate. Information has been synthesized from the sources instead of consisting of mere repetitions or restatements. Accurate social and/or cultural references have been used. Excellent grasp of vocabulary and grammar are shown.

Simulated Conversation: The task is fully addressed in the conversation, and the response to all, or almost all, of the parts or prompts is complete. All parts of the conversation are relevant to the topic, and the response to the task is well organized and cohesive. Use of social and/or cultural references is accurate. The response includes complex structures, which are handled with demonstrated control. Responses in the conversation show only a few errors, with no pattern to their appearance. Vocabulary is large, shows precision and ease of expression, a high level of fluency and pronunciation, with highly appropriate use of register.

Presentational Speaking: The task is thoroughly addressed and completed, and includes information obtained from the printed and audio sources. The treatment of the topic is thorough, very cohesive, and relevant. Comparison and contrast greatly outweigh quotations lifted from the sources or restatements derived from these. Social and/or cultural references are accurate. Speech shows use and control of complex language, and there are few errors, but they do not appear to follow a pattern. The response shows great fluency, the vocabulary is rich, very precise, and used with excellent pronunciation. The use of register is highly appropriate.

4 (MID-HIGH) DEMONSTRATES COMMAND

Interpersonal Writing: The task is appropriately addressed and completed, providing a response to all, or almost all, of the elements of the prompts in a writing sample that is well-organized and cohesive. Generally accurate social and/or cultural references are included. There is good control of basic structures and evidence of adequate control of some complex structures. Although there may be errors, they do not impede comprehension. The response shows a considerable variety of vocabulary and idiomatic expressions, and good observance of all the conventions of written language (orthography, paragraphs, punctuation, and sentence structure). Use of register is accurate.

Presentational Writing: The task is appropriately addressed and completed by referring to all of the source material and incorporating it into the essay. The treatment of the topic is relevant and well developed, and provides a well-organized and cohesive response to the question. Synthesis of information from the sources is accurate and outweighs words or sentences merely lifted or restated. The social and/or cultural references are generally accurate. In the response there is evidence of control of elementary structures and usage of a variety of expressions and idioms. There may be some errors. Vocabulary is strong, with considerable range of words and generally good observance of the conventions of writing, including management of paragraphs, punctuation, orthography, and sentence structure. Use of register is appropriate.

Interpersonal Speaking: In the conversation the task is addressed and completed by responding appropriately to all or almost all of the prompts. All elements of the thread of conversation are relevant and well developed, and the responses are cohesive and well-organized. References to social and/or cultural information are generally accurate. Complex structures are used, but with a significant amount of errors, although vocabulary, fluency, and pronunciation are very good and the register is appropriate.

Presentational Speaking: In the presentation the task is appropriately addressed and completed by referring to and incorporating source material into the presentation. The treatment of the topic is relevant and presented in well-organized and generally cohesive speech. Information from the printed and audio sources is generally accurate, and comparison and contrasts outweigh lifted source material. Accurate social and/or cultural references are generally included.

3 (MID) DEMONSTRATES COMPETENCE

Interpersonal Writing: The response addresses and completes the task by adequately answering most of the elements or parts of the topic in an organized and cohesive manner. Errors may occur in a variety of grammatical structures. Appropriate vocabulary is used, although there may be interference from another language. Regarding conventions of written language, there may be some errors in orthography, punctuation, sentence structure, and use of paragraphs. The use of register is generally appropriate.

Presentational Writing: The response addresses and completes the task in an essay that refers to most, if not all, of the three sources. The treatment of the topic is relevant, well-organized, and cohesive. Generally, information from the sources is accurate, although there may be some inaccuracies and lack of precision, and summary may outweigh synthesis. There may be errors in sentence structures, and vocabulary may show interference from another language. There may be errors in idiomatic structures that show interference from another language, as well as problems with the conventions of written language, such as orthography and use of paragraphs and punctuation. The use of register is generally correct.

Interpersonal Speaking: At this level the task is addressed and completed adequately. There is relevant treatment of elements or parts of the conversation, and the responses are organized with adequate cohesiveness. Generally appropriate social and/or cultural references are included. There is control of simple structures but little or no control of complex structures. There may be hesitancy, with some pauses, but not lengthy ones. Vocabulary is adequate but does not show great range. Pronunciation is good but may show some interference from another language. There is good self-correction. Register is generally correct.

Presentational Speaking: The task is addressed and completed by incorporating one source into the response, with some or little reference to the other source. Treatment of the topic is relevant and articulated, and the essay is organized with adequate cohesiveness. Information from the sources is generally accurate, although there may be a lack of precision and some inaccuracy. Summary or quotations from the sources may outweigh comparison and contrast. Appropriate social and/or cultural references are generally included. The response demonstrates control of simple structures, with errors or inaccuracy in some responses, occasional self-correction, and some hesitancy. There is a good range of vocabulary, with good fluency and good pronunciation. The register is generally appropriate.

2 (MID-LOW) SUGGESTS LACK OF COMPETENCE

Interpersonal Writing: The response may only partially address and complete the task, because some of it may be irrelevant to the topic. There may be inadequate organization, or organization may respond inadequately to some parts or prompts in the writing task. Also, there may be inaccuracies in the social and/or cultural references. Frequent grammatical errors in simple structures can be found, although there may be redeeming features, such as correct advanced structures. There are frequent errors in vocabulary and interference from another language. Likewise, there are frequent errors in the conventions of written language, and the use of register often is inappropriate.

Presentational Writing: The response may only partially address and complete the task by referring to some, but not all, of the source material. The treatment of the topic is somewhat irrelevant, organization is inadequate, and the social and/or cultural references incorporated in the essay are inaccurate or limited. There are frequent grammatical errors in elementary structures, although there may also be redeeming features. The vocabulary is limited, with frequent interference from another language. Likewise, there are frequent errors in the conventions of written language, and the use of register often is inappropriate.

Presentational Writing: The response may only partially address and complete the task by referring to some, but not all, of the source material. The treatment of the topic is somewhat irrelevant, organization is inadequate, and the source material used in the essay is inaccurate or limited. Synthesis is also limited, and inaccuracies in the social and/or cultural references are present. There are frequent grammatical errors in elementary structures, although there may also be redeeming features. The vocabulary is limited and affected by frequent interference from another language. The conventions of written language reveal frequent errors. The use of register may be inappropriate.

Interpersonal Speaking: The response only partially addresses and completes the task. Some parts or prompts in the conversation are only partially filled because there may be irrelevant responses in some elements of the thread of the conversation. The responses may also lack organization and cohesiveness, as well as include inaccurate social and/or cultural references in the conversation. There may be limited control of simple structures and a narrow range of vocabulary with frequent interference from another language. There may be minimal fluency, marked by hesitation and pauses in speaking. Pronunciation may be fair, but may impede comprehension. Use of register may be inappropriate.

Presentational Speaking: The response only partially addresses and completes the task, and may refer to only one of the two sources provided. The treatment of the topic may be somewhat irrelevant, and the response may be disorganized and lack cohesion. Information from the sources may be inaccurate or limited, with little comparison and contrast of information. Social and/or cultural references may be inaccurate. Even basic structures may show errors, thus indicating limited control. Vocabulary is minimal and includes words and expressions from another language. Speech shows little fluency, with pauses and hesitation accumulating while the speaker struggles to articulate thoughts. The pronunciation is fair, but may affect comprehension. Use of register may also be inappropriate.

1 (LOW) DEMONSTRATES LACK OF COMPETENCE

Interpersonal Writing: In this response, the task is not completed and/or treatment of elements of the topic is not adequate. The response is inadequate and/or disorganized regarding treatment of parts of the prompts. Social and/or cultural references are lacking and/or are inaccurate. In addition, there are numerous grammatical errors, and vocabulary is only barely adequate and shows constant interference from another language. There is minimal attention to conventions of written language, such as paragraphs, sentence structures, use of expressions and idioms, orthography, and punctuation, which impedes comprehension. Use of register is inappropriate.

Presentational Writing: The essay may show that the writer did not complete the task because he/she only referred to one or two of the source materials. The treatment of the topic is somewhat irrelevant and the essay is disorganized. Information from the sources lacks synthesis, and is limited and mainly inaccurate. The social and/or cultural references that are included are inaccurate.

The numerous grammatical errors in even elementary structures hamper communication. The vocabulary is not only limited but is so reduced and influenced by another language that it further impedes communication. There are constant errors in the conventions of written language, such as orthography, sentence structure, use of paragraphs, and proper punctuation. Little or no attention is given to register.

Interpersonal Speaking: This response does not complete the task because it does not answer to the flow of the conversation, and the speaker does not respond appropriately to most parts of the prompts in the conversation. There is irrelevant treatment of elements of the thread of conversation, and the response may be disorganized and lack cohesiveness. The speaker may include inaccurate social and/or cultural references from the source materials. There may be frequent errors in even basic structures, with very limited vocabulary resources and constant interference from another language. There may be little or no fluency, poor pronunciation that impedes comprehension, and little or no attention to register.

Presentational Speaking: This response does not address or complete the task, and refers only poorly to one of the two sources. The treatment of the topic is irrelevant, and the response lacks organization and cohesiveness. The information taken from the sources is very limited and mostly inaccurate. There may be little or no comparison or contrast of information. Social and/or cultural references are inaccurate. There may be frequent errors in elementary structures, as well as a very limited vocabulary, marked by interference from another language. Fluency is minimal, if there is any at all, and pronunciation is so poor that it impedes comprehension. There is little or no attention to register.

The Advanced Placement Spanish Language Student

This book is intended for English-speaking students who are preparing for the Advanced Placement Spanish Language examination, although native speakers will benefit from the description of the examination structure and the discussions of how the evaluation scales are applied. For most Spanish-speaking students, the vocabulary is not a major consideration in preparation, but it is for English-speaking students learning Spanish. Also, most Spanish-speaking students will have no difficulty with the listening comprehension and speaking portions of the examination. The preparation for the reading and writing sections of the examination should be helpful to both English- and Spanish-speaking students, however.

Because there are so many regional differences among Spanish-speaking people, there are many ways of communicating in the Spanish language. In spite of the wide variation in expression in Spanish, however, there are some aspects that are more or less universal. The objective on this examination is for you to express yourself as clearly, accurately, articulately, and fluently as possible in Spanish. The level of proficiency should be sophisticated enough for you to carry on any nontechnical conversation. There is a basic grammar at the back of this book to help you correct any persistent errors. Since the Advanced Placement course is intended to be college-level work taught at the high school level, both the vocabulary and grammatical aspects in this book are intended to represent an advanced level of communication. The course is designed to be a demanding and intensive program of language study. In order to succeed, you must demonstrate a commitment to learning as much Spanish as possible.

The Advanced Placement course is designed to prepare you to study Spanish in college at an intermediate to advanced level. The precise point at which you would enter depends on the score that you receive on the exam and the credit that will be given by the college or university. Up to date information about how much credit is given by colleges and universities is available from the College Board. *The College Handbook* is a publication listing over 3,000 two- and four-year institutions and the credit that each gives for AP scores. Information about credit given for the AP courses by various colleges and universities is provided by the College Board on their web site: *www.collegeboard.com*. (Basic information about the exam can be found at *www.apcentral.collegeboard.com*.)

Preparation for the Exam

The best preparation for taking the Spanish Language Examination is one that stresses oral skills, composition, and grammar study. Now that different skill areas are integrated into almost all of the tasks on the exam, it is more important than ever to practice all the skill areas. The reading and writing parts are 30 percent apiece (60 percent of the total score), and even these parts require understanding of spoken Spanish and the ability to read printed source material in the prompts. You should use Spanish as much as possible in all four skill areas: speaking, listening, writing, and reading. You will find that the language in this guide reflects the wide range of expression found among Spanish-speaking people, from peninsular Spanish to Latin American.

Objectives in the Four Skill Areas

Listening Comprehension

You should be able to understand short conversations, narratives, interviews, or other material of a nontechnical nature. The sources you will hear on the examination will be recorded by native speakers from a variety of different countries and, consequently, will have a variety of accents. The recordings may be of radio broadcasts, television audio tracks, or sound files taken from the Internet and may include stories or dialogues. You need to learn to listen to a variety of native speakers to become proficient at understanding different accents.

Reading Comprehension

You should be able to read any sort of nontechnical material that you might encounter in everyday situations—newspapers, recipes, instructions, any kind of printed material. For the multiple-choice reading portion of the examination, the sources for selections come mostly from newspapers and literary works, prose fiction or nonfiction from published works, or from Internet sources. Sources for the prompts on the free-response section are more varied, but still come primarily from newspapers, magazines, journals, Internet articles, and any other source of printed information, such as publications from government sources or from organizations such as the United Nations or the Organization of American States. The readings are to provide a range of writing styles, from prose fiction to nonfiction, journalistic articles, and essays. Questions deal with your ability to interpret what you read, to make inferences and predictions based on the texts, and to identify and summarize the main points of the selections.

Writing

You should have sufficient vocabulary and control of grammatical structures to permit you to express your thoughts clearly in writing. Practice in writing is especially important in the informal writing sample, which may consist of an e-mail message, a memo, a postcard, a short personal note, or some other form of personal correspondence in the 10 minutes allotted. Grammar, structure, and vocabulary are especially important when you write the essay, because you are expected to synthesize the information you read in the three sources. It is not enough to simply lift words or phrases from the texts and incorporate them into your message or essay. Observing all the usual conventions of written language is crucial, including correct punctuation, orthography, and spelling. It is also vital to know how to use paragraphs, and to include in these a wide range of expressions, sentence structures, and idioms. You also need to incorporate appropriate social and/or cultural references in both types of writing.

Speaking

You are asked in the speech samples to participate in a simulated conversation, and then to present a two-minute sample. Both tasks require that you understand audio and print source material to use as you speak in response to the prompts.

The objective in the speaking portion of the examination is to demonstrate that you can speak with ease about nontechnical topics. You should show an ample vocabulary, fluency, and pronunciation that native speakers will understand. This does not mean that you have to speak rapidly—only clearly, without unnatural pauses or hesitancy. You should not have to repeat words too often for lack of knowledge about synonyms.

Be especially conscious of register. One aspect of appropriate use of register is to know when to use *tú* or *vosotros* or when to use *usted* or *ustedes*, and another is to be aware of the kinds of expressions and words to use with different kinds of people you know or meet. Knowing with whom you can use some kinds of expressions is part of register, as is making appropriate social and/or cultural remarks in certain situations. Language appropriate in a business workplace differs completely from that used in a gathering of your best friends.

Using This Book

In the absence of a formal Advanced Placement Spanish Language class, you can prepare for the examination by becoming familiar with the format and studying all the materials available. This guide to the Spanish Language Examination is designed to help you understand the structure of the exam and its grading. It also contains strategies for preparing for each of the skill areas, practice exercises in each, answer keys so that answers can be checked, and commentaries to help you understand why some answers are better than others. The practice exam and the answers will provide additional preparation for the actual exam.

The following pages are designed to help you prepare for the Spanish Language Examination by:

1. presenting material (vocabulary, grammatical structures, and topics) that is likely to be covered on the exam,
2. providing exercises for you to practice and master language in the different skill areas, and
3. providing two complete practice exams.

This book is divided into the four skill areas addressed on the exam: listening, reading, writing, and speaking. Each chapter is devoted to only a single skill area, but also contains information that will be useful in other skill areas. The reading strategies are especially useful in all parts of the examination, because no one skill area is tested in isolation. All four skills are integrated as much as possible, especially in the free-response section. Vocabulary study is presented before the speaking skills chapter, because when you speak you do not have time to think about what words to use. The level of material is designed to provide material for even very good students to improve as well as to provide for students who may need extra practice on troublesome expressions.

Vocabulary

There is no list of words to learn in order to do well on the examination, but the better your vocabulary is, the better you will express yourself and the higher your score will be. There is vocabulary review on page 123, so you can quickly find words, expressions, and *modismos* that will help you write with good range and precision. Before the writing portion of this book, there are words and phrases that will make your essay flow more logically and smoothly. Credit is given for vocabulary found in the sources only if it is used creatively in your synthesis of information. You should be thoroughly familiar with vocabulary that focuses on analysis and interpretation of material.

For the simulated conversation there will be some suggestions regarding vocabulary you can use in the conversations, so that you can take the full 20 seconds allotted to record your part. You will sound more authentic if you can interject some expressions that would be natural to use in a normal conversation. In addition, there will be some vocabulary associated with situations you are likely to encounter on the examination.

In the oral presentation it is especially important for you to know the vocabulary needed to compare and contrast various topics. Linguistic structures to accomplish this task are very important, because you should not simply quote from the sources. In addition, you will find some vocabulary that should be particularly useful in a wide variety of situations, so that you can anticipate vocabulary you are likely to see as well as use on the examination.

You may notice a tendency to use peninsular Spanish in this book. Although the Spanish spoken in any one country is not inherently better or worse than another, the *Real Academia Española* in Spain is the authoritative source for meanings and usage for this study guide because it is generally recognized by all countries. It also points out what terms are used more in particular countries in Spanish America.

Study Strategies

Language comprehension and production is a complex process that uses a variety of skills simultaneously. There is usually a very strong correlation between different skill areas, such as speaking and writing abilities, and the reading and listening abilities on the exam. Improvement in any one area usually affects and enhances ability in other skill areas.

Suggestions for Studying for the Exam

- Find a comfortable place to study.
- Make sure you have everything you need, including access to a dictionary. The best online dictionary is at the website for the *Real Academia Española*, but there are others. Addresses for two are:
  - *www.rae.es*
  - *www.wordreference.com/es/*
- Set aside sufficient time.
- Take regular breaks, at least after every hour or half hour of study.
- Work through your study materials in a logical manner.
- Take notes about what you have difficulty with. Spend time wisely on things you need to review and not on things you already know well.
- Begin each session with a review of problem areas.
- Take a practice test to begin with, so you will know how much you need to review. You also need to know how to prepare mentally for concentrating, in Spanish, over a span of three hours. Taking the examination is very tiring mentally.
- After getting through about half of your study materials, take another practice test to see how much progress you have made.
- Record your voice and play it back so that you are comfortable with the sound of it.
- Make a note of pronunciation problems you may have, including pauses or expressions you may be making.

- Make sure to time yourself for 20 seconds in the simulated conversation. You need to know how much you can say in 20 seconds. You do not want to leave too many blank spaces in your recording. Native speakers begin immediately, whereas second-language speakers usually take more time to begin speaking. Practice ways to begin immediately.

- When practicing the simulated conversation, imagine that you are role-playing for a skit. It is a good idea to find a friend with whom to role-play rather than practicing only one half of the conversation.

- Time your two-minute presentation. To pace your presentation correctly, you need to get a feel for how long two minutes are. You do not have much time on the actual examination to prepare anything except what you will say about the topic of comparison or contrast.

- Set aside time to read Spanish. You can find great online sources at many websites. Below is a list of some well-known sources of material for practice.
    - *www.bbc.uk/hi/spanishnews/* (general information)
    - *www.lanic.utexas.edu/la/region* (links to a long list of magazines in Spanish on a large variety of topics)
    - *www.consumer.es* (general information and human interest stories from Spain)
    - *elpais.com* (newspaper from Spain)
    - *www.mexicodesconocido.mx* (travel sites in Mexico)
    - *www.semana.com* (from Colombia)
    - *lanacion.com.ar* (from Buenos Aires, Argentina)
    - *cambio16.info/* (from Colombia)
    - *www.laguia2000.com* (online magazine with an enormous variety of subjects from Spain)
    - *www.muyinteresante.es* (short, general-interest articles from Spain)
    - *www.etcetera.com.mx* (general-interest stories from Mexico)
    - *www.clarion.com* (general-interest magazine with extended articles)
    - *www.nates.edu/lrc/spanish* (links to a variety of radio, television, streaming video, newspaper, and periodical sources)

Practice listening to Spanish wherever you can. Listen to Spanish radio, watch Spanish television channels, or listen and watch online. There are numerous online websites where you can listen and watch Spanish programs. One great advantage to listening and watching Spanish online is that you can replay selections in order to understand parts that may be difficult to catch by listening to them once. For some of them, you have to select the Spanish language on your browser. A few that you may want to use are listed below.
    - *www.un.org/radio/es/*
    - *www.bbc.co.uk/radio/*
    - *www.rtve.es* (Spanish online TV channel with a great selection of stories, plus links to other sources)
    - *www.cnn.com/espanol*
    - *www.radio.udg.mx* (radio station from Universidad de Guadalajara)
    - *www.informarn.nl* (great site from the Netherlands for all kinds of stories in Spanish)

- Practice speaking Spanish as much as possible. Speak with other students, with people in your community, or join a tutoring program in your community to tutor native speakers of Spanish at a YMCA or a Boys and Girls Club. Often, volunteering to teach English puts one in contact with Spanish speakers.

- When speaking Spanish, do not be afraid to make a mistake.

- Learn to use circumlocutions or to rephrase what you want to say. You can avoid pauses and improve fluency that way.

- Learn as much as you can about customs, history, and folklore of various Spanish-speaking countries. Culture is not a separate category on the examination, but you will be evaluated on your awareness of social and cultural references as revealed in your answers on the free-response section of the examination. When you see references in this book with which you are not familiar, look them up. For example, if you encounter something about *Las Fallas* in Valencia, Spain or *los Reyes Magos,* or read about *Popol Vuh, Cien años de soledad,* Chichen Itza, Simón Bolívar, Jorge Luis Borges, the story of *La Llorona,* or find any other such references, look them up.

- Make sure you know how to express yourself in ways that are grammatically correct. In the writing section, in this book, there are exercises that will help.

These recommendations are intended to help you feel confident about taking the examination. The more confident and comfortable you are using Spanish, the better your chances are of doing well.

PART TWO

LISTENING COMPREHENSION

Introduction

General Considerations

The listening comprehension part of the Advanced Placement Spanish Language Examination consists of two parts. The first deals with short dialogues and narratives, and the second with two longer selections. The questions for the first part, which will not be printed in your test booklet, will be read only once. Some of the questions may ask for standard information, such as the general topic of the selection, or some information that you can infer about the selection, such as where does it take place, or what is going to happen later. Other questions may ask for an interpretation of a specific phrase, which will be replayed when you hear the questions after the selection. Other questions may ask for an interpretation of a specific idiomatic phrase, the meaning of which can be inferred from the context in which you hear it. You may also hear information about the source of the selection, which will help you put what you hear in context.

The questions for the longer selections are printed in the test booklet. There is also room for you to take notes on what you hear. You will have time to read the questions before listening to the longer selections, so you can focus on the information you need to extract from what you hear. The longer selections may be an interview taken from broadcast media, news reports, a lecture, or a dialogue from a film, or it may simulate an everyday conversation. The topics will be taken from any topic related to the Spanish-speaking world. The questions on the longer selections will ask you to identify and summarize main points, understand some detailed information, and draw conclusions about what you hear based on what you know about Spanish culture and customs.

The exercises in the following short dialogues and narratives should help you focus on learning to listen for the main idea and then for details that relate to time, place, and activity. If some parts are difficult to understand, the exercises will help you learn to work around unfamiliar phrases. On the exam it is not unusual to hear some words you do not recognize. In such cases you should not focus on what you do not know, but rather work with what you do know. Practicing with difficult passages helps you learn to listen carefully, and good concentration helps every time. The secret is not to get frustrated when you do not understand an individual word. Focus on listening for phrases.

Short Dialogues

In listening to the dialogues, be sure to notice any nonverbal cues that communicate information such as where the dialogue takes place. If you hear a bell in the background, jet engines, train whistles, traffic sounds, or other such indicators, use the information to provide a context for the dialogue. You should also listen for the tone of voice to determine the attitude of the speakers. This information can help you understand what is being said; if you know the attitude, you can form an idea of what kind of vocabulary and information to listen for in the dialogue. Knowing what to expect to hear is very important since it helps you narrow the range of vocabulary.

You need to listen for information that tells where the dialogue takes place, who is speaking and what their relationship is, what the topic of conversation is, and why they are having that conversation. At other times you need to deduce information from the words and tone of voice of the speakers. Who the speakers are and their relationship to each other often is revealed simply by the gender of the speakers (whether one is male or female), their ages, whether they are good friends (whether they use *tú* or *usted*), and other such differences. When there is a noun you do not know, you can figure its meaning out by looking at what all the other nouns you understand have in common. For example, if the selection contains the words *tren, el metro, la estación, la oficina, pasajeros,* and *maletín,* then you may figure out that *andén* has something to do with trains, commuting, travel, or something related to travel to work. Listen especially for noun and verb selection to determine the topic of conversation. The most difficult part of understanding the dialogues is understanding why the two speakers are talking. This information is revealed by mood selection (listen for the subjunctive), and especially by adjectives and adverbs. In the following section, listen to the selections and try to answer the questions. Be sure to try to answer all of the questions. When you have finished, check your answers. Then go to the transcript of the conversation to look up the words that you did not understand. Listen to the selections again to make sure that you could recognize the words if you heard them again.

Short Narratives

The short narratives you will hear can be about any topic. In this type of listening comprehension, you are listening for information of a different sort than in the dialogues. In these narratives, listen for words that indicate the topic or theme of the narrative. By knowing the main idea, you can once again narrow the range of vocabulary you can expect to hear. Most of the questions in the narrative section will deal with who, what, when, where, why kinds of information. Interpretation of narratives is different from dialogues in that you listen to one speaker who talks about a given topic.

Longer Selections

The last portion of the listening comprehension part consists of two selections that will be either longer narratives, interviews, short lectures, instructions, or some other type of speech sample. These two selections will each be about five minutes long. You may take notes on this section if you wish. You should practice before taking the exam to see if you do better taking notes or if you do better simply trying to recall information from memory. The advantage of notes is that you have a cue to jog your memory about the content of the narrative. You may have trouble listening and writing at the same time, however, and find that taking notes distracts you so much that you do not hear what is being said while you write. Remember that there is a great deal of repetition in the selections and you should be able to retain almost everything you hear if you concentrate while you listen.

Strategies for Improving Listening Comprehension

Choose a few strategies at a time to practice and see which ones make a difference in your listening comprehension.

- **Concentrate while you listen.** To keep your mind from wandering while you listen, try jotting down notes, drawing pictures or doodles, noting key words about what you hear, or making an outline of what is said.

- **Visualize.** If you can picture what the words say, you are more likely to remember them.

- **Organize and categorize.** Group information in your memory. For example, if you hear the sound of a bell or a public address system announcement, file that sound under a heading of "school" so that other details relating to the topic will all be grouped together. That way you are more likely to remember more details.

- **Take notes.** If you can write and listen at the same time, take notes. If you have difficulty doing both things at the same time, write down key words instead of taking more extensive notes. Practice both ways so you know which works best for you.

- **Make educated guesses.** When you hear a word or expression you do not know, rely on the context to interpret its meaning.

- **Listen for ideas.** Instead of translating what you hear into English, try to assimilate the information in Spanish. Translation slows down the thought process and you will miss other things that are said.

- **Recognize cognates.** Make sure that the cognates do not sidetrack your thoughts into English. Instead of translating the cognate, visualize what it means.

- **Pay attention to parts of speech.** Pay particular attention to the ends of words, because they often convey very important information. For example, *enfermarse* is a verb, *enfermera* is a nurse, and *enfermedad* is a sickness. *La enfer-*

mera enfermiza de la enfermería se enfermó con una enfermedad would be incomprehensible unless you paid attention to which words were nouns, subjects or objects of the verb, adjectives, or which one was the verb itself.

- **Focus on ideas.** When you focus on ideas, you are less likely to translate what you hear.

- **Listen to lots of Spanish.** Nothing improves comprehension more than a lot of practice listening to as much Spanish as you can. Online sources are very good because the visual images often help you understand words better than any other type of help.

Chapter 1

ANSWER SHEET FOR SHORT DIALOGUES

Dialogue One

1 Ⓐ Ⓑ Ⓒ Ⓓ
2 Ⓐ Ⓑ Ⓒ Ⓓ
3 Ⓐ Ⓑ Ⓒ Ⓓ

Dialogue Two

1 Ⓐ Ⓑ Ⓒ Ⓓ
2 Ⓐ Ⓑ Ⓒ Ⓓ
3 Ⓐ Ⓑ Ⓒ Ⓓ

Dialogue Three

1 Ⓐ Ⓑ Ⓒ Ⓓ
2 Ⓐ Ⓑ Ⓒ Ⓓ
3 Ⓐ Ⓑ Ⓒ Ⓓ

Dialogue Four

1 Ⓐ Ⓑ Ⓒ Ⓓ
2 Ⓐ Ⓑ Ⓒ Ⓓ
3 Ⓐ Ⓑ Ⓒ Ⓓ

Dialogue Five

1 Ⓐ Ⓑ Ⓒ Ⓓ
2 Ⓐ Ⓑ Ⓒ Ⓓ
3 Ⓐ Ⓑ Ⓒ Ⓓ

Dialogue Six

1 Ⓐ Ⓑ Ⓒ Ⓓ
2 Ⓐ Ⓑ Ⓒ Ⓓ
3 Ⓐ Ⓑ Ⓒ Ⓓ

Dialogue Seven

1 Ⓐ Ⓑ Ⓒ Ⓓ
2 Ⓐ Ⓑ Ⓒ Ⓓ
3 Ⓐ Ⓑ Ⓒ Ⓓ
4 Ⓐ Ⓑ Ⓒ Ⓓ

Dialogue Eight

1 Ⓐ Ⓑ Ⓒ Ⓓ
2 Ⓐ Ⓑ Ⓒ Ⓓ
3 Ⓐ Ⓑ Ⓒ Ⓓ
4 Ⓐ Ⓑ Ⓒ Ⓓ

Dialogue Nine

1 Ⓐ Ⓑ Ⓒ Ⓓ
2 Ⓐ Ⓑ Ⓒ Ⓓ
3 Ⓐ Ⓑ Ⓒ Ⓓ

Dialogue Ten

1 Ⓐ Ⓑ Ⓒ Ⓓ
2 Ⓐ Ⓑ Ⓒ Ⓓ
3 Ⓐ Ⓑ Ⓒ Ⓓ

Dialogue Eleven

1 Ⓐ Ⓑ Ⓒ Ⓓ
2 Ⓐ Ⓑ Ⓒ Ⓓ
3 Ⓐ Ⓑ Ⓒ Ⓓ

Short Dialogues

(Section I, Part A)

Directions: The following part consists of a series of Short Dialogues. When you have finished listening to each dialogue, you will hear a series of questions about the selection you have just heard. Using the answers printed under the title "Chapter 1, Short Dialogues" in the book, select the best answer from among the four choices and indicate your answer on the answer sheet provided two pages earlier. You will have 12 seconds to answer every question.

Dialogue Number One

1. (A) Está en una estación de policía.
   (B) Está en una oficina en el centro.
   (C) Está en casa.
   (D) Está en la calle.

2. (A) La policía acompaña a un actor que está visitando a un vecino.
   (B) Hay una emergencia médica y ha venido una ambulancia.
   (C) Un vecino está llamando para apaciguar a un amigo enojado.
   (D) La policía viene con una persona famosa que ha venido a la casa vecina.

3. (A) Está alegre.
   (B) Parece enojado.
   (C) Está temeroso.
   (D) Parece celoso.

Dialogue Number Two

1. (A) Cereal cuya mascota es Toni el Tigre.
   (B) Productos que no sean tan dulces como Toni el Tigre.
   (C) Un cupón para azúcar.
   (D) Un juguete nuevo para la niña.

2. (A) Es muy ameno.
   (B) Es muy terco.
   (C) Es muy quejoso.
   (D) Es muy avaro.

3. (A) Quiere que ella pague su cuenta.
   (B) Quiere que ella pruebe el cereal antes de comprarlo.
   (C) Quiere que ella compre azúcar.
   (D) Quiere que ella le el cupón a la niña.

Dialogue Number Three

1. (A) Una huelga.
   (B) Un carnaval.
   (C) Una fiesta.
   (D) Una feria.

2. (A) Los dos hombres piensan que no pueden mejorar su situación.
   (B) Ellos opinan que merecen más pago.
   (C) La empresa está por quebrar y no puede pagarles.
   (D) Los otros empleados no desean cooperar con su plan.

3. (A) Proponen que la compañía les permita trabajar la semana que viene.
   (B) Proponen que la compañía les reembolse por el tiempo perdido del trabajo.
   (C) Recomiendan que la compañía acepte el ascenso de cincuenta dólares al mes.
   (D) Sugieren que el árbitro les permita regresar al empleo sin contrato para que puedan mantener la producción.

Dialogue Number Four

1. (A) Son hombres de negocios, discutiendo expansión industrial.
   (B) Son viejos amigos discutiendo un nuevo negocio.
   (C) Son políticos planeando la modernización de su país.
   (D) Son ingenieros de una compañía con una fábrica nueva en otro país.

2. (A) Necesita contratar al señor Martínez por servicios necesarios.
   (B) Necesita arreglar el permiso necesario para poder construir la fábrica.
   (C) Necesita negociar con el señor Martínez para arreglar todo.
   (D) Necesita ponerse en contacto con otros agentes.

3. (A) No reacciona de manera muy complaciente.
   (B) Parece tratar de postergar todos los planes.
   (C) Favorece la propuesta del señor Gómez.
   (D) Se niega a ayudarle a realizar el plan.

Dialogue Number Five

1. (A) Tienen hambre y desean almorzar en el centro.
   (B) Van de compras para prepararse una fiesta.
   (C) Necesitan ir al banco en la Calle Central.
   (D) Necesitan comprar un regalo para el cumpleaños de una prima.

2. (A) Tienen sólo cinco minutos.
   (B) Tienen once minutos.
   (C) Tienen quince minutos.
   (D) Tienen mucho tiempo.

3. (A) Tiene que arreglarse el pelo.
   (B) Tiene que preparar el almuerzo.
   (C) Tiene que preparar una lista.
   (D) Tiene que hallar un vestido.

Dialogue Number Six

1. (A) Está en primavera.
   (B) Está en verano.
   (C) Está en otoño.
   (D) Está en invierno.

2. (A) Él tiene familia en Miami a la cual quiere visitar.
   (B) Era marinero y visitaba muchos lugares fantásticos.
   (C) Él enseñaba el buceo cuando vivía allí.
   (D) Él pasaba mucho tiempo en el agua cuando vivía allí.

3. (A) Piensan ir a la playa para correr las olas.
   (B) Piensan hacer unas excursiones submarinas.
   (C) Piensan visitar un acuario.
   (D) Piensan visitar con familia.

Dialogue Number Seven

1. (A) Hablan de una pareja que se ha divorciado.
   (B) Hablan de los amores de una amiga.
   (C) Hablan de una fiesta en un disco.
   (D) Hablan de sus preparativos para un fin de semana.

2. (A) Su novio acabaría de abandonarla por otra.
   (B) Ella acabaria de abandonar a su novio.
   (C) Sus amigas acabarían de abandonarla.
   (D) Ella no habría recibido una invitación a un baile al disco.

3. (A) Ellas saben que Raquel y Enrique no eran buenos amigos.
   (B) Saben que Raquel sabía que su novio había salido con otra.
   (C) Saben que Enrique no era confiable.
   (D) Saben que hacía mucho tiempo que los dos eran amigos.

4. (A) Ellas van a llamar a María por teléfono para preguntarle del asunto.
   (B) Ellas lo averiguarán cuando vean a todos en el baile.
   (C) Ellas llamarán a Raquel para preguntarle.
   (D) Ellas van a hablar con Enrique y Ramón sobre esto.

Dialogue Number Eight

1. (A) La noche anterior lanzaron muchos cohetes.
   (B) La noche anterior sufrieron un bombardeo.
   (C) La noche anterior hubo una plaga de insectos.
   (D) La noche anterior hizo muy mal tiempo.

2. (A) No tiene chicos en casa.
   (B) Sus hijos son nenes.
   (C) Los chicos son más crecidos.
   (D) Los chicos son pequeños, también.

3. (A) No tienen electricidad en la casa.
   (B) No tienen agua corriente en la casa.
   (C) No tienen plantas en el huerto.
   (D) No tienen ningunas gotas.

4. (A) Ella arreglará todo pronto, ese mismo día.
   (B) El ayuntamiento le ha prometido hacer reparaciones mañana.
   (C) Ella esperará hasta que brille el sol para colgar la ropa al aire.
   (D) No hay remedio, tendrá que esperar mucho tiempo.

Dialogue Number Nine

1. (A) Hay un problema con el agua en la casa.
   (B) La chica no tiene bastante tiempo para bañarse.
   (C) Ella quiere que le diga a su hermano que espere.
   (D) Él es plomero y está reparando la tubería.

2. (A) Porque ella abrió el grifo.
   (B) Porque hay aire en la tubería.
   (C) Porque los obreros no saben dónde están las líneas.
   (D) Porque Enrique está bañándose al mismo tiempo.

3. (A) Porque cerrarán el servicio de agua a la casa mientras reparan las líneas.
   (B) Porque su papá quiere bañarse también.
   (C) Porque ella tiene miedo del ruido.
   (D) Porque su hermano tendrá que bañarse pronto.

Dialogue Number Ten

CD 1
Track
11

1. (A) Parece que sufre de un mero resfriado.
   (B) Parece que sufre principalmente de insomnio.
   (C) Parece que tiene neumonía.
   (D) Este paciente es adicto a drogas peligrosas.

2. (A) Le sugiere que no más guarde cama y descanse.
   (B) Le sugiere unas pastillas.
   (C) Le da un producto nuevo.
   (D) Le recomienda que tome dos pastillas y que lo llame por la mañana.

3. (A) El paciente estará mejor el próximo día.
   (B) Podrá respirar mejor el próximo día.
   (C) Espera que le ayude pero no sabrá por dos días.
   (D) Espera que se mejore, porque sabe que la medicina es buena.

Dialogue Number Eleven

CD 1
Track
12

1. (A) Hablan de un programa sobre la astronomía.
   (B) Hablan de programas documentarios en la televisión.
   (C) Hablan de un personaje en un libro que han leído.
   (D) Hablan de una actriz famosa que vieron la noche anterior.

2. (A) Están de acuerdo que los dos papeles eran muy diferentes.
   (B) Les gustó una de las representaciones, pero no la otra.
   (C) No les gustó ninguno de los programas.
   (D) Opinan que una representación era inválida.

3. (A) La primera era fácil para la actriz porque era un documentario.
   (B) La primera le presentó un papel muy natural a la actriz.
   (C) La última no parecía requerir muchos cambios de la actriz.
   (D) La última era menos emocionante.

Scripts and Commentaries

DIALOGUE NUMBER ONE

CD 1
Track
2

(Easy listening music, then sirens)

NAR 1: Miguel, ¿qué pasará con todas las sirenas?

NAR 2: Pues, no estoy seguro. No vi nada por la ventana cuando me asomé por ella hace unos minutos. Parecía que había mucha luz en la calle para esta hora de la noche. ¿No te parece?

NAR 1: Sí, sí. Puede ser que haya un fuego. Y ya que me lo mencionaste, se huele humo por aquí.

NAR 2: Voy a llamar a nuestros vecinos para ver qué saben de esto.

(Sound of telephone dial.)

NAR 2:   Hola, señor Rodríguez. Oiga, ¿sabe Ud. qué pasará? ... ¿No oye usted todas las sirenas? Parece que vienen calle abajo pero van a pasar por aquí. ¿Hay un fuego? ... ¿Ud. no puede ver nada? ¿Ni oye nada? ... Pues gracias, siento mucho haberle molestado por nada. Sólo me preocupé de ... bueno ... sí, sí, ... sí, hasta luego.

NAR 1:   Acabo de ver por la ventana que hay videógrafos del Canal 6 con un coche y la policía que se han parado delante de la casa al otro lado de la calle. Parece que filman una visita de una actriz a la casa de nuestro vecino.

NAR 2:   Ya lo veo. Me imagino que si fuera un actor no vendrían todos los reporteros ni nada. ¡Qué molestia!

Número 1. ¿Dónde está la pareja que habla?

Número 2. ¿Qué está pasando en esta escena?

Número 3. ¿Cómo reacciona Miguel al saber qué pasa?

COMMENTARY

1. The first question asks about the setting of the dialogue. You should be able to determine this information by the sound of the telephone, the reference to looking out the window, and the reference to the neighbors. The answers that mention the police station, the office downtown, and the street are suggested by the background sounds, but the content of the dialogue with the references mentioned indicate that the only logical answer is the house as the setting. The correct answer is **C**.

2. The second question asks what is happening. The sound of the sirens suggests emergency vehicles, ambulances, policemen or firemen, and the dialogue refers to all of these possibilities. The dialogue also mentions famous people, however, so answer **B** is not a logical answer. The dialogue ends with Miguel complaining about the disturbance, but the telephone call does not indicate that somebody is being angry; it is only to find out what is happening. You need to distinguish between the gender of the person who is coming. Both actors and actresses are mentioned, but Miguel at the end is complaining about the difference of treatment actors and actresses get from the public. The correct answer is **D**.

3. How does Miguel react to the noise? That he is angry is indicated by his tone of voice with his last sarcastic remark about pretty actresses who get more attention than a man would get. The correct answer is **B**.

DIALOGUE NUMBER TWO

(Sound of cash registers)

NAR 1: Mamá, mamá. Mira. Toni el Tigre. Mamá, mamá, cómprame este cartón de cereal....

NAR 2: Ya te dije que no voy a comprarte ese cereal. Mira. Aquí tienes éste que es mucho más sabroso.

(Sound of box opening)

Um-m-m. ¡Cuánto me gusta! Toma, prueba. ¿No te gusta también?

NAR 1: No, no, mamá. Me gusta Toni el Tigre, quiero comprar ése. Cómprame Toni.

NAR 3: Eh, señora, ¿qué hace abriendo el cereal aquí antes de pagarlo?

NAR 2: Oh, lo siento mucho, se me olvidó dónde estaba. Es que la niñita quiere comprar ese cereal que contiene tanto azúcar. Quiero que pruebe algo más saludable. ¡Qué difícil es convencer a los niños que se aprovechen más de comida sin tanto azúcar!

NAR 3: Ya lo entiendo. En casa mi chiquita también prefiere productos de ese tipo. Pero de veras debe usted de presentar un buen ejemplo y pagar la mercancía antes de abrirla. Si pudiera decirle a la cajera para que lo anote en la cuenta, y aquí tiene un cupón para un rebajo la próxima vez.

NAR 2: Muchísimas gracias. Usted es muy amable.

Número 1. ¿Qué quiere comprar la señora?

Número 2. ¿Cómo es el comerciante?

Número 3. ¿Qué quiere el comerciante que haga la señora?

COMMENTARY

1. The first question asks what cereal the woman is buying. All of the alternatives contain words that appear in the dialogue. The fact that she wants to buy a non-sweetened product is indicated by the entire conversation she has with her child and the storekeeper, especially when the two adults commiserate about how hard it is to get little children to eat nutritious cereal. The correct answer is **B**.

2. This question asks what the storekeeper is like. He seems very understanding since he relates to the mother's problem, tells her about his own family, and ultimately gives her a coupon to redeem later. The correct answer is **A**.

3. What does the storekeeper want the shopper to do? He wants her to pay for the merchandise that she opened in the store. The correct answer is **A**.

CD 1
Track
4

DIALOGUE NUMBER THREE

(Sound of a crowd of people talking)

NAR 1: Compadre. Escúcheme. Tenemos que organizar este grupo para ponernos en manifiesto contra esta administración.

NAR 2: Estoy de acuerdo. Hace seis meses que trabajamos sin contrato y no van a concedernos ningunos ascensos si no hacemos algo.

NAR 1: ¡Qué va! Siempre nos han tratado como si fuéramos esclavos. Mañana podremos mostrarles nuestra fuerza en un desfile por las calles del centro.

NAR 2: Pues, llamaré a todos los líderes del turno de la noche con quienes trabajo.

NAR 1: Y yo llamaré a los otros de mi turno. Podremos alcanzar cien hombres para una manifestación si llamamos a todos los que están con nosotros.

NAR 2: Con un poco de suerte podríamos negociar un contrato nuevo para el lunes si el árbitro tratara con nosotros de la manera que queremos. Pidamos un ascenso de cincuenta dólares al mes como mínimo, lo cual no es tanto como merecemos y veremos qué dicen.

NAR 1: Si nos lo otorgara, podríamos empezar de nuevo el martes por la mañana. Y de esta manera la empresa tendría la producción que desea sin perder mucho tiempo.

NAR 2: De acuerdo. Todo esto debería mostrarles que queremos que nos tomen en serio.

Número 1. ¿Qué están planeando estos hombres?

Número 2. ¿Por qué están insatisfechos los dos?

Número 3. ¿Qué resolución proponen los dos?

COMMENTARY

1. The first question asks you to identify the main idea of the conversation. These two are obviously planning a strike or some kind of demonstration, indicated by the repetition of words like *manifiesto, reunir, negociar, contrato, empresa,* and *ascenso.* The only word in the alternatives that fits with this sequence of grouped vocabulary is *huelga,* which is the correct answer, **A**.

2. This question asks why the two are planning work action. The answer is revealed in the reference to *esclavos,* which implies someone who works for nothing, and in the discussion about a raise in wages. Answer **A** is not a possibility because the workers think that they can work with the company and change their situation. Answers **C** and **D** are not indicated by the information in the dialogue. The two think that the company can pay them more, and that the other workers will cooperate. Answer **B** is the correct answer.

3. What is the likely outcome? Answer **C** is the only totally correct answer. The other answers are partially correct: they want to go back to work the next Tuesday, if their offer is accepted. Nothing is said about working if the offer is not accepted.

DIALOGUE NUMBER FOUR

NAR 1: Muy buenos días, señor Gómez. ¿Cómo está usted?

NAR 2: Muy bien, gracias, señor Martínez. ¿Y usted?

NAR 1: Bien. Y muy contento de poder hablar con usted debido al nuevo contrato que tenemos entre nuestros gobiernos.

NAR 2: El placer es mío. No ocurre todos los días que tengamos oportunidades como ésta. Nuestra empresa tiene muchos deseos de poder establecer una fábrica textil en su país este año.

NAR 1: Bueno, señor Gómez, nos interesa cualquier oportunidad que beneficie a todos.

NAR 2: Pues, como representante de mi compañía, me han dicho avisarles que proponemos poner la fábrica en las afueras de la ciudad con tal que podamos arreglar los servicios necesarios.

NAR 1: Esto, sí, sería muy interesante. Pero, ¿qué servicios en particular?

NAR 2: Específicamente necesitaríamos servicios de electricidad, agua, empleados, transporte ... todo lo normal, y buena fuerza de trabajadores, por supuesto.

NAR 1: Esto requeriría negociaciones extensivas para poder realizarse, pero tiene posibilidades. Puedo ponerle en contacto con algunos de los agentes que hacen estos tratos para que lo discuta con ellos.

NAR 2: Le agradezco mucho, señor Martínez. No más queremos la oportunidad de hablar con ustedes.

Número 1. ¿Quiénes son estos hombres?

Número 2. ¿Qué necesita el señor Gómez?

Número 3. ¿Cómo reacciona el señor Martínez a la iniciativa del señor Gómez?

COMMENTARY

1. Who are these two speakers? That they are businessmen is indicated by the words, *contrato, representante, compañía, fábrica, servicios,* and *fuerza de trabajadores.* This is a new business, but these speakers are not old friends, a fact indicated by the form of address of the two, the formal *usted.* The correct answer is **A**.

2. The second question asks what the first gentleman needs in order to set up business in the new country. Mr. Gómez does not know very much about the country in which he is hoping to establish a factory, nor business procedures. He does not need Mr. Martínez's permission, but he does need contacts and information about what that town has to offer. The correct answer is **D**.

3. How does Mr. Martínez react to Mr. Gómez? While Mr. Martínez cannot give Mr. Gómez the permission he is seeking, he does refer him to people who have the information. By providing the right contacts he shows his approval of the initiative. Be sure to learn the vocabulary in the incorrect responses. You may see it in other places. The correct answer is **C**.

DIALOGUE NUMBER FIVE

NAR 1: ¿Dónde quieres almorzar hoy, Estela?

NAR 2: No me importa. No tengo mucha hambre y todavía tendré que encontrar un vestido para la quinceañera de mi prima María.

NAR 1: Esto puede ser difícil. Oye, hay una tienda nueva, muy pequeña que está a cincuenta metros de la esquina de la Calle Central y Balboa, junto al banco. Puede ser que puedas encontrar algo allí, y podemos almorzar después de visitarla.

NAR 2: Ah, sí, la conozco. Bueno, visitémosla y almorzaremos después. Entonces tenemos que tomar el autobús de las once.

NAR 1: Y ya son las once menos cuarto. Apúrate, Estela, y lo cogemos.

NAR 2: Ya estoy lista. Sólo me falta peinarme y ponerme un suéter.

Número 1. ¿Qué piensan hacer estas chicas?

Número 2. ¿Cuánto tiempo tienen antes de que venga el autobús?

Número 3. ¿Qué tiene que hacer Estela antes de salir?

COMMENTARY

1. What are the speakers planning? They are obviously going downtown, and will take a bus. Although the words refer to the places downtown, they do not refer to the purpose of the trip, which is indicated by the words *vestido* and *quinceáñero*. The *quinceáñero* is a formal type of celebration of the fifteenth birthday, which means that the speaker is looking for a new dress to wear to that party. The correct answer is **B**.

2. The second question asks about schedules and how much time they have to catch the bus to go downtown. There are several numbers mentioned in the passage, *a las once, y son las once menos cuarto*. The answer is indicated by the word *cuarto*, which indicates fifteen minutes. The correct answer is **C**.

3. What does Estela need to do to get ready to go? *Arreglarse el pelo* means "to arrange one's hair," which is what she needs to do. Other alternatives mention activities that are incorrect or do not appear in the dialogue. The reference to the *vestido* relates to the purpose of the shopping trip, but not preparations for going downtown. The correct answer is **A**.

DIALOGUE NUMBER SIX

NAR 1:   Mario, este junio mi familia y yo vamos de vacaciones en la Florida. Mis padres me han dicho que puedo invitar a alguien para acompañarme. ¿Quieres venir con nosotros?

NAR 2:   ¡Hombre! ¡Qué hay de no querer! Vivía en Miami cuando era joven, antes de mudarnos aquí. Aunque actualmente no tengo ninguna familia allí, todavía conozco bien esa parte del estado. Puedo enseñarles algunos lugares fantásticos. Por supuesto, acepto.

NAR 1:   ¡Estupendo! Les diré a mis padres que puedes. Si conoces a algunos lugares divertidos, seguramente los visitaremos. También he oído decir que el buceo es fantástico.

NAR 2:   Ya lo creo. Cuando vivía allí íbamos todos los fines de semana a un arrecife cerca del parque nacional que hay allí. Es increíble la diversidad de la naturaleza submarina que se encuentra bajo las olas.

NAR 1:   Bueno. ¡Qué venga pronto el junio! Pero antes de ir tenemos que aguantar seis meses más de tedio aquí en clases.

Número 1.   ¿En qué estación están los chicos al momento de hablar en este diálogo?

Número 2.   ¿Por qué le gustaría a Mario acompañar a su amigo?

Número 3.   ¿Qué piensan hacer durante las vacaciones?

COMMENTARY

1. In which season does the conversation take place? Do not jump to the conclusion that the question asks what season they are talking about, which is the summer. In the dialogue at the end the speakers both lament having to wait another six months before going on vacation, *aguantar seis meses*, which means that it is still winter. The trip is planned for June. The correct answer is **D**, since six months before June is still winter.

2. Why would Mario particularly like to go with his friend? They talk about the fact that Mario lived in Miami before, and discuss his leisure activities there, but the speaker states that none of his family still lives there. The mention of the words *familia, lugares fantásticos,* and *buceo* can mislead you if you do not pay attention to the verbs that accompany them. The correct answer is **D**, which sums up all the things that Mario did while he lived in South Florida.

3. The third question asks what they plan to do while on vacation. From the references to the beach and the sea, indicated by the words *buceo, arrecife, olas,* and *naturaleza submarina*, the venue is obviously a beach. And Miami is located on the coast. However, in the alternatives given, the words *playa, olas,* and *familia* are misleading. The word *submarina*, although it is mentioned in the dialogue, qualifies where they are going. The diving, and the marine life of the reef are the activities of choice. The word *submarina* in this case serves to define the place they are going to visit. The correct answer is **B**.

DIALOGUE NUMBER SEVEN

NAR 1: Gloria, ¿oíste lo de Raquel? María me dijo que la vio en el disco con Ramón. Y Enrique estuvo con otra.

NAR 2: ¡No me digas! ¿Cuándo supiste esto? Acabo de hablar con María y ella no me dijo nada.

NAR 1: Pues cuando hablé con ella anoche me lo dijo. Quizá no fuera Ramón sino otro el que la acompañaba. No puedo creer que la dejara por otra porque llevaban tantos años juntos.

NAR 2: Sí, sería una lástima si se hubieran separado. Parecía la pareja perfecta. Pero nunca se sabe. Nunca se puede confiar en los chismes ni rumores, pero la semana pasada no más lo vi a Enrique paseándose con Elena Ramírez por la plaza después de las clases.

NAR 1: ¿De veras? Entonces Raquel hubiera tenido buena razón para despedirse de él. Ella no soportaría que saliera con otra y ella no se quejaría de él porque es muy buena.

NAR 2: Tienes razón. Pues, sabremos por cierto este fin de semana cuando vamos al baile a la escuela. Si ella viene con Ramón otra vez entonces sabremos que se acabó con Enrique.

Número 1. ¿De qué hablan las chicas?

Número 2. ¿Qué le pasó a Raquel?

Número 3. ¿Por qué les sorprende a las chicas que Enrique haya salido con otra?

Número 4. ¿Cómo averiguarán la verdad de la relación amorosa de su amiga?

COMMENTARY

1. The first question asks what the topic of conversation is. The two friends are gossiping about another friend and her apparent breakup with a boyfriend. They have heard from a friend that Raquel's old boyfriend was at a party with another girl. They are trying to figure out what is going on with their friend Raquel. The correct answer is **B**. Although some of the choices are partially correct, partly correct information is not the best answer to the question. Throughout the whole conversation, the topic is who Raquel is dating, or who her old boyfriend is dating. **B** is the only answer that deals with the topic of the whole conversation, not just part of it.

2. The answer to the second question is **A**. What really happened with Raquel is only conjecture on the part of the two who are speaking. The use of the conditional in the choices of answers is a clue. Nowhere in the conversation do the two girls indicate that they really know what has happened with Raquel. The only thing that they know for certain is that Enrique and Raquel had been friends for a long time.

3. Relating to the third question, one of the speakers mentions at the beginning that Raquel and Enrique had dated for a long time. Later in the conversation one of the speakers speculates that Raquel would not put up with Enrique going out with someone else. That they spent the whole conversation talking about the topic also means that they do not know what to make of the situation. The correct answer is **D**.

4. The two finally decide that the only way to really know is to go to a party that weekend and see who comes with whom. Do not be mislead by the repetition of some parts of dialogue, such as *dance that weekend*, which can be combined with other erroneous information in incorrect responses. The correct answer is **B**; the two are going to go to the party to see if Enrique comes with another girl. Then they will know that their friend, Raquel, and Enrique are no longer seeing each other.

DIALOGUE NUMBER EIGHT

CD 1
Track
9

NAR 1: Esa tormenta que pasó por aquí anoche fue la más espantosa que jamás he visto en la vida. Perdimos toda la electricidad y llovió a cántaros con un rato de granizos que destruyeron todo, todo lo que tuvimos en el huerto. ¿Sufrieron ustedes mucho daño?

NAR 2: Era igual con nosotros. Y lo peor sucedió cuando tratamos de abrir los grifos en la cocina y no salió nada, ni una gota de agua. Pasamos una noche muy mala.

NAR: 1 ¡Ya lo creo! Y con todo el tronar y relampaguear los pobres niñitos se agarraron de mi esposo y de mí toda la noche por el susto que tuvieron.

NAR 2: Gracias a Dios los míos tienen bastante edad para no temer tanto el ruido. De veras fue el mayor espectáculo pirotécnico que jamás hayamos visto. Y esta mañana ¡fíjate cuánto brilla el sol, como si no hubiera pasado ni una nube por el cielo!

NAR 1: Sí, se siente la limpieza del aire esta mañana. ¿Y ahora? ¿Les han restablecido el agua?

NAR 2: Llamamos al ayuntamiento para decirles de nuestro problema y nos prometieron volver a ponérnosla esta misma mañana. Sería en buena hora porque hoy tengo que lavar mucha ropa sucia.

Número 1. ¿Qué acontecimiento comentan estas mujeres?

Número 2. ¿De qué edad son los hijos de la segunda narradora?

Número 3. ¿Qué molestia adicional ha sufrido la segunda narradora?

Número 4. ¿Qué remedio hay para el problema de la segunda narradora?

COMMENTARY

1. The first question essentially asks what happened the night before. From the comments that the two speakers make, it is apparent that there was a tremendous storm, with much damage from hail. The first speaker tells about what happened in her house with the small children. The thunder and lightning (*trueno* and *relámpago*) frightened the children because they are small. The second speaker remarks that it reminded her of a fireworks display. (*Pirotécnica* refers to fireworks.) The answers that contain references to happenings that make loud noises are misleading. The topic of the whole conversation is the storm. The correct answer is **D**.

2. What are the ages of the second speaker's children? Part of the contrast between the two speakers and how they react to the storm has to do with how their children react. As you listen, create in your mind a profile of each speaker. For the first one you would notice that she has younger children, and her experience was more stressful because the little children were so frightened that they clung to their parents all night. The second speaker has children who are older, so they were not so frightened, but she was similarly inconvenienced by the storm although for different reasons. She says her children were not frightened. In the possible answers, if you do not recognize the word *nene*, you can deduce that **C** is the right answer anyway, because none of the other answers is correct. Sometimes you need to use the process of elimination to arrive at a correct answer.

3. The third question asks for specific information about what happened to the second speaker. She answers this question at the beginning of the conversation, and at the end. The worst part of the storm was the loss of water in the house. She indicates that they still do not have water when she says that she has called the city and that she has washing to do. The correct answer is **B**.

4. When can the second speaker expect to have her service restored? The answer is in the expression, *esta misma mañana*. One choice contains the word, *misma*, and another contains the word *mañana*. The dialogue says *this very morning*, which means that choice **A** is correct. (One of the words to remember from this dialogue is *grifo*, which means *faucet*.)

DIALOGUE NUMBER NINE

NAR 1:   Papá, ¿qué pasa? Hace unos minutos cuando iba a ducharme, abrí el grifo y oí grandes ruidos de la tubería.

NAR 2:   Parece que había aire en los tubos porque, cuando no hay buena presión en el sistema, entra el aire en los tubos y suena al abrirse el grifo.

NAR 1:   ¿Entonces no hay problema y puedo ducharme?

NAR 2:   Claro, niña. No te hace daño alguno. Y no te espantes del ruido. Sólo significa que están trabajando en las líneas del servicio por alguna parte.

NAR 1:   Gracias, papá. Estaba segura de que sabrías algo. Ya voy a ducharme antes de que Enrique venga para usar el baño.

NAR 2:   Pues ten prisa, chica, porque ya son las siete y tu hermano se levanta a esta hora.

Número 1. ¿Por qué habla la chica con su papá?

Número 2. ¿Por qué suenan los tubos?

Número 3. ¿Por qué tendrá ella que tener prisa?

COMMENTARY

1. The first question asks the general topic, which is why there is so much noise in the pipes when the first speaker takes a shower. She does not know what to make of all the noise. Her father explains the reason and tells her not to worry. She will have to hurry, but that is not the main idea of the conversation. Choice **B** is not the correct answer. The other choices repeat words from the dialogue, but not in an answer to the question. Her father is not a plumber, nor is she asking her father to tell her brother to wait. The correct answer is **A**.

2. The second question asks for specific information about the problem. Her father explains the reason for all the noise that has frightened the girl. The correct answer is **B**. Other phrases are misleading in these choices, such as *tubería, grifo,* and *obreros.*

3. Why does she have to hurry? *Tener prisa* is a key expression here. Even if you do not know the expression, when she says that Enrique is getting up soon and will want to bathe, too, she is really saying that she will have to hurry. Her father reiterates the idea when he notices that it is time for Enrique to get up. The correct answer is **D**.

DIALOGUE NUMBER TEN

NAR 1:   Estas pastillas que me recetó usted no aliviaron los síntomas. Pasé toda la noche con tos y dormí muy mal.

NAR 2:   Ya veo que tiene temperatura elevada. A ver qué oigo en los pulmones mientras ausculto la respiración. Ahora, respire despacio, por favor.

(Sound of deep breathing)

Em-m-m. Parece que todavía tiene mucha congestión. Tratemos otro remedio. Hay una marca nueva de jarabe que quizá le ayude. Tome Ud. dos cucharadas antes de acostarse esta noche y mañana cuando se levante tome dos más.

NAR 2:   Se lo agradecería si pudiera darme algo para que pudiera dormir esta noche. Estoy tan cansado por no dormir bien. Y la otra medicina produjo alucinaciones espantosas.

NAR 1:   Probemos ésta, entonces, y veremos si usted se mejora mañana. Si no se mejora dentro de dos días, llámeme otra vez. Con el jarabe le recomiendo mucho descanso y muchos líquidos.

Número 1. Dados los síntomas, ¿qué tendrá el paciente?

Número 2. ¿Qué le sugiere el médico que haga el paciente?

Número 3. ¿Qué resultado espera el médico de la nueva receta?

COMMENTARY

1. There are probably some unfamiliar words in this dialogue. But from the words that are familiar, you know that a doctor is talking to a patient who has returned because the doctor gave him something the first time that did not work. The man says that he is still sick, and the doctor listens to his lungs again. There are enough cognates in the dialogue, such as *pulmones, temperatura, respiración,* and *líquidos,* that you get the general idea. The doctor listens to his lungs, which can be deduced from the words *respirar* and the sound of the man breathing deeply. Remember to listen for clues that are nonverbal in the dialogues. They will help fill in gaps where there are words you may not know, such as *auscultar.* The correct answer is **C**.

2. The second question asks what the doctor's recommendation is. You need to listen carefully for the subjunctive in this dialogue. The doctor uses it when he tells the patient what to take for his illness. He uses it in the first person plural: *tratemos* and *probemos.* The doctor suggests a new cough syrup, then tells the man to rest and drink plenty of liquids. Phrases from the dialogue are combined with other phrases to give incorrect choices. The new product is a *jarabe.* The man is supposed to rest, but that is not all there is to the recommendation. The correct answer is **C**.

3. The answer to the third question is that the man should get some relief by the next day, but that if he is not much better after another two days, he is to call back. This is essentially what is stated in **C**, the correct answer. The other choices mention the next day, but the doctor uses the future to express a "wait and see" attitude.

DIALOGUE NUMBER ELEVEN

NAR 1: ¿Qué tal te parece la nueva estrella del programa *La Vida Secreta de Pepita Jiménez,* Isabel?

NAR 2: ¿El que estrenó anoche? Me sorprendió que le dieran ese papel a ella. Antes la había visto en otro programa documental. Lo interpretó bien pero era otro tipo de personaje que el que hizo anoche.

NAR 1: Concurro por completo. Se esforzó mucho para lograr una representación válida. No obstante, dio una interpretación muy emocionante.

NAR 2: De acuerdo. Este papel era mucho más difícil que el otro por ser tan distinto de su tipo. Aun con todo el maquillaje y las pestañas postizas y todo, en mi opinión no logró el efecto deseado. También la producción carecía de redacción, con tantas escenas tan lentas.

Número 1. ¿De qué hablan estas jóvenes?

Número 2. ¿Qué comparación hacen?

Número 3. ¿Cómo se diferencia la última interpretación de la primera?

COMMENTARY

1. The first question asks about the topic. There are references to documentaries, stars, shows, programs, productions, and scenes. There are several false cognates in the dialogue, also, such as *interpretación, papel, personaje, emocionante,* and *representación.* Nevertheless, the topic throughout is the acting ability of a certain actress. The correct answer is **D**.

2. The second question asks about the comparison that the speakers make between the two shows in which they have seen this actress. The first is a documentary and the second is a drama of some sort that has required a lot of makeup, even false eyelashes. They both agree that the first program, which was a documentary, was more convincing, but they agree that the second was very moving. They also agree that the roles were very different. Notice that *papel* in this context means *role,* or *part* in a play or film. From the choices that are given, **A** is the only correct one.

3. The third question asks for specific information about the last program and what characterized it and distinguished it from the first one. All the information at the end of the conversation indicates that the second program was more difficult probably because the actress had to make more changes in the way she looked. The correct answer is **B**. Be sure to notice the negatives and do not be misled by looking for the repetition of exact words.

Chapter 2
ANSWER SHEET FOR SHORT NARRATIVES

Group One, Narrative One

1 Ⓐ Ⓑ Ⓒ Ⓓ
2 Ⓐ Ⓑ Ⓒ Ⓓ
3 Ⓐ Ⓑ Ⓒ Ⓓ
4 Ⓐ Ⓑ Ⓒ Ⓓ

Group One, Narrative Two

1 Ⓐ Ⓑ Ⓒ Ⓓ
2 Ⓐ Ⓑ Ⓒ Ⓓ
3 Ⓐ Ⓑ Ⓒ Ⓓ
4 Ⓐ Ⓑ Ⓒ Ⓓ

Group Two, Narrative One

1 Ⓐ Ⓑ Ⓒ Ⓓ
2 Ⓐ Ⓑ Ⓒ Ⓓ
3 Ⓐ Ⓑ Ⓒ Ⓓ
4 Ⓐ Ⓑ Ⓒ Ⓓ

Group Two, Narrative Two

1 Ⓐ Ⓑ Ⓒ Ⓓ
2 Ⓐ Ⓑ Ⓒ Ⓓ
3 Ⓐ Ⓑ Ⓒ Ⓓ
4 Ⓐ Ⓑ Ⓒ Ⓓ

Group Three, Narrative One

1 Ⓐ Ⓑ Ⓒ Ⓓ
2 Ⓐ Ⓑ Ⓒ Ⓓ
3 Ⓐ Ⓑ Ⓒ Ⓓ
4 Ⓐ Ⓑ Ⓒ Ⓓ

Group Three, Narrative Two

1 Ⓐ Ⓑ Ⓒ Ⓓ
2 Ⓐ Ⓑ Ⓒ Ⓓ
3 Ⓐ Ⓑ Ⓒ Ⓓ
4 Ⓐ Ⓑ Ⓒ Ⓓ

Group Four, Narrative One

1 Ⓐ Ⓑ Ⓒ Ⓓ
2 Ⓐ Ⓑ Ⓒ Ⓓ
3 Ⓐ Ⓑ Ⓒ Ⓓ
4 Ⓐ Ⓑ Ⓒ Ⓓ

Group Four, Narrative Two

1 Ⓐ Ⓑ Ⓒ Ⓓ
2 Ⓐ Ⓑ Ⓒ Ⓓ
3 Ⓐ Ⓑ Ⓒ Ⓓ
4 Ⓐ Ⓑ Ⓒ Ⓓ

Group Five, Narrative One

1 Ⓐ Ⓑ Ⓒ Ⓓ
2 Ⓐ Ⓑ Ⓒ Ⓓ
3 Ⓐ Ⓑ Ⓒ Ⓓ
4 Ⓐ Ⓑ Ⓒ Ⓓ

Group Five, Narrative Two

1 Ⓐ Ⓑ Ⓒ Ⓓ
2 Ⓐ Ⓑ Ⓒ Ⓓ
3 Ⓐ Ⓑ Ⓒ Ⓓ
4 Ⓐ Ⓑ Ⓒ Ⓓ

Group Six, Narrative One

1 Ⓐ Ⓑ Ⓒ Ⓓ
2 Ⓐ Ⓑ Ⓒ Ⓓ
3 Ⓐ Ⓑ Ⓒ Ⓓ
4 Ⓐ Ⓑ Ⓒ Ⓓ

Group Six, Narrative Two

1 Ⓐ Ⓑ Ⓒ Ⓓ
2 Ⓐ Ⓑ Ⓒ Ⓓ
3 Ⓐ Ⓑ Ⓒ Ⓓ
4 Ⓐ Ⓑ Ⓒ Ⓓ

Group Seven, Narrative One

1 Ⓐ Ⓑ Ⓒ Ⓓ
2 Ⓐ Ⓑ Ⓒ Ⓓ
3 Ⓐ Ⓑ Ⓒ Ⓓ
4 Ⓐ Ⓑ Ⓒ Ⓓ

Group Seven, Narrative Two

1 Ⓐ Ⓑ Ⓒ Ⓓ
2 Ⓐ Ⓑ Ⓒ Ⓓ
3 Ⓐ Ⓑ Ⓒ Ⓓ
4 Ⓐ Ⓑ Ⓒ Ⓓ

Group Eight, Narrative One

1 Ⓐ Ⓑ Ⓒ Ⓓ
2 Ⓐ Ⓑ Ⓒ Ⓓ
3 Ⓐ Ⓑ Ⓒ Ⓓ
4 Ⓐ Ⓑ Ⓒ Ⓓ

Group Eight, Narrative Two

1 Ⓐ Ⓑ Ⓒ Ⓓ
2 Ⓐ Ⓑ Ⓒ Ⓓ
3 Ⓐ Ⓑ Ⓒ Ⓓ
4 Ⓐ Ⓑ Ⓒ Ⓓ

Group Nine, Narrative One

1 Ⓐ Ⓑ Ⓒ Ⓓ
2 Ⓐ Ⓑ Ⓒ Ⓓ
3 Ⓐ Ⓑ Ⓒ Ⓓ
4 Ⓐ Ⓑ Ⓒ Ⓓ

Group Nine, Narrative Two

1 Ⓐ Ⓑ Ⓒ Ⓓ
2 Ⓐ Ⓑ Ⓒ Ⓓ
3 Ⓐ Ⓑ Ⓒ Ⓓ
4 Ⓐ Ⓑ Ⓒ Ⓓ

Short Narratives
(Section I, Part A)

For practice on this part of listening comprehension, you will be asked to listen to two short narratives, lasting a few minutes. After each narrative there will be some questions about what you have just heard. The narratives will cover a wide range of topics, many of them about a cultural topic.

Some strategies for you to use on this section are:

1. Listen for words that indicate the topic in the first sentence. The word may be a noun or verb that indicates the name of the topic, or what is happening.

2. Once you have the topic in mind, listen for details about place, time, and characters. If you can sort and file this information as you hear it, you will remember it better. Listen for information that answers the questions: *who, what, when,* and *where.*

3. Listen for information about how something is done, reasons why something is happening, or what purpose is served. This information answers the questions *how, what for,* and *why.*

4. Pay particular attention to any social and/or cultural references that may appear. Often such information will help you interpret correctly what happens in the narrative.

5. Draw conclusions based on the information you hear.

After each question, you will have about 12 seconds to select an answer from among the choices printed in your book.

Listen to the narrative and answer the questions. Then, if you have difficulty understanding the narrative because of vocabulary, check the commentary that accompanies each narrative to see what vocabulary you need to know. Check the short list of words before looking at the transcript for the passage. You should not translate the whole selection, but instead focus on the ideas that the words communicate. You need to learn how to work around words you do not know because there will inevitably be some on the exam. Use these short narratives for listening practice to learn more vocabulary. Many of these words may appear in other sections to give you more chances to learn them.

There are eighteen short narratives arranged in groups of two for practice in this part of the book.

Directions: The following part consists of a series of Short Narratives. When you have finished listening to each narrative, you will hear a series of questions about the selection you have just heard. Study the multiple choices provided on the second page of Chapter 2. Select the best answer from among the four choices and indicate your answer on the answer sheet provided two pages earlier.

Group One, Narrative One

1. (A) Las visitas de viajeros a los Estados Unidos.
   (B) El sentido de humor de los estadounidenses.
   (C) Las noticias en los periódicos.
   (D) Las faltas de algunos diarios.

2. (A) Los redactores de los periódicos.
   (B) Viajeros que llegan de otros países.
   (C) Ciudadanos de Nueva York.
   (D) Los historiadores de periódicos.

3. (A) El hecho de que sólo tres de los mayores periódicos no la tiene.
   (B) El hecho de que los domingos hay una sección mucho más amplia.
   (C) El hecho de que una vez a la semana se imprimen en colores.
   (D) Todas estas razones.

4. (A) La fantasía tiene más atractivo que la realidad.
   (B) Los lectores sólo compran los diarios con historietas.
   (C) A los lectores les gusta leer páginas frívolas.
   (D) Los lectores de periódicos no tienen ningún interés en la historia.

Group One, Narrative Two

1. (A) El papel de las mujeres en las corridas.
   (B) La historia de algunas "figuras" en las corridas.
   (C) La cuestión de qué país tiene los mejores toreros.
   (D) Por qué son tan populares las corridas.

2. (A) Las mujeres vinieron desde el principio.
   (B) Las mujeres podían venir con tal que se disfrazaran.
   (C) Las mujeres no asistieron a las corridas.
   (D) Si los hombres las llevaban, podían asistir.

3. (A) Hoy las mujeres tienen que disfrazarse.
   (B) Hoy las mujeres son algunas de las "figuras" más ilustres.
   (C) Hoy las mujeres participan plenamente en el espectáculo.
   (D) Hoy al público le da igual si el torero es hombre o mujer.

4. (A) A todos los aficionados les gusta que haya mujeres-toreros.
   (B) Muchos aficionados creen que una corrida con mujer-torero no es corrida.
   (C) A los del hemisferio occidental les gusta ver mujeres en la corrida.
   (D) Los aficionados se dan cuenta de que el cambio significa un avance.

Group Two, Narrative One

1. (A) Era gran dibujante.
   (B) Era sociólogo muy importante.
   (C) Era periodista.
   (D) Era gran cómico.

2. (A) Retrató a todas las calaveras.
   (B) Pintó retratos de personas ricas.
   (C) Dibujó diseños de todas las clases étnicas y sociales.
   (D) Pintó a mexicanos extraordinarios.

3. (A) Los hombres y las mujeres que le rodeaban le pidieron que los pintase.
   (B) Vivía en un pueblo pequeño y no vio a otra gente.
   (C) Lo diario era lo que vio todos los días, lo que conocía mejor.
   (D) Publicó sus diseños en varios tipos de publicaciones.

4. (A) En las calaveras vio su propio destino, el cual lo alcanzaría si lo quisiera o no.
   (B) Representan una actitud dinámica hacia la vida y una resignación hacia la muerte.
   (C) Las figuras bailando menosprecian la muerte.
   (D) Los mexicanos no se preocupan por la muerte, sólo enfocan la vida.

Group Two, Narrative Two

1. (A) Diseño de ropa.
   (B) Fabricación de ropa a mano.
   (C) Producción de diseños interesantes.
   (D) Tejeduría de diseños.

2. (A) Usaron materias vegetales principalmente.
   (B) Utilizaron cualquier materia que se encontraba en su región.
   (C) Emplearon material de animales en su mayoría.
   (D) Usaron lo que les trajeron los turistas.

3. (A) Mostraban el tipo de animal que había en la región.
   (B) Mostraban quién era el fabricante.
   (C) Mostraban de dónde era el que los produjo.
   (D) Mostraban la riqueza del fabricante.

4. (A) Los turistas pueden comprarlos muy barato.
   (B) La manera de producir los diseños es muy antigua.
   (C) Algo hecho a mano es de mejor calidad que algo hecho a máquina.
   (D) La elaboración de diseños revela la tradición indígena del artista.

Group Three, Narrative One

1. (A) Se ve su nombre por todas partes: de la emisora de radio de La Habana al aeropuerto.
   (B) Llegó a ser presidente de Cuba.
   (C) Soñó con la libertad de Cuba de la dominación de los españoles.
   (D) Viajaba por muchos países para visitar a los cubanos en el extranjero.

2. (A) No se relacionaba bien con otras personas.
   (B) Era gran poeta.
   (C) La policía lo odiaba.
   (D) Los españoles lo acusaron de traición.

3. (A) Quería ver el país de sus antepasados.
   (B) Tenía que salir de Cuba porque los españoles lo temían.
   (C) Necesitaba terminar sus estudios en España.
   (D) Porque era poeta famoso, todos lo invitaron a visitar.

4. (A) Los españoles lo mataron en Cuba.
   (B) Martí mató a unos españoles.
   (C) Publicó poesía patriótica en Cuba.
   (D) Los españoles lo invitaron a volver a Cuba.

Group Three, Narrative Two

1. (A) Es una zona del campo.
   (B) Es una república indígena.
   (C) Es un idioma indígena.
   (D) Es un tipo de poesía.

2. (A) Los españoles se veían sometidos lingüísticamente por los indios.
   (B) En este país todavía se usa el guaraní entre la gente.
   (C) Los españoles insistieron en que todos los indios aprendieran su lengua.
   (D) Los indios aprendieron a hablar el español principalmente.

3. (A) El guaraní es alto y colorado, y habla bien.
   (B) El guaraní es muy lírico y suena bien.
   (C) El guaraní es muy abstracto.
   (D) Se usa el guaraní para la actuación de leyes nacionales.

4. (A) Los indios no lo usan mucho corrientemente.
   (B) Los españoles no aprecian sus características buenas.
   (C) El español es más poético a causa del uso de vocablos guaraníes.
   (D) Se usa más y más el español por falta de palabras indígenas para expresar algunas cosas nuevas.

Group Four, Narrative One

CD 1
Track
19

1. (A) Los últimos días del imperio incaico.
   (B) El descubrimiento de la ciudad perdida del último rey de los incas.
   (C) La vida diaria de los indios de Machu Picchu.
   (D) La misteriosa historia de una ciudad abandonada.

2. (A) Creía que había encontrado el refugio de Manco Capac.
   (B) Creía que había descubierto un emplazamiento fortificado de los incas.
   (C) Creía que había encontrado un centro de un gobernador.
   (D) Creía que había encontrado un centro agrícola muy grande.

3. (A) Había muchas noticias de visitas por los españoles.
   (B) No se sabía absolutamente nada de la ciudad antes de 1911.
   (C) Había mención del lugar unas pocas veces en archivos.
   (D) Hiram Bingham sabía por investigaciones suyas en los archivos.

4. (A) Fue una ciudad muy próspera en su época.
   (B) Fue una ciudad situada en un lugar peligroso, por eso fue abandonada.
   (C) Definitivamente fue una ciudad fortificada, el último refugio de Viracocha.
   (D) Fue un jardín puesto en la cumbre de una montaña.

Group Four, Narrative Two

CD 1
Track
20

1. (A) Era creador de un movimiento literario.
   (B) Era embajador nicaragüense a muchos otros países.
   (C) Era periodista que viajaba para escribir de sus visitas a otros países.
   (D) Era sacerdote nicaragüense.

2. (A) Después de cambiar su nombre, salió de Metapa.
   (B) Cuando había escrito unos libros de poesías, salió.
   (C) Cuando ya era famoso empezó a viajar.
   (D) Cuando otros poetas lo invitaron a visitarlos, salió de Nicaragua.

3. (A) Era *Azul.*
   (B) Era un grupo de hombres que creían en el progreso.
   (C) Era una nueva manera de escribir literatura.
   (D) Era un libro de poemas que escribió Darío.

4. (A) Era el vehículo por el cual Darío se hizo famoso.
   (B) Era para estimular interés en la literatura otra vez.
   (C) Era para promover la industrialización de los países del hemisferio.
   (D) Era una manera de estrechar las relaciones entre países.

Group Five, Narrative One

1. (A) Ciudad y campo.
   (B) Baile y vaquero.
   (C) Tango y gaucho.
   (D) Martín y Fierro.

2. (A) Estas imágenes tienen raíces en la época colonial.
   (B) Estas imágenes brotan de la cultura popular del país.
   (C) Estas imágenes vienen de la aristocracia.
   (D) Unos autores argentinos las crearon.

3. (A) Martín Fierro era tanguero famoso.
   (B) Martín Fierro era un gaucho ficticio.
   (C) Martín Fierro era una persona verdadera.
   (D) Martín era un símbolo de la vida civilizada de la ciudad.

4. (A) Actualmente los gauchos auténticos no existen.
   (B) Ahora las dos instituciones son estereotipos de lo que antes eran.
   (C) Hoy en día se encuentran muchos gauchos y clubs de tango.
   (D) El tango es tan popular como antes.

Group Five, Narrative Two

1. (A) Los olmecas eran de Vera Cruz.
   (B) Los olmecas eran de La Venta.
   (C) No se sabe precisamente de dónde eran.
   (D) Se sabe que viajaban mucho en el sur de México.

2. (A) Dejaron unas esculturas enormes y enigmáticas.
   (B) En La Venta había un mercado.
   (C) Hay enormes cabezas labradas en jade.
   (D) Dejaron folletos con fotografías de sus monumentos.

3. (A) Las imágenes de las cabezas aparecen en muchas publicaciones.
   (B) En el mercado los mexicanos muestran sus esculturas.
   (C) Los restos de los olmecas se ven por muchas partes.
   (D) Los olmecas promovieron el turismo.

4. (A) Los llamamos por el nombre usado entre los indios antiguos.
   (B) Sin saber cómo se llamaban, los llamamos olmecas.
   (C) Los llamamos por el nombre de su lugar original históricamente.
   (D) Los llamamos olmecas porque se llamaban a sí mismos por este nombre.

Group Six, Narrative One

1. (A) Un grupo de mujeres con interés en política.
   (B) Un grupo de mujeres en el Congreso Nacional.
   (C) Un grupo de mujeres que quería conquistar una asamblea.
   (D) Un grupo de mujeres reunidas para promover cambios sociales.

2. (A) Por menos de medio siglo.
   (B) Por unos treinta años.
   (C) Por unos cuarenta años.
   (D) Por unos sesenta años.

3. (A) Que las mujeres tengan los derechos de cualquier ciudadano.
   (B) Sólo que las mujeres tengan el derecho de votar.
   (C) Que las mujeres tengan oportunidades económicas.
   (D) Que las mujeres puedan andar por cualquier camino.

4. (A) La Comisión ha realizado todos los sueños de las mujeres.
   (B) La Comisión ha eliminado la discriminación por todas partes.
   (C) Todas las mujeres del continente pueden participar en las elecciones.
   (D) Ahora las mujeres pueden trabajar dondequiera lo deseen.

Group Six, Narrative Two

1. (A) Los españoles querían colonizar la Florida.
   (B) Los españoles necesitaban el territorio para protegerse.
   (C) Los españoles querían conquistar el territorio.
   (D) Los españoles esperaron encontrar riquezas.

2. (A) El poder se trasladaba de un lado a otro varias veces.
   (B) Las dos casi siempre han mantenido gran competencia.
   (C) Las dos nunca se llevaron bien.
   (D) Las dos esperan estrechar las relaciones más en el futuro.

3. (A) Los indios inmigraron a Cuba de la Florida.
   (B) Los españoles inmigraron a la Florida de Cuba.
   (C) Los españoles inmigraron de la Florida a Cuba.
   (D) Los ingleses inmigraron a Cuba de San Agustín.

4. (A) Como si fueran extranjeros en la Florida.
   (B) Como si fueran los nuevos conquistadores.
   (C) Como si fueran dueños de la propiedad.
   (D) Como si estuvieran volviendo a sus raíces.

Group Seven, Narrative One

1. (A) Eran una gente indígena de Centroamérica.
   (B) Eran unos dioses guatemaltecos.
   (C) Eran un grupo de bailadores.
   (D) Eran figuras literarias del *Popol Vuh*.

2. (A) Se cuenta la literatura precolombina.
   (B) Se cuenta una narración de la creación de unos programas.
   (C) Se cuenta la geografía de las altiplanicies guatemaltecas.
   (D) Se cuenta el origen de la raza.

3. (A) Se ha creado un libro de extraordinaria popularidad.
   (B) Se han creado varias representaciones artísticas.
   (C) Se ha creado un cuerpo humano.
   (D) Se ha producido una serie de programas para la televisión.

4. (A) De tierra y alimentos.
   (B) De carne de animales.
   (C) De materia vegetal.
   (D) De barro y madera.

Group Seven, Narrative Two

1. (A) La historia de una casa.
   (B) La historia de los amores de Bolívar.
   (C) La historia de un hotel.
   (D) La historia del héroe nacional de Colombia.

2. (A) Menos de cinco años.
   (B) Diez años.
   (C) Veinte años.
   (D) Toda su vida.

3. (A) Representaba un refugio de los que querían matarlo.
   (B) Representaba un lugar muy agradable para descansar.
   (C) Representaba la escena de gran felicidad doméstica.
   (D) Representaba un regalo para José Ignacio París.

4. (A) José Ignacio París la heredó por sus años de servicio a Bolívar.
   (B) Doña Matilde Baños recibió el título de Simón Bolívar.
   (C) Doña Manuela Sáenz la recibió por ser compañera de Bolívar tantos años.
   (D) Después de muchos años, pasó al uso público.

Group Eight, Narrative One

1. (A) Gonzalo Fernández de Oviedo.
   (B) Vasco Núñez de Balboa.
   (C) Bernardino de Sahagún.
   (D) Un novelista que presenció la exploración.

2. (A) Fernández había exagerado la historia.
   (B) Vasco Núñez de Balboa no quería compartir el tesoro.
   (C) La naturaleza reveló lo que la historia había olvidado.
   (D) Balboa se interesó más de su descubrimiento del mar.

3. (A) Que los historiadores no mienten.
   (B) Que los españoles tenían buena imaginación.
   (C) Que los indios eran fantásticos.
   (D) Que no quedan tesoros escondidos en ese momento.

4. (A) Reveló que los ríos son importantes para ayudar a descubrir tesoros.
   (B) Reveló que los historiadores no decían todo lo que sabían.
   (C) Reveló que Balboa era muy avaro.
   (D) Reveló que los indios poseían una civilización avanzada.

Group Eight, Narrative Two

1. (A) Descubrió un nuevo tipo de café.
   (B) Descubrió características beneficiosas al café.
   (C) Descubrió un polvo en su café.
   (D) Descubrió una taza de café desecado.

2. (A) Después de unos días todo el agua se había evaporado.
   (B) Puesto que lo dejó en el jardín, alguien se había bebido todo el café.
   (C) Alguien había derramado el café, dejando nada más que polvo en la taza.
   (D) Descubrió todo el líquido en la taza cubierto con una capa de polvo.

3. (A) Añadió el polvo a un residuo para reconstituirlo.
   (B) Puso los residuos en agua muy caliente.
   (C) Mezcló el polvo con otros residuos.
   (D) Mezcló agua con granos de café.

4. (A) El café al instante es tan popular como antes.
   (B) El café soluble todavía se hace de granos de café.
   (C) Se produce el café soluble en jardines, secándose al sol.
   (D) Todavía se hace mezclando agua y polvo.

CD 1
Track
29

Group Nine, Narrative One

1. (A) Pidió una audiencia con el rey.
   (B) Pidió que le dejara estudiar las ciencias sociales en América.
   (C) Pidió que le diera dinero para explorar las Américas.
   (D) Pidió que el rey le otorgara permiso para explorar en América.

2. (A) Exploró la topografía del continente.
   (B) Se especializó en el estudio de los sistemas fluviales.
   (C) Exploró todos los aspectos de la naturaleza americana.
   (D) Investigó cuántos tipos de plantas desconocidas había en América.

3. (A) La falta de mapas e información del territorio era un obstáculo.
   (B) Las selvas eran impenetrables.
   (C) Las autoridades americanas le impidieron que continuara.
   (D) Le costó mucho transportar tantas plantas.

4. (A) Encontró doce mil tipos de plantas en el territorio del Amazonas.
   (B) Pasó treinta años en viajes de exploración en las Américas.
   (C) Escribió de todos sus descubrimientos en cartas al rey Carlos IV.
   (D) Contribuyó más al conocimiento de la naturaleza que cualquier otro científico previo.

CD 1
Track
30

Group Nine, Narrative Two

1. (A) La construcción del *Metro* mexicano.
   (B) Los resultados de las excavaciones para el *Metro*.
   (C) La recuperación del pasado por la tecnología.
   (D) La muerte de aves y gente en los tiempos precolombinos.

2. (A) Solamente artefactos religiosos.
   (B) Piezas de todo tipo.
   (C) Estatuas extraordinarias.
   (D) Ejemplos de arquitectura azteca.

3. (A) El alto nivel y variedad de producción artística azteca.
   (B) La vida cotidiana que se veía representada artísticamente.
   (C) La variedad de especies de aves que representaban las ofrendas.
   (D) El aspecto puramente religioso de la vida azteca.

4. (A) Revelaron el carácter esencialmente religioso de la vida precolombina.
   (B) Revelaron la difusión de la práctica del sacrificio humano.
   (C) Revelaron aspectos antes desconocidos sobre la vida y religión aztecas.
   (D) Revelaron la dificultad de construcción en zonas metropolitanas.

**END OF
CD 1**

Scripts and Commentaries

GROUP ONE, NARRATIVE ONE

En cuanto al fenómeno de las historietas cómicas, se llaman de este modo aunque a veces no son ni cómicas ni tienen nada que ver con historietas. Pero no hay visitante de los Estados Unidos que comprenda la mágica fascinación que ejercen las historietas cómicas, o tiras cómicas, sobre millones de personas. Con las excepciones del *New York Times, Wall Street Journal,* y *USA Today,* no hay diario neoyorquino que olvide sus correspondientes historietas. Los diarios presentan múltiples historietas por pequeñas entregas y dedican a ellas tres o cuatro páginas. Los domingos las historietas se imprimen en colores y ocupan las primeras páginas de los periódicos ya que, en fin de cuentas gracias a las historietas se venden las publicaciones. Lejos de ser páginas frívolas, para muchos estas páginas son las únicas que les interesan.

Número 1   ¿Qué comenta esta selección?
Número 2   ¿Quiénes han notado este fenómeno?
Número 3   ¿Cómo se mide la popularidad de esta sección?
Número 4   ¿Cómo se explica esta fascinación?

VOCABULARY

historietas cómicas = comics   *ejercer* = to hold over, to work upon
diario = newspaper   *entregas* = inserts
imprimir = to print   *fin de cuentas* = in the end
frívolas = frivolous   *neoyorquino* = New Yorker

COMMENTARY

Understanding this passage depends on recognizing negatives and the ironic tone set by the first sentence where the author uses the negative, *no son ni ... ni.* The negative phrases are repeated throughout the passage: *no hay visitante que comprenda, no hay diario,* and *lejos de ser.* These negative phrases indicate a foreigner's point of view; the opposites represent the public's view. Listen to the narrative again to pick up on the structures. In the questions the vocabulary you need to know is:

    notar = to note   *medir* = to measure

    If you did not understand the questions, listen to them again now. Perhaps you could have guessed that *notar* was a cognate from the interrogative pronoun, *quién,* and the word *fenómeno.* In the next question, you perhaps could have guessed that *medir* means *to measure* by associating *popularity* with the answer choices.

GROUP ONE, NARRATIVE TWO

En España, con su historia de siglos de toreo, ha habido épocas en que a las mujeres se les prohibía hasta asistir a las corridas; luego se convirtieron en las principales aficionadas. Hay casos rarísimos de mujeres intentando torear. Cuando en el siglo XVIII, siglo de auge taurino, se veían mujeres en la plaza, enfrentándose a los toros, solía ser caso de hombres disfrazados. Eran estoqueadores vestidos de mujer, para risa y chacota de quienes se engañaban con aquella carnavalada. Pero hoy en día las mujeres han decidido, en el mundo entero, que no les quede vedada ninguna parcela de las actividades humanas, ni el toreo. En naciones taurófilas como Perú, Colombia, México, Venezuela, y hasta en España no faltan mujeres con grandes aficiones para convertirse en "figuras" al nivel de los maestros, aunque digan algunos españoles castizos que la mera presencia de la mujer-torero indudable e irevocablemente cambiará el espectáculo en su sentido fundamental.

Número 1   ¿Qué aspecto de la corrida comenta esta selección?
Número 2   ¿Antiguamente la actitud hacia las mujeres en la plaza de toros?
Número 3   ¿Cómo ha cambiado la corrida?
Número 4   ¿Cómo han reaccionado los aficionados?

VOCABULARY

torear = to fight bulls	*épocas* = eras
corridas = bullfights	*convertirse en* = to become
aficionados = fans	*auge* = peak, climax
taurino = taurine	*enfrentarse* = to confront
engañar = to deceive	*disfrazar* = to mask
risa = laugh	*castizos* = purists
vedar = to ban	

COMMENTARY

This passage talks about the ways in which the role of women at a bullfight has changed. There are three stages indicated by the words, *hombres dizfrazados, ni el toreo, no faltan mujeres, aunque digan, la presencia cambiará*. Now listen again to see if you can identify the context for theses phrases. The only word in the questions that may be a problem, even though it is a cognate is *reaccionar*, which means *to react to*. In the possible responses, some useful words to know are: *constar* = to constitute, *darse cuenta* = to realize, *darle igual* = to be all the same to one.

GROUP TWO, NARRATIVE ONE

Tal vez ningún artista haya capturado mejor la esencia del mexicano que José Guadalupe Posada, el genial grabador de la vida mexicana, nacido en 1852 y muerto en 1913. Como artista popular, trataba la vida cotidiana del hombre y la sociedad que lo rodeaban con toda la agudeza del sociólogo. Lo que destaca en sus diseños era la expresión de los rostros, la variedad de composición, aunque es más conocido por las series de las calaveras, y la naturalidad de las actitudes. Posada trabajó en toda clase de publicaciones, especialmente las de jaez popular. Por eso era natural que en éste lo plebeyo ocupase el primer lugar, numéricamente hablando, en su producción. Las series de las calaveras especialmente llaman la atención porque parecen reflejar la extraordinaria fascinación de los mexicanos con la muerte. Pero la muerte, vista en caricatura, como si fuera el chiste más grande del mundo. La muerte danzante, la muerte que baila, que participa en el gran fandango para celebrar la vida vivida sin remedio, tal como la muerte experimentada sin remedio también.

Número 1   ¿Por qué es tan famoso José Guadalupe Posada?
Número 2   ¿A quiénes observó este hombre?
Número 3   ¿Por qué se enfocó más en lo cotidiano?
Número 4   ¿Qué importancia tiene el enfoque en las calaveras?

VOCABULARY

grabador = recorder   *cotidiana* = daily
rodear = to surround   *agudeza* = sharpness
destacar = to stand out   *diseños* = designs
calaveras = skeletons   *reflejar* = to reflect
chiste = joke   *experimentar* = to experience

COMMENTARY

The word *artista* should give you a hint about the theme of the passage. Artists paint or draw pictures about things that they see around them. Use this knowledge to anticipate what kind of information you will hear. *Calaveras* should be apparent from the phrase *fascinación con la muerte*. The sense of the artist's work is indicated in the phrases, *vida sin remedio ... muerte sin remedio*. In the questions the only vocabulary you may need to know is:

    enfocar = to focus

In the choices, the vocabulary is:

    retratar = to paint a portrait   *dibujar* = to draw

Now listen to the questions again to see if you understand them.

GROUP TWO, NARRATIVE TWO

La arqueología ha descubierto indicios de un alto nivel de trabajos textiles por todas partes de Hispanoamérica, desde las ruinas incaicas más antiguas hasta más recientes escombros de templos mesoamericanos. La principal materia prima de la industria textil precolombina fue el fino algodón nativo. La sedosa lana de la llama, el guanaco, la alpaca y la vicuña, fue también utilizada en el Perú. Plumas de brillantes aves tropicales fueron hábilmente aplicadas a las telas, y las pieles de jaguar y otros animales salvajes se emplearon como elementos decorativos. Hoy la mujer guatemalteca todavía teje en el antiguo telar de banda o correa posterior dentro de una variedad de completas técnicas que se remontan a los tiempos precolombinos. Durante la década de 1930, el trabajo de las distintas regiones, algunas veces aun tratándose de pueblos vecinos, se caracterizaba por sus diferentes diseños, estilizaciones y tejidos. Hoy se intercambian los diseños que se consideran más atractivos para el comprador, que es el turista. Es que este arte popular, hecho a mano, contiene algo de que carece nuestro arte superintelectualizado: el encanto que nos subyuga y el latido vital de la mano humana.

Número 1   ¿De qué arte se trata en esta selección?
Número 2   ¿Qué materias emplearon los artesanos?
Número 3   ¿Qué significación tenían los diseños?
Número 4   ¿Por qué les gustan tanto a los turistas estos productos?

VOCABULARY

incaicas = Incan
materia prima = raw material
sedosa = silky
tejer = to weave
encanto = enchantment

escombros = ruins, debris
algodón = cotton
telas = cloth
remontar = to date back to
analfabeto = illiterate

COMMENTARY

You should be able to understand the cognate *textile*, which indicates the topic of the passage. The listing of animals and cotton all refer to sources of material for making fine cloths. The jump from the time indicated by the adjective *incaica* to the date, 1930, should indicate that this passage will be making comparisons between a centuries old tradition and modern times. The last part of the selection makes just such a comparison, which is indicated by the word *turista*. A vocabulary word that is useful in the questions is:

> *el artesano* = the artisan

GROUP THREE, NARRATIVE ONE

José Martí llegó a ser el apóstol reconocido de la independencia de Cuba de España. Nacido en Cuba en 1853, hijo de españoles, Martí dedicó su vida por entero a su país. Ya a los quince años de edad publicaba el periódico escolar *La patria libre* en apoyo de los sublevados que habrían de luchar por diez años, sin éxito, por la independencia de Cuba. A los dieciséis fue arrestado por sospecha de deslealtad a España y, habiendo asumido la plena responsabilidad de sus actos en una muestra de oratoria patriótica durante su juicio, Martí fue condenado a trabajos forzados por desafiar a la autoridad del poder colonial. Pero, considerando su edad, las autoridades decidieron por desterrarlo a España en vez de encarcelarlo en Cuba. Así Martí cumplió su educación en la tierra de sus antepasados y llegó a ser poeta y artista bien conocido. Viajó por México y Estados Unidos, promoviendo la revolución entre los cubanos en exilio hasta que por fin, a los cuarenta y dos años de edad, volvió a Cuba. Los españoles lo mataron, sin que él jamás disparara un tiro contra los españoles. Presentó a todos los cubanos la inspiración para realizar su sueño de libertad.

Número 1   ¿Por qué es tan famoso el nombre de José Martí?
Número 2   De joven, ¿qué problemas tuvo Martí?
Número 3   ¿Por qué viajó Martí por España y los Estados Unidos?
Número 4   ¿Qué le pasó cuando tenía cuarenta y dos años?

VOCABULARY

apóstol = apostle   *apoyo* = support
sublevados = insurrectionists   *éxito* = success
luchar = to fight   *desleadtad* = disloyalty
sospechar = to suspect   *desterrar* = to exile
desafiar = to defy   *disparar* = to shoot
promover = to promote   *antepasados* = ancestors
realizar = to fulfill

COMMENTARY

This passage deals with a national hero in Cuba, whose name, although he lived over a hundred years ago, still appears in numerous places. The words that indicate the topic are: *independencia, arrestado, oratoria patriótica, condenar, España, revolución, mataron,* and *inspiración.* From the words that are cognates, you should have some idea about what the passage discusses. Since this selection is mostly biographical, the questions deal with specifics about Martí's life and death.

Notice in the choices, in number 4, Choice C, the word is *publicó,* a verb, not *público,* which is a noun. The fact that this national hero was a revolutionary leader and a poet makes Martí an especially famous person in Cuban history and letters.

GROUP THREE, NARRATIVE TWO

La lengua aborigen, el guaraní, es usada corrientemente en el Paraguay tanto como el español—y aún más en las zonas del campo. Esto convierte a este país en el único bilingüe entre las repúblicas americanas. La razón histórica de este hecho radica en la fusión armoniosa de los elementos étnicos que integran al hombre paraguayo: mezcla que por su regularidad equiparó a ambos idiomas sin menoscabar el valor de ninguno. El guaraní se convirtió en lengua corriente durante la colonia, reservándose exclusivamente el español para la actuación oficial. Así se dio el caso de un pueblo conquistador que lingüísticamente es conquistado. Este idioma indígena es maleable y colorido, muy metafórico por razón de su primitivismo, que lo obliga a emplear la figura para la obtención del concepto; por ello mismo es propicio para la poesía, mas no para el concepto abstracto. Pero fácilmente se ven las influencias de una lengua en la otra, o en los vocablos o la pronunciación. No obstante, el desarrollo de la sociedad hispana va a paso rápido e influye en su idioma, lo cual difiere del estado del guaraní.

Número 1 ¿Qué es el guaraní?

Número 2 ¿Cómo es único Paraguay entre los países hispanoamericanos?

Número 3 ¿Cuáles son algunas características del guaraní?

Número 4 Al transcurrir el tiempo, ¿qué cambios se han visto en cuanto a los idiomas?

COMMENTARY

The word *lengua* tells you that the topic is languages. You should also know that *idioma* means the same thing. From there you should associate *guaraní* with language in Paraguay.

VOCABULARY

radicar = to be situated in   *mezcla* = mixture

corriente = present   *actuación* = enactment

propicia = favorable   *vocablos* = words

transcurrir = to pass

Listen again to the passage. The topic is how *guaraní* fits into the linguistic scheme of the country and some of the subtleties of how the language is used. In the choices notice that *apreciar* means *to appreciate* and that *a causa de* means *because of*. You should also notice the difference between *conquistador* and *conquistado* and make the connection between who were the conquerors and who were the conquered. In Paraguay, because of the language, there was a strange twist to the relationship.

GROUP FOUR, NARRATIVE ONE

Según la tradición, el primero de los gobernantes incas, Manco Capac, llegó al Cuzco proveniente de una legendaria tierra alrededor del año 1200 de la era cristiana. Algunos siglos después, Viracocha, octavo en la línea dinástica, perseguido por otros indios enemigos que le atacaban, huyó del Cuzco hacia un invulnerable baluarte en la cresta de una montaña. Durante la era incaica, las cumbres de muchas colinas y montañas sirvieron de emplazamientos a pueblos y ciudades fortificadas. Fue una de esas ciudades, ya desde tiempo atrás invadida por el monte y arruinada, la que pensó el profesor Hiram Bingham que había descubierto en 1911. Esa ciudadela, nombrada Machu Picchu por los indios, parece no haber sido nunca conocida ni visitada. Ciertas frases ocasionalmente halladas en viejos archivos españoles sugirieron la posibilidad de que acaso uno o dos anticipados europeos hubieran visitado Machu Picchu, pero nada cierto se sabía con anterioridad al descubrimiento de Bingham. Los pobladores de Machu Picchu, adaptados a la enrarecida atmósfera, cultivaron sus muchas terrazas, dotaron de regadío sus jardines y criaron rebaños de llamas. Fue difícil identificar como tales las viviendas, pero es obvio que fueron numerosas.

Número 1 ¿Cuál es el tema de esta selección?

Número 2 ¿Qué pensaba Hiram Bingham que había descubierto?

Número 3 ¿Qué se sabía de Machu Picchu antes de 1911?

Número 4 ¿Qué tipo de lugar fue Machu Picchu?

COMMENTARY

In passages like this one that contain several names, it is important to keep track of the names. When the names are in another language, there is a tendency sometimes not to differentiate between them by really remembering what they were, but what the first syllable sounded like. In this passage there is enough difference between *Manco Capac, Viracocha,* and *Machu Picchu* that you should not have any difficulty remembering the names, only which place is associated with which name. But you do need to be aware that when you listen to foreign names, there is a tendency to hear them and classify them all under the general heading of "foreign name" in your mind and not to distinguish one from the other. Practice noticing and associating names with specific information in passages such as this one where the differences are noticeable.

VOCABULARY

proveniente = coming from
baluarte = bastion
cumbres = peaks
dotar = to endow, to provide
archivos = archives, libraries
rebaños = flocks
criar = to raise

huir = to flee
incaica = Incan
hallar = to find
regadío = irrigation
con anterioridad = previously
viviendas = housing

Some words, such as *incaica*, may be words you do not recognize when you hear them, but that you would recognize if you were to see them on paper. With some words you may want to try to visualize them in writing to help you understand them. But remember that when you take the time to try to do this while taking the test, you may run the risk of missing some of the passage. You can also try to remember the sound, then when the passage is done, the meaning will probably become clear. Since you already knew from earlier in the passage that the topic was Incan ruins, you should have made the association between *inca* and *incaica*.

GROUP FOUR, NARRATIVE TWO

CD 1
Track
20

El vasto movimiento literario llamado *modernismo*, alcanza su máxima trascendencia en la figura central del poeta nicaragüense, Rubén Darío, cuya obra marca el momento culminante y abre el capítulo más significativo de nuestra historia literaria. Félix Rubén García Sarmiento (que era el nombre completo de Rubén Darío) nació en Metapa, Nicaragua. Aun antes de los veinte años era poeta publicado y autor de varios otros libros inéditos. Cuando tuvo veinte años empezó sus viajes por el continente, primeramente visitando Chile, Argentina, los Estados Unidos, luego, Francia y España. Su periódico *Azul* llegó a ser palabra sagrada, o sea, la *Biblia*, de poetas que quisieron publicar sus poemas modernistas. El *modernismo*, según el criterio del periódico de Darío, se distingue por el aprecio de la idea de belleza clásica, la fugacidad del placer y de la vida, referencias a la naturaleza, colores y sonido suave entre otras características. Todo lo hacía con el propósito de renovar la literatura poética de su época.

Número 1   ¿Quién era Rubén Darío?
Número 2   ¿Cuándo empezó sus viajes?
Número 3   ¿Qué era el *modernismo*?
Número 4   ¿Cuál era el propósito del *modernismo*?

COMMENTARY

The vocabulary in this passage is fairly simple, but the way that it is put together may give you problems. The topic also is probably unfamiliar. *Modernismo* is a term used to designate a particular type of literature. It has certain characteristics that distinguish it from other types, and it has a particular author who was instrumental in its development. That is the topic of this passage. The author who was very important in the movement was Rubén Darío, a Nicaraguan.

VOCABULARY

inédito = unpublished
fugacidad = fugacity (the quality of being ephemeral or fleeting)
propósito = purpose
belleza = beauty

In the choices, the words you may need to know are:

embajador = ambassador   *sacerdote* = priest
promover = to promote   *estrechar* = to bring together

GROUP FIVE, NARRATIVE ONE

Gaucho y tango son, probablemente, las dos palabras alusivas a la Argentina de mayor resonancia en el extranjero. Más que auténticas realidades, han llegado a adquirir el carácter de instituciones tradicionales; sin embargo, ambas palabras siguen constituyendo las dos expresiones más representativas de ese país. El tango es la música de la ciudad: provocativa, sentimental, ingeniosa y sensual, que tiene raíces en los bares de los barrios pobres y luego se convirtió en baile elegante del salón. El gaucho es el hombre de la pampa. Él encarna el verdadero campo que envuelve la ciudad, pero que permanece alejado de ella. Era experto jinete y vaquero, profundamente enraizado en la tierra, de sencillez de vida y decir sentencioso. Y el gaucho arquetípico, héroe del popular canto épico convertido en el poema nacional argentino, es Martín Fierro. Pero actualmente, el gaucho parece ser más institución para el turista, mientras el tango sigue como baile popular entre toda la gente.

Número 1   ¿Cuáles son las dos expresiones más representativas de Argentina?
Número 2   ¿De dónde proceden estas imágenes?
Número 3   ¿Quién era Martín Fierro?
Número 4   ¿A qué han llegado estas imágenes?

COMMENTARY

The topic for this passage should be easily discernable: the *tango* and the *gaucho*. Both words have become recognizable in their Spanish form to most English-speaking people.

VOCABULARY

alusivas = alluding to	*en el extranjero* = abroad
ingeniosa = ingenious	*raíz* = root (plural: *las raíces*)
encarnar = to embody	*envolver* = to wrap around
alejado = distant	*jinete* = equestrian
vaquero = cowboy	*enraizado* = grounded
sencillez = simplicity	*sentencioso* = terse
actualmente = presently	*arquetípico* = primary and original model, prototype

---

There are other words that you may not recognize immediately without thinking about them, such as *héroe*, which is easily recognizable when you remember that the *h* is never pronounced in Spanish. You need to know that the *pampas* are a geographical region of Argentina noted for being wide, open, sparsely populated range land. The word *turista* should also catch your ear and help you make the connection between the archetypal *gaucho* and what a *gaucho* is today.

GROUP FIVE, NARRATIVE TWO

CD 1 Track 22

Los arqueólogos de antigüedades mexicanas todavía disputan quiénes eran los olmecas, gente misteriosa cuyos monumentos en el sitio de La Venta primeramente dieron noticias de su existencia. Para la mayoría, los olmecas son conocidos por sus notables esculturas en piedras de las colosales cabezas pétreas, que varían en tamaño entre un metro y medio y tres metros. En muchos folletos de promoción turística a México han aparecido fotografías de estas cabezas enigmáticas. Pero hay otros artefactos, como altares, estelas, y tumbas con ricas ofrendas de jade para conservar los restos de personas importantes. Ignoramos qué nombre se daban a sí mismos los olmecas, ni de dónde provenían. La palabra olmeca significa *pueblo del caucho*, es decir, de la tierra donde éste se produce. Era el nombre de un grupo que vivía cerca de Vera Cruz en tiempos históricos. Actualmente se duda que los olmecas procedieran de esta región.

Número 1   ¿De dónde procedían los olmecas?
Número 2   ¿Qué señales dejaron de su presencia?
Número 3   ¿Cómo los conocen muchos visitantes a México?
Número 4   ¿Qué nombre les hemos dado?

COMMENTARY

From the cognate *arqueólogos* you should have an idea about the topic. If you have heard of the Olmec culture, you know that this passage is about an ancient Mexican-Indian culture. It is somewhat enigmatic to most archaeologists because the only evidence is mute stone.

VOCABULARY

pétreas = stone	*folletos* = pamphlets
estela = stele (a carved stone pillar or slab)	*proceder* = to come from
ofrenda = offering	*restos* = remains (bones)
ignorar = to not know	*provenir* = to come from

The two false cognates in this passage that may mislead you are *ignorar*, which does not necessarily mean *to ignore*, but implies that one knows but chooses to not recognize, and *to not know*, which means that one does not recognize because one does not know. The other false cognate is *los restos*, which refers in this case to physical remains, or *bones*. In the choices for the questions, this distinction in meaning is particularly important because one does not see Olmec bones all over Mexico. In the passage, notice that the bones were in the *tumbas*, which is a cognate.

One other problem in this passage is that archaeologists do not agree on the geographic point of origin. For many years it was thought that the Olmec lived on the coast around the area of Vera Cruz. But newer investigations have placed their origin inland. If you have access to dated material, you may have contributed old information to your understanding of the passage. Listen to what the passage says, and do not necessarily rely totally on what you may already know.

GROUP SIX, NARRATIVE ONE

La Comisión Interamericana de Mujeres fue creada hace más de medio siglo con el propósito de luchar por la conquista de los derechos femeninos. Cumplió su primera función cuando, en 1961, el último país de América que faltaba reconoció su derecho de voto. La labor constante y sin interrupción de la CIM a partir de 1928 presenta un balance positivo de resoluciones aprobadas en sus asambleas. Su contribución ha sido valiosa en la conquista de la igualdad de derechos para hombres y mujeres, la eliminación de la discriminación por razón de sexo, así como los artículos que aparecen en los códigos de trabajo, instrumentos jurídicos de enorme alcance para beneficio de la mujer. No se puede decir que todos estos acuerdos tengan vigencia y se apliquen en la práctica, pero la acción de la CIM se encaminó en el sentido de lograrlo. Las mujeres todavía están reclamando sus derechos ahora a fines del siglo.

Número 1   ¿De qué tipo de organización es la CIM?
Número 2   ¿Desde cuándo está trabajando este grupo?
Número 3   ¿Qué propósito elemental tiene esta organización?
Número 4   ¿Con qué razón se sentiría orgulloso este grupo?

COMMENTARY

The cognate *comisión* tells you that the group has an official function. A commission is a group that is organized to promote, enact, or study something and make a decision. You also can tell from the words you know and the cognates that this commission, the CIM, has an agenda that includes a number of things. The end of the passage gives the results of the work of the commission.

VOCABULARY

derechos = rights
balance = balance sheet
por razón = because of
jurídico = judicial
acuerdo = agreement
reclamar = to demand

cumplir = to fulfill
aprobar = to approve, pass
códigos = codes
el alcance = achievement
vigencia = in practice
a fines de = at the end of

In this passage there are several numbers that you will have to remember. You do not have to know exactly how many years passed between events, but you need a general idea. As you hear the numbers, mentally place them on a line by decades from past to present. Remember what to associate with each general time. Then when you need to remember time, refer to your visual image of when things happened. The rest of the information you can probably guess because the issues have not changed much over time, except for the right to vote.

GROUP SIX, NARRATIVE TWO

Quizás ninguna otra región de los Estados Unidos está más ligada por más tiempo a Hispanoamérica que la extensa península que proyecta hacia el sur: la Florida. A pesar de habitantes y topografía hostiles, los españoles se empeñaban en sus exploraciones en el siglo XVI. A partir de entonces la suerte del imperio dependería de unas cuantas plazas militares que servirían de bastiones defensivos. Así Cuba y la Florida comenzaron una hermandad de relaciones históricas de recíproco interés, y entre ambas se establecieron una forma de interdependencia cuyo centro de gravitación vacilaba entre las dos. Contrariamente a lo que con el tiempo llegaría a ser lo normal en los años 60, el primero de los exilios en masa procedió de la Florida a Cuba y tuvo lugar en el siglo XVIII cuando los ingleses capturaron San Agustín. El éxodo más grande ocurrió cuando los Estados Unidos tomó posesión en 1819. Pero a partir de principios de los 60, los cubanos han regresado a la Florida para restablecerse. En muchas partes del estado predominan los cubanos, que se encuentran "en su casa" en la Florida.

Número 1   ¿Por qué se establecieron los españoles en la Florida?
Número 2   ¿Cómo seguían las relaciones entre Cuba y la Florida?
Número 3   ¿De dónde proceden los primeros exilios?
Número 4   Actualmente, ¿cómo se sienten los cubanos en la Florida?

COMMENTARY

Florida and Cuba have had a long and close relationship, ever since the Spaniards arrived to explore the peninsula. This topic of the migration of people between Florida and Cuba has a new twist in this passage. Although most of the words are cognates, some of the words you may need to know to understand it are:

> ### VOCABULARY
>
> *ligar* = to tie   *empeñarse* = to persist
> *hacia* = toward   *a pesar de* = in spite of
> *hermandad* = kinship

You should make sure that you distinguish *hacia* from *hacía.* The first word is an adverb, meaning *toward.* The second is a verb, the imperfect indicative of *hacer.* There are several phrases in this passage that are useful to recognize, including *a pesar de, a partir de, estrechar las relaciones,* and *en su casa.* The expression *en su casa* means that they feel at home. The other aspect of this passage to notice is that there are several examples of the conditional tense to describe what the Spaniards planned to do with the territory. It may be helpful to know that St. Augustine, originally a Spanish community, is the oldest continuously inhabited city in the state of Florida.

GROUP SEVEN, NARRATIVE ONE

Los quichés, rama de los antiguos mayas, fueron la nación más poderosa de las altiplanicies de Guatemala en los tiempos precolombinos. Su libro sagrado, el *Popol Vuh,* ha sido caracterizado como el más distinguido ejemplo de literatura nativa americana que ha sobrevivido a través de los siglos. Contiene una extensa y refinada narración del mito maya de la creación. Los dioses antiguos crearon primero la tierra, luego los animales. Pero, viendo que éstos no podían hablar, se dieron a la obra de crear al hombre. Seres hechos de barro, y luego de madera, resultaron inaceptables y fueron destruidos. Y al fin los dioses hicieron la carne del cuerpo humano con alimentos vivos—mazorcas de maíz amarillo y blanco—y estos hombres fueron buenos. Esta visión cosmológica ha servido de inspiración recientemente a una gran variedad de programas, de un ballet de notable estilo y animación hasta un programa de dibujos animados para la pantalla televisora.

Número 1   ¿A qué o quiénes se refieren los quichés?
Número 2   ¿Qué se cuenta en el *Popol Vuh*?
Número 3   ¿Qué se ha hecho con el texto?
Número 4   Últimamente ¿de qué se hicieron los hombres?

COMMENTARY

The topic is about the *Popol Vuh*, an ancient story of the Quiché Indians, who are descendants of the Maya. If you know about this book, this passage will be fairly easy because you can guess what the answers are based on what you already know.

> ### VOCABULARY
>
> | | |
> |---|---|
> | *la altiplanicie* = highland | *rama* = branch |
> | *sagrado* = sacred | *sobrevivir* = to survive |
> | *dibujos animados* = cartoons | *pantalla* = screen |
> | *darse a* = to set about | *barro* = mud |
> | *madera* = wood | *mazorca* = ear of corn |

This passage focuses on the fact that even though this is an ancient text, the story remains enchanting because it is a creation story. There are many ways to tell a creation story, but they all show how a group of people sees itself in the grand scheme of life.

GROUP SEVEN, NARRATIVE TWO

La Quinta de Simón Bolívar, como el Montecello de Jefferson y el Mount Vernon de Washington, es algo más que un monumento nacional; es el lugar donde la historia se ha detenido a través de los años. *La Quinta* se construyó originalmente en 1800. Bolívar vivió allí unos cuantos meses en 1826, después a fines de 1827 y de nuevo tras el atentado contra su vida en septiembre de 1828. Durante la mayor parte del tiempo que pasó Bolívar en la villa disfrutó de la compañía del más grande de sus amores, Doña Manuela Sáenz, la dama quiteña que había conocido en Perú. De tal modo, sus majestuosos aposentos, sus encantadores senderos de piedra y los viejos árboles que dan sombra a los jardines están inextricable e íntimamente ligados al gran romance que ha pasado a ser casi una leyenda. En 1830, unos pocos meses antes de su muerte, Bolívar cedió título de la estancia a su fiel amigo, Don José Ignacio París, el cual luego la transfirió a Doña Matilde Baños, para uso de educación pública, aunque tardaron muchos años antes de que ésta pudiera disfrutar de esta herencia.

Número 1   ¿Cuál es el tema de este trozo?
Número 2   ¿Cuánto tiempo vivió allí Bolívar?
Número 3   ¿Qué representaba esta residencia para Bolívar?
Número 4   ¿Qué disposición hicieron de la Quinta últimamente?

COMMENTARY

At first you may not realize that *La Quinta* refers to a house, but when you hear the references to dates when Bolívar was there, you should be able to figure out that the selection is about a house. There are some words in the passage that specifically refer to a house, but if you do not recognize them, words such as *se construyó* and *jardín* should provide clues. Also, where else would a person spend time at the end of his life except in a residence with his favorite people nearby?

VOCABULARY

detenerse = to stop   *atentado* = attempt

disfrutar = to enjoy   *quiteña* = from Quito

aposentos = rooms   *encantadores* = enchanting

senderos = paths   *ligados* = tied

ceder = to give over   *tardar en* = to take a long time

Another word that you might not recognize when you hear it, but would easily understand when you saw it, is the word *herencia*. Remember the silent *h* at the beginning of words when you are trying to think of cognates. Another word that has a variety of meanings is *estancia*. In some countries an *estancia* is a large country house, an estate. In other contexts the word means *a stay*. *La quinta* is also a word for a country dwelling. One common expression in this passage is *tardar en*, which is used in such a way that it is awkward to translate literally. *Aunque tardaron mucho años antes de que ...* would mean *many years went by before....* The expression *tardar en* is found whenever you would comment about how long it took for something to happen, such as the time it took a letter to arrive.

GROUP EIGHT, NARRATIVE ONE

Se observa que los hechos históricos son a menudo más extraordinarios que las creaciones ficticias del novelista. Tal fue el caso de los tesoros de Coclé, cuya riqueza había narrado Gonzalo Fernández de Oviedo, el historiador real que describió lo que había descubierto Vasco Núñez de Balboa en sus campañas en Panamá. Toda la cultura parecía haber desaparecido de la tierra con sólo las referencias en los libros olvidados para marcar su existencia. El descubrimiento de Coclé fue un acontecimiento fortuito. El sitio habría permanecido escondido de vista si no se hubiera desviado el Río Grande, revelando el brillo del tesoro fabuloso. Una comparación entre la historia y la excavación arqueológica reveló que el fiel historiador no exageró ni el detalle más pequeño. Fácilmente se ven las técnicas descritas por un contemporáneo de Oviedo, el padre Bernardino de Sahagún, en la manera de labrar el oro. El conocimiento de la realidad de las historias y la esperanza de encontrar más tesoro enterrado todavía inspiran a muchos en una búsqueda fantástica.

Número 1   ¿Quién vio las riquezas de Coclé primero?

Número 2   ¿Por qué fue fortuito el descubrimiento del sitio?

Número 3   ¿Qué ha revelado el descubrimiento?

Número 4   ¿Qué importancia tiene el descubrimiento?

COMMENTARY

There are many names in this passage that you need to keep straight. You will not need to remember the full name of each one, so remember the last names, *Balboa, Oviedo,* and *Sahagún.* Then attach a label to each one to help you remember what he did. Remember that Balboa was the first European to see the Pacific Ocean; he was an explorer. Associate *historiador* to the name Oviedo. Then remember the word, *padre,* Sahagún. They all did different things. Now you should be able to answer the questions.

VOCABULARY

a menudo = often   *ficticias* = not true
tesoro = treasure   *campañas* = campaigns
acontecimiento = event   *detalle* = detail
labrar = to carve   *conocimiento* = knowledge
enterrado = buried   *escondido* = hidden

In the choices, the word *poseer* means *to possess, avaro* means *greedy,* and *presenciar* means *to witness.*

This passage essentially talks about a comparison of historical records and archeological records in the search for buried treasure. The conclusion is that although historical records may seem more incredible than fiction, treasures are often even more fantastic than recorded history indicates. You should be sure not to confuse the word *enterrado,* from the infinitive *enterrar,* with a similar verb, *enterar,* which means *to inform.*

GROUP EIGHT, NARRATIVE TWO

Nada agrada como el aroma del grano recién secado, tostado, y remolido. Pero el café soluble ofrece la posibilidad de gozar de una taza sin que deba pasarse tanto tiempo preparando los granos. El café soluble fue descubierto por casualidad por cierto médico guatemalteco, Federico Lehnhoff Wyld. Cierto día le fue servida una taza de café. Debido a sus múltiples ocupaciones, dicha taza quedó olvidada intacta en el jardín de su residencia. Días más tarde, el buen doctor encontró en el mismo sitio aquella taza ya sin líquido y con residuos de fino polvo en el fondo. Su inclinación de investigador hizo que vertiera agua hirviendo sobre aquel residuo seco y al instante, ante sus asombrados ojos, obtuvo una nueva taza de café que conservaba su tinte y su sabor. La tecnología ha transformado el proceso de deshidratación, pero el efecto es igual. Todavía se añade agua hirviendo al polvo para gozar de una simple taza de café al instante, pero se ha mejorado el producto. Ahora tiene aun mejor sabor y tinte.

Número 1   ¿Qué descubrió el médico?
Número 2   En efecto, ¿que había ocurrido a la taza de café?
Número 3   ¿Cómo podía el médico reconstituirlo?
Número 4   ¿Qué no ha cambiado en el proceso?

COMMENTARY

Obviously this piece is about instant coffee and its accidental discovery.

VOCABULARY

agradar = to please
por casualidad = accidentally
polvo = dust
hirviendo = boiling
deshidratar = to dry
mejorar = to improve

soluble = soluble
verter = to pour
seco = dry
añadir = to add
tinte = color

One other word that you may not recognize when you hear it, but probably can read, is *líquido*. Remember that the *qu* in Spanish sounds like *k* in English. Another word in the choices that you may need to know is *desecar*, which means *to dry out*. Another verb that means about the same thing is *deshidratar*, although the latter refers to a process in which the water is removed, instead of simply leaving the liquid to evaporate. As a point of grammar about this vocabulary, you will notice that *hirviendo* is a present participle and it describes a noun. It is one of only two present participles that can be used in this way in Spanish. The verb *mezclar* means *to mix*.

Since you now can deduce the process for making instant coffee from a liquid, you can probably figure out the words you do not know as you listen.

GROUP NINE, NARRATIVE ONE

Pocas figuras de Europa pertenecen tanto al Nuevo Mundo como Alejandro von Humboldt, joven aristócrata, cuyos mejores treinta años fueron dedicados casi totalmente al estudio de las ciencias naturales y sociales en América. En marzo de 1799, el Rey Carlos IV, en una audiencia, le dio autorización para trabajar en el campo de las ciencias naturales en los reinos españoles de ultramar. Con buen afán de científico alemán de su época, emprendió su trabajo. Una vez en América, lo impresionó la exuberancia extraordinaria de la vegetación tropical, y muchas formaciones geológicas le recordaron sus estudios anteriores. En uno de sus viajes, hecho a pie, comprobó la unión entre el río Orinoco y el Amazonas. Este recorrido, casi todo por selvas vírgenes, fue una hazaña de incalculable valor para la ciencia por la fabulosa cifra de doce mil plantas que coleccionaron él y sus compañeros. De este número, 3.500 eran totalmente desconocidas. Por otra parte, el viaje fue de lo más penoso debido a los peligros y obstáculos. Ningún aspecto de la geografía escapó su atención en las exploraciones que le costaron no sólo toda su dedicación sino su fortuna también.

Número 1   ¿Qué pidió Humboldt al rey Carlos IV?
Número 2   ¿Qué hizo en estos viajes?
Número 3   ¿Por qué eran tan difíciles estos viajes?
Número 4   ¿Cual fue el valor de sus viajes?

COMMENTARY

Alexander Humboldt was truly one of the most remarkable naturalists to visit the Americas. His travels and monumental notes of his trips are invaluable sources of information about the land and people. His work is the topic of this passage. At the beginning the words *alemán, español,* and *Américas* should let you know that he has to travel to get to America. Later in the passage, the word *viajar* should confirm what you thought. There are a number of adjectives that you may not know, but they are not necessary to understand the passage. There are many others that are cognates, such as *incalculable.* Other cognates should help you understand the topic, such as *ciencias naturales* and *estudios.*

VOCABULARY

emprender = to undertake
hazaña = feat
selva = jungle (in some places, a plain)

comprobar = to prove
cifra = number
peligro = danger

This passage contains a general introduction about who Humboldt was, where he went, and why. Included are a specific example of the type of trip he took and a conclusion about what it cost him. The example does not discuss every trip he took, only the ones in the jungles. The last sentences say that no aspect of geography escaped his notice, which can be taken to mean that he went other places, too.

In the choices, some words that you may want to know are: *otorgar,* which means *to grant, to authorize,* and *sistemas fluviales,* which means *river systems. Fluvial* is a fairly common word in areas where rivers are important for transportation.

GROUP NINE, NARRATIVE TWO

La construcción del *Metro* en la Ciudad de México proporcionó al mundo un vistazo de la vida precolombina a medida que excavaron los túneles. La arquitectura religiosa, la más abundante, fue hallada casi toda ella en dos zonas: en el centro ceremonial Pino Suárez y en la zona próxima a la catedral metropolitana. Dentro de estas ruinas excavadas había una gran cantidad de ofrendas, especialmente de aves, en Pino Suárez, y de sacrificios humanos en el centro metropolitano. Entre las aves se contaban pericos, guajolotes, patos silvestres, una especie de grulla y muchos loros. Sobresalían las aves acuáticas. También se han recuperado muchas piezas excepcionales de escultura. Entre ellas se destaca la llamada Coatlicue que fue encontrada formando parte de los cimientos de un edificio colonial. Otra pieza era el llamado Ehecatl-Ozomatli, de un formidable movimiento barroco que la aleja completamente de la severidad y rigidez azteca. Todo lo encontrado en la construcción sirvió para aumentar con objetos tangibles los escasos conocimientos de la vida precolombina de Tenochtitlán y la región del Lago Texcoco.

Número 1   ¿De qué acontecimiento trata este trozo?
Número 2   ¿Qué tipos de artefactos encontraron?
Número 3   ¿Qué revelaron muchos de los artefactos de Pino Suárez?
Número 4   ¿Por qué son tan importantes estos artefactos?

COMMENTARY

The first and last sentences make clear that this passage deals with construction of a subway system. The artifacts mentioned were uncovered in the process of digging the tunnels. Many words are cognates, but there are also some Indian names, such as those of gods and place names, that you will need to remember. The words *escultura, centro ceremonial, ruinas excavadas,* and *sacrificios humanos* should indicate the theme of the passage.

VOCABULARY

proporcionar = to furnish, provide
ofrenda = offering
destacarse = to stand out
alejar = to distance

catedral = cathedral
aves = birds
cimientos = foundations
lago = lake

The Indian names are: *Coatlicue, Ehecatl Ozomatli, Tenochtitlán,* and *Texcoco.* The names of the various kinds of birds are: *pericos, guajolotes, patos silvestres, grullas,* and *loros,* meaning *parakeet, turkeys, wood ducks, cranes,* and *parrots.* All you really need to remember, however, is that most birds were aquatic. There were two kinds of artifacts mentioned in this passage, evidence of human sacrifices and statues in ruins of buildings that were excavated.

The passage mentions two principal places where excavations were carried out: in Pino Suárez and near the cathedral in the central part of the city.

Answer Key
SHORT NARRATIVES

Group One, Narrative One

1. B
2. B
3. D
4. A

Group One, Narrative Two

1. A
2. C
3. C
4. B

Group Two, Narrative One

1. A
2. C
3. D
4. B

Group Two, Narrative Two

1. D
2. B
3. C
4. D

Group Three, Narrative One

1. C
2. D
3. B
4. A

Group Three, Narrative Two

1. C
2. A
3. B
4. D

Group Four, Narrative One

1. D
2. B
3. C
4. A

Group Four, Narrative Two

1. A
2. B
3. C
4. B

Group Five, Narrative One

1. C
2. B
3. B
4. B

Group Five, Narrative Two

1. C
2. A
3. A
4. B

Group Six, Narrative One

1. D
2. D
3. A
4. C

Group Six, Narrative Two

1. B
2. A
3. C
4. D

Group Seven, Narrative One

1. A
2. D
3. B
4. C

Group Seven, Narrative Two

1. A
2. A
3. C
4. D

Group Eight, Narrative One

1. B
2. C
3. A
4. D

Group Eight, Narrative Two

1. D
2. A
3. B
4. D

Group Nine, Narrative One

1. D
2. C
3. A
4. D

Group Nine, Narrative Two

1. B
2. B
3. C
4. C

Chapter 3
ANSWER SHEET FOR LONGER SELECTIONS

Narrativa Número Uno

1 (A) (B) (C) (D)
2 (A) (B) (C) (D)
3 (A) (B) (C) (D)
4 (A) (B) (C) (D)
5 (A) (B) (C) (D)
6 (A) (B) (C) (D)
7 (A) (B) (C) (D)

Narrativa Número Dos

1 (A) (B) (C) (D)
2 (A) (B) (C) (D)
3 (A) (B) (C) (D)
4 (A) (B) (C) (D)
5 (A) (B) (C) (D)
6 (A) (B) (C) (D)
7 (A) (B) (C) (D)
8 (A) (B) (C) (D)

Narrativa Número Tres

1 (A) (B) (C) (D)
2 (A) (B) (C) (D)
3 (A) (B) (C) (D)
4 (A) (B) (C) (D)
5 (A) (B) (C) (D)
6 (A) (B) (C) (D)
7 (A) (B) (C) (D)
8 (A) (B) (C) (D)

Narrativa Número Cuatro

1 (A) (B) (C) (D)
2 (A) (B) (C) (D)
3 (A) (B) (C) (D)
4 (A) (B) (C) (D)
5 (A) (B) (C) (D)
6 (A) (B) (C) (D)
7 (A) (B) (C) (D)
8 (A) (B) (C) (D)
9 (A) (B) (C) (D)
10 (A) (B) (C) (D)

Narrativa Número Cinco

1 (A) (B) (C) (D)
2 (A) (B) (C) (D)
3 (A) (B) (C) (D)
4 (A) (B) (C) (D)
5 (A) (B) (C) (D)
6 (A) (B) (C) (D)
7 (A) (B) (C) (D)
8 (A) (B) (C) (D)
9 (A) (B) (C) (D)

Entrevista Número Uno

1 (A) (B) (C) (D)
2 (A) (B) (C) (D)
3 (A) (B) (C) (D)
4 (A) (B) (C) (D)
5 (A) (B) (C) (D)
6 (A) (B) (C) (D)
7 (A) (B) (C) (D)
8 (A) (B) (C) (D)

Entrevista Número Dos

1 (A) (B) (C) (D)
2 (A) (B) (C) (D)
3 (A) (B) (C) (D)
4 (A) (B) (C) (D)
5 (A) (B) (C) (D)
6 (A) (B) (C) (D)
7 (A) (B) (C) (D)
8 (A) (B) (C) (D)
9 (A) (B) (C) (D)
10 (A) (B) (C) (D)

Entrevista Número Tres

1 (A) (B) (C) (D)
2 (A) (B) (C) (D)
3 (A) (B) (C) (D)
4 (A) (B) (C) (D)
5 (A) (B) (C) (D)
6 (A) (B) (C) (D)
7 (A) (B) (C) (D)
8 (A) (B) (C) (D)
9 (A) (B) (C) (D)
10 (A) (B) (C) (D)

Entrevista Número Cuatro

1 (A) (B) (C) (D)
2 (A) (B) (C) (D)
3 (A) (B) (C) (D)
4 (A) (B) (C) (D)
5 (A) (B) (C) (D)
6 (A) (B) (C) (D)
7 (A) (B) (C) (D)
8 (A) (B) (C) (D)
9 (A) (B) (C) (D)
10 (A) (B) (C) (D)

Entrevista Número Cinco

1 (A) (B) (C) (D)
2 (A) (B) (C) (D)
3 (A) (B) (C) (D)
4 (A) (B) (C) (D)
5 (A) (B) (C) (D)
6 (A) (B) (C) (D)
7 (A) (B) (C) (D)
8 (A) (B) (C) (D)
9 (A) (B) (C) (D)

Entrevista Número Seis

1 (A) (B) (C) (D)
2 (A) (B) (C) (D)
3 (A) (B) (C) (D)
4 (A) (B) (C) (D)
5 (A) (B) (C) (D)
6 (A) (B) (C) (D)
7 (A) (B) (C) (D)
8 (A) (B) (C) (D)
9 (A) (B) (C) (D)

Entrevista Número Siete

1 (A) (B) (C) (D)
2 (A) (B) (C) (D)
3 (A) (B) (C) (D)
4 (A) (B) (C) (D)
5 (A) (B) (C) (D)
6 (A) (B) (C) (D)
7 (A) (B) (C) (D)
8 (A) (B) (C) (D)
9 (A) (B) (C) (D)

Longer Listening Selections

(Section I, Part A)

I n this part of the exam, you will hear two selections consisting of either a narrative, an interview, or a broadcast. Each piece will be about five minutes long. If you know something about the topic, you will be able to understand more than if the subject matter is completely new to you. These topics will be about a wide variety of aspects of Spanish culture, including music, art, history, food, customs (such as the *posadas*, or bullfighting), traveling in Spanish American countries, daily routines, business, shopping, entertainment, television, ethnic differences, the roles of men and women in society, schooling for children, higher education, finding jobs, family traditions, family relationships, national institutions (such as ONCE in Spain, which runs the national lottery), dating customs, etc. The more you can find out about these and other topics from sources such as magazines, television programs, radio programs, Spanish-speaking people, or literature, the better prepared you will be.

Try some of the following strategies to see if you can improve your comprehension of the longer narratives.

- **Read the questions first.** You will have time to read the questions before listening to the selection. Use the time to try to gather as much information about the selection as possible.
- **Concentrate.** The hardest part of the longer selections is concentrating for five minutes while the audio is played. Some of the strategies below may help you learn to focus while you listen, although nothing helps as much as practice.
- **Listen for repeated words.** The repetition of a word often indicates important information or ideas.
- **Pay attention to structure.** You can expect to hear certain kinds of information in certain parts of a selection. For example, usually at the beginning of a selection, listen for things related to the setting for a scene and the introduction of ideas, people, and things. Next, listen for changes to or affirmation of the original information. In a conclusion, expect to hear something summarizing the event, or a return to the original premise.
- **Follow the thread.** Every conversation or narrative has a thread, or a direction in which it is going. Ideas often take off from some detail, so pay attention to details, especially ones that may indicate a shift in topic.

- **Listen for cognates.** Picture what the cognate means instead of translating it. For the formation of cognates, remember some conventions of pronunciation. For example, an *e* is often added in front of words that begin with consonant glides, for example *spr, sch, sp, stre*. Also, if there is a word you do not recognize, write it down to see if you recognize it on paper. *Héroe*, for example, sounds different in Spanish than in English, but you will easily recognize it once you see it, if you remember that the *h* is always silent. Also, *th* does not exist in Spanish, so you can often recognize the cognate if you add the *h* where it is omitted in Spanish, as in the word *tema*.

- **Know numbers well.** Numbers beyond single digits often slow you down if you try to translate the quantity associated with the number you hear.

- **Anticipate.** Once you know the topic, imagine where the narrative or dialogue will go. You will understand more if you know what the topic is.

- **Make mental notes.** File information in your mind or on paper by grouping it in categories, especially the details. You remember things longer if you associate things in a group.

- **Visualize.** Nothing makes the selection more understandable than visualizing what you hear.

- **Imagine.** If the topic deals with unfamiliar subject matter, try to imagine what it would be like to be in that situation or to experience the setting or event that is discussed.

- **Take notes.** If it is helpful, take notes. If nothing else, writing something down helps you concentrate while you listen. The notes can be just phrases or words: anything that jogs your memory is helpful when you answer questions.

You will find the answers on page 113. When you have finished listening to each selection and answering the questions, check your responses. If you have missed some questions, listen to the selection again. If you have listened to the selection twice and still do not understand some parts of it, check the transcript at the end of this section. Remember that you will hear each longer selection only once on the AP exam.

The multiple choices are printed on the following pages. The scripts start on page 98.

Now get ready to listen to the disc.

Directions: The following part consists of a series of Longer Narratives and Interviews. When you have finished listening to each selection, pause the CD player, read the multiple-choice answers beginning on the third page of Chapter 3, and indicate your answer on the answer sheet provided earlier. Then press the play button again and listen to the following narrative or interview. Allow 3 minutes to answer each selection.

Longer Narratives

Narrativa Número Uno

1. ¿Cuándo se inauguró el servicio?
   (A) En el año 1913.
   (B) En el año 1917.
   (C) En el año 1919.
   (D) En el año 1970.

2. ¿Qué servía de transporte de materiales para la construcción?
   (A) El Metro.
   (B) Animales.
   (C) Carros.
   (D) Los hombres los llevaron.

3. ¿Dónde tuvo lugar la primera celebración?
   (A) En la estación Rufino Blanco.
   (B) En la estación Alfonso XIII.
   (C) En la estación Cuatro Caminos.
   (D) En la estación Metro de Madrid.

4. ¿Cuánto tiempo transcurrió en el primer recorrido del Metro?
   (A) Siete minutos y pico.
   (B) Trece minutos.
   (C) Quince.
   (D) Sesenta minutos.

5. ¿Cómo ha cambiado el Metro?
   (A) Ahora más personas desesperadas lo usan.
   (B) Ahora hay músicos que entretienen a los pasajeros en los carros.
   (C) Actualmente es demasiado peligroso para usar.
   (D) Actualmente es usado por una gran variedad de personas.

6. ¿Qué suelen oír los que usan el Metro?
   (A) Un anuncio advirtiéndoles tener prisa.
   (B) Anuncios con sugerencias para la cortesía.
   (C) Anuncios para ayudar a los desesperados que lo usan.
   (D) Anuncios recomendando mayor seguridad y eficiencia.

7. Hoy en día ¿cuántos coches hay en el sistema?
   (A) 155.
   (B) 555.
   (C) 984.
   (D) 6.434.

Narrativa Número Dos

1. ¿Qué tipo de servicio ofrece RENFE?
   (A) RENFE parece ofrecer servicio ferrocarrilero.
   (B) RENFE es una agencia de turismo.
   (C) RENFE ofrece giras por autobús.
   (D) RENFE es una cadena de hoteles.

2. ¿Con qué propósito se está hablando de ciertas líneas en esta selección?
   (A) RENFE quiere volver al pasado recreando viajes del pasado.
   (B) RENFE quiere que más pasajeros viajen en tren.
   (C) RENFE quiere que todos estén más confortables en sus habitaciones.
   (D) RENFE quiere que más personas conozcan la historia de España.

3. ¿En qué parte de España se ofrece este servicio principalmente?
   (A) Se está ofreciendo en el sur.
   (B) Las líneas circulan principalmente en el suroeste.
   (C) Las líneas circulan por casi todas las partes de España.
   (D) Se está ofreciendo servicio al oeste de España.

4. ¿Qué hay de nuevo en este servicio?
   (A) Hay más atracciones en las ciudades.
   (B) Los servicios son más lujosos y modernos.
   (C) Ruedan películas de vaqueros en estos viajes.
   (D) Los trenes van a nuevos lugares.

5. ¿Cómo es el nuevo servicio del Al-Andalus?
   (A) En este tren imitan fielmente los grandes trenes del pasado.
   (B) Este tren es moderno pero no muy cómodo.
   (C) Este tren está encantado.
   (D) Este tren es una buena mezcla del presente y el pasado.

6. ¿Por qué se han hecho estos cambios?
   (A) RENFE quiere atraer la industria cinematográfica norteamericana a España.
   (B) Las ciudades quieren disponer de vagones viejos.
   (C) RENFE quiere que todos se diviertan en sus viajes.
   (D) RENFE quiere aumentar la competencia por turistas entre ciudades.

7. ¿Por qué necesitaría un pasajero valor para montarse en el tren que va a las Cuevas de Guadix?
   (A) Ese tren pasa por paisaje muy peligroso.
   (B) Fácilmente puede perderse en las cuevas.
   (C) En esa ruta hay peligro de ataques por bandidos.
   (D) En ese viaje hay una reproducción de un asalto como en el Viejo Oeste estadounidense.

8. ¿Qué tipo de selección parece ser ésta?
   (A) Parece un reportaje para un periódico.
   (B) Parece un anuncio para la radio.
   (C) Parece ser un reportaje para la televisión.
   (D) Parece ser un anuncio de servicio público por RENFE.

Narrativa Número Tres

CD 2
Track
3

1. ¿Cuál es el tema de esta selección?
   (A) Noticias de interés nacional.
   (B) El papel de un periódico.
   (C) Un discurso sobre política nacional.
   (D) Una crítica de la prensa.

2. ¿Qué importancia lleva este acontecimiento?
   (A) Revela que los españoles están leyendo más ahora que antes.
   (B) Revela que la prensa ha alcanzado un nuevo nivel de profesionalismo.
   (C) Revela que la monarquía está ligada firmemente con la prensa.
   (D) Revela que este periódico tiene en su poder cambiar la vida nacional española.

3. ¿Cómo se ha transformado España en los últimos treinta años?
   (A) Menos españoles son analfabetos ahora que antes.
   (B) Los españoles aprecian al rey más ahora que antes.
   (C) El gobierno actual permite más libertad de expresión que antes.
   (D) La sociedad española goza de más opciones políticas, sociales, y económicas.

4. ¿Cuál es la misión de *El País?*
   (A) *El País* tiene por misión informar al público de su historia.
   (B) Este periódico sirve los propósitos del rey.
   (C) El diario se esfuerza para estar al tanto de las noticias.
   (D) El periódico necesita servir los intereses de todo el público.

5. ¿Por qué comentó el Rey Juan Carlos las aportaciones del periódico?
   (A) Él sabe que sin la prensa libre no hay una sociedad libre.
   (B) *El País* promovió el fin de la época de Francisco Franco.
   (C) El rey sabe que el apoyo de la prensa es indispensable para su reino.
   (D) Juan Carlos reconoce que la imparcialidad de este diario es notable.

6. ¿A qué coincidencia histórica se refiere en la selección?
   (A) Empezó a publicarse cuando estalló la guerra en el Golfo Pérsico.
   (B) Empezó a publicarse dentro de unos meses de la muerte de Franco.
   (C) Empezó a publicarse cuando el rey empezó su reino.
   (D) Empezó a publicarse hace cinco años.

7. ¿Cómo notó *El País* la ocasión de la venta de cinco mil números?
   (A) El diario publicó una carta de felicitaciones de Franco.
   (B) El diario no publicó ningún número ese día.
   (C) El diario incluyó una sección adicional.
   (D) El diario publicó un extra ese día.

8. ¿A qué asunto se dirige *El País* actualmente?
   (A) Se dedica al repaso del pasado.
   (B) Se decide a presentar nuevas direcciones.
   (C) Se esfuerza por presentar a España en el mundo moderno.
   (D) Presenta las posibilidades del futuro basadas en los hechos históricos.

CD 2
Track
4

Narrativa Número Cuatro

1. ¿En qué estación están?
   (A) Están en el último mes del año.
   (B) Están preparando para las Pascuas.
   (C) Están en el año 1847.
   (D) Están en el verano.

2. ¿Qué es *El Indio*?
   (A) *El Indio* es el nombre del propietario de una tienda.
   (B) *El Indio* es apodo del hombre con quien habla el interlocutor.
   (C) *El Indio* es un pequeño taller que elabora cierto tipo de dulce.
   (D) *El Indio* es la marca de un producto que fabrican en la tienda.

3. ¿Quién es el dueño de la tienda donde hablan estas personas?
   (A) La familia de José María.
   (B) José María Pinaqui.
   (C) Francisco Pinaqui.
   (D) La familia Ruiz de Diego.

4. Principalmente, ¿con qué está encargado José María?
   (A) Está encargado de ser guía por la fábrica para mostrársela al público.
   (B) Está encargado de la producción de chocolate en forma artesanal.
   (C) Está encargado de probar el producto al fin del proceso de elaboración.
   (D) Está encargado de vender el producto al público.

5. ¿Cómo empieza y termina el proceso de elaboración en *El Indio*?
   (A) Empiezan con un polvo, el cual luego se calienta para poder trabajarlo.
   (B) Empiezan con el cacao crudo y terminan con el dulce en moldes.
   (C) Empiezan con la masa de chocolate, la cual luego se reparte entre moldes.
   (D) Empiezan con polvo de cacao y terminan con tabletas.

6. ¿Por qué es tan notable este lugar en Madrid?
   (A) Tienen una nueva manera de elaborar el chocolate que es mejor que la vieja.
   (B) Venden tres tipos de chocolate en el mismo lugar donde lo producen.
   (C) Venden chocolate de un pueblo en las montañas donde lo producen a mano.
   (D) Conservan todo el proceso antiguo para producir y vender chocolate.

7. ¿Para qué es una refinadora?
   (A) La refinadora muele y pulveriza la pasta de cacao.
   (B) La refinadora muele el azúcar para poner en la masa.
   (C) Ponen la masa en la refinadora para mantenerla a cierta temperatura.
   (D) Se muele el azúcar en ella para hacerlo más fino para poner en el chocolate.

8. ¿Qué opina José María Pinaqui de lo que hace?
   (A) No le gusta tener que probar el chocolate.
   (B) Se pone melancólico porque ya está muy viejo.
   (C) Se está engordando demasiado porque prueba tanto chocolate.
   (D) Está triste que no haya más personas que quieren aprender el proceso.

9. ¿Qué señal le da al interlocutor de lo que piensa de su trabajo?
   (A) Dice que lo cambiaría si pudiera pero tiene demasiado años para cambiar ahora.
   (B) Dice que no comería tanto chocolate si no le gustara tanto el producto.
   (C) Dice que le gustaría trabajar en otra fábrica si le pagara más.
   (D) Dice que no cambiaría porque por muchos años le ha gustado mucho.

10. ¿Qué pronóstico tiene el interlocutor de esta tradición?
    (A) Parece que esta tradición está para desaparecer por falta de artesanos.
    (B) Se conservará mientras haya una aldea en las montañas.
    (C) Se conservará cincuenta años más en lugares como éste.
    (D) Mientras quiera el público esta confección, habrá chocolaterías como ésta.

Narrativa Número Cinco

CD 2
Track
5

1. ¿Por qué es tan famoso Montserrat?
   (A) Hay allí una bella estatua de la Virgen.
   (B) Hay una iglesia allí.
   (C) Hay una ermita allí.
   (D) Napoleón visitó a Montserrat.

2. Históricamente ¿cuándo establecieron el monasterio allí?
   (A) Los primeros monjes establecieron el monasterio a fines del siglo XII.
   (B) Napoleón mandó que lo establecieran en el siglo XIV.
   (C) Los monjes de Ropill vinieron en el siglo XI.
   (D) Después del saqueo por Napoleón construyeron un nuevo monasterio.

3. ¿Por qué establecieron el monasterio allí?
   (A) A Napoleón le gustó el sitio.
   (B) A los monjes de Ropill les gustó el sitio.
   (C) A todos los peregrinos que vinieron les gustó.
   (D) Les gustó el sitio a los que vinieron del centro de Europa.

4. ¿De dónde eran procedentes los peregrinos que vinieron durante los siglos XII a XIV?
   (A) Vinieron de Cataluña.
   (B) Vinieron de Santiago de Compostela.
   (C) Vinieron de Europa.
   (D) Vinieron de Montserrat.

5. ¿Cómo se explica el color de la Virgen?
   (A) Se dice que el escultor la hizo así, porque dice la Biblia que la Virgen era negra.
   (B) Se dice que a causa de una reacción química ella es negra.
   (C) Se dice que el humo de velas por tantos siglos cambió el color.
   (D) Todas las razones indicadas arriba son correctas.

6. Además del monasterio, ¿qué otras funciones realizan los monjes de Montserrat?
   (A) Tienen que explicarles a los visitantes por qué no pueden usar el santuario.
   (B) Tienen que atender a los turistas que vienen para visitar las tiendas.
   (C) Tienen que hacer peregrinaciones recíprocas a otras ermitas.
   (D) Tienen que preocuparse de todo, hasta de los trabajos diarios del lugar.

7. ¿Cuál es el trabajo del grupo encargado del monasterio?
   (A) Mantiene todas las actividades del santuario y el monasterio.
   (B) Pasa mucho tiempo estudiando en el monasterio y dando clases.
   (C) Vende cerámica a los turistas al monasterio, entre otras mercancías.
   (D) Publica música del monasterio para vender a los turistas.

8. ¿Quiénes vienen a Montserrat ahora?
   (A) Principalmente peregrinos en camino a Santiago de Compostela.
   (B) Turistas de todo el mundo, de todas las religiones.
   (C) Monjes de muchos otros monasterios.
   (D) Principalmente peregrinos del centro de Europa.

9. ¿A qué actividad se dedican algunos monjes?
   (A) Algunos se dedican a estudios religiosos.
   (B) Algunos enseñan clases de música en la Escolanía.
   (C) Algunos se dedican a la construcción de nuevos monasterios.
   (D) Algunos están escribiendo historias del lugar.

Interviews

Entrevista Número Uno

CD 2
Track
6

1. ¿Qué ha hecho Ana Belén que están comentando en esta entrevista?
   (A) Ha escrito un libro en el que fue basada una nueva película.
   (B) Acaba de estrenarse como estrella de una nueva película.
   (C) Acaba de dirigir el rodaje de una película de un libro muy popular.
   (D) Acaba de entrevistar a la autora Carmen Rico-Godoy.

2. ¿Qué calificaciones tiene Ana Belén para esta película?
   (A) Ana Belén ha gozado de mucho éxito como actriz y cantante.
   (B) Ana Belén es una crítica de los hombres en el seno de la familia.
   (C) Ana Belén conoce bien a Carmen Rico-Godoy.
   (D) Ana Belén está dispuesta a seguir aprendiendo en su vida.

3. ¿Cuál es el tema de la película?
   (A) Los hombres no saben llevarse bien con las mujeres.
   (B) En las relaciones, ni los hombres ni las mujeres juegan limpio.
   (C) La mujer determinada siempre triunfará.
   (D) Los hombres no se portan bien ni con la esposa ni con la familia.

4. ¿Cómo reaccionaron los actores a los papeles que interpretaron?
   (A) Todos tenían mucha simpatía para con sus personajes.
   (B) Asemejan mucho a los papeles en sus propias vidas.
   (C) Los actores se sentían muy diferentes de los personajes.
   (D) Creían que todos los hombres son estereotipos.

5. ¿Qué nuevas habilidades ha demostrado Ana Belén en esta obra?
   (A) Que es buen intérprete de la escena contemporánea.
   (B) Que es buena actriz.
   (C) Que tiene buen sentido de humor.
   (D) Que puede mandar sin ofender.

6. ¿Qué observaciones de su estilo le han notado sus colegas?
   (A) Dicen que les gusta porque tiene buen sentido de humor.
   (B) Dicen que Ana Belén no sabe mucho de rodar una película.
   (C) Dicen que les trató como si fueran sus hijos.
   (D) Dicen que tenía un combate constante entre todos.

7. ¿Qué comparación hacen los actores en cuanto a lo que hace?
   (A) Dicen que ella sabe menos que otros y no hizo bien.
   (B) Dicen que ella mantiene una actitud abierta hacia el trabajo.
   (C) Dicen que ella era la mejor en cuanto a la técnica de rodar.
   (D) Dicen que es la más honesta de todos con quienes han trabajado.

8. ¿Qué actitud hacia la vida muestra esta señora en esta entrevista?
   (A) Ella está divirtiéndose muchísimo en todo lo que hace.
   (B) Ella parece no poder tomar nada en serio.
   (C) Ella parece no tener mucha confianza en sus habilidades.
   (D) Ella reconoce sus limitaciones técnicas, y no se preocupa de eso.

Entrevista Número Dos

1. ¿Qué teoría, ahora casi certeza, proclama Juanjo Benítez?
   (A) En el futuro los seres humanos viajarán a otros planetas.
   (B) Hay extraterrestres disfrazados como seres humanos que habitan en España.
   (C) La Guardia Civil está controlada por unos humanoides de más allá de las estrellas.
   (D) Hay un ejército de marcianos que planea una invasión de la Tierra.

2. ¿Por qué cree este autor que puede declarar con tanta seguridad esta teoría?
   (A) Ha escrito un libro proclamando la verdad.
   (B) Este autor ha visto los extraterrestres visitando el planeta.
   (C) Ahora tiene testigos que pueden corroborar lo que dice.
   (D) El gobierno ahora reconoce que hay visitantes al planeta.

3. ¿Qué es un OVNI?
   (A) Es un coche de tipo turismo.
   (B) Es un tipo de nave espacial.
   (C) Es un extraterrestre.
   (D) Es un grupo de turistas.

4. ¿Qué tiene la Guardia Civil que hacer con este tema?
   (A) Algunos de la Guardia detuvieron a un grupo de extraterrestres.
   (B) Algunos de la Guardia hablaron con unos españoles que vieron a los tripulantes.
   (C) La Guardia tiene un coche que unos visitantes habían usado.
   (D) La Guardia alega que los seres de un OVNI capturaron a algunos de la Guardia.

5. ¿Dónde tuvo lugar uno de estos descubrimientos?
   (A) Tuvo lugar en varios pueblos alemanes.
   (B) Aparecen solamente en el sur de España.
   (C) En Jerez donde unos de ellos viven.
   (D) Los han visto en caminos y carreteras españoles.

6. En el citado incidente, ¿qué pasó?
   (A) Una nave aérea volaba a altura baja encima de la ciudad de Jerez.
   (B) Un grupo de turistas vieron un plato volador encima de la carretera.
   (C) La Guardia Civil persiguió una nave espacial, la cual se transformó en coche.
   (D) La Guardia Civil vio a un grupo de seres volando por la carretera.

7. ¿Por qué no capturaron ninguna prueba en el citado incidente?
    (A) Estos visitantes tienen poderes extraordinarios para transformarse.
    (B) Los seres se convierten en coches cuando se encuentran con seres humanos.
    (C) Los seres se registran en hoteles cuando piensan que alguien está persiguiéndolos.
    (D) La Guardia Civil tiene miedo de estos seres humanoides.

8. Según la historia ¿cómo acabó el episodio?
    (A) El grupo desapareció y no los vio nadie.
    (B) Los del OVNI transformaron a la Guardia Civil en humanoides.
    (C) Los seres embarcaron y salieron inmediatamente.
    (D) Los extraterrestres se mutaron por completo para disimular.

9. ¿Cuál parece ser la actitud del interlocutor hacia el autor?
    (A) Lo toma muy en serio.
    (B) Parece creer todo lo que le dice el experto, Juanjo Benítez.
    (C) Se ríe por lo bajo para no ofenderlo.
    (D) Piensa que sería una posibilidad muy sorprendente.

10. ¿Parece ser Juanjo Benítez una persona muy cuerda?
    (A) Habla como si supiera que muchos no le creyeran.
    (B) Habla como si hubiera sido transformado en humanoide.
    (C) Habla como si hubiera visto con sus propios ojos todo esto.
    (D) Habla como si llevara muchos años creyendo estas historias.

Entrevista Número Tres

CD 2
Track
8

1. ¿Qué pasó con los extraterrestres en el primer episodio?
    (A) Se transformaron en dos parejas.
    (B) Se mutaron en otros seres extraterrestres.
    (C) Salieron en un OVNI que volaba cerca de Jerez.
    (D) Se transformaron en un gran coche turismo.

2. ¿Qué pidieron a los extraterrestres?
    (A) Ni hablaron con ellos para pedirles nada.
    (B) Les pidieron la matrícula.
    (C) Les pidieron que les acompañaran a la estación.
    (D) Les pidieron identificación.

3. ¿Por qué hubiera sido buena idea pedirles la identidad?
    (A) Necesitan datos sobre estos señores para poder localizar sus domicilios.
    (B) Necesitan hablar con el banquero con quien viven.
    (C) Para convencer al público sería ideal entrevistarlos.
    (D) Necesitan saber su dirección en Madrid.

4. ¿De qué principio habla el buen autor?
   (A) Se sabe que los extraterrestres habitan con un banquero en Madrid.
   (B) Se sabe que no viven entre seres normales.
   (C) Se sabe que sólo Dios sabe con qué intención están entre nosotros.
   (D) No se sabe por qué están, pero nada tiene que ver esto con ningún banquero.

5. Según este señor, ¿para qué sirve el Ejército?
   (A) El Ejército es para defender al país de las invasiones extraterrestres.
   (B) Defendería la patria pero no puede revelar los planes.
   (C) Sirve para guardar todos los datos en secreto.
   (D) No sirve para nada porque rehúsa reconocer los testimonios.

6. ¿Cuál es la actitud de los gobiernos?
   (A) Los gobiernos quieren saber todo sobre estos fenómenos.
   (B) Quieren descubrir la verdad de estos episodios.
   (C) Quieren ocultar estas actividades porque no quieren confesar su impotencia al público.
   (D) Saben que estas noticias aterrorizarán al público y quieren protegerlo.

7. ¿Qué otro ejemplo tiene el autor de la existencia de los extraterrestres?
   (A) Dice que un grupo de extraterrestres apareció en el pueblo de Burgos.
   (B) Dice que un grupo apareció en una viña en Briones.
   (C) Dice que un grupo de extraterrestres habló con los habitantes de un pueblo remoto.
   (D) Dice que otro grupo de extraterrestres se apareció a unos terroristas.

8. ¿Dónde tuvo lugar este episodio?
   (A) En un castillo abandonado en la provincia de León.
   (B) En una viña en Briones.
   (C) En un castillo en el pueblo de San Vicente de la Sonsierra.
   (D) En un proceso de Burgos.

9. ¿Por qué no podría este autor identificar a los ex miembros de ETA?
   (A) Porque otros testigos querrán matarlos.
   (B) Ahora los extraterrestres los buscan para asesinarlos.
   (C) Entre los terroristas es peligroso ser ex miembro del grupo.
   (D) Las autoridades los buscan para encarcelarlos.

10. ¿Qué significa cuando el interlocutor se corrige para decir "historias" en vez de "datos"?
    (A) Indica que cree que todo es pura historia, y así es pura verdad.
    (B) Significa que no cree ni una palabra porque no hay testigos.
    (C) Significa que una historia no corresponde a la verdad necesariamente.
    (D) Quiere decir que todo esto todavía es rumor sin testigo irrefutable.

Entrevista Número Cuatro

1. ¿Cuál es la profesión del hombre con quien habla el interlocutor?
   (A) Pedro Almodóvar es estrella de cine.
   (B) Pedro Almodóvar es crítico de cine.
   (C) Pedro Almodóvar es director de cine.
   (D) Pedro Almodóvar es novelista.

2. ¿Qué reacción inspiró la película?
   (A) Les gustó mucho a los toreros en la Maestranza.
   (B) El público la recibió bien, pero a los críticos no les gustó.
   (C) A los críticos les gustó tanto como al público.
   (D) Al crítico de *El País* le gustó más.

3. ¿A quién prefiere Pedro Almodóvar satisfacer más?
   (A) A los críticos.
   (B) Al público.
   (C) A los dos igualmente.
   (D) A sí mismo solamente.

4. ¿Qué opina Almodóvar de los críticos?
   (A) Cree que desempeñan un papel muy importante en la industria cinematográfica.
   (B) Con tal que les guste la película, cree que son buenos.
   (C) No cree que merezca la reacción que muchas veces recibe de ellos.
   (D) Con tal que pueda comprenderlos, le gustan.

5. ¿Por qué era diferente la crítica de *El País*?
   (A) A este crítico no le gustó la película.
   (B) El elogio de este crítico era más grande que los otros.
   (C) Esta crítica no apareció al mismo momento que las otras.
   (D) Esta crítica contrastaba con las demás críticas.

6. ¿Cómo reaccionó Almodóvar a esa crítica?
   (A) No le importaba.
   (B) Se enfadó.
   (C) No la leyó.
   (D) Quedó confundido.

7. ¿Cómo define Almodóvar a un buen crítico?
   (A) Debe informar al público sobre todo.
   (B) Debe poder revelar algo que ve, tanto bueno como malo.
   (C) Debe siempre tener razón en lo que dice.
   (D) Debe indicar a la gente qué debe ver.

8. ¿Cómo sabe Almodóvar si ha hecho bien esta película?
    (A) Si la gente sale toreando de las corridas, habrá hecho bien.
    (B) Si la gente sale hablando de la película, la ha hecho bien.
    (C) Si la gente se atreve a hablar de la verdad de las relaciones, fue un éxito.
    (D) Si la gente sale hablando de la guerra, fue un éxito.

9. ¿Qué le interesa más a Almodóvar?
    (A) Ser reconocido por toda la gente.
    (B) El proceso de crear una obra de arte.
    (C) Ser amado de toda la gente.
    (D) Gozar de toda la atención en el momento del estreno.

10. ¿Qué característica de gran hombre le distingue a este señor?
    (A) Tiene más interés en el trabajo que la ganancia del trabajo.
    (B) Le gusta el reconocimiento que le da el público.
    (C) Es un hombre solitario.
    (D) Todavía está abierto a lo que le lleve el momento u ocasión inesperado.

CD 2
Track
10

Entrevista Número Cinco

1. ¿Cuál es el propósito del programa "Viajes para las personas mayores"?
    (A) Es para que puedan ir de vacaciones las personas que viven en el centro de España.
    (B) Es para que tengan unas vacaciones personas viejas que nunca han viajado.
    (C) Es para que los que viven en ciudades históricas puedan visitar las costas españolas.
    (D) Es para mejorar la economía de regiones costeñas de España.

2. ¿Qué oportunidad les proporciona este programa a los mayores de edad?
    (A) Ellos pueden saber que su pueblo es el mejor lugar.
    (B) Ellos sabrán que hay otros mundos fuera de sus propios pueblos.
    (C) Ellos tendrán la oportunidad de conocer a otras personas.
    (D) Ellos podrán escapar de su esclavitud económica.

3. ¿Cómo será diferente la vida para estas personas?
    (A) Ellas estarán insatisfechas con la vida rural después de viajar.
    (B) Ellas se sentirán defraudadas por haber pasado la vida en su pueblo.
    (C) Ellas tendrán otro punto de vista después de visitar otros lugares.
    (D) Ellas querrán mudarse a nuevos lugares y explorar nuevos horizontes.

4. ¿Qué calificación se necesita para poder aprovecharse de la oportunidad?
    (A) No hay ningunos requisitos.
    (B) Hay que tener pasaporte.
    (C) Sólo hay que presentarse para hacer reservas.
    (D) Hay que presentar identificación.

5. ¿Adónde van estos mayores?
   (A) Van donde no hace mucho calor.
   (B) Van a lugares donde pueden encontrar muchas ventas especiales.
   (C) Van a lugares donde hay clima cálido.
   (D) Van al campo para descansar.

6. ¿Por cuánto tiempo durará el viaje?
   (A) Durará veinte días
   (B) Durará medio mes.
   (C) Durará dieciséis días.
   (D) Durará diecisiete días.

7. ¿Cuánto costará?
   (A) No costará mucho.
   (B) Costará diecisiete mil pesetas.
   (C) Costara dieciséis mil pesetas.
   (D) Costará quince mil pesetas.

8. ¿Por cuál casualidad hay una póliza de seguro?
   (A) En caso de emergencia médica.
   (B) En caso que se ponga enfermo.
   (C) En caso que alguien muera.
   (D) En caso que se decida volver a casa.

9. ¿Qué tal le parece este programa al interlocutor?
   (A) Le parece increíble que seas tan caro.
   (B) Le parece que entusiasmará mucho a los televidentes.
   (C) Le parece milagroso que sea tan económico.
   (D) Está seguro de que les gusta a las personas de la tercera edad.

Entrevista Número Seis

CD 2
Track
11

1. ¿Qué hace Marcos en Nueva York?
   (A) Es farmacéutico.
   (B) Es policía.
   (C) Es psiquiatra.
   (D) Es narcotraficante.

2. Para Marcos, ¿cómo se comparan las dos ciudades?
   (A) Marcos cree que los neoyorquinos son más locos que los sevillanos.
   (B) Le gustan mucho los sevillanos porque le invitan a sus casas.
   (C) Las dos ciudades tienen sus problemas y no son tan diferentes.
   (D) La manera de mostrarse la locura en las dos poblaciones es diferente.

3. ¿Por qué está Marcos en Sevilla?
   (A) Está para asistir a una reunión de psiquiatras.
   (B) Asiste a una competencia de bicicletismo.
   (C) Asiste a una conferencia sobre el abuso de sustancias tóxicas.
   (D) Habla en una conferencia sobre el tema de la salud mental en Nueva York.

4. ¿Cuál es la diferencia entre el problema de las drogas en las dos ciudades?
   (A) Cree que el problema de las drogas en Nueva York es peor que el de Sevilla.
   (B) Cree que el problema en Nueva York está aumentando más que en Sevilla.
   (C) Cree que en Sevilla actualmente se ve un aumento del problema más que en Nueva York.
   (D) Cree que hay tanto problema en Sevilla que como Nueva York.

5. ¿Qué diferencia hay entre el uso de drogas actualmente en Estados Unidos y el de hace veinte años?
   (A) Antes el uso de drogas se asoció con grandes movimientos de población.
   (B) Actualmente el uso no parece estar relacionado con la presión emocional de la vida moderna que existió hace veinte años.
   (C) Antes el uso de drogas se basó en los motivos filosóficos y sociales de esa generación.
   (D) Antes los tipos de drogas eran más nefastos.

6. ¿Qué optativas tienen en Nueva York para resolver el problema?
   (A) Una es el establecimiento de clínicas.
   (B) Una optativa es la encarcelación del adicto.
   (C) Están considerando la despenalización de algunas drogas.
   (D) Están investigando maneras de aliviar la tensión de la vida para los adictos.

7. ¿Por qué no le gusta a Marcos la idea de legalización?
   (A) Opina que los adictos no buscarán la ayuda que necesitan.
   (B) Cree que habrá demasiada demanda para poder satisfacer a todos.
   (C) Teme una epidemia de varias enfermedades asociadas con el uso.
   (D) Si fuera legal, no sabrían cuántos adictos habría.

8. ¿Qué propone Marcos para los profesionales que tratan con los adictos?
   (A) Sugiere que los profesionales cambien la manera de considerar el problema.
   (B) Recomienda que la gente se relaje un poco para mantener buena salud mental.
   (C) Propone que los profesionales consideren a los adictos como los enfermos que son.
   (D) Será preciso cambiar la sociedad tan hipercompetitiva a una más tolerante.

9. ¿Cómo debiera ser el tratamiento, según Marcos?
   (A) Cuidadosamente controlado pues de lo contrario el tratamiento matará más de lo que curará.
   (B) Es necesario que el tratamiento se ajuste a las necesidades del drogadicto.
   (C) La generalización del problema es útil para describir casos individuales de drogadicción.
   (D) Hay que adaptar a los drogadictos al tratamiento en vez de lo contrario.

Entrevista Número Siete

CD 2
Track
12

1. ¿Dónde están estas personas que hablan?
   (A) Están en Carolina del Norte.
   (B) Están en la Argentina.
   (C) Están en Barcelona.
   (D) Están en Italia.

2. ¿Qué hace la mujer que están entrevistando?
   (A) Ella es campesina.
   (B) Ella es dependiente de una tienda.
   (C) Ella vende flores.
   (D) Ella vende frutas de su huerto.

3. ¿Cuánto tiempo hace que está en este lugar?
   (A) Ella está en su puesto hace cien años.
   (B) Su puesto está en el mismo lugar hace ciento cincuenta años.
   (C) Ella lleva cincuenta años allí.
   (D) Hace treinta años que está allí.

4. ¿Por qué le gusta a Carolina lo que hace?
   (A) Todos los días ella puede hablar con reyes, príncipes y gente muy importante.
   (B) Le encanta a ella la diversidad de personas con quienes se encuentra.
   (C) Le gustan los varios tipos de flores.
   (D) A ella le gusta la tradición de ser dependiente en una tienda.

5. ¿Quiénes compran?
   (A) Por la mayor parte son jóvenes.
   (B) Generalmente son personas que llevan muchos años visitándola.
   (C) Personas que no quieren comprar los productos en otras tiendas.
   (D) Señoras que pasan en la calle en camino a casa del mercado.

6. ¿Cómo son diferentes los clientes que tiene?
   (A) Los jóvenes no gastan tanto como los viejos.
   (B) La vieja clientela gasta menos que los jóvenes.
   (C) Los enamorados gastan más que nadie.
   (D) Las personas de la tercera edad gastan tanto como los jóvenes.

7. ¿Qué tipo de consejos le da esta señora a su clientela?
   (A) Aconseja violetas en invierno y rosas en verano.
   (B) Lo que sugiere depende de la estación.
   (C) Cuando quieren algo inapropiado, se lo dice.
   (D) No le da consejos a la gente que viene con idea fija.

8. ¿Qué es un ramo de señora?
   (A) Consiste en violetas en el invierno.
   (B) Consiste en rosas en verano.
   (C) Consiste en una mezcla de varios tipos de flores.
   (D) Consiste en un ramo de flores grande.

9. ¿Cuánto tiempo se dedica a este trabajo?
   (A) Todos los días menos los días de fiesta.
   (B) Todo el tiempo menos los días feriados.
   (C) Solamente se descansa el domingo por la tarde.
   (D) Desde antes de la madrugada hasta el anochecer.

Scripts

NARRATIVA NÚMERO UNO

Vemos el presente e intentamos incluso asomarnos un poco al futuro, pero lo que ahora les proponemos es un viaje al pasado, o un regreso al tiempo en que todo era diferente, aunque estemos sin embargo sobre el mismo escenario. El Metro de Madrid tiene setenta años, y estos datos curiosos nos permiten reconstruir el primer día del Metro de Madrid: diecisiete de octubre de 1919, hace setenta años. A las tres y media de la tarde, en la estación de Cuatro Caminos, el rey Alfonso XIII inauguraba la línea 1 del Metro de Madrid. Fue el acontecimiento del día, naturalmente. Acudieron todos aquellos que eran alguien en el Madrid de entonces. Siete minutos y cincuenta y seis segundos tardó el rey en recorrer todo el trayecto, según el cronómetro del periodista y escritor Rufino Blanco. Han pasado muchos otoños ya de aquella efemérides. Atrás quedó la carreta de bueyes que transportó una noche de julio de 1917 los primeros materiales de construcción para la Compañía Metropolitana de Alfonso XIII. Los madrileños de 1919 pagaron por el primer viaje por los túneles del Metro quince céntimos. Ha pasado mucho tiempo, han pasado setenta años, y el Metro de Madrid, que es el décimo del mundo, por orden de antigüedad, ha dejado de ser un simple medio de transporte. Ahora, como ocurre en todos los metros de las grandes capitales del mundo, se ha convertido en refugio de mendigos, mural de grafistas, escenario musical, centro comercial, alternativa a los atascos, final de desesperados. Los túneles de las diez líneas que actualmente existen son todo un mundo por el que diariamente transita un millón de personas que se conocen de memoria eso de *Antes de entrar, dejen salir* o *Cuidado para no introducir el pie entre coche y andén*. Ciento cincuenta y cinco estaciones repartidas por la ciudad por las que circulan novecientas ochenta y cuatro unidades, o vehículos, en las que trabajan seis mil cuatrocientas treinta y cuatro personas son los datos del Metro de hoy. Setenta años hace ya de la inauguración, del día 17 de octubre de 1919.

NARRATIVA NÚMERO DOS

RENFE: La compañía del ferrocarril español, organiza una serie de servicios turísticos que ayudan a conocer mejor las tierras de nuestro país y que además resultan muy, pero que muy divertidos. Os hablamos del tren Al-Ándalus, del Sureste Exprés, del Tren de la Fresa y de muchas otras líneas con las que se puede visitar el Monasterio de Piedra, la Ciudad Encantada de Cuenca, Toledo, las Murallas de Ávila, y Sigüenza. La oferta de RENFE no finaliza aquí. También hay trenes con los que podemos recorrer al noroeste el Camino de Santiago, el Camino de Soria, o acercarnos hasta la Ciudad Monumental de Cáceres. De todos estos servicios, claramente turísticos, hay que destacar los trenes Al-Ándalus y Sureste Exprés. El recorrido del Al-Ándalus comienza en Sevilla para recorrer después Córdoba, Granada,

Málaga y Jerez. Al embrujo de Andalucía, zona que visitamos con el Al-Ándalus, hay que sumar el encanto de este tren, decorado y ambientado como aquellos antiguos ferrocarriles refinados de principios de siglo. Este retroceso en el tiempo no impide el confort: aire acondicionado, sala de juegos, piano bar, videoteca, duchas en los compartimientos, restaurantes con exquisitas comidas. No será difícil imaginar y vivir mil y una historias durante los días en los que dure el trayecto. El Sureste Exprés reproduce un viaje del año 1911, entre Almería y Guadix, en el que no falta, naturalmente, la máquina de vapor. Concursos y música amenizan este viaje que depara a los viajeros otra sorpresa: un asalto al tren por un grupo de cuatreros dignos del Oeste americano (no olvidemos que en Almería se ruedan muchas de las películas de vaqueros). Los datos sobre estos servicios de RENFE se pueden obtener en cualquier oficina de información al viajero de las estaciones. Allí pueden concretaros horarios, precios y dónde comprar los billetes. Una última recomendación: si sois suficientemente valientes para montaros en este tren, visitad las cuevas de Guadix.

NARRATIVA NÚMERO TRES

Y decíamos que un periódico extraordinariamente importante en España, *El País*, había llegado al número cinco mil. El diario *El País* había nacido el día 4 de mayo del año 1976, y el día 28 de diciembre cumplió sus primeros cinco mil números. Un acontecimiento más que periodístico y más que editorial: político y social, diríamos, dado el papel que *El País* ha jugado en estos años en la España que se transformaba a gran velocidad. En el número que recordaba el cumpleaños, el "cinco mil números de libertad", decía el diario *El País*. *Este periódico reitera lo que ya escribía en su primer número, el 4 de mayo del 76. Este periódico ha sido posible porque hay cientos de miles de españoles que piensan que no son de derechas ni de izquierdas o, mejor dicho, que son de derechas y de izquierdas, pero que no optan por expender patentes de patriotismo, ni piensan que la mejor manera de convivir sea la que, desgraciadamente, se nos ha querido enseñar en el pasado: la supresión del adversario.* Esto es lo que decía *El País* el día que nacía y reiteraba el día que cumplía cinco mil números. Ese día, en ese número, el periódico publicaba una carta de felicitación remitida por el Jefe del Estado, el Rey Don Juan Carlos. *No sería justo pasar por alto*—decía el Rey—*el papel desempeñado por la prensa española en la transición política y en la consolidación de la normalidad constitucional. Siempre he estado seguro de que, como Rey, podría contar con* El País, *en cada ocasión en que la historia reciente lo requería: es decir, cotidianamente, en los momentos más graves y en los más livianos. Por cumplirse aquel aniversario de* El País, *saludo y felicito al director, a la redacción y a sus lectores, como saludo también en él a toda la prensa española.* Palabras del Rey en el aniversario de *El País* que, como decimos, nació el 4 de mayo del 76, unos meses después de que falleciera el anterior Jefe del Estado, el general Franco, y se inaugurara un tiempo histórico nuevo en España. Con motivo del número cinco mil, el diario *El País* ofrecía a sus lectores un "Extra" de 64 páginas con un repaso pormenorizado de todos los sectores de la vida española y al mismo tiempo se preguntaba: *¿Qué nos traerá el fin del siglo? Se puede atisbar que una Europa unida, en la que España pondrá fin a siglos de aislamiento exterior y de tenebrismo, está naciendo. Pero, ¿qué ocurrirá en el nuevo milenio?* El diario *El País* se preguntaba esto menos de un mes antes de que estallara el conflicto del Golfo Pérsico.

NARRATIVA NÚMERO CUATRO

En Madrid cuando se está en Navidad hay un lugar particular en donde un aroma extraordinario le espera al cliente. El Indio es probablemente uno de los pocos establecimientos que quedan en España especializados en realizar el chocolate de forma artesanal. Fundado en 1847, los sucesores de aquellos primeros Ruiz de Diego han mantenido a lo largo del tiempo las recetas de sus abuelos. No han sido las recetas lo único que ha perdurado: los utensilios, el mostrador de nogal, los estantes de caoba, las viejas cajas de hojalata donde se guardaba el café y el té llegado de las Américas, incluso el papel con el que se envuelven las tabletas de chocolate—todo ha soportado el paso de los años. Pero si algo ha sobrevivido para dar personalidad y calor a esta tienda cercana a la Gran Vía madrileña, ha sido el molino. Fundido en bronce, y rodeado de cuatro columnas salomónicas de caoba, aún muele el chocolate del que luego saldrán los bombones, las tabletas, o la variedad en polvo para cocinar. José María es el único obrero que tienen en la actualidad Francisco, Asunción, Josefa y María Ruiz de Diego, dueños de la tienda. En esos días tan cercanos a las fiestas de Navidad vale visitar la tienda para saborear un poquito los aromas que envuelven a José María Pinaqui justo en el momento en que va preparando una receta de la casa.

El chocolate se elabora en el establecimiento de la forma siguiente. Primeramente, se tuesta el cacao, que viene crudo. El cacao asemeja una almendra que viene de África o las Américas. Luego, una vez que está tostado, se limpian las semillas, y entonces hay que quitarles las cascarillas. Una vez que está eso limpio y está triturado, el cacao pasa de ahí al molino, que es el que lo muele. Entonces se mezcla con el azúcar, cereal o harina, en fin, la fórmula que lleve uno, y se hace una pasta, o sea, una masa.

Una vez que está hecha la masa hay que meterla a cierta temperatura en unos moldes. Esos moldes pasan luego después a un frigorífico, una cámara, y una vez que se enfrían, se envuelven, y se venden o se despachan.

En El Indio hay tres tipos o clases de chocolate producidos de esa manera tradicional. Uno que se hace polvo y dos que se cuecen para hacerlos, pero hay que espesarlos. En estos dos últimos hay uno que se espesa un poco y hay otro que se espesa menos. Cualquiera de éstos últimos dos se puede comer hecho o crudo.

Lo único de este establecimiento tan venerado en Madrid es que es el último en hacer chocolate de manera artesanal. En algunas aldeas de España hay otros lugares en que se dedican a hacer el chocolate artesanal para sus ciudadanos. No lo hacen para vender ni nada de eso, sino realmente es para las familias o para los mismos del pueblo que se lo reparten.

La maquinaria del establecimiento llama la atención por ser tan vieja. Para hacer el chocolate de la antigua manera se usan máquinas como la refinadora, las cuales en muchos casos son originales. La refinadora es para refinar. El cacao sale tan grueso al hacerse la pasta en el molino que se puede masticar. Para que sea más fino, se usa la refinadora para hacerlo polvo.

José María Pinaqui, como el establecimiento, lleva muchos años preparando el chocolate que tanto les gusta a los madrileños. Nunca ha pensado José María trabajar en otro sitio ni en otro tipo de fábrica de chocolate porque hay tantas ventajas del empleo. La más atractiva para él es que él prueba el chocolate todos los días. Por eso le ha gustado tanto seguir trabajando en ese lugar. Pero se pone melancólico al reflexionar que algún día va a desaparecer la antigua tradición del chocolate de elaboración casera.

NARRATIVA NÚMERO CINCO

El monasterio de Montserrat, cerca de Barcelona, es reconocido por todo el mundo por contener la Virgen Negra, "La Moreneta". La historia del monasterio posado en las alturas de las montañas es muy interesante. De hecho, el monasterio tuvo origen en el siglo XI, época en que se construyeron muchos otros monasterios que estaban también en lugares y sitios bonitos. En el caso del monasterio de Montserrat se escogió un sitio realmente fascinante. En realidad, no es que fuese escogido, sino que en el siglo XI, tres o cuatro monjes de un monasterio muy famoso en Cataluña, llamado Ropill, vinieron a Montserrat porque aquí había unas ermitas pequeñas que estaban en un terreno que dependía de ellos. Entonces empezó el monasterio allí en el siglo XI.

En seguida la comunidad fue creciendo. En el monasterio, a fines del XII, les monjes construyeron una nueva iglesia que duraría unos cuatro siglos. Para decir algún hito importante, a partir del siglo XII hasta XIV, empezaron bastantes peregrinaciones, muchas del centro de Europa, camino de Santiago. Otro hito importante pero triste fue que se destruyó prácticamente por completo el monasterio a principios del siglo XIV, con la guerra de Napoleón. Todo quedó muy saqueado.

Mucha de la fama del lugar se debe a la imagen de la Virgen tan venerada en Cataluña y todo el mundo. La leyenda cuenta que fue encontrada en una cueva a unos veinte minutos o veinticinco minutos del monasterio. Es una imagen románica de fines del siglo XII, o principios del XIII, que siempre ha estado venerándose en el santuario de Montserrat. Algunos visitantes preguntan a veces por qué es negra, porque popularmente se la llama "Moreneta," "Morenita," o "Morena." No se sabe exactamente la razón. Una de las explicaciones es por el humo a lo largo de los siglos, o a veces dicen que también fue por una reacción química de los barnices que ponían. Esto es posible. Hay algunos que creen que quizás el escultor que la realizó quizás la hizo negra, o un poco oscura, pensando en un texto bíblico del *Cantar de los Cantares*. En ese texto la protagonista, una mujer, dice que ella es morena pero hermosa. Este texto se ha aplicado a veces a la Virgen. Entonces, hay otros que dicen quizás algún autor o algún escultor hizo ya negra esta imagen pensando en este texto bíblico.

El trabajo de la comunidad es muy variado. Un trabajo muy principal es estar al servicio del santuario. Montserrat es, como se ha dicho, por un lado un monasterio, pero por otro también un santuario. Es decir que es un sitio adonde va mucha gente, no solamente del país, sino también de fuera. Y hay que atenderles, no solamente para las cuestiones de culto, sino también charlas, retiros, sacramentos, o bodas, por ejemplo. Entonces los monjes han reunido esos trabajos. Otro trabajo sería manual: cerámica o imprenta. También hay un trabajo más cultural, que es la editorial de publicaciones que tienen. Consiste en la impresión de revistas o libros que van editando los monjes. También hay algunos monjes que se dedican más al estudio ya a un nivel más alto: estudios bíblicos o teológicos o de historia, por ejemplo. No se puede olvidar también el trabajo al servicio de la Escolanía, como por ejemplo, las clases de música. Y también los trabajos cotidianos de la casa que también les ocupan a los padres cierto tiempo.

El monasterio de Montserrat es una parte fundamental en la historia de Cataluña. No solamente por la historia que encarna, sino por el descanso espiritual que imparte a los viajeros que pasan por sus puertas. La contemplación de la imagen de la Morenita, el coro de monjes en la misa y la belleza del lugar consuelan al viajero en busca de un momento de paz. Bien vale visitar Montserrat cuando uno esté cerca.

ENTREVISTA NÚMERO UNO

CD 2
Track
6

NAR 1: Hablamos ahora de una película que se convierte en noticia porque su directora es la mujer más famosa de España—pero no como directora, sino como actriz y como cantante. Ana Belén acaba de rodar para la pantalla del cine un libro de Carmen Rico-Godoy, titulado *Cómo ser mujer y no morir en el intento*, que constituye una crítica mordaz a los comportamientos de los hombres en el seno de la pareja y en el seno de la familia. Carmen Rico-Godoy se preguntaba: *¿Cómo ser mujer y no morir en el intento?* No parece demasiado fácil la respuesta. ¿La ha adivinado Ana Belén? ¿Sabe cómo ser mujer y no morir en el intento?

NAR 2: Pues, no lo sé muy bien, pero me parece que la vida diaria, por lo menos hace que aprendamos a serlo, ¿eh?

NAR 1: Sí. ¿Va a haber que ver la película como una especie de lectura panorámica del comportamiento de *los* hombres y del comportamiento de *las* mujeres? ¿O no? ¿O una historia de unos hombres y unas mujeres, sin más?

NAR 2: Yo creo que es una historia de—y además está contada en primera persona—de una determinada mujer. Es decir, de una mujer con una vida determinada, con un trabajo determinado y con una vida en pareja muy determinada. Lo que sí ocurre es que esta mujer nos cuenta unas situaciones por las que, de alguna manera, todos hemos pasado, en mayor o menor medida, porque incluso cuando Carmen y Antonio Resines y yo estábamos trabajando en el guión, el guión y tal, las primeras secuencias y tal, y un poco aclarando, ¿no? los personajes. Y fue muy gracioso, porque de repente dice Carmen: *¡Ay, no tiene nada que ver conmigo esta mujer!* Y yo le dije; *Conmigo, tampoco.* Y decía Resines: *Pues, anda, que el hombre conmigo, nada. Porque yo soy como todo lo contrario y ta, ta, ta.* Y sin embargo, muchas de las situaciones que retrataba, pues, nos eran conocidísimas.

NAR 1: Por un lado la película y la inevitable lectura desde la perspectiva hombre-mujer, una especie de combate perpetuo, pero por otro lado el debut de usted como directora de cine. ¿Cómo te has encontrado? Leemos esta mañana en una revista que acaba de salir a los quioscos, lo que dice Carmen de ti. Dice que está encantada contigo, que no te pareces a otros directores con los que ha trabajado, que le has dado muchas sorpresas. Por ejemplo, una capacidad de mando clarísima, mucha seguridad. Te has tomado las cosas con un enorme sentido del humor, se ha dicho. Y que las posibles carencias de conocimiento técnico te las tomabas con mucho humor. Cuando necesitabas ayuda la pedías, en vez de disimular, y dice: *Tampoco sabía yo...*—dice Carmen en el artículo, —*que Ana era tan tierna y tan cariñosa.* Bonito, ¿no?

NAR 2: Precioso. Sí, sí. Y además me gusta mucho que lo diga Carmen.

NAR 1: Claro.

NAR 2: Sí.

NAR 1: La mejor actriz de Europa, dicen.

NAR 2: Sí, y además, eh, sí, me gusta mucho, porque, hombre, siempre son como hijos. Ah, tengo un poco la sensación como de que todos han sido mis hijos y los he querido muchísimo durante el rodaje, muchísimo. Sé que ha habido una parte, como la parte buena que todos tenemos, que se ha potenciado mucho con el rodaje y ha ido en ese sentido estupendamente todo.

NAR 1: ¿Y cómo te has encontrado tú como directora de cine, Ana, después de estar tanto tiempo al otro lado de las cámaras, viéndote así...?

NAR 2: Pues, hombre, lo que dice Carmen es verdad. Yo, como no he intentado engañarme a la hora de hacer y de afrontar este trabajo, nunca dije: *Pues sí, lo podría hacer.* Dije: *Igual puedo hacerlo.* Hice, con miles de dudas, ¿no? lo afronté, y desde luego, sabiendo que carecía de unos conocimientos de los que todavía sigo careciendo y que si sigo trabajando en esta parte del cine, pues no sé, pues iré paliándolos, iré aprendiendo, y tal, porque—y además, creo que no se acaba nunca de aprender esto, ¿no?

ENTREVISTA NÚMERO DOS

CD 2
Track
7

NAR 1: Juanjo Benítez es el autor de los más importantes *best-sellers* de España y va a lograrlo también en esta ocasión, con su nuevo libro *La quinta columna.* Asegura Juanjo Benítez que en nuestro planeta conviven con nosotros personajes que han llegado de más allá de las estrellas, que se han disfrazado de humanos y que, confundidos con nosotros, viven entre nosotros. Inquietante tesis, ¿verdad? ¿Existen habitantes de otros planetas, y además viven entre nosotros?

NAR 2: Pues, ése es el "descubrimiento", entre comillas, que hemos hecho en los tres, cuatro, cinco últimos años. Que lo teníamos un poco como teoría, pero que ahora casi es una certeza. Tienen algunas civilizaciones, por lo que observan los testigos—por ejemplo, lo que ocurrió el año pasado a finales, en Conil, en Cádiz—la capacidad técnica, suponemos, de mutar o de transformar su aspecto original, que generalmente no es exactamente humano, en seres completamente normales e infiltrarse en la sociedad, pero tan tranquilos. Nosotros pudimos seguir el rastro de una pareja que se inscribió en un hotel, incluso con un nombre alemán, un hombre y una mujer alemanes.

NAR 1: ¿Podrías contarnos alguna de estas historias que, mejor que cualquier teoría, nos van a permitir entender lo que nos aguarda en este libro?

NAR 2: Bueno, hay otros casos anteriores, incluso protagonizados por la Guardia Civil, en que no solamente las personas, o los tripulantes o los humanoides, se mutan o se transforman en cuestión de segundos, casi instantáneamente, sino las propias naves. Es decir, hay un caso de un ovni posado en la carretera que es perseguido por la Guardia Civil, e instantáneamente se transforma, ante la visión de estos señores, en un coche tipo turismo, gran turismo, con tres personas dentro, absolutamente normales.

NAR 1: ¿Eso lo ha visto la Guardia Civil? ¿Figura en los informes de la Guardia Civil?

NAR 2: Sí, sí, sí. Exactamente.

NAR 1: ¿Habéis tenido vosotros los informes de la Guardia Civil que hablaban de este hecho?

NAR 2: Claro. Naturalmente. Y los testimonios directos de los propios testigos, de los propios guardias.

NAR 1: ¿Donde ha ocurrido esto?

NAR 2: Esto, en Jerez.

NAR 1: ¿Hace mucho?

NAR 2: No, hace escasamente cuatro o cinco años.

NAR 1: Entonces, ¿qué ocurrió? ¿La Guardia Civil localizó un objeto?

NAR 2: Un objeto que estaba volando en las proximidades de Jerez, a baja altura. Empezaron a perseguirlo porque evidentemente vieron que era una cosa muy extraña, en silencio, como casi todos los ovnis. Y de repente se posó en la carretera, en una carretera comarcal. La Guardia Civil se quedó a muy corta distancia, mirando, asombrada. Y de repente desapareció el objeto, y en su lugar, exactamente, apareció un gran coche. Se aproximó la Guardia Civil, y entonces, encontraron a dos hombres y una mujer bellísima; y los dos señores de una edad mediana, perfectamente trajeados, pulcramente vestidos. Y estos hombres, en castellano total, con acento de ningún tipo, les preguntaron a la Guardia Civil por dónde se iba a la Carretera Nacional IV. Bueno, la experiencia es bastante más larga, pero....

NAR 1: Pues, gracias por estas noticias tan asombrosas.

ENTREVISTA NÚMERO TRES

NAR 1: Estamos hablando con el autor renombrado como experto en todo tipo de experiencias con los ovnis. Nos ha contado una experiencia de la Guardia Civil en la que un ovni que volaba cerca de Jerez se transformó en gran coche turismo y los extraterrestres en dos hombres y una mujer bellísima. Señor, ¿Se quedó la Guardia Civil con los nombres y los apellidos de los turistas? ¿Les pidió la documentación, por ejemplo?

NAR 2: No, no, no, no.

NAR 1: ¿No?

NAR 2: La matrícula.

NAR 1: Por lo tanto, fue un fallo, porque si hubiera pedido la identidad, a lo mejor podríamos ahora averiguar dónde están esos señores, si habitan entre nosotros o no.

NAR 2: Por supuesto. Lo que pasa es que la Guardia Civil estaba sencillamente aterrorizada.

NAR 1: Aterrorizada. Y se quedó con la matrícula. ¿La matrícula se investigó? Correspondía....

NAR 2: Sí.

NAR 1: ¿a qué correspondía?

NAR 2: Sí, correspondía a un banquero de Madrid, que no tiene nada que ver con el asunto.

NAR 1: Absolutamente nada que ver.

NAR 2: En, en principio.

NAR 1: Ya. "En principio." Ese "en principio," ¿qué quiere decir, señor?

NAR 2: Pues, que uno ya no sabe qué pensar. Porque si realmente estos casos son reales, y pensamos que lo son, significaría que desde Dios sabe cuándo se pueden estar infiltrando en la sociedad humana, en todos los testamentos, esta serie de civilizaciones no humanas, con objetivos que, la verdad, desconocemos.

NAR 1: Varias veces nos hemos aproximado a este tema y siempre nos ha sorprendido ese extremo. Cuando hablamos de estas cosas como de algo fantasioso, absurdo, ¿por qué se juega con tanto secreto con estos documentos oficiales, que nos consta que los tiene el Ejército, etcétera? ¿Por qué no se difunden abiertamente?

NAR 2: Probablemente porque afecta la defensa nacional de todos los países y porque llevan muchos años ocultando este asunto y porque no tienen argumentos para responderle al contribuyente para qué sirven los sistemas de defensa de cualquier país ante treinta, veinte o cincuenta violaciones anuales del espacio aéreo.

NAR 1: Historias, desde luego, impresionantes. Decías, entonces, que estos habitantes de otros planetas están aquí, habitan entre nosotros. Y además, aunque no tienen nuestra forma, se transmutan, se convierten en algo parecido a lo que somos nosotros. Cuéntanos algún, algún otro hecho, de los veinte que se recogen en tu libro, que nos acerque a otro aspecto de este asunto.

NAR 2: Bueno, hay uno sorprendente que a mí me dejó pasmado. Y es que yo nunca pude imaginar que los terroristas pudieran cambiar el salto y el giro de sus ideales después de haber visto tripulantes de ovnis. Esto es lo que ha ocurrido con dos comandos de ETA-militar, o con, digamos, una serie de miembros de esta banda terrorista.

NAR 1: ¿Qué pasó?

NAR 2: Eh, el primer caso, en la Rioja, en un pueblecito que se llama San Vicente de la Sonsierra. Un ex miembro de ETA, que había participado en el proceso de Burgos y toda aquella época histórica, tuvo un encuentro en el castillo de este maravilloso pueblo, a las dos de la madrugada, con tres seres enormes que estaban a unos ocho o diez metros, que no le hablaron, que no le dijeron absolutamente nada. Pero este hombre decía que ese silencio y los tres pares de ojos grandes y rojos como semáforos, que parpadeaban simultáneamente—cosa increíble—le provocaron tal pánico que salió corriendo del lugar. Perdió incluso la dirección, se fue hacia Briones. Se refugió hasta el amanecer en una viña. Y a partir de ese momento, cambió completamente el rumbo de sus ideas, porque se dio cuenta de que había alguna cosa más de lo que realmente llevaban entre manos. Y el segundo caso, en las montañas de León. Ya un grupo más numeroso también vio a un ser que empezó a formarse por la cabeza y que, de acuerdo con la disposición, me decían, mental, que teníamos entre nosotros de aceptación o no, iba terminando de formarse.

NAR 1: Y estos datos, quiero decir, estas historias, nos las cuentas en el libro, con la aportación de los testimonios, los datos, los nombres y los apellidos de los ciudadanos que las vivieron.

NAR 2:   Sí, salvo en los casos de los ex miembros de ETA, que, por razones obvias no he podido dar los nombres, sí.

NAR 1:   Muchísimas gracias.

ENTREVISTA NÚMERO CUATRO

NAR 1:   A veces nos preguntamos qué pensará un director como Pedro Almodóvar, al estrenar una película. Y aquí estamos entrevistándolo. ¿Cómo estás, Pedro?

NAR 2:   Pues, bien.

NAR 1:   Bien, estás bien.

NAR 2:   Sí, sí, muy contento.

NAR 1:   Estás contento.

NAR 2:   Sí.

NAR 1:   ¿Has leído todas las críticas de la película *Átame*?

NAR 2:   No, no todas, no creo que las haya leído todas, porque salen en todos los sitios, continuamente. Pero vamos, he leído bastantes, y sobre todo también, bueno, en estos tres días la película en Madrid sólo ha hecho ya cuatro millones, lo cual significa que están aforrando los cines, y eso es muy interesante.

NAR 1:   Eso es muy importante. ¿Te importa más que la crítica? Aunque me imagino que te impresionará mucho, también, como creador, saber cómo está siendo visto tu trabajo, ¿no?

NAR 2:   Sabes, impresiona mucho la letra impresa, yo le tengo mucho respeto a la letra impresa. Pero yo trato de pensar en el crítico como un individuo que escribe y también trato de pensar en el espectador como un individuo que va a ver la película y que también se manifiesta de otros modos. Entonces, no le doy más importancia a uno que a otro. La verdad es que, una vez estrenada la película, me interesa muchísimo más la respuesta del público, pero, sin embargo, un crítico puede herirte y muchísimo más que diez mil personas en un patio de butacas.

NAR 1:   Comentábamos a la mañana siguiente del estreno que—salieron las críticas además a gran velocidad, a veces suelen hacerse esperar, pero éstas salieron todas juntas—que había habido una cierta reserva en el elogio por parte de un crítico de *El País*, y después un elogio enorme por parte de todos los demás.

NAR 2:   Sí, no, yo creo que, yo leí cinco al día siguiente y cuatro eran excelentes y la de *El País* era muy mala, no era, no era una, jm, una crítica....

NAR 1:   Muy mala, muy mala te pareció.

NAR 2:   Sí, muy mala, pero bueno....

NAR 1:   Sí, sí.

NAR 2:   A mí me parece muy mala, no sólo porque dijera que era muy mala la película, sino porque yo no acababa de entenderla. Quiero decir, a mí las críticas malas siempre me informan de muchas cosas que están dentro también de la película, aunque el crítico pueda o no tener razón, pero sí que te dan una gran información sobre cómo se puede ver tu película ... y la de ese crítico....

NAR 1: No entendiste la de él.

NAR 2: No. No. No, no. No sé qué película vio él.

NAR 1: Hay una cosa bastante clara. Dicen que de las grandes corridas en la Maestranza salía la gente toreando con el abrigo y de las películas de Pedro Almodóvar sale la gente, salimos, hablando de cosas que nunca solemos comentar los aficionados de infantería; determinados planos, determinadas escenas, determinadas iluminaciones.

NAR 2: Y también sale la gente hablando de sí misma, de cosas que no se atreven a hablar en otros momentos.

NAR 1: Eso también es verdad.

NAR 2: Sí, porque el día del estreno, incluso, que es un día básicamente muy vano, pero a mí lo que más me emocionó en la fiesta, y en todo lo demás, es que la gente se reconocía esa necesidad de ser amado y en esa gran aventura que significa el conocimiento de otra persona y, lo doloroso que a veces resulta conseguir de que otra persona te conozca. Y son cosas que yo creo que nos afectan a todos, y que normalmente no hablamos de ellas, no hablamos de ellas.

NAR 1: ¿No te cansas de discutir el proceso? Hay que andar explicando lo que emocionó hace mucho, ¿no?

NAR 2: Sí, la parte más importante, la parte en la que me va la vida es el momento del rodaje, básicamente. Aunque la escritura del guión también es esencial, y ésa, lo que pasa es que ésa es una aventura solitaria, mucho menos agradecida que, más abstracta que el rodaje, porque el rodaje todo es objetivo, todo está lleno de vida, todo explota ante tus ojos, incluso explota en una dirección que a lo mejor no es la que tú preveías, pero es una gran, gran aventura. Es como adentrarte en una selva y que no sabes lo que va a ocurrir al final. Entonces, para mí, la principal emoción la recibo en mi contacto con el equipo, que es cuando empiezas a ver que todo aquello que tú has soñado empieza a tener vida y empieza a crecer delante de tus ojos.

ENTREVISTA NÚMERO CINCO

NAR 1: Seguramente las personas mayores en España, por circunstancias históricas y las debilidades económicas de este país no han podido desplazarse mucho, ni siquiera por España. Durante generaciones ha sido mucho más frecuente que alguien naciera, creciera y muriera en su propio terruño o poco más. La iniciativa "Viajes para las personas mayores"—viajes para la tercera edad—adquiría en España un verdadero carácter sociológico, ¿verdad?

NAR 2: Claro, ésa es una de las virtualidades. El programa tiene muchas cosas interesantes, muchas cosas bonitas, pero una de ellas es ésa que usted dice, que hay personas, en un buen número, que es la primera vez, por ejemplo, que ven el mar, es la primera vez que conocen otras regiones. Se abre su horizonte, se abre su mente. Ellos creían que el centro del mundo era su pueblo, la esclavitud de su trabajo diario, nunca haber disfrutado de unas vacaciones. Y con este programa tienen esa oportunidad.

NAR 1: Otra cosa. Conocer gente. Porque no cabe duda que uno de los problemas de las personas mayores puede ser el de encerrarse mucho en su propio mundo, ¿verdad? En los viajes me imagino que se harán muchos amigos, ¿no?

NAR 2: Sí, efectivamente. Por eso yo creo que se podría sintetizar la riqueza del programa en relación con las personas que participan en él, en una frase siguiente: les da calidad de vida. Y eso es muy amplio. Les da calidad de vida porque su cultura se agranda, conocen otras personas, observan otros comportamientos, otros enfoques, otras actitudes ante la vida. Y seguro que, aparte de haber disfrutado, como cualquier ser normal, de lo que es ver parajes nuevos, ciudades nuevas, edificios nuevos, el mar, que algunos no lo han visto nunca, cuando vuelven a su pueblo de estas vacaciones— no digo todo el mundo, pero un porcentaje importante de la población que disfruta de estas vacaciones—vuelven renovados, vuelven viendo el mundo de otra manera, y vuelven con unas ideas distintas de, tal vez, aquéllas que tenían cuando se fueron de viaje.

NAR 1: Sí, vamos con los detalles. ¿Quiénes pueden ir?

NAR 2: Sí, los requisitos son sencillísimos: ser persona mayor de sesenta y cinco años, o ser pensionista, o ser una persona que esté unida a uno de esas dos características, la esposa o la compañera de esa persona. No hay más requisitos. Y presentarse en la agencia que está comercializando el viaje, que están repartidas por todo el país—un montón, treinta o cuarenta agencias—pero con puntos de venta del orden de los cuatrocientos o cuatrocientos y pico. Y no se exige ningún papel. Es sencillamente presentarse allí, hacer la reserva para su viaje. Allí le explican y le cuentan: Pues mire usted, puede ir a estos sitios, que los sitios están en toda la costa de la Península, desde Cataluña hasta Huelva—porque es la zona más habitual de clima bueno, de clima cálido, que para las personas mayores eso es más agradable que no enfrentarse a zonas más duras, de temperaturas más bajas—o Mallorca, Baleares, Mallorca e Ibiza. Este año como experiencia primera. Y sencillamente eso, hacer el abono de su reserva de plaza, que es el veinte por ciento del costo, que el costo es diecisiete mil quinientas pesetas para cualquier persona de todo el ámbito del estado que quiera ir a la costa peninsular.

NAR 1: ¿Cuántos días?

NAR 2: Diecisiete mil, quince días.

NAR 1: Quince días.

NAR 2: Con todo incluido. Pensión, el viaje de ida y vuelta, a veces en avión, a veces en tren, a veces en autobús, todas esas cosas con los requisitos que decía.

NAR 1: Es muy barato eso.

NAR 2: Claro, muy barato.

NAR 1: Un precio muy económico.

NAR 2: Todo eso, le digo, que con los requisitos que desde el Ministerio de Asuntos Sociales exigimos para que haya garantía de que las cosas se hagan, se hagan bien y que ellos vayan confortablemente.

NAR 1: Ese precio que ha dicho usted, diecisiete mil pesetas, los quince días, ¿qué incluye exactamente?

NAR 2: Pues, incluye el transporte de ida y vuelta, como le decía, y estancia allí en régimen de pensión completa, es decir, alojamiento. En todos los hoteles hay un servicio médico, póliza de seguro contra determinadas contingencias que pueden ocurrir, como es el caso de fallecimiento o cualquier otro percance que pueda ocurrir. La póliza de seguro afronta después los gastos que se deriven de eso para la persona que, familiar, que tuviese que ir, porque se haya producido eso, que ojalá que no se produzca, pero que ocurre, ¿no?

NAR 1: Buen programa para los mayores de edad. Diecisiete mil quinientas pesetas, quince días. Gracias.

NAR 2: Ha sido un placer.

ENTREVISTA NÚMERO SEIS

NAR 1: Nos vamos a Sevilla, donde nos espera un psiquiatra eminente, que lleva un cargo de mucha responsabilidad en la ciudad de Nueva York y que viene a Sevilla para participar en este ciclo "Sevilla y la droga," del cual están saliendo algunos asuntos bien importantes en las últimas semanas, un ciclo organizado por el Pardio Andalucista. Doctor Marcos, muy buenos días.

NAR 2: Muy buenos días.

NAR 1: Me imagino que contento en casa, ¿no?

NAR 2: Pues sí, la realidad es que estoy muy contento en esta Sevilla tan maravillosa.

NAR 1: ¿Se adapta usted un poco o aún tiene la mente llena de Nueva York?

NAR 2: Bueno, realmente yo sólo llegué de ayer, luego todavía sigo con la mente llena de Nueva York.

NAR 1: Deben ser dos concepciones de la vida tan radicalmente diferentes que seguramente un loco neoyorquino es difícilmente imaginable para un loco sevillano, ¿no?

NAR 2: Pues sí, realmente son locuras diferentes, las dos interesantes.

NAR 1: Hablamos de la droga. ¿Usted cree que va a más, está detenido, formó parte de la moda de un tiempo atrás, o ya ha quedado instalado en nuestra sociedad para siempre el consumo de las drogas?

NAR 2: Bueno, yo creo que la droga siempre ha estado con nosotros y siempre estará porque básicamente el ser humano tiende a huir del dolor y le apetece el placer. La situación de la droga en Nueva York, por ejemplo, parece ser que desde hace aproximadamente un año se está manteniendo al nivel en que estaba, no parece que esté aumentando. Por lo que a mí me han dicho en España y, concretamente en Sevilla, parece ser que el problema de la droga es un problema en evolución.

NAR 1: Aumentando. Decíamos que hace algún tiempo, hace veinte años, por ejemplo, lo del consumo de las drogas se asoció torpemente a determinadas banderas de modernidad, diciéndose que está relacionado con el *Rock and Roll,* los movimientos de libertad sexual, etcétera, ¿no? Un prendido verdaderamente nefasto, ¿no?

NAR 2: Sí. Así es, así es. Hace veinte años, pues sí, sobre todo la marihuana, las anfetaminas, se asociaban a esos movimientos antibélicos o movimientos pacifistas, sobre todo en los Estados Unidos. Pero hoy hemos visto que sobre todo las drogas puras como la heroína, la cocaína, en la forma del *crack,* por ejemplo, son drogas que realmente no están relacionadas con ningún movimiento filosófico o político.

NAR 1: Sino tal vez con mecanismos de defensa en una sociedad muy difícil, para huir de la realidad.

NAR 2: Exactamente. Son mecanismos de fácil acceso para huir de una realidad que es básicamente dolorosa.

NAR 1: Aquí hay bastante tensión en puntos de vista discrepantes en relación con, por ejemplo, despenalización de la droga blanda, permiso o no de consumo o persecución del propio consumo, libertad de venta de la droga en las farmacias. De todo se ha dicho, incluso en ese ciclo. ¿Qué opinión tiene usted sobre estas cosas?

NAR 2: Mi opinión, que es opinión personal pero también es la opinión, en este momento de Sanidad Pública en la ciudad de Nueva York y en los Estados Unidos en general, es que la despenalización de la droga es un error. Básicamente por dos razones: una, es que el consumo de la droga se dispararía en el caso en que la droga no fuera ilegal. La droga sería mucho más barata y mejor. Segundo, es que las consecuencias para la sanidad pública serían devastadoras. Hoy día, como sabes, los problemas como el SIDA, que están tan unidos a la droga, forman ya una epidemia de un costo no solamente económico, sino de un costo al sufrimiento humano.

NAR 1: ¿Cómo se cura a un drogadicto? ¿Están resultando eficaces las acciones que ustedes tienen en marcha, ahora mismo, para curar a los drogadictos? ¿O es imposible mientras la sociedad sea tan hipercompetitiva, tan hostil para la vida de muchos hombres?

NAR 2: Bueno, yo creo que para empezar, hay que considerar el problema de la droga como una enfermedad crónica. La idea de que un mes en un sanatorio, o tres meses en una granja van a solucionar el problema—esa idea no es ni realista ni es posible. Una vez que consideramos la drogadicción como una enfermedad crónica, digamos, como la esquizofrenia, como la diabetes—enfermedades que duran prácticamente toda la vida o por lo menos muchos años—entonces, ya nuestras expectativas empiezan a ser más razonables. En segundo lugar, es importante no adaptar el enfermo al tratamiento, no decir bueno, todos los drogadictos van a ir a una granja o todos van a recibir metedona. No, hay que adaptar el tratamiento al drogadicto. Los drogadictos, los que sufren de adicción a las drogas, son diferentes, no se puede generalizar de que todos tienen el mismo problema. Entonces, es fundamental analizar cada caso individualmente y adaptar un plan de tratamiento a cada caso.

ENTREVISTA NÚMERO SIETE

NAR 1: Hoy estamos en la Rambla barcelonesa y vamos a hablar con una florista de siempre, de toda la vida, aquí, en estos perennes puestos que hacen que la Rambla tome su nombre y se convierta en Rambla de las Flores. Sitio típico.

NAR 1: Hola, buenos días, Carolina.

NAR 2: Hola, buenos días.

NAR 1: A ver, ¿qué fue primero? ¿La Rambla o los puestos de flores?

NAR 2: Bueno, la Rambla antes era una ría, hace más de ciento cincuenta años. Hace ciento cincuenta y siete que hay puestos de flores. Antiguamente se dedicaban a vender los campesinos que venían a traer las flores que cultivaban en su campo, en su huerto y tal. Después fueron poniendo una especie como de paradas, primero de hierro, después de madera, y así han ido evolucionando.

NAR 1: ¿Es cierto que por aquí han pasado reyes, príncipes, gente muy importante a comprar sus flores?

NAR 2: Pues, sí, señor. Yo he tenido el gusto de servir a Fleming, por ejemplo, por decirle alguien. Y mi abuela servía a Alfonso XIII.

NAR 1: Mm. Interesante.

NAR 2: Y, bueno, podríamos estar enumerando así a un montón de personas.

NAR 1: ¿Cuándo se vendía más, antes o ahora?

NAR 2: Antes, indiscutiblemente.

NAR 1: ¿La gente era más romántica quizás, o...?

NAR 2: Bueno, yo creo que es que antiguamente, lo que pasaba es que no había tiendas de flores. Entonces, la gente, por fuerza, tenía que bajar a la Rambla. Y al tener que bajar a la Rambla, pues claro, todo se concentraba aquí.

NAR 1: ¿Desde cuándo se dedica usted?

NAR 2: Hace treinta años que me dedico a ello.

NAR 1: Hace treinta años, ¡madre mía! ¿Ha sido por algo especial, fue por algo especial, tradición, o algo así?

NAR 2: Sí, bueno, toda mi familia se ha dedicado siempre al mismo ramo y yo he seguido la tradición, y lo siguen mis hijos.

NAR 1: Una cosa, ahora, ¿qué tipo de público le compra a usted sus flores?

NAR 2: Bueno, yo, la verdad es que el público que a mí me compra es una clientela fija por la cantidad de años que llevo aquí.

NAR 1: Una cosa, ¿los enamorados vienen con una idea fija a comprar sus flores o es usted quien les aconseja un poco?

NAR 2: Normalmente vienen con una idea fija.

NAR 1: Vienen con una idea fija, ¡vaya! ¿Pero no les dice usted, por ejemplo, pues, esto va mejor con esto o con lo otro, o quizás, no?

NAR 2: Sí, lo hago. Ah, normalmente los enamorados suelen comprar en invierno. Los enamorados jovencitos, me refiero, y de poco dinero....

NAR 1: Sí, sí....

NAR 2: ...en invierno violetas, y en verano las rosas.

NAR 1: Así que los señores mayores, quizá, es ... eh....

NAR 2: Ya es distinto, entonces, ya es un ramo combinado, como decimos, un ramo de señora.

NAR 1: Ah, eso está muy bien. Es decir, que hay ramos para jovencitos y ramos para...

NAR 2: Exacto, y ramos para señoras, ¿eh?

NAR 1: Una pregunta, ¿se ha de tener una sensibilidad especial para dedicarse tanto tiempo a esto?

NAR 2: Yo creo que sí y muchísima fuerza de voluntad por la cantidad de horas que hacemos diariamente, y que no tenemos ni un día de fiesta a la semana.

NAR 1: ¿Ningún día de fiesta?

NAR 2: Ningún día, nada más que el domingo por la tarde.

NAR 1: Y hay que darle dedicación a esto, ¿eh?

NAR 2: Sí, nos levantamos a las tres y media de la mañana cada día para ir a comprar a Mercabarna el género y estamos aquí hasta las ocho y media de la noche, de un tirón.

NAR 1: Hasta las ocho y media de la noche, ¡madre mía! Bueno, eh, muchas gracias.

Answer Key

LONGER NARRATIVES AND INTERVIEWS

Narrativa
Número Uno

1. C
2. B
3. C
4. A
5. D
6. D
7. C

Narrativa
Número Dos

1. A
2. B
3. C
4. B
5. D
6. C
7. D
8. D

Narrativa
Número Tres

1. B
2. B
3. C
4. C
5. D
6. B
7. D
8. D

Narrativa
Número Cuatro

1. A
2. C
3. D
4. B
5. B
6. D
7. A
8. D
9. D
10. A

Narrativa
Número Cinco

1. A
2. C
3. B
4. C
5. D
6. D
7. B
8. B
9. B

Entrevista
Número Uno

1. C
2. A
3. D
4. C
5. D
6. A
7. D
8. D

Entrevista
Número Dos

1. B
2. C
3. B
4. A
5. D
6. C
7. A
8. D
9. D
10. D

Entrevista
Número Tres

1. A
2. B
3. A
4. C
5. B
6. C
7. D
8. C
9. C
10. C

Entrevista
Número Cuatro

1. C
2. C
3. B
4. D
5. D
6. D
7. B
8. C
9. B
10. D

Entrevista
Número Cinco

1. B
2. B
3. C
4. C
5. C
6. B
7. B
8. C
9. C

Entrevista
Número Seis

1. C
2. D
3. C
4. C
5. C
6. C
7. C
8. C
9. B

Entrevista
Número Siete

1. C
2. C
3. D
4. B
5. B
6. A
7. C
8. C
9. C

PART THREE

READING COMPREHENSION

General Considerations

Section I, Part B consists of multiple-choice questions about a selection of passages to read for comprehension. While this part of the examination is the only one in which you are tested on your comprehension, you will also be required to read several prompts for the free-response parts in Section II, the second half of the examination. In Section I, you will need to read in order to answer questions. In Section II, you will need to read the sources in order to find some ideas to incorporate into your own writing and speaking samples. Because in Section II you may choose the information you wish from the passages, it is not quite as critical that you understand every word or phrase the way you would when answering questions about the whole passage. Below are some samples to show how to take a few ideas from the sources and incorporate them into an essay or an oral presentation.

You will also find that there are different types of reading passages. Passages can come from literature, web pages, magazines articles, pamphlets, promotional material, or instructions on how to use or do something. The kinds of writing that you will most likely see are narratives, telling stories, informational pieces, such as newspaper or magazine articles, and expository writing, such as essays. Below are some examples of types of sources.

Probably the easiest type to recognize are instructions for using something or doing something. In these passages you will find command forms. Also, look for specialized vocabulary. For recipes, words deal with food and the actions necessary to prepare it. For instructions on how to operate an electronic device, look for a different kind of vocabulary, but also with commands. At times, you will see infinitives instead of command forms in instructions.

INGREDIENTES (para 4 personas)

1 ½ litro de leche.

75 gramos de arroz.

2 sobres de café soluble (o descafeinado soluble).

50 gramos de azúcar.

La piel de medio limón.

1 palo de canela.

Canela en polvo.

En una cazuela mezclamos un litro de leche, la piel de limón, el palo de canela y el arroz. Removemos todo con una espátula de madera y lo cocemos a fuego suave durante 45 minutos.

A media cocción, añadimos poco a poco el resto de la leche con el café soluble y el azúcar disueltos, y dejamos que siga cociendo hasta que quede cremosa la mezcla. Lo servimos en boles individuales espolvoreado con canela en polvo.

El arroz con leche es un postre muy popular y fácil de elaborar. La leche aporta al postre proteínas y diferentes minerales como el calcio, mientras que el arroz es buen fuente de hidratos de carbono complejos. En esta receta se presenta una variante de este postre, ya que se añade un poco de café soluble, que va a dar al plato un toque de color y sabor diferente.

You will notice lots of verbs, command forms in the third person, the *usted* form, and nouns that deal with things you would find in a kitchen. Questions on this kind of a passage might deal with what kind of dish the cook is making. Is this a vegetable, a casserole, a beverage, or a main course or dessert? You might be asked about how long it would take to make this dish or when you would serve it, as a snack (*merienda*), as a main course, or as a breakfast dish. Questions could deal with what other ingredients are necessary aside from rice or what form the *canela* would have. You would have to know that *canela* is cinnamon and that it is at times purchased in stick form, not the ground form that we usually find in grocery stores in the United States. You would need to know the words *pasas* and *coco*. If you did not know *pasas* you could take a cue from the verb *adorne* and deduce that *pasas* are a garnish. (*Pasas* are raisins.)

Another simple kind of reading passage would be something from a commercial. Many times in Spanish-speaking countries, there is more text in ads than is often found in English ads. Look at the example below to see the difference in language between the recipe above and the ad.

> Cada año, 4.500 personas empiezan su vida de nuevo. Todos los años miles de personas pierden total o parcialmente la vista. A ellos la ONCE les presta una atención especial con cursos individualizados de autonomía personal. Y nuestro apoyo y recursos para enseñarles a volver a hacer una vida normal. Nos queda mucho por hacer.
>
> *El semanal* 07/04/2001

If you knew that ONCE is an organization for blind people in Spain, you would have no difficulty understanding the subject, purpose, and importance of this ad. If you read closely you will recognize *pierden la vista* as another way to say that someone is blind. *Total* is used as an adverb, but it does not end in *-mente* because it is followed by a second adverb. Without knowing the grammar you might not connect *perder* with *la vista* because of the adverbs in between the two parts of the phrase. Another cultural aspect of the ad is that to express numbers higher than 1,000 in Spanish, a decimal point is used instead of a comma. Also, notice the use of *por*, meaning that work is to be done.

Another ad promoting a product would also contain clues in the nouns that are used. Below is another sample ad.

> Todo lo que se te pase por la cabeza. Compra tu coche. Fináncialo. Asegúralo. Cambia de coche con la más amplia oferta de vehículos, la mejor financiación del mercado y un seguro a la medida de tus necesidades. Todo lo que se te pase por la cabeza, además con la mejor asistencia mecánica desde el Km. 0. RACE. Lo hacemos por ti.
>
> *El semanal* 07/04/2001

There are several words that suggest businesses, *compra, fináncialo, asegúralo, coche, vehículo, mercado, necesidades,* and *asistencia mecánica,* that might indicate a car dealership or a company that sells insurance, automotive repair, or road assistance. With the whole list of verbs, the point of the ad is to offer complete service for getting a car. The second person subject of the verbs indicates that the company wants to be your friend.

Essays or opinion passages are identifiable by the use of the first person point of view. There will be a logical progression of thought in the writer's attempt to persuade the reader to understand his or her point of view.

> Según datos de Asimelec, sólo el 20,8% de los CD y el 26,5% de DVD vírgenes en España se destinan a copiar música y películas. Por eso la SGAE y sus secuaces ya no se conforman con la compensación por la copia privada, según marca la ley. Buscan una compensación por la piratería, cubrir las pérdidas de la industria discográfica y cinematográfica, cuyos modelos de negocio han caducado. Y quieren que la paguemos entre todos. Para ellos, todos somos piratas. Adiós a la presunción de inocencia.
>
> Darío Pescador, periodista y consultor de medios
>
> "El canon nos hará más pobres"
>
> (*www.comsumer.es*)

Notice that the writer begins by stating a fact. The second sentence begins with *por eso*, indicating that the writer is following a particular strain of logic. The third sentence begins with *Buscan*, indicating an explanation of the relationship between copying CDs and DVDs and the law. This third sentence gives the heart of the problem for the writer. Copying music without paying is considered piracy under the law. Even if you do not understand the words *canon* or *caducar*, you get the idea that the writer is writing about companies that produce music and the consumers who listen to it and that the companies think that they do not earn enough on it. The third person plural verb *quieren* is significant because it identifies the other side; and *paguemos*, in the subjunctive, indicates the side the writer takes in opposition to the music companies. The passage ends with the writer proclaiming his side using the first person plural subject for the verbs. The writer wants the reader to see the injustice and side with his point of view. He does not want to pay more to copy or download music.

Another type of source is the informational kind found in pamphlets, such as tourist brochures. These are mostly descriptive, pointing out people, places, and things of interest in a particular place. The sentence structures tend to follow the subject verb object pattern, with few dependent or subordinate clauses, except for adjective clauses. The focus is primarily on the factual information presented in the passage. The following would be such a passage.

> Ubicada en una de las más bellas bahías del mundo, se encuentra Trujillo: una ciudad especial, con el encanto que sólo en este lugar puede encontrar. Trujillo es una ciudad de gran trascendencia histórica, descubierta por Colón en 1502, fue el primer centro poblacional fundado en la América continental y el primer punto en tierra firme donde se celebró misa en el territorio nacional.
>
> Trujillo está rodeada de un inigualable ambiente natural. La ciudad puede ser un centro de operaciones para realizar excursiones a varios sitios como Las Cavernas de Cuyamel, donde se han encontrado vestigios de culturas precolombinas. Si le interesa la cría de lagartos puede visitar una de las granjas, obteniendo el permiso en el Bahía Bar, ubicado en el aeropuerto.

This passage gives a brief history of the city of Trujillo but also mentions that it has an airport. It mentions things of interest to a tourist, such as excursions to a variety of places from caverns to an iguana farm. The passage exudes civic pride in history and attractions. There is no complex grammar, however, such as the subjunctive in dependent or subordinate clauses, nor are there any *if-then* statements. The intended reader is someone who perhaps does not have more than a fair to good understanding of Spanish, such as a tourist.

Literary pieces are usually narratives that tell stories. They are usually the most difficult to understand because the action is more compressed. It is easier to miss information when you do not know a particular word. Literary pieces tend to have more complex sentence structures, which may result in a passage that takes a little more time to understand. Below is an example of a narrative in which you will see more complex grammar. Often there will be dialogue, which may also be difficult to understand because often you have to interpolate and infer meanings.

> Pepe conocía mi afición, desde joven, por ciertas formas del arte indígena mexicano. Yo colecciono estatuillas, ídolos, cacharros. Mis fines de semana los paso en Tlaxcala, o en Teotihuacán. Quizás por esto le guste relacionar todas las teorías que elabora para mi consumo con estos temas. Por cierto que busco una réplica razonable del Chac Mool desde hace tiempo, y hoy Pepe me informa de una lugar en la Lagunilla donde venden uno de piedra y parece que barato. Voy a ir el domingo.
>
> Hoy, domingo, pude ir a la Lagunilla. Encontré el Chac Mool en una tienda que me señaló Pepe. Es una pieza preciosa, de tamaño natural, y aunque el vendedor asegura su originalidad, lo dudo. No veo ninguna elegancia de la postura o lo macizo de la piedra. El desleal vendedor le ha puesto salsa de tomate en la barriga para convencer a los turistas de la autenticidad sangrienta de la estatua.
>
> "Chac Mool" por Carlos Fuentes

Notice that there are many more clauses that begin with *por eso, para, por cierto, quizás, donde,* and *aunque.* There is a time construction with *hace* + an expression of time, *desde hace tiempo.* There are numerous adjective clauses, including more descriptions. In addition, if you do not know the reference to Chac Mool and Teotihuacán, or Tlaxcala, the passage is more difficult to understand. The meaning of the tomato sauce on the platter on the figure's stomach does not make much sense, unless you know that the platter served as a receptacle for sacrifices. The descriptive phrases in this passage make it a little more complicated to read.

The following passage is also from a narrative, although there is dialogue in it.

Acostado sobre la estiba de arroz veía a José, el Tuerto, comer pan y salchichón echándole los pellejitos al perro sarnoso que los atrapaba en el aire con un ruido seco de dientes. En la mesita del lado tallaban con una baraja sucia Nolasco Rivera, Perico Lugo, Chus Maruosa y un colorado que yo no conocía. En un tablero colocado sobre un barril se jugaba dominó. Un grupo de curiosos seguía de cerca las jugadas. Todos bebían ron.

Fue el colorado el de la provocación. Se acercó adonde papá, alargándole la botella de la que ya todos habían bebido.

—Dese un palo, don....
—Muchas gracias, pero yo no puedo tomar.
—Ah, ¿conque me desprecia porque soy un pelao?
—No es eso, amigo. Es que no puedo tomar. Déselo usted en mi nombre.
—Este palo se lo da usted o ca ... se lo echo por la cabeza.
—Lo intentó, pero no pudo.

"Mi padre" por Manuel del Toro

In place of descriptive clauses, this passage describes a scene in a tavern. It tells where everybody was sitting and what they were doing. The dialogue that follows is written to reflect the way people would actually speak. If you do not recognize that *tomar* means to drink or that *dese* means that the *colorado* is offering the father a drink, it will be hard to follow what happens. You have to infer that the narrator is a child accompanying his father to a tavern. The father declines to drink with the other men in the tavern, and the obviously drunk man is offended, indicated by the word *desprecia.* You also need to recognize that the preterit, *pudo,* indicates that the drunkard was not really any threat to the father.

For each reading passage in Part B, there are from five to eleven questions. Each question will have four choices for answering the question or completing the sentence. You will not be penalized for incorrect answers, so always make an educated guess.

There are several things to keep in mind about the construction of multiple choice tests. First, the cues for the correct answers are given in the passage or in the sentence, whether they appear in the vocabulary, grammar, or reading comprehension questions. Second, the distractors, or incorrect choices, are sometimes based on words that are false cognates, or words that are based on common misconceptions or errors that teachers know students make. The distractors are not the complete opposite of the correct answer, nor are they nonsensical or ungrammatical. They may be only partly incorrect or correct, and they all are plausible. By the same token, the correct answer does not stand out because it is different in length, complexity, or vocabulary, or has any other distinguishing feature.

With regard to reading comprehension questions specifically, there are some additional points to consider. The question clearly states whether it is about what is stated in the text, indicated by phrases like *Según el autor,* or *Según el pasaje,* or whether you are being asked to make some inference. Inferences are indicated by phrases such as *Se puede decir* or *El autor implica que...,* meaning that you should make a determination about what you think the passage says. Remember that the correct answer, as well as the distractor, paraphrase what the text says. Any time that a line seems to be copied directly from the text, be careful, because it is almost always a wrong choice. Choices are arranged in a logical order, so use logic when you sort through them. If there is a pair of choices that are direct opposites, the correct answer is usually not one of the pair. Correct answers are not revealed in subsequent questions or choices.

In terms of the content of the questions, usually there is a question about the general idea of the passage. One question will deal with secondary information, or some detail. One question may well ask about when and where the event takes place in the passage. Sometimes an expression, a line, or a sentence is selected as the basis of the question. Finally, a question may be asked about some aspect that requires analysis of the text. The questions may deal with your impressions about the tone of the passage, the style, or perhaps the author's intent as you understand it from the cues given in the text. On the following pages you will practice reading for the kinds of information you will be asked on the exam.

There is another type of question in which you are to place a phrase or short sentence in the most logical spot in the passage. In the passage you will see the letters A, B, C, and D in parentheses at various spots. The question will ask you to pick the best placement according to the logic of the passage. There could be one or two questions of this type.

Preparation for Reading Comprehension

In this book, the reading part is divided into two chapters:

1. **Vocabulary.** Although there is no specific vocabulary list of words you need to know for this examination, it is important to learn vocabulary appropriate to the level of a fifth or sixth semester college program. It is important to learn how to figure out words you do not recognize. There is a glossary at the back of this book, but you should have your own dictionary. The more often you have to look up any particular word, the more likely you are to remember it.

2. **How to read.** This section has suggestions for reading more effectively. Included are some ideas about how to get the most out of what you read by learning to sort information contained in the passages. Also included are samples with detailed explanations of why some answers are considered correct, while others are deemed wrong. Then there are some reading comprehension passages that let you practice what you have learned.

Vocabulary Study

Studying long lists of vocabulary probably will not greatly enhance your performance on this part of the examination, but an ample vocabulary will be essential to answer the few questions that are specifically devoted to vocabulary. As much as a test of how much vocabulary you already know, the examination tests your ability to deduce the meaning of words from the context in which they appear. The best way to prepare for the vocabulary questions is to read as much as you can. Look up words you think are vital to understanding the reading. Increasing your vocabulary will help you on all parts of the examination, not just on the reading.

If you do not recognize a word, try to think of another part of speech that may have the same root and see if it can be changed to be meaningful in the new context. Frequently you can tell what part of speech a word is by the ending it has. For example, many adjectives are past participles of verbs, ending in *-ado* or *-ido*, such as in *sentado*, from *sentar*, meaning *seated*. By the same token, some infinitives contain adjectives embedded in them, such as *engordarse* (*to get fat*), from *gordo* (*fat*). Nouns and verbs also frequently have the same stem, such as *conocimiento* (*understanding*), from *conocer* (*to know*). The following closer look at some specific examples can give you a good idea about how to sort words out according to their parts of speech and function, while at the same time looking for the root that they have in common.

Study the following commonly used endings to learn to recognize how some words function in a sentence.

1. Many nouns have endings in Spanish that correspond to certain endings in English. The following endings always have indicated English endings: *-ción* (*-tión* and *-cion*), *-dad* (*-ty*), *-ería* (*-ery*), *-ancia* (*-ance*), and *-umbre* frequently corresponds to *-ness*. Other common noun endings are *-miento*, *-aje*, and *-ío*. When you have to guess the meanings of these words, you can try adding the English ending to the stem to see if it makes sense. Also remember that the endings *-ista* and *-dor* indicate a person who does a particular job.

2. Words that end with *-oso* usually are adjectives whose English ending is *-ous*. Other adjective endings are: *-dizo*, *-ado*, *-ido*, *-ante*, and *-iente*. Adjectives describe characteristics of a noun. Sometimes there are prefixes, such as *em-* or *en-*, that are used in making verbs out of adjectives. An example is *empobrecerse*, meaning *to get poor*, or *enriquecerse*, meaning *to get rich*. Look for adjectives like *pobre* and *rico* in the middle of a verb if you do not immediately recognize it.

3. Words that end with *-mente* are adverbs whose English ending is *-ly*. These words are adverbs and will describe the manner in which an action happens.

4. Infinitives end with *-ar*, *-er*, or *-ir* unless they are reflexive or have a direct/indirect object pronoun.

If you know a word in one form, such as in the infinitive (*correr*, for example), you can guess about other forms of the word if you can recognize what the endings mean. *Correr*, meaning *to run*, can appear in an adjective form, *corredizo*, meaning *running* or *sliding*. In its adjective form it is used to describe a kind of car door, or sliding glass door. In another adjective form, *corriente*, it means *running*, as in *running* water. In the adverbial form, *corrientemente*, the word would mean *usually* or *fluently*, which shows ongoing action. In the noun form, *corrimiento*, the word can commonly mean *landslide* or *slippage*.

Study the following groups of words and look for particular endings. Notice which endings indicate which part of speech, and how it is expressed in English. Use these examples as a guideline to help categorize words.

CONGREGAR	TO CONGREGATE, TO GATHER (infinitive)
congreso	congress, a gathering (noun)
congregado	congregated, gathered (adjective)
congregación	a congregation (noun)
congresista	a delegate to a congress (noun)
congregante	a member of a congregation (noun)

PESAR	TO WEIGH (infinitive)
pesado	weighty, heavy (adjective)
pesante	weighty, sad (adjective)
pesadamente	heavily, slowly, tiringly (adverb)
el pesador	weigher (noun)
el pesaje	weighing in (noun)
la pesadumbre	heaviness, sorrow (noun)
la pesa	weight (noun)
la pesadez	heaviness, weight (noun)
el pesacartas	letter-weighing scale (noun)
el pésame	condolences, literally, *it saddens me* (noun)

LA PERSONA	PERSON (noun)
personalizar	to personalize (infinitive)
personal	personal (adjective)
personalmente	personally (adverb)
la personalidad	personality (noun)
el personalismo	personalism (noun)
personarse	to appear in person (infinitive)
la personalización	personalization (noun)
el personaje	personage, character in a play (noun)

LA PLUMA	FEATHER, FOUNTAIN PEN (from times when quills were pens) (noun)
el plumero	feather duster (noun)
el plumaje	plumage (noun)
la plumada	stroke of a pen (noun)
plumear	to write (American) (infinitive)
la plumilla	little feather, nib of a pen (noun)
desplumar	to pluck (infinitive)
la desplumadura	the plucking (noun)
desplumado	plucked (adjective)

In the last example, *desplumado*, notice that the prefix *des-* makes a word negative. *Desplumado* means *not feathered*. Another example is *pegar*, which means *to stick to* or *to strike*. *Despegar*, however, means *to take off, to remove from*. With some imagination, you can guess that *despegar* also refers to an airplane taking off from the ground. Likewise, *desesperar* means the opposite of *esperar*. The opposite of *to hope* is *to despair*, or *to not hope*.

Here is a brief exercise to help you think through how to form different parts of speech from one word. Study the endings of the words in the examples above. Try to figure out what word would be appropriate for the following words.

	Infinitive	Noun	Adjective	Adverb
1.	estar	_____	_____	_____
2.	_____	_____	claro	_____
3.	_____	locura	_____	_____
4.	enriquecer	_____	_____	_____
5.	_____	_____	_____	profundamente
6.	_____	tranquilidad	_____	_____
7.	_____	_____	laborioso	_____
8.	_____	_____	_____	copiosamente
9.	poder	_____	_____	_____
10.	_____	_____	igual	_____
11.	_____	_____	especial	_____

Answers

1. estar, estancia, estado
2. aclarar, claridad, claro, claramente
3. enloquecer, locura, loco, locamente
4. enriquecer, riqueza, rico, ricamente
5. profundizar, profundidad, profundo, profundamente
6. tranquilizar, tranquilidad, tranquilo, tranquilamente
7. laborar, labor, laborioso, laboriosamente
8. copiar, copia, copioso, copiosamente
9. poder, poder (poderío, potencia), poderoso, poderosamente
10. igualar, igualdad, igual, igualmente
11. especializar, especialización, especial, especialmente

Determining Meaning from Prefixes

Other common prefixes *a-*, *ad-*, *ante-*, *con-*, *de-*, *dis-*, *em-*, *en-*, *entre-*, *ex-*, *in-*, *im-*, *ob-*, *pre-*, *pos-*, *re-*, *sobre-*, *super-*, *sus-*, *trans-*, and *tras-*. Some examples with explanations of meanings are listed below.

acercarse a = to go closer (*Cerca* means *near*. The prefix indicates movement toward something nearby. *Alejarse* and *alargarse* have the opposite meaning, *to go away*.)

adjuntar = to enclose (to attach something, such as an e-mail attachment)

agotar = to exhaust (*Gota* means *drop*. Adding the prefix *a-* means to wring out all the drops.)

anteponer = to place before (*Ante-* means *before*, so whatever the verb is, the prefix changes the meaning to something before the action of the verb. Another example is *antever*, meaning *to foresee*.)

contener = to contain (*Tener* means *to have*. *Con-* has the meaning of *with*, so having something within is *to contain*.)

disponer = to dispose, to direct, to arrange (*Poner* is *to place* or *to put*. *Dis-* indicates some change in placement, as in *dispose* or *disarrange*.)

deformar = to deform (*Formar* means *to form*. *De-* means to change the form.)

empobrecer = to make poorer, *empobrecerse* = to become poor (*Em-* is often used with adjectives to make them into verbs. Other examples are *embravecer*, *embrutecer*, *empequeñecer*, *emblanquecer*, *emborrachar*, *embellecer*, and *embotellar*.)

enmudecer = to silence (*Mudo* means *mute*. The prefix changes the meaning to *to make mute*. Other words like this are *ennoblecer*, *enloquecer*, and *enriquecer*. With the verb *envolver* it means *to wrap up*, as in turning something around and around inside something else. *Encerrar* and *encubrir* are other examples.)

entremeter = to meddle (*Meter* means *to put in*, so *entremeter* means to put in between two people or things. *Entrevistar*, meaning *to interview*, is another example. The prefix *entre-* is often used with nouns, such as *entrecejas* referring to the space between the eyebrows on a face.)

extraer = to extract (*Traer* means *to bring*. *Ex-* has the meaning of *out of*; thus, *extraer* is to bring or take something out of something else.)

imponer = to impose (*Poner* means *to put* or *to place. Im-* changes the meaning to something put onto something else. It would then have the additional meanings of *to attach, to arrange,* or *to direct to do something.* Other examples are *importar, impedir, imperdible,* and *improbable.*)

incomodar = to inconvenience (*Cómodo* means *handy, convenient,* or *comfortable,* so the prefix changes the meaning to the opposite.)

obtener = to get, to obtain (*Tener* means *to have.* The prefix indicates the way one has something.)

prever = to foresee (*Ver* means *to see. Pre-* means *before,* so seeing something before it appears is foreseeing it.)

posponer = to postpone (*Poner* means *to put* or *to place. Pos-* means *after,* so putting something in place afterward is postponing it.)

revolver = to revolve, to spin around (*Volver* is to turn. *Re-* means *again,* so turning again and again is revolving. A synonym for *to revolve* is *to scramble* as in scrambled eggs. Other examples are *reemplazar, remojar, reponer, retumbar, recoger,* and *retirar* among many others.)

sobrevivir = to outlive, to survive (*Vivir* means *to live. Sobre-* indicates *above and beyond,* thus living above and beyond what is expected is surviving. There are many other examples such as *sobresaltar, sobresalir,* and *sobrecargar.*)

substraer = to subtract (*Subs-* and *sus-* have similar meanings, *to take away* or *below. Traer* means *to bring.* The prefix changes the meaning to indicate something below or, in the case of mathematics, *to subtract.* Other examples are *suscitar,* meaning *to provoke* or *to cause,* and *subsistir.*)

superponer = to superimpose (*Super-* has much the same meaning as *sobre-,* indicating something placed on top of something else.)

transbordar = to ferry across a river, to cross from one side to another (*Bordar* means *to embroider,* but *borde* means the side of a road or river. The prefix in this case makes the verb mean something else entirely. You should be able to figure out that it has something to do with moving from one time or place to another, however, from other examples of the prefix with words such as *transcontinental.* Other examples are *transformar, transmitir,* and *transcurrir.*)

trasladar = to move from one place to another (*Lado* means *side,* so the prefix indicates movement from one time or place to another. Other examples are *trastornar, trasferir,* and *trascurrir.* This prefix is essentially the same as *trans-.*)

Of course, the better your English vocabulary, the more words you will recognize as cognates. (Cognates are words that sound alike in Spanish and English.) Sometimes you need to think of synonyms in English to help you arrive at the meaning of a word. For example, when you *know* something, you *understand* it. *Knowing* and *understanding* are similar in meaning. When you are trying to make sense out of how a word would work in a sentence, think of synonyms.

Sometimes a word will look familiar, but is slightly different. Remember that frequently in Spanish, a *y* in English will be an *i* in Spanish. For example, the word *sinónimo* is the word for *synonym.* Other examples of words in which the *h* has been dropped in Spanish are *tema, teoría, antítesis, sintética, sintetizar, prótesis, autor, matemáticas, ético, etéreo, etanol,* and *católico.* Other rules of phonics to remember are that in Spanish there are no *th* combinations. This should help you recognize *atletas*, or *teatro*. Also, in Spanish, any beginning consonant combination of *spr-, str-, scr-,* or *sch-*, will have an *e* as the first letter. An example is *especial*, meaning *special*. Words like *especial* are *español, escuela, estatua, estimular, estéril, estéreo, estoico, estudio, escéptico, esencia, esclavo,* and *espacio.*

You can figure out other words if you think about the English cognates. For example, the word *incorporarse* means *to gather oneself together* or *to collect oneself to get up*. The word is like the word *incorporate* in English, but the meaning is one you may not have recognized. In English you see the word after the names of companies or after the names of towns on road signs. The word in those English contexts means that the communities or the businesses have organized themselves; they have pulled together. Another example is the word *funcionar*. The literal translation is *to function*. But when you hear it in the sentence, *Mi coche no funciona*, it does not sound like something English-speaking people would say. A synonym would be *is not working*. To function and to work are similar activities.

With practice, you can learn many new words by learning one of their forms as a part of speech.

Reading Strategies

The following section contains suggestions for how to read quickly and efficiently. The material is divided into different areas of comprehension. The reading passages on the exam can be very difficult if you do not read very much. The difficulties you may encounter are discussed in the following order:

1. Understanding unfamiliar vocabulary.

2. Getting the main idea.

3. Reading for details
a) setting; b) time; c) characters or things; d) plot.

4. Interpretation
a) comparisons and contrasts; b) analyzing parallel structures;
c) tone or attitude; d) intended reader.

These discussions contain sample passages and describe how to approach the task. After each sample there is a discussion of which answers are correct or incorrect. The logic of the answer is also explained. Pay close attention to the logic so you can understand where your errors were in thinking if you chose incorrectly. After the sample selections and questions and answers, there are five sets of selections. In the reading comprehension part of the exam some questions deal with the general theme of the selection and with information about what happens in it. Then there are questions about meanings that can be inferred or deduced by understanding some of the nuances of meaning of phrases, expressions, grammar, or cultural material contained in the selection. Other questions ask what specific phrases, structures, or words mean, where a sentence or phrase could be added to the text, or how to make a prediction based on what is stated in the text. In all, there are about 35 to 40 questions. Remember that this part of Section I accounts for 30 percent of the final score.

A change in the scoring of multiple-choice sections is that there will no longer be any points deducted for wrong answers. If you can eliminate one or more choices, then you should make an educated guess about the correct answer. If you are totally unsure of the correct answer, guess anyway; there is always the possibility that you could be right, and this will increase your score. In the past, there was one point deducted for every three of four incorrect answers. But now there is no penalty. As has always been the case, questions you do not answer do not count against you.

Suggestions for Reading

Below are a few strategies to help you read more efficiently. Pick a few to practice at a time, and apply them to all the places where you read for comprehension This is important not just in the reading comprehension part of the examination, but also in the free-response section, where you have timed passages to read. You need to absorb all the information possible from the sources before writing your essay or preparing the presentational speaking part.

- **Scan the whole passage.** You can get a general idea of the topic this way.
- **Scan the questions.** Get an idea of what information you need to find in the passage.
- **Think in Spanish.** Do not be tempted to translate as you read because you will waste a lot of time that way. You may also tend to miss implied meanings if you translate.
- **Identify the main idea.** Look for the repetition of words or phrases, or look for words that are topically related.
- **Identify the kind of writing.** You find different kinds of topics and information in different kinds of writing. Determine if what you read is prose fiction, a newspaper article, personal correspondence, a memoir, a magazine or an Internet article.
- **Focus on words you recognize.** Do not waste time on words you do not recognize. Unknown words are often restated with other words you do know, especially if they are important to understand the passage.
- **Identify main characters.** If a character has no name, identify him or her by some other characteristic, such as color of hair or clothing.
- **Identify setting.** Setting is the time frame and place where the action, if any, takes place.
- **Identify action.** If there is any action, get a general idea of what happens. For more factual texts, such as a report of a discovery, note when, where, how, and why it happened. This is especially important for questions in which you are to determine where to place a sentence in the passage. Remember that the questions often follow the chronology of the text, with questions about the beginning of the piece appearing first and then proceeding sequentially to the end.
- **Identify literary devices, if any are used.** If the passage is taken from literature, look for similes, metaphors, symbols, analogies, and other devices that help you determine the tone and mood of the piece.
- **Note vocabulary.** The chosen vocabulary provides a wealth of information about characters, the writer, the intended reader, and many other aspects of a selection that are important in inferring meaning.
- **Note visuals.** If the passage contains a graphic of some sort, for example a drawing from a Web page, make a note of its relation to the printed words. Determine the purpose of the visual insert.
- **Note the logic of the passage.** Every piece will have its own internal logic that you need to understand to infer meaning and make predictions about what will happen next.
- **Visualize as you read.** Imagining in your mind's eye what the words mean helps you focus on what you are reading, and this way you will not be tempted to translate as you read.

Dealing with Vocabulary in Reading Comprehension

The meaning of unfamiliar vocabulary can frequently be determined from the context. In selecting answers with words you do not know, be wary of answers containing words that appear similar or are repeated exactly from the text. Use a process of elimination to select correct answers. At times questions may deal with lexical aspects of the passage, a word that may be uncommon or a *modismo* that is somewhat unusual. In these cases, if the word or expression is unknown, there are strategies for determining meaning. The most important clue can usually be found in information communicated in surrounding words, or, in other words, the context of the item. If the word is a noun modified by an adjective, base your interpretation on the meaning of the adjective if it is known. If the word is an adjective, consider the meaning of the noun and the context of the noun. If the word is a verb, find the subject of that verb and then the subject and/or object of the preceding and succeeding verbs, then make an educated guess about the meaning. Also consider the tense and mood of the conjugated verbs. There should be some logical continuity in the action accomplished or described.

In the following passages:

1. Read the selection.
2. Study the questions.
3. Refer back to the passage.
4. Answer the questions.

Reading Selections and Explanations

Dealing with Unfamiliar Vocabulary

SELECTION ONE

El dibujante Mingote ha presentado docenas de veces el tipo humano del oficinista público, que no siente ninguna afinidad o relación de simpatía con quien aguarda minuto tras minuto. Como en muchos sitios no hay ser-
Línea vicio de información ocurre que, tras una cola de media hora, al que espera
(5) se le dice que le falta tal o cual sello en su instancia, sello que tiene que ir a buscar y perder el turno a no ser que el ordenanza—véase Intermediarios— se lo facilite mediante una propina. Estoy seguro de que si se les propusiera a muchas oficinas del Estado....

1. En la línea 5, ¿a qué tipo de sello se refiere?

   (A) Una estampilla para poner en un sobre.
   (B) Una señal impresa para un documento oficial.
   (C) Una especie de anillo para marcar cera.
   (D) Un mueble para sentarse.

The correct answer is **B** since people may have to go to various places to obtain the proper one, "*...sello que tiene que ir a buscar y perder el turno a no ser que el ordenanza ... se lo facilite....*" While there are also lines to purchase stamps at the post office, usually there is no need to go anywhere else to obtain what is needed to mail a letter. The type of *sello* mentioned in the above passage refers to an authorization or a permit bestowed by an official (*oficinista público* and *el ordenanza*), someone amenable to receiving a tip for a favor done. Obviously, *sello* is not to be confused with *silla* (a type of *mueble para sentarse*), even though the two words share common consonants.

SELECTION TWO

Desperté, cubierto de sudor. Del piso de ladrillos rojos, recién regado, subía un vapor caliente. Una mariposa de alas grisáceas revoloteaba encandilada alrededor del foco amarillento. Salté de la hamaca y descalzo atravesé el
Línea cuarto, cuidando de no pisar algún alacrán salido de su escondrijo a tomar el
(5) fresco. Me acerqué al ventanillo y aspiré el aire del campo. Se oía la respiración de la noche, enorme, femenina. Regresé al centro de la habitación, vacié el agua de la jarra en la palangana de peltre y humedecí la toalla. Me froté el torso y las piernas con el trapo empapado, me sequé un poco y, tras de cerciorarme que ningún bicho estaba escondido entre los pliegues de mi
(10) ropa, me vestí y calcé. Bajé saltando la escalera pintada de verde. En la puerta del mesón tropecé con el dueño, sujeto tuerto y reticente. Sentado en una sillita de tule, fumaba con el ojo entrecerrado.

—¿Onde va, señor?

—A dar una vuelta. Hace mucho calor.

(15)   —Hum, todo está ya cerrado. Y no hay alumbrado aquí. Más le valiera quedarse.

Alcé los hombros, musité "ahora vuelvo" y me metí en lo oscuro. Al principio no veía nada. Caminé a tientas por la calle empedrada. Encendí un cigarrillo. De pronto salió la luna de una nube negra, iluminando un muro
(20) blanco, desmoronado a trechos.

1. La expresión "Caminé a tientas..." en la línea 18 significa que el narrador...

   (A) ...irá de compras.
   (B) ...intenta andar por las calles.
   (C) ...se pierde.
   (D) ...anda cuidadosamente.

The correct answer is **D** because in the sentence immediately before, the narrator states that he cannot see anything, "*Al principio no veía nada.*" The darkness makes it difficult to see until the moon comes out to light up the scene. The word *tienda,* implied in **A**, is a distractor; it makes no sense in the context of the passage; it is nighttime and no stores would be open. Choice **B** is also incorrect because the narrator does not simply attempt to take a walk; he in fact does so, albeit carefully.

Intentar is a false cognate; it does not necessarily mean *to intend.* Rather, it means *to attempt.* Be careful not to translate words literally. Choice **C** is incorrect; nowhere in the surrounding context are there any suggestions that he gets lost.

SELECTION THREE

Ahora, por fin, se había apaciguado. Estaba allí arrinconado al pie del horcón. Había venido su hijo Justino y su hijo Justino se había ido y había vuelto y ahora otra vez venía.

Línea   Lo echó encima del burro. Lo apretó bien apretado al aparejo para que
(5)   no se fuese a caer por el camino. Le metió su cabeza dentro de un costal para que no diera mala impresión. Y luego le hizo pelos al burro y se fueron, arrebatados, de prisa, para llegar a Palo de Venado todavía con tiempo para arreglar el velorio del difunto.

     —Tu nuera y los nietos te extrañarán—iba diciéndole. Te mirarán a la
(10)   cara y creerán que no eres tú. Se les afigurará que te ha comido el coyote, cuando te vean con esa cara tan llena de boquetes por tanto tiro de gracia como te dieron.

1. En la línea 6, ca qué se refiere "...para que no diera mala impresión" en el contexto del pasaje?

(A) Significa que cuántos lo vieran se asustarían.
(B) Indica que el hijo se avergüenza de su papá.
(C) Quiere decir que tiene algo de malo.
(D) Significa que el papá no había sido hombre muy culto.

The correct answer is **A** because the narrative has just stated that the man's head was covered by a sack. The words *creerían que no eres tú* and *esa cara tan llena ... por tanto tiro de gracia como te dieron* indicate that the face was very disfigured. The other alternatives are incorrect because of various distractors: in **B** the "*mala impresión*" does not mean that his son is ashamed of the way his father looks; in **C** "*mala impresión*" does not mean that the man is ill; and in **D** the level of education does not create the "*mala impresión.*" The use of *para que* denotes that he does indeed look very bad, and that the purpose of the sack over his head is to conceal his face from everyone.

SELECTION FOUR

El magistrado Miguel Angel del Arco, del juzgado de instrucción número 6 de Granada decretó el viernes la prisión incondicional del médico granadino Juan Valdés y la libertad provisional bajo fianza de doscientas
Línea cincuenta mil pesetas para el escritor José Heredia Maya, por su presunta
(5) implicación en relación con un robo de objetos de arte ocurrido entre el uno y el tres de mayo pasado, en el Carmen de los Mínimos de Granada, de propiedad municipal.

Este robo ha dado pie ya a varias decisiones políticas—en cuanto evidencia negligencia en la custodia de bienes públicos—, entre ellas la per-
(10) sonación del PP en el sumario y la petición de dimisión de tres concejales socialistas pedida por el grupo municipal del Partido Popular cuyas investigaciones han permitido demostrar que se han detectado hasta ahora cuatro intentos de robo y tres advertencias del jefe de patrimonio municipal al concejal de cultura advirtiendo sobre la necesidad de trasladar los objetos del
(15) Carmen o dotar al mismo de vigilancia.

1. La línea 15, "...o dotar al mismo de vigilancia." tiene que ver con

   (A) los planes de los concejales municipales.
   (B) regalos para aumentar la colección de objetos de arte.
   (C) ofertas de auxilio financiero para cuidar el patrimonio municipal.
   (D) consejos del jefe que se subvencione la colección para protegerla.

The correct answer is **D**. This alternative paraphrases the words of the text; *subvencionar* means *to underwrite* and *dotar* means *to provide funds*. If you do not recognize *subvención* or *dotar*, the meaning can be deduced from the previous clause: *la necesidad de trasladar ... o.* Look for *lado* in *trasladar* and the prefix *tras-* to arrive at the meaning of *to move*. Then, if the objects are not going to be moved, *or* indicates that they will stay where they are and need to be guarded. *Vigilar* sounds like *vigil*, implying watching over something. The *jefe* only offers advice, not funds for protecting the collection, which makes choice **C** incorrect. Choice **A** is incorrect because although the councilmen are worried about the thefts, the text does not mention that they are actually concerned about taking steps to provide protection. Choice **B** is incorrect because the advice is to improve protection, not increase the size of the collection. The key words to recognize in the surrounding text are *advertir* and the noun, *advertencia*.

Identifying the Theme or Main Idea

1. The theme sometimes is not mentioned at the beginning of the passage.
2. Look for the relationship between words, nouns, and verbs, especially to indicate the theme of a passage.
3. Do not be misled by isolated nouns or names.
4. Do not be misled by false cognates.

When you scan a passage, you should make a mental note of those words that you recognize and begin to think about what they all have in common. Pay particular attention to nouns and verbs. Do not worry about words that you do not recognize. Later you can determine which of the words are really important from among those that you do not know. In the following four short selections, read them for the general idea. The question that follows each one would be a possible multiple choice question concerning identification of the main idea or theme of the passage. The selection will be presented again with the pertinent vocabulary underlined so that you can more easily identify the underlying connection between the words.

Questions About Theme or Main Idea

SELECTION ONE

El dibujante Mingote ha presentado docenas de veces el tipo humano del oficinista público, que no siente ninguna afinidad o relación de simpatía con quien aguarda minuto tras minuto. Como en muchos sitios no hay ser-

Línea vicio de información ocurre que, tras una cola de media hora, al que espera
(5) se le dice que le falta tal o cual sello en su instancia, sello que tiene que ir a buscar y perder el turno a no ser que el ordenanza—véase Intermediarios— se lo facilite mediante una propina. Estoy seguro de que si se les propusiera a muchas oficinas del Estado...

1. El tema de esta selección es...

   (A) oficinas en lugares públicas.
   (B) comprando estampillas al correo.
   (C) discusión de dibujos de Mingote.
   (D) maneras de tratar con una burocracia.

The correct answer is **D**, because none of the other alternatives apply to the passage as a whole even though they include words that might indicate a topic dealing with a drawing, a line, a turn, and a stamp. Look again at the passage with key words underlined, then look to see where there is a word that stands out in the group of related words. Notice where the key word occurs in the paragraph.

El <u>dibujante</u> Mingote ha presentado docenas de veces <u>el tipo humano</u> del <u>oficinista</u> pública, que no siente <u>ninguna afinidad</u> o <u>relación de simpatía</u> con quien aguarda minuto tras minuto. Como en muchos sitios no hay <u>ser-</u>

Línea <u>vicio de información</u> ocurre que, tras <u>una cola</u> de media hora, al que espera
(5) se le dice que le falta tal o cual <u>sello</u> en su <u>instancia,</u> <u>sello</u> que tiene que ir a buscar y perder <u>el turno</u> a no ser que el <u>ordenanza</u>—véase Intermediarios— se lo facilite mediante <u>una propina.</u> Estoy seguro de que si se les propusiera a <u>muchas oficinas del Estado</u>...

From the words, *tipo humano*, *servicio*, *cola*, *sello*, and *turno*, the theme of some kind of public office is apparent. But none of the alternatives other than **D** deal with the meanings implied by *propina*. Dealing with a bureaucracy with a *propina*, however, can include meanings of all the other underlined nouns. Simply because the noun *sello* is repeated does not mean that it is the main topic.

SELECTION TWO

Desperté, cubierto de sudor. Del piso de ladrillos rojos, recién regado, subía un vapor caliente. Una mariposa de alas grisáceas revoloteaba encandilada alrededor del foco amarillento. Salté de la hamaca y descalzo atra-
Línea vesé el cuarto, cuidando de no pisar algún alacrán salido de su escondrijo a
(5) tomar el fresco. Me acerqué al ventanillo y aspiré el aire del campo. Se oía la respiración de la noche, enorme, femenina. Regresé al centro de la habitación, vacié el agua de la jarra en la palangana de peltre y humedecí la toalla. Me froté el torso y las piernas con el trapo empapado, me sequé un poco y, tras de cerciorarme que ningún bicho estaba escondido entre los
(10) pliegues de mi ropa, me vestí y calcé. Bajé saltando la escalera pintada de verde. En la puerta del mesón tropecé con el dueño, sujeto tuerto y reticente. Sentado en una sillita de tule, fumaba con el ojo entrecerrado. Con voz ronca me preguntó:

—¿Onde va, señor?

(15) —A dar una vuelta. Hace mucho calor.

—Hum, todo está ya cerrado. Y no hay alumbrado aquí. Más le valiera quedarse.

Alcé los hombros, musité "ahora vuelvo" y me metí en lo oscuro. Al principio no veía nada. Caminé a tientas por la calle empedrada. Encendí un
(20) cigarrillo. De pronto salió la luna de una nube negra, iluminando un muro blanco, desmoronado a trechos.

1. Esta selección trata de

   (A) la vida nocturna de un campesino.
   (B) la incomodidad de una noche calurosa a un viajero.
   (C) actividades nocturnas de los insectos.
   (D) preparaciones matutinas de un forastero.

The correct answer is **B**. Although the scene takes place in a rural setting, the lodging lacks many modern amenities (such as running water), and there are many references to insects. None of these answers takes into account the fact that the narrator of the selection is a traveler, except for choice **B**. The fact that the narrator is a traveler is never explicitly stated. Also, do not be misled by the word *mariposa* and the list of activities of getting up, washing up, and dressing, all of which are usually associated with daylight activity. A focused first reading and attention to certain words that denote certain kinds of activity will reveal the narrator's point of view in the list of activities.

Desperté, cubierto de sudor. Del piso de ladrillos rojos, recién regado, subía un vapor caliente. Una mariposa de alas grisáceas revoloteaba encandilada alrededor del foco amarillento. Salté de la hamaca y descalzo atravesé el cuarto, cuidando de no pisar algún alacrán salido de su escondrijo a tomar el fresco. Me acerqué al ventanillo y aspiré el aire del campo. Se oía la respiración de la noche, enorme, femenina. Regresé al centro de la habitación, vacié el agua de la jarra en la palangana de peltre y humedecí la toalla. Me froté el torso y las piernas con el trapo empapado, me sequé un poco y, tras de cerciorarme que ningún bicho estaba escondido entre los pliegues de mi ropa, me vestí y calcé. Bajé saltando la escalera pintada de verde. En la puerta del mesón tropecé con el dueño, sujeto tuerto y reticente. Sentado en una sillita de tule, fumaba con el ojo entrecerrado. Con voz ronca me preguntó:

—¿Onde va, señor?

—A dar una vuelta. Hace mucho calor.

—Hum, todo ya está cerrado. Y no hay alumbrado aquí. Más le valiera quedarse.

Alcé los hombros, musité "ahora vuelvo" y me metí en lo oscuro. Al principio no veía nada. Caminé a tientas por la calle empedrada. Encendí un cigarrillo. De pronto salió la luna de una nube negra, iluminando un muro blanco, desmoronado a trechos.

The question that the *dueño* asks indicates that the two characters are not acquainted, and the advice that the *dueño* gives the narrator indicates that the former is local and the latter is a stranger to the location. Although choice **D** mentions a *forastero*, the activities listed would normally occur in the morning so the words referring to nighttime, darkness, and the light bulb preclude **D** as an answer. All of the actions taken by the narrator do, however, pertain to what a person would do to cool off on a hot night: going to the window, washing up at a washbasin, going outside.

SELECTION THREE

Ahora, por fin, se había apaciguado. Estaba allí arrinconado al pie del horcón. Había venido su hijo Justino y su hijo Justino se había ido y había vuelto y ahora otra vez venía.

Lo echó encima del burro. Lo apretó bien apretado al aparejo para que no se fuese a caer por el camino. Le metió su cabeza dentro de un costal para que no diera mala impresión. Y luego le hizo pelos al burro y se fueron, arrebatados, de prisa, para llegar a Palo de Venado todavía con tiempo para arreglar el velorio del difunto.

—Tu nuera y los nietos te extrañarán—iba diciéndole. Te mirarán a la cara y creerán que no eres tú. Se les afigurará que te ha comido el coyote, cuando te vean con esa cara tan llena de boquetes por tanto tiro de gracia como te dieron.

1. El acontecimiento en que enfoca este trozo es...

   (A) la visita de un pariente.
   (B) un viaje fúnebre.
   (C) la bienvenida para un visitante.
   (D) una plática entre padre e hijo.

The correct answer is **B** because the whole passage deals with the death of Justino's father. The word *fúnebre* is closely associated with the meanings of the words *velorio* and *difunto* since they all relate to death. Also, although many types of relatives are mentioned, Justino talks about how the dead man will be received, and the burro is mentioned many times, the common denominator is the fact that the man was executed and Justino is taking his body home for a proper burial. Look again at the passage with some of the key words underlined to see how the association is made between all of them to indicate the main idea of the passage.

> Ahora, por fin, se había <u>apaciguado</u>. Estaba allí <u>arrinconado</u> al <u>pie del horcón</u>. Había venido su hijo Justino y su hijo Justino se había ido y había vuelto y ahora otra vez venía.

Línea
(5)
> Lo echó <u>encima del burro</u>. Lo <u>apretó</u> bien <u>apretado al aparejo</u> para que no se fuese a <u>caer por el camino</u>. <u>Le metió su cabeza dentro de un costal</u> para que no diera <u>mala impresión</u>. Y luego le hizo pelos al burro y se fueron, <u>arrebatados</u>, <u>de prisa</u>, para llegar a Palo de Venado todavía con tiempo para arreglar <u>el velorio del difunto.</u>

(10)
> —Tu nuera y los nietos <u>te extrañarán</u>—iba diciéndole. Te mirarán a la cara y creerán que <u>no eres tú</u>. Se les afigurará que <u>te ha comido el coyote</u>, cuando te vean con <u>esa cara tan llena de boquetes</u> por tanto <u>tiro de gracia</u> como <u>te dieron</u>.

In the first paragraph, *apaciguado, arinconado,* and *al pie del horcón* all indicate a body at the foot of a stake. In the second paragraph, the underlined words all describe what Justino does with the body and ends with the key words, *velorio del difunto.* The last paragraph describes what his family will think has happened to him, and ends with words that refer back to the first paragraph and the images of the execution: "*esa cara tan llena de boquetes*" and "*tiro de gracia.*" Do not be misled by the direct discourse; Justino speaks to his dead father. Remember that it is not necessary to know the precise meaning of every word; among these underlined words the common denominator is the fact that Justino's father was executed, brutally.

SELECTION FOUR

Línea
(5)
> El magistrado Miguel Angel del Arco, del juzgado de instrucción número 6 de Granada decretó el viernes la prisión incondicional del médico granadino Juan Valdés y la libertad provisional bajo fianza de doscientas cincuenta mil pesetas para el escritor José Heredia Maya, por su presunta implicación en relación con un robo de objetos de arte ocurrido entre el uno y el tres de mayo pasado, en el Carmen de los Mínimos de Granada, de propiedad municipal.

Este robo ha dado pie ya a varias decisiones políticas—en cuanto evidencia negligencia en la custodia de bienes públicos—entre ellas la personación
(10) del PP en el sumario y la petición de dimisión de tres concejales socialistas
pedida por el grupo municipal del Partido Popular cuyas investigaciones
han permitido demostrar que se han detectado hasta ahora cuatro intentos
de robo y tres advertencias del jefe de patrimonio municipal al concejal de
cultura advirtiendo sobre la necesidad de trasladar los objetos del Carmen
(15) o dotar al mismo de vigilancia.

1. ¿Cuál es el tema de este pasaje?

   (A) el latrocinio de bienes públicos.
   (B) la mala fortuna de un médico.
   (C) la política del gobierno municipal.
   (D) el sistema de investigación policíaca.

The correct answer is **A** because *latrocinio* is a synonym for *robo*, which is the
focus of the selection. Notice the word *ladrón* embedded in *latrocinio*, with the letter *d* changed to a *t*. Although the case of Juan Valdés and José Heredia Maya is the
subject of the first paragraph, they are examples of a larger problem that is addressed
in the second paragraph, thereby obviating choice **B**. Political parties are mentioned
in the second paragraph, as are investigations. But these two answers are not comprehensive enough to include the topic of robberies and protection of an art collection. Look again at the passage with underlined words to see the association and
relationships between ideas.

El <u>magistrado</u> Miguel Angel del Arco, del <u>juzgado</u> de instrucción número
6 de Granada decretó el viernes la <u>prisión</u> incondicional del médico granadino Juan Valdés y <u>la libertad provisional</u> bajo <u>fianza</u> de doscientos cin-
Línea cuenta mil pesetas para el escritor José Heredia Maya, por su presunta
(5) <u>implicación</u> en relación con un <u>robo</u> de <u>objetos</u> <u>de arte</u> ocurrido entre el
uno y el tres de mayo pasado, en el Carmen de los Mínimos de Granada,
de <u>propiedad</u> <u>municipal</u>.

Este <u>robo</u> ha dado pie ya a varias <u>decisiones</u> <u>políticas</u>—en cuanto <u>eviden-
cia negligencia</u> en la <u>custodia</u> de <u>bienes públicos</u>—entre ellas la <u>personación</u>
(10) del PP en el sumario y <u>la petición</u> de <u>dimisión</u> de tres <u>concejales</u> socialistas
pedida por el <u>grupo municipal</u> del Partido Popular cuyas <u>investigaciones</u>
han permitido demostrar que se han detectado hasta ahora cuatro <u>intentos
de robo</u> y tres <u>advertencias</u> del <u>jefe de patrimonio municipal</u> al <u>concejal</u> de
cultura <u>advirtiendo</u> sobre la necesidad de <u>trasladar los objetos</u> del Carmen
(15) o <u>dotar</u> al mismo de <u>vigilancia</u>.

The underlined words show that even though the paragraph names the persons
involved in the theft, the topic that is being discussed is the fate of municipal property, as indicated by the last two words in the first paragraph. The following paragraph picks up the topic and generalizes from the specific case and shows how that
case is indicative of a larger problem that involves some council members of the
Partido Popular. Beyond the political repercussions of the thefts, is the whole problem of how to protect the municipal patrimony from further theft, like the kind

mentioned in the first paragraph. In this example, the repetition of the words *robo*, *bienes públicos, intentos de robo,* and *trasladar los objetos* ties all the other aspects of the passage together thematically.

Reading for Details

After the main idea or theme of the passage has been identified, there are a variety of questions that are asked about specific information contained in the texts. These details can relate to questions of setting or origin (where), time (when), character, definition, or identification (who or what), purpose and reason (why), or manner (how). Many times these questions can be easily recognized by focusing on a particular word or phrase, but the answer will most often be a rephrasing of a word or string of words in the text. In the following passages, read the passage and answer the question, then look at the subsequent discussion that shows how to find the information asked.

Questions About Setting and/or Origin

SELECTION ONE

Nada podía andar peor, pero al menos ya no estábamos en la maldita lancha, entre vómitos y golpes de mar y pedazos de galleta mojada, entre ametralladoras y babas, hechos un asco, consolándonos cuando podíamos con
Línea el poco tabaco que se conservaba seco porque Luis (que no se llamaba Luis,
(5) pero habíamos jurado no acordarnos de nuestros nombres hasta que llegara el día) había tenido la buena idea de meterlo en una caja de lata que abríamos con más cuidado que si estuviera llena de escorpiones. Pero qué tabaco ni tragos de ron en esa condenada lancha, bamboleándose cinco días como una tortuga borracha, haciéndole frente a un norte que la cacheteaba
(10) sin lástima, y ola va y ola viene, los baldes despellejándonos las manos, yo con un asma del demonio y medio mundo enfermo, doblándose para vomitar como si se fueran a partir por la mitad. Hasta Luis, la segunda noche, una bilis verde que le sacó las ganas de reírse, entre eso y el norte que no nos dejaba ver el faro de Cabo Cruz, un desastre que nadie se había
(15) imaginado.

1. El narrador de este episodio cuenta la ocasión en que se encontró con un grupo

   (A) pasando mal rato en un crucero.
   (B) perdido en alta mar.
   (C) de marineros en una batalla naval.
   (D) de pescadores mareados en una excursión.

The correct answer is **B**. All these alternatives refer to people at sea, as indicated by *lancha, golpes de mar, bamboleándose, un norte que la cacheteaba, ola va y ola viene,* and *faro de Cabo Cruz.* The references to being seasick, indicated by the words *entre vómitos,* and *doblándose para vomitar como si se fueran a partir por la mitad,* would apply to part of the answers of **A** and **D**, but not all of the information in those ternatives is correct. The *lancha* is not the kind of vessel in which one takes a *crucero*, a *cruise*. Also there is no mention of *pescadores*. These characters are not well provisioned for going fishing; their equipment is *tabaco, galletas, ron*, and *ametralladoras*. Fishermen might take the first three items, but not the last. The weapons, *ametralladoras*, might indicate alternative **C**, but there is no mention of any other boats, so this is not the best answer. The fact that the group is lost at sea is implicit in *ya no estábamos en la maldita lancha*, the fact that they had few provisions, and finally, *el norte no nos dejaba ver el faro de Cabo Cruz, un desastre que nadie se había imaginado*. The fact that they inadvertently drift out to sea indicates that they are not engaged in battle, and that they are lost.

SELECTION TWO

Rafael Frühbeck de Burgos fue nombrado ayer director general de Música de la *Deutscheoper* de Berlín. El director español, que también es el titular de la Orquesta Sinfónica de Viena, reúne así dos puestos musicales de gran *Línea* relevancia en Europa. Frühbeck permanecerá cinco años al frente de la (5) ópera de Berlín y estrenará su cargo al próximo 28 de agosto con *La Bohème*. En el otoño dirigirá *Don Carlos, Los Maestros Cantores de Nuremberg*, y *Carmen*.

1. Según este párrafo, Rafael Frühbeck tiene origen...

    (A) austríaco.
    (B) alemán.
    (C) burgalés.
    (D) berlinés.

The correct answer is **C**. Looking back in the passage there are a number of proper nouns and adjectives of nationality that provide information. The text states that Rafael Frühbeck is a director, and the next sentence states that the director is Spanish. The word *burgalés* is the only adjective that pertains to Spain. Questions of this sort at times require some knowledge of geography, especially knowing in which countries certain cities are found, as well as in which part of a country a particular city can be found. Burgos is a well known city in Spain, but recognition of the adjective that designates origin may be required. Be careful to understand what information is needed to complete the question or sentence correctly. In this case, the question asks, "What is Rafael's origin?"

SELECTION THREE

Se me durmió la pierna derecha y la froté con el tobillo izquierdo. La abuela me pasó el misal y me miró con dureza. Incliné la cabeza sobre el libro y cerré los ojos. Tenía hambre. Con las prisas no tuve tiempo de de-
Línea sayunar. Me dije que, cuando creciera, haría como tía Emilia, que fumaba
(5) lentamente, sentada en la cama, hasta las doce del mediodía, mirando las fotografías y los titulares de los periódicos. Todas las voces se levantaron. El sol reverberaba en los cristales de las vidrieras. Sobre el paladar negro de la nave estaba el sol, y nosotros, pensé, como Jonás, dentro de la ballena, con sus enormes costillas. Imaginé la quemazón verde de la cúpula, como un
(10) gran *puzzle* de oro y arco iris:

—...Te Marty-rum candi-da-tus Laudat ex-er-ci-tus....

1. Esta escena tiene lugar en

   (A) una alcoba.
   (B) un barco.
   (C) una iglesia.
   (D) en una biblioteca.

The correct answer is **C**. The Biblical reference to Jonah, taken in conjunction with some other words, all indicate a church instead of the other places. The word *nave* in this case refers to an architectural feature of the sanctuary instead of a ship, which means that choice **B** is incorrect. There are various references to activities that take place in a house, but it is never actually stated that the characters are in a house.

Questions About Time

One of the more difficult aspects of reading is determining the temporal aspect of the passage. There are various aspects of time in a written text: actual time (the moment in which a situation or action takes place in the text), elapsed time (how much time passes between the beginning until the end of some situation or action), historical time (when something happened in the past from the perspective of the actual time in the passage), or time as an abstraction or dimension of reality. In addition to deciding how time is viewed in the passage, be aware that frequently numerical quantities will be expressed in various ways, such as expressing the quantity of "half a dozen" as "six." For practice, read the following passages and identify the aspects of time represented in the selection.

PASSAGE ONE

Según un artículo en *ABC* del 31 de mayo de 1992, la vida, en todas sus formas, ha estado desarrollándose en la tierra durante cuatro mil millones de años de evolución y hace sólo unos cuarenta y cinco millones de años
Línea comenzaron a asentarse casi todas las especies de la actualidad. Hoy la acti-
(5) vidad humana está acelerando mil veces el ritmo natural de extinción de la diversidad biológica, ya que las especies no pueden asimilar el cambio producido en el ecosistema. Unas 40.000 especies, en general, desaparecen cada año. Con ello se disminuye nuestra capacidad de supervivencia en el planeta, a pesar de que el homo sapiens sólo exista desde hace alrededor de
(10) medio millón de años. Impedir que la biodiversidad crezca es el precio de mantener un sistema productivo.

De seguir el ritmo actual, una de cada cuatro especies, tanto de flora como de fauna, sobre todo continentales, corre peligro de extinción en los próximos veinte años. Cerca de 5.000 especies animales y 20.000 plantas
(15) conocidas podrían extinguirse en los próximos años y un millón, en total, para el próximo siglo (entre el 15 y 20 por 100 de todas las especies vivientes para el año 2000). Ninguna zona de la tierra está a salvo. Ya en el siglo XVII se extinguía un mamífero cada cinco años. En los últimos cuatrocientos años desaparecieron unas 400 especies. Durante la última parte de este
(20) siglo se ha extinguido una especie cada dos años.

1. Según este trozo, ¿cuántos años habría el ser humano habitado en la tierra?

   (A) unos cuatro mil millones de años.
   (B) unos cuarenta y cinco millones de años.
   (C) unos quinientos mil años.
   (D) un millón de años.

2. Según este trozo, es posible que desaparezca del 15 hasta el 20 por ciento de las especies dentro de

   (A) los próximos 100 años.
   (B) la próxima década.
   (C) los próximos cinco años.
   (D) los próximos dos años.

3. Según este pasaje

   (A) tenemos bastante tiempo para resolver los problemas de la extinción de las especies.
   (B) el tiempo pasa más rápido ahora que antes en cuanto al desarrollo y evolución de las especies.
   (C) las formas de vida de flora y fauna se desarrollan a un ritmo desigual al del ser humano.
   (D) el ritmo natural de extinción actual está acelerándose más rápido que nunca.

The correct answer for Question 1 is **C**. The question asks essentially when *homo sapiens* first appeared and how much time has elapsed since then. Since the precise date for the appearance of *homo sapiens* is unknown, the temporal point of reference is the present and time is measured from the present back into the past. In the article the figure of half a million years appears, hence five hundred thousand is the correct answer. The number of years is expressed in a different way in the answer than in the passage (five hundred thousand instead of half a million). Make sure that the subject is understood even when it is rephrased ("*ser humano*" instead of "*homo sapiens*").

The correct answer for Question 2 is **B**. This question asks about elapsed time—how much time will pass from the time that the article is written until the end of this century. Since the article is dated 1992, the elapsed time will amount to less than a decade. To answer the question look back in the passage for the statement that addresses this specific topic, then figure how much time has elapsed, or will go by from the date of publication until the year 2000.

The correct answer for Question 3 is **D** because the rate of extinction is the purpose of mentioning all the facts and figures given in the second paragraph. Choice **A** is incorrect because the article states that the human species is adversely impacting other forms of life on earth. Choice **B** is incorrect because time in and of itself does not move slowly or quickly. This question really deals with the rate at which events transpire, rates that are relative in that the rate of evolution or extinction is not the same for all forms of life. Choice **C** is incorrect because it refers only to the rate of development, which is not the focus of the article.

Questions About Character, Object Definition, or Identification

One of the problems to be encountered in short passages for reading comprehension is identifying who is speaking, or about whom or what the narrator is speaking, or to whom or what something is done. This information is usually found in the placement of nouns and in gender and/or number of pronouns in indirect discourse. However, frequently in direct discourse (dialogue), often the speaker of a line of dialogue is not explicitly stated. In the following selection identify who the speakers are and what they are.

PASSAGE ONE

Cuando vio el carro perdiéndose por la carretera bajó a la cocina. El viejo dormitaba junto al fuego. Le contempló, y se dijo: "Si tuviera valor le mataría." Allí estaban las tenazas de hierro, a su alcance. Pero no lo haría.

Línea Sabía que no podía hacerlo. "Soy cobarde. Soy una gran cobarde y tengo
(5) amor a la vida." Esto la perdía: "este amor a la vida...."

—Viejo—exclamó. Aunque habló en voz queda, el vagabundo abrió uno de sus ojillos maliciosos. "No dormía. Es un viejo zorro."

—Ven conmigo—le dijo. Te he de hablar.

El viejo la siguió hasta el pozo. Allí Mariana se volvió a mirarle.

—Puedes hacer lo que quieras, perro. Puedes decirlo todo a mi marido,
(10) si quieres. Pero tú te marchas. Te vas de esta casa, en seguida....

El viejo calló unos segundos. Luego, sonrió.

—¿Cuándo vuelve el señor posadero?

1. En esta selección, Mariana es

   (A) una gran cobarde.
   (B) la esposa del posadero.
   (C) buena amiga del vagabundo.
   (D) la cocinera de la posada.

2. La persona con quien habla Mariana es

   (A) un huésped mal acogido.
   (B) un viejo zorro.
   (C) un forastero perezoso.
   (D) el señor posadero.

The correct answer for Question 1 is **B**. In the selection, Mariana says the old man can tell her husband. The old man asks when her husband will return. "*El viejo calló unos segundos*" indicates that he says the subsequent line. From the sequence the correlation between *marido* and *el señor posadero* can be made. Choice **A** is incorrect because Mariana is not really a coward; she does work up the nerve to tell the old man to leave. Although she does state, *Soy una gran cobarde...*, the question refers to the whole passage. Taken in its entirety, Choice **A** is incorrect. That she does not kill him does not make her a coward. She is not his friend if she is requiring him to leave, and she is not the cook, making Choices **B** and **D** incorrect, also.

The correct answer to Question 2 is **A**. Although she calls him a *zorro*, it is a figure of speech. He is a stranger, but there is no evidence in this selection that he is lazy. He is not the innkeeper because he is asking when the innkeeper is going to return. In the last two lines of dialogue, the speaker is indicated by placement of nouns, *el viejo* and Mariana, immediately before the spoken lines. The old man is a stranger, and he does sit around the house, but this is not the best answer because the characteristic that makes him an unwelcome guest is not his sloth, but his malevolence. She thinks that he knows something about her that she does not want her husband to know. Neither is he the husband of Mariana, indicating that the last alternative is incorrect.

PASSAGE TWO

Sin apenas tiempo para disfrutar de su viaje de novios, Carlos Sainz ha vuelto a tomar el volante de su Toyota Celica GT4 para afrontar una nueva prueba del Campeonato del Mundo de Rallys.

Línea   En efecto, en la mañana del 12 de mayo Sainz y su mujer empezaron su
(5)   viaje a las islas Bermudas, que duró muy poco. Después de una semana de descanso, ya estaba el piloto madrileño en Grecia junto con su copiloto Luis Moya, realizando el recorrido de entrenamiento de la 34 edición del Acrópolis, una carrera que se destaca entre las más duras del campeonato, pero que para Carlos Sainz tiene un significado muy especial, ya que allí consi-
(10)   guió su primera victoria en una prueba del Mundial, concretamente hace ahora dos años.

1. Quien dirigirá el equipo en la competencia en Grecia será

   (A) la señora Sainz.
   (B) Luis Moya.
   (C) Carlos Sainz.
   (D) un entrenador griego.

2. La competencia a la cual se refiere en el pasaje es

   (A) una carrera de caballos en Grecia.
   (B) una carrera aérea entre pilotos de aviones.
   (C) un partido de campeonato de la Copa Mundial.
   (D) una carrera de coches deportivos.

The correct answer for Question 1 is **C**. Carlos, as the subject of the phrase, "*ha vuelto a tomar el volante*," is identified as the driver, or *piloto madrileño*, about which the passage speaks. Luis Moya and la señora Sainz are secondary figures in the passage; one is the co-driver and the other Carlos's wife, making Choices **A** and **B** incorrect. There is no Greek trainer, meaning that Choice **D** is incorrect also.

The correct answer for Question 2 is **D**. *Toyota Celica GT4* and *Rallys* both refer to car racing, to which Sainz has returned. Choices **A**, **B**, and **C** are based on distracting factors. *Piloto* is the subject of the verb in "*estaba el piloto madrileño en Grecia*," but nowhere in the passage is any association made with anything other than cars. The word *Mundial* is also a distractor in Choice **D** since there is possible confusion between the world championship race and the World Cup in soccer competition. However, the word *Copa* never appears, nor are there any references to soccer.

Questions About Purpose and Reason

Determining motivation (why something happens, or why someone does a particular thing, or for what reasons things will happen) requires careful reading to understand the initial situation and the development of action or thought throughout the passage. By understanding the sequence of events and changes in the nature of events, the logic of the passage can be seen. In passages that narrate an event, pay close attention to the actions and their results. The questions about purpose or reason will require the reader to determine which actions or events in the series reveal the appropriate response to the question. For example: *The man worked hard all day. He went home, ate dinner, he relaxed after dinner, then went to bed early.* Question: *Why did the man go to bed early?* Answer: *He went to bed early because he was tired.* The answer explains why (the reason). In Spanish this information answers the question asked by the interrogative pronoun *¿por qué?* If, in English, the question asks *Why did the man go to bed early?* an answer could be *He went to bed early (in order) to get some rest for the next day.* This answer tells for what purpose the man went to bed early. In Spanish this is the answer to a question using the interrogative pronoun *¿para qué?* At times purpose is indicated by the use of the subjunctive after adverbial conjunctions of purpose or concession (such as *para que, a fin de que, con tal (de) que, a no ser que, a menos que, en caso (de) que,* for example). In the following passages look for the logic of the passages that reveals reason or purpose. A change in direction of events means there is a reason and purpose for the change.

PASSAGE ONE

Pero Marini siguió pensando en la isla, mirándola cuando se acordaba o había una ventanilla cerca, casi siempre encogiéndose de hombros al final. Nada de eso tenía sentido, volar tres veces por semana a mediodía sobre
Línea Xiros era tan irreal como soñar tres veces por semana que volaba a medio-
(5) día sobre Xiros. Todo estaba falseado en la visión inútil y recurrente; salvo, quizá, el deseo de repetirla, la consulta al reloj pulsera antes de mediodía, el breve, punzante contacto con la deslumbradora franja blanca al borde de un azul casi negro, y las casas donde los pescadores alzarían apenas los ojos para seguir el paso de esa otra irrealidad.

(10) Ocho o nueve semanas después, cuando le propusieron la línea de Nueva York con todas sus ventajas, Marini se dijo que era la oportunidad de acabar con esa manía inocente y fastidiosa. Tenía en el bolsillo el libro donde un vago geógrafo de nombre levantino daba sobre Xiros más detalles que los habituales en las guías. Contestó negativamente, oyéndose como desde
(15) lejos, y después de sortear la sorpresa escandalizada de un jefe y dos secretarias se fue a comer a la cantina de la compañía donde lo esperaba Carla.

1. ¿Por qué no quiso Marini aceptar la oferta de la compañía para cambiar su ruta aérea?

 (A) Quería sorprender a su jefe.
 (B) Le gustaban tanto los pasajeros en su ruta oriental.
 (C) Le fascinaba tanto la geografía de su línea acostumbrada.
 (D) Se sentía incapaz de separarse de su sueño.

The correct answer is **D** because none of the other answers are inclusive enough. The passage refers to his *manía*, but it has a dual aspect: 1) the sight of the island, and, 2) the routine of looking at his watch to see that they fly over Xiros at noon. He calls his habit "innocent and tiresome," but all of the preceding paragraph indicates that his *manía* is more like an obsession that is neither "innocent" nor "tiresome" to him. At the end of the passage Marini is given the option of changing routes, and considers it, but decides not to, even to his own surprise. The sequence of events in the beginning all reveal his anticipation and fascination with the sight of the island at the same time every flight, even to the extent that he carries a book about it in his pocket.

PASSAGE TWO

Hace poco tiempo, Filiberto murió ahogado en Acapulco. Sucedió en Semana Santa. Aunque despedido de su empleo en la Secretaría, Filiberto no pudo resistir la tentación burocrática de ir, como todos los años, a la
Línea pensión alemana, comer el *choucrout* endulzado por el sudor de la cocina
(5) tropical, bailar el sábado de gloria en La Quebrada, y sentirse "gente conocida" en el obscuro anonimato vespertino de la playa de Hornos. Claro, sabíamos que en su juventud había nadado bien, pero ahora, a los cuarenta, y tan desmejorado como se le veía, ¡intentar salvar, y a medianoche, un trecho tan largo! Frau Müller no permitió que se velara—cliente tan anti-
(10) guo—en la pensión; por el contrario, esa noche organizó un baile en la terracita sofocada, mientras Filiberto esperaba, muy pálido en su caja, a que saliera el camión matutino de la terminal, y pasó acompañado de huacales y fardos la primera noche de su nueva vida. Cuando llegué, temprano, a vigilar el embarque del féretro, Filiberto estaba bajo un túmulo de cocos; el
(15) chófer dijo que lo acomodáramos rápidamente en el toldo y lo cubriéramos de lonas, para que no se espantaran los pasajeros, y a ver si no le habíamos echado la sal al viaje.

1. ¿Cuál era el propósito del baile en la terracita de la pensión de Frau Müller?

 (A) Lo organizó para que todos felicitaran a Filiberto por su nuevo empleo.
 (B) No quería que supieran sus otros clientes que Filiberto había muerto.
 (C) Lo organizó para que Filiberto se sintiera mejor.
 (D) Frau Müller lo hizo a fin de que los clientes de la pensión lo velaran.

The correct answer is **B** because Filiberto is dead, awaiting transport in his *caja*. His *nueva vida* is a euphemism for his next life (after death), and *pálido* refers to the appearance of his body. The passage also states that Frau Müller prohibited the wake and Filiberto was removed from the "*pensión*" as soon as possible, to be packed off on a truck beneath other freight so that no one would see him. At the beginning of the passage is a description of Filiberto's visit to the *pensión* before his death, all of which is narrated in the indicative. The phrase "*...Filiberto esperaba, muy pálido en su caja, a que saliera el camión matutino de la terminal...*" indicates that the purpose for Filiberto's wait was to be transported in a box back to his former residence. Other verbs in the subjunctive at the end of the passage also indicate that people would be frightened upon seeing a body riding along with them ("*...cubriéramos de lonas, para que no se espantaran los pasajeros...*"), indicating that he is dead.

Questions of Interpretation

There are several facets to the process of making inferences in order to interpret the meaning of a passage and to draw conclusions about it. Some of the strategies are comparing and contrasting events or ideas expressed in the selection, identifying the tone of the passage as well as what type of prose it is (parody, allegory, satire, humorous writing, expository prose, etc.), determining the intended reader of the passage, and what purpose the piece serves (essay to persuade, instructional material, narrative to entertain the reader, or inform the reader). This stage of the process of reading usually comes after questions about specific information in the passage have been answered. How the reader responds to the selection is always relevant to the process of interpretation. One should be careful not to read too much into what a passage says, but how the reader responds to or what he thinks about what the author has said is relevant.

Comparing and Contrasting Ideas

Meanings can be communicated through comparisons and contrasts, both of which can be stated in two ways: explicitly, or implicitly (figuratively). Explicit language means that the object or action named by a word or words has no meaning other than the stated one. The words "mean" precisely what they say. In some types of passages this type of language predominates, such as in instructions for how to use equipment. Figurative language, on the other hand, conveys meaning on a number of levels, depending on the number of figurative meanings that can be attributed to the object or action named. Figurative meanings are based on associations or analogies. In interpretation of figurative language, a common knowledge about the named objects or actions is essential. In terms of interpretation of reading selections for the AP Spanish Language Exam, a broad knowledge about Spanish culture is indispensable. Read the following passages to see if the difference between explicit and figurative language is apparent.

PASSAGE ONE

El Servicio de Patrullaje—otro de los deberes que son de competencia de la Prefectura—tiene por finalidad guardar las costas argentinas en ejercicio de su soberanía. La institución lo ejercita con naves adaptadas a los reque-

Línea rimientos del medio en que debe actuar, y cumpliendo las siguientes fun-

(5) ciones: intervenir en el ejercicio de la Policía de Seguridad de la Navegación; constatar el cumplimiento de los convenios internacionales de la navegación en aguas jurisdiccionales; prestar auxilio en los casos de inundaciones, incendios u otros siniestros, producidos en aguas jurisdiccionales; intervenir en la vigilancia para el cumplimiento de las leyes y reglamentos

(10) nacionales referentes a caza y pesca marítima; prestar asistencia y salvamento a las vidas y bienes, en aguas nacionales o mar libre; además de lo específicamente determinado y de otras funciones que se le puedan asignar circunstancialmente—campañas hidrográficas, escoltas a regatas fluviales y oceánicas, participación en actividades náutico-deportivas, etcétera, funcio-

(15) nes que contribuyen a la capacitación del personal superior, subalterno y del cuerpo de cadetes, en las actividades marineras.

1. Todas las palabras referentes al agua en este pasaje

   (A) representan todas las esferas de la vida humana tanto como las regiones del mar.
   (B) muestran una correspondencia entre las responsabilidades del Servicio de Patrullaje y diferentes etapas de la vida de la nación.
   (C) describen todas las responsabilidades del Servicio de Patrullaje.
   (D) indican las aguas incluidas en la jurisdicción del Servicio de Patrullaje.

The correct answer is **D**, because although the passage deals with the responsibilities of the Coast Guard, the question asks about the meaning of the word *waters*. No other figurative meaning of *mar* is apparent in the context of this passage. This is a listing of what the duties are and where the Coast Guard has authority.

PASSAGE TWO

Dos veranos más tarde volví a las montañas. Un día, pasando por el cementerio—era ya tarde y se anunciaba la noche en el cielo: el sol, como una bola roja, caía a lo lejos, hacia la carrera terrible y sosegada de la lla-

Línea nura—vi algo extraño. De la tierra grasienta y pedregosa, entre las cruces

(5) caídas, nacía un árbol grande y hermoso, con las hojas anchas de oro: encendido y brillante todo él, cegador. Algo me vino a la memoria, como un sueño, y pensé: "Es un árbol de oro." Busqué al pie del árbol, y no tardé en dar con una crucecilla de hierro negro, mohosa por la lluvia. Mientras la enderezaba, leí: IVO MÁRQUEZ, DIEZ AÑOS DE EDAD.

(10) Y no daba tristeza alguna, sino, tal vez, una extraña y muy grande alegría.

1. ¿Qué significa el árbol de oro?

   (A) Lo bueno que es la muerte.
   (B) La tristeza de la muerte.
   (C) La hermosura de la naturaleza.
   (D) Lo precioso que es la vida.

The correct answer is **D**. This narrator has stumbled across a graveyard where she sees a tree, illuminated by a setting sun so that it appears to be golden. The tree stands in sharp contrast with the colorless surrounding countryside. When she reads the headstone beneath the tree she discovers the name of someone she used to know. The sight causes her to reflect on the nature of life. The "golden" tree brings into focus for her a renewed appreciation for life and she feels satisfied and comforted by the chance encounter with a memory from the past.

Parallel Structures

Explicit meanings are evident in statements in passages that use parallel structures to compare or contrast things, events, or concepts. Parallel statements repeat information in identical words or in rephrased expressions. Contrasts are stated using antithetical statements (one in which one statement is the opposite of the other). Antithetical statements are sometimes preceded by conjunctions such as *pero, sino, sino que, al otro lado, sin embargo, no obstante, mas,* or *en cambio*. But when meanings are stated figuratively, they can be communicated through the use of figures of speech such as simile, metaphor, metonymy, paradox, personification, synecdoche, oxymoron, or hyperbole. Figurative meanings derive from analogous or associative meanings that sometimes presuppose a common cultural knowledge, and thus can be difficult to interpret without some knowledge of the cultural context of the language. Studying the figures of speech is a primary means of interpretation, however. In the following passages look for comparisons and contrasts in parallel structures.

PASSAGE ONE

     Abrigo la profunda creencia de que si todos dijésemos siempre y en cada caso la verdad, la desnuda verdad, al principio amenazaría hacerse inhabitable la Tierra, pero acabaríamos pronto por entendernos como hoy no nos entendemos. Si todos, pudiendo asomarnos al brocal de las conciencias ajenas, nos viéramos desnudas las almas, nuestras rencillas y reconcomios todos fundiríanse en una inmensa piedad mutua. Veríamos las negruras del que tenemos por santo, pero también las blancuras de aquel a quien estimamos un malvado.

Línea
(5)

1. Decir la verdad es

   (A) revelar todos nuestros secretos.
   (B) reconocer todas las faltas de nuestros enemigos.
   (C) sentirse más piadoso.
   (D) pensar que todos nuestros vecinos son santos.

2. La frase, "acabaríamos pronto por entendernos como hoy no nos entendemos" significa que

    (A) todos reconocerán a sus enemigos o amigos.
    (B) no hablamos ni escuchamos a nuestros prójimos.
    (C) la Tierra es un infierno.
    (D) la Tierra será un paraíso.

The correct answer to Question 1 is **C**. From studying the structures of the sentences in the passage, parallel structures are apparent: "*dijésemos siempre … la verdad*" and "*nos viéramos desnudas las almas….*" Since this is an *if-then* statement, all the verb forms in the conditional tense depend on the existence or truth of the *if* portion of the statement. Further, since the verbs "*dijésemos*" and "*nos viéramos*" are the only two verbs in the past subjunctive of an *if-then* structure, the concepts they state are analogous in the context of this passage. This correlation of grammatical structure is a primary indicator of the correct answer, given also the fact that the whole passage focuses on what would happen if the truth were always told. All of the other alternative answers are *then* portions of the *if-then* structure and present hypothetical results or consequences of the hypothetical action proposed in the *if* portion of the statement. The rest of the answer depends upon understanding the figurative meaning of the expression "*desnudas las almas.*" The phrase, "*fundiríanse en una inmensa piedad mutua*" does correlate in meaning and structure to the compound portion of the *then* statement: "*amenazaría hacerse inhabitable la Tierra pero acabaríamos pronto por entendernos….*"

The correct answer for Question 2 is **B**. There are two parts that are antithetical in this phrase in question: "*entendernos*" and "*no nos entendemos.*" Choice **B** is the only combination of contrasting ideas. The conditional in *acabaría* indicates the hypothetical nature of understanding. Not speaking or talking are actual realities that lead to a lack of understanding, making the understanding hypothetical. The last two choices generalize too much about what the writer says. Always be careful to study alternatives that include words like *siempre* or *todo el tiempo* because many times they are too general to be true. They only offer a metaphorical interpretation of a single portion of the *then* portions of the *if-then* statements in the passage.

PASSAGE TWO

    —¡Díles que no me maten, Justino! Anda, vete a decirles eso. Que por caridad. Así díles. Díles que lo hagan por caridad.

    —No puedo. Hay allí un sargento que no quiere oír hablar nada de ti.

Línea   —Haz que te oiga. Date tus mañas y díle que para sustos ya ha estado
(5)   bueno. Díle que lo haga por caridad de Dios.

    —No se trata de sustos. Parece que te van a matar de a de veras. Y yo ya no quiero volver allá.

    —Anda otra vez. Solamente otra vez, a ver qué consigues.

    —No. No tengo ganas de ir. Según eso, yo soy tu hijo. Y, si voy mucho
(10) con ellos, acabarán por saber quién soy y les dará por afusilarme a mí también. Es mejor dejar las cosas de este tamaño.

1. ¿Cuál era la actitud del padre de Justino?

   (A) Resignado
   (B) Impávido
   (C) Desesperado
   (D) Asustado

2. ¿Cómo caracterizaría el tipo de hijo que parece ser Justino?

   (A) Egoísta
   (B) Cruel
   (C) Cariñoso
   (D) Temeroso

The answer for Question 1 is **C**. The lines by these two speakers, Justino and his father, alternate between commands and refusals. Justino's father's every line is a command for his son to go ask, tell, or beg for his life. Justino's every line communicates his desire to not become involved. Through the repetition of the command, "*Díles*," the father communicates his desperation, not resignation, fear, or intrepid behavior. The repetitious structure in this case shows the degree or intensity of the man's feeling for life. His son's repeated denial to grant his father's wish shows an equal fear of dying, or at least as strong a desire to remain among the living.

The correct answer for Question 2 is **D**. Justino's fear for his own life overwhelms any familial love that he may have felt for his father. His constant denial and proffered "reasons" are not convincing; they sound like excuses, except that there is a grain of truth to the gravity of the situation as he sees it. The sergeant is intransigent: "*no quiere oír hablar nada de ti*." Finally at the end he confesses that he does not want to press too much because the sergeant apparently does not realize yet that Justino is the man's son, and Justino does not want the sergeant to know. Although Justino may also be self-centered and cruel, his primary reaction is fear, which is indicated by the constant repetition of his denial and after each denial an explanation of his position in the matter.

Determining Tone and Attitude

One of the more difficult aspects of reading is determining the tone of the passage. The tone or attitude of the passage refers to the author's relationship to his material or to his reader, or both. By changing voice or manner a writer can create a particular tone in a work. Sometimes the attitude of the writer is revealed in figures of speech, such as hyperbole (exaggeration), various types of images (simile, metaphor, or metonym), humor (puns), or other devices such as personification. In the following passages, notice the choice of words and how they are used in order to create a particular tone. This tone or attitude at times can indicate what type of writing the passage presents.

PASSAGE ONE

El primordial objeto de la vida, para muchos millones de norteamericanos, está en "divertirse" o "troncharse de risa." "Divertirse" no es ningún
asunto complicado. El cine constituye la mayor de las diversiones. Bailar,
Línea jugar a los naipes, patinar o besar y abrazar en un coche a un muchacha en
(5) cualquier momento es divertirse. Mirar los grabados en una revista y beber
jugo de naranja es también una gran diversión. A los norteamericanos les
satisface todo y gozan de todo. Encontrarse en la calle a Peter Lorre es un
gran entretenimiento; platicar con una hórrida jamona en un fonducho de
mala muerte es magnífico; presenciar un buen accidente automovilístico en
(10) la calle es demasiado maravilloso para describirlo con palabras.

1. Ante el espectáculo de los norteamericanos tratando de divertirse en todo
   momento, este narrador se muestra

   (A) aburrido.
   (B) entretenido.
   (C) no afectado.
   (D) escéptico.

The correct answer is **B**. This narrator shows a certain detached amusement for the
phenomenon he is describing, as is shown in the words he chooses to name his topic:
"*El primordial objeto de la vida....*" Among the basic human drives, entertainment does
not usually rank along with self-preservation. The overstatement (hyperbole) indicates
immediately that this narrator is somewhat detached; he is not commenting on what
entertainment means to him, but what it means to the people he is observing. He then
enumerates things that North Americans find entertaining, a list that culminates with
the sight of an automobile accident. Any spectacle is entertaining. His expression,
"*una hórrida jamona en un fonducho de mala muerte,*" also communicates his detach-
ment and amusement through word selection and overstatement. Choice **C** is a possible answer, but not the best answer. One does not get the impression from this
passage that the writer is entirely indifferent to the subject matter; if he found it entertaining enough to write about, he is not totally indifferent.

PASSAGE TWO

Todas las personas interesadas en que el camello pase por el ojo de la aguja, deben inscribir su nombre en la lista de patrocinadores del experimento Niklaus.

Línea
(5)
Desprendido de un grupo de sabios mortíferos, de esos que manipulan el uranio, el cobalto y el hidrógeno, Arpad Niklaus deriva sus investigaciones actuales a un fin caritativo y radicalmente humanitario: la salvación del alma de los ricos.

(10)

(15)
Propone un plan científico para desintegrar un camello y hacerlo que pase en chorro de electrones por el ojo de una aguja. Un aparato receptor (muy semejante en principio a la pantalla de televisión) organizará los electrones en átomos, los átomos en moléculas y las moléculas en células, reconstruyendo inmediatamente el camello según su esquema primitivo. Niklaus ya logró cambiar de sitio, sin tocarla, una gota de agua pesada. También ha podido evaluar, hasta donde lo permite la discreción de la materia, la energía cuántica que dispara una pezuña de camello. Nos parece inútil abrumar aquí al lector con esa cifras astronómica.

1. ¿Por qué parece que este escritor no toma en serio el experimento del científico Arpad Niklaus?

   (A) Porque cita la manera exacta de proceder con el experimento.
   (B) (Líneas 1–2) Porque usa el subjuntivo en la frase, "en que el camello pase por el ojo de la aguja,..."
   (C) (Líneas 6–7) Porque se burla del propósito del experimento, "la salvación del alma de los ricos."
   (D) (Líneas 15–16) Por el comentario editorial al final, "Nos parece inútil abrumar aquí al lector con esa cifras astronómica..."

The correct answer is **D** because all the other responses are encompassed by the word, *abrumar*. Choice **A** is incorrect because all of the details of the experiment serve mostly to illustrate the incredulity of the writer. In Choices **B** and **C**, the responses refer to specific places in the text where the writer shows his disbelief, but tone or attitude is revealed in the passage as a whole. Both alternatives also state the same concept. In the Biblical reference, the camel passing through the eye of the needle and the salvation of the rich man's soul are synonymous events. *Cifras astronómica* reflects incredulity because of the number of atoms involved and the amount of energy required to transport the camel. The Spanish words make no comment about metaphorical meaning. The Biblical reference is a point of departure for the idea of the selection.

Determining the Intended Reader

The reading passages that appear on the AP Spanish Language Exam represent a wide variety of sources. Most often the intended reader can be determined by the content of the passage. Many passages are narratives told in the third person, and the intended reader is anyone who is interested enough to pick up the literature to read it. In other cases, the writer addresses the reader directly, and from the context provided within the passage, the reader can identify himself. In other cases, the passage may be an essay that tries to convince a specific kind of reader to take a certain position. In the following passage, the content and the language show that this piece is directed toward a certain type of reader.

PASSAGE ONE

Quien desee comer una manzana y tenga ante si un manzano de su propiedad, cargado de manzanas maduras al alcance de la mano, no tiene problema alguno para hacerse con ellas. Coge una manzana y, con ello, ha *Línea* conseguido lo que pretendía. Los problemas comienzan cuando las man- (5) zanas cuelgan tan altas que resulta difícil alcanzarlas. El objetivo, cogerlas, no cabe lograrlo sin dificultades. Se tropieza con un óbice en el logro de nuestro objetivo. ¿Cómo se podrá comportar uno ante esta nueva situación?

Se puede renunciar a las manzanas, si la necesidad de comerlas no es muy acuciante o si se sabe por experiencia que no se halla preparado para tal (10) situación, es decir, si no se siente uno con fuerzas suficientes para coger una manzana de un árbol elevado.

Pero también cabe la posibilidad de que comience uno a intentar conseguir su objetivo, o dicho de otro modo, de que trate de buscar, sin plan previo alguno, los medios y métodos apropiados para lograrlo. Intenta uno (15) sacudir violentamente al árbol de un lado para otro y se da cuenta de que su tronco resulta demasiado grueso para poderlo mover. Arroja piedras a las manzanas y comprueba que para esto le falta la práctica requerida. Echa mano de un palo y trata de alcanzar con él las manzanas, pero el palo resulta demasiado corto.

(20) Muchos intentos, muchos fracasos. Tal vez—tras largo esfuerzo—un éxito fortuito.

Pero también se puede proceder de la siguiente manera: se sienta uno y reflexiona sobre la situación.

1. ¿A quién parece estar dirigido este pasaje?

   (A) A un campesino hambriento.
   (B) A un chico pequeño.
   (C) A una persona perezosa.
   (D) A una persona pragmática.

The correct answer is **D** because the object of this passage is to interest the reader in learning how to solve everyday problems. This writer appeals to the reader's reason by presenting a concrete example of a problem, then offering a variety of solutions, none of which is the most efficient manner of solving the problem. This writer is addressing a reader who wants to learn how to think logically when confronted by problems, not act impulsively. A pragmatic person is one who will analyze the situation, then take the most appropriate action, which in this case is to sit and contemplate the situation.

Chapter 4
ANSWER SHEETS FOR PRACTICE READING COMPREHENSION PASSAGES

Primer Grupo, Selección Uno

1 Ⓐ Ⓑ Ⓒ Ⓓ
2 Ⓐ Ⓑ Ⓒ Ⓓ
3 Ⓐ Ⓑ Ⓒ Ⓓ
4 Ⓐ Ⓑ Ⓒ Ⓓ
5 Ⓐ Ⓑ Ⓒ Ⓓ
6 Ⓐ Ⓑ Ⓒ Ⓓ
7 Ⓐ Ⓑ Ⓒ Ⓓ

Primer Grupo, Selección Dos

1 Ⓐ Ⓑ Ⓒ Ⓓ
2 Ⓐ Ⓑ Ⓒ Ⓓ
3 Ⓐ Ⓑ Ⓒ Ⓓ
4 Ⓐ Ⓑ Ⓒ Ⓓ
5 Ⓐ Ⓑ Ⓒ Ⓓ
6 Ⓐ Ⓑ Ⓒ Ⓓ
7 Ⓐ Ⓑ Ⓒ Ⓓ
8 Ⓐ Ⓑ Ⓒ Ⓓ

Primer Grupo, Selección Tres

1 Ⓐ Ⓑ Ⓒ Ⓓ
2 Ⓐ Ⓑ Ⓒ Ⓓ
3 Ⓐ Ⓑ Ⓒ Ⓓ
4 Ⓐ Ⓑ Ⓒ Ⓓ
5 Ⓐ Ⓑ Ⓒ Ⓓ
6 Ⓐ Ⓑ Ⓒ Ⓓ
7 Ⓐ Ⓑ Ⓒ Ⓓ

Primer Grupo, Selección Cuatro

1 Ⓐ Ⓑ Ⓒ Ⓓ
2 Ⓐ Ⓑ Ⓒ Ⓓ
3 Ⓐ Ⓑ Ⓒ Ⓓ
4 Ⓐ Ⓑ Ⓒ Ⓓ
5 Ⓐ Ⓑ Ⓒ Ⓓ
6 Ⓐ Ⓑ Ⓒ Ⓓ

Segundo Grupo, Selección Uno

1 Ⓐ Ⓑ Ⓒ Ⓓ
2 Ⓐ Ⓑ Ⓒ Ⓓ
3 Ⓐ Ⓑ Ⓒ Ⓓ
4 Ⓐ Ⓑ Ⓒ Ⓓ
5 Ⓐ Ⓑ Ⓒ Ⓓ
6 Ⓐ Ⓑ Ⓒ Ⓓ
7 Ⓐ Ⓑ Ⓒ Ⓓ
8 Ⓐ Ⓑ Ⓒ Ⓓ

Segundo Grupo, Selección Dos

1 Ⓐ Ⓑ Ⓒ Ⓓ
2 Ⓐ Ⓑ Ⓒ Ⓓ
3 Ⓐ Ⓑ Ⓒ Ⓓ
4 Ⓐ Ⓑ Ⓒ Ⓓ
5 Ⓐ Ⓑ Ⓒ Ⓓ
6 Ⓐ Ⓑ Ⓒ Ⓓ
7 Ⓐ Ⓑ Ⓒ Ⓓ
8 Ⓐ Ⓑ Ⓒ Ⓓ

Segundo Grupo, Selección Tres

1 Ⓐ Ⓑ Ⓒ Ⓓ
2 Ⓐ Ⓑ Ⓒ Ⓓ
3 Ⓐ Ⓑ Ⓒ Ⓓ
4 Ⓐ Ⓑ Ⓒ Ⓓ
5 Ⓐ Ⓑ Ⓒ Ⓓ
6 Ⓐ Ⓑ Ⓒ Ⓓ
7 Ⓐ Ⓑ Ⓒ Ⓓ
8 Ⓐ Ⓑ Ⓒ Ⓓ

Segundo Grupo, Selección Cuatro

1 Ⓐ Ⓑ Ⓒ Ⓓ
2 Ⓐ Ⓑ Ⓒ Ⓓ
3 Ⓐ Ⓑ Ⓒ Ⓓ
4 Ⓐ Ⓑ Ⓒ Ⓓ
5 Ⓐ Ⓑ Ⓒ Ⓓ
6 Ⓐ Ⓑ Ⓒ Ⓓ
7 Ⓐ Ⓑ Ⓒ Ⓓ

Tercer Grupo, Selección Uno

1 Ⓐ Ⓑ Ⓒ Ⓓ
2 Ⓐ Ⓑ Ⓒ Ⓓ
3 Ⓐ Ⓑ Ⓒ Ⓓ
4 Ⓐ Ⓑ Ⓒ Ⓓ
5 Ⓐ Ⓑ Ⓒ Ⓓ
6 Ⓐ Ⓑ Ⓒ Ⓓ
7 Ⓐ Ⓑ Ⓒ Ⓓ
8 Ⓐ Ⓑ Ⓒ Ⓓ

Tercer Grupo,
Selección Dos

1 Ⓐ Ⓑ Ⓒ Ⓓ
2 Ⓐ Ⓑ Ⓒ Ⓓ
3 Ⓐ Ⓑ Ⓒ Ⓓ
4 Ⓐ Ⓑ Ⓒ Ⓓ
5 Ⓐ Ⓑ Ⓒ Ⓓ

Tercer Grupo,
Selección Tres

1 Ⓐ Ⓑ Ⓒ Ⓓ
2 Ⓐ Ⓑ Ⓒ Ⓓ
3 Ⓐ Ⓑ Ⓒ Ⓓ
4 Ⓐ Ⓑ Ⓒ Ⓓ

Tercer Grupo,
Selección Cuatro

1 Ⓐ Ⓑ Ⓒ Ⓓ
2 Ⓐ Ⓑ Ⓒ Ⓓ
3 Ⓐ Ⓑ Ⓒ Ⓓ
4 Ⓐ Ⓑ Ⓒ Ⓓ
5 Ⓐ Ⓑ Ⓒ Ⓓ
6 Ⓐ Ⓑ Ⓒ Ⓓ
7 Ⓐ Ⓑ Ⓒ Ⓓ

Cuarto Grupo,
Selección Uno

1 Ⓐ Ⓑ Ⓒ Ⓓ
2 Ⓐ Ⓑ Ⓒ Ⓓ
3 Ⓐ Ⓑ Ⓒ Ⓓ
4 Ⓐ Ⓑ Ⓒ Ⓓ
5 Ⓐ Ⓑ Ⓒ Ⓓ
6 Ⓐ Ⓑ Ⓒ Ⓓ
7 Ⓐ Ⓑ Ⓒ Ⓓ

Cuarto Grupo,
Selección Dos

1 Ⓐ Ⓑ Ⓒ Ⓓ
2 Ⓐ Ⓑ Ⓒ Ⓓ
3 Ⓐ Ⓑ Ⓒ Ⓓ
4 Ⓐ Ⓑ Ⓒ Ⓓ
5 Ⓐ Ⓑ Ⓒ Ⓓ
6 Ⓐ Ⓑ Ⓒ Ⓓ

Cuarto Grupo,
Selección Tres

1 Ⓐ Ⓑ Ⓒ Ⓓ
2 Ⓐ Ⓑ Ⓒ Ⓓ
3 Ⓐ Ⓑ Ⓒ Ⓓ
4 Ⓐ Ⓑ Ⓒ Ⓓ
5 Ⓐ Ⓑ Ⓒ Ⓓ
6 Ⓐ Ⓑ Ⓒ Ⓓ
7 Ⓐ Ⓑ Ⓒ Ⓓ
8 Ⓐ Ⓑ Ⓒ Ⓓ

Cuarto Grupo,
Selección Cuatro

1 Ⓐ Ⓑ Ⓒ Ⓓ
2 Ⓐ Ⓑ Ⓒ Ⓓ
3 Ⓐ Ⓑ Ⓒ Ⓓ
4 Ⓐ Ⓑ Ⓒ Ⓓ
5 Ⓐ Ⓑ Ⓒ Ⓓ
6 Ⓐ Ⓑ Ⓒ Ⓓ
7 Ⓐ Ⓑ Ⓒ Ⓓ
8 Ⓐ Ⓑ Ⓒ Ⓓ

Quinto Grupo,
Selección Uno

1 Ⓐ Ⓑ Ⓒ Ⓓ
2 Ⓐ Ⓑ Ⓒ Ⓓ
3 Ⓐ Ⓑ Ⓒ Ⓓ
4 Ⓐ Ⓑ Ⓒ Ⓓ
5 Ⓐ Ⓑ Ⓒ Ⓓ
6 Ⓐ Ⓑ Ⓒ Ⓓ

Quinto Grupo,
Selección Dos

1 Ⓐ Ⓑ Ⓒ Ⓓ
2 Ⓐ Ⓑ Ⓒ Ⓓ
3 Ⓐ Ⓑ Ⓒ Ⓓ
4 Ⓐ Ⓑ Ⓒ Ⓓ
5 Ⓐ Ⓑ Ⓒ Ⓓ
6 Ⓐ Ⓑ Ⓒ Ⓓ
7 Ⓐ Ⓑ Ⓒ Ⓓ
8 Ⓐ Ⓑ Ⓒ Ⓓ

Quinto Grupo,
Selección Tres

1 Ⓐ Ⓑ Ⓒ Ⓓ
2 Ⓐ Ⓑ Ⓒ Ⓓ
3 Ⓐ Ⓑ Ⓒ Ⓓ
4 Ⓐ Ⓑ Ⓒ Ⓓ
5 Ⓐ Ⓑ Ⓒ Ⓓ
6 Ⓐ Ⓑ Ⓒ Ⓓ

Quinto Grupo,
Selección Cuatro

1 Ⓐ Ⓑ Ⓒ Ⓓ
2 Ⓐ Ⓑ Ⓒ Ⓓ
3 Ⓐ Ⓑ Ⓒ Ⓓ
4 Ⓐ Ⓑ Ⓒ Ⓓ
5 Ⓐ Ⓑ Ⓒ Ⓓ
6 Ⓐ Ⓑ Ⓒ Ⓓ

Practice Reading Comprehension Passages

(Section I, Part B)

To briefly review the steps for reading:

1. Scan the passage to get the general idea.

2. Reread more carefully to:
   a) identify key vocabulary words,
   b) identify the characters,
   c) identify the setting,
   d) understand what has happened.

3. Evaluate the information you have gotten from the passage to:
   a) determine the tone and mood of the piece,
   b) determine the intended reader,
   c) draw conclusions about the message of the piece.

4. Read the multiple-choice alternatives and select the best one.

If you are unsure of the answer after reading the choices, ask yourself what kind of information the questions ask. Review the passage, then try the question again.

Remember that if you do not recognize a word, you should still be able to figure out what is going on in the passage. Reading does not mean translating, so do not try to translate every word to answer the questions.

The answer sheets are on pages 157 and 158, and the answers are given on pages 191 and 192.

PRIMER GRUPO, SELECCIÓN UNO

A las cuatro merendamos juntos, pan y pasas, sentados en el sofá, y cuando nos levantamos, no sé por qué, mi padre no quiso que limpiara el espaldar que el albañilito había manchado de blanco con su chaqueta; me
Línea detuvo la mano y lo limpió después sin que lo viéramos. Jugando, al albañi-
(5) lito se le cayó un botón de la cazadora, y mi madre se le cosió; él se puso encarnado, y la veía coser; muy admirado y confuso, no atreviéndose ni a respirar. Después le enseñé el álbum de caricaturas, y él, sin darse cuenta, imitaba los gestos de aquellas caras, tan bien, que hasta mi padre se reía. Estaba tan contento cuando se fue, que se olvidó de ponerse al andrajoso
(10) sombrero, y al llegar a la puerta de la escalera, para manifestarme su grati-tud, me hacía otra vez la gracia de poner el *hocico de liebre.*

—¿Sabes, hijo mío, por qué no quise que limpiara el sofá? Porque limpiarle mientras tu compañero lo veía era casi hacerle una reconvención por haberlo ensuciado. Y esto no estaba bien: en primer lugar, porque no lo
(15) había hecho de intento, y en segundo lugar, porque le había manchado con ropa de su padre, que se la había enyesado trabajando; y lo que se mancha trabajando no ensucia; es polvo, cal, barniz, todo lo que quieras, pero no

suciedad. El trabajo no ensucia. No digas nunca de un obrero que sale de
su trabajo: "Va sucio." Debes decir: "Tiene en su ropa las señales, las hue-
(20) llas del trabajo." Recuérdalo. Quiero mucho al albañilito: primero, porque
es compañero tuyo, y además, porque es hijo de un obrero. —*Tu padre*.

1. ¿De qué trata esta selección?

   (A) De la conducta apropiada de un anfitrión.
   (B) De los modos de mantenerse limpio en casa.
   (C) De la conducta apropiada de un huésped.
   (D) De los modos de disciplinar a un hijo.

2. Al levantarse del sofá, ¿qué le molestaba al hijo?

   (A) Que la ropa del visitante estaba sucia.
   (B) Que se vieron algunas huellas del trabajo en el sofá.
   (C) Que en la chaqueta del albañilito faltaba un botón.
   (D) Que la chaqueta mostraba señales del trabajo.

3. ¿Cómo se sentía el albañilito cuando observó a la mamá reparando la ropa?

   (A) Estaba muy triste.
   (B) Se avergonzó.
   (C) Se enojó.
   (D) Se arrepintió.

4. ¿En las líneas 16–17, qué quiere decir, *lo que se mancha trabajando no ensucia*?

   (A) Indica que no puede ensuciarse trabajando.
   (B) Significa que el padre no vio que la chaqueta estaba sucia.
   (C) Significa que trabajar no es una desgracia.
   (D) Quiere decir que el padre se sentía superior a los obreros.

5. ¿Por qué no quería el papá que su hijo limpiara el sofá de inmediato?

   (A) No quería que el albañilito viera a su hijo trabajando.
   (B) Quería que la madre lo hiciera.
   (C) Quería que el albañilito viera lo que había hecho.
   (D) No quería parecer descortés al invitado.

6. ¿Qué determina la diferencia entre el hijo y el albañilito?

   (A) Los aspectos socio-económicos de los dos.
   (B) El nivel de formación educativa de los dos.
   (C) Las características personales de los dos.
   (D) La edad de los dos.

7. ¿Cómo es la relación entre el papá y el hijo?

   (A) Parece que el padre es muy exigente.
   (B) Parece que los dos gozan de relaciones muy estrechas.
   (C) Parece que el chico no le hace mucho caso al padre.
   (D) El chico parece ser muy mimado por su padre.

PRIMER GRUPO, SELECCIÓN DOS

Borja se quedó quieto, con los hombros un poco encogidos. Retrocedió tanto que salió fuera del porche, y la lluvia le caía por la frente y la mejillas, de forma que éste nunca podría comprender. (Yo sí, pobre amigo mío, yo

Línea sí te entendía y sentía piedad.) Intentó sonreír, pero sus labios temblaban,
(5) y se cobijó de nuevo en el porche, humillado como jamás le viera nadie. Juan Antonio y los del administrador parecía que nos miraban, a Manuel y a mí, con envidia. Y me dije: "¿Cómo es posible que todos estemos enamorados de él?" Y odié la guitarra de Sanamo, que nos envenenó. Cada vez que Manuel y yo queríamos separar nuestras manos, Jorge ponía la suya encima
(10) y lo impedía.

Borja se sentó, con los codos sobre las rodillas y la cara entre las manos. No sabíamos si lloraba o reía, o simplemente si le dolía la cabeza de tanto como bebió.

Se oía la música de la guitarra de Sanamo, y la lluvia, acabándose. Todo
(15) brillaba muy pálidamente en temblorosas gotas: los racimos verdes, azul y oro, las hojas del magnolio, los cerezos, las rosas de octubre.

Entonces Jorge dijo:

—¿Sabéis, muchachos? No creáis que al morir recordaréis hazañas, ni sucesos importantes que os hayan ocurrido. No creáis que recordaréis
(20) grandes aventuras, ni siquiera momentos felices que aún podáis vivir. Sólo cosas como ésta: una tarde así, unas copas de vino, esas rosas cubiertas de agua. ¿No lo crees, Matia?

Yo no le dije nada.

1. ¿Qué tiempo hace?

   (A) Es octubre.
   (B) Es la temporada lluviosa.
   (C) Está despejado.
   (D) Es de verano.

2. ¿Dónde estarán los chicos?

   (A) Estarán en un restaurante elegante.
   (B) Estarán en un parque en al campo.
   (C) Estarán en la casa de un viejo amigo.
   (D) Estarán en una pensión para viejos.

3. ¿Por qué están los chicos allí?

   (A) Manuel y la narradora buscan la bendición de Jorge.
   (B) Quieren que Sanamo les entretenga con su música.
   (C) Ellos parecen haber buscado refugio de la lluvia.
   (D) Todos los chicos buscan la amistad de Jorge.

4. ¿Por qué está tan triste Borja?

(A) Cree que Jorge le ha rechazado.
(B) A los otros chicos no les gusta.
(C) No le gusta la música de Sanamo.
(D) Está triste porque bebió demasiado vino.

5. En las líneas 7–8, qué significa la pregunta *¿Cómo es posible que todos estemos enamorados de él?*

(A) Quiere decir que la narradora admira mucho a Jorge.
(B) La narradora no sabe qué pensar de este hombre.
(C) Parece que ella preferiría estar en otro lugar.
(D) Le molesta un poco toda la atención que recibió Borja.

6. ¿Qué revela del carácter de Jorge lo que éste dice al fin de la selección?

(A) Es muy orgulloso.
(B) Es sentimental.
(C) Es muy tacaño.
(D) Es muy travieso.

7. ¿Cómo se describirían las relaciones entre Manuel y los otros chicos?

(A) Manuel es distinto entre todos los chicos.
(B) Le tienen celos porque es el favorito de Jorge.
(C) Lo admiran por ser buen amigo de Borja.
(D) A todos los chicos les gusta.

8. ¿Quién narra estos recuerdos?

(A) Borja.
(B) Manuel.
(C) Jorge.
(D) Matia.

PRIMER GRUPO, SELECCIÓN TRES

En verano se ven menos horas de televisión, según los estudios de audiencia. Los días son más largos. Los espectadores encuentran elementos sustituidores de ocio fuera de su hogar habitual. La publicidad floja y dis-

Línea minuye la presión competitiva. Este año, sin embargo, y a excepción de
(5) Atena 3, que apenas modificará su programación, la lucha por ganar más cuota de pantalla no baja la guardia. La más agresiva es Tele 5, que prepara las maletas para situarse en las playas. En la de Marbella ya ha contratado a su alcalde para que haga de presentador.

Para los jóvenes, Tele 5 ha preparado una versión reducida de *La quinta*
(10) *marcha,* que se emitirá al mediodía desde distintos emplazamientos turísticos y playeros. En esta misma línea de seguimiento a la audiencia consumidora de discos y refrescos, se mueve *Hablando se entiende la basca,* una versión del programa de Coll que se realizará en el mismo escenario de *Hablando se entiende la gente,* el teatro de la ONCE de Madrid. Chavales
(15) entre 10 y 17 años ofrecerán diariamente su espectáculo conducido por unos de los presentadores de *La quinta marcha.*

1. ¿Qué tendencias se han notado entre los televidentes españoles?

   (A) Durante el invierno miran menos porque están tan ocupados.
   (B) Durante el verano miran menos porque prefieren disfrutar del tiempo fuera de casa.
   (C) No hay diferencia entre el número de horas que miran en verano e invierno.
   (D) Depende más de la edad del televidente cuánto miran en el verano.

2. ¿Cómo han respondido los productores de programación a la situación?

   (A) Hay gran cooperación entre todos los canales para atraer más televidentes.
   (B) Todos los canales recurren a medidas muy agresivas para atraer al televidente.
   (C) Los programas se han hecho más al tanto para todos los televidentes.
   (D) Todas las estaciones menos Tele 5 están esforzándose para atraer televidentes.

3. ¿Qué actitud reflejan las estaciones?

   (A) Reflejan cierta desesperación para aumentar el número de espectadores.
   (B) Reflejan una nueva actitud agresiva para promover los negocios.
   (C) Reflejan cierta resignación a las vacilaciones de cada estación y temporada.
   (D) Reflejan indiferencia para las modalidades de los jóvenes modernos.

4. ¿A qué tipo de televidente está dirigido el programa *La quinta marcha*?

   (A) Es para los turistas en Madrid.
   (B) Es para turistas en las playas.
   (C) Es de más interés para los jóvenes.
   (D) Está dirigido a gente profesional.

5. ¿Cómo se propone atraer más televidentes entre el público?

   (A) Un canal va a contratar a más jóvenes.
   (B) Un canal va a contratar a unos turistas en Marbella.
   (C) Unos van a olvidarse de todas las viejas estrellas de la televisión.
   (D) Unos van a ofrecer programas de viajes a Marbella.

6. ¿Qué tipo de programa es *Hablando se entiende la gente*?

   (A) Es teatro en la pantalla pequeña.
   (B) Es un programa de viajes para turistas.
   (C) Es un programa con algo para los jóvenes.
   (D) Es un programa para ciegos en la televisión.

7. ¿De dónde procede este trozo?

   (A) Es un folleto del Consejo de Turismo sobre la televisión.
   (B) Es un guión para los televidentes.
   (C) Es de una revista que trata las novedades en la televisión.
   (D) Es de una obra literaria tratando la vida moderna.

PRIMER GRUPO, SELECCIÓN CUATRO

Para los que todavía se quedaban fuera se han multiplicado los artículos de los espontáneos, las "Cartas al Director" y, sobre todo, siguen vigentes las "pintadas". Esas pintadas que permitían el anonimato y que eran lógi-
Línea cas, en cierto modo, cuando sus autores no tenían otro medio de hacer oír
(5) su voz desde la clandestinidad a que el Régimen los tenía condenados, siguen ahora cuando la voz y la letra son libres, porque siempre queda gente que tiene que estrujar y luego manipular las opiniones de otros para impulsar sus propias ideas sobre el aborto o del precio del pan, de Gibraltar o del País Vasco.

(10) Y las manifestaciones callejeras se suceden. Pueden hacerse para la defensa del medio ambiente o contra un alcalde superviviente de la dictadura, a favor de los obreros panaderos o del Polisario, pero a juzgar por las fotografías o televidiarios, lo más importante para los participantes es estar allí, ser vistos y oídos. Cada vez que una cámara de cine o fotografía les
(15) enfoca miran fijos, sonríen, levantan los brazos; en las fotos de periódicos, los de delante aparecen satisfechos y orgullosos; los de detrás, se asoman por entre las cabezas entre los afortunados para "estar" a su vez común en esas fotografías de grupos infantiles.

1. ¿Qué aspecto de la vida comenta este trozo?

   (A) Unas libertades civiles que permiten manifestaciones.
   (B) Nuevas libertades para expresión pública.
   (C) Los cambios entre la gente en la vida pública.
   (D) Los abusos de la libertad de expresión pública.

2. ¿Qué son *Cartas al Director*?

   (A) Manifestaciones para funcionarios.
   (B) Artículos de espectadores a directores del cine.
   (C) Declaraciones de gente en contra del Régimen.
   (D) Comunicaciones dirigidas a la redacción de un periódico.

3. En la línea 5, ¿a quiénes se refieren las palabras *desde la clandestinidad a que el Régimen los tenía condenados*?

   (A) Se refieren a personas que pintaron en vez de escribir para expresar sus ideas.
   (B) Se refieren a gente que antes tenía que pagar al diario para que publicara sus opiniones.
   (C) Se refieren a personas que querían efectuar cambios sociales fuera del sistema.
   (D) Se refieren a personas prohibidas por el estado de hacer cualquier tipo de declaración antigubernamental.

4. ¿Por qué se suceden las manifestaciones callejeras, según este autor?

   (A) A esa gente sólo le interesa ser vista.
   (B) Esa gente celebra sus nuevas libertades.
   (C) Protestan la censura del gobierno.
   (D) Quieren efectuar grandes cambios sociales.

5. ¿Cómo reaccionan esas personas al ver una cámara?

   (A) Tratan de ocultar los rostros.
   (B) Se enorgullecen de su supuesta importancia.
   (C) Tienen miedo de ser reconocidos por el Régimen.
   (D) Se enfadan porque sacan fotografías de ellas.

6. ¿Cuál es la actitud de ese autor?

   (A) Le tiene mucha simpatía a esa gente.
   (B) Comprende bien sus sentimientos y sus frustraciones.
   (C) Muestra una actitud de admiración a esa gente.
   (D) Menosprecia a esa gente.

SEGUNDO GRUPO, SELECCIÓN UNO

Por eso Scherer dice que "la patria y un sentido elemental y primitivo de la hombría llegaron a ser para el joven Siqueiros dos conceptos difíciles de disociar," y alude que la patria era, para el pintor, "el sol y el machismo."

Línea   Una anécdota del Siqueiros adolescente puede ilustrar este punto. Hacia
(5) el año 1911, cuando se hablaba en México de la reforma agraria, un día en que estaban reunidos con el padre del futuro pintor, en casa de éste, varios hacendados de Morelos y de Guanajuato, llegó el joven. Uno de los reunidos, don Jesús Covarrubias, le dijo: "¿Con qué tú, David, eres de los que dicen que lo tuyo es mío y lo mío es mío?" El joven—tenía apenas
(10) catorce años—sólo replicó con una especie de gruñido y miró a su padre, quien dirigióle una mirada de reprobación. Después—cuenta el pintor— que los circunstantes empezaron a hacerle insinuaciones vagas, bromas y preguntas que ellos mismos contestaban como si las respuestas fueran del interpelado. Este, pasado un rato, dijo con energía: "Yo lo único que sé es
(15) que todos los hacendados son una bola de ladrones." Su padre, como es natural, le echó del comedor, donde se hallaban. El salió lentamente, "en deliberada actitud de desafío." Miró con insolencia a uno por uno de los reunidos y se detuvo frente a su padre. "No creo—declaró muchos años después—haberlo visto con odio, pero sentí como si en la hondura verde de
(20) mis ojos se formara algo así como una mancha turbia." Por fin, salió del comedor, y destrozó muebles y objetos de tres habitaciones. En seguida abandonó la casa paterna, a la que ya no volvió nunca.

David Siqueiros y Diego Rivera sentían la necesidad de "expresarse con voces genuinas." Los dos se preguntaban cómo podría ser el futuro pro-
(25) grama de revolución pictórica de México. Sus ideas partían de la base de la falta de mercado para la pintura en su país. De ahí el que pensaran que el género primordial de actividad tendría que ser el muralismo.

1. ¿Quién fue David Siqueiros?

   (A) Fue crítico de arte mexicano.
   (B) Fue hacendado rico.
   (C) Fue líder para la reforma agraria.
   (D) Fue muralista.

2. ¿En qué sentido era la patria *sol y el machismo* para Siqueiros?

   (A) La patria encarnaba toda la fuerza vital del mexicano.
   (B) La belleza natural del paisaje mexicano inspiraba tanto al artista como al campesino.
   (C) El trabajo de los mexicanos era seguir la lucha para la reforma agraria contra los ricos.
   (D) La patria pertenecía a los hombres mexicanos.

3. ¿Quiénes visitaban en casa de su padre un día?

   (A) Los amigos del joven David Siqueiros.
   (B) Unos ricos.
   (C) Unos pintores famosos.
   (D) Unos campesinos.

4. ¿Qué insinuó José Covarrubias en lo que le dijo a David Siqueiros?

   (A) Que sabía que David pertenecía a un grupo promoviendo un nuevo estilo de arte.
   (B) Que sabía que David quería que los ricos repartieran sus terrenos a los pobres.
   (C) Que sabía que los jóvenes siempre se rebelaban contra la autoridad.
   (D) Que David Siqueiros era ambicioso y avaro porque quería el dinero que tenía.

5. ¿Por qué se enojó su padre con el joven?

   (A) El joven acusó a uno de sus amigos de haberle robado algo.
   (B) El joven había pintado mal las casas de los hacendados ricos.
   (C) La injuria de su hijo le dio vergüenza.
   (D) El hijo desafió a su padre en la presencia de los invitados.

6. ¿De qué se dio cuenta el joven durante esa cena?

   (A) Su padre tenía buen sentido de humor.
   (B) Supo que los ricos eran sarcásticos.
   (C) Supo que su padre no lo quería.
   (D) Los valores de su padre no eran los suyos.

7. ¿Con quién compartió el joven pintor sus ideas?

   (A) Con Diego Rivera.
   (B) Con sus padres.
   (C) Con los hacendados.
   (D) Con Jesús Covarrubias.

8. ¿Cómo se relacionan el movimiento artístico del muralismo y el de la reforma agraria?

(A) Los dos se basan en un mercado libre.
(B) Los dos se basan en el concepto de que la voz popular sólo se expresaba por el arte.
(C) Los dos se basan en una rebelión contra una aristocracia que oprimió a los pobres.
(D) Los dos expresan la creencia de que la única actividad auténtica es la pintura.

SEGUNDO GRUPO, SELECCIÓN DOS

La tradicional rosca de Reyes es el centro de atención de la fiesta de cada 6 de enero por ser una de las tradiciones más antiguas de la iglesia católica que permite la convivencia familiar y recuerda la llegada de los Tres Reyes Magos.

Línea Esta tradición llegó a México proveniente de España en los primeros años
(5) del Virreinato y formó parte de las festividades de año nuevo para recordar la llegada a Jerusalén de los tres Reyes Magos que desde Oriente llevaron regalos al niño Jesús.

Desde entonces, cada 6 de enero las familias mexicanas se reúnen para partir la tradicional rosca de Reyes—un bizcocho fino—de forma alveolar
(10) que contiene en promedio tres figuras de plástico en forma de niño y que simbolizan al hijo de Dios.

Según la religión católica, quien encuentre la figura deberá vestir y presentar al niño Dios en la iglesia durante la fiesta del Día de la Candelaria el 2 de febrero para celebrar los 40 días de su nacimiento.

(15) Desde la Edad Media las familias españolas acostumbraban servir una merienda en la cual se partía la rosca de Reyes. Algunas fuentes históricas aseguran que se trata de una costumbre romana que tomó la iglesia católica y la unió a la Navidad.

Antiguamente la rosca y el chocolate—con el que se suele acompañar—
(20) se preparaban en casa, pero en la actualidad se pueden conseguir en cualquier panadería o tienda comercial para celebrar el 6 de enero en compañía de familiares y amigos.

La rosca es un bizcocho muy fino elaborado cuidadosamente con harina, azúcar, mantequilla y huevos, pasta finamente preparada la cual se agrega a
(25) un molde y se adorna con trozos de fruta seca y azúcar glacé, distribuida al gusto.

La festividad continúa hasta el Día de la Candelaria, cuando nuevamente se reúne la familia para celebrar la presentación del niño Dios en la iglesia y comer los tradicionales tamales verdes, rojos y de dulce acompañados con
(30) atole de maíz.

La celebración ha perdurado durante generaciones gracias a la tradición familiar y a los comerciantes, que aprovechan la ocasión para incrementar sus ganancias mediante la venta de roscas de todos tamaños y precios, que varían entre cinco y quince dólares cada una.

1. ¿Qué es una rosca de Reyes?

   (A) Es una estatua pequeña del niño Jesús que se presenta a la iglesia el 6 de enero.
   (B) Es un tipo de torta con pequeñas figuras escondidas adentro.
   (C) Es un tipo de regalo traído por los Reyes Magos.
   (D) Es una fiesta que tiene la familia durante el mes de enero.

2. ¿Cuándo se celebra esta antigua tradición navideña?

   (A) El veinticinco de diciembre.
   (B) El seis de enero.
   (C) El dos de febrero.
   (D) Cuarenta días después del dos de febrero.

3. ¿En qué consiste la costumbre?

   (A) Los miembros de la familia se visten en trajes romanos para ir a la iglesia.
   (B) Todos compran regalos para presentar al niño Jesús el Día de la Candelaria.
   (C) Todos van a una panadería para comprar una rosca para la fiesta en casa.
   (D) Se celebra el Día de los Reyes Magos visitando a la iglesia y con comida especial.

4. ¿Qué tiene que hacer el que encuentra la figura del niño?

   (A) Tiene que vestirse en traje romano para ir a la iglesia.
   (B) Tiene que preparar la fiesta para el Día de la Candelaria.
   (C) Tiene que llevarla a Jerusalén.
   (D) Tiene que presentarse en la iglesia con la figura.

5. ¿De dónde procede la tradición mexicana de la rosca?

   (A) Tiene raíces durante la época colonial de México.
   (B) Empezó con el Nacimiento.
   (C) Tiene raíces en las costumbres de la iglesia católica medieval.
   (D) Los romanos empezaron la costumbre con una fiesta pagana.

6. ¿Qué quieren los comerciantes?

   (A) Quieren que todos pasen mucho tiempo en las iglesias.
   (B) Quieren que todos regalen muchos juguetes a los niños.
   (C) Quieren que todos aprovechen de la oportunidad de descansar en casa.
   (D) Quieren que todos coman mucho y compren mucho.

7. ¿Qué cambio se ha notado en la celebración de la rosca de Reyes?

   (A) Ahora es más difícil reunir a toda la familia.
   (B) Antes siempre se preparaba la rosca en casa.
   (C) Ahora se celebra el 2 de febrero en vez del 6 de enero.
   (D) Antes los comerciantes vendieron roscas más finas.

8. ¿Qué permite esta costumbre?

(A) Permite que toda la familia se reúna para ayudar a los comerciantes.
(B) Permite que los comerciantes disfruten de un descanso de sus negocios.
(C) Permite que la iglesia estreche las relaciones con la comunidad comercial.
(D) Permite que los niños se sientan parte de la comunidad religiosa.

SEGUNDO GRUPO, SELECCIÓN TRES

Entonces comenzaron entre ellas una de esas conversaciones en que a mí, aunque esté presente, no me dan intervención, porque van a decir cosas que saben que yo no he de admitirles.

Línea   —Y no parece que tenga veintiséis años.

(5)   —Desde luego que no. Por lo menos tiene veintiocho.

—No ha hablado en ningún momento.

—¡Nos miraba, y en qué forma!

—Parecía asustada.

—No, asustada no. Sorprendida, estupefacta.

(10)   —Y mucha desenvoltura no aparenta tener.

—Les digo que es una santita que nunca salió de su casa. Por eso ahora anda así.

—Y se vino vestida bien modestamente.

—Tenía una media corrida.

(15)   —Y los zapatos llenos de polvo.

—Oigan, ¿no será sorda? ¿No será que no oye lo que se le dice y por eso nos miraba así?

—Pero no, si cuando yo le pregunté....

—Pues algo raro hay en ella. Todavía no sé lo que es, pero ya lo sabré.
(20) Déjenme estudiarla.

Y yo me acordé de aquellas manchas rojas en el antebrazo de Rosaura ¡y sentí una indignación!

—¡Vean qué tres serpientes he traído yo al mundo!—exclamé, mirándolas con furia. La señorita Eufrasia, al lado de ustedes, es Santa Eufrasia. No
(25) quería decirles nada, pero veo que es necesario. La pelea de Rosaura con el padre fue como para llamar a la policía. Tiene los brazos llenos de cardenales.

Me miraron, horrorizadas.

1. ¿Quién narra lo que pasa en este trozo?

(A) La señorita Eufrasia.
(B) Una de las chicas.
(C) La mamá de las chicas.
(D) Una chica huérfana.

2. ¿De qué hablan?

   (A) Hablan de una joven que está visitando a la familia.
   (B) Hablan de una chica que es compañera de clase en la escuela.
   (C) Hablan de una santa que visitaba la casa.
   (D) Hablan de una joven pobre que visitaron en su casa.

3. ¿Por qué no quiere intervenir la narradora?

   (A) Tiene miedo de que revelara algo inoportuno.
   (B) Le da vergüenza que las chicas sean tan crueles.
   (C) Le ha prometido a la chica no decirles nada.
   (D) No quiere intervenir en asuntos ajenos.

4. ¿Con qué intenciones hablan las tres chicas?

   (A) Hablan para conocer mejor a la chica.
   (B) Hablan para adivinar la identidad de la chica.
   (C) Están chismeando.
   (D) Les interesa ayudarle.

5. ¿En la línea 24, qué quiere decir la frase *La señorita Eufrasia, al lado de ustedes, es Santa Eufrasia*?

   (A) Indica que las chicas son tan buenas como si fueran santas.
   (B) Quiere decir que a la narradora le parece que las tres chicas son muy crueles.
   (C) Significa que la narradora cree que una persona cualquiera puede ser santa.
   (D) Indica que la narradora no cree que la señorita Eufrasia sea santa.

6. ¿Qué quiere la narradora que hagan las tres chicas?

   (A) Quiere que ellas se callen.
   (B) Quiere que ellas sean más piadosas
   (C) Quiere que las chicas la conozcan mejor.
   (D) Quiere que las tres le muestren más respeto.

7. ¿Por qué se quedan horrorizadas las tres chicas?

   (A) No pueden creer que les hable la narradora con tanta franqueza.
   (B) Les ofende que haya intervenido la narradora en sus conversaciones.
   (C) Dudan que la narradora les haya dicho la verdad.
   (D) Les escandalizan los hechos del caso que acaba de decirles la narradora.

8. ¿Qué puede ser el pensamiento central de este trozo?

   (A) A las mujeres les gusta chismear todo el tiempo.
   (B) Los pobres no tienen ningunos derechos.
   (C) No se debe juzgar sin saber todos los datos del caso.
   (D) La intolerancia tiene raíces en la falta de comunicación.

SEGUNDO GRUPO, SELECCIÓN CUATRO

La Oficina de Tierras del Estado está conduciendo un programa en la parte baja de la Laguna Madre para determinar si proyectos privados y estructuras localizadas en los terrenos costeros estatales, están adecuadamente permitidos.

Línea

(5)   "Hemos concedido un período de gracia para permitir que toda persona que esté usando los terrenos costeros públicos para cualquier propósito particular, tal como desembarcadero, puedan obtener un permiso sin tener que pagar multa," señaló el Delegado de Tierras.

El programa de condescendencia exige la inspección de propiedades en
(10) Laguna Alta, Laguna Vista y La Gran Isla, para verificar que los propietarios acaten las respectivas leyes. Las propiedades del estado no pueden ser utilizadas para ningún propósito sin el debido permiso escrito por parte de la Oficina y el pago correspondiente.

Cada propietario de terreno comercial o residencial, debe recibir una
(15) carta de notificación sobre la inspección a realizarse. Después de la inspección, los propietarios recibirán una carta de la Oficina de Tierras del Estado informando sobre el estado de su propiedad, notificándole que todo está en orden, o que es necesario algún cambio.

Las personas que están utilizando propiedades del estado sin la debida
(20) autorización, tendrán hasta el 1° de junio para solicitar un plazo sin tener que pagar multas, o bien para notificar a la oficina de tierras la fecha en que se corregirá dicha situación.

1. ¿De dónde procederá este trozo?

   (A) Manual para burócratas.
   (B) Un anuncio público distribuido por el gobierno.
   (C) Artículo de una revista.
   (D) Un texto de leyes sobre propiedades públicas.

2. ¿De qué ubicación geográfica será?

   (A) De una localidad urbana.
   (B) De una localidad agraria.
   (C) De una localidad del litoral.
   (D) De una localidad montañosa.

3. ¿A quiénes está dirigido?

   (A) Está dirigido a comerciantes de terrenos costeros.
   (B) Está dirigido a los que usan los embarcaderos estatales.
   (C) Está dirigido a todas las personas que viven cerca de las Lagunas.
   (D) Está dirigido a la Oficina de Tierras del Estado.

4. ¿A qué ley se refiere este trozo?

(A) La que otorga permiso para utilizar los terrenos públicos.
(B) La que reglamenta la industria pesquera.
(C) La que permite la investigación de utilización de terrenos públicos.
(D) La que trata el establecimiento de viviendas en terrenos públicos.

5. ¿Qué problema revela?

(A) Unas personas usan terrenos públicos ilegalmente.
(B) Unas personas no están pagando los debidos impuestos en sus terrenos.
(C) Unas personas no tienen autorización de usar los embarcaderos públicos.
(D) Unas personas ignoran las leyes.

6. A causa del problema, ¿qué hará el Estado?

(A) El Estado encarcelará a los que no cooperan.
(B) El Estado perdonará a todos los que no se conforman.
(C) El Estado prohibirá a los que no tienen permiso que utilicen los terrenos públicos.
(D) El Estado instituirá un programa de condescendencia.

7. Quién use propiedad del Estados, deberá

(A) recibir una carta de notificación y luego ser informado del estado de la propiedad.
(B) pedir un plazo sin multa alguna o proveer una solución.
(C) pagar la multa y efectuar la solución de inmediato.
(D) esperar hasta el 1º de junio y luego solicitar la autorización.

TERCER GRUPO, SELECCIÓN UNO

Patrocinado por el Instituto de Cultura e invitado por el Instituto Guatemalteco, vengo a pasar un mes en Guatemala. A mi regreso, todos, amigos, parientes, colegas y hasta simples conocidos, me han asediado con *Línea* su curiosidad por este país, del que por desgracia tan poco se conoce en (5) Europa. Un mes, por modo cierto, es muy poco tiempo para llegar al conocimiento de cualquier cosa importante y desde luego mucho menos para captar las esencias tan complejas y los matices tan variopintos de un país como Guatemala.

En todos los medios sociales en los que me he desenvuelto, la cortesía natu- (10) ral y algo más importante y sincero, como es la cordialidad, son la regla. En cada momento de mi vida allí, he tenido la sensación entrañable de encontrarme en mi propio país y también de que "el solo hecho de ser español" ya era algo importante en Guatemala. Esto no implica, ni mucho menos, en el nativo o residente, servilismo ni ausencia de un lógico y acer- (15) tado orgullo nacional, sino que si los "peninsulares" nos colocamos en la natural posición de hermanos, ellos como hermanos nos acogen.

Lo que no aceptan, y hacen muy bien, es la actitud más o menos velada-
mente "paternalista" y protectora, que el desconocimiento de la realidad
hace adoptar a muchos de los que intentan "españolear" en América. Creo
(20) sinceramente que la única razón de los alientos que los guatemaltecos han
prodigado a mis modestas actuaciones públicas se ha debido a mi sentir,
sinceramente expresado, de que tanto más tenía yo que aprender de ellos,
como ellos de mí.

El intelectual guatemalteco es curioso de todos los saberes, hábil conver-
(25) sador, que sabe escuchar y decir—cada cosa a su tiempo—y de una cultura
extensa e intensa, sin el mal de la pedantería. Como uno de los más gratos
recuerdos de esta mi entrañable Guatemala, tengo el del "redescubrimiento"
del apacible coloquio—hoy casi olvidado entre nosotros—con el designio
más de aprender que de enseñar, el sentido de la mutua comprensión y la
(30) tolerancia liberal que preside toda mente selecta.

1. ¿Quién es el autor de este trozo?

    (A) Es guatemalteco que actualmente vive en España.
    (B) Es turista casual en Guatemala.
    (C) Es embajador cultural español en Guatemala.
    (D) Es un peninsular invitado por una organización guatemalteca.

2. Al pasar un mes en Guatemala este señor

    (A) ha intentado "españolizar" a los indígenas.
    (B) ha investigado las actitudes de los guatemaltecos hacia los españoles.
    (C) ha dictado algunas conferencias de cuando en cuando.
    (D) ha visitado con los intelectuales entre los guatemaltecos.

3. ¿Qué actitud mostraba este autor?

    (A) Se sentía muy superior por ser español entre guatemaltecos.
    (B) Se sentía bien acogido.
    (C) Se sentía muy humillado porque los guatemaltecos eran tan inteligentes.
    (D) Se sentía muy dispuesto a regresar a su país cuanto antes.

4. ¿Qué característica de los guatemaltecos le impresionó más?

    (A) La envidia que le tenían porque era europeo.
    (B) Lo pedante que eran los guatemaltecos intelectuales.
    (C) Su gran curiosidad intelectual en cuanto a todo el mundo.
    (D) Su soberbia que no les permitió admitir la superioridad española.

5. ¿Qué crítica implícita hay en lo que dice este autor?

    (A) Critica a sus propios compatriotas.
    (B) Critica a los europeos con negocios en Guatemala.
    (C) Critica a los guatemaltecos por ser tan serviles.
    (D) Critica la pereza guatemalteca.

6. ¿Qué revela la actitud de los guatemaltecos en cuanto a las relaciones con los españoles?

   (A) Los guatemaltecos siempre han entendido mejor a los españoles que al revés.
   (B) Los guatemaltecos siempre han entendido peor a los españoles que al revés.
   (C) Las dos nacionalidades siempre se han tratado como iguales.
   (D) Nunca se han entendido bien.

7. ¿Qué sugiere que se aprenda de los guatemaltecos?

   (A) Sugiere que se aprenda a apreciar el arte de no hacer nada.
   (B) Sugiere que todo el mundo imite la sinceridad de los guatemaltecos.
   (C) Sugiere que todos viajen a Guatemala para experimentar esta cultura.
   (D) Sugiere que todos los intelectuales sean más pedantes, tal como los guatemaltecos.

8. ¿Cómo sería posible caracterizar a este escritor?

   (A) Es un hombre muy sincero pero ingenuo.
   (B) Es un hombre muy intelectual.
   (C) Es un hombre intenso.
   (D) Es un hombre discreto.

TERCER GRUPO, SELECCIÓN DOS

Emitido por: AERONAVES NACIONALES:

Boleto de pasaje y del talón de equipaje
Aviso sobre limitaciones de responsabilidades sobre equipajes:

Línea
(5)   Las limitaciones de responsabilidad del transportista sobre el equipaje facturado, serán de aproximadamente (U.S.) $9.07 por libra y sobre el equipaje no facturado serán de (U.S.) $400.00 por pasajero.

Noticia importante
BIENVENIDOS A BORDO

Estimado Pasajero:

(10)   Para mayor comodidad y seguridad, si Ud. interrumpe su viaje por más de 48 horas le solicitamos que reconfirme su intención de usar la continuidad o el retorno de su viaje. Para tal efecto le rogamos que informe a nuestras oficinas en el lugar donde Ud. intenta reanudar su viaje con 48 horas de anticipación a la hora de salida de su vuelo. La noreconfirmación
(15)   de su salida podría traer como consecuencia la cancelación de su reserva. Esperamos su colaboración para seguir brindándole nuestro tradicional servicio.

CUPÓN DE REEMBOLSO

El reembolso solo se hará al pasajero, a menos que se indique otra per-
(20)   sona en la parte inferior de esta casilla, caso en el cual, solo podrá hacerse a la persona designada y no al pasajero, siempre y cuando entregue este

cupón, los cupones que no hayan sido usados y el talón de exceso de equipaje. El presente reembolso está sujeto a las tarifas, normas y regulaciones del transportador, así como a las leyes y demás disposiciones *(25)* gubernamentales.

1. Este trozo parece ser

   (A) De un folleto de una línea aérea.
   (B) De un contrato entre un pasajero y una línea aérea.
   (C) El documento de embarque que se le entrega para poder embarcar.
   (D) De un anuncio para Aeronaves Nacionales.

2. Si Ud. tiene reservas para un vuelo de vuelta el doce de diciembre, a las catorce horas ¿para cuándo tendrá Ud. que reconfirmar su vuelo?

   (A) El 9 de diciembre, a las siete de la mañana.
   (B) El 10 de diciembre, a las dos de la tarde.
   (C) El 11 de diciembre, a las cuatro de la tarde.
   (D) El 12 de diciembre, a la una de la tarde.

3. Se necesita un *talón de equipaje* para

   (A) probar responsibilidad financiera de la línea aérea.
   (B) poder llevar el equipaje de mano en la cabina.
   (C) declarar el valor y peso del equipaje.
   (D) reclamar el equipaje al aduanero.

4. ¿Qué propósito tiene el cupón de reembolso?

   (A) Para que otra persona pueda usar el boleto que no se ha usado.
   (B) Para que la línea aérea pague al pasajero por usar los servicios de ésta.
   (C) Para que el gobierno le pague la parte que no se ha usado.
   (D) Para que la línea aérea pague la parte que no se ha usado.

5. Las palabras *nuestro tradicional servicio* indica

   (A) Que la línea esta muy orgullosa de su servicio.
   (B) Que es una vieja línea tradicional.
   (C) Que es una línea establecida y reconocida.
   (D) Que su servicio es igual al de cualquier otra línea.

TERCER GRUPO, SELECCIÓN TRES

Muy señor nuestro:

En relación a su carta enviada el 2 de febrero donde se expresa su interés en recibir información de la Región de Castilla y León les comunico que el *Línea* Gobierno de la Región presta su total apoyo y colaboración para que se *(5)* efectúen inversiones en la Comunidad Autónoma de Castilla y León.

Para que puedan llegar a tener un primer conocimiento de nuestra región les envió un folleto informativo en inglés, así como indicaciones sobre las posibles líneas de ayuda de las que se puedan beneficiar.

Al margen de estas medidas de apoyo, le informo que se dan en nuestra
(10) Región circunstancias muy favorables para la adquisición de suelo industrial, disponible en Polígonos Industriales ya equipados. La mayoría de
éstos se pueden obtener con ventajas adicionales en función de la demanda
de la empresa. Por otro lado, hemos de informarle del hecho de que muchos
ayuntamientos ceden parte de sus terrenos industriales a título gratuito o
(15) por un precio simbólico para la instalación de nuevas industrias en los
mismos.

También estimamos de gran interés para los posibles inversores en la
Región de Castilla y León (España-Europa) la existencia de una amplia
gama de incentivos que premian la creación de empleo, así como la existen-
(20) cia de una sociedad de capital-riesgo (INCRIS, S.A.) cuyo objeto es la promoción o fomento de sociedades no financieras mediante la participación
temporal en su capital y la prestación a las sociedades participadas de servicios de asesoramiento, asistencia técnica y otros complementarios, teniendo
como recursos propios iniciales, 1.000 millones de pesetas.

(25) Estamos a su entera disposición para cualquier ampliación de información que aquí se cita, así como sería un placer para nosotros, que se
desplazaran a conocer personalmente esta Región y sus instituciones.

Atentamente,

El Director General de Economía

1. ¿De quién es esta carta?

   (A) Del contador de una empresa grande.
   (B) De un representante gubernamental.
   (C) De un agente de bienes raíces.
   (D) De un banco que está solicitando clientes.

2. ¿Cuál es el propósito de la carta?

   (A) Solicitar préstamos y dinero para el desarrollo regional.
   (B) Atraer industrias a la región.
   (C) Ofrecer ayuda financiera para los naturales de la región.
   (D) Crear sociedades en la región para apoyar el desarrollo económico.

3. ¿Qué se ofrece hacer en la carta?

   (A) Se ofrece negociar con los ayuntamientos locales.
   (B) Se ofrece invertir el dinero de los extranjeros que vienen a la región.
   (C) Se ofrece enviar solicitudes a los posibles clientes de empresas en la
       región.
   (D) Se ofrece establecer sociedades para ayudar y apoyar las industrias.

4. Parece que esta región

   (A) goza de muchas condiciones favorables para la industria.
   (B) tiene mucho territorio subdesarrollado.
   (C) tiene mucha experiencia en invertir dinero.
   (D) se encuentra bien desarrollada económicamente.

TERCER GRUPO, SELECCIÓN CUATRO

Verdad es que el llamado realismo, cosa puramente externa, aparencial, cortical y anecdótica, se refiere al arte literario y no al poético o creativo. En una creación la realidad es una realidad íntima, creativa y de voluntad. Un
Línea poeta no saca sus criaturas por los modos del llamado realismo. Las figuras
(5) de los realistas suelen ser maniquíes vestidos.

¿Cuál es la realidad íntima, la realidad real, la realidad eterna, la realidad poética o creativa de un hombre? Sea hombre de carne y hueso o sea de los que llamamos ficción, que es igual. Porque Don Quijote es tan real como Cervantes; Hamlet o Macbeth tanto como Shakespeare. ¿Qué es lo
(10) más íntimo, lo más creativo, lo más real de un hombre? Nos dice Oliver Wendell Holmes que cuando conversan dos, Juan y Tomás, hay seis en conversación. Los tres Juanes son: (1) El Juan real; conocido sólo para su Hacedor, (2) El Juan ideal de Juan; nunca el real, y a menudo muy desemejante de él, y (3) El Juan ideal de Tomás; nunca el Juan real ni el Juan de
(15) Juan, sino a menudo muy desemejante de ambos. Es igual para Tomás. Los tres Tomases son: (1) El Tomás real, (2) El Tomás ideal de Tomás, y (3) El Tomás ideal de Juan.

Es decir, el que uno es, el que se cree ser y el que le cree otro. Y Oliver Wendell Holmes pasa a disertar sobre el valor de cada uno de ellos.

(20) Pero yo tengo que tomarlo por otro camino que el intelectualista yanqui Wendell Holmes. Y digo que, además del que uno es para Dios—si para Dios es uno alguien—y del que es para los otros y del que se cree ser, hay el que quisiera ser. Y que éste, el que uno quiere ser, es en él, en su seno, el creador, y es el real de verdad.

1. ¿En qué se interesa más este autor?

   (A) Una definición de la realidad.
   (B) Lo que piensan los intelectuales ingleses.
   (C) La multiplicidad de facetas de una personalidad.
   (D) Una definición de una obra de arte.

2. ¿Cómo puede Don Quijote ser tan real como Cervantes?

   (A) Si ni hubiera vivido el autor, no hubiera sido personaje ficticio.
   (B) Si el autor no hubiera pensado en su creación, no hubiera sido famoso.
   (C) Los dos nunca existieron de veras porque no hay prueba tangible de sus vidas.
   (D) Los dos trascienden la vida corporal del autor.

3. Según el autor de la selección, ¿cuántas personalidades hay en una conversación entre dos?

   (A) Hay tres.
   (B) Hay cuatro.
   (C) Hay seis.
   (D) Hay ocho.

4. En las líneas 4–5, cuando el autor afirma que *las figuras de los realistas suelen ser maniquíes vestidos,* lo dice porque

   (A) los maniquíes vestidos generalmente se ven muy realistas.
   (B) sólo los idealistas son capaces de comprender la realidad.
   (C) estas figuras son verdaderas sólo en su aspecto externo.
   (D) la realidad es limitada, igual que un maniquí vestido de persona.

5. ¿Qué quiere añadir este escritor a la teoría del escritor yanqui?

   (A) Además de estas personalidades diferentes, hay dos más en cada persona.
   (B) Cree que lo que una persona quiere ser tiene tanta realidad como las otras.
   (C) Propone una personalidad divina más allá de la que uno quiere ser.
   (D) Advierte que nunca se sabe con quién habla una persona.

6. ¿En qué consiste la realidad de un hombre para este escritor?

   (A) Opina que la realidad, a menos que sea creativa, es superficial.
   (B) Dice que la realidad existe sólo cuando tiene forma palpable.
   (C) Piensa que la llamada realidad es pura inspiración creativa.
   (D) Dice que hay muchas realidades externas, no solamente una.

7. ¿Cómo se caracteriza este autor?

   (A) Es un autor muy inseguro de quién es.
   (B) Es un autor que sabe bien quién es.
   (C) Es un autor que quiere argüir con sus lectores.
   (D) Es un autor que conoce bien al ser humano.

CUARTO GRUPO, SELECCIÓN UNO

Entre los jóvenes de clase media, y a veces de clase obrera que con grandes sacrificios llegan a los estudios superiores, tiene lugar, por otra parte, la transformación cultural más interesante de la década. Quizás la historia cul-
Línea tural del México independiente pueda dividirse en tres etapas. La primera,
(5) hasta finales de la dictadura de Díaz, muestra una marcada tendencia—que las grandes excepciones, de Fernández de Lizardi a Posadas, no alcanzan a suprimir—a los que Antonio Caso llamó "la imitación extralógica": una cultura importada, como las mansardas que en las casas de la Colonia Juárez esperaban inútilmente la ventisca invernal. Pero a fines del Porfiriato, las
(10) novelas de Rabasa y Frías, la poesía de Othón, los grabados de Posada anunciaban un descubrimiento: el de México por sí mismo. La Revolución, en esencia un paso del no ser, o del ser enajenado, al ser para sí, fue el acto mismo de ese descubrimiento—los actos coinciden con las palabras y la apariencia con el rostro: la máscara cae y todos los colores, voces y cuerpos
(15) de México brillan con su existencia real. Un país dividido en compartimientos estancos entra en contacto con sí mismo. Las formidables cabalgatas de la División del Norte y del Cuerpo del Noroeste por todo el territorio de la república son un abrazo y un reconocimiento: los mexicanos saben por primera vez cómo hablan, cómo cantan, cómo ríen, cómo aman, cómo
(20) beben, cómo comen, cómo injurian y cómo mueren los mexicanos.

Del choque revolucionario surgió una doble tendencia cultural, positiva en cuanto permitió a los mexicanos descubrirse a sí mismos, y negativa en cuanto llegó a un extremo chauvinista, tipificado popularmente en la frase "Como México no hay dos" que sólo acentúa nuestra forzosa relación bilate-
(25) ral con los Estados Unidos. Curiosa y suicida coincidencia de cierta izquierda y de la derecha cierta: la xenofobia, la afirmación de la singular-idad mexicana, la invención estimágtica de "ideas exóticas" para denigrar, sencillamente, las ideas que no se comprenden o se juzgan peligrosas para la ortodoxia de los unos o las ganancias de los otros.

1. ¿Cómo se diferencian los jóvenes modernos de los de la época del Porfiriato?

   (A) Creen que saben más.
   (B) No tienen identidad auténtica.
   (C) Son más artísticos.
   (D) Disfrutan de más oportunidades.

2. ¿Qué pasó en la primera etapa de la gran transformación mexicana?

   (A) Estalló la rebelión contra la dictadura de Porfirio Díaz.
   (B) Los mexicanos imitaron a las modas ajenas.
   (C) El pueblo se escondió tras máscaras regionales.
   (D) El país se dividió en varios departamentos.

3. ¿Cómo empezaron algunos a mostrar su independencia?

   (A) Unos artistas iniciaron unas nuevas tendencias artísticas.
   (B) La División del Norte se encontró con el Cuerpo del Noroeste.
   (C) Mexicanos de todas partes se juntaron en contra de Porfirio Díaz.
   (D) Unos mexicanos empezaron a pensar de una manera no muy lógica.

4. ¿Qué es lo que se veía al caer la máscara?

   (A) Se veía muchos colores brillantes.
   (B) Descubrieron que eran xenofóbicos.
   (C) Reconocieron sus diferencias regionales.
   (D) Se enteraron de cómo eran sus compatriotas.

5. ¿Qué aspecto positivo tiene la doble tendencia cultural mexicana?

   (A) Los mexicanos reconocieron sus semejanzas.
   (B) Supieron que tenían que juntarse para luchar contra los Estados Unidos.
   (C) Descubrieron el valor de la cultura autóctona.
   (D) Descubrieron que a todos les gustaron los colores vivos.

6. ¿En la línea 24, qué quiere decir la frase *Como México no hay dos*?

   (A) Hay sólo una raza mexicana.
   (B) No se puede permitir influencias extranjeras en México.
   (C) No hay diferencias políticas entre los mexicanos.
   (D) Todas las regiones de México gozan de oportunidades iguales.

7. Últimamente ¿en qué consiste la transformación discutida en esta selección?

(A) El fomento de revolución artística.
(B) La creación de regiones únicas.
(C) Un proceso de autoidentificación mexicana.
(D) El reconocimiento de la superioridad cultural mexicana.

CUARTO GRUPO, SELECCIÓN DOS

Comunicarse en este país es un laberinto. Cada organismo tiene su propia red de transmisión, sin control alguno, dentro de un espectro donde las interferencias, escuchas y *pinchazos* están a la orden del día. El gobierno
Línea quiere poner orden en todo este caos y prepara un ley de ordenación de las
(5) comunicaciones, que se remitirá a las Cortes el próximo verano. Ahora policía, ambulancias, bomberos, radioaficionados, teléfonos sin hilos, etcétera, forman toda una tela de araña donde unos atrapan las conversaciones de los otros, y viceversa. Todo un galimatías. La futura ley de las comunicaciones promoverá una *autopista* donde cada servicio público ten-
(10) drá su carril para circular sin peligro de choque (interferencias) con el que camina al lado. Los servicios privados se podrán enganchar a esa autopista (red digital de servicios integrados). Todos pagarán el peaje (utilización de la red) a Telefónica.

La creación de la red digital de servicios integrados de banda ancha—la
(15) autopista—se contempla en el horizonte de aquí a veinticinco años. Para entonces, todos los servicios públicos que hoy tienen su propia red de transmisión pasarán por esa red única, evitándose así la duplicidad de costos y el caos circulatorio de las ondas en el espacio.

La red integrada hará que los actuales servicios domésticos de telecomu-
(20) nicaciones (teléfono, TV, radio y transmisión de datos) vayan por un solo conducto. En un futuro próximo se integrarán los llamados nuevos servicios telemáticos, como el videotex, teletex, facsímil, datáfono, telealarmas, videoconferencia, videocompra y correo electrónico, además de la televisión por cable y/o satélite y las redes públicas de transmisión de datos. Es decir,
(25) voz, imagen y datos.

Para unificar todo este galimatías en una sola red se invertirán, a precios actuales, más de cuatro *billones* de pesetas en los próximos veinte años. La fibra óptica—la tecnología del futuro en materia de telecomunicaciones—será el soporte por el que se transmita todo ese conjunto de informaciones.

Vocabulario:
galimatías = gibberish, nonsense

1. ¿Cuál es el tema de esta selección?

(A) Las novedades en la telecomunicación.
(B) Los problemas insolubles de la comunicación.
(C) Las aportaciones de la nueva tecnología a la telecomunicación.
(D) Mejoramientos en servicios públicos de telecomunicaciones.

2. La *autopista* se refiere en este caso

   (A) a los caminos por donde circulan carros con teléfonos portátiles.
   (B) a las ondas en el espacio.
   (C) a los carriles para las ondas en el espacio.
   (D) a un solo conducto para todo tipo de telecomunicación.

3. ¿Cuál problema hay actualmente con la telecomunicación?

   (A) Las llamadas se pierden.
   (B) No se puede transmitir datos.
   (C) La variedad de modos de transmisión es problemática.
   (D) Nadie quiere pagar el peaje a la Telefónica.

4. ¿Quién pagará para desarrollar todas las posibilidades de la fibra óptica?

   (A) La Telefónica tendrá que invertir para realizar todas las posibilidades.
   (B) El gobierno tiene toda la responsabilidad de desarrollarlas.
   (C) Los negocios que utilizan la tecnología tendrán que pagarla.
   (D) Los conductores de carros en la *autopista* tendrán que pagar el peaje.

5. Este escritor anticipa

   (A) que toda la tecnología futura aumentará los problemas.
   (B) que la tecnología que ha creado el problema también facilitará la resolución.
   (C) que habrá más y más choques en la *autopista*.
   (D) que habrá muchas redes en el futuro.

6. ¿Qué se evitaría si se pudiera inaugurar una red integrada?

   (A) De realizarse esa solución, no se tendría que pagar doble por los servicios.
   (B) Si hubiera una red integrada, todos los servicios públicos tendrían su propia onda.
   (C) Se evitaría tantos hilos por todas partes.
   (D) Si se realizara esta *autopista*, el gobierno no tendría que controlarla.

CUARTO GRUPO, SELECCIÓN TRES

Desde el 27 de mayo se hicieron a la mar, desde Guayaquil, las tres balsas que forman la nueva expedición del valeroso santanderino Vital Alsar.

En 1966 intentó Alsar este mismo recorrido Guayaquil-Australia, pero lo
Línea hizo con menor preparación, y a los 143 días de navegación se le hundió la
(5) balsa. Lejos de desanimarse, lo que hizo inmediatamente fue comenzar a preparar otra expedición, esta vez más cuidada, y acompañándose de un grupo de marinos tan arriesgados como él.

Vital Alsar tiene en la actualidad cuarenta años. Su vida se la cambió la lectura del libro de Thor Heyerdahl sobre la *Kon Tiki*. Ha pasado años tra-
(10) bajando y ahorrando para esa gran aventura, que deberá llevarlo, en unas balsas construidas con material vegetal, desde Guayaquil hasta Mooloolaba, junto a Brisbane, en Australia. Las tres balsas que forman la expedición que se encuentra en estos momentos rumbo a Australia, llevan los nombres del

punto de partida, del de llegada, y de Aztlan, que es el sitio mexicano donde
(15) se reunieron los expedicionarios para dirigirse a Guayaquil.

Dadas las nacionalidades de los componentes, Vital Alsar no ha querido
que ninguna de las balsas lleve bandera de un país determinado, sino que
las ha adornado con banderas blancas como símbolo de fraternidad internacional.

(20) La expedición está calculada para una duración de cinco a seis meses. Se
confía mucho en que esta vez las balsas resistirán, porque se ha seguido al
pie de la letra la tradición de los indios ecuatorianos según la cual la madera
tiene que ser de árbol hembra y cortada durante luna llena. La explicación
científica de este hecho que los indios efectuaban empíricamente es que
(25) durante la luna llena el árbol acumula mayor cantidad de savia, y ésta
impide luego la saturación por agua. Los troncos de estas balsas fueron cor-
tados y arrojados al río que los llevó, por más de ochenta millas, hasta
Guayaquil donde se comenzó la construcción.

1. ¿Qué tipo de aventura planeaba Vital Alsar?

   (A) Pensaba emprender un viaje imposible.
   (B) Pensaba recrear la trayectoria de un viaje épico.
   (C) Pensaba navegar desde Australia hasta Ecuador.
   (D) Pensaba explorar las selvas en busca de balsas.

2. ¿Qué es la balsa?

   (A) Es una especie de árbol cuya madera resiste bien el agua.
   (B) Es un tipo de nave para cruzar el océano.
   (C) Es un tipo de planta de cuyas hojas se construyen barcos.
   (D) Es un tipo de expedición.

3. ¿Por qué fracasó la primera expedición?

   (A) Las primeras balsas no pudieron resistir el agua.
   (B) Alsar no leyó con cuidado el libro de Thor Heyerdahl.
   (C) La primera tripulación consistiá en marineros cobardes.
   (D) Alsar ignoró la tradición de los indios ecuatorianos.

4. ¿Cómo se llaman las tres balsas?

   (A) Guayaquil, Mooloolaba, y Aztlan.
   (B) Guayaquil, Brisbane, y Mooloolaba.
   (C) Mooloolaba, Brisbane, y Aztlan.
   (D) Mooloolaba, Australia, y Guayaquil.

5. ¿Por qué no llevará la expedición una bandera?

   (A) La tripulación no pudo ponerse de acuerdo de cuál usar.
   (B) Alsar no quiere agraviar a nadie.
   (C) Así se celebran las diferencias.
   (D) No hay una bandera internacional.

6. Según la sabiduría popular, ¿qué tipo de madera es necesario usar?

   (A) Es necesario que se corte un árbol de una región fluvial.
   (B) Es preciso que sea un árbol empapado de agua.
   (C) Sólo los árboles que hayan acumulado mucha savia sirven.
   (D) Es mejor que sea madera seleccionada por una expedición científica.

7. ¿Con qué cuenta Alsar para realizar esta expedición?

   (A) La sabiduría popular de los indígenas.
   (B) La precisión científica para construir bien las balsas.
   (C) Buen tiempo y una luna llena.
   (D) Tradición y preparación cautelosas.

8. ¿Cómo es Vital Alsar?

   (A) Es necio.
   (B) Es ingenuo.
   (C) Es atrevido.
   (D) Es introvertido.

CUARTO GRUPO, SELECCIÓN CUATRO

Ir a matar al príncipe de Orange. Ir a matar y cobrar luego los veinticinco mil escudos que ofreció Felipe II por su cabeza. Ir a pie, solo, sin recursos, sin pistola, sin cuchillo, creando el género de los asesinos que piden a su víc-
Línea tima el dinero que hace falta para comprar el arma del crimen, tal fue la
(5) hazaña de Baltasar Gérard, un joven carpintero de Dole.

A través de una penosa persecución por los Países Bajos, muerto de hambre y de fatiga, padeciendo incontables demoras entre los ejércitos españoles y flamencos, logró abrirse paso hasta su víctima. En dudas, rodeos y retrocesos invirtió tres años y tuvo que soportar la vejación de que Gaspar
(10) Añastro le tomara la delantera.

El portugués Garpar Añastro, comerciante en paños, no carecía de imaginación, sobre todo ante un señuelo de veinticinco mil escudos. Hombre precavido, eligió cuidadosamente el procedimiento y la fecha del crimen. Pero a última hora decidió poner un intermediario entre su cerebro y el
(15) arma: Juan Jáuregui la empuñaría por él.

Juan Jáuregui jovenzuelo de veinte años, era tímido de por sí. Pero Añastro logró templar su alma hasta el heroísmo, mediante un sistema de sutiles coacciones cuya secreta clave se nos escapa. Tal vez lo abrumó con lecturas heroicas; tal vez lo proveyó de talismanes; tal vez lo llevó metódica-
(20) mente hacia un consciente suicidio.

Lo único que sabemos con certeza es que el día señalado por su patrón (18 de marzo de 1582), y durante los festivales celebrados en Amberes para honrar al duque de Anjou en su cumpleaños, Jáuregui salió al paso de la comitiva y disparó sobre Guillermo de Orange a quemarropa. Pero el muy imbécil
(25) había cargado el cañón de la pistola hasta la punta. El arma estalló en su mano como una granada. Una esquirla de metal traspasó la mejilla del príncipe. Jáuregui cayó al suelo, entre el séquito, acribillado por violentas espadas.

1. ¿Dónde tiene lugar esta narrativa?

   (A) En Portugal.
   (B) En el sur de España.
   (C) En el norte de Europa.
   (D) En Granada.

2. El primer asesino en acercarse a la víctima fue

   (A) Guillermo de Orange.
   (B) Baltasar Gérard.
   (C) Gaspar Añastro.
   (D) Juan Jáuregui.

3. Garpar Añastro quería que

   (A) Baltasar Gérard matara a Guillermo de Orange.
   (B) Juan Jáuregui matara a Galtasar Gérard.
   (C) Juan Jáuregui matara a Guillermo de Orange.
   (D) Baltasar Gérard matara a Juan Jáuregui.

4. ¿Por qué querían los asesinos matar a su víctima?

   (A) Los portugueses odiaban a los flamencos.
   (B) Baltasar Gérard necesitaba dinero para comprar madera.
   (C) Querían ganar una recompensa.
   (D) Juan Jáurigui era imbécil.

5. ¿Cómo ayudó Gaspar Añastro a Juan Jáuregui a superar su timidez?

   (A) Le ofreció veinticinco mil escudos.
   (B) Le entrenó con mitos y leyendas de guerra.
   (C) Le convenció de la verdad de la tarea.
   (D) Le prometió festejarlo al realizar el proyecto.

6. ¿Quién murió a fin de cuentas?

   (A) El duque de Anjou.
   (B) Guillermo de Orange.
   (C) Gaspar Añastro.
   (D) Juan Jáuregui.

7. ¿Cómo murió?

   (A) Lo acuchillaron.
   (B) Lo fusilaron.
   (C) Murió de hambre.
   (D) Se suicidó.

8. ¿Cómo era Juan Jáuregui?

   (A) Era heroico.
   (B) Era intrépido.
   (C) Era inteligente.
   (D) Era necio.

QUINTO GRUPO, SELECCIÓN UNO

En el trayecto que se me había encomendado recorrer, hay un puente, en el que a intervalo de un minuto, debían circular por una vía única dos trenes: el que yo manejaba y un tren de mercancías. Sabiendo el peligro de estos cruces, se me habían hecho mil recomendaciones, inútiles, por otra parte, pues es de suponer la atención que pondría yo en las señales luminosas.

Al acercarnos al puente en cuestión, divisé claramente la luz verde, que me daba libre paso, y respirando aliviado, aumenté un poco la velocidad de nuestra marcha, no mucho sin embargo, dado que había que cruzar un puente y podría resultar peligroso.

Segundos después se sintió una sacudida intensísima y se oyó un ruido horrible: los dos trenes chocaron, se incendiaron y se desmenuzaron. Hubo cientos de muertos y miles de heridos. Por una rara casualidad yo quedé ileso. ¡Ojalá hubiera muerto!

Nunca podré olvidar un espectáculo tan espantoso. Como siempre sucede en las catástrofes, la sensación de espanto no es simultánea con el choque; sólo al cabo de algunos minutos, cuando vi las llamas de los coches que ardían, cuando distinguí las dos locomotoras semi-erguidas como dos hombres que luchan por derribarse, cuando oí los lamentos de los heridos y vi las ambulancias que acudían a levantar las víctimas, sólo entonces me di cuenta de lo que acababa de suceder.

Línea
(5)
(10)
(15)
(20)

1. ¿Qué se narra en este trozo?

   (A) Un encuentro entre amigos.
   (B) Un desastre natural.
   (C) Una colisión.
   (D) La circulación de trenes.

2. ¿Qué es el narrador?

   (A) Un bombero.
   (B) Un pasajero.
   (C) Un espectador.
   (D) Un conductor.

3. Según lo que dice, este narrador

   (A) no llevaba mucho tiempo en su empleo.
   (B) es aficionado a los trenes.
   (C) tenía mucha experiencia manejando trenes.
   (D) no conocía bien el territorio que atravesaba.

4. ¿Cuál fue la causa del acontecimiento?

   (A) El narrador se durmió mientras trabajaba.
   (B) El narrador no hizo caso de un semáforo.
   (C) El otro conductor se equivocó.
   (D) El narrador iba en exceso de la velocidad.

5. ¿Qué significan las palabras *¡Ojalá hubiera muerto!* en la línea 14?

   (A) El narrador estaba mal herido.
   (B) El narrador se sentía responsable.
   (C) No sintió que tantos inocentes murieran.
   (D) Se sentía culpable por escapar daño.

6. ¿Cómo reaccionó el narrador a lo que pasó?

   (A) Se quedó atónito.
   (B) Fue traumatizado.
   (C) Estaba asustado.
   (D) Estaba tranquilo.

QUINTO GRUPO, SELECCIÓN DOS

Cuando vi a Dora por tercera vez en brazos de un amigo diferente no esperé más. Y tomé una decisión: no la volvería a ver en mi vida.

Dicen que el mejor remedio para estas cosas es viajar; hasta tal punto debe
Línea ser cierto que tuve una vez una novia que, después de haberme hecho sufrir
(5) como inocente en el infierno me recomendó ella misma el cambio de lugar.
Cosa que me inspiró el doble temor de que esa mujer me estaba tomando por imbécil y tenía comisión por envío de clientes a un balneario.

Como estábamos en pleno febrero bien podía elegir Mar del Plata, "la aristocrática playa." La vida agitada y tonta del balneario me haría olvidar.

(10) Reuní unos pesos, unas camisas y saqué un boleto "fin de semana." Subí al vagón, no sin pensar un poco, involuntariamente, en la posible aventura de viaje.

Es realmente asombroso, pero es el caso que los "magazines" ilustrados y las escritoras americanas tienen una pasión morbosa por ese tema:
(15) Irremediablemente, sube al tren "momentos antes de la salida" (¡qué gracia! bueno fuera "momentos después de la salida"), el joven escritor, elegante, atlético y famoso. La casualidad quiere que la bella y misteriosa viajera lea en ese mismo instante su última novela. (Un detalle siempre es "su última novela"; podría suceder, tratándose de un escritor prolífico y famoso, que la
(20) hermosa joven leyese la penúltima o la antepenúltima. Pero según parece hay un consorcio de escritores de esta categoría y nadie puede introducir innovaciones al estilo de la sociedad que es intangible). Una conversación se entabla pronto, sobre todo cuando los dos interlocutores son jóvenes.

1. ¿Qué le aconsejó una vez una mujer a este narrador?

   (A) Que se fuera de vacaciones.
   (B) Que hablara con un escritor de "magazines."
   (C) Que llevara a unos clientes a un balneario.
   (D) Que tuviera una aventura.

2. ¿Por qué decidió visitar Mar del Plata?

(A) Porque todos los aristócratas iban allí en el invierno.
(B) Porque habría mucha actividad vacía para pasar el tiempo.
(C) Porque todos los escritores estarían allí.
(D) Porque podría leer muchos libros.

3. ¿Qué desea olvidar este narrador?

(A) Una novela que leyó.
(B) Un negocio fracasado.
(C) Una relación amorosa.
(D) Una joven que leyó su novela.

4. ¿En qué tema tienen las escritoras americanas *una pasión morbosa*?

(A) Los amores fracasados.
(B) La posibilidad de aventuras inesperadas.
(C) Conversaciones casuales en trenes.
(D) Viajes ferrocarrileros con autores famosos.

5. ¿Qué hizo al subir al vagón?

(A) Entabló una conversación con un escritor.
(B) Observó el encuentro de dos otros pasajeros.
(C) Empezó a leer una novela a una joven.
(D) Imaginó una aventura entre dos personas.

6. ¿Qué parece opinar el narrador del joven escritor?

(A) Admira su atleticismo.
(B) Envidia su popularidad.
(C) Se enoja que tenga tanto éxito.
(D) Lo odia porque es famoso.

7. En las líneas 19–20, ¿cuál es el tono de las palabras *que la hermosa joven leyese la penúltima o la antepenúltima*?

(A) Sarcástico.
(B) Irónico.
(C) Trágico.
(D) Chismoso.

8. ¿Cuál es la actitud del narrador en este trozo?

(A) Está deprimido.
(B) Parece muy desilusionado.
(C) Está muy enamorado.
(D) Tiene buen sentido de humor.

QUINTO GRUPO, SELECCIÓN TRES

Complemento indispensable del estudio de las enfermedades simuladas es el de la *simulación de la salud*, por sujetos verdaderamente enfermos, o sea la disimulación de la enfermedad. Su objetivo se comprende fácilmente:
Línea cuando el estar enfermo determina una situación de inferioridad en la lucha
(5) por la vida, el sujeto recurre a la simulación de la salud.

En la vida ordinaria es frecuentísimo. Las reglas de la más simple urbanidad la imponen en el trato de gentes; pocas personas habrá que nunca hayan disimulado una dolencia de poca monta, para recibir con la sonrisa en los labios a un amigo o amiga estimada. Se asiste a tertulias disimulando
(10) una cefalalgia, a un banquete disimulando una dispepsia o una colitis, a una cita amorosa disimulando una cistitis. Muchos lectores habrán disimulado en su juventud alguna enfermedad que reputaban vergonzosa, hasta que la intensidad de los síntomas los obligó a denunciarse al médico y a su propia familia.

(15) Disimulan sus enfermedades cuantos están obligados a probar que gozan de perfecta salud para ser admitidos en un establecimiento o corporación, o para aspirar a ciertos empleos; nunca faltarán médicos complacientes que se hagan cómplices activos de estas disimulaciones, expidiendo certificados falsos. Entre esas disimulaciones de la salud existe un grupo especial que
(20) recientemente ha alcanzado extraordinaria importancia en medicina forense. El desarrollo de las instituciones de seguros sobre la vida ha producido formas especiales de simulación para explotarla fraudulentamente. Sujetos poco escrupulosos aseguran en su favor la vida de parientes enfermos; rara manifestación de la lucha por la existencia, cuyo estudio agregaría
(25) un capítulo interesante a la psicopatología de los parásitos sociales.

1. ¿Cuál es el tema de esta selección?

   (A) Maneras de disimular.
   (B) Razonamientos para fingir.
   (C) Un análisis psicológico de los embusteros.
   (D) Consecuencias de la urbanización.

2. ¿Con qué motivo disimulan enfermedades algunas personas?

   (A) Quieren provocar la simpatía de sus amigos.
   (B) Quieren revelar la negligencia de los médicos.
   (C) Son mentirosas patológicas.
   (D) Creen que la cortesía requiere que finjan sus enfermedades.

3. ¿Cómo juzgaría este autor la disimulación de enfermedades?

   (A) Cree que es de poca consecuencia.
   (B) Cree que es imperdonable.
   (C) Cree que depende de la situación y edad de la persona.
   (D) Cree que la disimulación consta una decepción criminal.

4. En cambio, la disimulación de salud a veces

  (A) Se debe a complejos de martirio.
  (B) Se exige para superar las contrariedades de la vida.
  (C) Se debe a la avaricia de algunos médicos.
  (D) Se debe a la necesidad de mantener las apariencias.

5. ¿Cuál ha sido el resultado del establecimiento de instituciones de seguros?

  (A) Ahora no se recurre a la disimulación para conseguir lo que quieren.
  (B) Se ha prolongado la vida a causa de mejor atención a la salud.
  (C) Hay más enfermos ahora que antes.
  (D) Se ha aumentado el fraude.

6. Un ejemplo de *los parásitos sociales* (línea 25) sería

  (A) Médicos poco escrupulosos.
  (B) Personas que se enferman para allegar fondos propios.
  (C) Las instituciones de seguros.
  (D) Parientes de enfermos que suscriben pólizas a su propio beneficio.

QUINTO GRUPO, SELECCIÓN CUATRO

No conozco otro deporte que nos pueda librar tan completamente de la pesadilla de la vida. ¡Cuánta renovación espiritual debo a las montañas! Hay que levantarse de vez en cuando también corporalmente por encima de las *Línea* masas humanas y de sus ciudades estrechas. El deporte alpinista somete
(5) todas las fuerzas del cuerpo a un solo fin. La subida requiere una adaptación constante de todas las fibras orgánicas a las dificultades de la subida. Los pulmones se extienden, la sangre se renueva y la vida celular de todo el organismo se hace más intensa. A medida que alcanzamos mayor altura nuestro esfuerzo crece y pronto estamos ansiosos de llegar a nuestro fin. La
(10) vista se expande libremente y nuevos paisajes jamás contemplados aparecen poco a poco. En fin, llegamos a la cima, y un panorama sublime se extiende a nuestros pies. No se puede imaginar una vida más libre, más concentrada, más sana y más feliz que una caminata de dos o tres semanas por los cerros nevados de los Alpes de un refugio al otro, llevando consigo en la mochila
(15) todo lo poco que el hombre precisa. Significa una renovación completa de todo el organismo. Mi mejor deseo es poder continuar esta clase de deportes hasta la edad más avanzada que pueda alcanzar. Me causa una satisfacción singular encontrar aquí a los bordes del Nahuel Huapi, el primer refugio en tierra argentina. Ojalá que sea el principio de un movimiento
(20) deportivo andino para toda la juventud de hoy, para que aprenda a conocer todas las bellezas de su gran país. En estas bellezas íntimamente sentidas radica el amor intenso por la tierra natal. No se puede imaginar a algún artista nacional que no esté penetrado en todo su ser por las bellezas propias de las diferentes provincias del suelo de la patria. El gran valor educativo del
(25) deporte andino está en el hecho de que requiere un esfuerzo concentrado de toda la personalidad. Sólo un esfuerzo máximo nos llena con el sentimiento de la superioridad ganada y nos revela la belleza sublime de la montaña alta.

1. ¿Por qué alaba tanto al alpinismo este narrador?

   (A) Tiene atractivos casi místicos.
   (B) Se pierde cuidado.
   (C) Se puede sentirse superior a las masas.
   (D) Se puede dormir mejor después de practicarlo.

2. Este deporte requiere que

   (A) una persona viaje a Europa para subir montañas.
   (B) una persona dedique la vida al deporte.
   (C) una persona enfoque en el momento presente.
   (D) una persona ame su país.

3. ¿Qué recomienda este narrador a los jóvenes?

   (A) Que estudien la biología antes de participar.
   (B) Que experimenten las inconveniencias de la vida sencilla.
   (C) Que aprendan a apreciar la naturaleza.
   (D) Que se hagan artistas para sentir más intensamente la belleza.

4. ¿Cuál ha sido la experiencia personal del narrador?

   (A) El deporte le ha proporcionado nuevas vistas hermosas.
   (B) A causa del deporte se siente más joven que nunca.
   (C) Debido al esfuerzo físico ha gozado de una renovación total.
   (D) Ha aprendido a apreciar las montañas andinas más que las europeas.

5. Sobre todo, ¿qué aprenderá la juventud al participar en este deporte?

   (A) Aprenderá a subir montañas.
   (B) Extrañará las montañas mientras viva entre las masas.
   (C) Entrañará toda la belleza natural del país.
   (D) Aprenderá que es superior a otros seres humanos.

6. ¿Cuál parece ser la ocasión de esta declaración?

   (A) La dedicación de una reserva andina.
   (B) La dedicación de una estación veraniega.
   (C) La dedicación de un negocio alpinista.
   (D) La dedicación de una montaña andina.

Answer Key
READING COMPREHENSION

**Primer Grupo,
Selección Uno**

1. A
2. B
3. B
4. C
5. D
6. A
7. B

**Primer Grupo,
Selección Dos**

1. B
2. C
3. A
4. A
5. B
6. B
7. A
8. D

**Primer Grupo,
Selección Tres**

1. B
2. C
3. B
4. B
5. A
6. C
7. C

**Primer Grupo,
Selección Cuatro**

1. D
2. D
3. D
4. A
5. B
6. D

**Segundo Grupo,
Selección Uno**

1. D
2. A
3. B
4. B
5. C
6. D
7. A
8. C

**Segundo Grupo,
Selección Dos**

1. B
2. B
3. D
4. D
5. C
6. D
7. B
8. D

**Segundo Grupo,
Selección Tres**

1. C
2. A
3. A
4. C
5. B
6. B
7. D
8. C

**Segundo Grupo,
Selección Cuatro**

1. B
2. C
3. C
4. A
5. A
6. D
7. B

**Tercer Grupo,
Selección Uno**

1. D
2. C
3. B
4. C
5. A
6. A
7. B
8. D

**Tercer Grupo,
Selección Dos**

1. B
2. B
3. A
4. D
5. A

**Tercer Grupo,
Selección Tres**

1. B
2. B
3. D
4. A

**Tercer Grupo,
Selección Cuatro**

1. C
2. D
3. D
4. C
5. C
6. A
7. D

Answer Key

READING COMPREHENSION

**Cuarto Grupo,
Selección Uno**

1. D
2. A
3. A
4. D
5. C
6. B
7. C

**Cuarto Grupo,
Selección Dos**

1. C
2. D
3. C
4. C
5. B
6. A

**Cuarto Grupo,
Selección Tres**

1. B
2. A
3. A
4. A
5. D
6. C
7. D
8. C

**Cuarto Grupo,
Selección Cuatro**

1. C
2. D
3. C
4. C
5. B
6. D
7. A
8. D

**Quinto Grupo,
Selección Uno**

1. C
2. D
3. A
4. C
5. C
6. B

**Quinto Grupo,
Selección Dos**

1. A
2. B
3. C
4. B
5. D
6. B
7. A
8. B

**Quinto Grupo,
Selección Tres**

1. B
2. A
3. C
4. B
5. D
6. D

**Quinto Grupo,
Selección Cuatro**

1. A
2. C
3. C
4. C
5. C
6. A

Reading for Ideas Only

CHAPTER 5

Reading Passages for Section II Free Response Writing and Speaking

You will find a greater variety of types of readings among those that are nonliterary. Many are taken from the Internet. In those cases you will find that topics vary widely. You should read for ideas from the source material to incorporate into your essay or your oral presentation. For those passages, you do not need to worry too much about specific information. Below are some strategies for dealing with printed material for the Section II free response essay and two-minute oral presentation.

- Look for ideas to use or phrases to paraphrase.
- Do not lift whole sentences from the sources; the vocabulary and grammar you pick out will not count as your own language.
- Look for a topic sentence or sentences. They are usually found at the beginning or end of a paragraph.
- Avoid vocabulary you do not understand, and look for ideas that you do understand.
- Relate the ideas or information in the source to your own ideas.
- Questions will be very general, so you may take your sample in any direction that is best for you.
- If you are uncertain about how to begin, start with a definition of terms.
- Always cite the sources appropriately. You may cite the reference by saying, *Según el autor,* or *En la fuente número,* or, better yet, by the name of the author or source.
- Do not devote one paragraph to each source in your essay.

Below are three examples of the kinds of information you will need to read for the free response essay and oral presentation. Many times these sources will deal with cultural topics. The more you know about the topic, the better able you will be to incorporate the material into your essay or presentation. At the end of this section there are some suggestions for topics for you to think about. You can use them as a guide for material to research on your own and for reading Spanish online in digital magazine articles.

The main ideas that are useful to pick out to use are in italics. The only difference between reading for writing an essay or for an oral presentation is the number of sources you will need to read. There are two for writing, and there is one for speaking. Even when preparing an oral presentation, you need to make an outline of the development of ideas so there is logic to what you say. The suggestions talk in terms of paragraphs, because each unit of your outline is the equivalent of a paragraph.

Some questions may deal with concrete topics, such as a comparison of types of music. These should be fairly easy to deal with if you focus on the characteristics of each kind in the samples. Other types may be about general topics, such as the environment. Some may be more philosophical, such as a question about the importance of a sense of humor. Any type of question you can formulate that relates to the topic is a possibility for a question on either the writing or speaking free response section. There is a format you should follow if you have little experience writing essays or making formal presentations.

SAMPLE FORMAT

I. Introduction

Begin with your interpretation of what the question asks.

II. Idea Development

In one or two paragraphs, either written or spoken, discuss an idea or ideas from the sources, being sure to cite each reference correctly by author or source. Use concrete examples to illustrate your ideas. Include examples from your own experience if it is appropriate.

III. Conclusion

In your conclusion, offer your own opinion on the topic. Do not simply restate or repeat the ideas from your introduction.

Sample Question 1

¿Hay tal cosa como una familia típica? Comenta tu idea de una familia típica y compárala con la presentada en las fuentes a continuación.

SOURCES ABOUT FAMILIES

Fuente núm. 1

El 40% de los padres asegura sentirse desbordado por los problemas de sus hijos e hijas. Les resulta difícil educarles y, en algunos casos, el miedo a repetir el modelo autoritario en el que ellos fueron criados deriva en un exceso de permisividad. Como consecuencia, durante la adolescencia son frecuentes los problemas de disciplina, pero no es fácil comenzar a imponer reglas a esta edad tan difícil. *Los niños deben tener unos límites o pautas que les marquen el camino que deben seguir,* sin ahogarles en un mundo de imposiciones, tal como aseguran los psicólogos y educadores. Para ello, los padres y madres deben establecer estas normas de manera razonada, adaptarlas a cada edad y ser firmes en sus decisiones. Si no se tiene un proyecto claro, es más fácil claudicar. "Padres permisivos ¿dónde está el límite?" por Azucena García 09/02/2007 (*http://www.consumer.es/web/es/educacion/infantil/2007*).

Taking Ideas from the Text

You may define family any way you wish. Although this selection does not directly deal with a definition of what constitutes a typical family, there are plenty of ideas that you may want to pick out because they relate or do not relate to your situation. You may consider your family fairly typical, because your parents are either permissive or not. In such a case you can say that like the source (according to Azucena García), your parents are or are not permissive. You can include your parents in the percentage given.

Another idea that could be useful is that typical parents set limits. This idea is repeated in different ways in the source, so it would be a logical thought to incorporate into your essay or presentation. You could also pick up on the idea that it is difficult for parents to begin setting limits when their children are adolescents. You should again cite the source, Azucena García.

Fuente núm. 2

Aunque hay diversas formas de familia en los diferentes sistemas sociales, culturales, jurídicos y políticos, la familia es la unidad básica de la sociedad y, por consiguiente, tiene derecho a recibir protección y apoyo amplios. *El proceso de rápido cambio* demográfico y socioeconómico que se ha producido en todo el mundo *ha influido en las modalidades de formación de las familias* y en la vida familiar, *provocando importantes cambios* en la composición y la estructura de las familias. *Las ideas tradicionales de división por sexos funciones* de los progenitores y las funciones domésticas y de participación en la fuerza de trabajo remunerada *no reflejan las realidades y aspiraciones actuales*, pues son cada vez más las mujeres que, en todo el mundo, ocupan empleos remunerados fuera de su casa. Al mismo tiempo, la migración generalizada, los traslados forzados de población provocados por conflictos violentos y guerras, la urbanización, la pobreza, los desastres naturales y *otras causas de desplazamiento han provocado mayores tensiones en la familia* porque a menudo *ya no se dispone de la asistencia de la red de apoyo* que *era la familia ampliada*. A menudo, *los padres tienen que depender más que antes de la asistencia de terceros para poder cumplir sus obligaciones laborales y familiares,* sobre todo cuando en las políticas y los programas que afectan a la familia no se tienen en cuenta los diversos tipos de familia existentes o no se presta la debida atención a las necesidades y a los derechos de las mujeres y los niños.

"La Familia, sus funciones, derechos, composición y estructura"

Fondo de Población de las Naciones Unidas
(*http://www.unfpa.org.pe/cipd/programa/familia.htm*)

Taking Ideas from the Text

This source also deals with a definition of a family. But this passage puts it in a much larger context. Families are different in different places for various reasons that the Fondo de Población de las Naciones Unidas (FPNU) enumerates. This source also describes a "traditional" family in which the father and mother have well-defined roles in the family. You may point out that traditional families are the so-called typical ones mentioned in the first selection. It also mentions that those roles are changing. This passage also talks about how nontraditional families often depend on others to help care for their children.

Developing an Essay or Oral Presentation About the Family

You could begin with an introductory paragraph that defines a family, citing Azucena García, then add a detail from the second source, the Fondo de Población de las Naciones Unidas, to explain how your family fits or does not fit the new model of a family. In the second paragraph, you could cite the second source for a specific example of how your family is different or the same. With the example you present from your own experience, you can elaborate on how it is especially difficult to set limits when parents are very busy, tired, absent, or otherwise occupied.

In the last paragraph you could talk about the consequences of the lack of limits that a traditional, typical family would set or present a new idea about how young people can learn responsibility when parents do not set limits. You will return to a definition of a family, but you will have added a new dimension to the definition because you will have defined it according to your own experience.

In the process of developing the essay along these lines, you will demonstrate that you can use the future tense in talking about what people will be like when they grow up in stable families. You will use the subjunctive when you talk about hypothetical scenarios of what kids would be like without parents who care for them. Any discussion of your own past experiences will require the use of the preterite and imperfect.

Sample Question 2

¿Cuáles serían los beneficios de reciclar?

Fuente núm. 1

¿Es tan contaminate la industria papelera?

El sector asegura que se trata de una de las industrias más respetuosas con el medio ambiente, aunque los ecologistas no lo creen así. *Los representantes de la industria papelera* consideran que se ha mitificado su imagen de sector muy contaminante, y *aseguran que en la actualidad constituyen una de las industrias más avanzadas medioambientalmente.* Sin embargo, los ecologistas explican que estas instalaciones siguen siendo un peligro para el entorno natural, especialmente en países donde los estándares de calidad no son tan estrictos. Un ejemplo es la polémica surgida entre Uruguay y Argentina por la construcción de una planta de origen español. En cualquier caso, *los consumidores son fundamentales a la hora de reducir el impacto ambiental de este sector, colaborando por ejemplo en el reciclaje del papel.*

Carlos Reinoso, Director General de Aspapel, la asociación representante del sector español de la celulosa y el papel, defiende que "cualquier actividad humana tiene un impacto sobre el medio ambiente; pero *el sector papelero es hoy uno de los más avanzados medioambientalmente*, y un buen ejemplo de desarrollo sostenible, con productos que son naturales y reciclables."

Gracias a la producción papelera, se mantienen 400.000 hectáreas de arbolado de pino y eucalipto que *absorben y fijan al año 7,5 millones de toneladas de CO_2.* Su materia prima, *la madera, es renovable.* Se planta y se cultiva en plantaciones específicamente para este fin, contribuyendo a aumentar los bosques y a la lucha contra el cambio climático, ya que devoran el CO_2. El sector *está activamente implicado tanto en la gestión forestal sostenible* y en su certificación, como en la investigación y aplicación de las mejores tecnologías, con especial atención al medio ambiente *(uso de combustibles limpios y renovables, ahorro de agua y energía, y reducción de emisiones y vertidos)*.

Alex Fernández Muerza Mayo de 2007
Fundación Eroski
(*www.consumer.es*)

The main idea found in the italicized portions of the source shows that the paper industry thinks that it is doing a good job in preserving the environment. This source will provide examples of some of the benefits of recycling, because you can point out that the paper industry is using a renewable resource, it is replanting forests to reduce the quantity of CO_2, and it is reducing the amount of paper in the waste stream in Spain. (You know it is Spain from the .es in the URL of the article.) You also know that paper constitutes a large part of the waste material in landfills.

Fuente núm. 2

Mi amigo Jorge me recomendó este artículo de opinión de BBC news acerca del reciclaje que me ha parecido francamente muy interesante. Para el que no quiera leérselo, voy a resumirlo de forma muy esquemática. El *artículo viene a decir que el reciclaje se está utilizando más como una herramienta de limpiar conciencias* potenciadora del consumismo que como un sistema de ahorro de recursos. La idea es simple: como reciclas, ¡no te preocupes!, *¡sigue consumiendo cuanto quieras!*

No es la primera vez que encuentro opiniones muy críticas acerca del reciclaje. Recuerdo en *Stupid White Men* de Michael Moore, como éste se plantea la inutilidad del reciclaje, ¡por inexistente!, *tras indagar y comprobar como los desperdicios previamente separados por los ciudadanos acababan reuniéndose con la basura tradicional* en diversos puntos de EEUU, simplemente por el escaso interés estatal por el reciclaje. Dicho interés se centraría exclusivamente en la limpieza de conciencia ciudadana, que, satisfecha, se dedica a separar su basura y depositarla en bonitos contenedores de colores, dispuesta a seguir consumiendo sin parar.

Dicho esto, y recapitulando, opino que el manejo de esta serie de ideas me parece un tanto demagógico y peligroso. *Si bien es cierto que el reciclaje no es LA solución, no deja por ello de ser una acción completamente imprescindible y necesaria.* Igualmente es cierto que la existencia del reciclaje, o del presunto reciclaje, puede causar un efecto anestésico sobre las mentes concienciadas, pero en tal caso, *lo que hay que hacer es despertar esas mentes y continuar luchando porque las cosas se hagan mejor.* Creo que *la crítica ha de dirigirse en todo caso hacia el sistema de consumo desmedido,* pero ésta no debe ni tan siquiera rozar a lo que supone el acto en si de reciclar ¡Por mucho que el enfoque que se esté haciendo del mismo tenga connotaciones perversas! Hacer esto me parece completamente irresponsable.

(*www.realidadaparte.es*)

Blog de
El reciclaje
Mayo 11th, 2007

This article is a personal opinion. The opinions expressed are contrary to those expressed in the previous source, so you can use the two sides in your argument. Even though the question asks about the benefits, you do not have to limit your sample to a discussion of the benefits. The most important idea is at the end. The writer has stated that recycling is not always what it seems. In opinion pieces you will find the ideas either at the beginning or at the end. In this one, the main idea is at the end. This writer thinks that although recycling programs do not always provide what they intend, that does not mean that they are not worth pursuing. An improvement would be better education to get consumers to reduce the amount of waste they purchase: If people continue to buy products with wasteful packaging, then nothing will change for the environment.

Developing an Essay or a Presentation About Recycling

The idea is for you to provide a sample of how you can use appropriate Spanish to express your ideas. In order to incorporate these seemingly disparate sources into an essay, you need to put the whole topic in context. You could state that recycling is done to improve the quality of the environment. From that frame of reference, in your introduction, you can say that recycling has many benefits provided that it is done properly. For grammar in this portion, you could use *como si* with the imperfect subjunctive, for example, to describe hypothetical situations.

Then in subsequent paragraphs you can use the sources, the paper industry, and the ultimate consumer of paper as examples of how recycling does or does not work. You can take examples from your own life to further support your agreement or disagreement that recycling has benefits. In comparing your opinion with that of Josep in the blog, you can use past tenses to describe or narrate things you have done and, in the process, demonstrate that you know how to use correct past tense verb forms.

In the conclusion, you can point out the consequences of failing to derive any benefits from good recycling programs. In describing consequences, you will use adverbial clauses with the subjunctive after adverbial conjunctions such as *para que, de modo que,* and *a menor que.* Or you could offer your own ideas about Josep's opinion that better education of consumers is necessary. Just remember that in a conclusion, you do not want to offer a new idea that is not related to what is said in the preceding paragraphs. Your idea should be a logical end to a train of thought you have developed previously.

Sample Question 3

Compara un viaje en tren en España con uno realizado en Chile, apuntando las diferencias que revela entre los dos países.

Fuente núm. 1

Renfe AVE, tren de alta velocidad

Los *trenes AVE han conjugado los últimos avances técnicos y diseño* con una amplia oferta de servicios para dar respuesta a todas y cada una de las necesidades de los clientes. Todo ello unido al compromiso de puntualidad, variedad de horarios y precios, hacen del AVE la mejor opción a la hora de desplazarse a cualquier destino principal de España.

Entre los servicios actuales, Renfe apunta la nueva vía que reducirá a dos horas y media el trayecto entre Madrid y Barcelona (son 880 kilómetros), en comparación a las seis horas y media que dura en la actualidad. A la vez que puede comprar los billetes directamente en la estación, puede también acudir a agencias de viaje que exhiban el logotipo azul y amarillo de RENFE. Los trenes AVE son trenes de alta velocidad, o sea unos 250 km por hora.

Los *servicios corresponden a las tres clases,* Turista, Preferente, y Club. Para todos son los del entretenimiento, con video y cuatro canales de música. Además de los básicos, para los pasajeros de clase Club y Preferente hay prensa diaria y Revista, acceso a las Salas de Club AVE, la venta de artículos a bordo, y servicios de bar en el asiento en algunas rutas. Para todas las clases los minusválidos pueden contar con facilidades.

Las *vías de la alta velocidad se ha ramificado* para cubrir destinos distintos de los cuatro puntos cardinales de la rosa náutica. *Destaca Renfe el confort de su equipo, la rapidez de los viajes, y la puntualidad que observa,* ratificada por una indemnización por el retraso. En caso de producirse un retraso imputable a Renfe AVE, le reintegrarán al pasajero el porcentaje correspondiente al precio del billete en función de 50 por ciento si tarda entre 16 y 30 minutos, y un reemplazo de cien por cien si demora más de 30 minutos.

(Adaptado de *http://www.renfe.es/ave/*)

This article is informational. It is designed to point out the advantages of rapid transit: comfort, modern equipment, convenience, and confidence in the service. It would be useful to know that Renfe is the national railway company of Spain, so that you can comment on the commitment of the Spanish government to facilitate travel between the various parts of Spain. Renfe maintains many trains of various types to service the country, from the Cercanía, or local trains, to the long distance, high velocity trains like the AVE.

You will need to deduce why all of the mentioned qualities of the Renfe AVE would be important to a traveler. The AVE will get you from one place to another quickly, meaning that there is nothing between the terminal points that you would want to investigate. This traveler would not be a casual tourist wanting to stop at random places to absorb the atmosphere. A train moving at 200 kilometers an hour does not give the passenger much time to savor what goes past the window. You could also make some assumptions about the type of traveler. Someone on business or with an urgent family situation would want to make a quick trip. Rapid train transportation is designed to facilitate travel from one part of Spain to another without the necessity of a car.

Fuente núm. 2

EFE: Empresa Ferrocarriles del Estado

Ferrocarriles del Estado es uno de los medios de transporte más tradicionales de nuestro país. Este *opera desde la ciudad de Santiago hasta Temuco con modernos trenes, el cual se ha mantenido operativo a través del tiempo.*

Se admitirá el transporte de bicicletas en los Servicios de Trenes de Largo Recorrido, en aquellos coches que dispongan de espacios suficientes para su ubicación. Como norma general sólo se admitirá una bicicleta por pasajero. Las bicicletas deberán estar previamente embaladas en bolsas para bicicletas diseñadas al efecto, con los pedales desmontados y el manubrio girado 90º. La carga, custodia y descarga de las bicicletas serán efectuadas por sus portadores.

Queda estrictamente prohibido transportar animales domésticos, salvo expresa autori-zación del Conductor o Jefe de Estación. En este caso, los animales (pequeñas mascotas) deberán viajar dopados y en jaulas de propiedad del pasajero diseñadas especialmente para su transporte y en el sector del tren que determine el Conductor. Las mascotas en sus jaulas, serán toleradas para su transporte si no se oponen los pasajeros o se producen molestias a los mismos. El dueño se hará responsable de las molestias y daños que éstas puedan ocasionar.

Los equipos utilizados en los servicios diurnos Santiago-Chillán, TerraSur, cuentan con asientos con mecanismo de reclinación, dispuestos en filas (2+2), con pasillo central y enfrentados en su centro (clase salón) de manera que el 50% de los asientos están orientados en sentido contrario a la marcha del tren; además, los equipos cuentan con baños al vacío, sector de cafetería, persianas, aire acondicionado con indicador para el público y reloj.

Nuestra comida criolla se caracteriza por sus viejas recetas, las cuales son heredadas a través del tiempo de generación en generación. Dentro de nuestras especialidades puede degustar los mejores mariscos y pescados, acompañados de los mejores vinos de la zona central del país. Algunas de las variedades culinarias se han transmitido a lo largo del tiempo, eso sí que han variado a través del tiempo, pero lo más importante es que su sabor se ha mantenido en forma intacta.

(www.efe.cl/html/interactivo/preguntas_frecuentes)

There are obvious differences between this informational passage and the one from Renfe. The fact that the company advertises that people can take bicycles on the train indicates a local passenger. Although animals are prohibited, the company says that small animals are permitted, provided that other passengers do not object, an option not even mentioned by Renfe. Another important aspect of train equipment in Chile is that half of the seats on the coaches face the front and half face the back of the car. There is air conditioning (something Renfe does not mention, because it is not even conceivable that they would not have it), curtains, and a clock. Finally, the information about the food indicates that EFE takes great pride in the food that is served onboard the train.

Developing an Essay or a Presentation Comparing Train Travel in Spain and Chile

In the introduction you will want to begin with a context for your comparison. You can talk about the importance of a good system of transportation and the purpose it serves, which, in turn, will lead you to identify the types of traveler who would use the system. Who uses the train depends on why they would need to use it, thereby setting up some differences between the two countries that a description of their system of transportation provides.

You could compare the geography of the two countries. Spain is shaped almost like a square, with Madrid in the center. The train routes link Madrid with all the other parts of the country; it is the hub of the system. Chile, on the other hand, is a long narrow country with a long mountain range, making train track construction very costly and difficult. Spain is located in Europe, where there is lots of travel between different countries, meaning that there are tourists who travel from country to country. Chile is on the western coast of South America; tourists who visit there generally are not trying to see as many countries as they can in a short amount of time. Knowledge about the geography provides a context for making the comparison.

In the body of the essay or presentation, you can mention that for tourists, getting from place to place quickly is important, because most of what they want to see is in cities. In Chile, tourists will want to see the countryside as much as the cities, so slower trains are not a bad thing. If the train is slower in Chile, there are other benefits that passengers have, and you can mention them. In comparing the services offered in each place, you can refer to specific examples from the two sources. In the development of your comparison, you can also interject your own opinion and preferences. You could relate experiences you have had or would like to have on a train.

In conclusion, you can summarize the differences. You will want to say that there are advantages and disadvantages to both systems of transportation but that each one is suited to the type of country in which it operates. You will have referred to the sources, offered your own opinions, and answered the question.

In reading the sources, you should take note of ideas that appeal to you. If you formulate a frame of reference for the sources, then you will be able to develop the writing or speaking sample in any way that you wish. If you use text from the sources, it is best to rephrase it. Whatever you simply lift from the sources does not reveal what you know on your own, so it will not count in your favor in the evaluation of your writing or speaking sample. But in the process of referring to the sources, you will have used pronouns correctly, used adjective structures of comparisons of equality and inequality, shown that you know correct verb forms for the future and past tenses and the subjunctive, even in *if-then* statements, and shown that you can organize your thoughts logically.

PART FOUR

WRITING SKILLS

General Considerations

Description of the Writing Part of the Exam

The free-response writing part of the examination includes interpersonal (a short message) and presentational (a formal essay) writing. Both types require particular skills and both give you a chance to show your ability to use appropriate language and your critical thinking skills. The difference between the two types is that in interpersonal writing you address a specific person with specific information, whereas in presentational writing you present or relate information or a narrative to any reader.

Some of the things you are expected to do in interpersonal writing are:

- Complete all elements or parts of the task posed in the situation.
- Use appropriate forms of address in your message.
- Demonstrate appropriate language, including use of expressions, idioms, and/or other structures to communicate clearly.
- Make appropriate social and/or cultural references.
- Use a wide range of vocabulary beyond mere repetition of words from the directions for the situation.
- Use correct punctuation.
- Use correct diacritical marks (accent marks, tildes, and diereses).
- Conjugate verbs correctly.

Interpersonal writing requires reading the task and writing a short message of no less than 60 words. You will have 10 minutes to complete the task.

Presentational writing, also called formal writing, is an essay with a minimum of 200 words in which you discuss a topic posed in a general question. After reading two printed texts and listening to one audio file, you are then to address the topic and complete the task. You are expected to understand the printed sources and the audio file well enough to synthesize the information and to incorporate it into a coherent, well-organized essay. Great emphasis is placed on not simply lifting quotations from the sources, but in processing the information and using it to answer the question. You will have approximately 55 minutes in all—including seven minutes for gleaning information from the printed sources and two or three minutes for the audio file. After 10 minutes of dealing with source material, you will have five minutes to organize your thoughts and plan your essay, and about 40 minutes to write the essay.

In presentation writing you are expected to:

- Address the topic and complete the task.
- Refer to ideas present in all three sources.
- Accurately interpret any social and/or cultural references you have read and heard.
- Make sure that synthesis of information outweighs summaries or restatements lifted from the sources.
- Organize your essay so that the reader can follow your logic.
- Make sure that your thoughts are coherent.
- Use a wide range of vocabulary, idioms, and sentence structures.
- Use correct diacritical marks (accent marks, tildes, and diereses).
- Use paragraphs correctly.
- Use appropriate register.

Scoring the Exam

The grading of the writing samples is holistic, that is, it is analyzed as a whole. No specific item or aspect of language has any specific point value. Rankings proceed along a continuum from "demonstrates excellence, demonstrates command, demonstrates competence, suggests a lack of competence," and, finally, to "demonstrates a lack of competence." The difference between each level in the ranking depends on the degree of competence you show. In the rubrics, sometimes the only difference between ranges is a qualifying word such as *generally, very, frequent,* or *constantly.*

Some of the things that will make a difference between one level and another are:

- Referring to one or two sources instead of all three.
- Inaccurately stating information from a source.
- Not recognizing a social and/or cultural reference.
- Quoting directly from a source instead of synthesizing an idea from the source in order to incorporate it in your essay.
- Having only one or two sentences in a paragraph.
- Not using accents when they are needed, or using them where they are not needed.
- Incorrectly conjugating verbs.
- Not organizing your thoughts logically.
- Not having an introduction and a conclusion to your essay.
- Not finishing your essay because you ran out of time.

The Redeeming Feature

One interesting item that appears in the rubrics is the redeeming feature. When you show that you have learned a complex structure, for example, the use of the *como si* clause, or the *if-then* statement, may count in your favor as a redeeming feature and offset some other mistakes you have made by showing that you have learned some things above an average level. Both of the structures mentioned above require correct use of the subjunctive, which is a feature of advanced language. It is not difficult to learn some complex structures, such as subjunctive use in adverbial or noun clauses, that will greatly help articulate your thoughts at a more sophisticated level and raise your score. Note the difference between the two sentences that follow:

El chico buscó a un dependiente para pedirle ayuda. (simple grammar)
El chico buscó al dependiente para pedirle que le ayudara. (advanced grammar)

The second sentence uses the subjunctive in an adverbial clause after *para que.* As you see, you can use advanced grammar even with simple sentences.

Study the rubrics for a better understanding of the essay's requirements. It is important to read quickly but accurately, in order to have enough time to synthesize the information. Make sure the information you synthesize from the sources is accurate. Seven minutes is not a long time when you read slowly, so practice a lot to increase your reading proficiency. If you read slowly, make sure you identify at least one idea from each source to use in your analysis. Also, remember how important it is to organize your thoughts and to write clearly. Any one of these aspects of your essay could count as a redeeming feature.

Preparing for the Exam

Give yourself plenty of time to prepare properly. Begin several months before the actual examination. Assemble the materials you will need right at the beginning of your preparations, and at that time make note of the areas where you have problems in order to concentrate on them. Study for an hour at a time, and then take a break. A lot gets forgotten when you try to cram too much information at once. As you go through the study materials, make a vocabulary list of words that you need to learn to make your writing and speaking more articulate. Always begin with a review of that vocabulary list. Study no more than five to ten words at a time to avoid confusion, and then move on to something else. Read and listen to native speakers as much as you can. Practice the timed parts of the exam as much as possible, so that the 20-second responses in the simulated conversation and the 2-minute responses in the presentational speaking part become familiar. Your score should be relatively high if you have satisfied most of the requirements.

Using This Book

In the following chapter you will find strategies for writing strong essays. For interpersonal writing, you will find examples of the different types of messages that appear on the examination. For the 200-word essay, you will find samples of questions, prompts, and sources. These are followed by strategies for synthesizing from the sources the ideas that you will incorporate into the essay. You can study the samples to see how the writers organized their ideas and to think about ways to improve those samples.

The total weight of the writing parts is 30% of the final score (interpersonal writing 10%, presentational writing 20%). There is a conversion formula for changing the raw score on your interpersonal and presentational writing samples into a numerical component of the final score that will range from 0 to 5. The reading and writing parts of the exam account for 60% of the total score, so you need to prepare thoroughly for these.

Most important in the writing skill area is your critical thinking ability. You need to assimilate the information from the sources, analyze it, and then use it to write about what you have concluded about the question. Your critical thinking skills will show through in the way you analyze the material, the lexicon you use to articulate your thoughts, the level of complexity of linguistic structures you use, and your knowledge of social/cultural protocol and conventions mentioned in the exam questions. Drawing on your listening comprehension and reading skills, you should be able to write the 200-word essay with little difficulty, given enough practice. Vocabulary and grammar are elemental to getting a good score. The better your vocabulary and grammar, the higher your score will be, because your precise use of language will allow others to understand you well. Although this book does not have a whole section dedicated to vocabulary study, in each section you will find some key vocabulary that deals with sample questions and phrases. In the pages that follow there are sample essays that will reveal the differences between the ranges of scores. Although there are no grammar questions on the actual exam, this book provides special exercises so you can see how well you know grammar. In the Appendix you will find a brief grammar section that explains what the generally accepted protocol is for putting words together.

TIP

Make index cards with the items you want to check off when you reread your work, so you can have a ready reference and get in the habit of correcting your mistakes. Remember that you cannot use the cards on exam day, but with practice you will internalize the information and remember the grammatical points.

Some strategies for using this book and practicing writing for the examination are:

- Make sure you understand the instructions for the task.

- Address the task assigned thoroughly and completely.

- If it appears that you will be short some words, pick an idea and expand it by adding details about the idea.

- Make sure you use the proper form of address. This is called using the appropriate register.

- Be consistent with the verb forms. For example, if you begin with third person singular, do not slip into the second person half way through your message.

- Reread what you have written to check your grammar. Make a short list of things to check and do the checking during practice periods. A short list could include things like the gender of nouns, agreement of subject and verb endings, accents written where necessary, correct punctuation for the sentences, and correct spelling.

Time yourself to make sure you can write 60 words or more, and check your work, all in 10 minutes. When checking your work, learn to ask yourself questions. When you look at what you have written, it is easy to justify what you see, because you know what you meant to say. However, your reader does not. Quiz yourself by asking questions such as: What is the right preterit ending for *I*? What is the correct ending for the present subjunctive form for *you*? Do I use the subjunctive after *para que*? Is there an accent on the first person singular, preterit of a verb? When do I use the subjunctive after *de manera que*? What verb form and mood do I use after *como si*? What is the gender of the noun? Does the gender and number of the noun and adjective agree? Where does the subject of a verb come in the word order of a question? In addition, you can quickly make your own list of questions.

> **Materials to have on hand for interpersonal writing practices:**
>
> - Blue or black pen
> - Dictionary (although you are not permitted to use one on the examination, do use one when working on practice exercises)
> - A timer set for 10-minute intervals to get used to how long 10 minutes is. Use the timer for the last half of the practice questions.
> - Your checklist of points of grammar

Expectations for the Interpersonal Writing Task

5 (HIGH) DEMONSTRATES EXCELLENCE

- Addresses the task completely by creating relevant, cohesive, well-organized responses that address all or almost all parts of the task
- Responds fully and appropriately to all parts of the task
- Uses accurate social and/or cultural references
- Shows control of a variety of structures and idioms, and makes few errors that evidence lack of pattern
- Uses rich and precise vocabulary, and demonstrates ease of expression
- Reveals excellent command of conventions of written language, including orthography, paragraphs, sentence structures, and punctuation
- Register is highly appropriate

4 (MID-HIGH) DEMONSTRATES COMMAND

- Appropriately addresses the task and completes it with relevant responses and in a cohesive manner
- Responds to all or almost all parts of the task in a relevant and generally well-organized manner
- Includes generally accurate social and/or cultural references
- Shows competence in a variety of structures. Despite solid control of basic structures, grammatical errors may occur but not impede comprehension of the response
- Shows broad range of vocabulary
- Reveals generally correct sentence structures, orthography, punctuation, and use of paragraphs
- Register is appropriate

3 (MID) DEMONSTRATES COMPETENCE

- Addresses and completes the task with relevant treatment of the topic
- Responds adequately to all parts of the task with organized treatment and adequate cohesiveness
- Includes generally appropriate social and/or cultural references
- May have errors in a variety of sentence structures
- Evidences adequate vocabulary but with interference from another language
- May have errors in conventions of written language
- Register is generally appropriate

Samples of Interpersonal Writing

The samples that follow give an idea of what each level looks like and how it is compared to the rubrics.

Directions: Below you will see instructions for a writing sample that responds to the topic described. Be sure to include the information mentioned in your response. You will have 10 minutes to write your message on a separate sheet of paper.

Situación #1

Habrá un estudiante de intercambio que vendrá a pasar un semestre contigo en tu casa y escuela. Al recibir las noticias, escríbele un mensaje para presentarte y darle la bienvenida. Incluye los siguientes puntos:

- saludos apropiados y presentación
- tu reacción a la noticia de su visita
- tus esperanzas para el semestre
- avísale que más tarde le escribirás de nuevo

SAMPLE ONE

Hola, Miguel,

Yo llamo Paco y yo gusto ver a Ud. cuando viene para atender a nos escuela. Yo gusto también que voy a vivir en mi casa. Mi casa es tu casa. Mi famila es simpático. Espero que Ud. gusta ser en mi casa. Nosotros vamos a tener un buen tiempo. Escribo a Ud. más tarde. Digo a Ud. que necesita llevar pasar el semestre aquí. La vida es muy diferente aquí.

Su amigo,

Paco

RATING: 1—LOW (DEMONSTRATES LACK OF COMPETENCE)

COMMENTARY

Compared to the rubrics, it is plain to see that this sample does not fully complete all parts of the task. He is to appropriately greet the student, give his reaction to the news that Miguel is going to be with him, indicate his hopes for the semester, and announce that he will write another letter later. He barely addresses the task and, perhaps for lack of vocabulary, throws in a trite saying that adds nothing to his message. Although it is culturally appropriate to tell Miguel that "My house is your house," in this context it gives the impression that he cannot think of anything else to say and so he parrots a platitude. The use of *usted* instead of *tú* is also an inappropriate address for Miguel, who is his contemporary. There is no organization to what the writer says, either. The language contains many errors of an elementary nature. There is constant interference from English in the literal translations of idioms, such as *tener un buen tiempo*, instead of *divertirnos*, or *disfrutar del tiempo juntos*, or *pasar un buen rato*. There is a constant use of *a usted* instead of the appropriate indirect pronoun *te*. The verb *gustar* is consistently used incorrectly. Other errors include incorrect possessive pronouns, incorrect adjective and noun agreement, a place where the subjunctive should have been used and was not, as well as confusion in when to use *ser* or *estar*. Overall, this writer clearly demonstrates a lack of competence.

SAMPLE TWO

Miguel,

Soy Paco y será un placer tenerte en casa con nosotros el año que viene. Sé que te gustará estar aquí con nosotros. Estoy seguro que estarás confortable en nuestra casa porque es muy grande. Nuestra escuela es muy grande pero estoy seguro de que no habrá problema para ti porque todos los muchachos son muy simpáticos y los profesores, aunque son duros, son muy buenos. Espero que puedas disfrutar del tiempo. Te escribiré más tarde con sugerencias para lo que necesites llevar. Estoy seguro que será divertido.

Paco

RATING: 3—MID (DEMONSTRATES COMPETENCE)

COMMENTARY

This sample includes neither an appropriate greeting nor a closing, indicating that the writer is not familiar with how one should begin or end a personal note. The informal address, *tú*, is used correctly. The sample does contain correct grammar and a variety of verbal tenses, but mostly relies on the prompts for what to say. The vocabulary does seem somewhat limited. *Confortable*, for example, is an Anglicism, where *cómodo* would be a much better word to use. *Duro* is used sometimes to mean a "hard" teacher, but again, other words would be better, such as *exigente, riguroso, compasivo*, or *aplicado*. The writer has correctly conjugated irregular verbs in the future. He has applied all the conventions of written language in sentence structures, orthography, paragraphs, and punctuation. Overall, this sample shows that the writer can coherently use expressions in Spanish; however, it is not an outstanding sample of writing because of the vocabulary, basic grammar, and lack of appropriate greeting and closing.

SAMPLE THREE

Hola Miguel,

Me llamo Paco y ¡cuánto me alegra oír que vengas para estudiar en nuestro colegio el semestre que viene! Tu visita nos ofrecerá una gran oportunidad de compartir nuestras culturas, para ti, para enseñarme un poco de cómo es la vida en tu país. Y para mí, será una oportunidad de probarme como hermano, porque soy el único hijo de mis padres.

Puedo vernos ahora cuando vayamos a los partidos de fútbol. Será muy diferente aquí, porque el fútbol es el estilo americano en vez de latino. Ya verás, de todos modos, que los aficionados son locos, no importa cuál sea el estilo. Cuando vengas podremos ir a muchas fiestas, conocer a muchas chicas, y hablar de mi asunto favorito, la música. Espero que te guste la música popular también.

Ya tengo tarea para mañana, pues no puedo escribirte muy detalladamente en este momento. Te escribiré más tarde para avisarte qué traer. Te sugeriré que lleves muchos pantalones cortos, por ejemplo, porque no somos nada de formales aquí. Te veo pronto.

Tu amigo,
Paco

RATING: 5—HIGH (DEMONSTRATES EXCELLENCE)

COMMENTARY

This sample clearly demonstrates excellence, although there are a couple of instances where the language is highly stylized. It fully and completely addresses the task in a very well-organized and coherent letter. The greeting is highly appropriate, as is the closing. The register is also highly appropriate. The writer demonstrates clear control of a variety of structures, and his vocabulary is precise. The language shows a very broad range of expressions and structures, with excellent control of writing conventions, sentence structure, paragraphs, punctuation, and orthography. The social and cultural references are highly accurate. The writer acknowledges differences, but puts a positive spin on them by saying that they can both have fun because fans are fans, regardless of country of origin. There is an ease of expression and flow to this message that is missing in the others.

Situación #2

Un amigo te ha escrito diciéndote que desea comprar una computadora y que necesita tu consejo para decidirse porque no sabe qué modelo sería el mejor. En tu mensaje, debes

- saludarle
- preguntarle algo sobre lo que él quiere
- ofrecerle tu opinión
- despedirte

SAMPLE ONE

¡Hola, Juan!

Si quieres comprar una nueva computadora hay muchas cosas te necesitas. Bueno, Primero, la computadora necesita memoria de un gigabyte o más. También, necesita el más rápido procesor. También, hay optiónes diferentes si quieres una computadora para tu trabajo o simplemente tu casa. Los otros funciónes incluyen la abilidad a poner los DVDs y CDs, y las programas nuevas. Estos solamente son un poco de cosas que puedas buscar, pero pueden ayudarte mucho.

Chao,
William

RATING: 2—MID-LOW (SUGGESTS LACK OF COMPETENCE)

COMMENTARY

William addresses the task and completes it. He offers an opinion and provides a good description of the computer his friend should seek, even mentioning that it makes a difference if he uses it for work or home. He uses an appropriate greeting and closing, and uses *tú* throughout the message, with one exception. For the most part he uses simple structures, but the kinds of errors he makes show interference from English. He uses English words and spellings, because his vocabulary is not sufficient to discuss the topic in much depth. The writing sample, consequently, is short. In terms of the conventions of written language, he is unable to use advanced structures. He uses some parts of grammar well, such as adverbs, but he makes errors in comparisons that show a clear pattern of misuse. His punctuation is very good, but the whole message is written in one paragraph. He also makes constant errors in accent placement and in the gender of nouns. He tries to use the subjunctive, but unsuccessfully. There are so many mistakes that the correct conjugation of *incluyen* stands out for being correctly spelled.

SAMPLE TWO

Hola:

Si quieres comprar una computadora tengo algunas sugerencias. Primero se lo que quieres comprar antes de ir a la tienda. Tambien, no compres una computadora con más capacidades que necesitas. El dependiente debe poder ayudar en eso respeto. Si quieres jugar los videos juegos, compra una computadora rápida y con mucha memoria, o si solamente trabajas con su computadora, una barata fuincionará. Tambien, antes de que tienes su computadora, va a una clase para aprender cómo hacer funcionarlo. Puedo ayudar más si tienes otras preguntas.

Hasta luego,
Eric

RATING: 3—MID (DEMONSTRATES COMPETENCE)

COMMENTARY

Eric addresses and completes the task in an organized message. He begins very well, but halfway through the message he begins to lose track of some aspects of language that he had at the beginning. Although he uses the second person *tú* for verbs, he uses the third person possessive adjective *su* when he ought to use the second person *tu*. His use of register is appropriate at the beginning, although he has not even mentioned his friend's name in the greeting. His closing is also appropriately casual. He shows control of simple structures and uses a variety of tenses, but misses places where he could have used more complex structures. Where he should have used the subjunctive he uses the indicative, for example, after *antes de que*. He uses grammatically correct familiar command forms for the most part, although there is no accent on the first one, *sé*, and an incorrect irregular familiar command for *ir* at the end. He has slightly more than adequate vocabulary. He does not use paragraphs, but punctuation and orthography are generally good, albeit with some errors. Syntax is generally correct, as is spelling.

SAMPLE THREE

¡Hola, amigo! Yo recibí tu mensaje sobre comprando una computadora nueva anoche, quiero ayudarte antes de comprarlo. El primero paso debes tener un objeto para su computadora. Necesitas saber el modél, y donde quieres ponerlo. Segundo, debes encontrar el software apropiada para que su computadora tenga más funciones y programas. Tercero, encuentre las partes del hardware que necesitas tú. Necesitas un ratón, un teclado, y un monitor también. El cuarto paso es pedir el mejor servicio asistencia para evitar muchas problemas en el futuro. Por fín, puedes comprar una computadora. Estés seguro que haces estos pasos para que tengas una computadora durable que te gusta. ¡Chao!

RATING: 2—MID-LOW (SUGGESTS LACK OF COMPETENCE)

COMMENTARY

The writer addresses and completes the task in a barely coherent message. The greeting and closing are not really adequate, and there are some lapses in register from time to time. There are no social and/or cultural references in the message. The message is organized with generally correct ordinal numbers. The writer's vocabulary is barely adequate because there is clear interference from English, mainly in technological terms that have no easy Spanish translation. Sentence structures tend to be simple, although there are some more complex structures that are used correctly, specifically, the two places where the subjunctive is used correctly in subordinate clauses after *para que*. The command forms are generally correct and, although there are some errors, these do not reveal a pattern. The use of the present participle after the preposition *sobre* shows a direct translation from English to Spanish. However, the writer has used the infinitive correctly after some prepositions, leading to the conclusion that he did not realize that *sobre* is a preposition.

Punctuation is generally correct, as is orthography, although there are some glaring errors of omitted accents. In addition, there are several errors in adjective and noun agreement.

If the writer had made a few corrections when he checked his work, this sample could easily have moved up the scale. However, his errors in simple structures resulted in a rating of 2 (Mid-Low), in spite of the redeeming feature of subjunctive use after *para que*. If he had used another adverbial conjunction in addition to *para que*, it would have demonstrated that he had control of complex structures. Instead, it appears that he has memorized one adverbial phrase to use and used only that one. Had he memorized some other rules, such as always using an infinitive instead of a present participle after a preposition, he would have shown control of complex structures. The whole message consists of one paragraph, demonstrating that the writer cannot organize thoughts in a more coherent manner. The use of ordinal numbers for the steps makes it easy to move from one item to another without any explanation or elaboration of ideas. A more complete greeting and closing would also have helped bump this sample up to a 3 (Mid—Demonstrates competence) rating.

Situación #3

Acabas de recibir una carta del gerente de una tienda diciéndote que has obtenido un puesto para trabajar este verano. Ahora es de noche y estás describiendo la noticia en tu diario. Debes

- saludar al diario
- describir la noticia
- expresar tus emociones al recibir la noticia y el motivo de éstas
- decir lo que vas a hacer con el dinero que ganes
- incluir por lo menos un ejemplo del uso del subjuntivo

SAMPLE ONE

Hola, diario,

¡Dios mío! Estoy alegrísimo hoy, porque acabo de recibir confirmación de un trabajo que he solicitado. ¡Necesito hablar con mis padres y mis compañeros para que puedan celebrar conmigo! El puesto es en un restaurante de pizza y el sueldo es muy grande. Yo espero que tenga este trabajo por muchos años, porque es perfecto para mí. Con el sueldo, yo compraré un coche nuevo porque mi coche no anda bien. El mes pasado se me estropeó cuando no vi una piedra en el camino y desvié del pavimento. Si mi coche no hubiera roto, no necesitaría un coche nuevo. Además, el trabajo va a tener un impacto más grande en mi vida en que me ayudará asistir a una universidad. En adición, mis padres no tendrán que pagar mucho dinero tampoco. En suma, este trabajo es como un milagro en mi vida.

RATING: 5—HIGH (DEMONSTRATES EXCELLENCE)

COMMENTARY

In this sample, the writer has addressed the task and completed it in a well-organized manner and with appropriate use of register. He has used appropriate words to reveal the flow of logic. He has also used exclamations well to indicate his excitement at receiving the news about his job. He has employed a variety of verbal tenses in complex structures, and with only minor grammatical errors. There is no closing to the text he has written. His use of complex structures and the variety of sentence structures are generally very good. Syntax is also good, although there is a very obvious example of interference from English in his use of a time clause to express how long he has hoped for the job. His vocabulary is very good; he uses idioms well and with a certain ease of expression. He has observed the conventions of written language by using correct punctuation and orthography, and has enriched the text with a variety of verbal tenses. The noun-adjective agreement is good, as is his use of the subjunctive in an *if-then* statement and in two dependent noun clauses. His command of verbal tenses clearly shows that he has control of complex structures. He has organized his sample well by using ordinal numbers and an expression of summation (*en suma*) at the end.

SAMPLE TWO

Hola, diario,

Hoy yo recibí una carta para mi puesto en McDonald's este verano. Hacía dos meses yo solicité, y ¡estoy tan feliz y aliviado ahora! Con el dinero, voy a comprar un iPad nueva, porque él puede ayudarme en escuela con mis libros electrónicos en el siguiente año escolar. Para mí, este trabajo va a ser un parte grande de mi verano, y voy a usar mucho tiempo para trabajar y hacer mi puesto bien. Por fin, diario, me hace alegre que recibí el puesto, y ¡tengo muchas ganas de empezar trabajo!

Chao,
Will

RATING: 3—MID (DEMONSTRATES COMPETENCE)

COMMENTARY

This sample adequately addresses and completes the task. The work is very good and, even if a little brief, it satisfies the 60-word requirement. The entry is well-organized, though lacking in elaboration. Point by point, it follows the required items of the task. The sample has a good range of vocabulary and generally correct orthography, punctuation, and sentence structures, showing that the writer has a good command of language. He uses a variety of sentence structures, idioms, and expressions, although some of them are not used quite correctly. There are no examples of the subjunctive, however, which would have helped this essay to rise to the level of demonstrating control instead of simply demonstrating competence.

SAMPLE THREE

Tengo mucho feliz y también estoy nervioso sobre mi trabajo para las vacaciones. Será una persona que tiene que mirar las personas en la piscina para evitar desastres. Quiero trabajar por Hillwood o Belle Meade. Espero que mi jefe me de mucho dinero por mi trabajo, pero no sé ahora. Con el dinero, compraré petróleo para mi coche, comida, y otras cosas. Pienso que mi trabajo vaya a tener un impacto a largo plazo en mi vida porque va a ser mi primero trabajo y es el primero vez que tendré responsabilidades de otras personas Voy a

Chao,

RATING: 2—MID-LOW (DEMONSTRATES LACK OF COMPETENCE)

COMMENTARY

This incomplete sample is a minimal entry. There is no opening or closing, and the sample does not address or complete the tasks required in the directions. With little to no attention to register, there is little to show that the writer is knowledgeable about it. In terms of linguistic aspects, there is some variety of sentence structures, idioms, and expressions included in the vocabulary. He has used circumlocutions to communicate ideas at times, such as *mirar las personas* for what he will do as a lifeguard. The expression *a largo plazo* does mean "long-term," but in the context of the paragraph it loses meaning because it is used illogically. He has attempted to use some complex structures, but does not use the correct verbal tenses of moods in those cases. He does spell the subjunctive of *dar* correctly, but omits the accent—an example of an error in orthography that changes meaning. In other cases he has used the subjunctive incorrectly. His vocabulary shows interference from English, and there are pervasive errors in adjective-noun agreement. Punctuation is very good, but there are no paragraphs, and the last sentence trails off, making the whole entry incomplete.

Grammar Review

As noted in the commentaries about writing samples above, you can see that grammatical errors can sometimes have a disproportionately negative impact in the overall impression a reader has upon reading the sample. Therefore, before beginning the interpersonal writing practices, it is useful to review quickly some basic points of grammar that will make your writing more precise and give you more confidence in the use of complex structures. Although the actual AP Spanish Examination has no questions that relate to the exercises you are going to see, these are an effective way for you to check your own knowledge of grammar. When you finish the exercises, you will be ready for the practice writing exercises. This grammar review will serve you for both the writing and speaking parts of the examination.

On the following pages you will find some exercises to help you review grammar. The answers are explained, so you can learn from your mistakes. Keep track of the kinds of mistakes you make and then go back to a pertinent section of grammar and check it so you will not make the same mistakes during the examination.

Tips for the grammar review exercises

- Scan the whole passage.
- Determine what part of speech is needed.
- If a verb is needed, find the subject in the passage, then determine what tense and mood to use.
- If the word is an adjective, find the noun to which it refers and apply the noun's gender and number to the adjective.
- For other points of grammar, refer to the grammar section in the back of this book.

EXERCISES AND ANSWERS

> **Directions:** On the numbered line corresponding to a numbered blank in the selection, write the correct form of the word needed to complete the passage logically and grammatically. All spelling and all diacritical marks must be correct. You may use more than one word. You must write the answer on the line after the number, even if you do not change the root word in any way. You have seven minutes to read and write your responses.

GROUP ONE

El caso es que la princesa, bella, brillante y sonriente no es feliz. En verdad, tiene que esforzarse para parecer tan sonriente. Y ahora tiene que soportar que ___(1)___ sus tristezas ___(2)___ que la ___(3)___ a desear la paz. Es mucha carga ___(4)___ responsabilidad, y los discursos de bienvenida, y toda la agenda que le deja poco tiempo para vivir. Pero siempre se comporta como si no ___(5)___ nada. A veces, viéndola tratar de aparecer elegante y ___(6)___ , se pregunta si tendría ___(7)___ rasgo de acidez ___(8)___ . Hay que preguntarse si, por toda la riqueza que ___(9)___ como princesa, de veras ___(10)___ la pena.

1. _____
   (publicar)
2. _____
   (profundo)
3. _____
   (llevar)
4. _____
   (tanto)
5. _____
   (pasar)
6. _____
   (sencillo)
7. _____
   (alguno)
8. _____
   (disimulado)
9. _____
   (tener)
10. _____
   (valer)

ANSWERS AND ANSWER EXPLANATIONS FOR GROUP ONE

1. *publiquen* *Publicar* is an orthographic verb. The subjunctive is used because this is a dependent noun clause after a verb of volition.
2. *profundas* This adjective modifies *tristezas*, a feminine plural noun.
3. *llevan* The subject is *tristezas*. This verb occurs in an adjective clause with a known antecedent, so the indicative is correct.
4. *tanta* This comparative structure requires that the adjective agree in gender and number with the noun, *responsabilidad*. All words that end in *-dad* are feminine.
5. *pasara* The past subjunctive must always be used after *como si*. The subject of *pasara* is *ella*, the same subject as for *se comporta*.
6. *sencilla* The adjective agrees with *ella*. The referent is given in the direct object pronoun at the end of the verb form: *viéndola*.

7. *algún* This adjective is apocopated, and an accent is written over the *u* in the last syllable. No credit is given if the accent is not written on the vowel.

8. *disimulado* This adjective modifies *rasgo*, not *acidez*, so the masculine singular form is used.

9. *tenga* The subjunctive is used because this is a dependent adjective clause and the antecedent, *riqueza,* is indefinite. In the adjective clauses look for the construction *por* + (adjective) + *que ...* to indicate to you to use the subjunctive.

10. *vale* The present indicative is used because the present subjunctive is not frequently used after *si.*

GROUP TWO

Me estuve muy quieta, ____(1)____ en la cama, mirando recelosa alrededor, asombrada del retorcido mechón de mi propio cabello que resaltaba oscuramente contra mi hombro. Habituándome a la penumbra, ____(2)____ , uno a uno, los desconchados de la pared, las grandes enzarzadas de la cama, como serpientes, dragones o misteriosas figuras que apenas me atrevía a mirar. Incliné el cuerpo cuanto ____(3)____ hacia la mesilla, para coger el vaso de agua ____(4)____ , y entonces, en el vértice de la pared, descubrí una hilera de hormigas que ____(5)____ por el muro. Solté el vaso que se ____(6)____ al caer, y me ____(7)____ de nuevo entre las sábanas, tapándome la cabeza. No me decidía a sacar ni ____(8)____ mano, y así estuve mucho rato, ____(9)____ los labios. Hice recorrer mi imaginación como por ____(10)____ bosque y jardín desconocidos hasta tranquilizarme.

1. _____ (sentado)

2. _____ (localizar)

3. _____ (poder)

4. _____ (tibio)

5. _____ (trepar)

6. _____ (romper)

7. _____ (hundir)

8. _____ (uno)

9. _____ (morderse)

10. _____ (alguno)

ANSWERS AND ANSWER EXPLANATIONS FOR GROUP TWO

1. *sentada* This past participle functions as an adjective and the antecedent is feminine, indicated by the ending of the previous adjective: *quieta.*

2. *localicé* *Localizar* is an orthographic verb. The preterit indicative is used because the action occurred in a defined point of time in the past. If no accent is used, no credit is given, since the verb without the accent would be a present subjunctive form.

3. *pude* The preterit indicative is used here because the action takes place in a defined point in time in the past. The meaning of the preterit of *poder* is *managed,* or *was able to.*

4. *tibia* This adjective modifies *agua*, which is a feminine noun, even though in the singular form a masculine article, *el,* is used.

5. *trepaban* The imperfect indicative is used here to describe an action. The narrator is telling what the ants *were doing*, in which case the imperfect is indicated.

6. *rompió* The preterit indicative is used because the action occurred at a specific point of time in the past. The action is narrated, not described.

7. *hundí* The preterit indicative is used because the action takes place at a specific point in time in the past. The action is narrated.

8. *una* *Mano* is a feminine noun, requiring the feminine form of the indefinite article, *una*.

9. *mordiéndome* The present participle is used as an adverb, showing the attitude or how the narrator was huddled under the sheets on the bed. Remember to use the first person singular reflexive pronoun to agree with the subject of the verb *estuve*.

10. *algún* The indefinite adjective *alguno* is shortened before masculine singular nouns, such as *bosque*. Notice that there is an accent written on the final syllable. *Algunos* is correct if the adjective refers to *jardines* and *bosques*.

GROUP THREE

Su agradable y delicado perfume, ____(1)____ a una eficacia indiscutible ____(2)____ inigualable, han sido, sin lugar a dudas, las claves del éxito de este producto y el motivo de que millones de personas ____(3)____ tanto tiempo ____(4)____ en este producto, que lejos de ser una moda o un *invento* es EL DESODORANTE. Toda una línea de higiene personal ha sido ____(5)____ al amparo de la imagen de marca más fuerte en el mundo. La ____(6)____ fidelidad de marca de que goza este producto, lo ha situado en un privilegiado ____(7)____ puesto que siempre ha intentado____(8)____ alcanzado por las restantes marcas de la competencia. Desde su creación, hace ya más de 50 años, este producto ____(9)____ liderando el mercado nacional. ____(10)____ Ud. en nuestro producto.

1. _____
   (unido)
2. _____
   (y)
3. _____
   (llevar)
4. _____
   (confiar)
5. _____
   (crear)
6. _____
   (grande)
7. _____
   (primero)
8. _____
   (ser)
9. _____
   (venir)
10. _____
    (Confiar)

ANSWERS AND ANSWER EXPLANATIONS FOR GROUP THREE

1. *unido* The adjective agrees with the noun *perfume*, not with the noun's adjectives: *agradable* and *delicado*. The following sentence makes clear that the qualities of the perfume, combined with the effectiveness of the product are the keys to the success of the product.

2. *e*　The conjunction *y* changes because the initial letter of the following word is *i, inigualable.*

3. *lleven*　The present subjunctive is used because in the adverbial clause motivation, or purpose, is expressed.

4. *confiando*　The present participle is used as an adverb to describe how people are using so much time.

5. *creada*　The feminine form of the past participle is used because it is the object of *ser.* It agrees with the subject of *ha sido,* which is *línea.*

6. *gran*　The adjective, *grande,* is apocopated before singular nouns, such as *fidelidad.* Use the apocopated (shortened) form with both masculine and feminine singular nouns.

7. *primer*　The adjective, *primero,* is apocopated before masculine singular nouns, such as *puesto.*

8. *ser*　The infinitive is used because it is the object of the verb: *ha intentado.*

9. *viene*　The present indicative is used because the verb occurs in the main clause with an expression of time.

10. *Confíe*　The command form is indicated by the placement of *Ud.* after the verb. Notice the accent written on the *i.*

GROUP FOUR

Al sol, ya se sabe, hay que ____(1)____ con las espaldas bien ____(2)____. ____(3)____ imprudencia nos está ____(4)____, pues este astro, que ____(5)____ una memoria de elefante, puede ____(6)____ factura cuando menos nos lo esperamos. Sirve que nosotros lo ____(7)____ en cuenta al comprar un bronceador. Vale que ____(8)____ uno que nos ____(9)____ seguridad total de los efectos de los rayos ultravioleta. Ahora ____(10)____ del sol veranal traspasa cuestiones estéticas.

1. _____ (acercarse)

2. _____ (cubierto)

3. _____ (Ninguno)

4. _____ (permitido)

5. _____ (poseer)

6. _____ (pasarse)

7. _____ (tener)

8. _____ (buscar)

9. _____ (ofrecer)

10. _____ (protegerse)

ANSWERS AND ANSWER EXPLANATIONS FOR GROUP FOUR

1. *acercarse*　Although the verb is preceded by *que,* in this case it forms part of the expression *hay que,* which requires the infinitive.

2. *cubiertas*　The past participle is used as an adjective and refers to the noun, *espaldas.*

3. *Ninguna* The negative indefinite adjective refers to a feminine noun, *imprudencia*. The feminine form of this adjective is never shortened.

4. *permitida* The past participle is used as an adjective and refers to the subject of the verb *está*, which is *imprudencia*.

5. *posee* The present indicative is used because it occurs in an adjective clause referring to a definite antecedent, *astro*, which in turn is another name for *el sol*.

6. *pasarnos* The infinitive is used because it is the object of the verb *puede*. The first person plural indirect object pronoun is used because the first person plural subject is indicated in the following verb: *esperamos*.

7. *tengamos* The present subjunctive is used because it occurs in a dependent noun clause after an impersonal expression: *sirve que*.

8. *busquemos* The present subjunctive is used because it occurs in a dependent noun clause after an impersonal expression: *Vale que*. Notice that not all impersonal expressions begin with the verb *ser*. If you can determine that the subject of the verb is *it* and it has no specific antecedent, you can always recognize when to use the subjunctive after an impersonal expression.

9. *ofrezca* The present subjunctive is used because it occurs in a dependent adjective clause in which the antecedent is indefinite, *uno*, which in turn refers to *un bronceador*.

10. *protegernos* The infinitive is used because it is the subject of the verb *traspasa*. The first person plural object pronoun is used because *our* reactions to the power of the sun's rays has been the topic of the passage.

GROUP FIVE

Estas Olimpiadas prepárate a ganar. ____(1)____ dos códigos de barras de ____(2)____ producto que tú ____(3)____ a Marca X al Apartado 999, 38565 Madrid, y un fantástico Lulu de Oro puede ser tuyo. O bien ____(4)____ millón de pesetas. Los sorteos se ____(5)____ ante notario el treinta de junio, el treinta de julio y el ____(6)____ de septiembre del año próximo. ¡Anímate! Tienes mucho que ganar. Y ____(7)____ que ____(8)____ más cartas ____(9)____, más fácil será ganar. No ____(10)____ escapar tu Lulu. Es una ocasión de oro.

1. _____
   (Enviar)

2. _____
   (cualquiera)

3. _____
   (querer)

4. _____
   (uno)

5. _____
   (celebrar)

6. _____
   (primero)

7. _____
   (recordar)

8. _____
   (cuánto)

9. _____
   (mandar)

10. _____
   (dejar)

ANSWERS AND ANSWER EXPLANATIONS FOR GROUP FIVE

1. *Envía*   The affirmative familiar singular command form of the verb is indicated by the use of the second person singular command in the first sentence, *prepárate.* Do not be confused because the object in the sentence comes first. This stylistic device, inverting the word order of the sentence, simply emphasizes the noun, *Olimpíadas.*
2. *cualquier*   This indefinite adjective is apocopated before nouns of both genders.
3. *quieras*   The present subjunctive is used because the verb occurs in a dependent adjective clause after an indefinite antecedent: *un producto.*
4. *un*   The apocopated form of *uno* is required before the number *millón.* Notice that *millón* takes the preposition *de* when it is followed by a noun.
5. *celebrarán*   This verb is the *se* substitute for the passive voice. *Los sorteos* is plural, so the verb is in the third person plural.
6. *primero*   The ordinal number for the first day of the month is not apocopated.
7. *recuerda*   The affirmative familiar singular command form is required because the context of the verb in the selection and the meaning of the word indicate an instruction to the reader.
8. *cuántas*   The interrogative form agrees with *cartas.*
9. *mandes*   The present subjunctive is used because it occurs in an adjective clause referring to *cuántas cartas,* an indefinite antecedent.
10. *dejes*   The verb is a negative familiar singular command, which is indicated by the context of the verb.

GROUP SIX

El Real Decreto dice: *El producto cosmético indicará la fórmula cualitativa y cuantitativa de las substancias* ____(1)____ *presencia* ____(2)____ *en la denominación del producto o en su publicidad.* ____(3)____ quiere decir que todos los productos en cuya confección ____(4)____ materias activas naturales provenientes de plantas deben especificar claramente el porcentaje de materia activa en sus etiquetas, estuches y publicidad. Consecuente con esto, y con ____(5)____ más de 75 años ____(6)____ con extractos naturales de plantas, le informamos que nuestros productos tienen un porcentaje exacto porque en nuestra opinión, ____(7)____ porcentajes son los necesarios para que ____(8)____ materias activas ____(9)____ el beneficio natural esperado de la planta. ____(10)____ la forma de averiguar la materia activa que cada producto contiene, usted debe decidir lo que más le conviene.

1. _____
   (cuyo)
2. _____
   (anunciarse)
3. _____
   (Este)
4. _____
   (intervenir)
5. _____
   (nuestro)
6. _____
   (trabajar)
7. _____
   (ese)
8. _____
   (dicho)
9. _____
   (realizar)
10. _____
    (Conocer)

ANSWERS AND ANSWER EXPLANATIONS FOR GROUP SIX

1. *cuya* This possessive agrees with *presencia,* not *sustancias.*
2. *se anuncie* The present subjunctive is used because it occurs in an adjective clause referring to the indefinite antecedent *presencia.*
3. *Esto* The neuter demonstrative pronoun is used here because *This* refers to the whole idea expressed in the previous sentence.
4. *intervengan* The present subjunctive is used because the verb occurs in a dependent adjective clause with an indefinite antecedent *confección.* The subject is *materias.*
5. *nuestros* This possessive modifies *años* so it is masculine plural.
6. *trabajando* This present participle tells how an action was done.
7. *esos* The masculine plural form of the demonstrative adjective is used because it modifies *porcentajes.*
8. *dichas* The feminine form of the past participle is used because it functions as an adjective modifying the word *materias.*
9. *realicen* The present subjunctive is used because it occurs in a dependent adverbial clause after *para que.*
10. *Conociendo* The present participle functions as an absolute. An absolute construction means that the present participle refers to the whole sentence that follows it.

GROUP SEVEN

La Ley Civil ____(1)____ ayuda en ____(2)____ modo a que las parejas ____(3)____ se lo ____(4)____ un poco más antes de presentar la demanda de divorcio: el matrimonio entra de nuevo en vigor si los separados vuelven a convivir. Si a pesar de todo el divorcio se presenta como la opción más ____(5)____, hay que ____(6)____ que ____(7)____ un año desde que se firmó la solicitud de separación. No es necesario que se haya ____(8)____ sentencia. También se puede acceder al divorcio sin una separación previa, aunque ____(9)____ transcurrir dos años y ____(10)____ las causas debidamente.

1. _____
   (español)
2. _____
   (cierto)
3. _____
   (separado)
4. _____
   (pensar)
5. _____
   (aconsejable)
6. _____
   (esperar)
7. _____
   (transcurrir)
8. _____
   (dictado)
9. _____
   (deber)
10. _____
   (acreditar)

ANSWERS AND ANSWER EXPLANATIONS FOR GROUP SEVEN

1. *española* This adjective modifies *ley,* which is a feminine singular noun. The form, *español,* is the masculine singular form of the adjective of nationality, and thus does not change, but the feminine form adds an *a.*

2. *cierto* This adjective modifies *modo,* which is a masculine singular noun; therefore, there is no change in the form.

3. *separadas* This adjective modifies *parejas,* which is feminine plural. The adjective must also be feminine plural.

4. *piensen* This verb occurs in an adverbial clause introduced by the conjunction, *a que,* which indicates purpose or cause. The subjunctive is always used after this adverbial conjunction.

5. *aconsejable* Adjectives that end in *-ble* do not change the ending to make them agree in gender. But if the noun had been plural, the ending on this adjective would have been made plural by adding *-s.*

6. *esperar* Even though this verb comes after *que,* in this case it is part of a modismo. *Hay que* is always followed by the infinitive form of the verb and expresses impersonal obligation.

7. *transcurra* The present subjunctive is used because *hay que esperar* is considered an impersonal expression. *Transcurra* occurs in a dependent noun clause, introduced by *que* after an impersonal expression in the main clause.

8. *dictado* The past participle in this case functions verbally. The invariable form of the past participle is always used after *haber*; therefore, the ending is *-o.*

9. *deben* The conjunction *aunque* can take either the indicative or the subjunctive, depending on the degree of uncertainty about the veracity of the statement. In this case the context makes it rather plain that according to the spirit of the law governing divorce, couples ought to wait two years before filing. When no uncertainty is implied, the indicative is used.

10. *acreditar* The infinitive is used because the verb functions as the object of another verb. *Deben* in this case functions as a modal verb, which means that another verb is needed to complete the meaning of *deber.* The verb *transcurrir* is also used as an object of the modal verb, and the conjunction *y* indicates that the two verbs form a compound object.

GROUP EIGHT

Por fin, a ____(1)____ dos días de navegación, el buque ____(2)____ en la enseñada de Labadee, ____(3)____ isla arrendada por los armadores para diversión de su clientela que, ____(4)____ de una moneda especialmente ____(5)____ para el crucero, podía comprar caracolas marinas y corales ____(6)____ de Taiwan, sin ____(7)____ las botellas de *Coca-cola*. Un grupo de tambores y bidones musicales recibía en fila a ____(8)____ turistas. Luego de una sesión intensa de sol, la misma charanga caribeña les ____(9)____ después de horas en idéntica formación, aunque ____(10)____ la voluntad.

1. _____ (el)
2. _____ (fondear)
3. _____ (diminuto)
4. _____ (provisto)
5. _____ (acuñado)
6. _____ (traído)
7. _____ (olvidar)
8. _____ (el)
9. _____ (despedir)
10. _____ (pedir)

ANSWERS AND ANSWER EXPLANATIONS FOR GROUP EIGHT

1. *los* This definite article modifies *días*, which is a masculine plural noun. Even though *día* ends in *a*, it is masculine.
2. *fondeó* The preterit indicative is used because the action is completed in the past. It is the beginning of the narrative on what happened when the cruise ship arrived at the port of call. Even if you do not know what the verb means, the use of the preterit is obvious from the words *por fin* and *dos días*.
3. *diminuta* This adjective modifies *isla*, which is feminine singular; therefore *diminuta* is used in the feminine singular form.
4. *provista* This adjective refers back to *clientela*, which is a feminine singular noun.
5. *acuñada* This adjective modifies *moneda*, which is feminine singular. Even if the meaning of *acuñada* is unknown, knowing that *moneda* is feminine singular provides enough information to arrive at the correct answer.
6. *traídos* This past participle used as an adjective refers to both *caracolas* and to *corales*. Since one of the nouns is feminine and the other masculine, the masculine plural form of the adjective is used.
7. *olvidar* This verb occurs after a preposition, in which case the infinitive form of the verb is always used.
8. *los* The noun *turistas* is one of those nouns that ends with an invariable form, *-ista, -istas*. The rule for mixed gender groups means that the masculine plural article should be used with *turistas*.

9. *despedía* This verb is frequently a reflexive verb. In this case, however, the subject is *charanga*, a third person singular subject, and the object pronoun, *les*, is a third person plural pronoun. The imperfect is used because the action is described and there is no reference to the beginning and/or the end of the action stated in the passage.

10. *pidiendo* The present participle occurs as an adverb describing manner in an explanatory clause, introduced by *aunque*. The conjunction *aunque* can also be followed by a conjugated verb. In this sentence, the present participle is used to avoid repetition of sentence structure. The implied meaning of the present participle in this case is *pedía*.

GROUP NINE

Se había producido una estampida entre los burlangas, y cada _____(1)_____ de ellos encontró refugio en los rincones más insospechados mientras los _____(2)_____ iban _____(3)_____ el garrito patas arriba con su furor _____(4)_____ de manifestarse ante Luisito, el Nabo, que estaba _____(5)_____ detrás de una cortina. Parecía que lo _____(6)_____ reconocido por el olfato, y hacia él se _____(7)_____ ambas fieras a un tiempo, pero el joven atracador vestido de esmoquin tuvo los reflejos a punto para sacar la recortada del armario, y sin pensarlo nada _____(8)_____ un par de disparos que fueron suficientes. En medio de un charco de sangre quedaron _____(9)_____ dos hombres desconocidos que habían _____(10)_____ los sicarios transformados en cerdos por la dama Georgina.

1. _____ (uno)
2. _____ (jabalí)
3. _____ (poner)
4. _____ (tratar)
5. _____ (esconder)
6. _____ (haber)
7. _____ (abatir)
8. _____ (soltar)
9. _____ (tumbado)
10. _____ (ser)

ANSWERS AND ANSWER EXPLANATIONS FOR GROUP NINE

1. *uno* The noun *burlangas* is masculine, as is indicated by the definite article, *los*. *Uno* refers to *burlanga*. The verb *encontró* is singular, which indicates that *uno* must be third person singular.

2. *jabalíes* The plural of words that end with a stressed -í is formed by adding -*es*. The written accent is retained.

3. *poniendo* The present participle (*gerundio* in Spanish) is used as an adverb in order to describe how they went. After verbs of motion and perception the present participle is frequently used adverbially.

4. *tratando* The present participle is used here to describe further how they went, even though no conjunction is used to indicate that the structure is compound.

5. *escondido* The past participle is used as an adjective, that is masculine singular in this case because it refers to Luisito, el Nabo.

6. *habían*   The subject of this verb is *los jabalíes*, who are pursuing Luisito, el Nabo. The imperfect form of the verb is used (the pluperfect is indicated by the past participle *reconocido*) because the action is described, not narrated.

7. *abatieron*   The verb is used in the preterit in this case because it narrates, or retells, the action when the wild boars finally located their quarry.

8. *soltó*   The subject of the verb is the young hunter, *el joven atracador*, who had the presence of mind, *tuvo los reflejos*, to shoot at the *jabalíes*. The preterit is used because the action is begun and completed at a definite moment in time in the past.

9. *tumbados*   The past participle in this case refers back to the *jabalíes*, as is indicated by the use of the third person plural of the verb *quedaron*. The past participle is masculine because *jabalíes* is a masculine plural noun.

10. *sido*   The pluperfect is used because the time frame indicated is prior to a point of time in the past, when they had been shot by the young hunter. *Sido* is the past participle that must follow the helping verb *haber*.

GROUP TEN

Del mismo modo, hoy nos ____(1)____ por el abandono de las relaciones ____(2)____. El tocadiscos, la radio, la televisión y el vídeo han ido ____(3)____ a las gentes en sus casas y ____(4)____ el ocio en onanismo. Las computadoras y el fax pueden lograr que las personas ni siquiera se ____(5)____ que juntar para el trabajo. Cada vez se vive más en la soledad, en la unidad aislada, en el individuo. Hoy todo ____(6)____ nos parece terrible, pero quizás dentro de un par de siglos los humanos ____(7)____ hacia atrás y se pregunten: "Y esos bárbaros del siglo XX, ¿cómo ____(8)____ vivir así de ____(9)____, así de mezclados? ¿Cómo podían necesitar el contacto sucio y ancestral de los amigos? ¿Cómo se las arreglaban para trabajar en ____(10)____ caos invasor de una oficina?"

1. _____
   (doler)

2. _____
   (interpersonal)

3. _____
   (encerrar)

4. _____
   (convertir)

5. _____
   (tener)

6. _____
   (este)

7. _____
   (mirar)

8. _____
   (poder)

9. _____
   (promiscuo)

10. _____
    (el)

ANSWERS AND ANSWER EXPLANATIONS FOR GROUP TEN

1. *dolemos*   The verb is used in the first person plural in this case because it is reflexive. Frequently the indirect object pronoun is used with *doler* and the subject of the verb is whatever it is that causes the hurt. But in this instance the reflexive is indicated because *doler* is followed by the prepositional phrase, *por el abandono*. Farther down in the passage, the subject, *we*, is indicated again in the phrase, *Todo esto nos parece....* This is an example of a passage that needs to be read in its entirety before the fill-ins are begun; otherwise, subtleties such as the subject, or the narrative voice in this passage, would be missed.

2. *interpersonales*   The adjectives that end with *-l* can only agree in number with the nouns they modify, not gender. The adjective modifies *relaciones,* not *abandono*.

3. *encerrando*   The present participle is used to describe the action of the verb, which is a verb of motion, *han ido*.

4. *convirtiendo*   This present participle, like *encerrando*, describes the action of the verb, which is indicated by the conjunction *y*. *Convertir* is a Class II stem changing verb, which accounts for the change of the *e* to *i* in the stem of the present participle.

5. *tengan*   The expression *pueden lograr* indicated volition (request, will, permission) in the main clause, so the subjunctive is needed in the dependent clause.

6. *esto*   The neuter form of the demonstrative pronoun is used because it refers to the preceding concept, not to any noun in particular. In the last portion of the passage, the speaker tries to put the current perception of isolation in perspective by asking rhetorically if what we consider modern will not appear as strange to people of the next century.

7. *miren*   The present subjunctive is used after *quizás* to express conjecture. *Quizás* indicates the uncertainty of the speaker. Also, *pregunten* is in the subjunctive, indicating probability.

8. *podrían*   The conditional is used to express probability or conjecture in the past. From the perspective of the future, the people who ask the question could not know how or why present-day people do and think the way they do, a perspective communicated by the conditional tense.

9. *promiscuos*   The adjective is plural because it refers to *esos bárbaros*.

10. *el*   *Caos* is a masculine singular noun.

GROUP ELEVEN

Por descuido o porque uno se pone a hacer otra cosa cuando se está trabajando con el ordenador, a veces la pantalla se queda ___(1)___ durante mucho tiempo con un texto o ___(2)___ imagen visible. No se estropea la unidad central del ordenador ni se pierden datos, pero el monitor tal vez ___(3)___ daños por el efecto ___(4)___ *pantalla quemada,* que además puede producir problemas en la vista. Para evitarlo existen programas de protección que eliminan la imagen del monitor al cabo de unos minutos de permanecer ___(5)___. Después para regresar a la tarea interrumpida, basta con ___(6)___ una tecla. En el interior de la pantalla hay partículas de fósforo que brillan cuando son ___(7)___ por un haz de electrones, pero después de un bombardeo prolongado en el mismo punto el fósforo se desgasta y queda un brillo fantasma. Este efecto hace que se ___(8)___, por ejemplo, líneas de texto ___(9)___ cuando el monitor está ___(10)___.

1. _____
   (encendido)
2. _____
   (uno)
3. _____
   (sufrir)
4. _____
   (denominado)
5. _____
   (inalterado)
6. _____
   (pulsar)
7. _____
   (activado)
8. _____
   (ver)
9. _____
   (fijo)
10. _____
   (apagado)

ANSWERS AND ANSWER EXPLANATIONS FOR GROUP ELEVEN

1. *encendida*   The past participle refers to *pantalla,* which is feminine singular. The verb *quedar* is used to mean *to be* in this instance, making the past participle function as an adjective.
2. *una*   The noun *imagen* is feminine.
3. *sufra*   The present subjunctive is used in this instance after *tal vez* to indicate conjecture or the probability that the computer screen could suffer from a problem called *burned screen.*
4. *denominado*   The adjective refers to *efecto* not *pantalla,* so it is masculine singular.
5. *inalterada*   The adjective refers to *la imagen,* and thus is feminine singular form.
6. *pulsar*   The infinitive is used because it follows a preposition.
7. *activadas*   The feminine plural form is used because it refers to *partículas.* When the noun is followed by a prepositional phrase that describes the noun, such as *de fósforos,* be sure to correctly identify the referent of the adjective.

8. *vean* The present subjunctive is used because it occurs in a dependent noun clause, following the verb *hace*, which indicates volition. The plural is used because the *se* substitute for the passive voice is used and the subject is *líneas*.

9. *fijas* The adjective refers to *líneas*, not to *texto*, which is contained in a prepositional phrase describing *líneas*. The noun is a feminine plural form.

10. *apagado* The noun that this adjective modifies is *monitor*, which means that this past participle used as an adjective must be a masculine singular form.

GROUP TWELVE

El azar me había ____(1)____ en cierto banquete junto a un hombre amable y jovial, con patillas, ojos astutos, nariz ____(2)____ y una corbata que ____(3)____ tres vueltas alrededor de su largo cuello antes de anudarse.

    —¡Mozo! ¡____(4)____ aquí, amigo! Va usted a traerme ____(5)____ una cerveza, y que no ____(6)____ de la casa Bornoil, ¿eh? No se había servido todavía la sopa y ____(7)____ caballero ____(8)____ ya ____(9)____ ruido como si se ____(10)____ en el postre.

1. _____ (poner)
2. _____ (puntiagudo)
3. _____ (dar)
4. _____ (Venir)
5. _____ (correr)
6. _____ (ser)
7. _____ (este)
8. _____ (hacer)
9. _____ (tanto)
10. _____ (estar)

ANSWERS AND ANSWER EXPLANATIONS FOR GROUP TWELVE

1. *puesto* This word is the irregular past participle of *poner*, which is required because it follows the auxiliary verb *haber*.

2. *puntiaguda* The noun that this adjective modifies, *nariz*, is feminine singular; thus the correct form ends in *-a*.

3. *daba* The third person singular is required because the subject of the verb is *corbata*. The imperfect is used because the sentence describes the man's attire.

4. *Venga* The polite second person singular pronoun, *Ud.*, is required in this instance. The direct address of *Mozo* indicates that the relationship between the two is formal, even though the speaker also uses the word *amigo*. In addition, in the following sentence, *usted* is used to indicate the third person singular.

5. *corriendo* The present participle is used to show in what manner the *mozo* is to bring the beer, indicating an adverb.

6. *sea* The present subjunctive is required because the beer has not been brought yet. The verb occurs in a dependent noun clause. The main clause is omitted, but *que* before the verb means that the following clause is dependent. *Quiero* or some other verb of wishing or wanting is understood in this kind of a sentence.

7. *este* The demonstrative adjective modifies *caballero*, a masculine singular noun. The correct masculine singular form is *este*.

8. *hacía* The imperfect is used because the period of time to which the speaker refers is indefinite.

9. *tanto* The noun *ruido* is masculine singular, which requires that *tanto* agree in gender and number with the noun. Only when *tanto* is followed by an adjective or adverb is it shortened.

10. *estuviese, estuviera* Either form of the past subjunctive is always required after *como si.*

GROUP THIRTEEN

Había _____(1)_____ decir, por ejemplo, que una de las habitaciones principales de la casa de don Carlos había sido _____(2)_____ por él en _____(3)_____ especie de museo en el que se conservaban, _____(4)_____, siempre escrupulosamente cuidadas y limpias, las pertenencias de Estela. Pues bien, su sucesora sería la más celosa guardiana de la veneración que a ese, no, museo no, altar, se le debía. Hasta que el mismo Carlos le _____(5)_____ que no _____(6)_____ y ella, por obediencia, fuera _____(7)_____ que crecieran las telarañas y se extendiera el moho y se _____(8)_____ los hongos. Pues nadie volvería a acordarse de aquel cuarto cerrado _____(9)_____ tantos otros abiertos y que _____(10)_____ atención y cuidado.

1. _____ (oír)

2. _____ (convertido)

3. _____ (uno)

4. _____ (intacto)

5. _____ (rogar)

6. _____ (exagerar)

7. _____ (dejar)

8. _____ (multiplicar)

9. _____ (haber)

10. _____ (requerir)

ANSWERS AND ANSWER EXPLANATIONS FOR GROUP THIRTEEN

1. *oído*   The past participle is required after the verb *haber*. The important thing to remember about verbs like *oír* is that there is an accent written on the past participle. Other past participles like *oído* are *leído, creído,* and *traído*.

2. *convertida*   This past participle functions as an adjective and refers back to *una* of the *habitaciones* earlier in the sentence. This sentence is a good example of the true passive voice in Spanish. You can identify it by the verb *ser, había sido,* the past participle, *convertida,* the preposition indicating the agent, *por,* and the agent *él.*

3. *una*   The noun *especie* is feminine singular, which requires the feminine singular indefinite article, *una.*

4. *intactas*   This adjective refers to *las habitaciones.* The fact that it is plural is indicated by the *se* substitute for the passive voice that immediately precedes the adjective, *se conservaban.* In addition, all the other adjectives in the series are feminine plural.

5. *rogara, rogase*   The past subjunctive is indicated by *hasta que.* Even though this passage is told in the past tense, from the perspective in time of the speaker, Carlos has not said anything yet; therefore, that event is considered future (an unaccomplished happening), and is rendered in the subjunctive. Additionally, in a parallel structure the following portion of the compound clause shows the past subjunctive *-y ella, por obediencia, fuera ... que crecieran las telerañas.*

6. *exagerase, exagerara*   The imperfect subjunctive is used in a dependent noun clause after a verb of volition. Don Carlos begs Estela not to exaggerate. Additional cues are found in the parallel structures in which the past subjunctive, *crecieran telerañas,* is also used in a dependent noun clause.

7. *dejando*   The present participle is used after the verb *ir.* It describes the action of the verb by showing the manner in which the action is accomplished. Do not confuse the verbs *ir* and *ser* in this kind of question. *Por* in this sentence does not indicate the passive voice. Nor would a past participle for *dejar,* modifying *ella* make sense in this context, either.

8. *multiplicaran, multiplicasen*   This verb is part of a series of verbs in the past subjunctive: *crecieran* and *extendiera.* They all occur as dependent clauses following a verb of volition, *dejar.* This verb is plural because this is the *se* substitute for the passive voice. The verb must be either singular or plural depending on the number of the noun that is the subject. *Hongos* is the plural subject; therefore, *multiplicaran* must also be plural.

9. *habiendo*   The present participle is used because the function of the verb in this clause is to describe the action of the verb: *volvería a acordarse. Habiendo* means *there being....*

10. *requerían*   The imperfect is used in this instance because the action of the verb is not carried out at a specific moment in time in the past. The plural form of the verb is used because the subject of the verb is the nominalized adjective *otros,* which refers to *cuartos.*

GROUP FOURTEEN

No puedo explicarte la alegría que ____(1)____ al ____(2)____ tu cariñosa carta. La noticia que me das de tu próximo matrimonio con Juan Alonzo conmocionó a ____(3)____ la familia. Todos me encargan que los ____(4)____ muy sinceramente. Yo ____(5)____ que vengas pronto por la capital para hacer las compras de tu ajuar. Además, por supuesto te ____(6)____ el mes entrante cuando ____(7)____, aunque bien yo ____(8)____ que en esta materia no necesitas ayuda ____(9)____ pues tienes un gusto y elegancia ____(10)____.

1. _____
   (experimentar)
2. _____
   (recibir)
3. _____
   (todo)
4. _____
   (felicitar)
5. _____
   (confiar)
6. _____
   (acompañar)
7. _____
   (venir)
8. _____
   (saber)
9. _____
   (alguno)
10. _____
    (exquisito)

ANSWERS AND ANSWER EXPLANATIONS FOR GROUP FOURTEEN

1. *experimenté* The first person preterit is used because the time to which the speaker refers is a specific moment in the past, the moment when the speaker opened the letter. The first person is indicated by the subject of the first verb, *puedo*.

2. *recibir* The infinitive is used in this instance as a noun, even though in English the translation would call for a present participle used as a noun. *Al* is always followed by an infinitive verb form.

3. *toda* The adjective modifies *la familia*, a feminine singular noun. Family is a collective noun; even though it refers to a group of people, the singular is required because the noun itself is singular.

4. *felicite* The present subjunctive is used in this instance because it occurs in a dependent noun clause, after the verb *encargar*, which indicates volition. The subject of *felicite*, *yo*, is indicated by *me*, the object pronoun in front of *encargan*. The direct object pronoun *los* refers to the persons to whom the narrator is talking, *tú*, and her fiance. Remember that in Spanish America the third person plural is used in place of the second person plural forms. But in Spain, the second person plural, *vosotros*, is commonly used.

5. *confío* This verb in the present tense carries a written accent on the stem of the verb in those persons and number where the stress should fall on the stem, in the first, second, third singular, and third persons plural.

6. *acompañaré* The future indicative is used because the action has not yet

taken place (indicated by the words *el mes entrante*), and the verb occurs in the main clause.

7. *vengas* *Cuando* is an adverbial conjunction of time. The present subjunctive is used since the action has not happened.

8. *sé* The first person singular of *saber* is irregular. Be sure to write the accent on the verb form to distinguish it from a pronoun.

9. *alguna* This indefinite adjective, which usually precedes the noun, is feminine singular because it refers to *ayuda*. Where it is placed in regard to the noun does not change the rule for making adjectives agree in gender and number with the nouns they modify, except for apocopated masculine forms. Notice that *alguna* comes after the noun and that the verb is negated. This is an idiomatic use of *alguna*, instead of using *ninguna* before the noun. The word order is important.

10. *exquisitos* The plural form of the adjective is used because it refers to both *gusto* and *elegancia*. In cases where one noun is masculine and one is feminine, the masculine plural form of the adjective is used.

GROUP FIFTEEN

En respuesta a ____(1)____ crisis, recomiendo que ____(2)____ nosotros un programa masivo de construcciones de prisiones. Un ____(3)____ paso importante sería convertir ____(4)____ de las cárceles de mínima y mediana seguridad ____(5)____ , en prisiones de ____(6)____ seguridad para acomodar a criminales ____(7)____ . Creo firmemente que el único impedimento al crimen es el castigo garantizado. No veremos una reducción en el crimen hasta que ____(8)____ a implementar ____(9)____ sistema de castigo que ____(10)____ ambos adecuado y cierto.

1. _____
   (este)

2. _____
   (comenzar)

3. _____
   (primero)

4. _____
   (alguno)

5. _____
   (existente)

6. _____
   (máximo)

7. _____
   (violento)

8. _____
   (empezar)

9. _____
   (uno)

10. _____
    (ser)

ANSWERS AND ANSWER EXPLANATIONS FOR GROUP FIFTEEN

1. *esta*   The noun that this demonstrative adjective modifies, *crisis*, is feminine singular.

2. *comencemos*   The present subjunctive is used because the verb occurs in a dependent noun clause after a verb of volition: *recomendar*. That the first person plural is the subject is indicated by the subject pronoun that follows the verb. Usually the subject pronoun precedes the verb, but not always.

3. *primer*   The adjective is apocopated (the *-o* is dropped before masculine singular nouns) because the noun it modifies is *paso*.

4. *algunas*   The feminine plural form of the indefinite adjective is used here as a pronoun, *some of the prisons*, because the referent is *cárceles*, a feminine plural noun. Grammatically, a singular indefinite pronoun is possible, but it is not logical in this case since the speaker is talking about some of the prisons, not just one.

5. *existentes*   The adjective is plural because it refers to *cárceles*, not to *seguridad*.

6. *máxima*   This adjective modifies *seguridad*, which, like all nouns that end with *-dad*, is feminine.

7. *violentos*   This adjective modifies a masculine plural noun, *criminales*, so it must end with *-os*.

8. *empecemos*   This verb follows an adverbial conjunction of time, *hasta*. Since the verb in the main clause is in the future tense, *veremos*, the action in the dependent clause has not happened yet, and is expressed using the present subjunctive. The subject, the first person plural, is the same as the other verb meaning *to begin*, *comencemos*, at the beginning of the passage.

9. *un*   The noun that this indefinite adjective modifies is masculine singular, even though it ends with *-a*. *Uno* is always apocopated before masculine singular nouns.

10. *sea*   The present subjunctive is used in this instance because it occurs in a dependent adjective clause that refers to an indefinite, or nonexistent antecedent, *sistema*.

GROUP SIXTEEN

Hoy en día hay ____(1)____ temas en los Estados Unidos que ____(2)____ más pasiones irracionales que el bilingüismo. En los últimos seis años, 17 estados ____(3)____ pasado resoluciones ____(4)____ del inglés la lengua oficial. Los partidarios del movimiento ____(5)____ *Lengua pura*, alegan que éste está ____(6)____. ____(7)____ por una organización ____(8)____ en Washington que ha reclamado en varias ocasiones entre 250.000 y 3.000.000 miembros que pagan cuotas, este movimiento tiene una filosofía muy simple: el inglés es, y debe permanecer para siempre, la única lengua de los Estados Unidos. En tal clima tan ____(9)____ es útil hacer una distinción entre la educación bilingüe y el bilingüismo. Esta distinción no es ____(10)____ con frecuencia por los partidarios del *Lengua pura*.

1. _____ (poco)
2. _____ (provocar)
3. _____ (haber)
4. _____ (hacer)
5. _____ (llamado)
6. _____ (crecer)
7. _____ (Dirigido)
8. _____ (basado)
9. _____ (caldeado)
10. _____ (hecho)

ANSWERS AND ANSWER EXPLANATIONS FOR GROUP SIXTEEN

1. *pocos*   The noun that this adjective modifies, *temas*, is a masculine plural form. Review nouns that end in *-a* if you missed this item.
2. *provoquen*   This verb occurs in a dependent adjective clause. It describes *pocos temas*, which is an indefinite antecedent. The subjunctive is used in such a case, and the present tense is used because other verbs in the passage are present tense.
3. *han*   The present perfect tense is used here because the time frame that is indicated is the immediate past. The selection of present perfect indicates continual action up to the present.
4. *haciendo*   The present participle is used here adverbially; it describes the action of the verb, *han pasado*.
5. *llamado*   The past participle functions as an adjective that modifies *movimiento*, not *partidarios*, since it is the movement that is called *Lengua pura*.
6. *creciendo*   The present participle functions as a verbal after the verb *estar*, indicating the present progressive form of the verb.
7. *Dirigido*   The past participle functions as an adjective, describing *movimiento*.
8. *basada*   This adjective describes *organización*, a feminine noun. All nouns that end with *-ción* are feminine.

9. *caldeado*   This adjective modifies *clima*, a masculine singular noun. *Caldo* means *stew* or *soup*, therefore as an adjective it would mean *soupy*, implying that the climate for bilingual education in the United States is heated and muddled.

10. *hecha*   The past participle of *hacer* here refers to the *distinción*. This is an example of the true passive voice in Spanish with the construction of *to be* + *past participle* + *by* + *agent*.

GROUP SEVENTEEN

El momento actual es el más importante y más crucial que jamás ha ____(1)____ la humanidad. De la sabiduría colectiva que nosotros ____(2)____ durante los próximos ____(3)____ años depende el que la humanidad sea ____(4)____ a un desastre sin paralelo o que ____(5)____ un ____(6)____ nivel de dicha, seguridad, bienestar e inteligencia. No sé qué es lo que ____(7)____ la humanidad. Hay graves motivos para temer, pero ____(8)____ bastantes posibilidades de una buena solución, que hacen que las esperanzas no ____(9)____ irracionales. Y debemos actuar sobre ____(10)____ esperanzas.

1. _____
   (enfrentar)

2. _____
   (demostrar)

3. _____
   (veinte)

4. _____
   (lanzado)

5. _____
   (alcanzar)

6. _____
   (nuevo)

7. _____
   (escoger)

8. _____
   (existir)

9. _____
   (resultar)

10. _____
    (tal)

ANSWERS AND ANSWER EXPLANATIONS FOR GROUP SEVENTEEN

1. *enfrentado*   This is the past participle of the verb needed in the perfect tense. The present perfect is used to indicate the immediate past. The present moment is the most crucial that the world *has* ever *seen*, with the idea of continuous time up to the present being underscored by the use of the word *jamás*.

2. *demostremos*   Since the existence of collective wisdom is questionable from the perspective of the speaker in this passage, the present subjunctive is used. The rest of the passage indicates that the speaker views the present moment as a turning point with equal chance for great progress or total annihilation of the human race.

3. *veinte*   Cardinal numbers such as *veinte* do not agree in gender or number with the nouns they modify, except for *uno* when it modifies a noun.

4. *lanzada* This past participle, used as an adjective, describes *la humanidad.* Following the verb *ser* the past participles agree in gender and number with the nouns to which they refer.

5. *alcance* The present subjunctive is used because it occurs in a dependent noun clause after the verb *depender.* This verb parallels *sea* in the previous clause, indicated by the conjunction *o. La humanidad* is the subject.

6. *nuevo* This adjective modifies *nivel,* which is masculine singular.

7. *escogerá* The future indicative is indicated by the context of the sentence and the passage. Unlike *no creer, no saber* does not indicate the subjunctive. *Lo que* is the subject of the verb.

8. *existen* The present indicative is used because it occurs in a main clause. Even though the verb *temer* occurs in the previous clause, the clause containing *existir* is introduced by *pero,* meaning that it is an independent clause.

9. *resulten* The present subjunctive is used in a dependent noun clause after a verb of volition: *hacen.*

10. *tales* This word is an adjective that occurs in many idiomatic expressions. When used to modify a noun, it can only agree in number, since it ends with a consonant.

GROUP EIGHTEEN

_____(1)_____ en términos abstractos no es, por supuesto, la única forma de alcanzar la generalidad ética; también se la puede lograr, y quizás mejor, si se ____(2)____ emociones generalizadas. Pero para la mayoría de la gente ____(3)____ es difícil. Si se siente hambre, se ____(4)____ grandes esfuerzos, en caso necesario, para conseguir alimentos; si los que tienen hambre son los hijos ____(5)____ , puede que se ____(6)____ una urgencia aun mayor. Si un amigo está ____(7)____ de hambre, con seguridad se esforzará uno para aliviar su desgracia. Pero si se entera uno que millones de personas en todo el mundo se ____(8)____ en peligro de muerte por desnutrición, el problema es tan ____(9)____ y tan distante que, a menos que se ____(10)____ alguna responsabilidad oficial, se olvidará muy pronto del problema.

1. _____
   (Pensar)

2. _____
   (sentir)

3. _____
   (éste)

4. _____
   (hacer)

5. _____
   (suyo)

6. _____
   (sentir)

7. _____
   (morirse)

8. _____
   (encontrar)

9. _____
   (vasto)

10. _____
    (tener)

ANSWERS AND ANSWER EXPLANATIONS FOR GROUP EIGHTEEN

1. *Pensar*   The verb functions as the subject of the verb *es*, in which case the infinitive must be used. Contrast this with the English, where the gerund is normally used.

2. *siente*   After the conjunction *si*, the indicative is normally used in the present tense. Although the subjunctive is used to express uncertainty, in Spanish the present subjunctive is usually not used after *si*. Notice all the other constructions in the passage where the present indicative is used, also.

3. *esto*   The antecedent for this demonstrative pronoun is the whole preceding thought, in which case the neuter pronoun is appropriate.

4. *harán*   The future indicative is used in the *se* substitute for the passive voice. The use of the present indicative in the *si* clause means that either the present or the future tenses will be used in the next clause. The future is more appropriate here because the speaker is talking about hypothetical situations, not something that is about to happen in the near future.

5. *suyos*   This possessive adjective agrees with the noun it modifies, *hijos*, not with the possessor, the parents of the children.

6. *sienta*   The present subjunctive is used in a dependent noun clause after an impersonal expression: *puede ser*.

7. *muriéndose*   The present participle is used as a verbal after the verb *estar* to form the present progressive. The pronoun is added to the end of present participles, and an accent is written over the first syllable of the participial ending because the pronoun adds a syllable to the word. Notice the stem change from an *-o* to a *-u*, because this verb is a Class II stem changing verb.

8. *encuentran*   The present indicative is used here because the verb occurs in an adjective clause. In the context of the passage the present is appropriate here instead of the future because the speaker is talking about present-day conditions, not hypothetical situations.

9. *vasto*   The adjective modifies *problema*, which is masculine singular. The gender of the noun is given in the article that precedes the noun. If the noun is unfamiliar, learn to look for other indicators of the gender and do not simply look to see if the ending is an *-o* or an *-a*. See the Appendix for a listing of common nouns that are of the opposite gender than that indicated by the ending.

10. *tenga*   The present subjunctive is used here because the verb occurs in a dependent adverbial clause, following the conjunction *a menos que*, which indicates concession or condition.

GROUP NINETEEN

Sigue ___(1)___. Ha sucedido un accidente desagradable, esta mañana al salir de la escuela. Un tropel de muchachos, apenas ___(2)___ a la plaza, se pusieron a hacer bolas con ___(3)___ nieve que hace las bolas pesadas como piedras. Mucha gente ___(4)___ por la acera. Un señor gritó: —¡Alto, chicos!— Y precisamente en aquel momento se ___(5)___ un grito agudo en la otra parte de la calle, se vio un viejo que ___(6)___ perdido su sombrero y andaba vacilando, ___(7)___ la cara con las manos, y a su lado un niño que ___(8)___ —¡Socorro, socorro!— En seguida ___(9)___ gente de todas partes. Le habían dado una bola en un ojo. Todos los muchachos corrieron a la desbandada, ___(10)___ como saetas.

1. _____ (nevar)
2. _____ (llegar)
3. _____ (aquel)
4. _____ (pasar)
5. _____ (oír)
6. _____ (haber)
7. _____ (cubrirse)
8. _____ (gritar)
9. _____ (acudir)
10. _____ (huir)

ANSWERS AND ANSWER EXPLANATIONS FOR GROUP NINETEEN

1. *nevando* After the verb *seguir* the present participle is commonly used to elaborate on the action of the verb, to tell what kept on happening.
2. *llegaron* The adverb, *apenas*, meaning *scarcely*, indicates a specific moment when the action took place. Thus the preterit is appropriately used to narrate the event. The use of the preterit in the next clause, *se pusieron*, also indicates narration.
3. *aquella* The noun that the demonstrative adjective modifies, *nieve*, is feminine singular.
4. *pasaba* The imperfect is used to describe background action. While the boys made snowballs, people *were going by*. When no beginning or ending to the action is indicated, then the imperfect is used. Notice that *gente* takes the singular ending.
5. *oyó* The preterit is used in this *se* substitute for the passive voice, because the action, a pained shout, occurred at a specific moment in time in the past, indicated by *aquel momento*.
6. *había* The pluperfect is the appropriate tense because the action took place prior to the event in the past to which the speaker refers. Before the man began walking about erratically, he had lost his hat, but the moment at which it happened is not the actual time frame of the narrative.

7. *cubriéndose*   The present participle describes the action of the old man, indicated in the verb *andaba vacilando*. The present participle *vacilando* functions as an adverb, because verbs of motion or perception are often followed by the present participle functioning as an adverb. Remember that when a pronoun is added to the end of the present participle, an accent is written on the first syllable of the participial ending.

8. *gritaba*   The imperfect tense is used here because the action is described, not narrated. The child did not shout—*Socorro*—once and stop; he *was shouting*. The period of time that he continued to shout is indefinite.

9. *acudió*   The preterit is used to indicate that at a specific moment in the past the action occurred. *En seguida* frequently indicates the use of the preterit, because a specific moment in time is mentioned. *Gente*, the subject, follows the verb.

10. *huyendo*   The present participle is used to describe the action of the boys who ran away from the scene. Notice the *i* of the ending changes to *y* between two vowels. If you missed this spelling change you may need to review conjugation of verbs ending in *-uir*. (But do not confuse *-uir* endings with *-guir* endings.)

GROUP TWENTY

Ayer tarde ____(1)____ a la escuela de niñas que está al lado de la ____(2)____ para darle el cuento del muchacho paduano a la maestra Silvia, que lo ____(3)____ leer. ¡____(4)____ muchachas hay allí! Cuando llegué, ____(5)____ a salir, ____(6)____ muy contentas por las vacaciones de Todos Santos y Difuntos, y ¡qué cosa tan ____(7)____ presencié allí! Frente a la puerta de la escuela en la otra acera, estaba con un codo apoyado en la pared y con la frente ____(8)____ en la mano, un deshollinador muy pequeño, de cara completamente negra, con su saco y su raspador, que lloraba por ____(9)____ perdido por un agujero en el bolsillo roto los seis reales que había ganado ____(10)____ chimeneas.

1. _____ (ir)
2. _____ (nuestro)
3. _____ (querer)
4. _____ (Setecientos)
5. _____ (empezar)
6. _____ (todo)
7. _____ (conmovedor)
8. _____ (apoyado)
9. _____ (haber)
10. _____ (limpiar)

ANSWERS AND ANSWER EXPLANATIONS FOR GROUP TWENTY

1. *fui* The preterit indicative is used because the point in time is specific, *ayer.* The first person is indicated later in the passage in the verb *llegué* and *presencié.*

2. *nuestra* The feminine singular possessive pronoun is used because the referent is *escuela.*

3. *quería* The imperfect is used to mean *wanted.* Remember that the meaning of the verb *querer* is different in the preterit.

4. *Setecientas* The number *cientos* agrees with the noun that it precedes.

5. *empezaban* In the past tense *empezar* usually is used in the preterit. Since it refers to a specific moment when something happened, the action has a definite beginning. In the context of this passage, however, the speaker is describing a scene and the students *were beginning* to leave. The imperfect is the appropriate past tense. *Contentas* indicates a plural subject.

6. *todas* The referent for this nominalized adjective is *muchachas,* so the form of the adjective needs to be feminine plural.

7. *conmovedora* This adjective modifies *cosa,* which is feminine singular.

8. *apoyada* The adjective modifies *frente,* whose gender is indicated by the article in front of the noun. Do not be misled because the word appears earlier modifying a masculine singular noun, *codo.*

9. *haber* The perfect tense is indicated because the action took place at a time prior to the moment when the speaker saw the boy. The infinitive form of *haber* is indicated by the preposition *por.*

10. *limpiando* The present participle further describes how the boy earns his living. It is used as an adverb.

CHAPTER 6

Free-Response Tasks
(Section II, Part A)

Task 1: Interpersonal Writing

General Considerations

The following pages present practice exercises for the interpersonal writing part. Before the practice questions there are suggestions for opening and closing sentences, along with suggestions on how to deal with the messages. A few tips: If you write something you want to correct, do not try to erase it and do not use liquid paper or any other means of obscuring what you do not want read. Simply draw a line through it. In addition, when you are writing, concentrate on creating simple sentences with advanced structures. For example, instead of writing *El hombre que andaba por la casa probablemente era un hombre sospechoso*, you could write *Era posible que el hombre sospechoso fuera un ladrón.* The first sentence sounds like a translation from English to Spanish because of the word order and vocabulary. In the second sentence, the subjunctive has been used correctly in a dependent noun clause to express conjecture.

> The total time allotted on the Examination for Part A—Writing is approximately one hour and five minutes. Part A-1 requires about 10 minutes and is worth 10% of the total 30% for Writing.

Suggestions for Opening Sentences

In interpersonal writing you do not always have to use complete sentences if you are writing to a close friend. You can use short sentences or phrases at the beginning and be appropriately casual. In the following pages you will be shown beginning phrases that can be used when you communicate with a friend. Notice that in these phrases you use the second person singular verb form because you are talking to a friend you call by the first name. If you have one such sentence in mind when you begin to write, you will have more time to think about what to say in the rest of the message. Usually the beginning of the message will begin with a rather formulaic statement, the equivalent of our phrase "How are you doing?"

When you address family and close friends, use familiar forms of "you," that is, *tú* or *vosotros*. Remember that in Spain it is customary to use *vosotros* at all times for the plural forms of "you" in addressing family and close friends, whereas in Spanish America *ustedes* is used. If you are in doubt about which form to use, *tú* or *usted*, you might want to use the formal form because it is highly incorrect to presume familiarity in Spanish societies. Use *usted* in writing to people older than you are, to teachers, to people you have just met for the first time, and even friends of the family (unless you routinely use their first names). In some cases the use of *tú* is considered patronizing and/or offensive, because it implies that the person using it thinks she or he is better than the person addressed. Conversely, using the formal (polite) form with family members implies that there is something wrong in the relationship, someone is angry with the other person, or the speaker bears a grudge against the other persons, resents the other person for some reason, or simply is being rude intentionally.

The use of the register refers not only to the selection of which form of "you" to use, but also to other expressions that might be inappropriate or too casual in a more formal relationship. For example, when sending a message to a prospective employer, it might not be appropriate to use some kinds of expressions such as "*diga lo que diga*," meaning "Say what you will," because it would communicate that you do not take him or her seriously enough. Nor would you end the message with *Un beso*.

Here are a few samples of simple structures related to informal greetings and comments:

Querida… ¿Qué haría sin ti?
Gracias por tu oferta.
Por fin me puedo relajar un poco.
Mil gracias por tu apoyo.
Hace tiempo que no tengo noticias de ti.
¿Dónde has estado? Hace días que no he oído de ti.
¿Sabes una cosa? Te echo de menos.
Hola, ¿cómo estás? Dime, ¿cuándo propones salir para…?
Querida, mil gracias por haberme comunicado.
Sabía que podía contar contigo.

A more complex structure often uses the subjunctive in a subordinate clause and/or dependent noun clause, or the sentence may contain the infinitive instead of a clause, but with advanced vocabulary. Look at these:

¡Cuánto me alegro que puedas ayudarme! ¡Eres todo un ángel!
Querida, mil gracias por haberme mandado un mensaje para ofrecer tu ayuda.
¡Que alivio! No sé qué habría hecho si no te hubieras comunicado conmigo.
No puedes imaginar cuánto me alegro de recibir tu mensaje.
Me emociona que + the subjunctive
Siento mucho que + the subjunctive
Espero que este mensaje te encuentre bien.

For more formal greetings you could use something like the structures listed below. Even business communications begin with a standard opening, such as "I hope this letter finds you well."

Estimado Señor…, espero que este mensaje le encuentre bien.
Saludos, Señor …. Le agradezco mucho por haberme recibido la semana pasada.
Buenos días, Señor …. Espero que todo esté bien con usted.
Saludos, Señor… y muchas gracias por + the infinitive verb form.

Saludos, Doctora…. Espero que no haya inconveniente en + the infinitive verb form. *Licenciado …, le mando mis mejores saludos.*

In the body of your message you can easily incorporate complex structures and use them well by using dependent noun, adjective, and/or subordinated adverb clauses. Usually when you try to increase the complexity of the sentences, you fall into the trap of translating from English to Spanish. However, if you possess a large vocabulary, you can add interest, length, clarity, and precision to your message without sounding like you are translating from one language to another.

Below are some suggestions for working the subjunctive into your message. It is easy to use the subjunctive in noun, adjective, and adverb clauses. Learn a few of these to incorporate into your message:

Dudo que…
Temo que …
Espero que…
No espero que…
No creo que…

> Remember that you use the indicative after *Creo que….*

Quiero que…
Deseo que…
Me arrepiento que…
Me da lástima que…
Tengo miedo que…
Me molesta que…
Me sorprende que…
Me alegro que…

In a message to your sister, you could write:

Querida hermana,
Cuánto me alegra oír de ti, porque he estado muy preocupada por ti. Espero que el presente mensaje te encuentre bien cuando llegue, porque hace tiempo que no tengo noticias de nuestra familia. ¿Cómo está Carlitos? He oído que sufría de un resfriado que le hizo perder algunos días de escuela.

In addition to appropriate questions about the sister, the writer also asks about other members of the family, which is common form in Spanish society. You can also work the subjunctive in adverbial clauses into the message with any of the following adverbial conjunctions:

…para que
…a menos que
…con tal que
…a no ser que
…sin que
…a fin (de) que
…antes (de) que

Querida hermana,

Me alegró oír de ti, porque he estado muy preocupado por ti. Espero que el presente mensaje te encuentre bien cuando llegue, porque temía que estuvieras enferma. He oído que Carlitos sufría de un resfriado. ¿Cómo está ahora? Tenía miedo que te contagiaras de su enfermedad y no tuvieras tiempo para mejorarte antes de que empezaran las clases después de las vacaciones.

When you review the grammar section, notice that there are many other instances where you can also use the subjunctive. Choose some structures, practice incorporating them in your writing, and this way you will remember them on the examination. In compound sentences where you demonstrate that you can correctly use the subjunctive mood, don't forget to use *ser* and *estar* correctly, to use *como si* plus the imperfect subjunctive, and to handle an *if-then* statement according to the rules.

Just as there is a standard opening to your message, there is also a customary closing. The sentiment expressed is usually something like "Best wishes." The writer always closes with a phrase or sentence that indicates appreciation for the reader's attention.

For family and friends you could close with one of the following phrases:

Otra vez te agradezco por tu ayuda.
De nuevo, te doy las gracias por ayudarme.
Otra vez, te agradezco por haberme ayudado.
Una vez más, te agradezco y te doy un abrazo fuerte.
Imagínate lo agradecido/a que estoy por todo lo que me has hecho.
Con cariño
Un abrazo fuerte
Besos y un abrazo fuerte

For a closing for a more formal message you could use something like any of the following responses:

Otra vez, le agradezco por su buena atención al tema.
Permítame darle las gracias por todo lo que ha hecho.
Le doy las gracias por su ayuda y apoyo en el proyecto.
Muchas gracias por todo.
Muchas gracias por su amable atención.
Intentaré comunicarme lo más pronto posible para concluir el asunto.
Cordialmente, su estudiante (su amigo, su vecino, su servidor)
Quedo su atento servidor…
Sinceramente,
Respetuosamente,

In the event that your message is too short, you can always lengthen it by adding details. Sixty words is a minimum, and you are not penalized for writing more. If you plan on writing one or two sentences for every part of the situation, it will not be long enough. Use your imagination to incorporate details of time, place, motivation, reason, and description of people, places, or things. If you add more specificity, you will create interest in your message and distinguish it from others.

Common Transitional Phrases

no obstante = *nevertheless*

como si = *as if + imperfect subjunctive*

sino que = *but rather*

ni siquiera = *not even*

en cambio = *on the other hand*

sin embargo = *on the other hand*

al contrario = *otherwise*

por lo contrario = *otherwise*

a causa de = *because of*

además de = *besides, in addition to*

a favor de = *in favor of*

a lo mejor = *maybe*

a pesar de = *in spite of*

con respecto a = *with respect to*

de acuerdo = *in agreement*

en contra de = *against*

en cuanto a = *with respect to*

en lugar de = *in place of*

en vez de = *instead of*

tal vez = *perhaps*

quizás = *perhaps*

Prepositional Phrases

a ciegas = *blindly*

a eso de = *at about (time)*

a fuerza de = *through (great effort)*

a fondo = *in depth*

a la vez = *at the same time*

al menos = *at least*

a mano = *by hand*

a propósito = *on purpose*

a tiempo = *on time*

de vez en cuando = *from time to time*

de ... en ... = *from ... to ...*

de esta manera = *in this way*

de este modo = *in this way*

de nuevo = *again*

de veras = *really*

por (si) acaso = *by chance*

por casualidad = *by chance*

por consiguiente = *therefore*

por desgracia = *unfortunately*

por Dios = *for heaven's sake*

por encima de = *hastily, over the top*

por entero = *completely, entirely*

por escrito = *in writing*

por eso = *therefore, for that reason*

por lo general = *generally, as a rule*

por lo menos = *at least*

por lo tanto = *consequently*

por lo visto = *apparently*

por otra parte = *on the other hand*

por suerte = *luckily*

por supuesto = *of course*

por primera vez = *in the first place*

acabar por = *to end up by*

brindar por = *to drink to, to toast somebody*

esforzarse por = *to strive to, for*

interesarse por = *to be interested in*

luchar por = *to fight for*

morirse por = *to be dying to*

preguntar por = *to inquire about, to ask for somebody*

preocuparse por = *to worry about*

trepar por = *to climb up*

Verbs That Require Specific Prepositions

acostumbrarse a = *to get used to*

apresurarse a = *to hurry*

arriesgar a = *to risk*

asistir a = *to attend*

atreverse a = *to dare*

ayudar a = *to help*

condenar a = *to condemn to*

dar a = *to face (toward) to look out on*

jugar a = *to play*

negarse a = *to refuse to*

oler a = *to smell of, like*

ponerse a = *to begin*

saber a = *to taste of, like*

volver a = *(to do something) again*

acabar de = *to have just*

acordarse de = *to remember*

alegrarse de = *to be glad*

arrepentirse de = *to regret*

avergonzarse de = *to be ashamed*

burlarse de = *to make fun of*

cambiar de = *to change*

carecer de = *to lack*

cesar de = *to cease to*

dejar de = *to cease to, to stop (doing)*

constar de = *to consist of*

darse cuenta de = *to realize*

depender de = *to depend on*

despedirse de = *to say goodbye*

disfrutar de = *to enjoy*

enamorarse de = *to fall in love with*

encargarse de = *to take charge, care of*

enterarse de = *to hear about, find out about*

jactarse de = *to boast about*

llenar de = *to fill with*

no dejar de = *to not fail to*

olvidarse de = *to forget*

quejarse de = *to complain*

servir de = *to serve as*

sospechar de = *to suspect*

tratar de = *to try*

vestirse de = *to dress as, to be dressed as, in*

confiar en = *to trust, to confide in*

consentir en = *to consent to*

convertirse en = *to turn into*

empeñarse en = *to insist on*

insistir en = *to insist on*

entrar en = *to enter*

fijarse en = *to notice*

influir en = *to influence*

ingresar en = *to join (an association, university)*

molestarse en = *to take the trouble to, bother to*

pensar en = *to think about, to meditate*

quedar en = *to agree to, to decide on*

tardar + *time* + en = *to take (somebody or something) (however much time) to*

vacilar en = *to hesitate to*

casarse con = *to get married to*

encontrarse con = *to meet*

enojarse con = *to get mad at*

meterse con = *to get involved with, to get mixed up with*

soñar con = *to dream about*

Practice Exercises for Interpersonal Writing

Directions: In response to the following question you will write a message. You have 10 minutes to read the question and to write your message, which should contain a minimum of 60 words.

Instrucciones: A continuación verás una pregunta que debes responder. Tendrás 10 minutos para leerla y para escribir tu mensaje, el cual debe tener una extensión de 60 palabras como mínimo.

1. Imagínate que estás preparando una fiesta de cumpleaños para tu mejor amiga. En tu mensaje debes

   - saludarla
   - agradecerle por ofrecer su ayuda
   - indicarle lo que ella debiera hacer
   - despedirte de ella

2. Tienes que escribir una nota a tu hermano, dándole instrucciones para coordinar las actividades de varios parientes para que todos sepan qué hacer para festejar el cumpleaños de un tío. En tu mensaje necesitas

   - saludarlo
   - decirle qué necesita preparar y por qué
   - explicarle cómo le ayudarás
   - despedirte

3. Imagínate que debes hacer el decorado para la obra de teatro *Sueño**. Necesitas informar al profesor de teatro sobre el costo de los materiales y del problema de no poseer herramientas especiales. En tu correo electrónico debes

   - saludarlo
   - informarle sobre el costo de los materiales
   - pedir su ayuda para obtener herramientas del taller del colegio
   - agradecer su ayuda
   - despedirte

*Sueño es un drama moderno, basado en el drama del siglo XVII *La vida es sueño* de Pedro Calderón de la Barca.

4. Imagínate que necesitas pedir prestado el coche de un amigo para ir a una reunión del club. Explícate por qué lo necesitas y por qué no puedes usar tu propio coche. Debes

   - saludarlo
   - contarle qué pasa con tu coche
   - pedirle que te preste su coche
   - decirle que esto es importante para ti
   - despedirte

5. Imagínate que tienes un proyecto en el cual debes entrevistar a unos antiguos profesores de tu escuela y presentar los resultados a tu clase. Debes escribir un correo electrónico a un profesor para

   - saludarlo
   - explicarle el propósito del proyecto
   - pedirle una entrevista
   - arreglar los detalles referentes al lugar y la fecha
   - agradecerle
   - despedirte

6. Imagínate que has recibido un mensaje de tu mejor amigo diciéndote que necesitas comunicarte con él para conversar sobre lo que desean hacer este fin de semana. Responde a su mensaje con un correo electrónico para

   - saludarlo
   - hacerle preguntas de qué quiere él hacer
   - decirle qué quieres tú hacer
   - despedirte

7. Escribe un mensaje a tu abuelita agradeciéndole el regalo de cincuenta dólares por tu cumpleaños. Debes

   - saludarla
   - darle las gracias
   - decirle qué harás con el regalo y por qué
   - despedirte

8. Escribe un mensaje a una amiga diciéndole que vas a juntarte con otros amigos para practicar para una presentación musical este fin de semana. En el correo electrónico debes

   - saludarla
   - darle instrucciones para llegar a la casa de tu mejor amigo
   - darle datos sobre la presentación y el ensayo
   - despedirte

9. Escribe un mensaje a tu mamá explicándole que vas a llegar tarde a la casa esa noche. En el mensaje para dejar en la cocina, necesitas

- saludarla
- decirle por qué no llegarás a casa a la hora normal
- informarle adónde vas y cuándo regresarás
- despedirte

10. Escribe un mensaje de correo electrónico a un profesor explicándole por qué no puedes entregar un reportaje de investigación en la fecha requerida. Tienes que

- saludarlo
- explicarle por qué no puedes terminar el reportaje a tiempo
- explicarle que has logrado hacer la mitad del reportaje, para demostrar tus buenas intenciones
- proponerle un plan para terminarlo más tarde
- despedirte

11. Escribe una carta breve a un señor con quien hablaste sobre un empleo que solicitabas. En la carta debes

- saludarlo
- explicarle por qué estás escribiéndole
- expresar tus esperanzas para tu futuro en su empresa
- agradecerle por su buena atención
- despedirte

12. Escribe un correo electrónico a un amigo explicándole por qué no puedes acompañarlo al cine este fin de semana. Debes

- saludarlo
- explicarle por qué no puedes acompañarlo al cine
- proponerle otro plan para juntarse
- preguntarle su opinión
- despedirte

13. Escribe una tarjeta postal a una tía que te dio dinero para viajar a Honduras con un equipo de voluntarios para ayudar en un pueblo rural. Debes

- saludarla
- decirle dónde estás y qué haces
- contarle lo que más te impresionó de esta experiencia
- comentarle algo sobre las rutinas de la vida campesina
- despedirte

14. Escribe un mensaje a un amigo de clase diciéndole que necesitas su ayuda para ayudar a un nuevo inmigrante que acaba de empezar a trabajar en tu escuela. Dile que ambos pueden recoger ropa y comida. Debes

   - saludarlo
   - darle una descripción breve del inmigrante y su familia
   - sugerirle algunos lugares que pueden visitar para solicitar ayuda
   - darle las gracias
   - despedirte

15. Escribe un mensaje a tu mamá por correo electrónico, explicándole por qué no puedes llevar a tu hermanita a una reunión esa tarde. Debes

   - saludarla
   - explicarle qué tienes que hacer esta tarde en vez de lo que ella quiere que hagas
   - proponerle un plan para recogerla más tarde
   - preguntarle si tiene alguna sugerencia
   - despedirte

16. Escribe un mensaje al director de tu escuela proponiéndole un proyecto para celebrar el Día de la Raza*. El propósito del proyecto sería ayudar a tu escuela a aprender el significado de ese día para los hispanos. Debes

   - saludarlo
   - presentarle tu plan para el Día de la Raza
   - explicarle por qué es importante reconocer ese homenaje
   - pedirle su apoyo y agradecerle
   - despedirte

17. Escribe un mensaje a un amigo diciéndole que vas a un parque municipal donde tu club de voluntarios va a ayudar a limpiar el lugar. Debes

   - saludarlo
   - decirle qué es lo que propones hacer esta tarde
   - darle instrucciones para llegar al parque y otros detalles
   - darle un número de teléfono para que pueda comunicarse contigo
   - despedirte

18. Escribe un mensaje electrónico a una amiga diciéndole que acabas de conseguir un nuevo empleo y dándole detalles de éste. Debes

   - saludarla
   - darle tus noticias con una descripción completa del trabajo
   - expresar tus esperanzas respecto al puesto
   - despedirte

*El Día de la Raza se celebra el 12 de octubre, día en que normalmente en EEUU se observa la llegada de Cristóbal Colón a América.

19. Escribe un mensaje a tu mejor amiga diciéndole que acabas de preparar un viaje al campo. Estarán fuera de casa todo el día. Necesitas

    - saludarla
    - decirle que tienes una sorpresa para ella y en qué consiste ésta
    - darle instrucciones sobre cómo debe prepararse para el viaje
    - decirle qué debe llevar y para qué
    - despedirte

20. Escribe un mensaje breve a tu profesor de ciencia, explicándole por qué no entregaste tu tarea y agradeciéndole su paciencia y su atención a tu nota. Necesitas

    - saludarlo
    - decirle por qué no entregaste tu tarea
    - pedirle tiempo adicional para cumplirla
    - agradecerle por su paciencia y su atención a tu nota
    - despedirte

21. Escribe un mensaje electrónico a un amigo para acordar una reunión del conjunto en que ustedes tocan. Menciona la música que ensayarán esta noche y tu intención de pasarlo bien. Debes

    - saludarlo
    - decirle que no te gusta mucho una canción que él quiere practicar
    - explicarle por qué, sugerir otra canción y dar tus razones para esto
    - expresar tus deseos de pasarlo bien esta noche
    - despedirte

22. Escribe un mensaje electrónico a un amigo diciéndole que esta noche ustedes pueden participar en una competencia para buscar objetos enumerados en una lista. Debes

    - saludarlo
    - describir el juego e invitarlo a participar
    - nombrar las cosas que buscarán
    - darle toda la información necesaria para participar
    - despedirte

23. Escribe un mensaje a un profesor de español diciéndole que aún no comprendes un poema de Federico García Lorca que el profesor leyó hoy en la clase. Pídele que sugiera algo para ayudarte a comprenderlo. Tienes que

    - saludarlo
    - explicarle tu problema
    - pedirle sugerencias para comprender el poema
    - hacerle una pregunta sobre una opinión que el profesor hizo en clase
    - agradecerle
    - despedirte

24. Escribe un mensaje a un amigo que está en el hospital, diciéndole lo que pasó en la escuela este día. Necesitas

   - saludarlo
   - decirle algo importante que pasó en este día
   - darle la tarea para una clase en que los dos están
   - mencionarle tus opiniones sobre la tarea
   - despedirte

25. Escribe un mensaje a un amigo proponiéndole que te acompañe a un centro comercial con un grupo de amigos. Debes

   - saludarlo
   - pedirle que te acompañe al centro comercial
   - decirle quiénes te acompañarán y qué harán ustedes allí
   - despedirte

26. Escribe un mensaje a un señor que puede ofrecerte un trabajo de dependiente en su taller de guitarras durante el verano. Describe tus experiencias que pueden ayudarte a conseguir el puesto. Necesitas

   - saludarlo
   - agradecerle por su tiempo y decirle por qué estás escribiéndole
   - explicarle por qué quieres el trabajo
   - enumerar las habilidades que posees para el trabajo
   - expresar tus deseos para el futuro
   - despedirte

27. Escribe un mensaje al entrenador del equipo de fútbol ofreciendo tus servicios para un programa deportivo infantil. Describe tus capacidades para destacarte en el puesto. Debes

   - saludarlo
   - decirle por qué estás escribiéndole
   - explicarle tus talentos para el fútbol
   - expresar tu interés en enseñar a niños
   - despedirte

28. Acabas de recibir un mensaje del director de teatro de tu escuela, quién te pide escribir unos apuntes sobre la obra teatral *Bodas de sangre* de Federico García Lorca. En tu mensaje de correo electrónico debes

   - saludarlo
   - decirle que estás dispuesto a hacerle ese favor
   - expresar tu opinión sobre el drama
   - pedirle detalles de lo que él quiere que digas en los apuntes
   - despedirte

29. Escribe una nota al director de tu escuela, diciéndole que la noche previa un grupo de estudiantes de la escuela aparecieron en un programa de televisión. En tu mensaje debes

   - saludarlo
   - explicarle el propósito de tu mensaje
   - describir lo que viste en la televisión
   - pedirle que anuncie a todos los estudiantes cómo se puede ver el programa otra vez
   - despedirte

30. Escribe un correo electrónico a un estudiante de intercambio que acaba de regresar a su país de origen, describiéndole una asamblea en la escuela a la cual vino otro estudiante de intercambio para hablar. En el mensaje debes

   - saludarlo
   - describir el programa de asamblea
   - mencionar algo dicho por el otro estudiante que te impresionó
   - comparar su presentación con una que hizo el primer estudiante de intercambio
   - despedirte

31. Al fin del año tu clase va a graduarse y hará un viaje a cierto lugar para celebrar la graduación. Escribe un mensaje a tu abuelo diciéndole lo que esperas ver y agradeciéndole por el dinero que te dio para el viaje. Debes

   - saludarlo
   - decirle adónde propone ir la clase y por qué
   - mencionar algo que esperas hacer o ver
   - agradecerle por el dinero que te dio para el viaje
   - despedirte

32. Un grupo de compañeros de clase va a hacer un viaje de turismo a Costa Rica. Escribe un mensaje a un amigo tratando de convencerlo de que te acompañe en el viaje. Menciona los atractivos de Costa Rica. Necesitas

   - saludarlo
   - decirle qué esperas ver y hacer en Costa Rica
   - convencerlo de que te acompañe
   - despedirte

33. Hay varias universidades a las que deseas ingresar. Durante el descanso de primavera visitaste una universidad, te encontraste con la representante y ésta te mostró y explicó todo lo que tu deseabas ver y conocer. En tu mensaje de agradecimiento debes

   - saludarla
   - mencionar una parte especial de la visita
   - agradecerle por su buena atención durante tu visita
   - expresar tus esperanzas para el futuro
   - despedirte

34. Escribe un mensaje a tu profesora de inglés pidiéndole ayuda para redactar un ensayo para tu solicitud a una universidad. Describe tu opinión de la universidad y explica por qué quieres entrar en esa en lugar de otras. Debes

    - saludarlo
    - explicarle tu problema con el ensayo
    - mencionar tu preferencia por esa universidad y tus razones para ello
    - pedir su ayuda
    - despedirte

35. Durante el descanso de primavera vas a las islas Bahamas. Escribe una tarjeta postal a tu hermano, describiéndole lo que haces durante tu estancia en las islas. Debes

    - saludarlo
    - decirle qué estás haciendo
    - describirle una experiencia en particular
    - expresar tu opinión sobre las islas
    - despedirte

36. Compraste un perro y quieres dar la noticia a un amigo. Escríbele un mensaje describiéndole tu perro. Debes

    - saludarlo
    - describir tu nuevo perro
    - mencionar un problema que tienes con él
    - contar algo divertido que el perro hizo
    - invitarlo a venir para verlo
    - despedirte

37. Te gusta mucho montar a caballo. Aunque no tienes caballo, tienes un amigo que sí lo tiene. Escribe un mensaje a tu amigo pidiéndole permiso para cabalgar en su caballo el fin de la semana que viene. En tu mensaje de correo electrónico debes

    - saludarlo
    - decirle por qué quieres visitarlo este fin de semana
    - pedirle permiso para montar en su caballo
    - mencionar algunos detalles de la visita
    - dale las gracias de antemano
    - despedirte

38. No pudiste asistir a un concierto de tu mejor amigo la noche anterior, aunque él te había dado toda la información necesaria con mucha anticipación. Escríbele un mensaje diciéndole por qué no viniste. En el mensaje debes

    - saludarlo
    - explicarle por qué no fuiste
    - ofrecer tus excusas por no haber ido
    - decirle los comentarios de otros amigos sobre el concierto
    - despedirte

39. Un amigo acaba de ganar la lotería. Escríbele un mensaje de correo electrónico. Debes

    - saludarlo
    - felicitarlo por su gran suerte
    - sugerir lo que puede hacer con el dinero
    - concertar una cita para festejar su buena suerte
    - despedirte

40. Un cuento que escribiste obtuvo el primer lugar en una competencia literaria. Un tío te escribió una carta felicitándote y pidiéndote más información. En tu mensaje de respuesta debes

    - saludarlo
    - describir las reglas de la competencia que ganaste
    - darle brevemente el argumento de tu cuento
    - agradecerle por su interés en tu carrera de escritor naciente
    - despedirte

41. Tu abuelo está en el hospital. Escríbele un mensaje para animarlo. Debes

    - saludarlo
    - decirle que el pronóstico es bueno y que su estadía seguramente será corta
    - proponerle algo que harán los dos al salir él del hospital
    - darle una sugerencia para pasar el tiempo en el hospital
    - despedirte

42. No comprendes la tarea que te dio un profesor en el colegio. Mándale un mensaje pidiéndole ayuda. En el mensaje debes

    - saludarlo
    - pedirle que te aclare las instrucciones de la tarea
    - pedirle sugerencias que te ayuden a resolver el problema
    - darle las gracias por su ayuda
    - despedirte

43. Un amigo se mudó hace poco a otra ciudad. Escríbele una carta diciendo lo que ha pasado últimamente y descríbele brevemente un partido de fútbol del barrio. Necesitas

    - saludarlo
    - comentar qué es lo que ha pasado en el barrio desde que el amigo se mudó
    - brevemente narrar lo que pasó en el partido
    - despedirte

44. Para el Día de las Madres, escribe un mensaje para tu mamá. Debes

    - saludarlo
    - agradecerle por lo que ha hecho por ti este año
    - mencionar algo que hizo por ti que tú apreciaste mucho
    - expresar tus esperanzas para el año que viene
    - despedirte

Task 2: Presentational Writing

General Considerations

In contrast to interpersonal writing, which is shorter and more personal, presentational writing is designed to show how well you can think and express yourself. You need to use virtually all of the skill areas—listening, reading, and writing—to respond to a question. Critical-thinking skills used in analyzing and synthesizing information from the sources are imperative in the formal essay. In interpersonal writing you are required to write as you would in various common situations, whereas in presentational writing your writing must become formal. Instead of a task with specific elements, in presentational writing you have a general question to discuss. The skill areas are integrated into the task, so you have to depend on reading and listening to obtain the information you need. You will want to organize your thoughts into paragraphs and have a proper introduction and conclusion. The same as in interpersonal writing, you will want to observe all the conventions of proper language, reveal a rich vocabulary, use correct grammar, observe all the conventions of orthography, and make accurate and relevant social and cultural references, with the difference that this time you will deal with an extended format. Remember that the presentational writing part is worth twice as much as the interpersonal writing part.

Before you begin your practice, it would be useful to review the rubrics for evaluating the essay so that you can internalize them and stop worrying about whether you did everything required for the highest score. The rubrics require that you address the topic and respond to all parts of the task. With a general question to discuss, you have a lot of latitude in the development of your response. However, sometimes such a lack of specificity in the question makes the development more problematic for you, because you must make all the decisions about the best way to address the topic and the development of the essay.

Description of the Exam

The presentational writing part of the examination requires you to read two printed sources and listen to one audio source for information related to a question that is the topic of your composition. You will have seven minutes to read the printed sources, and about three minutes to listen to the recording. Five minutes are allotted for you to plan what and how you are going to write. After the preparation, you will have 40 minutes to do the actual writing. You should leave yourself some time to proofread what you wrote.

Preparing for Writing Skill Parts

The following pages provide suggestions for writing the presentational writing essay. There is a review of the rubrics, a sample essay, a section with some strategies on how to interpret and synthesize information from print and audio sources, a section on how to organize your thoughts and to make an outline or flowchart of ideas, and a series of practice questions. Each practice question has a brief vocabulary list that can be used to respond to the question and a checklist of possible errors to correct.

Each topic for a practice essay has vocabulary designed to help you think about possible topics for questions. Anticipating possible questions is a valuable part of preparation, because if you have thought about a topic before you see it on the examination, you will probably respond better to it than somebody who has not. Some vocabulary focuses on expressions that will help discuss debatable issues in each area. Also included are phrases designed to make your essay flow smoothly from one point to another. Once again, select a few phrases to use in each writing exercise in order to learn which ones will work best for you.

The Rubrics for Presentational Writing

5 (HIGH) DEMONSTRATES EXCELLENCE

Such an essay has the following characteristics:

- Fully addresses and completes all parts of the task
- Refers to all of the sources and integrates them into the essay
- Treatment of the topic is relevant and thorough in an essay that is coherent and very well organized
- Incorporates accurate interpretation of references to social and cultural information from the sources
- Synthesis of information greatly outweighs summaries of source material
- Shows excellent ability to use a variety of structures, idioms, and expressions with rich vocabulary
- Use of register is highly appropriate
- Correct orthography, paragraphs, punctuation, and sentence structure
- There is ease of expression

4 (MID HIGH) DEMONSTRATES COMMAND

The essay has the following characteristics.

- Appropriately addresses and completes the task, refers to all of the sources
- Treatment is well organized and generally cohesive
- Information taken from the sources is generally accurate
- Synthesis of information still generally outweighs summaries of sources or mere quotations from them
- Social and/or cultural references are generally accurate
- There is evidence of a variety of structures and idioms, and, although errors may occur, there is no pattern to them
- There may be errors in complex structures, and a good to very good command of elementary structures
- Generally correct orthography, paragraphs, sentence structures, and punctuation
- There is evidence of a broad vocabulary
- Register is generally appropriate

3 (MID) SUGGESTS COMPETENCE

The essay has the following characteristics.

- Addresses and completes the task
- Refers to most, if not all, of the sources of information
- Treatment of the topic is relevant and developed in an organized essay with adequate cohesiveness
- Information from the sources is generally correct, although there may be some inaccuracies or a certain lack of precision
- Generally appropriate social and/or cultural references are included
- Summary generally outweighs synthesis of information
- May have errors in a variety of structures
- Vocabulary is appropriate, but may show interference from another language
- May present errors in the conventions of written language
- Register is generally appropriate

For the rubrics of the lower scores, refer to pages 11–13.

Strategies for Reading Source Material and Listening to the Audio Files

Seven minutes is not a long time to assimilate all the information you will find in the printed source material. When you work with the practice questions, select a few strategies for testing and see if some work for you. Then, when you get to the actual examination, keep a few things in mind and you can greatly improve your capability to deal with the sources. Some of these things may seem obvious, but when you are in a hurry you can sometimes forget them.

- Read the title of the article.
- Identify the topic sentence in each paragraph.
- As you read, underline key words or phrases you want to find again quickly.
- Focus on words you do know. Do not spend time on words you do not know (often they are defined in other words in other places in the passage anyway).
- Words or ideas that are very important are often repeated in the text.
- Make sure that you do not take a phrase or word out of context. You will be scored on the accuracy of the information you synthesize from the source.
- For finding the main idea of a paragraph, look to see how the words used in the text are related. What do they all have in common? Often, that commonality is the main idea. For example, for a topic about a particular painter's style, you will often find in the text words describing his work, his preferences of subject matter, and vocabulary related to painting technique. His style is the focus of all of those topics, so style would be the main idea of the selection.

- Look for different points of view of the two printed passages.
- Identify at least one idea from each source, although the more ideas you use the better the score, because the difference between ranges at times is how much information you can synthesize and work into your essay. At times, how much you use from each source may be the difference between "fully addresses and completes the task" (a 5), and "addresses and completes the task" and "refers to most if not all of the sources" (a 3, according to the rubrics). Remember that a minimum of at least one idea from each source is essential for the highest score.

For the audio file, you do not have the luxury of going back to reread something. You should take notes on what you hear, but only if you can write and listen at the same time. Practice so you can make sure you do not miss something important while writing down things you want to remember. Part of synthesizing is being able to extract the main idea from a text, printed or spoken, and work it into your essay in a coherent manner, so practice is very important. Remember that taking notes does not necessarily mean writing complete sentences: you can jot down phrases or key words and then go back and fill in omitted material as soon as you have finished listening to the selection.

Taking Notes on Audio Sources
- Make a note of the title provided with the source.
- Jot down repeated words for the main idea.
- Do not worry about what your notes look like. No one sees them except you.
- Use shortcuts and abbreviations in place of whole words. If you are good at texting, you can easily apply the same techniques for jotting down notes.
- Use visual symbols instead of words, if possible. An arrow can take the place of words like "forward," for example.
- Practice taking notes so that you are proficient at it when you listen to the audio file.

Sample Essay

Directions: The following question is to be answered taking into account information from the three sources provided. Two of the sources are printed and one is an audio file. You will have 7 minutes to read the two printed sources, and about 3 minutes to listen to the audio file. Next, you will have 5 minutes to plan your essay and 40 minutes to write it. Your essay should be at least 200 words in length.

In answering the question you are to show your ability to understand and synthesize information contained in the different sources. You must use information from all of the sources to support your ideas in your essay. You must properly identify the source of your information. You should avoid merely summarizing what is said in each source.

Instrucciones: La pregunta a continuación se basa en tres fuentes, dos de ellas impresas y una auditiva. Primero, tendrás 7 minutos para leer las fuentes 1 y 2. Después, escucharás la fuente auditiva. Debes tomar apuntes mientras escuchas. Luego, tendrás 5 minutos para organizar tus ideas y 40 minutos para escribir tu ensayo. El ensayo debe tener una extensión de 200 palabras por lo menos.

Cada pregunta está concebida para medir tu capacidad de interpretar y sintetizar el material contenido en las tres fuentes. Necesitas incluir información de todas las fuentes para respaldar tus ideas en tu ensayo. Debes referirte a todas las fuentes y, al hacerlo, citarlas de manera apropiada. Debes evitar el mero resumen de la información contenida en las fuentes.

¿Qué importancia tiene la música como expresión de identidad nacional?

Fuente núm. 1
La música y su significado simbólico
Por Malena
(http://filosofia.laguia2000.com/filosofia-y-arte/la-musica-y-su-significado-simbolico)

La música es el arte que expresa el espíritu humano con la armonía de sus notas, revela su lugar en la historia, la personalidad de los compositores y las atribuladas experiencias de sus vidas.

Cada melodía, acorde o percusión que ejecuta un instrumento equivale a un estado de ánimo, una realidad, un fenómeno natural, una estación, una celebración, un ritual religioso, una circunstancia de la vida y también al hecho crucial de la muerte.

Los compositores perciben sus obras antes de componerlas como una tonalidad, se sienten simples canales que tienen la capacidad de percibir la verdadera belleza no mundana de la armonía sonora.

Para crear tienen que alejarse de las cosas cotidianas o no darles importancia, porque la inspiración suele llegar solamente en estado de quietud y contemplación. Por esta razón los creadores casi siempre vivieron acosados por las deudas y sus vidas estuvieron repletas de necesidades materiales no satisfechas.

El compositor ruso Igor Stravinsky (1882–1871) vivió en los Estados Unidos desde los nueve años, estudió piano y estuvo en contacto con la ópera rusa. Fue alumno de Rimski Korsakov, quién le enseñó orquestación y composición.

Su obra "La Consagración de la Primavera" le dio fama definitiva, por lo novedoso de su lenguaje musical, la armonía rítmica y la brillantez orquestal y causó un gran impacto en el mundo musical que influyó notablemente en los compositores de esa época.

Stravinsky había llegado a los límites del nacionalismo y dándose cuenta de la inutilidad de esa forma de pensar se orientó hacia otros caminos expresando esa decisión en su música, vislumbrando y defendiendo lo auténtico de lo clásico.

En 1939 se traslada a los Estados Unidos invitado por la Universidad de Harvard y decide quedarse en ese país definitivamente, instalándose en Hollywood y adquiriendo la ciudadanía en 1945.

En 1953 descubre la línea dodecafónica y se dedica a ella demostrando su facilidad de adaptación. Señalaba que su maestría no era excepcional ya que sólo se limitaba a escuchar lo que tenía en sus oídos.

Fuente núm. 2
En fiestas patrias … hablemos de identidad nacional
Por Evoluz
(www.chilepd.cl/content/view/72800/En-fiestas-patrias-hablemos-de-identidad-nacional.html)

Chile es un país largo. Todos lo sabemos. Es curioso que siendo tan diferentes las culturas de norte, centro y sur, tengamos una identidad folclórica igual para todos.

El huaso chileno, es un personaje propio de la zona centro-sur, asociado a la vida rural y a la agricultura. En el norte del país, nadie se identifica con él, sin embargo se respeta el hecho de que sea el huaco, el ícono oficial de fiestas patrias, como también es la cueca. No obstante, el norte también tiene su propio folclor, en música y personajes, que pasan a un segundo plano para el resto del país. Para qué decir lo que sucede con Isla de Pascua. No solo sienten que el huaso no los identifica, sino que apenas se sienten identificados con Chile continental.

¿Por qué entonces, forzar una identidad hacia el país? ¿Por qué no celebrar con cada manifestación de nuestro folclor, sin limitarnos sólo a la del centro-sur? La idea no es eliminar o criticar la cultura huasa y campestre, sino complementarla con otras culturas, como la andina, la pascuense y la mapuche, por nombrar algunas. También, por qué no, crear una identidad nacional que identifique a la parte urbana del país, aquella que le cuesta identificarse con el huaso y siente que se disfraza de uno, cada vez que llega septiembre.

Tal vez siendo más democráticos con nuestra identidad dieciochera lograremos unificar ese sentimiento que tenemos todos: nortinos, sureños, capitalinos e isleños…el sentimiento de ser chileno.

Fuente núm. 3
(Listen to the recording first. Read the script beginning on page 306 after completing your essay, to verify that you heard all the information correctly.)

Una entrevista con Liliana Herrero
(www.infobae.com/espectaculos/325541-100439-0-La-musica-popular-es-la-identidad-nacional)

Creating an Outline

In order to create an outline, look at what information each source provides. Weave it into a coherent essay, making certain that you cite each source appropriately. An outline for your essay might look something like the following outline.

You do not have to use this format. You could just as well use a flow chart. Whichever organizational scheme you use, be sure that you have an introduction and a conclusion. In the introduction you can restate the question, if it will help you define the topic. You can also give an indication of how you intend to develop your ideas. The conclusion should not simply repeat the statement in the introduction. You should have at least three paragraphs, and make sure that each paragraph has at least three complete sentences. A well-written paragraph always has a thesis sentence, which can be placed anywhere within the paragraph. Only your essay is read, your outline is not read by anyone.

La importancia de la música como expresión de identidad nacional

A. Se asocia la música con la identidad nacional hasta ciertos límites

B. La música es una expresión de nacionalidad
1. Según los tres autores en las tres fuentes, todos dicen que la música revela identidad
2. Los chilenos se consideran chilenos porque son un conjunto de partes diferentes. Celebran sus diferencias
3. La Argentina se reconoce como argentina en la música

C. La música tiene sus límites como tema unificador de la identidad nacional
1. Igor Stravinski abandonó a Rusia cuando percibió los límites del nacionalismo en su propia música
2. Los chilenos reconocen que no todos son iguales en el patrimonio musical
3. La Sra. Herrero dice que la música popular es el problema de la identidad nacional, pero que se ve la pregunta con más claridad en la música folclórica

D. Conclusión—La música sirve para identificarnos hasta cierto punto, pero no nos identifica en nuestra totalidad como nación. La música sirve para identificarnos a nuestros prójimos sin perjuicio

---

Writing the Essay

- Use blue or back fountain pen.
- Make sure you refer to all three sources.
- Avoid simply dedicating one paragraph to each source.
- In the introduction to your essay, give some indication of how you are going to develop the essay.
- Include a topic sentence in each paragraph.
- In each paragraph support your ideas with information from the sources.
- In you conclusion, arrive at a final statement that does not simply repeat what you said in the introduction.
- Do not bother erasing or using correction fluid to delete words you want to change. Simply cross them out.
- Make a mental note of grammatical structures you might want to include, such as
  - a compound sentence.
  - an *if-then* statement.
  - an adverbial clause using a conjunction such as *con tal que, para que, sin que,* or *a fin de que.*
  - a verb to introduce a dependent noun clause in which you can use the subjunctive, such as *Es imprescindible que…,* or *Vale que…*
  - use a *como si* + the subjunctive structure.
- When you want to insert another sentence or paragraph someplace, mark it clearly so your reader can easily see where it goes.

Useful Vocabulary for Writing the 200-Word Essay

By using a few words and expressions from the following glossary of terms, your essay should have a clearer organization and look more complete. Select a few words or transitional phrases from the following list. You can use them to talk about any topic and you should practice using them so you will remember them easily on the exam.

Expressions for Introductions

al principio	at the beginning
todavía	still
conviene	it is fitting
en cuanto a	with regard to
tratar con	to deal with
a continuación	below, following
ya	already
a partir de	from the time that
con respecto a	with respect to
en lo tocante a	with regard to
tener que ver con	to have to do with

Defining Concepts

ejemplificar	to serve as an example
constar de	to be composed of
significar	to signify
servir para	to serve to
consistir en	to consist of
caracterizarse por	to be characterized by
querer decir	to mean
sugerir (ie, i)	to suggest

Developing and Relating Ideas

de hecho	in fact
de verdad	really
en realidad	really
a lo mejor	perhaps, maybe
del punto de vista de	from the perspective of
de la perspectiva de	from the perspective of
de veras	really
mejor dicho	more exactly, rather

Making Comparisons

no obstante	nevertheless
en cambio	on the other hand
tanto mejor	so much the better
por la mayor parte	for the most part, mostly
sin embargo	however
al contrario	on the contrary
según	according to

Showing Logic or Reasoning

a causa de	because of
por eso	for that reason
como consecuencia	as a consequence
por consiguiente	therefore
bien pensado	well thought-out
por lo tanto	therefore

Drawing Conclusions

en breve	in short
al final	finally
por último	lastly
en todo	all in all
en resumen	in conclusion
de lo anterior...se ve que...	from the above...one sees that...
al fin y al cabo	in the final analysis
por fin	finally
después de todo	after all
en conclusión	in conclusion

The Sample Essay

¿Qué importancia tiene la música como expresión de la identidad nacional?
Es posible vincular la música con la identidad nacional hasta cierto punto, pero la idea tiene límites. Con la globalización de la música, difícilmente se considera cierto tipo de música definitiva de un país, como si fuera toda la ciudadanía de un país cortada de la misma tela. En varios casos representa cosas diferentes.

Los tres autores mantienen que la música es una parte de una identidad nacional, pero la Sra. Herrero dice en su charla, "La música popular es la identidad nacional", que, de veras, la música no revela las características de la identidad. Dice que es la identidad misma. La música de los gauchos sólo representa a los que quieren ser cómo los argentinos. Pero la música callejera es más auténtica porque pide prestado música de otros lugares para expresar el carácter cosmopolita de la Argentina.

Eso es diferente de lo que dicen los otros, quienes creen que la música sí representa su nacionalidad. El compositor, Igor Stravinski, citado por Malena en "La música y su significado simbólico", tuvo que mudarse a EEUU para seguir trabajando porque los rusos no querían otra música de él. ¿Qué revela este hecho de cómo son los rusos? Como dice la Sra. Herrero en su articulo citado arriba se ve la influencia de otras culturas en esa música callejera, que es una expresión de cómo son los argentinos actuales, mientras los rusos aficionados a la ópera la rechazan.

En fin, en el caso de Chile, en el artículo por Evoluz "En fiestas patrias…hablemos de la identidad nacional", la música sí describe el país porque se ve como un conjunto de muchos pueblos diversos. Pero en el caso de otros países, la música sirve para describir lo que el país quiere ser, como en la Argentina, donde representa el espíritu gaucho del argentino. O es una expresión de una parte que sí existe, pero que limita a sus compositores de tal manera que tienen que salir del país si quieren componer música original.

COMMENTARY ON THE ESSAY

Addresses and completes the task: The writer answers the question.

Organization and cohesiveness: The essay is well organized, although the writer tends to dedicate a paragraph to each source. One printed source is not mentioned until the last paragraph. Attribution is adequate.

Social and/or cultural references: Social and cultural references are mostly accurate. Tends to make generalizations about national identity, as in the case of Argentina, where not all Argentines sing songs that gauchos like. As for Russians, certainly, not all musicians have had to leave Russia in order to earn a living. Not all Russians are necessarily fans of the opera, either. There appear to be stereotypes in both cases, about what national identity is.

Synthesis outweighs summaries: Synthesizes information, although with about the same frequency as he summarizes the articles.

Complex structures: Uses complex structures in a variety of tenses.

Vocabulary: The vocabulary is broad, but not extraordinary. Many of the words are from the sources.

Conventions of written language: The essay is organized with paragraphs, and has a proper introduction and conclusion. Punctuation is generally correct. The sample shows a good command of orthography, although there is nothing exceptional about the style. Sentence structure is correct.

Register: Uses appropriate register, meaning that language shows proper respect for his reader.

Overall rating: 3 (Mid)

Practice Exercises for the Presentational Essay

On the following pages you will find practice exercises designed to simulate the exercises you will find on the exam. Each will be formatted like a typical exam exercise, but in addition to the practice questions you will find about ten words or expressions that would be useful in answering the questions. Each group of sample questions is focused on a particular topic. You may also think of other questions related to the topic. It is a good preparation strategy to think of as many as you can, so you can anticipate what you will be asked. On the AP Exam itself, there are no questions about vocabulary. These exercises appear in this book only to help you familiarize yourself with as much useful language as possible.

For writing any type of sample, informal or formal, there are some phrases that are useful in organizing your work. These phrases are listed in the appendix of this book. Also, there is a list of verbs that require specific prepositions that are different from the ones used in English. Prepositions are often the hardest linguistic aspect to learn, because they are so different in Spanish and the tendency to translate them literally is so strong. You also need to learn more than one expression for each type of connecting phrase, so that you do not repeat yourself too much.

Topics
I. El Individuo
   a. La privacidad de datos personales en la Red
   b. La salud
II. La Familia
   a. La escuela
III. La Comunidad
   a. El periodismo y las redes sociales
IV. El País
   a. Los derechos intelectuales
   b. La tecnología para mejorar el gobierno
V. El Mundo
   a. El turismo

TOPIC I A

El Individuo—La privacidad de datos personales en la Red
Vocabulario Útil

En las oraciones falta una palabra o expresión para completar el sentido de cada oración. De las cuatro que se ven, escoge la que mejor completa el sentido de la oración. Debes saber qué significan todas las alternativas, aún las que no sirven para completar la oración. Las respuestas se encuentran al fin de las tres fuentes de la pregunta.

1. En el desarrollo de la personalidad del individuo, el entorno familiar cuenta mucho para inculcar la ___ o la confianza en el niño a medida que éste crece.
   (A) autoestima
   (B) juventud
   (C) capacidad
   (D) herencia

2. Muchos padres que miman a sus hijos creen que los benefician con sus acciones, pero la ausencia de responsabilidad los ___ y les impide su desarrollo ético.
   (A) compromete
   (B) endurece
   (C) sobreprotege
   (D) autoevalúa

3. Para sobrevivir los ___ de la vida vale enfrentar las dificultades junto con la familia, la cual siempre apoya y ayuda a superar situaciones difíciles.
   (A) gestos
   (B) contratiempos
   (C) comportamientos
   (D) egoístas

4. El adolescente crece arriesgando su ___ por falta del desarrollo de una parte del cerebro que le permite evaluar sus acciones antes de actuar.
   (A) aprendizaje
   (B) huella
   (C) reputación
   (D) carta de recomendación

5. La identidad del individuo se establece ___ que éste crece y se involucra en actividades que le interesan.
   (A) al tanto
   (B) de hecho
   (C) sin embargo
   (D) a medida

6. Al individuo le molesta tener que soportar el regaño y ___ más vale razonar que criticar.
   (A) por lo menos
   (B) al menos
   (C) por lo tanto
   (D) no obstante

7. No se mide el ___ del individuo sólo por su altura, sino también por su madurez emocional.
   (A) crecimiento
   (B) tratamiento
   (C) proceso
   (D) ensimismamiento

8. La tecnología moderna hace tan difícil guardar datos personales que a muchos jóvenes no les ___ la falta de privacidad.
   (A) molesta
   (B) carece
   (C) aporta
   (D) consiente

9. Vale ___ el trabajo que se hace sobre el tratamiento de trastornos emocionales debidos a la pérdida de trabajo.
   - (A) fallecer
   - (B) despedir
   - (C) respaldar
   - (D) preocuparse

10. Difícilmente se ___ a un individuo con una actitud negativa por temor de contraer su desagradable estado de ánimo.
    - (A) comporta
    - (B) soporta
    - (C) alienta
    - (D) confía

Directions: The following question is to be answered taking into account information from the three sources provided. Two of the sources are printed in your test booklet and one is an audio file. You will have 7 minutes to read the two printed sources, and about 3 minutes to listen to the audio file. Next, you will have 5 minutes to plan your essay and 40 minutes to write it. Your essay should be at least 200 words in length.

In answering the question you are to show your ability to understand and synthesize information contained in the different sources. You must use information from all of the sources to support your ideas in your essay. You must properly identify the source of your information. You should avoid simply summarizing what is said in each source.

Instrucciones: La pregunta a continuación se basa en tres fuentes, dos de ellas impresas y una auditiva. Primero, tendrás 7 minutos para leer las fuentes 1 y 2. Después, escucharás la fuente auditiva. Debes tomar apuntes mientras escuchas. Luego, tendrás 5 minutos para organizar tus ideas y 40 minutos para escribir tu ensayo. El ensayo debe tener una extensión de 200 palabras por lo menos.

Cada pregunta está concebida para medir tu capacidad de interpretar y sintetizar el material contenido en las tres fuentes. Necesitas incluir información de todas las fuentes para respaldar tus ideas en tu ensayo. Debes referirte a todas las fuentes y, al hacerlo, citarlas de manera apropiada. Debes evitar el mero resumen de la información contenida en las fuentes.

La Pregunta

La Red forma a la vez una comunidad virtual universal e íntima, pública y privada. Dada esta doble característica, ¿cómo se deben manejar los datos personales en la Red?

Fuente núm. 1
Manejar la privacidad en Internet
(http://revista.consumer.es/web/es/20090501/internet/74768.php)

Nadie sale a la calle ni tapado de pies a cabeza ni completamente desnudo. Del mismo modo, cada usuario debe decidir qué información privada desea mostrar y qué datos prefiere mantener en privado y, seguramente, el término medio será la respuesta. Afortunadamente, la gran mayoría de los servicios de calidad de la Red y las redes sociales en particular, permiten otorgar el grado de privacidad que se quiere dar a cada información que el usuario ofrece. En plataforma sencilla como Flickr o *Youtube*, que sirven para publicar fotos o videos, el usuario determina quién podrá ver cada información antes de subirla: el público en general, sólo él o determinadas personas a las que él invite. Por defecto, las imágenes pueden ser vistas por cualquier usuario de Internet, por lo que se debe reflexionar antes de publicar nada y una vez tomada la decisión que más convenga, configurar las opciones de privacidad.

Las redes más complejas, como *Facebook* o *Tuenti*, ofrecen muchas opciones de privacidad. Gracias a distintos sistemas de cifrado para el envío y almacenaje de la información garantizan que sólo las personas a las que se haya invitado puedan ver la información persona. En este caso conviene conocer bien los sistemas para configurar quién puede ver y utilizar los datos y la información personal porque, aunque se piense que determinada información no tiene importancia para el usuario, puede tenerla para un tercero. Un caso paradigmático es el de poner en estas redes imágenes de una fiesta donde aparecen otras personas. Las imágenes pueden ser muy inocentes para el usuario o usuaria que las cuelga, pero su exposición pública puede molestar o comprometer a las otras personas que salen fotografiadas. La norma siempre es pedir permiso antes de subir este tipo de fotos.

También hay que actuar con sentido común a la hora de escribir u opinar en los foros de las redes y demás plataformas de comunicación públicas. Internet es un amplificador potentísimo en el que se debe tener mucho cuidado con lo que se dice porque todo queda grabado y a disposición de los buscadores. Es paradigmático el caso de una informática que fue despedida por escribir en *Twitter* comentarios peyorativos sobre el director de su empresa sin saber que una de las personas que seguía su microblog era la esposa del directivo en cuestión.

Fuente núm. 2
El desafío de mantener una reputación en Internet
Por Dr. Miguel Sumer Elias
LaNacion.com via El País, SL
(www.informaticalegal.com.ar/2010/05/28/el-desafio-de-mantener-una-reputacion-en-internet/)

El prestigio siempre ha sido algo de lo que preocuparse. Construir una identidad era tarea de una vida, incluso de varias. En tiempos medievales bastaba echar una ojeada al escudo de armas, que garantizaba el buen nombre del portador. Yelmos y flores de lis fueron sustituidos por los contactos, gente importante que respaldaba la propia fama.

Hoy, Internet se ha apropiado de las herramientas para labrarse una buena reputación. Ni cartas de recomendación ni blasones familiares. El linaje ha sido sustituido por el historial de *Google*.

La notoriedad nunca fue tan democrática como ahora. Cualquiera puede acceder a la Red y defenderse en ella sin dinero ni intermediarios. Sólo méritos y un público casi ilimitado. Pero al igual que en la Edad Media, bullen los rumores que se extienden como la pólvora y que, también de manera democrática, salpican las reputaciones.

"Antes, si crecías en un pueblo, sabías quién era hijo de quién y, si te metías en líos, todos se enteraban. Ahora, ese pueblo es *Facebook* o *Twitter*. Si cometes un error, todos lo saben". Andy Beal es uno de los mayores expertos mundiales en reputación online y ha asesorado, entre otros, a Microsoft y Motorola. Asegura que los jefes consultan *Google* y *Facebook* para saber más sobre sus empleados: "Al menos una vez al año, supervisarán tu actividad online para encontrar algo que pueda hacerte prescindible. Muchos mánagers se hacen amigos tuyos en las redes sociales para vigilarte".

Medir la reputación y mejorarla es tarea de profesionales. En España, despuntan las primeras consultoras especializadas. Estudian la presencia en Internet de la empresa, institución o particular que les contrata y generan contenido positivo sobre ellas (texto, fotos y vídeos sobre lo que hacen y dicen, cuanto más, mejor). Si el daño ya está hecho, solicitan a blogs, foro y webs que retiren los comentarios injuriosos sobre sus clientes.

La mayoría de los expertos minimizan los riesgos y se sienten molestos por la distorsión mediática. "El miedo vende", dice Neus Arqués, de la consultora Manfatta. "Antes, para llegar a grandes audiencias, hacía falta dinero para pagar a un responsable de comunicación. Ahora, cualquiera, incluso un autónomo. Puede llegar más allá de su barrio".

No todos los rumores son infundados. "Hay gente que merece su mala fama", afirma Victor Puig, de Overalia. Pero incluso éstos, señala Oriol Gifra, de Customer Hunt, tienen derecho a limpiar su reputación: "Esto es como si van a un abogado: yo les defenderé, sean inocentes o no".

¿Cómo hacer para no perder el buen nombre en el lodazal de insultos anónimos que puede ser la Red? Jeremiah Owyang se presenta como "estratega web" y es columnista de Forbes: "Debes apropiarte de tu nombre en Internet antes de que otro lo haga". Blindarse ante posibles ataques, tal y como hace la Casa del Rey, que ha ido comprando y cerrando los dominios web con el nombre de los hijos del Príncipe y las Infantas a medida que estos nacían. Pero ni siquiera esto es suficiente. La mujer del hombre más poderoso del planeta, Michelle Obama, tuvo que soportar hace meses cómo una foto suya se asociaba en *Google* a la palabra monkey (mono) y a un montaje fotográfico de un simio con su rostro.

En el medioevo, bastaba una mala salida al campo de batalla para perder la vida. Si el caballero no había dejado descendencia, desaparecía su nombre. Hoy, quien deja huella en Internet lo hace para siempre. Borrarse de las redes sociales no garantiza nada, la información sigue ahí.

Fuente núm. 3

(Listen to the recording first. Read the script beginning on page 307 after completing your essay, to verify that you heard all the information correctly.)

Privacidad e intimidad, ¿valores negociables?
(http://revista.consumer.es/web/es/20090501/internet/74768.php)

Respuestas de vocabulario:
1. **A**, 2. **C**, 3.**B**, 4. **C**, 5. **D**, 6. **C**, 7. **A**, 8. **A**, 9. **C**, 10. **B**.

TOPIC I B

El Individuo—La salud
Vocabulario Útil

En las oraciones falta una palabra o expresión para completar el sentido de cada oración. De las cuatro que se ven, escoge la que mejor completa el sentido de la oración. Debes saber qué significan todas las alternativas, aún las que no sirven para completar la oración. Las respuestas se encuentran al fin de las tres fuentes de la pregunta.

1. Hoy, las cuestiones relacionadas con la salud tratan tanto la ética tanto como la fisiología a causa de los grandes avances bioquímicos al nivel celular de las ___ y el genoma.
   (A) metas   (C) síntomas
   (B) alergias   (D) hormonas

2. Entre muchos varones se ve mucho ___ debido a un deseo de sobresalir tan enorme que siguen un régimen malsano para hacerse más y más fuertes.
   (A) metabolismo   (C) bienestar
   (B) aumento   (D) estrés

3. Nunca se encuentra un remedio muy eficaz en una botella de pastillas por mucho que se ___ a ella.
   (A) falle   (C) afronte
   (B) recurra   (D) realice

4. Para ___ los problemas de salud pública el gobierno ha establecido clínicas en los barrios de la gente que más las necesita.
   (A) constreñir   (C) afrontar
   (B) saltar   (D) subyugar

5. No hay nadie que ___ más que un individuo con motivación para mejorarse tanto como sea posible.
   (A) transporte   (C) subsista
   (B) supere   (D) fracase

6. ___ la campaña contra las drogas, hay que seguir adelante porque quizás sea posible convencer a una persona más a dejarlas.
   (A) No obstante   (C) A medida que
   (B) En cuanto a   (D) Pese a

7. Aunque los jóvenes no se preocupan por los seguros de ___, pronto tendrán que preocuparse con el asunto porque el gobierno ahora los requiere.
   (A) trastorno   (C) bienes
   (B) reto   (D) salud

8. Una prueba ___ revela por qué un individuo se enferma, pero saberlo no basta y lo que interesa es saber el modo de sanarlo.
   (A) desencadenante   (C) patológica
   (B) cobrada   (D) biométrica

9. Desafortunadamente, al paciente le ____ el corazón antes de que pudieran llevarlo al hospital.
   (A) saltó
   (B) coincidió
   (C) falló
   (D) subsistió

10. La meta de subsistir sin tener que tomar pastillas ____ o comprar productos hipoalergénicos muchas veces se alcanza mediante la investigación de métodos alternativos como los de la medicina oriental.
    (A) antiinflamatorias
    (B) venenosas
    (C) de placebo
    (D) genéticas

Directions: The following question is to be answered taking into account information from the three sources provided. Two of the sources are printed in your test booklet and one is an audio file. You will have 7 minutes to read the two printed sources, and about 3 minutes to listen to the audio file. Next, you will have 5 minutes to plan your essay and 40 minutes to write it. Your essay should be at least 200 words in length.

In answering the question you are to show your ability to understand and synthesize information contained in the different sources. You must use information from all of the sources to support your ideas in your essay. You must properly identify the source of your information. You should avoid simply summarizing what is said in each source.

Instrucciones: La pregunta a continuación se basa en tres fuentes, dos de ellas impresas y una auditiva. Primero, tendrás 7 minutos para leer las fuentes 1 y 2. Después, escucharás la fuente auditiva. Debes tomar apuntes mientras escuchas. Luego, tendrás 5 minutos para organizar tus ideas y 40 minutos para escribir tu ensayo. El ensayo debe tener una extensión de 200 palabras por lo menos.

Cada pregunta está concebida para medir tu capacidad de interpretar y sintetizar el material contenido en las tres fuentes. Necesitas incluir información de todas las fuentes para respaldar tus ideas en tu ensayo. Debes referirte a todas las fuentes y, al hacerlo, citarlas de manera apropiada. Debes evitar el mero resumen de la información contenida en las fuentes.

La Pregunta
Solemos pensar que el estrés hace sentirnos infelices, pero quizás hay ciertas situaciones en las que preferiríamos sufrir del estrés en vez de quitárnoslo. ¿Es imprescindible tener que evitar el estrés para ser feliz en la vida?

Fuente núm. 1
La belleza femenina es estresante
Por Elena Sanz
(www.muyinteresante.es/la-belleza-femenina-es-estresante)

Pasar tan sólo cinco minutos al lado de una mujer bella resulta igual de estresante para un hombre que saltar desde un avión, ya que suben los niveles del cortisol, la hormona del estrés, según un estudio realizado por científicos españoles de la Universidad de Valencia.

Los investigadores realizaron una prueba en la que participaron 84 estudiantes varones que tenían que resolver un *sudoku* compartiendo una misma sala con dos desconocidos, un hombre o una mujer. Los análisis de sangre de los voluntarios permitieron descubrir una relación curiosa entre los niveles de cortisol y la presencia femenina. Los niveles de cortisol subían si una mujer bella se encontraba en la sala, y bajaban cuando ella salía. Pero en cuanto la desconocida regresaba, la hormona volvía a dispararse.

Los investigadores llegaron a la conclusión de que en presencia de una mujer hermosa, sobre todo si es desconocida, la mayoría de los hombres piensan en seducirla. En tan sólo cinco minutos, los niveles de cortisol aumentan considerablemente. El exceso de cortisol altera el metabolismo celular y, consecuentemente, puede provocar enfermedades como la diabetes o la hipertensión. En cambio, en pequeñas dosis, esta hormona tiene un efecto positivo, ya que transporta la glucosa a la sangre, constriñe las venas en ciertas partes del cuerpo y mejora el apetito, además de poseer propiedades hipoalergénicas y antiinflamatorias.

Fuente núm. 2
El estrés nuestro de cada día
(www.consumer.es)

Raro es el día en que la palabra estrés no forme parte de nuestro vocabulario habitual. Algunos expresan así sus penas laborales, otros lo hacen para pedir ayuda y muchos más de lo que pensamos recurren a este vocablo para despertar admiración: "qué persona más exitosa y ocupada", es su frase. En lo que casi todos coinciden, sin embargo, es en que el nivel de estrés actual está por encima del deseable. Pero, ¿las personas que dicen estar estresadas lo están de verdad? Se vive una situación de estrés cuando una persona percibe que las demandas de su entorno y los retos que se ha impuesto superarán sus capacidades para afrontarlos con éxito y que esta situación pondrá en peligro su estabilidad. Es decir, cuando anticipamos el fracaso y no nos conformamos (y cuando lo hacemos solemos deprimirnos), tendemos a estresarnos.

El estrés como aliado
El estrés se ha convertido en un compañero de viaje habitual en nuestras vidas. No sólo no puede evitarse, sino que facilita la adaptación a cualquier cambio que irrumpa en nuestro entorno. Esta forma de reaccionar ante problemas, demandas y peligros, viene predeterminada por una actitud innata de lucha/huida heredada de nuestros antepasados: sobrevivieron aquellos que, ante situaciones amenazantes para su integridad física (ver un enemigo) o que informaban de la posibilidad de obtener un beneficio (cobrar una presa), mejor activaban su organismo.

El estrés inútil

Siempre que las respuestas de estrés se repiten con mucha frecuencia o intensidad, o durante un prolongado período de tiempo (estrés crónico), el organismo encuentra dificultades para recuperarse y se manifiestan trastornos médicos y psicológicos asociados. Algunos autores llegan a considerar el estrés como causa directa o indirecta de más del 75% del total de consultas médicas.

La dificultad para detectar las señales de estrés y "desactivarlas" para prevenir daños al organismo es cada día más habitual. Uno de los motivos es que nos hemos ido acostumbrando a un ritmo de vida acelerado que consideramos imprescindible para tener éxito, es decir, una conducta ocasional se convierte en un estilo de vida. Las respuestas de estrés también son "desadaptativas" cuando una situación no requiere un nivel tan elevado de activación e interfiere en la emisión de una respuesta adecuada, y el nivel de activación se mantiene (no "desconectamos") a pesar de que la situación estresante ha desaparecido.

Fuente núm. 3
(Listen to the recording first. Read the script beginning on page 308 after completing your essay, to verify that you heard all the information correctly.)

Entrevista con José Buendía, profesor de Psicopatología de la Universidad de Murcia
Por Clara Bassi

Respuestas de vocabulario:
1. **D**, 2. **D**, 3. **B**, 4. **C**, 5. **B**, 6. **B**, 7. **D**, 8. **C**, 9. **C**, 10. **A**.

TOPIC II A

La Familia—La escuela
Vocabulario Útil

En las oraciones falta una palabra o expresión para completar el sentido de cada oración. De las cuatro que se ven, escoge la que mejor completa el sentido de la oración. Debes saber qué significan todas las alternativas, aún las que no sirven para completar la oración. Las respuestas se encuentran al fin de las tres fuentes de la pregunta.

1. Entre los tres grupos, la familia cuenta con mayor influencia sobre el desarrollo del joven porque, por rica que sea su experiencia en ___, los padres son los que toman las decisiones más críticas.
   (A) el aula
   (B) la docencia
   (C) la enseñanza
   (D) la gestión

2. En el colegio la ___ del conocimiento impartido por los profesores es el factor básico que supera muchas otras consideraciones.
   (A) formación
   (B) medición
   (C) facultad
   (D) comprensión

3. Para todos los estudiantes, el _____ depende de su inteligencia y su deseo de comprender la materia enseñada.
   - (A) fenómeno
   - (B) trabajo
   - (C) entrenamiento
   - (D) aprendizaje

4. La cuestión de la autoridad ____ a los profesores en sus salas de clase desde tiempo inmemorial a veces resulta en conflictos entre ellos y los padres de los estudiantes.
   - (A) obligada
   - (B) rodeada
   - (C) otorgada
   - (D) concebida

5. Cualquier ejercicio ____ aumenta la capacidad del estudiante para pensar críticamente e integrarlo a niveles más elevados del pensamiento.
   - (A) derecho
   - (B) didáctico
   - (C) obtenido
   - (D) contenido

6. La pedagogía involucra la colaboración entre todos los tipos de adiestramiento y categorías de trabajo para ____ en el estudiante los valores que le servirán cuando entre en la fuerza laboral.
   - (A) extirpar
   - (B) inculcar
   - (C) aconsejar
   - (D) manejar

7. El ayuntamiento es el responsable para ____ los fondos que garanticen la formación apropiada de los jóvenes en su comarca, lo cual logra al presentar el presupuesto anual a los delegados regionales.
   - (A) comprender
   - (B) entrevistar
   - (C) enterarse
   - (D) suministrar

8. La docencia ____ los talentos de sus alumnos cuando destaca sus éxitos en las competencias y programas educativos a los que acude la población de la comunidad para apoyar a sus hijos.
   - (A) suspende
   - (B) subraya
   - (C) prueba
   - (D) estrella

9. Los efectos de una formación eficaz y fuerte ____ años más tarde, cuando los antiguos alumnos ya no pueden recordar los nombres de sus profesores, un hecho ineludible pero, a la vez, emparejado con la mala memoria de los profesores.
   - (A) repercuten
   - (B) dedican
   - (C) adjudican
   - (D) adquieren

10. Los tres grupos, padres, estudiantes, y comunidad comparten la responsabilidad de ____ relaciones amistosas para que todo el sistema funcione como debe.
    - (A) soportar
    - (B) conformar
    - (C) enfrentar
    - (D) sostener

Directions: The following question is to be answered taking into account information from the three sources provided. Two of the sources are printed in your test booklet and one is an audio file. You will have 7 minutes to read the two printed sources, and about 3 minutes to listen to the audio file. Next, you will have 5 minutes to plan your essay and 40 minutes to write it. Your essay should be at least 200 words in length.

In answering the question you are to show your ability to understand and synthesize information contained in the different sources. You must use information from all of the sources to support your ideas in your essay. You must properly identify the source of your information. You should avoid simply summarizing what is said in each source.

Instrucciones: La pregunta a continuación se basa en tres fuentes, dos de ellas impresas y una auditiva. Primero, tendrás 7 minutos para leer las fuentes 1 y 2. Después, escucharás la fuente auditiva. Debes tomar apuntes mientras escuchas. Luego, tendrás 5 minutos para organizar tus ideas y 40 minutos para escribir tu ensayo. El ensayo debe tener una extensión de 200 palabras por lo menos.

Cada pregunta está concebida para medir tu capacidad de interpretar y sintetizar el material contenido en las tres fuentes. Necesitas incluir información de todas las fuentes para respaldar tus ideas en tu ensayo. Debes referirte a todas las fuentes y, al hacerlo, citarlas de manera apropiada. Debes evitar el mero resumen de la información contenida en las fuentes.

La Pregunta
¿Quién debe decidir qué se enseña en una escuela: los estudiantes, la comunidad, o los padres?

Fuente núm. 1
¿Para qué sirve el Consejo Escolar?
Por Marta Velásquez-Reina
(www.consumer.es/web/es/educacion/escolar/2008/04/18/176271.ph)

Padres y madres, alumnos, profesores y personal no dicente poseen voz y voto en la gestión de los centros, gracias a la representación que todos los sectores de la comunidad educativa tienen en los miembros de los consejos escolares. Desde la aprobación de los presupuestos del centro, hasta la selección o cese del director, la mayoría de las decisiones importantes que se toman en un centro educativo deben pasar por este órgano de gobierno.

Para alcanzar un objetivo común entre los miembros de cualquier grupo es necesario que todos participen en la consecución del mismo. Si el objetivo de la escuela es proporcionar una formación integral a los alumnos, la mejor manera de conseguirlo es mediante la implicación de todos los sectores que conforman la comunidad educativa: centro, padres, profesores, alumnos y personal no docente. Quién mejor que un padre para defender los intereses de sus hijos, quién mejor que un alumno para conocer sus necesidades o quién mejor que un profesor para detectar los problemas que se presentan en un aula?

La misma Constitución Española, en su artículo 27, establece que "los profesores, los padres, y, en su caso, los alumnos intervendrán en el control y gestión de todos los centros sostenidos por la Administración con fondos públicos"; este principio de participación se materializa en el denominado Consejo Escolar, uno de los órganos colegiados de gobierno de los centros educativos públicos, que constituye el principal instrumento para que toda la comunidad educativa pueda implicarse directamente en la toma de decisiones del mismo. La composición de este órgano permite que todos los sectores estén representados, en mayor o menor medida, por parte de algunos de sus miembros, permitiendo que la acción educativa de todos ellos se encamine en una misma dirección, evitando enfrentamientos e incoherencias que pueden repercutir en el proceso de enseñanza y aprendizaje de los alumnos.

Fuente núm. 2
La importancia de los padres en la educación
Por Dra. Dora Davison, Médica y Terapeuta Familiar
(www.planetamama.com.ar/view_nota.php?id_nota=13870&id_tema=93&id_etapa=36)

La importancia de las funciones paternales reside en que no se trata sólo de nutrir y cuidar a los hijos, sino también de brindarles la protección y la educación necesaria para que se desarrollen como personas sanas, buenas y solidarias. Pero, una pregunta que se hacen últimamente los investigadores es, ¿acaso, tener un hijo convierte automáticamente a una persona en padre o madre? Para la ley, ser padre o madre es una condición que se asigna por el derecho que da la consanguinidad o la adopción; la misma supone el cuidado responsable y la satisfacción de las necesidades de los hijos; sin embargo, no todos los niño/as reciben de sus padres este tipo de atención en cantidad y calidad suficientes.

El buen trato implica también que los padres faciliten al niño el desarrollo de sus capacidades de aprendizaje y obtención de conocimientos (necesidades cognitivas) mediante estimulación adecuada, experimentación y refuerzos positivos. El niño debe ser estimulado y ayudado a desarrollar su percepción, sus sentidos, su memoria, su atención, su lenguaje, su pensamiento lógico y sobre todo, su capacidad de pensar y reflexionar para que acepte el desafío de crecer y aprender. También es indispensable que el niño pueda experimentar y descubrir bajo control el mundo que lo rodea, para aprender a relacionarse con su medio, adquirir libertad y seguridad. Los niños se animan a explorar su entorno y a tener nuevas experiencias a partir de la seguridad que les brinda la presencia de sus padres u otros adultos significativos que los protegen.

Los niños necesitan aprender a modular sus emociones, deseos, pulsiones y comportamientos y a manejar sus frustraciones, así como también, a cumplir con deberes y obligaciones para consigo mismos y para con los demás.

Las normas y reglas de conducta son bien tratables cuando se basan en el derecho a la vida y a la integridad, en la igualdad de derechos para todos y en la aceptación de las diferencias, fomentan el desarrollo de la autonomía, la responsabilidad y el buen desempeño. Pero, para que los niños las puedan respetar e incorporar, los padres deben facilitar a sus hijos las conversaciones que les adjudiquen sentido.

Finalmente, los niños/as necesitan aceptar las normas que son legitimadas por los valores de su cultura. Interiorizar normas y reglas mediante los valores positivos de buen trato, como la justicia, la tolerancia, la solidaridad, la ayuda mutua, etc., a fin de permitir que se sientan dignos, seguros y confiados en su comunidad.

Dice Jorge Bradury: "Tratar bien a un niño es también darle los utensilios para que desarrolle su capacidad de amar, de hacer el bien y de apreciar lo que es bueno y placentero. Para ello debemos ofrecerles la posibilidad de vivir en contextos no violentos, donde los buenos tratos, la verdad y la coherencia sean los pilares de la educación."

Fuente núm. 3

(Listen to the recording first. Read the script beginning on page 309 after completing your essay, to verify that you heard all the information correctly.)

Los docentes: función, roles, competencias necesarias, formación
Por Dr. Pere Marquéz Graells
(http://peremarques.pangea.org/docentes.htm)

> **Respuestas de vocabulario:**
> 1. **A**, 2. **D**, 3. **D**, 4. **C**, 5. **B**, 6. **B**, 7. **D**, 8. **B**, 9. **A**, 10. **D**

TOPIC III A

La Comunidad—El periodismo y las redes sociales
Vocabulario Útil

En las oraciones falta una palabra o expresión para completar el sentido de cada oración. De las cuatro que se ven, escoge la que mejor completa el sentido de la oración. Debes saber qué significan todas las alternativas, aún las que no sirven para completar la oración. Las respuestas se encuentran al fin de las tres fuentes de la pregunta.

1. A diario ____ en cualquier lugar acontecimientos de interés e importancia para la comunidad y el periodista toma la responsabilidad de recorrer el entorno, encontrar las noticias y comunicarlas al pueblo.
   (A) empujan   (C) manejan
   (B) suceden   (D) bromean

2. Se dice que cada individuo hoy en día puede ser periodista con tal que tenga en mano un celular y el interés por ____ la realidad, la verdad que de ésta se desprende, y hacerlas públicas.
   (A) matizar   (C) ocultar
   (B) averiguar   (D) enlazar

3. Actualmente la población de menos de veinte años de edad no hace caso del periodismo profesional debido al acceso que tiene a recursos ____ y al interés intenso que tiene por seguir las noticias que les tocan de manera más íntima.
   (A) impresos   (C) electrónicos
   (B) radiográficos   (D) desechables

4. Lo que se pierde en las imágenes del momento preciso en que ocurre un suceso es el tiempo para pensar en el significado del acontecimiento y ___ y contextualizar un poco las perspectivas distintas de los participantes en esa ocasión.
   (A) matizarlo
   (B) bajarlo
   (C) subirlo
   (D) transmitirlo

5. Lo que anhela cada seguidor de *Twitter* es ser participante en el momento en tiempo real para ___ de cualquier hecho minucioso y contarse entre los participantes en el acontecimiento.
   (A) descargarse
   (B) desentenderse
   (C) entrevistarse
   (D) enterarse

6. Por supuesto, no vale la pena tomar riesgos atrevidos sólo para procurar en forma digital alguna hazaña que parece ___ la autoridad de la policía o la fuerza nacional de seguridad.
   (A) contener
   (B) prestar atención
   (C) desafiar
   (D) postergar

7. Fácilmente se puede ___ un aparato pero difícilmente a una persona, lo cual explica por qué el encargado de la asignación de trabajo para los periodistas en regiones de conflictos violentos prefiere maximizar el uso de tecnología y reducir personal.
   (A) remitir
   (B) remontar
   (C) reemplazar
   (D) recurrir

8. ___ del milenio empezamos a encontrar más y más casos de personas preocupadas por factores ambientales que están dispuestas a hacer notables sacrificios en sus vidas cotidianas.
   (A) A medida
   (B) A causa
   (C) A partir
   (D) A consecuencia

9. Cualquier persona con una computadora portátil puede gratuitamente ___ y subir cuántas imágenes quiera, si se adiestra en la informática y tiene el tiempo suficiente.
   (A) pulsar
   (B) dibujar
   (C) descargar
   (D) imprimir

10. El ___ más popular generalmente no es aquél hecho por aficionados inexpertos; más bien, es un complejo edificio virtual construido por especialistas cibernéticos.
    (A) chateo
    (B) seguidor
    (C) ordenador
    (D) sitio

Directions: The following question is to be answered taking into account information from the three sources provided. Two of the sources are printed in your test booklet and one is an audio file. You will have 7 minutes to read the two printed sources, and about 3 minutes to listen to the audio file. Next, you will have 5 minutes to plan your essay and 40 minutes to write it. Your essay should be at least 200 words in length.

In answering the question you are to show your ability to understand and synthesize information contained in the different sources. You must use information from all of the sources to support your ideas in your essay. You must properly identify the source of your information. You should avoid simply summarizing what is said in each source.

Instrucciones: La pregunta a continuación se basa en tres fuentes, dos de ellas impresas y una auditiva. Primero, tendrás 7 minutos para leer las fuentes 1 y 2. Después, escucharás la fuente auditiva. Debes tomar apuntes mientras escuchas. Luego, tendrás 5 minutos para organizar tus ideas y 40 minutos para escribir tu ensayo. El ensayo debe tener una extensión de 200 palabras por lo menos.

Cada pregunta está concebida para medir tu capacidad de interpretar y sintetizar el material contenido en las tres fuentes. Necesitas incluir información de todas las fuentes para respaldar tus ideas en tu ensayo. Debes referirte a todas las fuentes y, al hacerlo, citarlas de manera apropiada. Debes evitar el mero resumen de la información contenida en las fuentes.

La Pregunta

Comenta la veracidad de las noticias comunicadas por medio de las redes sociales y menciona cómo esta tecnología cambiará el periodismo tradicional.

Fuente núm. 1
El auge de Internet en tiempo real
Por Antonio Delgado

Ya se habla de la Red en tiempo real como el próximo reto tecnológico. El ya famoso "leitmotiv" de *Twitter*, "¿Qué estás haciendo en este preciso instante?" lo resume a la perfección. El usuario le cuenta y, al momento, el resto del mundo se entera. Porque la asimetría informativa de estas plataformas permite comunicar de forma inmediata a los seguidores que se tengan en la Red y que pueden ser de cualquier parte del mundo. No es raro que un usuario de *Twitter* siga tanto a amigos de su país como a personalidades internacionales que comentan en inglés, portugués o francés.

Además, gracias a las tarifas planas en móviles, ya no se debe esperar a llegar a un punto de acceso, sea la casa o la oficina, para leer y generar información de manera inmediata. Incluso es posible comentar durante las 24 horas del día las inquietudes, anhelos o reflexiones, y comparar información, replicar o recomendar al resto de la comunidad tanto opiniones como enlaces.

Un ejemplo del tiempo real fue los mensajes que los usuarios iraníes dejaron en sus redes sociales durante las revueltas que siguieron a las pasadas elecciones presidenciales en Irán. Pero también es cierto que, a partir de estos mismos mensajes en *Twitter* y en *Facebook*, se creó una sensación de revuelta general que no se correspondía con la realidad.

Los corresponsales de los grandes medios desplazados a la región matizaron la amplitud de las acciones y las limitaron a unas pocas calles. La información en tiempo real puede crear falsas sensaciones y un cierto "ambiente de histeria" que es necesario contrastar con la información relevante de otras plataformas.

Fuente núm. 2
Presente y futuro del periodismo real—Internet, blogs y después
Revista Ñ Clarín.com
(http://edant.clarin.com/suplementos/cultura/2005/07/09/u-1009746.htm)

Otro desafío que enfrentan los medios gráficos está asociado con la aparición de nuevos soportes informáticos, en especial con los blogs (diarios personales online) y sitios de noticias en Internet. "Con los diarios sucede como con el arte contemporáneo: cada tantos años les declaran la muerte para en seguida resucitarlos", bromeó Mario Calabresi, director del diario italiano *LaRepubblica*. Pero sí hay conciencia de la necesidad de una colaboración más estrecha y una redefinición de tareas. En su mayoría, los editores coincidieron en que hoy asistimos a una nueva *media-morfosis*. "Con Internet, los diarios van a sufrir una nueva transformación y especialización", explicó a *Ñ* Simon Kelner. "Frente a la radio y la TV, que eran sus principales competidores hasta hace una década, ellos ofrecen mayor profundidad y capacidad de análisis. A la mañana siguiente de las últimas elecciones en Estados Unidos, los diarios tuvieron ventas modestas. Pero un día más tarde, aumentaron significativamente; los lectores querían leer los comentarios de sus analistas políticos de confianza".

Los blogs y sitios de Internet, en cambio, permiten profundizar casi al infinito la búsqueda de información, "pero no pueden jerarquizar y editar las noticias como lo hace el diario", agregó Kelner. "En una página tabloide, un lector distingue rápidamente por el tamaño y la ubicación de la noticia qué es lo más importante. En la pantalla, el criterio que prima hasta ahora es la inmediatez, de allí que la noticia que está más arriba es la más nueva, pero no necesariamente la más importante".

Aunque coincide en que la convergencia entre medios digitales y en papel es no sólo inevitable sino realmente deseable, Alberto Ibargüen, del *Miami Herald*, aseguró que el diario tradicional sigue cumpliendo una tarea muy difícil de reemplazar. "En una gran ciudad, la función de un diario es importantísima: brindarle a la comunidad la información que necesita para manejar sus asuntos en una democracia. Eso requiere que la información llegue a la gente que naturalmente no le prestaría atención. Que los lectores puedan acceder a ella aun cuando no la pidan o no la busquen activamente. Porque quizás ese dato impensado lleve una clave para comprender la propia situación. El diario brinda eso; Internet, no". Para el editor Mario Calabresi, "es evidente que los diarios, tal como los conocíamos hace diez años, tienen pocas posibilidades de sobrevivir. Si quieren hacerlo, tendrán que cambiar la piel".

Calabresi se refirió a otro aspecto: cómo elaborar contenidos atractivos para lectores que tienen cada vez menos tiempo y hábitos de lectura menos regulares. "No se puede pensar que los diarios compitan con la radio, la TV, Internet y la prensa gratuita. Deben jugar su propio juego, que es un juego doble: por un lado, profundización y análisis integral; por otro, una apuesta fuerte por la escritura, por el periodismo narrativo y por las historias y preocupaciones de los ciudadanos".

Las conclusiones provisorias de un debate que sigue abierto no podrían tener sino un espíritu crítico. "Un diario—concluyó Ricardo Kirschbaum—debe tener una actitud proactiva con la realidad. Oponerse con creatividad a la inercia cultural y, ciertamente, tomar riesgos".

Fuente núm. 3
(Listen to the recording first. Read the script beginning on page 310 after completing your essay, to verify that you heard all the information correctly.)

Los periodistas no pueden dar la espalda a las redes sociales
Entrevista con Ramón Salaverría
Por Esther Vargas
(http://www.clasesdeperiodismo.com/2)

> **END OF
> CD 2**

Respuestas de vocabulario:
1. **B**, 2. **B**, 3. **C**, 4. **A**, 5. **D**, 6. **C**, 7. **C**, 8. **C**, 9. **C**, 10. **D**.

TOPIC IV A

El País—Los derechos intelectuales
Vocabulario Útil

En las oraciones falta una palabra o expresión para completar el sentido de cada oración. De las cuatro que se ven, escoge la que mejor completa el sentido de la oración. Debes saber qué significan todas las alternativas, aún las que no sirven para completar la oración. Las respuestas se encuentran al fin de las tres fuentes de la pregunta.

1. Una de las grandes ventajas de la música en línea es que hay todo un universo de música disponible a los jóvenes que prefieren ____ en sus aparatos electrónicos en vez de comprarla.
   (A) adaptársela   (C) descargarla
   (B) gestionarla   (D) producirla

2. Los jóvenes tratan al mundo de la música como si toda la música fuera parte del ____, lo cual significa para ellos que no tienen que remitir ningún dinero a los creadores de ella.
   (A) dominio público   (C) conjunto
   (B) lanzamiento   (D) mercado privado

3. Los músicos tienen que ___ a la nueva realidad comercial o encontrar un modelo nuevo para diseminar lucrativamente su música; de lo contrario pasarán hambre.

    (A) adaptarse   (C) generar

    (B) rechazar   (D) distribuir

4. Algunos piratas se consideran creadores legítimos ___ se dedican a cortar y pegar sólo trozos de piezas en vez de canciones completas y así crean algo nuevo y personal.

    (A) pues por lo tanto   (C) y a lo mejor

    (B) ya que   (D) sin olvidar que

5. Los oyentes favorecen una discografía ___ de todo límite respecto al uso porque el consumidor actual en vez de recurrir a tiendas para hallar la selección óptima tiene Internet a su alcance.

    (A) adaptada   (C) provista

    (B) repartida   (D) desprovista

6. El artista que aspira a crearse una carrera exitosa generalmente busca a alguien para ___ su lanzamiento en línea sin consideración alguna por las empresas greabadoras tradicionales.

    (A) apadrinar   (C) aprovechar

    (B) proponer   (D) repartir

7. Por mucho que el pirata afirme lo contrario, el hecho es que el artista está triste porque no ___ ni un centavo para su bolsillo y es incapaz de llenarse el estómago con buena reputación.

    (A) reclama   (C) entrega

    (B) recauda   (D) gestiona

8. El ___ más popular ahora no es el que consigue un contrato con una empresa grande de música, sino el que logra proclamar su presencia por medio de Internet. Así termina logrando una mejor promoción y mayor venta de entradas a sus conciertos.

    (A) conjunto   (C) contenido

    (B) oyente   (D) aliciente

9. Ninguna empresa ___ puede darse el lujo de usar grupos desconocidos, ya que pocos serán los radioescuchas y pocos patrocinadores estarán interesados en invertir su dinero.

    (A) grabadora   (C) emisora

    (B) fabricante   (D) receptora

10. ___ años las empresas han mantenido sus negocios en un estado estático, sin tener que adaptarse a la nueva tecnología. Como resultado, se encuentran ahora en peligro de extinción.

    (A) A continuación de   (C) A causa de

    (B) Mediante   (D) Durante

Directions: The following question is to be answered taking into account information from the three sources provided. Two of the sources are printed in your test booklet and one is an audio file. You will have 7 minutes to read the two printed sources, and about 3 minutes to listen to the audio file. Next, you will have 5 minutes to plan your essay and 40 minutes to write it. Your essay should be at least 200 words in length.

In answering the question you are to show your ability to understand and synthesize information contained in the different sources. You must use information from all of the sources to support your ideas in your essay. You must properly identify the source of your information. You should avoid simply summarizing what is said in each source.

Instrucciones: La pregunta a continuación se basa en tres fuentes, dos de ellas impresas y una auditiva. Primero, tendrás 7 minutos para leer las fuentes 1 y 2. Después, escucharás la fuente auditiva. Debes tomar apuntes mientras escuchas. Luego, tendrás 5 minutos para organizar tus ideas y 40 minutos para escribir tu ensayo. El ensayo debe tener una extensión de 200 palabras por lo menos.

Cada pregunta está concebida para medir tu capacidad de interpretar y sintetizar el material contenido en las tres fuentes. Necesitas incluir información de todas las fuentes para respaldar tus ideas en tu ensayo. Debes referirte a todas las fuentes y, al hacerlo, citarlas de manera apropiada. Debes evitar el mero resumen de la información contenida en las fuentes.

La Pregunta

Muchos jóvenes dicen que deben tener el derecho de descargar música gratis de Internet, pero esa actitud contradice directamente la posición de muchos compositores, quienes reclaman sus derechos de propiedad intelectual. ¿Cómo se puede solucionar el gran abismo entre las dos posiciones con una solución que sea aceptable para todos?

Fuente núm. 1
Descargar música Copyleft
Por Antonio Delgado
(www.consumer.es/web/es/tecnologia/internet/2009/06/11/185460.php)

Los derechos del autor no se negocian; los tiene por ley todo creador. No obstante, se pueden ceder por un tiempo a las editoriales y a las casas discográficas (en el caso de los músicos), pero siempre retornan, pasado el periodo de cesión acordado, al creador. Otra cosa que tampoco se negocia, al menos en España, es quién debe gestionar dichos derechos. Una buena parte de los autores se encuentran representados a través de ciertas entidades de gestión que controlan sus obras y los usos de las mismas. Estos autores forman parte de las industrias culturales más tradicionales, que basan su negocio en el control del formato sobre el que se expresa la creación, con condiciones de acceso a las copias de la misma restrictivas respecto a los potenciales usos que los consumidores pueden hacer.

Sin embargo, un grupo cada vez más numeroso de autores, aunque todavía lejos de ser mayoritario, opta por alternativas a la gestión de sus derechos de autor que sean más flexibles y no se basen en el control estricto de la copia, algo que favorece más a la industria que a los creadores. Para ellos las licencias Copyleft, que les permiten decidir qué derechos ceden a sus oyentes, son una solución.

De esta forma, los usuarios no necesitan pedir permiso para hacer determinadas acciones sobre las obras. Los autores, que nunca pierden el control de las mismas, se sirven de sus concesiones para distribuir de forma más abierta sus creaciones y así poder llegar a un número mayor de usuarios. Además, que la música sea libre no significa necesariamente que sea gratuita o pase al dominio público. Según el tipo de licencia elegida por los creadores, sus obras tendrán predefinidos los usos autorizados y las condiciones. Por ejemplo, los creadores pueden utilizar licencias Copyleft que tengan un coste para un uso comercial de sus obras y sean gratuitas para los usuarios.

Fuente núm. 2
¿Es aceptable copiar música? Los derechos de autor y el canon SGAE
Por Ricardo Martínez
(www.ricardadas.com/2010/03/es-aceptable-copiar-musica-los-derechos.html)

¿Por qué la industria musical no ha sabido adaptarse? El hecho de que el sector esté controlado por unas pocas y muy potentes compañías debe tener algo que ver. Todo ello edulcorado con el bálsamo económico del canon por copia privada que les permite ignorar por ahora la nueva situación a la espera de un futuro mejor. Tampoco ha ayudado que la tecnología cambia a una velocidad muy superior a la de las leyes y costumbres, que muchas personas (en las discográficas, estudios, administración) se hayan anclado en el *status quo* lo que les hace ver la nueva situación con el mismo prisma que usaban en la situación pre-Internet, sin identificar cómo avanzar siendo parte del cambio y no situándose en contra del mismo, en una zona "gris", posible sólo por su carácter oligopolista.

La legislación actual ha creado a un gran colectivo de jóvenes que bajan música con el ordenador a quienes denominamos "piratas". Una sociedad no se puede permitir el lujo de tener a la inmensa mayoría de su juventud bajo esa etiqueta, ya que hará que les cambie colectivamente su visión moral sobre las leyes.

Las discográficas y el canon persisten en continuar por el camino equivocado: el de sobreproteger al autor, sin preocuparse de los beneficios de la "Cultura Abierta" (ver más abajo) que ha sido la base del desarrollo de nuestra cultura desde el inicio de los tiempos: la cultura abierta, que es la que me permite "cortar y pegar", aplicar lo que aprendo en un sitio para reutilizarlo en proponer cosas nuevas.

El canon es un mecanismo equivocado; no intenta resolver el problema—la impunidad en la copia ilegal y la no adaptación de las discográficas a las nuevas necesidades, sino que ha generado un universo idílico y artificial, paradójicamente prolongando la agonía que debe llevar a la adaptación de toda la industria. Eso sí, ha creado la "ilusión" a los políticos del entorno occidental que estaban ganando tiempo, para enfrentarse a este tema que, tenga la solución que tenga, no agradará a su electorado joven.

¿Y si usamos la tecnología junto con las leyes para conseguir que la cultura sea mucho más abierta? Creo que es muy sencillo: basta con definir por parte del estado un justiprecio por el uso comercial de fotos, vídeos o música de material con copyright, definiendo un periodo exclusivo inicial para el autor, pero abierto (pagando) después de un tiempo inicial (corto) de protección.

Al mismo tiempo las discográficas y los estudios cinematográficos deben cambiar sus modelos de negocio, pensando que si se alían con los operadores cediéndoles, p.ej., parte de su margen, pueden llegar a ganar más dinero si consiguen que la mayoría de usuarios ADSL que estén descargando por encima de un umbral se suscriban a buenos servicios de comparición de música y vídeos a precios realmente económicos. Podrían ganar más, pero lógicamente, a un precio unitario menor.

Fuente núm. 3

(Listen to the recording first. Read the script beginning on page 311 after completing your essay, to verify that you heard all the information correctly.)

Entrevista entre Antonio Delgado y Adam Sieff, director de la discográfica Sell a Band

(www.consumer.es/web/es/tecnologia/internet/2009/06/11/185609)

> **Respuestas de vocabulario**:
> 1. **C**, 2. **A**, 3. **A**, 4. **B**, 5. **D**. 6. **A**, 7. **B**, 8. **A**, 9. **C**, 10. **D**.

TOPIC IV B

El País—La tecnología para mejorar el gobierno
Vocabulario Útil

En las oraciones falta una palabra o expresión para completar el sentido de cada oración. De las cuatro que se ven, escoge la que mejor completa el sentido de la oración. Debes saber qué significan todas las alternativas, aún las que no sirven para completar la oración. Las respuestas se encuentran al fin de las tres fuentes de la pregunta.

1. Debido a la ___ del público respecto a los políticos, éstos se esfuerzan más y más para proclamar sus buenas intenciones y así mejorar las relaciones entre ellos y su electorado.
   (A) estabilidad
   (B) intención
   (C) ventaja
   (D) desconfianza

2. Ningún ciudadano se preocupa más por los ___ que el que tiene una familia numerosa y se encuentra sin fondos y sin empleo, y es justamente esa persona la que mayor probabilidades tiene de caer en las garras de políticos inescrupulosos.
   (A) seguros de salud
   (B) beneficios laborales
   (C) seguros de jubilación
   (D) salarios bajos

3. La situación económica actual es tan difícil que el gobierno se encuentra cada día más involucrado en las vidas cotidianas del público y se ve ___ a remediarlas mediante estímulos económicos, lo cual ha causado una gran polémica pública.
   (A) impedido
   (B) obligado
   (C) ampliado
   (D) asentado

4. Pocos ciudadanos se dan cuenta de la falta de transparencia en el gobierno hasta que se encuentran sometidos a las leyes que los políticos promulgaron muy calladamente. Es entonces cuando empiezan a ___ cambios con gran apuro.
   (A) prometer
   (B) desaprobar
   (C) exigir
   (D) rechazar

5. Aunque algunos políticos mantienen que la polémica sobre la economía es una mera cuestión ___, otros, como los economistas, difieren en el asesoramiento y aseguran que los temas a tratar son muy concretos.
   (A) rutinaria
   (B) amplia
   (C) semántica
   (D) capitalista

6. ¿Quién de veras examina la ___ de cada camisa para averiguar dónde se fabricó ésta para asegurarse de que no está respaldando explotación laboral y contaminación ambiental?
   (A) calidad
   (B) etiqueta
   (C) medida
   (D) talla

7. No se sabe dónde se ___ el nuevo gobierno después de la guerra que destruyó por completo la capital del país, dejada en ruinas tanto física como simbólicamente.
   (A) someterá
   (B) asentará
   (C) obligará
   (D) propondrá

8. Para evitar el inconveniente de tener que hablar con cada uno de los solicitantes de fondos públicos para el desarrollo del parque, los ___ invitaron a todos a acudir a la próxima reunión del comité, cuando se tratará el asunto.
   (A) funcionarios
   (B) votantes
   (C) públicos
   (D) ciudadanos

9. Muchos ciudadanos ___ a varios diarios para enterarse de los asuntos tocantes a la política de inmigración porque, a pesar de ser reportados con frecuencia, difícilmente se halla una fuente sin perjuicio para discutir ese tema.
   (A) comparten
   (B) abonan
   (C) aportan
   (D) afectan

10. La nueva tecnología facilita la transparencia en el gobierno porque ahora los ciudadanos tienen mayor acceso a todo tipo de documentación y, ___, se enteran de cosas que antes ni sospechaban.
    (A) al contrario
    (B) en resumen
    (C) no obstante
    (D) consecuentemente

Directions: The following question is to be answered taking into account information from the three sources provided. Two of the sources are printed in your test booklet and one is an audio file. You will have 7 minutes to read the two printed sources, and about 3 minutes to listen to the audio file. Next, you will have 5 minutes to plan your essay and 40 minutes to write it. Your essay should be at least 200 words in length.

In answering the question you are to show your ability to understand and synthesize information contained in the different sources. You must use information from all of the sources to support your ideas in your essay. You must properly identify the source of your information. You should avoid simply summarizing what is said in each source.

Instrucciones: La pregunta a continuación se basa en tres fuentes, dos de ellas impresas y una auditiva. Primero, tendrás 7 minutos para leer las fuentes 1 y 2. Después, escucharás la fuente auditiva. Debes tomar apuntes mientras escuchas. Luego, tendrás 5 minutos para organizar tus ideas y 40 minutos para escribir tu ensayo. El ensayo debe tener una extensión de 200 palabras por lo menos.

Cada pregunta está concebida para medir tu capacidad de interpretar y sintetizar el material contenido en las tres fuentes. Necesitas incluir información de todas las fuentes para respaldar tus ideas en tu ensayo. Debes referirte a todas las fuentes y, al hacerlo, citarlas de manera apropiada. Debes evitar el mero resumen de la información contenida en las fuentes.

La Pregunta
El acceso a información es fundamental para la democracia. ¿Cómo puede la tecnología mejorar la transparencia política del gobierno de un país? ¿Tienen los ciudadanos el derecho de saber todo lo que hace el gobierno?

Fuente núm. 1
Acceso a la información, desafíos
Por Jacqueline Peschard
(www.etcetera.com.mx/articulo.php?articulo=3513)

Es casi un lugar común afirmar que el acceso a la información es un derecho fundamental reconocido por el artículo 6º constitucional a partir de su reforma en 2007. En este mismo sentido, en el famoso caso "Claude Reyes vd. Chile", la Corte Interamericana de Derechos Humanos determinó que se trata, ni más ni menos que de un derecho humano.

Es necesario tener presente que, en tanto derecho fundamental, el acceso a la información tiene por objeto la protección de un bien básico en sí mismo como pilar esencial de la democracia que, además, le da sustancia y calidad a otros derechos fundamentales. En la medida que los ciudadanos saben cómo sus gobernantes toman decisiones, cómo diseñan políticas públicas y qué recursos utilizan para realizarlas, se potencia el ejercicio de otros derechos como el de la libertad de expresión, el sufragio efectivo, el derecho de asociación, por sólo mencionar algunos.

No obstante, la práctica continua de este derecho no ha logrado asentar una cultura de la transparencia entre los servidores públicos y se aprecian resistencias a someterse al principio constitucional de "máxima publicidad", en buena medida porque todavía no alcanzan a comprender, en primer lugar, que es un derecho fundamental que los obliga y en segundo, que la transparencia es útil para mejorar la calidad de la propia gestión pública y, por ende, la confianza de los ciudadanos en sus gobernantes.

La pretensión de algunas autoridades públicas federales de que sea posible interponer un recurso de apelación en contra de las resoluciones del IFAI, o que puedan controvertirlas ante los jueces de distrito en materia administrativa, se basa en el argumento de una supuesta "defensa del interés público". Es decir, reclaman que el interés público pueda ser una limitante al derecho a la información, siendo que ello ya está previsto en la Constitución y en la propia Ley de Transparencia, a través de las causales de reserva o de confidencialidad de la información.

La posibilidad de que los propios sujetos obligados impugnen las resoluciones del IFAI no es procedente por una serie de razones que me voy a permitir enumerar. En primer lugar porque con ello se estaría colocando en un mismo nivel al particular que es el titular del derecho y a la dependencia o entidad que el es sujeto obligado, pues se le estaría ofreciendo a ambos un procedimiento equivalente para quejarse frente al órgano garante (el amparo al particular y la queja o impugnación al sujeto obligado).

Que el sujeto obligado impugne lo dictado por el órgano garante rompe uno de los principios de la orientación aperturista del sistema jurídico mexicano, al convertir la transparencia en una mera política simbólica y a la disposición constitucional en una cuestión nominal o semántica.

Fuente núm. 2
¿Por qué triunfó *#internetnecesario*?
Por Mario A. Campos Cortés
(www.etcetera.com.mx/articulo.php?articulo=2049)
(www.consumer.es/web/es/tecnologia/internet/2010/04/08/192110.php)

¿Hay algo peor que un movimiento social fracase? Sí, que triunfe y no se dé cuenta. Y ese es un riesgo que hoy corre el movimiento de #internetnecesario. Tal vez porque los tiempos parlamentarios son anticlimáticos, las decisiones se tomaron a lo largo de muchos días y terminaron en una jornada en la que también fueron aprobados impuestos que nos dejan con poco ánimo para celebrar. Sin embargo, el triunfo de esa iniciativa es de grandes dimensiones.

Si se mira, por ejemplo, cuáles fueron los grupos que influyeron en el paquete económico uno se encuentra con las cúpulas empresariales, las tabacaleras, algunas televisoras...y los twitteros. Los tres primeros son notables grupos de interés, bien organizados, con financiamiento y trabajo político de años. Los twitteros, por su parte, son ciudadanos que sin una estructura previa lograron ser protagonistas en esta historia. ¿Qué permitió este fenómeno que atrajo a tantas personas a la política, por qué en este punto en concreto sí pesó la opinión de un grupo de ciudadanos? Comparto algunas ideas.

La demanda era simple y con sustento. Muchos de los protagonistas aportaron datos, ideas, argumentos que estuvieron acompañados con una consigna fácil de entender y compartir bajo la etiqueta de #internetnecesario. Si bien hacia el final se quiso ampliar el rechazo hacia el impuesto al resto de las telecomunicaciones fue importante identificar un objetivo concreto.

La protesta definió formas de actuación. Desde la colocación de la etiqueta #internetnecesario, la foto en el Parque Hundido o el envío de correos a los legisladores, se crearon formas para canalizar el descontento, lo que sirvió para reforzar el sentido de pertenencia y la demostración de fuerza.

Identificó interlocutores. Esta es una de las piezas más importantes de toda la experiencia. No se quedó en un desahogo de amigos ni un movimiento de Internet. En el momento en que se entendió que había que llevar el mensaje a los tomadores de decisiones se dio un paso fundamental. La reunión con los legisladores fue clave para el triunfo porque fue el eslabón para conectar la nueva política—en la red— con la tradicional, que se produce en el encuentro cara a cara.

Se hizo política institucional. Algunos de los impulsores tuvieron la virtud de conocer y explicar el proceso legislativo. Se hizo en el momento y con las personas adecuadas. Es un ejemplo de madurez política pues se pasó del reclamo ambiguo a la gestión concreta.

El movimiento no tuvo líderes. De esta protesta destacaron varios twitteros, figuras importantes que ya he mencionado en post anteriores y que tuvieron el estratégico papel de ser de voceros con los legisladores y con algunos medios, sin embargo está claro que no hubo una persona que se presentara como la cabeza, lo cual además habría provocado la distancia de ciertos impulsores.

Fuente núm. 3
(Listen to the recording first. Read the script beginning on page 312 after completing your essay, to verify that you heard all the information correctly.)

Cuando todos pierden
Por José Buendía Hegewisch
(*www.etcetera.com.mx/articulo.hph?articulo=3527*)

Respuestas de vocabulario:
1. **D**, 2. **A**, 3. **B**, 4. **C**, 5. **C**, 6. **B**, 7. **B**, 8. **A**, 9. **B**, 10. **D**.

TOPIC V A

**El Mundo—El turismo
Vocabulario Útil**

En las oraciones falta una palabra o expresión para completar el sentido de cada oración. De las cuatro que se ven, escoge la que mejor completa el sentido de la oración. Debes saber qué significan todas las alternativas, aún las que no sirven para completar la oración. Las respuestas se encuentran al fin de las tres fuentes de la pregunta.

1. Una de las industrias en evolución es el turismo, que no el turismo del antaño, cuando todo lo que hacía el viajero era ___ un lugar sin verlo y sacar fotos para almacenar los recuerdos sin tener que vivirlos otra vez.
   (A) conllevar
   (B) rescatar
   (C) transitar
   (D) encabezar

2. Con una mochila en la espalda, el joven viajero ahora recorre el mundo, explorando mazamorras oscuras y edificios ___ en montones de piedras, encerrando en sí las huellas del pasado y condenando el propósito original de su construcción al olvido perpetuo.
   - (A) derrumbados
   - (B) desplumados
   - (C) explotados
   - (D) inagotables

3. Para ___ a los turistas muchos pueblos indígenas recurren a la explotación del lugar, ofreciendo experiencias "auténticas" al turista dispuesto de comprarlas, cueste lo que cueste, y a veces sirviendo de guía por el entorno para mostrárselo al visitante.
   - (A) advertir
   - (B) recorrer
   - (C) rescatar
   - (D) atraer

4. Pese a las advertencias de los peligros de subir las pirámides despedazadas, los turistas, anhelando ___ la vista desde la cumbre de la estructura, a veces se resbalan, lo cual resulta en huesos rotos. Pero así añaden fuertes emociones a la experiencia.
   - (A) apreciar
   - (B) encomendar
   - (C) encerrar
   - (D) exhibir

5. ___ la experiencia del guerrero romano es el propósito de la renovación del antiguo Coliseo Romano en Roma, donde el turista puede bajar al subsuelo para pasar por los túneles, ver los recintos de los gladiadores, subir en el montacargas y observar toda la tramoya del circo arriba.
   - (A) Rescatar
   - (B) Cobijar
   - (C) Conllevar
   - (D) Enterrar

6. La inagotable letanía de los vendedores de artesanías, rodeando las pirámides y importunando a los turistas, provoca una ___ que irrita y empequeñece la experiencia—aunque a la vez añade una dimensión humana al recordarnos la realidad social de este país.
   - (A) anticipación
   - (B) distracción
   - (C) ilusión
   - (D) entretención

7. Entre los quechuas que viven entre las cordilleras de los Andes, la vida cotidiana consiste en continuar las ___ antiguas que les han servido por tantos siglos, otorgándoles una sabiduría más profunda que la evidenciada por los turistas.
   - (A) piezas turísticas
   - (B) fachadas
   - (C) bóvedas
   - (D) modalidades

8. Entre los ___ sucios y miserables de Lagos se ven niños llenos de energía e inocencia que juegan entre la basura.
   - (A) artefactos
   - (B) monumentos
   - (C) callejones
   - (D) restaurantes

9. Detrás de la ____ del edificio se encuentran grandes salas donde antiguamente se reunían los políticos para discutir estrategias contra los etruscos y fenicios.
   (A) cisterna
   (B) cúpula
   (C) fachada
   (D) planicie

10. El turismo moderno se esfuerza por atraer a un tipo nuevo de turista, el que querría experimentar un lugar que es patrimonio nacional de la antigüedad y en el cual se sentiría ____ de su protección y conservación.
    (A) reconocido
    (B) responsable
    (C) advertido
    (D) apreciado

Directions: The following question is to be answered taking into account information from the three sources provided. Two of the sources are printed in your test booklet and one is an audio file. You will have 7 minutes to read the two printed sources, and about 3 minutes to listen to the audio file. Next, you will have 5 minutes to plan your essay and 40 minutes to write it. Your essay should be at least 200 words in length.

In answering the question you are to show your ability to understand and synthesize information contained in the different sources. You must use information from all of the sources to support your ideas in your essay. You must properly identify the source of your information. You should avoid simply summarizing what is said in each source.

Instrucciones: La pregunta a continuación se basa en tres fuentes, dos de ellas impresas y una auditiva. Primero, tendrás 7 minutos para leer las fuentes 1 y 2. Después, escucharás la fuente auditiva. Debes tomar apuntes mientras escuchas. Luego, tendrás 5 minutos para organizar tus ideas y 40 minutos para escribir tu ensayo. El ensayo debe tener una extensión de 200 palabras por lo menos.

Cada pregunta está concebida para medir tu capacidad de interpretar y sintetizar el material contenido en las tres fuentes. Necesitas incluir información de todas las fuentes para respaldar tus ideas en tu ensayo. Debes referirte a todas las fuentes y, al hacerlo, citarlas de manera apropiada. Debes evitar el mero resumen de la información contenida en las fuentes.

La Pregunta
El turismo ha cambiado porque la gente moderna tiene acceso a países con antiguas civilizaciones que no podían visitar antes. Comenta cómo ha cambiado el turismo, basando tu opinión en las tres fuentes siguientes.

Fuente núm. 1
Una nueva visión sobre el aprovechamiento de los sitios arqueológicos al turismo y la comunidad
Por Alejandro Sausa
(www.naya.org.ar/turismo/congreso/ponencias/Alejandro_saura.htm)

El legado cultural como pieza de turismo a partir de una ruina arqueológica.

Entendemos como ruina arqueológica al sitio o construcción donde se desarrolló una actividad y que en la actualidad se encuentra deshabitada o ya dejó de cumplir su función. El turismo como industria trata de aprovechar los recursos, tanto naturales como artificiales, para atraer a visitantes.

Las antiguas culturas americanas han proporcionado una fuente inagotable de recursos artificiales para el aprovechamiento del turismo, que fue ofrecido de una forma estática al visitante, y que debe ofrecerse en forma dinámica para el mejor entendimiento del turista y para el aprovechamiento de la comunidad.

La evolución de las ciudades en la historia americana nos muestra un continuo abandono de éstas tras unos cientos de años de vida propia. Este abandono se profundizó a partir de la conquista de los pueblos americanos por las culturas invasoras europeas. Esto trajo consigo la fundación de nuevas ciudades donde se podía controlar la "encomienda", o sea, el control sobre la población de manera eficiente por las nuevas autoridades autoimpuestas.

El constante abandono de las ciudades permitió a la arqueología el estudio de sus modalidades de hábitat y desarrollo. Sitios descubiertos durante fines del siglo XIX y a principios del siglo XX llevaron a crear las bases de la "arqueología americana". Al estudio de estos lugares se acompaña, como segunda etapa, la de pasar a ser considerados como "piezas turísticas" y dejarse preparados para su explotación.

Acá es donde debe preguntarse si esta explotación turística está solamente pensada para que el visitante cumpla con el "rito del turista", que consta de la consabida fotografía y la compra de alguna artesanía, o si estos lugares tienen aún algún interés en el recuerdo colectivo de los habitantes que aún habitan la zona.

La manera de presentar un sitio para que el visitante simplemente recorra el lugar y reconozca las actividades que se desarrollaban a partir del discurso del guía de turno conlleva a llamar a este tipo de turismo como "turismo estático". En cambio, cuando se muestra el lugar con actividades propias a su ejecución primitiva es mostrarlo de manera dinámica y conlleva a comprender mejor su utilización y vida propia. Un caso especial y quizás el mejor paseo para que un turista reconozca a una cultura en su hábitat natural, es el "Camino Inca", un tortuoso recorrido que permite conocer a la esencia de un pueblo desde su propio medio ambiente y poder entender mejor el diseño y la construcción de la ciudad que corona ese recorrido, Macchu Pichhu.

El caso de los "carga mochilas" en el "Camino Inca", nos muestra a personas que en muchos casos sólo hablan la lengua quechua y que sin necesidad de equipos deportivos ni grandes musculaturas viven perfectamente pese a lo severo de la altura y a las exigencias de la orografía.

El rescate de los lugares no podría ser posible si no se tuviera en cuenta a estos habitantes y no dándoles la espalda como hasta ahora.

Fuente núm. 2
El laberinto del Minotauro
Por Elena Sanz
(www.muyinteresante.es/el-laberintodel-minotauro)

Una cantera abandonada al sur de la isla griega de Creta y atravesada por una complicada red de túneles subterráneos podría ser el lugar del mítico laberinto diseñado por Dédalo para encerrar al Minotauro, una criatura mitológica mitad hombre y mitad toro.

Así lo ha sugerido un equipo de expertos británicos, encabezados por el geógrafo Nicholas Howarth, de la Universidad de Oxford, tras realizar una expedición a la cantera. Hasta ahora se consideraba que el palacio de Cnossos, cuyas ruinas fueron excavadas y reconstruidas a principios del pasado siglo por el arqueólogo Arthur Evans, era el único que podría dado cobijo en la antigüedad al laberinto de la leyenda griega.

Según esta leyenda, el rey Minos mandó construir el laberinto para encerrar allí al Minotauro, una bestia feroz nacida de la unión entre su esposa, Parsifae, y un toro del que ella se había enamorado por intervención de Poseidón. Dédalo fue encerrado también, junto a su hijo Ícaro, en el laberinto, pero construyó unas alas para ambos con las que, salvando los muros de la prisión, se remontaron sobre el Mediterráneo.

Las cuevas, que consisten en más de tres kilómetros de túneles con cámaras más anchas y callejones sin salida, han sido visitadas desde tiempos inmemoriales por viajeros en busca del laberinto, pero que desde finales del siglo XIX fueron abandonadas. Incluso el ejército nazi las utilizó para almacenar municiones durante la Segunda Guerra Mundial.

Fuente núm. 3
(Listen to the recording first. Read the script beginning on page 313 after completing your essay, to verify that you heard all the information correctly.)

Por primera vez en el Coliseo Romano se exhibirán las terribles mazmorras
Por La Vanguardia.Especial
(www.clarin.com/sociedad/ciencia/Coliseo-Romano-exhibiran-temibles-mazmorras_0_272372829.html)

Respuestas de vocabulario:
1. **C**. 2. **A**. 3. **D**, 4. **A**. 5. **A**, 6. **B**, 7, **D**, 8. **C**. 9. **C**, 10. **B**.

The Practice Exercises

EXERCISE ONE

> **Directions:** You will now read a question that is based on information contained in Fuentes 1–3. The sources are both print and audio. First, read the print material. Next, you will hear the audio material. You should take notes on a separate piece of paper while you listen. Spend about 7 minutes reading and 3 listening. Take about 5 minutes to plan. Then you will have 40 minutes to write your essay.
>
> In your essay you should make reference to specific information from all of the source materials. Do not simply summarize what is contained in them. Incorporate them into your essay. Use appropriate grammar and vocabulary.

¿Cree Ud. que el ecoturismo realmente ofrece la mejor oportunidad para el desarrollo sustentable?

Fuente núm. 1
Principios, ventajas y potencialidades del ecoturismo
(*www.ciberamerica.org/Ciberamerica/Castellano/Areas/turismo/ecoturismo*)

En este momento la aportación económica del ecoturismo es de suma importancia, sobre todo por parte de las autoridades, y en algunos países ya es parte de un turismo que ha llegado a ser el principal proveedor de divisas derivadas del uso de la tierra. Dos ejemplos de buenas prácticas a la hora de distribuir los ingresos de esta actividad son los de Costa Rica y Belice, lo que indujo a numerosos gobiernos o entidades privadas a enviar misiones a estos países, con el propósito de aprovechar la experiencia acumulada.

En este sentido, lo más apropiado es un turismo cuidadosamente regulado, practicado por personas genuinamente interesadas en la naturaleza, dispuestas a causar el menor disturbio posible y respetuosas de las costumbres locales. Una técnica para reducir tal impacto es la "zonificación" de áreas protegidas, delimitando las áreas más frágiles con acceso restringido mientras que en otras áreas se permita sólo la visita manteniéndose en el sendero todo el tiempo.

Las áreas protegidas tienen una importante función. En efecto, el uso por parte de ecoturistas supone la generación de beneficios, tanto tangibles (empleos locales, por ejemplo) como otros (biodiversidad, protección de aguas y suelos). El ecoturismo en muchas instancias ha favorecido la conservación de la naturaleza. Tales argumentos se aplican también a la conservación de los parques marinos y su influencia beneficiosa sobre la productividad para la pesca en áreas cercanas o a veces situadas a considerable distancia. Hay que evitar que ambos sectores, la pesca y la llegada de ecoturistas compitan. Las zonas protegidas de arrecifes de coral han evitado su posible destrucción y permitido la recuperación de la pesca, especialmente de alevines en estas áreas, además de proveer nuevos empleos. Un proceso similar se ha llevado a cabo en humedales y otros entornos.

Por otro lado, el fomento del ecoturismo favorece la conservación de la biodiversidad.

Fuente núm. 2

Buscarán solucionar conflicto por venta de artesanías en Chichén Itzá

(Comisión Nacional para el Desarrollo de los Pueblos Indígenas cdi.gob.mx/index.php?id_seccion=1302)

La Comisión de Asuntos Indígenas de la Cámara de Diputados servirá de enlace para buscar una solución al conflicto entre el INAH y vendedores de artesanías que ocupan las inmediaciones de la zona arqueológica de Chichén Itzá. En entrevista, el presidente de esa Comisión, Javier Manzano Salazar explicó que lo mejor para las partes es buscar puntos de acuerdo que permitan descartar el uso de la fuerza pública para resolver ese problema. El Instituto Nacional de Antropología e Historia (INAH) interpuso una serie de demandas contra los vendedores ante las constantes quejas de acoso a los turistas que visitan esa zona arqueológica.

Fuente núm. 3

(Listen to the recording first. Read the script beginning on page 314 after completing your essay, to verify that you heard all the information correctly.)

Entrevista a dos personas sobre el medio ambiente en las Islas Galápagos

EXERCISE TWO

Directions: You will now read a question that is based on information contained in Fuentes 1–3. The sources are both print and audio. First, read the print material. Next, you will hear the audio material. You should take notes on a separate piece of paper while you listen. Spend about 7 minutes reading and 3 listening. Take about 5 minutes to plan. Then you will have 40 minutes to write your essay.

In your essay you should make reference to specific information from all of the source materials. Do not simply summarize what is contained in them. Incorporate them into your essay. Use appropriate grammar and vocabulary.

¿Cuál sería la dieta más nutritiva para los jóvenes?

Fuente núm. 1

Hasta qué punto conviene ser vegetariano. La Opinión Digital

(www.laopinion.com/salud/salud_nutrition.html)

Realmente, la carne, como cualquier otro alimento excepto la leche materna para su descendiente en el primer período de la vida de los mamíferos, no es indispensable para la nutrición del hombre, pero es un valioso componente de gran riqueza nutritiva en las dietas de muchas personas que gozan de buena salud y no ejerce en los sujetos normales los efectos nocivos que el vegetarianismo le atribuye. Existe la creencia popular de que la alimentación vegetariana es más saludable que una que incluya carne u otros productos derivados de animales.

Lo cierto es que todo tipo de alimentación cuenta con beneficios nutritivos y puede también presentar aspectos problemáticos.

La selección de alimentos que escoge la persona es el factor que determina si una alimentación es saludable o no. Si se elige una alimentación vegetariana, es importante asegurarse de ingerir cantidades suficientes de vitamina B_{12} y calcio, especialmente durante la adolescencia.

Una alimentación vegetariana bien planeada tiende a incluir niveles menores de grasa saturada y colesterol, así como niveles más altos de fibra y elementos nutrientes derivados de las plantas que una alimentación no vegetariana.

Especialistas en nutrición del programa de Extensión Cooperativa de la Universidad de California citan diversas investigaciones que indican que una alimentación con tales características puede reducir el riesgo de desarrollar diabetes, presión arterial alta, problemas del corazón y obesidad.

Sin embargo, los beneficios mencionados pueden obtenerse también con una alimentación que incluya productos animales. Con una planificación cuidadosa y el consumo de carnes magras y productos animales con poca grasa, así como frutas y verduras, se puede llevar una alimentación con poca grasa saturada y colesterol y rica en fibra y nutrientes derivados de plantas.

Además, el consumo de productos animales facilita obtener las cantidades recomendables de calcio, zinc, hierro y vitamina B_{12}.

Fuente núm. 2
Dietas de moda. Crítica a las promesas milagrosas
(*www.enplenitud.com/nota.asp?articuloID=23*)

La estética ha dejado de ser monopolio de las mujeres. Los hombres también quieren lucir bien y no dudan en consultar para obtener un mejor estado físico. Las dietas de moda circulan con soluciones mágicas que dicen resolver el problema a la brevedad, descuidando el hecho que en muchos casos se trata de una enfermedad, la obesidad, y por lo tanto debe ser tratada con seriedad. La salud no tiene precio y tampoco es un acto de magia.

A lo largo del tiempo, los modelos van cambiando y, lo que era ideal en el Renacimiento, está lejos de ser aceptado socialmente en este siglo. Hombres y mujeres no dudan a la hora de optar por productos light y largas horas de gimnasio.

Una amplia información es la que circula sobre cómo liberarse de la pesadilla de la gordura. En general, son recetas mágicas que prometen resultados increíbles en muy corto tiempo; pero luego de varios intentos y sin conseguir el tan ansiado logro, los "dietantes" pierden las esperanzas, hasta que aparece una nueva alternativa milagrosa.

El charlatanerismo prolifera cada vez más, basándose en dietas absurdas y promesas de curación definitiva.

Es un negocio, y se basa en la falta de lectura crítica y en la credulidad popular, pero lo que ofrece es tentador y quién no intentó alguna vez las famosas dietas de la Luna, la Sopa, la Fuerza Aérea, la Disociada, etcétera.

Fuente núm. 3
(Listen to the recording first. Read the script beginning on page 315 after completing your essay, to verify that you heard all the information correctly.)

El vegetarianismo y la dieta vegetariana
(*www.terra.es/alimentacion/articulo/html/ali121.htm*)

EXERCISE THREE

Directions: You will now read a question that is based on information contained in Fuentes 1–3. The sources are both print and audio. First, read the print material. Next, you will hear the audio material. You should take notes on a separate piece of paper while you listen. Spend about 7 minutes reading and 3 listening. Take about 5 minutes to plan. Then you will have 40 minutes to write your essay.

In your essay you should make reference to specific information from all of the source materials. Do not simply summarize what is contained in them. Incorporate them into your essay. Use appropriate grammar and vocabulary.

Se dice que los autores representan su época. ¿Cómo se diferencian los autores de habla española de hoy de los de la generación anterior?

Fuente núm. 1
El fin de la sospecha. La literatura española de los últimos años demuestra un empuje esperanzador
(*Tendencias del arte*, 17 de enero 2006. *www.tendencias21.net/El-fin-de-la-sospecha_a493.html*)

Jóvenes de los noventa: magníficos narradores

Estos escritores comparten el tiempo de sus publicaciones con jóvenes creadores que comienzan a publicar después de los fastos del 92. En esta época se genera una eclosión de magníficos narradores, de excelentes escritores con una formación universal, lectores en varios idiomas, filólogos en su mayoría, cultos y cultivados, sin anclajes ideológicos ni sociales que no sean dar cuenta del mundo en el que viven a través de la literatura, escritores, en fin, muy literarios pero, a la par, profunda y sabiamente humanos.

La penúltima generación de narradores es la que en esta década de los noventa y principios del siglo XXI están dando unos frutos más que granados, lo que hace augurar un panorama prometedor a la narrativa hispana.

Creo que la característica común de tan variada y excelente pléyade de narradores es su afán por colocar el punto de mira de sus referentes en escritores hispanos de otra tradición, más fantástica o cervantina, o bien por ampliar el marco de influencias a otras literaturas (Nabokov, Pynchon, Calvino, Celine) y hacia otras soluciones narrativas.

Todos estos autores dan muestras suficientes del empuje con que la narrativa española de los últimos años manifiesta una saludable capacidad de integración y mutua influencia entre las distintas generaciones que conviven, un ojo avizor a lo que se hace en otros países y lenguas, y una definitiva pérdida de complejos, que se suma a una decidida apuesta por la posmodernidad en su alto sentido, no en el feble y débil. Son autores que resistirían sin lugar a dudas una crítica que analice tanto los contextos como el valor intrínseco de lo literario, una crítica enmarcada en la antes mencionada "Teoría Literaria Integral."

Fuente núm. 2
Enfoque—**Escritores latinos optan por el realismo no mágico**
(*Rueters on terra.com.co/cultura/literatura/03-12-2005/nota264506.html*)

El autor colombiano Jorge Franco no es un realista mágico. Es sólo un realista. En su novela "Rosario Tijeras" escribe sobre un cadáver que se va de fiesta y una heroína criminal que besa a sus víctimas antes de volarles los sesos.

Se podría decir que los escritores colombianos, quienes están abandonando el estilo más famoso de la literatura latinoamericana, ya no necesitan del realismo mágico.

Luego de 41 años de guerra civil y los excesos del narcotráfico, la plena realidad cotidiana ya es lo suficientemente difícil de creer.

Pero la persistente hambre de lectores en Europa y Estados Unidos por obras latinoamericanas llenas de narrativas sobre curas levitantes y bebés con colas, molesta a la nueva generación de novelistas urbanos.

Un ejemplo es Efraim Medina, autor colombiano de una obra decididamente sin realismo mágico. Medina dice que su compatriota Gabriel García Márquez, ganador del premio Nobel de Literatura y cuya obra "Cien años de soledad" llevó al realismo mágico a ser conocido en todo el mundo, debería de "hacerle un favor a Colombia y donarse a un museo."

La respuesta del escritor Franco a una pregunta sobre el realismo mágico es más templada que la de Medina.

"A mí no me afectó para nada esa sombra de García Márquez," dijo a Reuters el autor, un hombre de contextura delgada y de voz suave, en el apartamento de su madre en Bogotá.

Agregó que García Márquez, de 78 años, ha sido muy bueno con él y que Medina siempre está en busca de peleas.

Pero el escritor admite su frustración y la de muchos otros novelistas latinoamericanos de su generación.

"Reconozco que cuando estamos buscando traducciones en otros idiomas, sobre todo en el primer mundo, todavía como que siente uno que quieren más realismo mágico (...) las abuelas volando y todas esas cosas raras, las mariposas amarillas."

El realismo mágico surgió en un período en que América Latina se modernizaba rápidamente. El nacionalismo y el pensamiento izquierdista le dieron nueva importancia a las tradiciones rurales que durante mucho tiempo fueron marginalizadas por una oligarquía europeizada.

Realismo urbano

Pero América Latina está cambiando y su literatura lo refleja.

"Yo siento que con el crecimiento de nuestras ciudades, Bogotá, Buenos Aires, Ciudad de México, son ciudades que tienen situaciones muy similares a muchas ciudades europeas, en su problemática, sus cuestiones sociales," dijo Franco.

"Entonces y finalmente estas ciudades son lo que nos están nutriendo a nosotros con toda la información para escribir," agregó. "Hay un lenguaje más cercano a esas ciudades pero que no tiene nada que ver con el asunto del realismo mágico," explica el autor.

Franco obtuvo éxito a pesar de su comienzo tardío en la escritura. De joven quería hacer películas, pero luego se percató de su aptitud por la ficción cuando seguía escribiendo guiones imposibles de convertir en películas durante una breve estadía en una academia de cinematografía en Londres.

"Fue un descubrimiento encontrar que a través de la palabra escrita también podía contar historias y, por suerte, creo que tenía lo único que se necesita para ser escritor y eso es ser buen lector," concluyó Franco.

Fuente núm. 3

(Listen to the recording first. Read the script beginning on page 316 after completing your essay, to verify that you heard all the information correctly.)

Los jóvenes escritores de ahora son menos comprometidos
Por Itzíar de Francisco, Josefina Aldecoa.
(14 de enero 2006. *www.elcultural.es/HTML/20060112/Letras/LETRAS16282.asp*)

EXERCISE FOUR

Directions: You will now read a question that is based on information contained in Fuentes 1–3. The sources are both print and audio. First, read the print material. Next, you will hear the audio material. You should take notes on a separate sheet of paper while you listen. Spend about 7 minutes reading and 3 listening. Take about 5 minutes to plan. Then you will have 40 minutes to write your essay.

In your essay you should make reference to specific information from all of the source materials. Do not simply summarize what is contained in them. Incorporate them into your essay. Use appropriate grammar and vocabulary.

¿Cómo muestra la cocina española su universalidad?

Fuente núm. 1
La gastronomía española
(*www.spaindreams.com/cas/gastro.htm*)

Uno de los mayores atractivos de España es sin duda el de su cocina, que es una de las mejores del mundo por la calidad y variedad de sus productos. No puede hablarse con rigor de una cocina nacional, sino de múltiples cocinas regionales influidas en cada caso por la climatología y las formas de vida autóctonas.

La cocina española se distingue por utilizar tradicionalmente en la preparación de los alimentos el aceite de oliva como grasa vegetal y la manteca de cerdo como grasa animal, así como la gran variedad de frutas y verduras que aportó la cultura árabe a la mesa y otros elementos como la patata y el tomate llegados de América.

Por otra parte, el gran desarrollo de la cocina española en los últimos lustros se debe también a la aparición de grandes profesionales que han sabido reinterpretar los platos y recetas tradicionales en consonancia con el tiempo actual, dotando a la gastronomía española de una nueva dimensión en presencia y sabores.

Fuente núm. 2

Gastronomía peruana. Historia de la cocina peruana

(www.gastronomiaperu.com/index.php)

La cocina peruana es considerada como una de las más variadas y ricas del mundo. Gracias a la herencia pre incaica, incaica y a la inmigración española, africana, chino-cantonesa, japonesa e italiana principalmente hasta el siglo XIX, reúne, mezcla y acriolla una gastronomía y exquisitos sabores de cuatro continentes, ofreciendo una variedad inigualable e impresionante de platos típicos de arte culinario peruano en constante evolución, imposible de enumerarlos en su totalidad. Basta mencionar que sólo en la costa peruana, hay más de dos mil sopas diferentes.

Es de conocimiento en todo el mundo que la cocina peruana ha encontrado ya un espacio dentro de las más reconocidas del mundo. Recientemente ha sido publicado en inglés, en el sitio web de Epicurious, un importante artículo sobre las bondades y la importancia de nuestra cocina. Reproducimos parte de la publicación: "Como dicen, todo lo antiguo se ha convertido en nuevo." Y en el caso del Perú, cuando decimos "viejo" nos referimos a antiguo. Uno de los ejemplos de cómo nuestros chefs están mirando hacia las raíces andinas, es el uso novedoso que se le da a la quinua, un grano que se remonta a los incas, con un ligero sabor a nuez y 3000 años de antigüedad, bien llamada "comida maravillosa," baja en carbohidratos y rica en proteínas.

Cualquier persona que haga turismo en el Perú, es inmediatamente conquistada por la riqueza culinaria local, y si es una gourmet, siempre buscará la excusa para regresar y deleitarse con algún sabor nuevo para su exigente paladar.

La cocina tradicional peruana es una fusión de la manera de cocinar de los españoles con la de los nativos peruanos. Productos básicos como la papa, maíz, maní, ají, y pescados y mariscos de nuestro mar, se remontan hasta el imperio incaico, que floreció en los Andes por miles de años. Cuando los conquistadores españoles llegaron en el siglo 16, trajeron con ellos los postres de estilo europeo y otros ingredientes como el pollo, la carne de res y frutas cítricas. Más adelante llegaron los inmigrantes africanos, italianos, chinos y japoneses que ayudaron a crear una sabrosa comida que hasta la fecha se come en los hogares y restaurantes peruanos.

Fuente núm. 3

(Listen to the recording first. Read the script beginning on page 317 after completing your essay, to verify that you heard all the information correctly.)

CD 3
Track
7

Entrevista entre un turista de la ruta gastronómica española y Ramón Inique, natural de Barcelona

After You Finish Writing

- *Proofread what you have written.* Many students have learned to include formulaic examples of the use of the subjunctive, but then make simple errors such as using incorrect verb forms, or using adjectives and nouns that do not agree in gender and number. These basic errors do not create a good impression.

- *When you reread what you have written, check your grammar.* Use the following items as a checklist and practice checking these points of grammar.
  - Identify the gender of nouns.
  - Identify the person and number of the subject to make sure that the verb ending agrees.
  - Make sure that the sequence of tenses is correct, i.e., if you begin in the present tense, do not randomly switch from present to past and then to any other tense unless it is appropriate.
  - Check to see that the spellings of stem changes, orthographic changes, and irregular verb forms are correct.
  - Make sure that you have not used English words unless there are no Spanish equivalents; for example, "Super Bowl," if you are talking about professional sports.
  - Make sure that you have used accents and other diacritical and punctuation marks correctly.
- The secret to good proofreading to correct mistakes is knowing the questions to ask. *Refresh your memory about the mistakes you are most likely to make and look for them when you proofread.* For example, you could ask, "What is the gender of this noun?" or "What is the correct ending for preterite verb forms?" or "Is this an irregular verb?" You may even want to make a short checklist of your weak points when you proofread.

Scripts for the Practice Exercises

SAMPLE ESSAY

Fuente núm. 3

Narrador: Liliana Herrero es filósofa y una de las voces más particulares de la música. Esencial en todo concierto de Fito Páez, dice que se acerca a Atahualpa Yupanqui del mismo modo que a Sarmiento. Esboza una forma posible de repensar el ser nacional.

Interlocutor: ¿Encontrás puntos en común entre la canción y la docencia?

Sra. Herrero: La canción popular contiene y traslada grandes textos de la cultura musical argentina. Esto ocurre en cualquier género: en el folklore, en el rock, en el tango. Se trata de grandes poesías y grandes autores.

Yo intento considerar esa poesía y esa música como un texto de la cultura al que yo interrogo. Este mecanismo es el mismo con el que doy clase: me coloco frente a una obra importante de la cultura y la interrogo y reinterpreto con los problemas del mundo contemporáneo.

Cuando me acerco a una canción popular de Atahualpa Yupanqui, por ejemplo, y a un texto del ensayo argentino como puede ser *Facundo*, de Sarmiento, trato de hacerlo de manera semejante, trato de leerlos a ambos con la misma mirada seria e interrogativa. Así se producen esos momentos maravillosos cuando digo "este texto aún tiene palabras para mí, aún tiene cosas para decirme"; me refiero a mí en un sentido metafórico, quiero decir para el mundo contemporáneo.

Interlocutor: ¿Cuál es la función del arte?

Sra. Herrero: El arte y la música deben contener la voluntad de transformación del mundo. Y creo que es importante encontrar en las voces antiguas una voz nueva... A mí me interesa desarrollar la idea de "Manifiesto". El manifiesto es el modo literario por medio del que las vanguardias artísticas, no sólo de la Argentina sino de todo el mundo, se han expresado. Poder poner en algunos puntos una determinada mirada sobre el mundo es sugestivo para observar la realidad.

Interlocutor: ¿La música es una manera de pensar una identidad?

Sra. Herrero: Sí, claro. La historia de la música popular argentina tiene que ver con la misma constitución del país como tal. En el folklore esto se ve con más claridad.

Dilucidar de dónde viene el tango o de donde vienen las formas organizativas de las décimas o de las cuartetas es como preguntarse qué quiere decir ser argentino.

Las formas de la música popular no son aportes a la identidad nacional, sino que son el mismo problema de la identidad nacional. La música no "aporta" a la identidad nacional, sino que forma parte de ella.

Y este debate sobre la música es el mismo debate sobre qué es lo que somos como país. La repuesta no la sé con claridad, no sé qué quiere decir ser argentino. Es una pregunta muy compleja, que tiene infinitas respuestas.

Los pueblos no son neutros, los países son combates, son combates dormidos de una cultura, son combates olvidados. La memoria no es algo transparente, es algo que aparece, desaparece, que se expresa como un obstáculo que se nos presenta en el camino. Está bueno que aparezca, porque es algo que nos hace pensar en aquello que creíamos olvidado o que ni siquiera sabíamos que sabíamos.

Practice Exercises for Presentational Essay

TOPIC I A

Fuente núm. 3

La privacidad en Internet engloba varios aspectos. Por un lado, la confidencialidad y la seguridad de determinados datos como claves bancarias, historial médico o contraseñas de correo que sólo atañen al usuario. Por otro lado, aspectos relativos a la intimidad del internauta, informaciones, archivos, y datos que pertenecen a su vida privada y que él debe decidir si quiere mostrar a los demás. Por tanto, aunque la privacidad es un valor fundamental e irrenunciable en la Red, contiene aspectos negociables, ya que cada usuario fija sus niveles de intimidad en función de sus deseos y necesidades. De hecho, en numerosas plataformas, como *Facebook* y todos los servicios relacionados con *Google*, se hace negocio con los datos personales del usuario al tiempo que se utilizan esos mismos datos para darle mejor servicio. Almacenando la información personal del internauta, estas plataformas le ofrecen publicidad contextual pero también le permiten recuperar correos electrónicos de hace años, o conversaciones de chat en apariencia intrascendentes que contienen datos importantes. Y lo mismo sucede con imágenes, canciones o vídeos que se creían perdidos.

Ahora bien, el precio de tener toda esta información a mano desde cualquier sitio, y sin preocuparse de discos duros o de cargar con el ordenador, es renunciar a nuestra privacidad, al menos en exclusiva, para compartirla con la empresa que nos da el servicio y confiar en que su tratamiento de los datos privados será honesto. Aunque suele ser así, no está de menos leerse las condiciones de uso de todos los servicios que se usan para saber si su política de privacidad es conforme con la legislación vigente en España.

TOPIC I B

Fuente núm. 3

Sra. Bassi:	Todos hablamos mucho del estrés, pero, ¿cómo se define?
Prof. Buendía:	Hay una gran confusión respecto al estrés. Nos encontramos con personas que se lo toman como una patología, pero no lo es. El estrés surge cuando un individuo no puede cambiar de forma adecuada toda la presión que está recibiendo. El trabajo, la familia y otros factores, si no se pueden controlar ni canalizar, o determinadas situaciones, si son duraderas y agudas, pueden dar lugar a ciertas enfermedades, pero el estrés en sí no es una patología, sino un factor desencadenante de trastornos.
Sra. Bassi:	¿Reúne un amplio abanico de síntomas?
Prof. Buendía:	Sí, una persona que es muy vulnerable a nivel intestinal sufrirá trastornos digestivos; otras, problemas dermatológicos o trastornos de ansiedad o depresión.
Sra. Bassi:	¿Puede precisar?
Prof. Buendía:	Se aprecian dos grandes fuentes de estrés. Unas veces el problema está en la familia, donde se viven cambios y modificaciones en la estructura familiar. Cuando a alguien le falla la familia, se apoya sobre todo en el trabajo e, incluso, puede que aumente su ritmo laboral. Y cuando la dificultad está en el trabajo, "burnout", estrés o "mobbing", la persona afectada se refugia en la familia.
Sra. Bassi:	¿Qué le parece la idea de trabajar las 60 ó 65 horas que propone la Unión Europea?

Prof. Buendía: Me parece desproporcionado e innecesario en una sociedad como la nuestra, eso es propio de un entorno donde es necesario para subsistir físicamente. Las personas no viven para trabajar, trabajan para vivir. En una investigación internacional se preguntó por qué merecía la pena vivir, la pregunta clave que resuelve el estrés, y respondieron que "para amar, trabajar y disfrutar". Una persona que se centre en lograr esas metas en su vida tendrá menos riesgos de enfermar por estrés que una persona que lo ponga todo en poseer bienes, dominar y subyugar.

TOPIC II A

Fuente núm. 3

A diferencia de lo que ocurría antes, ahora la sociedad está sometida a vertiginosos cambios que plantean continuamente nuevas problemáticas, exigiendo a las personas múltiples competencias procesales (iniciativa, creatividad, uso de herramientas TIC [Tecnologías de la Información y la Comunicación], estrategias de resolución de problemas, trabajo en equipo...) para crear el conocimiento preciso que les permita afrontarlas con éxito.

Por ello, hoy en día el papel de los formadores no es tanto "enseñar" (explicar-examinar) unos conocimientos que tendrán una vigencia limitada y estarán siempre accesibles, como ayudar a los estudiantes a "aprender a aprender" de manera autónoma en esta cultura del cambio y promover su desarrollo cognitivo y personal mediante actividades críticas y aplicativas que, aprovechando la inmensa información disponible y las potentes herramientas TIC, tengan en cuenta sus características (formación centrada en el alumno) y les exijan un procesamiento activo e interdisciplinario de la información para que construyan su propio conocimiento y no se limiten a realizar una simple recepción pasiva-memorización de la información.

Por otra parte, la diversidad de los estudiantes y de las situaciones educativas que pueden darse, aconseja que los formadores aprovechen los múltiples recursos disponibles (que son muchos, especialmente si se utiliza el ciberespacio) para personalizar la acción docente, y trabajen en colaboración con otros colegas (superando el tradicional aislamiento, proporcionando por la misma organización de las escuelas y la distribución del tiempo y del espacio) manteniendo una actitud investigadora en las aulas, compartiendo recursos, observando y reflexionando sobre la propia acción didáctica y buscando progresivamente mejoras en las actuaciones acordes con las circunstancias (investigación-acción).

Cada vez se abre más paso la consideración del docente como un mediador cuyos rasgos fundamentales son:

- Es un experto que domina los contenidos, planifica (pero es flexible).

- Establece metas: perseverancia, hábitos de estudio, autoestima, meta-cognición...

- Regula los aprendizajes, favorece y evalúa los progresos: su tarea principal es organizar el contexto.

- Fomenta el logro de aprendizajes.

- Fomenta la búsqueda de la novedad; curiosidad intelectual, originalidad, pensamiento convergente.

- Potencia el sentimiento de capacidad: autoimagen, interés por alcanzar nuevas metas.
- Enseñar qué hacer, cómo, cuándo y por qué, ayuda a controlar la impulsividad.
- Atiende las diferencias individuales.
- Desarrolla en los alumnos actitudes positivas: valores.

En este marco, las principales funciones que debemos realizar los docentes son múltiples.

TOPIC III A

Fuente núm. 3
Ramón Salaverría es director del Departamento de Proyectos Periodísticos de la Facultad de Comunicación de la Universidad de Navarra, España

Srta. Vargas:	¿Las redes sociales son fuentes de información para los periódicos?
Sr. Salaverría:	El periodista es un profesional obligado a buscar la información allá donde se encuentra. Todo periodista debería reconocer que las redes sociales se han convertido en una muy relevante fuente potencial de materia prima informativa. En esas plataformas millones de personas se intercambian constantemente contenidos en múltiples formatos y, además, muchas de esas comunicaciones interpersonales están relacionadas con noticias de actualidad. Por lo tanto, un buen periodista está obligado a prestar atención a las redes sociales básicamente en dos sentidos: para seguir el rastro de los temas que suscitan interés y para, llegado el caso, obtener materiales informativos susceptibles de ser publicados en medios periodísticos. El periodista que, ya sea por desconocimiento o por desdén, da la espalda a las redes sociales, no está desempeñando bien su trabajo.
	Los microblogs tienen la ventaja imbatible de la inmediatez. Las interconexiones personales entre usuarios actúan prácticamente como sinapsis neuronales: lanzan avisos nerviosos casi al instante. Esto tiene una utilidad periodística de gran valor. Ahora bien, lo que se gana en rapidez se pierde muchas veces en profundidad. La gente está obligada a comunicarse en simples flashes que, con frecuencia, obligan a renunciar a los matices. Y los detalles son muchas veces esenciales para entender una información. *Twitter* no se diferencia mucho de ciertos medios periodísticos.
Srta. Vargas:	¿Cómo ha cambiado el periodismo a raíz del impacto de Internet?
Sr. Salaverría:	Sopesando los dos lados de la balanza, pienso que Internet ha traído consigo más beneficios que perjuicios al periodismo. Gracias a la red, hoy día el periodismo es más inmediato, más interactivo, más multimedia, y disfruta de mayores posibilidades documentales. Disponemos, en fin, de un lenguaje más rico, con un poten-

cial comunicativo mucho mayor. Como contrapartida, la irrupción de Internet ha desmoronado los modelos de negocio tradicional. Es complicado sacar a la luz pública determinado tipo de informaciones que cualquier sociedad democrática necesita.

Srta. Vargas: En varias ocasiones he leído que mencionas que el periodismo ciudadano es fundamentalmente periodismo aficionado. ¿No crees que esto ha cambiado o se está profesionalizando en algunos espacios?

Sr. Salaverría: A comienzos de esta década, el concepto de "periodismo ciudadano" cobró mucha popularidad pero, al cabo de pocos años, creo que ese estrellato todo aquello, en mi opinión, tuvo mucho de moda pasajera, alimentada en ocasiones por las propias empresas periodísticas que veían en los llamados "periodistas ciudadanos" potenciales suministradores de materia prima informativa a quienes no había que tener en nómina. La endeblez de aquel planteamiento quedó rápidamente de manifiesto y, en este sentido, pienso que ha sido un sarampión necesario para recordar a los medios que el periodismo de calidad cuesta. Para elaborar de manera constante contenidos periodísticos de calidad no basta con la contribución esporádica de internautas amateurs, más o menos voluntarios. Por descontado, los medios deben estar abiertos a la interactividad con el público y estimular la contribución informativa de los internautas. Sin embargo, cuando ciertos proyectos han pretendido llevar esa complementariedad informativa hasta los límites de la suplantación, los experimentos han acabado invariablemente en el fiasco o en la irrelevancia.

TOPIC IV A

Fuente núm. 3

Narrador: La industria discográfica está en crisis desde que los usuarios han decidido la forma en que quieren acceder a las obras y las empresas no terminan de adaptarse a sus requerimientos. Este cambio ha supuesto la aparición de diferentes iniciativas online que buscan nuevos modelos de negocio para generar ingresos e incentivar a los artistas. Sell a Band es un proyecto nacido hace tres años en Holanda con vocación internacional y que propone un reparto de ganancias más equilibrado entre creadores y discográficas. Lo hace transformándolos en inversores que permiten la grabación de los discos. Dichos inversores, llamados "creyentes" por la compañía, tienen que invertir en conjunto 50.000 dólares para que el proceso de grabación y producción del disco comience. Adam Sieff, antiguo músico de jazz ejecutivo de Sony, es el responsable del descubrimiento de nuevos talentos y del desarrollo comercial y artístico de los músicos.

Antonio Delgado: ¿Las industrias discográficas por fin han entendido que tienen que cambiar de modelo de negocio?

Adam Sieff: Todavía algunos quieren mantener el control antes de ceder y aceptar que de verdad ha terminado el modelo clásico. Además, es lo que han conocido y les está costando dejarlo. Todavía hay un gran número de cuestiones que abordar, como los derechos de propiedad intelectual y cómo compensar adecuadamente a los artistas que crean e interpretan la música.

Antonio Delgado: ¿Qué aporta Sell a Band frente a discográficas más tradicionales?

Adam Sieff: Para muchos artistas es suficiente poder ganarse la vida tocando música. Los artistas de Sell a Band pueden elegir entre permanecer de forma independiente, aprovechar la oportunidad de ser apadrinados por nosotros o atraer a un sello discográfico una vez que han grabado su álbum. La razón por la que Sell a Band funciona es que trabaja para permitir que el artista tenga un control total sobre su trabajo artístico y un trato justo para compartir sus ingresos con sus inversores. Y para los inversionistas (que llamamos "creyentes"), el aliciente es sobre todo descubrir nueva música y ser parte del proceso que hace que un disco salga adelante.

Hay aún una gran emoción para los "creyentes" en la recepción de una edición limitada en formato CD enviado directamente a sus casas. También están las personas que aún quieren comprar un CD físico y que pueden hacerlo. Por último, las bandas necesitan vender CD en sus conciertos para captar audiencia.

Antonio Delgado: ¿Qué ocurre con los artistas que se quedan a las puertas de los 50.000 euros? ¿Qué se hace con el dinero recaudado?

Adam Sieff: Todo el capital invertido se incluye en una cuenta bloqueada hasta que las bandas llegan a los 50.000 dólares. Si no se llega a este objetivo y deciden dejar Sell a Band, el dinero se pone de nuevo a disposición de los "creyentes" como un reembolso o bien para que puedan invertir en otros artistas de la plataforma. Los "creyentes" también pueden reembolsar su dinero o invertir en otros artistas en cualquier momento y siempre antes de que un artista llegue a los 50.000 dólares.

TOPIC IV B

Fuente núm. 3

La brecha digital separa a los que crecieron o no con computadoras e Internet, divide generaciones, distancia países y transforma el trabajo, las redes sociales y el espacio público. La revolución en telecomunicaciones altera los patrones de los medios y su modelo de negocio. El surgimiento de nuevos servicios y equipos para la difusión de contenidos multimedia transfigura la industria mediática, al poder público y a la sociedad porque hoy todos pueden comunicarse con datos, voz e imágenes en multiplicidad de formatos y en toda dirección.

Hoy no hay ámbito ajeno a estar o no conectado a la red. Pero el país se retrasa respecto a esta revolución por falta de consenso y de un horizonte que defina el modelo de radiodifusión y telecomunicaciones para los próximos 5, 10, ó 20 años. Si bien el acceso a la infraestructura indica el grado de desarrollo, la falta de una política pública o de un marco legal moderno muestra desconexión de las élites empresariales y políticas con el futuro. Y mientras llegan los acuerdos, el mundo se mueve todos los días con o sin nosotros y nuestras leyes. El problema es que nosotros cada vez vamos más despacio.

El status quo no favorece mayor competencia, ni mayor pluralidad de medios, o nuevas inversiones y operadores de calidad en beneficio del consumidor. Las leyes tampoco estimulan la convergencia, el desarrollo de bandas y servicios que requiere la industria para invertir y transitar en modelos de negocios. La indefinición jurídica afecta particularmente a los medios públicos, que son los más vulnerables al control político y a la incertidumbre financiera. La discrecionalidad que caracteriza al régimen de concesiones tampoco abona en la certidumbre jurídica que demandan los empresarios en derechos de propiedad. El poder público tampoco gana nada con la falta de acuerdos que ayuden a definir el papel de las telecomunicaciones en el desarrollo nacional o el modelo de medios que necesita la democracia en el país. Los derechos ciudadanos a la información y la promoción de libertades como la de expresión se mantienen constreñidos por la concentración mediática.

Hoy estamos simplemente nadie gana nada, o cuando menos nadie logra nada en algo en lo que todos nos podríamos beneficiar.

TOPIC V A

Fuente núm. 3

Uno se pone en la piel de los condenados a muerte, a la espera de ser exhibidos a la multitud, ávida de sangre, y momentos antes de terminar despedazados por las fieras. Por primea vez, el Coliseo de Roma abrirá al público su hipogeo—los túneles subterráneos y mazmorras—, el espacio que se usaba para la tramoya, las gigantescas bambalinas del cruel divertimento que los poderosos ofrecían a la plebe hace casi dos mil años.

Impresiona moverse por las galerías, meterse en lo que eran las últimas mazmorras de los reos, observar las cavidades que albergaban las jaulas de los leones, de los tigres, de los osos. Son todavía bien visibles las estrechas guías verticales, horadadas en la piedra, por donde pasaban las cuerdas de las decenas de montacargas que subían personas, animales y material al escenario. Así se ganaba en impacto visual y rapidez. La sofisticación escénica era notable. Desde enero de este año se está restaurando, con especial cuidado de asegurar puntos críticos para evitar derrumbes y garantizar que los visitantes puedan ver la zona sin peligro. Los primeros recorridos guiados, en pequeños grupos, comenzarán a finales del verano europeo.

Al Coliseo lo visitan unos seis millones de personas al año. Hace tres semanas se desplomó un pequeño segmento, cuando el recinto estaba ya cerrado, y saltó la alarma sobre el estado de la construcción y el riesgo para los turistas. Hubo expertos que advirtieron que está enfermo del "cáncer de la piedra", como se llama a la transformación química del carbonato cálcico en sulfato cálcico.

El Ayuntamiento de Roma busca patrocinadores para lograr 23 millones de euros. Se quiere limpiar la fachada e incluso construir un museo. ¿Cuánto pueden durar las obras para poner a punto el emblemático monumento? "Algunos milenios", contesta, medio en broma, medio en serio, un responsable ministerial.

EXERCISE ONE

Fuente núm. 3

Narrador: Hoy tenemos el placer de acoger al señor Benavides y al señor Domínguez. El señor Domínguez es Presidente de Los Pescadores Artesanales de Puerto Aurora. El señor Benavides es Director de la Fundación de Conservación de las Islas Galápagos en Ecuador. Bienvenidos, señores. Estamos para hablar unos momentos de los efectos de la Ley de Régimen Especial para la Conservación y Desarrollo Sustentable de la Provincia de Galápagos, ambos para el Parque y para el pueblo que vive cerca de él.

Sr. Benavides: Le agradezco mucho la oportunidad de hablar un poco de la actualidad del Parque Galápagos porque hoy como antes, se ve amenazado por actividades humanas en varios sectores. Como se sabe, la Ley Especial de Galápagos que el Congreso Nacional promulgó en 1999 tenía por objetivo garantizar la conservación del ecosistema. Hasta el año 1971 no se veían fauna ni flora exóticas allí, ni había tanta presura de la actividad humana en el campo y los pueblos.

Sr. Domínguez: También para nosotros no encontramos ningunos problemas. Pudimos mantener a nuestras familias con la pesca, pero actualmente es bien difícil.

Narrador: ¿A qué se atribuye la dificultad, Sr. Domínguez?

Sr. Domínguez: Parece que hoy, con la escasez de pez, casi no se puede mantener a la familia. Nosotros también nos encontramos en conflicto con pescaderos industriales y los pescadores atraídos para la pesca deportiva. También parece que las aguas están llenas de barcos privados de turistas. Esto no cuenta los barcos grandes con ejércitos de turistas que vienen para pasar el día.

Sr. Benavides: Para nosotros dentro del Parque, se ven los efectos que han causado esas invasiones, ambas de pescadores y turistas. Los pescadores reclaman sus antiguos derechos, pero el hecho es que hay más demanda que surtido. Nosotros propusimos cuotas en las toneladas de peces de varias especies para aliviar la situación, pero....

Sr. Domínguez: El hecho es que nosotros los pescadores artesanales tenemos el derecho de pescar en estas aguas porque llevamos siglos de hacerlo. Los otros no deben tener los mismos derechos.

Sr. Benavides: No sólo es cuestión de derechos. El problema es que actualmente los pueblos cerca del Parque introducen flora y fauna y microorganismos al Parque que antes no se veían. Pero allí están. La ley nos obliga proteger el Parque como patrimonio de la nación. También vemos el deterioro del campo a causa de la agricultura y todo el desarrollo para el ecoturismo.

Narrador: Los turistas sí llevan desarrollo económico, pero nos queda ver si ese desarrollo puede reemplazar los antiguos modos de sostenerse. Actualmente hay una gran cantidad de yates pequeños, barcos de carga, y cruceros internacionales que navegan por las islas, dejando residuos a menudo.

Sr. Domínguez: Los recursos están allí. Para los turistas, la naturaleza, para los pueblos en las islas, las huertas, para nosotros, los peces, de todo tipo, tiburón, calamar, pulpo, pepino de mar, atún, canchalagua, de todo. Las actividades pesqueras en la provincia marina son nuestro patrimonio.

Sr. Benavides: De acuerdo, pero al agotar los recursos, no tendremos nada. No hay alternativa más que el desarrollo sustentable.

Narrador: Entonces todavía le queda al gobierno regular los permisos de pesca artesanal, así como los del turismo y la actividad agrícola.

EXERCISE TWO

Fuente núm. 3

Recomendaciones de los teóricos del vegetarianismo

- Consumir pan integral o arroz moreno en lugar de pan blanco y arroz refinado.
- Dar una gran importancia a los frutos secos como fuente de proteína dentro de una comida.
- Favorecer el consumo de legumbres y pastas elaboradas con harina integral.
- Dentro de los productos lácteos consumir yogurt natural descremado.
- En la dieta vegetariana estricta se incluye la leche de soja en polvo.
- La única comida en la que debe aparecer regularmente una pequeña cantidad de azúcar o miel es el desayuno, ya que el organismo no puede digerirlo a otra hora.

Razones para excluir la carne

Algunas de las razones que aducen los vegetarianos para excluir la carne como producto destinado a la nutrición del ser humano son las siguientes:

- Ni la contextura física ni la dentadura del hombre corresponde a la de un animal carnívoro.

- Nuestros jugos digestivos carecen de la acidez necesaria para digerir la carne y es sólo por el hábito que el estómago se adapta a esa función. Incluso aseguran que un hombre que no haya ingerido nunca carne al hacerlo por primera vez, experimenta una especie de intoxicación semejante a la alcohólica.

- La descomposición de toda sustancia animal produce toxinas mucho más peligrosas que las procedentes de la descomposición vegetal.

EXERCISE THREE

Fuente núm. 3

P: Y a los jóvenes escritores españoles ¿los ve comprometidos con nuestro tiempo como ustedes lo fueron con el suyo?

R: Las circunstancias del país han cambiado profundamente. Quizás hoy no sea tan grande el compromiso social e histórico de los jóvenes escritores. La literatura ha cambiado en todos los sentidos. Cada escritor se expresa de acuerdo con la visión del mundo que le rodea y de su propia concepción de lo que quiere transmitir.

P: ¿Cómo recuerda la España con la que se encontró al volver de Londres?

R: Era regresar al mundo que había dejado. Sólo fueron unos meses de ausencia y aquí todo seguía igual políticamente.

P: ¿Qué aprendió de Martín Gaite y de Sánchez Ferlosio?

R: Yo creo que ninguno aprendía del amigo o del compañero cercano. Todos los jóvenes escritores teníamos puntos de coincidencia en la visión del mundo pero cada uno la expresábamos a nuestra manera en cuanto a la técnica y la utilización del idioma.

P: Su formación está impregnada del espíritu de la Institución Libre de Enseñanza. En estos días en los que se ha hablado tanto y se sigue hablando de reformas educativas, ¿cree que se debería recuperar ese espíritu?

R: Rotundamente sí. En lo fundamental, en el proyecto educativo serio, amplio, ambicioso, sí.

P: Lo más duro de dirigir un colegio es...

R: Tratar de hacerlo bien a cada momento.

P: ¿Qué libro deben haber leído todos sus alumnos?

R: Hay muchos. Cada uno comienza su afición a la lectura en busca de afinidades o respuestas a sus preguntas.

P: ¿Qué reformas educativas le gustaría que se llevasen a cabo?

R: Yo soy partidaria de una educación liberal, crítica, europeísta.

P: Un consejo para un joven escritor....

R: Ser fiel a sí mismo.

P: Y otro para un joven maestro....

R: Ser consciente de que en sus manos está el futuro del alumno.

P: ¿Le queda pendiente alguna asignatura con la escritura? ¿Más poesía?

R: Como casi todos los jóvenes escritores yo empecé escribiendo poesía. Creo que era la forma más espontánea de expresar lo que me pasaba por dentro. Pero encontré en la prosa mi propia forma de expresión. Creo que fue la Pardo Bazán quien dijo que "para ser una prosista hay que ser antes un mal versificador."

EXERCISE FOUR

Fuente núm. 3

CD 3
Track
7

Turista: Ya están cambiando las costumbres en cuanto a la comida, ¿verdad?

Ramón: Sin duda. La facilidad de conseguir comestibles de todas partes del mundo remite a la integración de sabores desconocidos anteriormente en la gastronomía nacional.

Turista: ¿Pero no es que le faltaban a los cocineros productos locales y especialidades de renombre?

Ramón: Claro que no. ¿Quién no ha oído de las famosas tapas de Barcelona? Hoy se encuentran en plenitud de libros de recetas. Hasta en Nueva York es de moda ir de tapas y probarse lo mejor del orgullo de la cocina española. Pero también se puede encontrarlas en Londres, en París, en Tokio, pues ... por todo el mundo.

Turista: Sí, los he visto en las librerías. Pero de las que me he probado, no tienen el mismo sabor que una tapa aquí. Puede ser que haya otro aspecto que no se puede exportar.

Ramón: Seguramente el ambiente en el que se saborea la delicia influye en cómo se la percibe. No se puede por completo imitar el aire, ni los sonidos, ni la lengua que se oye al disfrutarlas en otro lugar. También se prohíbe la exportación de algunos de los ingredientes. El jamón serrano, por ejemplo, no se permite exportar a todos los lugares done se querría tenerlo. Aun cuando se puede, la frescura se pierde en el transporte. Los ingredientes más frescos siempre resultan en los sabores más deseados.

Turista: Me ha convencido. Probaré las tapas mientras esté aquí. Pero cuando vuelva a casa, por cierto intentaré reproducir algunas de ellas. Aunque no goce de los mismos sabores, experimentaré el placer de evocar las fantásticas memorias del viaje. Podré imaginarme que estoy de vuelta. También compraré unos de estos libros de recetas para preparar tapas. Quizás trataré de inventar mis propias recetas para tapas americanas al estilo español.

PART FIVE

SPEAKING SKILLS

Introduction to Speaking Skills

There are two parts: a simulated conversation and a formal oral presentation. Both tasks together take about 20 minutes, and count for 20 percent of the score on the exam.

Interpersonal Speaking

In the interpersonal speaking skills part of the exam you will have 30 seconds to read the script and then you will hear an audio message. After that you will have a minute to read the script one more time and then the recording will begin. One part will be recorded, and after each time the other person speaks, there will be 20 seconds for you to record your response to what has been said. You should follow the outline of the conversation. There will be five or six times when you will speak. This is not as hard as it sounds. It is a good opportunity for you to use expressions, exclamations, and conversational strategies to speak in a natural way.

Presentational Speaking

The presentational speaking also features reading and listening comprehension. You will have five minutes to read a short selection. Then you will listen to an audio selection. As you listen you should take notes so that you can make reference to details from the selection in your presentation. After the audio is played you will have two minutes to prepare a response to a question related to the print and audio selections. After the two minutes you will have another two minutes to record your response.

The formal oral presentation may consist of making comparisons, contrasts, explanations of something, or any other topic about which you can talk for two minutes. Formal implies an academic setting, so the language to be used in this part of the exam corresponds to the fifth or sixth semester of college work. You may also be asked to narrate something that you read or heard about in the source materials. You need to be able to synthesize the information, not simply lift phrases from the source materials, and incorporate it into your speech sample. The audio source may be from any kind of broadcast source.

Suggestions

In many ways this part of the exam may seem difficult because it does require attention to source materials that you need to incorporate into your responses. In your responses you will be required to draw upon your knowledge of the Spanish-speaking world. The more you know about Spanish history, people, places, and culture, the easier it will be for you to understand the source materials, and the easier it will be for you to formulate your responses. Make every effort to read and listen to as much Spanish as you can in preparation for taking the exam. The listening practice will also improve your own pronunciation, if you try to reproduce the good pronunciation you hear.

In preparation for the simulated conversation, you need to make sure you have an adequate vocabulary. The following chapters in this book are designed to help you review vocabulary you may want to use. In addition, there are a number of expressions that are useful to remember. After the sections on grouped vocabulary, there are oral practices. Some of them involve imagining a conversation with someone about a given topic. It is very useful to imagine conversations, even if you have the opportunity to talk to Spanish-speaking persons often. Imagining conversations allows you to cover topics that you would not ordinarily discuss with other people. You want to pre-think as many topics as you can so that you have the words you need to do your best.

In preparation for the formal oral presentation, it is also useful to do the additional practices after each group of words to further commit the vocabulary to memory. There are additional multiple choice exercises to practice vocabulary. For words you do not know and consistently miss, make a list of them to use in extra practice. Focus special attention on verbs. You can work your way around nouns you do not know, but verbs are harder to get around. Make sure you have a good dictionary, and use it often.

Scoring the Interpersonal Oral Presentation (Simulated Conversation) Samples

For a complete description of the rubrics for the scoring, see pages 9–13. Below is a description of the major levels. A good use of a variety of tenses, a good vocabulary, and the use of the subjunctive and other grammatical structures can move your score into the midrange described below.

Low: Samples that scored low were very limited in content. The speaker seemed to be confused about what to say regarding the given scripted prompts that were required in the five or six places to record. Sometimes pronunciation was poor and confusing to the listener. The comments were not appropriate for the recorded prompts that were played. The response recorded was not really related to what was said on the recording. There were frequent and long pauses and hesitations. Frequent grammatical and syntactical errors hindered intelligibility. The vocabulary was very limited. The speaker was definitely lacking enough knowledge of Spanish to be adequately understood.

Medium: Although the responses followed the script adequately, they were minimal. Vocabulary was somewhat limited, and grammatical structures sometimes interfered with comprehension. When additional information was appropriate, the speaker faltered because of inability to elaborate. The speaker often used sentence fragments or a short phrase to maintain the conversation. The sample showed generally good pronunciation and fluency, but pauses were frequent. Although there were some places where the speaker did not respond appropriately to the scripted prompts, his or her conversation was generally understandable. The speaker did communicate thoughts and ideas, although they were not well developed.

High: The speaker responded appropriately to the prompts in the script and could easily carry on a conversation by using appropriate grammar, vocabulary, and syntax. Pronunciation, fluency, and intonation were excellent. The student clearly had a superior command of the Spanish language. There may have been some minor errors, but overall intelligibility was high. The sustained level of speaking ability was excellent throughout the conversation.

Scoring the Presentational Speaking Section (Integrated Skills)

Low: The response was limited in content, because it did not contain information from the two source materials. The response was minimally related to the question asked. At times the presentation lacked organization. Delivery of the response was halting and contained pauses while the speaker tried to figure out what to say, perhaps because the speaker was trying to translate from English to Spanish during the delivery or because the speaker wanted to use a particular word and could not remember the vocabulary. At that point the speaker stopped instead of using other words to rephrase the idea. There were grammatical and syntactic errors caused by interference from English. The speaker had problems with pronunciation and intonation, and often the pronunciation was so unclear that the listener did not understand what the speaker was trying to say. The response demonstrated that the speaker had limited ability to express himself or herself in Spanish.

Medium: Responses in this category addressed the question and established a relationship with the topic. However, sometimes the responses did not make reference to both source materials. The responses were choppy and incomplete. Delivery was halting in places. The speaker relied on phrases lifted from the source materials instead of using original language. The grammatical and syntactical structures were coherent, but there were consistent errors that revealed incomplete knowledge of the language. There was good self-correction, however. Although there were some problems with pronunciation, the speaker was understandable. Basic ability to communicate in a formal presentation was present.

High: The responses showed that the speaker had excellent pronunciation and the delivery flowed naturally. The speaker demonstrated good command of language as evidenced by word selection, grammar, and syntax. The speaker responded appropriately to the question with a well-organized and articulated speech sample. Although there were some pauses, he or she did not indicate heavy dependence on English to communicate the ideas. Although there were some minor errors, they were random and did not indicate lapses in knowledge. Overall, the speaker sustained a high level of speaking ability.

Early Steps

Before practicing with the speaking exercises at the end of the vocabulary sections of this chapter, it would be a good idea to listen to any kind of spoken Spanish to get accustomed to listening to audio source materials. Good sources for listening include television, radio, films, Internet audio sources, and songs.

On the speaking part of the exam:

- Do not use English in your responses unless there absolutely is no Spanish equivalent for the word you want to use.
- Do not use inappropriate language, such as curse words.
- Do not leave long pauses in your response, or hesitate too often.

Remember the following points:

- Say something in the spaces provided in the scripted conversation.
- Incorporate as much grammar and variety of vocabulary as you can in the response.
- Use the time before recording to think of Spanish vocabulary to use.
- Use the time before you record to organize your thoughts.
- Remember that the whole speaking part only takes about 20 minutes. If you are anxious, remember it will not last long.
- The speaking part does not count as much as the reading and writing parts of the exam.
- All speakers will find the task of incorporating the source materials more difficult than simply telling a story.
- Self-correction is good.
- You know more Spanish than you think, and if you can relax, you will remember more of it.

In each chapter there are specific suggestions for practice. The *Práctica Oral* after each set of grouped vocabulary is especially useful for helping to learn new words. After some thematic vocabulary with questions for practice, there are scripted conversations for you to practice simulated conversations.

General Considerations for the Oral Examination

The following section contains word lists of vocabulary that would be useful on the examination. Some words are not exactly grouped thematically, because it is difficult to remember a specific word from a whole list of vocabulary words. Instead, words that you ought to know for the listening, reading, writing, and speaking parts of the test are used in context. Included are some exercises to help you practice them. Vocabulary is never tested in this format on the exam, but this is vocabulary of the level you will find on the exam. The list is not comprehensive, but should give you an idea of the level of vocabulary you need to know. The words on the lists are generally grouped by part of speech. Remember that on the exam you will not see any prompts to help you remember vocabulary, so the more you practice using appropriate words, the more likely you are to remember them. Use the following steps to make the best use of this section.

1. Study the words on the list at the beginning of each unit. To study the words you should:
   - study groups of five words at a time,
   - cover the English with a paper or card and quiz yourself to see if you remember what the word means,
   - mark the words you do not remember within three seconds,
   - go on to another five words,
   - and, finally, go back over the whole list, focusing especially on the marked words.

After learning the words from Spanish to English, cover the Spanish and learn them from English to Spanish.

2. As you review or learn a vocabulary word, use it in a simple sentence.
3. Think of related forms of the word. Sometimes there will be a related word in parentheses to help you learn to recognize the same words in different parts of speech.
4. Think of contexts in which you would expect to use the word.
5. Draw the word in your mind and repeat the word in Spanish as you picture it.
6. Draw a picture on paper representing the word and repeat it in Spanish as you do the drawing. The picture does not have to be realistic, just something to help you remember what the word looks like in Spanish.

7. Think of other words with similar meanings, or words that you can associate with the one you are studying.

8. Finally, do the exercises that follow the lists. Remember that even though there is only one most appropriate word for each blank, seeing the other words and recalling their meaning as you do the exercises will help you to learn them.

There will be some words you may have to look up in the glossary at the end of this book, or in a dictionary. When doing the practice questions, be sure to look up words you want to use to express yourself. All the questions deal with topics you may hear on the exam, so practicing now is important. Be thorough in doing your practice exercises so that you will use as many words as possible. Remember to use complete sentences. Verbs are especially important. A command of verb tenses demonstrates competence, and the expressions, or *modismos*, make your language more fluent. In forming your responses to questions and situations, draw on your personal experience, but feel free to be a little creative. The evaluator does not know you and is only looking for a speech sample that will show how well you can speak Spanish. The more you elaborate using good vocabulary and structures, the more language you will use, and the higher your score will be.

Vocabulary Lists, Oral Practice, and Situations

Características Personales

bizco	=	*cross-eyed, blinking*
calvo	=	*bald, hairless*
cicatriz	=	*scar*
cojo	=	*disabled, one-legged* (cojear = *to limp*)
discapacitado	=	*disabled*
manco	=	*one-armed*
minusválido	=	*disabled*
sordo	=	*deaf*
tuerto	=	*one-eyed*
zurdo	=	*left-handed*
cobarde	=	*coward*
necio	=	*fool*
soltero	=	*bachelor*
viudo	=	*widower*
apenas	=	*scarcely, hardly*
por supuesto	=	*of course*
por ejemplo	=	*for example*
en realidad	=	*really*

aguantar	= *to tolerate, to stand (someone)*
compartir	= *to share*
comportarse	= *to behave*
depender de	= *to depend on (notice the preposition after the verb)*
distraer	= *to distract*
guardar	= *to maintain, to keep*
heredar	= *to inherit*
mezclar	= *to mix* (la mezcla = *the mixture*)
molestar	= *to bother* (la molestia = *the bother*)
resultar	= *to end up, to result in* (el resultado = *result*)
soler (ue)	= *to be accustomed to, to be in the habit of*
soportar	= *to tolerate, to stand (someone)*
agotado	= *worn out, very tired* (agotar = *to wring out, to wear out*)
ajeno	= *foreign, distant*
alegre	= *happy, joyful, delighted*
amargo	= *bitter*
angustiado	= *anxious* (la angustia = *anxiety, worry*)
aplicado	= *diligent, hard-working* (aplicar = *to apply oneself*)
avariento	= *miserly* (el avaro = *miser*)
bondadoso	= *gracious, generous*
celoso	= *jealous*
codiciado	= *envy* (codiciar = *to covet*)
confiado	= *confident, trusty* (confiar = *to trust*)
confuso	= *confused* (confundir = *to confuse*)
desafortunado	= *unfortunate*
descuidado	= *sloppy, unkempt*
dichoso	= *happy, blissful*
dotado	= *talented, gifted* (dotar = *to endow with, to provide with*)
ensimismado	= *self-absorbed, egocentric, turned toward the inside*
fiel	= *loyal, faithful*
furtivo	= *sneaky, stealthy*
gracioso	= *funny, amusing, charming*
incansable	= *tireless*
indeleble	= *indelible, permanent*
indiscreto	= *indiscreet, unwise*
ingenuo	= *naïve, ingenuous*
inocuo	= *innocuous, harmless*
inquieto	= *worried, nervous, anxious* (inquetar = *to unsettle, to disquiet*)
manso	= *gentle, kind*
mezquino	= *mean, stingy, petty*
nocivo	= *noxious, harmful*
orgulloso	= *proud*
ostentoso	= *ostentatious, overdone style*
perezoso	= *lazy* (la pereza = *laziness*)
rendido	= *worn out, done in, very tired* (rendir = *to subdue, to yield*)

ruidoso	= *noisy*
sobresaliente	= *outstanding* (sobresalir = *to stand out*)
solo	= *lone, alone*
sospechoso	= *suspicious* (sospechar = *to suspect*)
tacaño	= *stingy*
terco	= *stubborn, obstinate*
tranquilo	= *calm* (tranquilizar = *to calm*)
vano	= *vain, self-aware*
zurdo	= *left-handed*

EJERCICIO A

Empareja cada palabra en la Columna A con la definición en la Columna B, escribiendo la letra de la mejor selección.

Columna A

____ 1. gracioso
____ 2. mezquino
____ 3. furtivo
____ 4. codiciado
____ 5. sospechoso
____ 6. tacaño
____ 7. fiel
____ 8. alegre
____ 9. amargo
____ 10. orgulloso
____ 11. celoso
____ 12. manso
____ 13. minusválido
____ 14. terco
____ 15. aplicada
____ 16. soportar
____ 17. heredar
____ 18. comportarse
____ 19. soler
____ 20. compartir
____ 21. por supuesto
____ 22. por ejemplo
____ 23. apenas

Columna B

a. un sabor desagradable
b. característica de una persona que no deja a un amigo en peligro
c. feliz
d. expresión para indicar algo obvio, o evidente
e. envidioso
f. sentimiento que se tiene al alcanzar una meta
g. diligente
h. encantador
i. de manera secreta, sin que nadie lo vea
j. una ilustración de lo que se quiere decir
k. suave, de manera sutil
l. discapacitado
m. actitud que no quiere admitir un error
n. un momento o algo que acaba de ocurrir, o casi no ocurre
o. desconfiado
p. recibir de sus antepasados
q. acostumbrarse
r. dividir entre varias personas
s. manera de actuar
t. que no es generoso
u. aguantar
v. malo, sin caridad ni piedad, malévolo
w. deseado

EJERCICIO B

Escoge la mejor palabra para cumplir el sentido de la oración.

El estudiante más popular de la escuela es la persona que es muy <u>(1)</u> por sus amigos, la que nunca revela un secreto. También, sería una persona <u>(2)</u>, porque siempre es bueno poder contar con ella en caso de emergencia. Los cínicos, con su actitud (3) envenenan una relación con palabras y acciones detestables, y es mejor evitarlos por completo. Nadie (4) a ese tipo sarcástico tampoco. En cuanto a los otros, (5) es el que tenga un amigo (6) , porque se divierte mucho con ese tipo de amigo. Se dice que los más creativos son los (7) , pero no hay prueba, aunque hay estudios que indican que el hemisferio izquierdo del cerebro domina el pensamiento de ese tipo. A veces, los (8) son los más (9) porque han experimentado discriminación en su vida y se identifican con otros (10).

___ 1. a) sensato	b) confiada	c) mezquino	d) terco
___ 2. a) ostentosa	b) descuidada	c) fiel	d) nociva
___ 3. a) ruidosa	b) amarga	c) angustiada	d) alegre
___ 4. a) hereda	b) comparte	c) mezcla	d) aguanta
___ 5. a) dotado	b) dichoso	c) manso	d) minusválido
___ 6. a) tacaño	b) gracioso	c) celoso	d) inocuo
___ 7. a) zurdos	b) cojos	c) mansos	d) rendidos
___ 8. a) discapacitados	b) calvos	c) sospechosos	d) cobardes
___ 9. a) aplicados	b) sensatos	c) perezosos	d) sordos
___10. a) ingenuos	b) vanos	c) solteros	d) desafortunados

RESPUESTAS

Ejercicio A

1. h	6. t	11. e	16. u	21. d
2. v	7. b	12. k	17. p	22. j
3. i	8. c	13. l	18. s	23. n
4. w	9. a	14. m	19. q	
5. o	10. f	15. g	20. r	

Ejercicio B

1. b—confiada	6. b—gracioso
2. c—fiel	7. a—zurdos
3. b—amarga	8. a—discapacitados
4. d—aguanta	9. b—sensatos
5. b—dichoso	10. d—desafortunado

EJERCICIO C: PRÁCTICA DE LECTURA

Lee la selección para practicar el reconocimiento del vocabulario. Luego utiliza las palabras en la Práctica Oral y las Situaciones.

Soy una hija entre dos otros, un hermano mayor y una hermana menor. Los tres **compartimos** muchas características personales, pero diferimos en cuanto a otros aspectos. **Por ejemplo**, soy morena, pero mi hermana menor es rubia, y mi hermano, **calvo.** Gracias a Dios, no **heredé** esa característica. **Por supuesto,** prefiero pensar que soy **confiada, bondadosa, mansa, aplicada, tranquila, incansable, alegre, fiel, encantadora** y **dichosa.** Es posible **heredar** esas características de los padres y esos adjetivos describen los míos perfectamente. Pero, **en realidad**, no hay nadie que sea ejemplo de tantas características tan **codiciadas**. Todo el mundo sufre en un momento u otro de debilidades personales, las cuales se ven manifestadas cuando tratamos con otra gente. **Por ejemplo,** cuando alguien nos **molesta**, **solemos** responder de manera **abrupta**, mostrando que somos **furtivos**, **tacaños**, **vanos**, **necios**, **distraídos**, **mezquinos**, **indiscretos**, **ostentosos**, **descuidados** o **tercos**. Hay ciertas características que se esperan de ciertas personas a veces. Muchas veces los ladrones suelen ser **furtivos** y **mezquinos**, pero no son **descuidados**. Los que son **ostentosos** con lo que roban muchas veces no **gozan de** su libertad mucho tiempo. Los **avaros** son **tacaños**, o sea, poco **generosos**. Prefieren guardar todo para sí mismo. Así **resulta** muchas veces que son muy **ensimismados**, también.

Muchas veces las características personales corresponden a condiciones físicas, como con la gente **coja**, **manca**, **sorda**, **ciega**, **tuerta**, o un **soltero** o un **viudo**, cuya relación interpersonal a veces **depende de** las percepciones o las limitaciones impuestas por su **discapacidad** o **minusvalía**. A veces el aspecto sugiere la historia de una persona, como una **cicatriz** que indica algún encuentro o accidente **desafortunado** en el pasado. Es difícil **soportar** o **aguantar** las actitudes de superioridad de los más **dotados** cuando no tienen la menor simpatía por prójimos que no **comparten** sus talentos. Pero otras personas tienen características **inocuas**, porque **apenas** se notan. Siempre es mejor no **guardar sentimientos** de **amargura**, **celos** ni **rencor**, porque esas emociones **nocivas** resultan en la infelicidad. **En realidad**, estas características se **mezclan** en cada persona, porque no hay nadie que sea un ser humano perfecto.

Preguntas sobre la lectura

1. ¿Cómo es la narradora?
2. Compare la narradora con sus hermanos.
3. ¿Qué características personales se hereden de los padres que son buenas?
4. ¿Qué características personales no son tan buenas?
5. ¿Qué características se asocian con los ladrones?
6. ¿Cómo son los minusválidos? ¿Se heredan sus características físicas?
7. ¿Cómo es la gente muy dotada?
8. En realidad, ¿cómo es la persona típica?

EJERCICIO D: PRÁCTICA ORAL

Contesta las preguntas usando el vocabulario de esta unidad.

1. Describe las características personales de tu mejor amigo, y cuáles con las características que aprecias usted en un amigo perfecto.
2. Describe a una persona minusválida y cómo influyen sus limitaciones en cómo es.
3. ¿Crees que las características personales se aprenden o se heredan? Explica y da ejemplos.
4. Describe a tu mejor amigo.
5. Describe a una persona que no te cae bien.
6. Describe las características personales de una persona a quien admiras.

EJERCICIO E: SITUACIONES

Discuta las situaciones usando el vocabulario de esta unidad.

1. En una composición para una clase en que tienes que escribir un ensayo sobre la persona más interesante que jamás hayas conocido. Descríbela en detalle, cómo es y a qué atribuyes sus características personales. En otras palabras, explica por qué es como es en tu opinión.
2. Una noche presenciarte este el robo de una tienda eres el único testigo del crimen. Tienes que describir a la policía a la persona a quien viste, incluso todos sus atributos físicos y su actitud.
3. En tu trabajo como aduanero en un aeropuerto, ves a todo el mundo que pasa por la aduana. Describe las características de una persona sospechosa.
4. Un filósofo español propuso que dentro de cada uno de nosotros está la persona que quisiéramos ser. Describe tu ser ideal, cómo sería éste si fuera perfecto.

La Familia

los antepasados	= *ancestors*
la ascendencia	= *origin, line of ancestors*
los bisabuelos	= *great grandparents*
la costumbre	= *custom* (acostumbrarse = *to get used to, to become accustomed*)
la familia extensa	= *extended family*
la genealogista	= *genealogist*
la hazaña	= *deed, exploit, adventure*
el hogar	= *home, hearth*
la madrastra/el padrastro	= *stepmother/stepfather*
la madurez	= *maturity* (madurar = *to mature*)
el mecedor	= *rocking chair* (mecer = *to rock*)
el nene	= *baby*
la niñez	= *childhood*
la nuera/el yerno	= *daughter-in-law/son-in-law*
el orgullo	= *pride*
los padres	= *parents (mother and father together)*
los parientes	= *relatives*
el relato	= *story*
los suegros	= *in-laws (mother- and father-in-law)*
los tatarabuelos	= *great, great grandparents*
la vejez	= *old age* (envejecerse = *to grow old*)
acabar de	= *to have just (done something)*
apreciar	= *to appreciate* (el aprecio = *appreciation*)
aprovechar	= *to benefit from*
conmemorar	= *to commemorate* (la conmemoración = *memorial*)

consistir en	= *to consist of (Notice the preposition after the verb.)*
crecer	= *to grow*
criar	= *to raise*
ejercer	= *to exert influence* (ejercicio = *exercise*)
entretener	= *to entertain, to amuse* (el entretenimiento = *entertainment*)
estrechar las relaciones	= *to get closer, to bring closer* (estrecho = *close*)
hacer el papel	= *to play a role*
llevarse bien	= *to get along with each other*
realizar	= *to fulfill, to realize (in the sense of fulfill)*
regalar	= *to give a gift* (el regalo = *the gift*)
reunir	= *to get together, to unite* (la reunión = *the meeting*)
vincular	= *to tie together* (el vínculo = *the tie, link*)
a medida que	= *as (time going by), during the time that*
a menudo	= *often, frequently*
en adelante	= *forward, ahead*
predilecto	= *favorite*

EJERCICIO A

Empareja cada palabra en la Columna A con la definición en la Columna B, escribiendo la letra de la mejor selección.

Columna A

____ 1. madurez
____ 2. crecer
____ 3. hogar
____ 4. a menudo
____ 5. aprovechar
____ 6. predilecto
____ 7. vincular
____ 8. nuera
____ 9. conmemorar
____ 10. parientes
____ 11. ascendencia
____ 12. orgullo
____ 13. vejez
____ 14. suegros
____ 15. mecedor

Columna B

a. ligar, juntar con lazos figurativamente
b. estar satisfecho por haber hecho algo bueno
c. miembros de la familia extensa
d. la sabiduría acumulada por vivir muchos años
e. los últimos años de la vida
f. mueble usado por las madres para tranquilizar a los nenes
g. ponerse más viejo, envejecerse
h. los padres de la esposa o del marido
i. muchas veces
j. sacar beneficio de algo
k. favorito
l. la esposa del hijo de la familia
m. de origen
n. el lugar donde se reúne la familia, donde está el corazón
o. honrar a alguien, o recordar algo bueno que ocurrió

EJERCICIO B

Escoge la mejor palabra para cumplir el sentido de la oración.

La mayoría de los estadounidenses son de (1) europea o africana, aunque hay más y más asiáticos ahora. En el (2) , cada familia conmemora su propia herencia cultural cuando observan (3) y tradiciones que pertenecen a su país de origen. En la (4) , los parientes ejercen mucha influencia porque comparten las responsabilidades de (5) a los jóvenes. Estos (6) familiares proveen un sentido de continuidad generacional en la que cada individuo (7) la sabiduría de los otros del grupo. Promociona el (8) personal, y (9) crecen los niños, se acercan cada vez más a los papeles que ejemplifican sus propios padres. Así aprenden a vivir tranquilos con los cuñados y los (10).

En la última reunión de mi familia, mi abuelo, quien es el (11) de la familia, nos contó algunas de las historias más interesantes de los (12) más distinguidos. Nos entretenía con (13) de viajes largos, y dificultades y obstáculos que nos parecían casi insuperables ahora. Sin electricidad, televisión, computadoras, ni coches, la vida era más sencilla y la familia más unida. Entre mis (14) , había uno que vino a esta tierra en búsqueda de oportunidad hace más de cien años, y la encontró cuando conoció a su esposa futura y se casó con ella. Nadie tenía tiempo para sentarse en un (15) al jubilarse, porque la vida era bien dura.

1. a) vejez b) historia c) ascendencia d) madurez
2. a) lugar b) hogar c) orgullo d) papel
3. a) costumbres b) abuelas c) parientes d) suegras
4. a) costumbre b) madurez c) genealogista d) familia extensa
5. a) ejercer b) estrechar c) realizar d) criar
6. a) parientes b) suegros c) vínculos d) orgullosos
7. a) aprecia b) aprovecha c) realiza d) ejerce
8. a) relato b) sentimiento c) orgullo d) bienestar
9. a) en adelante b) a medida que c) a menudo d) apenas
10. a) relatos b) hogares c) suegros d) sueños
11. a) antepasado b) mecedor c) genealogista d) nene
12. a) antepasados b) nenes c) mecedores d) hogares
13. a) costumbres b) relatos c) mecedores d) vínculos
14. a) suegros b) cuñados c) tatarabuelos d) padrastros
15. a) vínculo b) mecedor c) hogar d) papel

RESPUESTAS

Ejercicio A

1. d   6. k   11. m
2. g   7. a   12. b
3. n   8. l   13. e
4. i   9. o   14. h
5. j   10. c   15. f

Ejercicio B

1. c—ascendencia	9. b—a medida que
2. b—hogar	10. c—suegros
3. a—costumbres	11. c—genealogista
4. d—familia extensa	12. a—antepasados
5. d—criar	13. b—relatos
6. c—vínculos	14. c—tatarabuelos
7. b—aprovecha	15. b—mecedor
8. c—orgullo	

EJERCICIO C: PRÁCTICA DE LECTURA

Lee la selección para practicar el reconocimiento del vocabulario. Luego utiliza las palabras en la Práctica Oral y las Situaciones.

Muchas personas hoy en día se interesan en la historia familiar, enfocando en las **hazañas** de los miembros ilustres, o **conmemorando** la bondad de una **tatarabuela** o el genio de otros **antepasados**. La familia es la unidad social más importante en una cultura, porque dentro de la familia se **realizan** las tradiciones y los valores de una cultura. La familia **consiste en** varios miembros, incluyendo **abuelos**, **cuñados**, **madrastras**, **hermanastros**, **suegros**, y **los nenes**, en los cuales se ve una visión del pasado y el futuro. En el **hogar**, los jóvenes aprenden los **comportamientos** apropiados y los valores de la sociedad. El **orgullo** de la familia es importante para que cada individuo tenga un sentimiento de seguridad que refuerce la confianza personal.

A menudo la familia se **reúne** para celebrar un suceso importante en la vida de un miembro, como su cumpleaños, o un día feriado religioso. **Regalan** regalos al honrado para marcar un paso **adelante** hacia su **madurez**. **A medida que crecen** los jóvenes, aprenden a **apreciar** a los adultos de la familia. Las reuniones sirven para fortalecer los **vínculos** familiares entre los miembros de la familia para que cada uno **realice** su potencial. Cuando todos **comparten** sus experiencias, los jóvenes **aprovechan los recuerdos** de los viejos, y los viejos **gozan de** la vitalidad de los jóvenes. También es importante que los jóvenes sepan que los **ancianos** no están resignados al **mecedor**. Por supuesto, no todos **se llevan bien** todo el tiempo, pero si una persona se **reúne** con su familia, facilita la oportunidad para **estrechar las relaciones**.

Preguntas sobre la lectura

1. ¿En qué consiste una unidad familiar?
2. ¿Para qué sirve la familia?
3. ¿Por qué es importante estar orgulloso de su familia?
4. ¿Qué hace una familia al reunirse?
5. ¿Qué aprenden los jóvenes al asistir a las reuniones familiares?
6. ¿Cómo aprovechan los ancianos la reunión?
7. ¿Cómo se estrechan las relaciones en una familia?

EJERCICIO D: PRÁCTICA ORAL

Conteste las preguntas usando el vocabulario de esta unidad.

1. Describe a su familia, indicando las relaciones entre todos sus miembros.
2. Narra la historia de uno de sus antepasados.
3. Explica las ventajas y desventajas de ser el único hijo de la familia.
4. Describe cómo cambia la familia a medida que crecen los hijos.
5. Describe a tu pariente predilecto.
6. Describe los papeles tradicionales de los hombres y las mujeres en la familia.
7. Describe cómo y por qué están cambiando los papeles tradicionales en la familia.
8. Enumera los deberes de los hijos en una familia.
9. ¿Cuáles son las responsabilidades de los padres en una familia?
10. ¿Qué le dicen sus padres de su propia niñez? ¿Cómo difiere ésta de la tuya?
11. ¿Te gustaría haber vivido en la época cuando eran jóvenes sus padres?
12. ¿Cómo se resuelven los conflictos de los familiares que no se llevan bien en tu familia?

EJERCICIO E: SITUACIONES

Discute las situaciones usando el vocabulario de esta unidad.

1. Estás encargado de reunir a tu familia extensa. Propon un plan para juntar a toda la familia, y actividades para cada generación.
2. Para una historia de tu familia, describe algunas tradiciones que celebran ustedes durante los días feriados, ya sean religiosos o patrióticos.
3. Para escribir una composición sobre la diferencia entre tu vida y la de tus padres a tu edad, compara tu vida durante tu niñez y la de tus padres a tu edad.

Recuerdos del Pasado

las afueras	= *out of doors*
la alfombra	= *carpet, rug*
la almohada	= *pillow* (almohada de plumas = *feather pillow*)
la aspiradora	= *vacuum cleaner* (aspirar = *to inhale, to aspire*)
las avispas	= *wasps*
la cadena	= *chain* (encadenar = *to chain up*)
las cenizas	= *ashes*
la colcha	= *bedspread, counterpane (of a bed)*
el colchón	= *mattress*
las cortinas	= *curtains*
el desván	= *attic*
las escaleras	= *stairs*
el eslabón	= *link (of chain)* (eslabonar = *to link, to join*)
el estante	= *bookcase, shelves*

los estornudos	= *sneezes* (estornudar = *to sneeze*)
el grifo	= *faucet, tap*
las herramientas	= *tools (for making repairs)*
las hormigas	= *ants*
el hueco	= *hole*
la llave	= *key, faucet*
la limpieza	= *cleanliness* (limpiar = *to clean*)
la mosca	= *housefly, fly*
la nube	= *cloud*
los quehaceres	= *chores*
los pedazos	= *pieces*
los peldaños	= *steps (of stairs)*
las persianas	= *blinds (at a window)*
el polvo	= *dust*
el sillón	= *armchair*
el sartén	= *frying pan*
el sótano	= *basement*
el techo	= *roof*
las tijeras	= *scissors*
el umbral	= *threshold (of a doorway)*
atender	= *to attend (to), to take care of* (not *to attend a school*)
arreglar	= *to fix, to arrange, to repair*
bordar	= *to embroider*
brotar	= *to surge forth, to come up, to spring up*
callar	= *to become quiet, to stop talking*
colocar	= *to place, to put, to locate*
coser	= *to sew*
crujir	= *to creak, to make a rustling sound*
diseñar	= *to design*
encerrar	= *to encircle, to enclose*
enchufar	= *to plug in (an electrical appliance)*
envolver	= *to wrap up, to wrap around*
fregar	= *to scrub*
gotear	= *to drip* (la gota = *drop*)
latir	= *to beat (like a heart)* (el latido = *beat*)
mantener	= *to maintain* (el mantenimiento = *maintenance*)
medir	= *to measure* (la medida = *the measure*)
mudarse	= *to move (from one house, or place, to another)*
permanecer	= *to remain*
rodear	= *to surround* (el rodeo = *round up, rodeo*)
surtir	= *to sprout, to spurt, to gush* (el surtido = *the supply*)
ubicar	= *to locate* (la ubicación = *the placement, the location*)

a tientas	= *to grope in the dark*
cabalmente	= *exactly, completely, entirely*
cautelosamente	= *cautiously, warily*
concienzudamente	= *conscientiously, with care*
en puntillas	= *on tiptoes*
paulatinamente	= *slowly, little by little, gradually*

EJERCICIO A

Empareja cada palabra en la Columna A con la definición en la Columna B, escribiendo la letra de la mejor selección.

Columna A

___ 1. umbral
___ 2. polvo
___ 3. enchufar
___ 4. diseñar
___ 5. escaleras
___ 6. almohadas
___ 7. persianas
___ 8. sótano
___ 9. hormigas
___ 10. ubicar
___ 11. arreglar
___ 12. medir
___ 13. coser
___ 14. brotar
___ 15. crujir
___ 16. envolver
___ 17. paulatinamente
___ 18. cauteloso
___ 19. techo
___ 20. estornudos

Columna B

a. surtir
b. lo que se hace con papel para preparar un regalo
c. insectos que se ven a menudo en busca de azúcar
d. usar una aguja para bordar diseños en tela, o hacer ropa
e. hacer un ruido
f. usar una regla para tomar el tamaño de algo
g. la parte de una casa por donde se entra
h. reparar
i. con cuidado
j. lo que se hace para dar electricidad a un aparato
k. materia que se encuentra si no se limpia a menudo
l. muchos peldaños forman esto
m. poco a poco
n. la parte más baja de una casa
o. dibujar, o formar un plan artístico o arquitectónico
p. pequeños colchones que se usan en una cama o en un sofá
q. localizar
r. reacción producida en alguien con alergias
s. la parte más alta de una casa y que la protege del tiempo
t. algo para una ventana, que se abre y se cierra

EJERCICIO B

Escoge la mejor palabra para cumplir el sentido de la oración.

Cuando visité a mis abuelos la última vez, mi abuelita estaba sentaba en su (1) , (2) algo para su nieta Eva. Mientras lo hacía, el mueble (3) ligeramente y la abuelita murmuraba en voz baja. Al verme, me sonrió dulcemente, dirigiéndome una palabra acogedora e invitándome a acercarme. A la izquierda, entre los libros de un (4), un gato nos miraba (5) , porque tenía miedo de los visitantes a la casa. Yo no la visitaba a menudo porque vivíamos lejos. El gato (6) estiró una pata, después otra, y bostezó.

Mi abuela se levantó y me abrazó. Después de la cena, después de lavar los platos, (7) el sartén y limpiar el mostrador de la cocina, nosotras subimos las (8) al (9) donde guardaba grandes misterios. Entre otras cosas, bajo una (10) de (11), había un gran baúl. La (12) del baúl tenía una cerradura que mi abuela abrió con una (13). La (14) en el suelo, entre los restos de (15) y (16) muertas del calor del (17) por encima de nuestras cabezas. Entre (18) , ella sacó unos pendientes de oro que guardaba dentro del baúl. Me los regaló para que los tuviera para mi fiesta de quinceañera el próximo mes.

Mientras tanto, mi abuelo cuidaba el jardín para quitar la mala hierba que (19) por entre las flores y vegetales. Después, (20) las (21) del baño porque siempre (22) bien la casa. De vez en cuando lo oía (23) sus (24) eléctricas para reparar lo que estaba roto, como una silla sin respaldo firme. Siempre me encantaba visitar a mis abuelos. Mientras los acompañaba por allí y por allá, compartíamos tanto historias como (25) cotidianos y siempre quedaba con recuerdos familiares hermosos.

___ 1. a) alfombra	b) mecedor	c) persiana	d) estante
___ 2. a) cosiendo	b) rodeando	c) ubicando	d) brotando
___ 3. a) surtía	b) se mudaba	c) conseguía	d) crujía
___ 4. a) eslabón	b) hueco	c) estante	d) polvo
___ 5. a) cautelosamente	b) a tientas	c) cabalmente	d) en puntillas
___ 6. a) sumamente	b) paulatinamente	c) roncamente	d) a tientas
___ 7. a) enchufar	b) fregar	c) encerrar	d) latir
___ 8. a) cadenas	b) almohadas	c) escaleras	d) herramientas
___ 9. a) sótano	b) desván	c) techo	d) estante
___ 10. a) nube	b) cama	c) mosca	d) llave
___ 11. a) tijeras	b) polvo	c) cortinas	d) persianas
___ 12. a) cadena	b) llave	c) limpieza	d) herramienta
___ 13. a) colcha	b) escalera	c) llave	d) hormiga
___ 14. a) encerró	b) colocó	c) enchufó	d) alquiló
___ 15. a) pedazos	b) sillones	c) moscas	d) frutas
___ 16. a) quehaceres	b) persianas	c) avispas	d) huecos
___ 17. a) peldaño	b) techo	c) estante	d) colchón
___ 18. a) pedazos	b) eslabones	c) polvos	d) estornudos
___ 19. a) rodeaba	b) callaba	c) ensuciaba	d) brotaba
___ 20. a) se fijó	b) arregló	c) partió	d) ubicó
___ 21. a) avispas	b) cenizas	c) llaves	d) cortinas
___ 22. a) conseguía	b) permanecía	c) alquilaba	d) mantenía
___ 23. a) enchufar	b) diseñar	c) envolver	d) medir
___ 24. a) tijeras	b) huecos	c) quehaceres	d) herramientas
___ 25. a) quehaceres	b) sillones	c) estornudos	d) peldaños

RESPUESTAS

Ejercicio A

1. g	6. p	11. h	16. b
2. k	7. t	12. f	17. m
3. j	8. n	13. d	18. i
4. o	9. c	14. a	19. s
5. l	10. q	15. e	20. r

Ejercicio B

1. b—mecedor
2. a—cosiendo
3. d—crujía
4. c—estante
5. a—cautelosamente
6. b—paulatinamente
7. b—fregar
8. c—escaleras
9. b—desván
10. a—nube
11. b—polvo
12. a—cadena
13. c—llave
14. b—colocó
15. c—moscas
16. c—avispas
17. b—techo
18. d—estornudos
19. d—brotaba
20. b—arregló
21. c—llaves
22. d—mantenía
23. a—enchufar
24. d—herramientas
25. a—quehaceres

EJERCICIO C: PRÁCTICA DE LECTURA

Lee la selección para practicar el reconocimiento del vocabulario. Luego utiliza las palabras en la Práctica Oral y las Situaciones.

Al recordar las casas de la niñez, todo depende de la perspectiva de la persona. Bien recuerdo escenas dentro de la casa de mis abuelos y en las **afueras**, por ejemplo, los álamos y otros árboles altos que la **rodeaban.** La casa de mis abuelos adonde mis abuelos **se mudaron** al **jubilarse** estaba **ubicada** cerca de un río. Recuerdo que los **peldaños** de la **escalera** al entrar en la casa me parecían tan altos que me costaba mucho trabajo subirla. Al pasar por el **umbral** se sentía la tranquilidad y se olía el pan dulce que procedía de la cocina. En la sala de estar, poco usada, había un **estante** con muchos libros **envueltos** en **polvo** por falta de un lector frecuente. No es que mi abuela no se preocupaba de la **limpieza** (recuerdo que me **tapaba** los oídos cuando **enchufaba** la **aspiradora**), sino que le faltaba el tiempo de **atender** a todos los **quehaceres domésticos** y no se sentaba a menudo en la sala formal. En sus ratos libres, **solía medir** un **pedazo** de tela para hacer **colchas** para las camas de los nietos o **bordaba** toallas o vestidos o blusas para las nietas. Todavía tengo una que me hizo. En las blusas, mi abuela **diseñaba** jardines florales que parecían **surtir** del fondo verde. Qué bonito tener un jardín del que **brotan** flores todo el año.

De noche, recuerdo la alcoba, el **colchón** viejo y las **persianas** cerradas que ocultaban la luz del sol al amanecer. Pero al cerrarlas, se levantaba una **nube** de **polvo** que producía grandes **estornudos**, como si un volcán hubiera arrojado **cenizas** en el aire del cuarto. Mi abuela, un poco ciega, no **se fijaba** en el polvo por no poder verlo. Las **cortinas** gruesas **encerraban** toda la ventana en la habitación de modo que no se veía la oscuridad de la noche del campo. Cuando llovía, las **gotas** producían un **ruido** tremendo en el **techo** metálico, que me parecía el sonido de muchos tambores. El sonido **latía** suavemente al principio, luego, **a medida** que caía con más fuerza la lluvia, parecía el chorro de un río que caía sobre el **techo** de la casa. Entonces, retrocedía **paulatinamente** el mugir de la tempestad; parecían pasos lentos de una bestia saliendo **cautelosamente** hasta cesar.

Recuerdo a mi abuelo. Pasaba el tiempo **arreglando** los aparatos de la casa. Lo recuerdo con sus **herramientas**, **reparando** las **llaves** que **goteaban** en el baño, o el **lavaplatos** para que mi abuelita no tuviese que **fregar** las cacerolas y ollas a mano. O bien se ocupaba de **callar** el crujido del **mecedor** de mi abuelita cuando ella cosía de noche delante del fuego. Por lo general, **mantenía** todo bien arreglado para que pudieran **permanecer** en su propio hogar el mayor tiempo posible.

Preguntas sobre la lectura

1. ¿Dónde vivían los abuelos de la narradora?
2. ¿Por qué era tan agradable entrar en la casa?
3. ¿Qué hacía la abuela en casa?
4. ¿En qué se fijaba al acostarse de noche en la alcoba?
5. Describe la alcoba.
6. ¿Qué solía hacer el abuelo?

EJERCICIO D: PRÁCTICA ORAL

Contesta las preguntas usando el vocabulario de esta unidad.

1. Describe una visita a la casa de tus abuelos cuando eras niño. ¿Cómo era la casa? ¿Cómo eran los abuelos en la perspectiva de un niño?
2. Describe una tradición que tenía tu familia al visitar a los abuelos.
3. Describe la casa en que vivías cuando eras niño. ¿Tenía desván? ¿Qué se pone en un desván?
4. Describe las ventajas de tener un sótano en una casa. ¿Qué tendrías en el sótano, si lo tuvieras?
5. Describe tu propia casa.
6. Cuando tus parientes visitan a tu familia, ¿se quedan en tu casa? ¿Qué cambios hacen usted y tu familia para acomodar a los visitantes?
7. Describe el cuarto favorito en tu casa. ¿Por qué te gusta más que otros?
8. ¿En qué se diferencia una casa en la que viven unos ancianos o personas minusválidos de una casa de familia con adolescentes? ¿Por qué hay esas diferencias?
9. Describe cómo se limpia una casa.
10. ¿Por qué es importante limpiar tu cuarto de vez en cuando?
11. ¿Por qué a muchos jóvenes no les gusta mantener su habitación en orden?
12. ¿Qué preparativos se necesita hacer para la visita de parientes en tu casa?

EJERCICIO E: SITUACIONES

Discute las situaciones usando el vocabulario de esta unidad.

1. Unos tíos de otra ciudad vienen a visitar a tu familia. Pero ustedes no tienen una alcoba para acomodarlos. Necesitas dormir con tu hermano o hermana mientras ellos están en tu casa. Discute los planes para compartir el cuarto por una semana.
2. Durante tus vacaciones de primavera, participarás en un proyecto para arreglar las casa de unos ancianos que viven en el campo. Describe lo que harías para ayudarlos a mantener su casa y campo.
3. Tienes una empresa de limpieza para arreglar los desvanes y los sótanos de gente que se muda. Describe cómo sería un día típico en ese trabajo.

La Escuela

el ademán	= *expression, look, gesture*
el ala (f)	= *wing*
la asignatura	= *subject (in a class)*
el aula (f)	= *classroom*
la beca	= *scholarship*
la cárcel	= *jail, jail cell*
el celular	= *cell phone*
el chiste	= *joke*
la conferencia	= *lecture*
la enseñanza	= *teaching*
el gesto	= *gesture*
el grito	= *shout, cry (to shout)* (gritar = *to shout*)
el cable	= *wire*
la índole	= *nature*
la jaula	= *cage*
la lectura	= *reading*
el logro	= *achievement* (lograr = *to achieve*)
la materia	= *subject*
la mochila	= *backpack*
el móvil	= *cell phone*
el prójimo	= *fellow man, neighbor*
el sendero	= *path*
la sonrisa	= *smile* (sonreír = *to smile*)
el toque	= *touch, tap* (tocar = *to touch, to tap, to play music*)
el truco	= *trick*
la Red	= *Internet, the Web*
aburrirse	= *to get bored*
alcanzar	= *to reach, to achieve*
adelantar	= *to get ahead*
aprobar	= *to pass (a course in school)*
aprovecharse	= *to take advantage of* (provecho = *benefit*)
asistir a	= *to attend (school or a class)*
atraer	= *to attract*
atribuir	= *to attribute to*
borrar	= *to erase*
carecer	= *to lack*
constar de	= *to consist of (Notice the preposition.)*
depender de	= *to depend on (Notice the preposition.)*
desplegar	= *to spread out, to fan out*
dictar	= *to give (a lecture* = dictar una conferencia*)*

fracasar	= *to fail (anything except a subject in school)* (el fracaso = *failure*)
empujar	= *to push on, to push out*
encarcelar	= *to put in jail*
entregar	= *to turn over to, to turn in*
ingresar	= *to enter (a school, a program)*
matricular	= *to matriculate, to register in a school* (la matrícula = *enrollment*)
parecer	= *to seem*
preocuparse	= *to worry* (la preocupación = *worry, care*)
proporcionar	= *to furnish, to provide*
realizar	= *to fulfill, to realize (in the sense of to fulfill)*
rechazar	= *to reject* (el rechazo = *rejection*)
soportar	= *to tolerate, to stand*
superar	= *to overcome*
suspender	= *to fail a course, a class*
no caber duda	= *without a doubt*
de repente	= *suddenly*
llevar a cabo	= *to carry out*
tener éxito	= *to be successful*
desdeñoso	= *disdainful* (desdeñar = *to disdain*)
despojado	= *deprived of* (despojar = *to deprive of rights*)
desprovisto	= *lacking* (desproveer = *to deprive of provisions*)
eficaz	= *efficient*
imprescindible	= *essential, indispensable*
incorpóreo	= *disembodied*

EJERCICIO A

Empareja cada palabra en la Columna A con la definición en la Columna B, escribiendo la letra de la mejor selección.

Columna A

___ 1. el ala
___ 2. borrar
___ 3. la sonrisa
___ 4. el truco
___ 5. realizar
___ 6. la Red
___ 7. no caber duda
___ 8. proporcionar
___ 9. desprovisto
___ 10. el sendero
___ 11. desplegar
___ 12. la asignatura

Columna B

a. llevar a cabo
b. hilo metálico que conduce electricidad
c. abrir para revelarse, como un abanico
d. vía para caminantes
e. con seguridad, sin sospecha
f. actitud de desprecio
g. parte que usa un pájaro para volar
h. estado de no tener nada
i. no tener éxito
j. necesario
k. consistir en
l. sistema electrónico para compartir información

___ 13. imprescindible	m.	proveer
___ 14. fracasar	n.	serie de clases
___ 15. eficaz	o.	acción ingeniosa para obtener algo
___ 16. el cable	p.	faltar
___ 17. empujar	q.	una expresión de placer o alegría
___ 18. constar de	r.	mover con fuerza
___ 19. carecer	s.	de manera hábil
___ 20. desdeñoso	t.	quitar de la superficie

EJERCICIO B

Escoge la mejor palabra para cumplir el sentido de la oración.

Nunca olvidaré el (1) que me hizo mi compañero de clase cuando estaba en la escuela secundaria. Un día sonó mi (2) en una (3) de clase, la clase de historia, mi (4) menos favorita. Me avergoncé tanto que no sabía qué hacer. Como sabe todo el mundo, no se permiten los (5) durante las clases, pero se me olvidó apagar el mío en mi (6) al entrar en la escuela. El profesor estaba dictando una (7) (8) , y toda la clase miró por todas partes para averiguar de dónde procedía el sonido. El profesor dejó de hablar y (9) me miró. No hice ningún (10) ni (11) para no llamar la atención, puse la mirada más inocente posible. Pero (12) de dónde venía el sonido.

Y en ese momento, mi compañero me miró e hizo un gesto de hablar por teléfono. El profesor lo notó. Me levanté, y con una (13) tonta, traté de fingir una actitud inocente, sin éxito. Al principio, el profesor me miró de manera (14) , porque, por supuesto, el sonido distraía a toda la clase. Tenía miedo de no (15) la clase porque sabía que el profesor no soportaba a nadie que llevara esos aparatos a la clase. Veía desaparecer todos mis planes de conseguir una (16) y (17) en una universidad.

En fin, me lo quitó. El (18) de la (19) a veces nos (20) oportunidades de aprender lecciones que no están en los libros. Esa experiencia no (21) de importancia, porque cuando se lo (22) al profesor, me dijo que para (23) en la escuela es necesario recordar las reglas. No me trató con desdén, ni se enfadó conmigo. El (24) de mi compañero me aportó la oportunidad de conocer mejor a mi profesor de historia, que no era tan duro conmigo como había pensado. Supongo que todo (25) la actitud.

___ 1.	a) gesto	b) truco	c) ala	d) grito
___ 2.	a) cédula	b) toque	c) logro	d) móvil
___ 3.	a) sala	b) lectura	c) materia	d) mochila
___ 4.	a) conferencia	b) asignatura	c) índole	d) aula
___ 5.	a) logros	b) ademanes	c) celulares	d) prójimos
___ 6.	a) gesto	b) jaula	c) aula	d) mochila
___ 7.	a) lectura	b) conferencia	c) Red	d) beca
___ 8.	a) desdeñosa	b) desprovista	c) eficaz	d) aburrida
___ 9.	a) de repente	b) imprescindible	c) incorpóreo	d) eficaz
___ 10.	a) hilo	b) gesto	c) logro	d) sendero
___ 11.	a) toque	b) ademán	c) además	d) prójimo
___ 12.	a) llevaba a cabo	b) tenía éxito	c) dependía	d) no cabía duda
___ 13.	a) Red	b) enseñanza	c) sonrisa	d) constaba de
___ 14.	a) imprescindible	b) sospechosa	c) desprovista	d) índole
___ 15.	a) aprobar	b) atraer	c) rechazar	d) fracasar

___ 16.	a) Red	b) beca	c) asignatura	d) materia
___ 17.	a) desplegarme	b) empujarme	c) realizarme	d) matricularme
___ 18.	a) logro	b) sendero	c) móvil	d) ademán
___ 19.	a) sonrisa	b) conferencia	c) enseñanza	d) lectura
___ 20.	a) parece	b) proporciona	c) soporta	d) suspende
___ 21.	a) carecía	b) superaba	c) asistía	d) dictaba
___ 22.	a) desplegué	b) realicé	c) suspendí	d) entregué
___ 23.	a) adelantar	b) borrar	c) carecer	d) desplegar
___ 24.	a) gesto	b) chiste	c) toque	d) cable
___ 25.	a) alcanza	b) lleva a cabo	c) carece	d) depende de

RESPUESTAS

Ejercicio A

1. g	6. l	11. c	16. b
2. t	7. e	12. n	17. r
3. q	8. m	13. j	18. k
4. o	9. h	14. i	19. p
5. a	10. d	15. s	20. f

Ejercicio B

1. b—truco	14. b—sospechosa
2. d—móvil	15. a—aprobar
3. a—sala	16. b—beca
4. b—asignatura	17. d—matricularme
5. c—celulares	18. b—sendero
6. d—mochila	19. c—enseñanza
7. b—conferencia	20. b—proporciona
8. d—aburrida	21. a—carecía
9. a—de repente	22. d—entregué
10. b—gesto	23. a—adelantar
11. b—ademán	24. b—chiste
12. d—no cabía duda	25. d—depende de
13. c—sonrisa	

EJERCICIO C: PRÁCTICA DE LECTURA

Lee la selección para practicar el reconocimiento del vocabulario. Luego utiliza las palabras en la Práctica Oral y las Situaciones.

No existe la escuela perfecta para todo el mundo. Para algunos alumnos el **chiste** de **colocar** la "j" delante de la palabra "**aula**" significa lo que es estar en la escuela todo el día—**encarcelarse** en una **jaula**. **No cabe duda** que a muchos les cuesta mucho trabajo **soportar** todas las clases y el estrés que sufren durante los años de la **escuela secundaria**. Pero para otros estudiantes, el **sendero** de la **enseñanza** les **proporciona** entrada a un mundo entero de oportunidades después de la adolescencia. Para estos, la escuela es una aventura, por la cual se extienden los horizontes y **despliegan** las **alas** mentales.

Pocos alumnos se encuentran hoy en día en **salas de clase** en las que sólo se sientan para oír a un profesor que les **dicta una conferencia**. **No cabe duda** de que a muchos les cuesta mucho trabajo **aguantar** las clases tradicionales, de **tomar apuntes**, repasos, exámenes y **pruebas**. **Se aburren** fácilmente, y no **disimulan** una actitud **desdeñosa** hacia los que **soportan** la **enseñanza** tradicional. Los estudiantes **obligados** a sentarse en una **sala** se sienten **despojados** de su libertad. En contraste, los proyectos **llevados a cabo** en **conjunto** ahora **parecen** ser la metodología más **corriente**.

No obstante, hay muchos que se benefician con los métodos tradicionales y **alcanzan** grandes **logros**. **Aprueban** sus exámenes, **salen bien** en sus **asignaturas**, **enfocan** bien sus **materias** y reciben **becas** al graduarse para **matricularse** en las mejores universidades. **Aprovechan** sus oportunidades y cultivan maneras útiles de estudiar y aprender de otros. **Se destacan** por poder organizar todo **eficazmente**.

Se puede atribuir esas diferencias a la tecnología y la **índole** de los estudiantes contemporáneos. Las computadoras **portátiles (celulares o móviles)** y la comunicación instantánea facilitan la distribución de información de manera rápida, lo cual tiene grandes consecuencias para los sistemas educativos. Al **entrar en la Red**, parece que se encuentra todo sin necesidad de salir de la casa o el cuarto. Y, en cierto modo, **tienen razón** esos alumnos modernos. Mas necesitan **acordarse de** que esa experiencia **carece** de contacto humano diario. El contacto **llevado a cabo** sin **cable** resulta en contacto virtual con una voz **incorpórea**, deshumanizada. Se pierde el calor de una **sonrisa** o la mirada directa del **prójimo** que comunica con un **ademán**, o un **gesto**, un **suspiro**, un **grito**. La educación que **consta de** la comunicación impersonal, **desprovista** del contacto humano, es una educación parcial.

Otros estudiantes optan por caminos diferentes. Se educan en casa o **ingresan** en programas especiales. Les atraen a muchos los programas de intercambio para aprender del mundo **más allá** de su propio barrio. Les **bastan** una **mochila**, un pasaporte y unos boletos. **Borran** de la memoria cualquier pensamiento de salas de clase, **empujan** las puertas y **se entregan** al mundo para aprender de él. No **rechazan** ninguna oportunidad de explorar el mundo y a veces **superan** grandes obstáculos para **realizar** su sueño de una educación práctica.

No importa la escuela a que asista un estudiante, lo **imprescindible** es actuar con el deseo de aprender. El mundo del mañana será muy diferente al de hoy. La educación debe servirle al estudiante que quiere **adelantar**. Las escuelas modernas son muy diferentes de las del pasado y el **truco** será encontrar alguna manera de aprender sin perder contacto con lo más importante, el **toque** individual y humano.

Preguntas sobre la lectura

1. Cuenta el chiste de la sala de clase.
2. ¿Por qué sienten algunos alumnos que la escuela es una jaula?
3. ¿Cómo es una clase con enseñanza tradicional?
4. Describe la carrera de un estudiante típico.
5. ¿Cuál es la meta de muchos estudiantes en la escuela secundaria?
6. ¿Cómo ha cambiado la experiencia educativa para los estudiantes contemporáneos?
7. ¿Cuáles son los beneficios de la tecnología para los estudiantes?
8. ¿De qué carece la educación en una sala de clase virtual?
9. ¿Qué otra manera hay para aprender del mundo además de sentarse en una sala de clase?
10. ¿Cuál será el truco de aprender en el futuro?

EJERCICIO D: PRÁCTICA ORAL

Contesta las preguntas usando el vocabulario de esta unidad.

1. Cuenta un acontecimiento interesante que te ocurrió una vez en la escuela.
2. ¿Qué estilo de enseñanza prefieren los profesores en tu escuela? ¿Dictan conferencias o hacen discursos?
3. ¿Qué manera de aprender prefieres: conferencias, lecturas por parte propia, o seminarios? Explica por qué.
4. ¿Cómo eran tus amigos en la escuela? ¿Te hacían trucos de vez en cuando? Describe uno.
5. ¿Qué significa el ademán de levantar los hombros? ¿Tienen usted y tus amigos ciertos ademanes favoritos? Descríbelos.
6. ¿Qué se aprende al superase obstáculos que no se aprende de otra manera?
7. ¿Qué oportunidades te proporciona una educación universitaria?
8. ¿Cómo ha cambiado la tecnología la manera de aprender en tu escuela?
9. Propon un plan para aprender fuera de la escuela.
10. ¿Qué ventajas tienen los estudiantes internos en colegios que no tienen muchos estudiantes que regresan a casa cada tarde?

EJERCICIO E: SITUACIONES

Discute las situaciones usando el vocabulario de esta unidad.

1. Tus hijos han regresado a casa un día quejándose de que las clases son aburridas. ¿Cómo responderís a sus quejas?
2. Explica cómo sería el programa ideal para estudiar en el extranjero.
3. Todos los estudiantes en la universidad el próximo año tendrán computadoras portátiles o aparatos digitales personales. Explica el protocolo para usarlos en las clases. Además, explica las ventajas y desventajas de tenerlos por todas partes.
4. ¿Cuán distintas de las escuelas actuales serán las escuelas del futuro?
5. ¿Es imprescindible tener una educación universitaria para encontrar un buen empleo?
6. ¿Por qué se valoriza la educación en algunas culturas y no en otras?
7. ¿Qué contribuye la tradición a una escuela y a la educación que se ofrece en ella?
8. Si pudieras cambiar un aspecto de tu escuela, ¿cuál sería y por qué?
9. ¿Qué tipo de dificultades tienen muchos estudiantes en su primer año en la universidad? ¿A qué puedes atribuir éstas?
10. Como parte de un conjunto de estudiantes que deben aconsejar a la escuela secundaria sobre las maneras de mejorar la enseñanza, desarrolla un plan para realizar esos mejoramientos.

El Fútbol y el Béisbol

el aficionado	= *a fan (of a sport)*
el árbitro	= *referee*
el codo	= *elbow*
la competencia	= *match, competition*
la gallardía	= *gracefulness*

el hastío	= *disgust*
el hombro	= *shoulder*
la jugada	= *a play in a game* (jugar = *to play a game*)
la manga	= *sleeve*
el ocaso	= *late afternoon*
el palo	= *bat, pole, stick*
las pestañas	= *eyelashes* (pestañear = *to blink, to wink*)
el portero	= *goalie* (*in soccer*), *doorman*
el silbato	= *whistle* (*instrument*) (silbar = *to whistle*)
la sombra	= *shadow*
el sudor	= *sweat* (sudar = *to sweat*)
cabalmente	= *exactly, perfectly*
detenidamente	= *thoroughly, carefully* (detener = *to stop*)
súbitamente	= *suddenly*
a fondo	= *in depth, perfectly, thoroughly*
a la vez	= *at the same time*
ni siquiera	= *not even*
agachar	= *to stoop down, to bow down*
agarrar	= *to grab, to grasp at*
alabar	= *to praise* (la alabanza = *praise*)
aletear	= *to flap* (*wings*)
dar con	= *to go up against, to strike against*
derretir	= *to melt*
derrotar	= *to defeat* (la derrota = *defeat*)
elogiar	= *to praise, to extol* (el elogio = *eulogy, praise*)
emocionarse	= *to get excited* (la emoción = *emotion, feeling*)
empatar	= *to tie* (*score in a game*)
enfocar	= *to focus on* (el enfoque = *focus*)
enloquecer	= *to go crazy* (loco = *crazy, mad*)
entablar	= *to initiate, to begin* (*a negotiation*) (la tabla = *board, game board*)
entrenar	= *to train* (entrenador = *coach, trainer*)
estallar	= *to break out* (el estallido = *crash, snap, report, as of a firearm*)
fijarse	= *to notice, to note* (fijo = *fixed, firm, settled, permanent*)
hinchar	= *to swell*
incorporarse	= *to gather together, to get up*
marcar un gol	= *to score a goal, to make a point* (*in a game*)
patear	= *to kick, to stomp* (la pata = *foot of an animal*)
rasguñar	= *to scratch* (el rasguño = *scratch*)
socorrer	= *to help* (el socorro = *help*)
sonar	= *to sound* (*to blow a whistle*) (el sonido = *sound, noise*)
tenderse	= *to stretch out* (*on one's back*)

EJERCICIO A

Empareja cada palabra en la Columna A con la definición en la Columna B, escribiendo la letra de la mejor selección.

Columna A

____ 1. sonar
____ 2. aletear
____ 3. árbitro
____ 4. silbato
____ 5. derretir
____ 6. súbitamente
____ 7. a fondo
____ 8. elogiar
____ 9. empatar
____ 10. enfocar
____ 11. hinchar
____ 12. pestañas
____ 13. sudar
____ 14. agacharse
____ 15. portero
____ 16. sombra
____ 17. cabalmente
____ 18. emocionarse
____ 19. tenderse
____ 20. agarrar
____ 21. hombro
____ 22. alzar
____ 23. manga
____ 24. derrota
____ 25. fijarse

Columna B

a. profundamente
b. perder de manera lastimosa
c. perfectamente
d. acción que hace un pájaro para volar
e. ponerse boca arriba o abajo en el suelo o en la playa
f. la parte del cuerpo de donde viene el brazo
g. lo que hace el cuerpo al hacer ejercicio cuando hace calor
h. partes del cuerpo que rodean los ojos
i. inclinarse
j. hacer un ruido
k. levantar
l. una parte de una camisa o un abrigo
m. tomar en la mano
n. notar, poner atención en algo
o. transformar en un líquido
p. hombre que toma decisiones en una competencia
q. terminar un partido con el mismo número de goles
r. cuando una parte del cuerpo se hace más grande
s. algo producido al ocultar la luz del sol o un globo
t. un jugador que protege el gol
u. estar agitado, tener sentimientos fuertes
v. de repente
w. aparato o sonido para llamar la atención
x. alabar
y. concentrar

EJERCICIO B

Escoge la mejor palabra para cumplir el sentido de la oración.

Hacía mucho calor ese día cuando los dos equipos se encontraron en el campo al atardecer. En el ocaso las (1) oscurecían la verde hierba. Los dos equipos no perdieron tiempo en entrar en la lucha, ninguno de los jugadores ni siquiera pensaba en sus preocupaciones del día pasado. Todos (2) en el partido, el mundo y la vida reducidos a un rectángulo verde, un mantel desplegado para el juego. Cuando el primer jugador (3) la pelota, (4) la batalla. Pronto todo el campo se volvió un remolino de polvo, piernas, brazos, manos, cabezas, gritos y movimientos frenéticos. Los jugadores ya no (5) más que en la (6) y el calor. El sudor (7) por las pestañas, los cuellos y las frentes indicaba una lucha feroz. Unos (8) las mangas de otros jugadores para impedir su carrera por la pelota, los codos (9) en el aire húmedo. (10), un jugador se cayó al suelo, gritando "¡ (11) !", y, agarrando el tobillo, (12) en la hierba y el polvo en medio del campo. Después de un momento, (13) lentamente, mientras sus compañeros corrieron para ayudarle. Cojeando, alcanzó la línea que marcaba el límite del juego. Más tarde, los aficionados (14) cada vez que marcó un gol un equipo o el otro. Después de cada gol, el portero (15) para recoger la pelota y lanzarla al aire otra vez. Los (16) sonaban los (17) para detener el partido de vez en cuando.

Cuando sonó el último silbato, un equipo había conquistado al otro, y todos los jugadores del equipo vencedor (18) al entrenador en los hombros para llevarlo del campo. Nadie había querido que (19) los dos equipos, porque todos querían llevar el trofeo a casa, (20) la (21) de los compañeros valientes. No satisface nada como un gol marcado (22) . Los que perdieron salieron murmurando su (23) , unos pobres con los tobillos (24) , los cuerpos cubiertos de rasguños, como si hubieran dado con gatos fieros. Después de toda competencia, los aficionados entablan una crítica, comentando (25) todos los juegos para alabar a sus jugadores predilectos. O, si pierden, lloran la (26) .

____	1. a) pastillas	b) gallardías	c) sombras	d) mangas
____	2. a) derritieron	b) derrotaron	c) agarraron	d) enfocaron
____	3. a) pateó	b) empató	c) se tendió	d) rasgó
____	4. a) sudó	b) estalló	c) aleteó	d) alabó
____	5. a) entablaban	b) se fijaban	c) empataban	d) rasgaban
____	6. a) competencia	b) conferencia	c) sombra	d) manga
____	7. a) derrotabo	b) caía	c) demoraba	d) sudaba
____	8. a) agarraban	b) agachaban	c) pateaban	d) derrotaban
____	9. a) alabando	b) elogiando	c) aleteando	d) pateando
____	10. a) Cabalmente	b) Detenidamente	c) Súbitamente	d) Lentamente
____	11. a) Socorro	b) Hola	c) Ojo	d) A fondo
____	12. a) se fijó	b) se tendió	c) estalló	d) rasgó
____	13. a) hinchó	b) alabó	c) enfocó	d) se incorporó
____	14. a) se fijaban	b) estallaban	c) se enloquecieron	d) elogiaron
____	15. a) se pateó	b) se agachó	c) derritió	d) hinchó
____	16. a) codos	b) hombros	c) árbitros	d) silbatos
____	17. a) silbatos	b) hastíos	c) ocasos	d) porteros
____	18. a) entrenaron	b) enfocaron	c) alzaron	d) se incorporaron
____	19. a) emparejaran	b) socorrieran	c) alzaran	d) empataran
____	20. a) fijándose	b) tendiéndose	c) incorporando	d) elogiando
____	21. a) gallardía	b) sombra	c) competencia	d) manga
____	22. a) detenidamente	b) sumamente	c) cabalmente	d) súbitamente
____	23. a) socorro	b) portero	c) hastío	d) ocaso
____	24. a) derretidos	b) sudados	c) derrotados	d) hinchados
____	25. a) sumamente	b) súbitamente	c) ni siquiera	d) detenidamente
____	26. a) gallardía	b) derrota	c) sombra	d) manga

RESPUESTAS

Ejercicio A

1. j	6. v	11. r	16. s	21. f
2. d	7. a	12. h	17. c	22. k
3. p	8. x	13. g	18. u	23. l
4. w	9. q	14. i	19. e	24. b
5. o	10. y	15. t	20. m	25. n

Ejercicio B

1. c—sombras	14. c—se enloquecieron
2. d—enfocaron	15. b—se agachó
3. a—pateó	16. c—árbitros
4. b—estalló	17. a—silbatos
5. b—se fijaban	18. c—alzaron
6. a—competencia	19. d—empataran
7. b—derretido	20. d—elogiando
8. a—agarraban	21. a—gallardía
9. c—aleteando	22. c—cabalmente
10. c—Súbitamente	23. c—hastío
11. a—Socorro	24. d—hinchados
12. b—se tendió	25. d—detenidamente
13. d—se incorporó	26. b—derrota

EJERCICIO C: PRÁCTICA DE LECTURA

Lee la selección para practicar el reconocimiento del vocabulario. Luego utiliza las palabras en la Práctica Oral y las Situaciones.

Para muchos hispanos, pocos temas **alzan** más el interés que los deportes, especialmente el fútbol y el béisbol. No se necesitan más que un **palo** y una pelota, unos amigos, un campo abierto y un poco de sol para **disfrutar** de una tarde divertida. Luego, cuando los **aficionados** se reúnen para **elogiar** a sus **equipos** favoritos, se creería que sus héroes **deportistas** eran sus mejores amigos. Recuerdan cada **jugada** de cada **competencia**, los **goles** marcados, la velocidad con que corrían, los **daños** que sufrieron, las veces que el **portero se agachó** para **recoger** la **pelota**, las veces que un jugador **rasguñó** por casualidad a otro, cada vez que un jugador **rompió** el uniforme de otro al **agarrarle** la **manga**, cada vez que un jugador se enojó cuando perdió una oportunidad para **marcar un gol**, cada vez que la **competencia** terminó **empatada**, cada vez que sufrió una **derrota imprevista** o cada vez que un jugador **pateó** la pelota y **marcó un gol**. Y cuando la **gallardía** de unos **da con** el **disgusto** de los **derrotados**, **estallan** las luchas entre los **aficionados**.

En comparación con los **aficionados** del fútbol, los interesados en el béisbol se comportan con mayor **decoro**, correspondiente al modo más **apaciguado** de este juego. La **competencia** del **juego** dura menos tiempo que un partido de fútbol. Hay menos jugadores corriendo **a la vez** en el campo en el béisbol. La acción del **partido se desarrolla** más lentamente, lo cual no quiere decir que el **juego carezca** de emoción. Todos los **espectadores** se levantan cuando un jugador pega la pelota con tanta fuerza que la **lanza** fuera del parque. Todos **gritan** cuando un **árbitro** no parece ver de la misma manera que los **aficionados**. El béisbol **goza de** más popularidad en unos países que en otros, pero el fútbol se juega por todas partes del mundo hispano. **Sin embargo**, no cabe duda de que cuando **suena el silbato** para comenzar el **partido**, todos **se emocionan** por ver el espectáculo. No importa el calor, el **sudor**, las preocupaciones **cotidianas**, todos **enfocan** la acción del momento. Cuando alguien **marca un gol**, todos los **espectadores se incorporan** como si todos fueran uno.

Preguntas sobre la lectura

1. ¿Por qué son tan populares el fútbol y el béisbol entre los hispanos del mundo?
2. ¿Qué recuerdan los aficionados al hablar de sus equipos favoritos?
3. Describe la acción de un partido de fútbol.
4. ¿Qué hace el portero?
5. Describe la gallardía de los vencedores en un partido.
6. ¿Por qué estallan luchas entre los aficionados a veces?
7. ¿En qué se diferencia el béisbol del fútbol?
8. Describe el juego de béisbol.
9. ¿Para qué sirve el árbitro en un partido?
10. ¿Con qué se empieza y se termina un partido de fútbol?
11. ¿Cómo reaccionan los aficionados cuando su jugador favorito marca un gol?

EJERCICIO D: PRÁCTICA ORAL

Contesta las preguntas usando el vocabulario de esta unidad.

1. Explica la importancia de los deportes para los aficionados.
2. Describe cómo se juega el fútbol.
3. Cuenta lo que pasó en el último partido que viste. ¿Quiénes jugaron? ¿Quiénes ganaron? ¿Cómo jugaron los equipos?
4. ¿Cuál deporte es más peligroso, el fútbol o el béisbol? ¿Por qué?
5. ¿Por qué es más popular el fútbol entre los hispanos que el fútbol norte-americano?
6. ¿Quiénes son los mejores jugadores de béisbol?
7. ¿A qué se debe el éxito de un buen equipo?
8. ¿Cómo se debe celebrar el triunfo de un partido?
9. ¿Por qué sueñan muchos muchachos con jugar como profesionales en un deporte?
10. ¿Cuáles son las características de un buen árbitro?
11. ¿Cuáles son las características de un jugador excelente?
12. ¿Por qué es importante hacer ejercicio todos los días?
13. ¿Crees que los jugadores profesionales ganan demasiado dinero? Explica tu respuesta.
14. ¿Qué beneficios se obtienen de un equipo profesional en su comunidad?
15. ¿Crees que los deportistas son héroes? Explica por qué.

EJERCICIO E: SITUACIONES

Discute las situaciones usando el vocabulario de esta unidad.

1. Una familia quiere ir a un partido de béisbol. Describe los preparativos.
2. Eres árbitro en una competencia entre dos equipos escolares. No se llevan bien las dos escuelas, y necesitas mantener la paz cuando un grupo de aficionados se entusiasma demasiado. Explica lo que les dirías para apaciguarlos.
3. Eres periodista para el diario de tu escuela y tienes que escribir un resumen de un partido de fútbol para el campeonato regional. Describe el triunfo de un equipo.
4. Tú y tus amigos se reúnen para ver la Copa Mundial y comentan el juego de su equipo favorito. Describe los comentarios que harían sobre sus jugadores favoritos.
5. Eres el entrenador de un equipo escolar y debes prepararlo para un partido muy importante, un campeonato. Hay un trofeo muy grande que quieren ganar. Explica lo que les dirías a tus jugadores para motivarlos.

La Vida Pastoril

el álamo	= *poplar tree*
el caracol	= *snail* (caracolear = *to wheel around, to move slowly*)
la cosecha	= *harvest* (cosechar = *to harvest*)
el cubo	= *pail, bucket*
la escarcha	= *frost*
los escombros	= *rubbish*
el espantapájaros	= *scarecrow*
la higuera	= *fig tree*
la huerta	= *vegetable garden*
el huerto	= *orchard*
el ladrillo	= *brick*
el ladrón	= *thief*
el medio ambiente	= *environment*
la muñeca/el muñeco	= *doll*
la muralla	= *wall*
el muro	= *wall*
la nuez (las nueces)	= *nut*
el olmo	= *elm tree*
la orilla	= *bank of a river, or a body of water*
el pozo	= *water well*
la renta	= *income*
el roble	= *oak tree*
el sauce llorón	= *willow tree*
la semilla	= *seed* (sembrar = *to sow seeds, to plant*)
la sequía	= *drought* (secar = *to dry*)

el tamaño	= *size*
el tronco	= *tree trunk*
ancho	= *wide*
cálido	= *hot*
cuesta arriba	= *uphill*
destartalada	= *run-down, jumbled*
estancado	= *stagnant* (estancar = *to stagnate, to stand still*)
flojo	= *limp, loose, weak, floppy*
lozano	= *spirited, luxuriant, fresh, brisk*
recto	= *straight*
mediante	= *through, with the help of*
amontonar	= *to pile up* (el montón = *heap, a large pile*)
aportar	= *to cause, to bring, to contribute*
atender	= *to attend to, to pay attention to*
atreverse	= *to dare*
complacer	= *to please*
cultivar	= *to cultivate, to grow*
derribar	= *to throw down, to knock down*
derrumbar	= *to fall down*
descolgar	= *to take down* (colgar = *to hang up*)
divisar	= *to perceive indistinctly, to see at a distance*
enlatar	= *to preserve in cans or jars* (la lata = *can*)
enrojecer	= *to turn red* (rojo = *red*)
entretanto	= *meanwhile*
espantar	= *to scare* (el espanto = *the fright, scare*)
florecer	= *to flower* (la flor = *flower*)
helar	= *to freeze* (el helado = *ice cream, adj. = frozen*)
hundir	= *to submerge* (hondo = *deep, profound*)
hurtar	= *to steal, to rob*
jubilarse	= *to retire from a job*
largarse	= *to go or to move away* (largo = *long*)
picotear	= *to peck*
regar (ie)	= *to water, to irrigate*
reembolsar	= *to repay*
rendir	= *to yield, to give up, to render*
renunciar	= *to give up, to resign*
resucitar	= *to revive*
retirar	= *to withdraw*
sacudir	= *to shake, to jolt*
sembrar	= *to plant seeds*
tiritar	= *to shiver*
veranear	= *to spend the summer*

EJERCICIO A

Empareja cada palabra en la Columna A con la definición en la Columna B, escribiendo la letra de la mejor selección.

Columna A

____ 1. aportar
____ 2. muro
____ 3. cuesta arriba
____ 4. sembrar
____ 5. hurtar
____ 6. pozo
____ 7. jubilar
____ 8. huerta
____ 9. regar
____ 10. lozano
____ 11. cubo
____ 12. florecer
____ 13. derribar
____ 14. escombro
____ 15. destartalado
____ 16. enlatar
____ 17. espantar
____ 18. recto
____ 19. divisar
____ 20. largarse
____ 21. higuera
____ 22. muñeco
____ 23. caracol
____ 24. sequía
____ 25. escarcha

Columna B

a. ver a lo lejos
b. falta de agua
c. un animalito con sólo un pie
d. poner agua para plantas
e. proporcionar, proveer
f. conservar en latas o vasijas
g. empujar o pegar para derrumbar
h. asustar
i. un obstáculo artificial que rodea una finca o un pasto
j. una fila o línea que sigue sin doblar
k. deteriorado, desordenado
l. irse
m. agua helada producida cuando hace mucho frío
n. vivo, fresco
o. lo que hacen las plantas antes de producir frutas
p. juguete para los niños
q. lo que se hace en un jardín para tener plantas
r. lugar donde se encuentra agua
s. recipiente para llevar agua
t. una especie de jardín para vegetales
u. dejar de trabajar
v. tomar algo sin permiso
w. subir una colina
x. un árbol con una pequeña fruta redonda
y. los restos de algo

EJERCICIO B

Escoge la mejor palabra para cumplir el sentido de la oración.

Pocas personas (1) para trabajar más. Pero después de pasar la vida encarceladas en un cubículo de una oficina, muchas personas disfrutan de la vida al aire libre, cuidando su jardín. No hay nada que tranquilice más que la vista de una (2) en pleno (3) , y la promesa de todo tipo de frutas y verduras frescas. Uno se (4) fácilmente del aire (5) de un edificio para respirar libremente. Recuerdo la huerta de mi abuelo con quien (6) cada año. En camino (7) por (8) la casa a lo lejos. Siempre sabíamos que al pasar la casa (9) de su vecino más cercano, estábamos por llegar. El (10) hecho de piedras marcaba los límites de su finca, y pronto veíamos los (11) rojos de su casa con la (12) al lado de la entrada.

La última vez que lo visité, había una (13) dura. Todas las mañanas ese año, salíamos de la casa bien temprano por la puerta anterior, y prosiguiendo (14) , llegábamos a las filas (15) del (16). Mientras mi abuelo (17) las plantas, yo buscaba

(18) entre los troncos de los árboles. Como había poca lluvia ese año, casi no los encontraba. A veces le ayudaba a llevar agua en un (19) metálico del (20) en medio del huerto. Ese año mi abuelo (21) maíz, pero lo perdió a causa del frío una noche. ¡Qué triste fue despertar esa mañana y percibir (22) por todo el campo! Pero lo sembró otra vez, y ya estaba bastante bien crecido. Puso un (23) para guardar la (24) . Con la sequía, los pájaros (25) a picotear los granos más que nunca por falta de alimento. Habrían (26) la mayor parte de la cosecha si mi abuelo no hubiera tenido cuidado. Tenía los brazos tan (27) que las mangas de la camisa parecían alas. El sombrero en la cabeza parecía de (28) , y le cubría el rostro como si fuera un (29) ocultando su cara con el ala (30) del sombrero. Cuando había buena cosecha, mi abuela (31) el producto del trabajo de mi abuelo y tenían comida para los días fríos del invierno. ¡Qué gusto disfrutar del sabor de frutas frescas en esos días tan (32) !

___ 1. a) se retiran	b) jubilan	c) siembran	d) derriban
___ 2. a) higuera	b) sequía	c) muralla	d) huerta
___ 3. a) escombro	b) cubo	c) florecimiento	d) campo
___ 4. a) larga	b) ancha	c) ansia	d) suda
___ 5. a) lozano	b) estancado	c) cercano	d) recto
___ 6. a) veraneábamos	b) saboreábamos	c) espantábamos	d) regábamos
___ 7. a) derribábamos	b) hurtábamos	c) divisábamos	d) ansiábamos
___ 8. a) escurrir	b) divisar	c) sembrar	d) jubilar
___ 9. a) lozano	b) destartalada	c) cálida	d) floja
___ 10. a) muro	b) tamaño	c) cubo	d) espantapájaros
___ 11. a) escombros	b) ladrillos	c) robles	d) troncos
___ 12. a) sequía	b) ladrillo	c) cosecha	d) higuera
___ 13. a) higuera	b) sequía	c) muñeca	d) semilla
___ 14. a) cuesta arriba	b) destartalado	c) lozanos	d) flojos
___ 15. a) cálidas	b) estancadas	c) rectas	d) sequías
___ 16. a) huerto	b) ladrón	c) caracol	d) muro
___ 17. a) hurtaba	b) regaba	c) regateaba	d) arriesgaba
___ 18. a) caracoles	b) escarchas	c) olmos	d) espantapájaros
___ 19. a) muro	b) nuez	c) cubo	d) huerto
___ 20. a) pozo	b) ladrón	c) escombro	d) muro
___ 21. a) enlató	b) sembró	c) derrumbó	d) floreció
___ 22. a) escarcha	b) sequía	c) muñeca	d) muralla
___ 23. a) olmo	b) pozo	c) roble	d) espantapájaros
___ 24. a) cosecha	b) escarcha	c) muralla	d) sequía
___ 25. a) regaban	b) derribaban	c) divisaban	d) se atrevían
___ 26. a) hurtado	b) sembrado	c) enlatado	d) regado
___ 27. a) inocuos	b) cálidos	c) flojos	d) perezosos
___ 28. a) escarcha	b) muñeca	c) semilla	d) muralla
___ 29. a) ladrón	b) cubo	c) espantapájaros	d) pozo
___ 30. a) ancha	b) lozana	c) cálida	d) nociva
___ 31. a) hurtaba	b) enlataba	c) se atrevía	d) derrumbaba
___ 32. a) rectos	b) recios	c) cálidos	d) anchos

RESPUESTAS

Ejercicio A

1. e	6. r	11. s	16. f	21. x
2. i	7. u	12. o	17. h	22. p
3. w	8. t	13. g	18. j	23. c
4. q	9. d	14. y	19. a	24. b
5. v	10. n	15. k	20. l	25. m

Ejercicio B

1. b—jubilan	17. b—regaba
2. d—huerta	18. a—caracoles
3. c—florecimiento	19. c—cubo
4. a—larga	20. a—pozo
5. b—estancado	21. b—sembró
6. a—veraneábamos	22. a—escarcha
7. d—ansiábamos	23. d—espantapájaros
8. b—divisar	24. a—cosecha
9. b—destartalada	25. d—se atrevían
10. a—muro	26. a—hurtado
11. b —ladrillos	27. c—flojos
12. d—higuera	28. b—muñeca
13. b—sequía	29. a—ladrón
14. a—cuesta arriba	30. a—ancha
15. c—rectas	31. b—enlataba
16. a—huerto	32. c—cálidos

EJERCICIO C: PRÁCTICA DE LECTURA

Lee la selección para practicar el reconocimiento del vocabulario. Luego utiliza las palabras en la Práctica Oral y las Situaciones.

El cultivo de las **cosechas** de los alimentos que compramos en los supermercados **pertenecen** por lo general a las grandes **empresas** agrícolas, mas en los países menos **desarrollados** todavía hay muchas personas que **dependen de** la **cosecha** para **sobrevivir de** día **en** día y **de** año **en** año. Los hombres **descuelgan** los abrigos por la mañana y salen al campo para **sembrar** la tierra. Hay tantos tipos y tamaños de agricultura como en cualquier otra industria, de las parcelas de frijoles y maíz más humildes, hasta las plantaciones de árboles para la producción de **madera** y goma, y plantaciones de flores para exportar al mercado desde un continente a otro por avión. Mientras unos **campesinos** se esfuerzan para sacar la vida de la tierra, otros dueños de plantaciones **contratan** a muchos para **cultivar** sus campos e **invierten** miles de dólares en la producción de comestibles para el mercado mundial. Lo que no se vende de inmediato se **enlata** para vender más tarde. Los que viven en los centros urbanos muchas veces **atienden** sus **huertas** y jardines para gozar del sabor de verduras frescas y para el **bienestar** mental. **Hundiendo** las **semillas** en la tierra, uno se siente **vinculado** con ella, con **raíces** como los plantas mismas.

A causa de la gran destrucción del **medio ambiente** en muchos lugares, **ligado** con el tema de la agricultura está el del medio ambiente. Sobre todo se ve el problema de la **escasez** del agua. Cuando hay una **sequía**, todos sufren por igual. La gente que ha cortado los bosques para **leña** o para **pastos** para **ganado anhela** las **sombras** de los **álamos** y los **robles.** Todavía hay **sauces llorones** a las **orillas** de los **riachuelos**, pero estos árboles no cuentan con un bosque digno del nombre. A consecuencia, la piel se **enrojece** fácilmente con **quemaduras** por falta de **sombra. Perforando pozos** por todas partes, a veces se encuentra agua. Pero los grandes proyectos de construcción de acueductos para **regar** los campos áridos resultan a veces en más **pérdida** de agua, y la **pérdida** de capital **gastado** en el proyecto. La tierra **quemada** y **rendida** no **aporta** grandes **cosechas. Entretanto**, el desierto sigue **avanzando** por muchas partes del mundo. **Mediante** un **compromiso** entre los que **cultivan** la tierra y los que quieren conservarla, será posible **compartir** el planeta para todos.

Preguntas sobre la lectura

1. ¿Cómo se diferencia la agricultura en los países desarrollados y los menos desarrollados?
2. ¿Qué hace la gente de las ciudades para tener vegetales y flores frescos?
3. ¿Qué relación se establece entre hombre y tierra al sembrarla?
4. ¿Cómo están ligadas la agricultura y la ecología?
5. Describe lo que significa una sequía en un país.
6. ¿Cómo se puede resolver el problema de la falta de agua en una región?
7. ¿Cuál será el propósito de la cooperación entre los campesinos y los que quieren conservar el medio ambiente?

EJERCICIO D: PRÁCTICA ORAL

Contesta las preguntas usando el vocabulario de esta unidad.

1. Describe el lugar en que tu vives. ¿Es campo abierto o está en la ciudad?
2. ¿Cuál es el valor de tener una huerta?
3. Describe las ventajas de vivir en el campo.
4. ¿Cuáles serían las desventajas de vivir en el campo?
5. ¿Por qué creen muchos muchachos que es muy aburrido vivir en el campo?
6. ¿Cómo ha cambiado el cultivo de alimentos hoy en día?
7. ¿Conoces a alguien que viva en el campo? Compara tu vida con la de él.
8. ¿Te gusta acampar de vez en cuando? Describe la experiencia.
9. ¿Crees que faltará la tierra para cultivar un día?
10. ¿Cómo es posible que sea más barato importar flores a los Estados Unidos de Centroamérica para venderlas en los supermercados que crecerlas en los Estados Unidos?

EJERCICIO E: SITUACIONES

Discute las situaciones usando el vocabulario de esta unidad.

1. Tienes que arreglar una excursión de una clase de una escuela primaria a una finca. Explícales qué van a ver y la importancia del lugar.

2. Eres el gerente de un supermercado en una ciudad. Hay un grupo de campesinos que tienen huertas de alimentos orgánicos (crecidos sin insecticidas) y quieren venderlos en tu tienda. Elabora una conversación con el grupo y explica los beneficios del negocio.

3. Eres guía en una finca histórica, en la que se presenta la vida de los antepasados que colonizaron el campo. Todo el trabajo se hace aquí de manera tradicional, usando herramientas antiguas. Explica a un grupo de muchachos cómo se hacía el trabajo en la época de antaño.

4. Eres un activista del movimiento contra la globalización. Prepara un reportaje contra la globalización de las empresas agrícolas.

Los Viajes

la arruga	= *wrinkle* (arrugar = *to wrinkle up*)
el atavío	= *attire, dress*
el balneario	= *resort, spa*
la brisa	= *breeze*
el chubasco	= *rain shower*
los clavos	= *nails* (clavar = *to nail*)
el cohete	= *rocket*
el delantal	= *apron*
el desahogo	= *ease, relief from pain* (desahogarse = *to alleviate, to relieve*)
el desamparado	= *homeless person*
el embotellamiento	= *traffic jam*
el estacionamiento	= *parking lot, place* (estacionar = *to park a vehicle*)
el farol	= *streetlight, lamp*
el forastero	= *stranger*
los fuegos artificiales	= *fireworks*
las gafas	= *sunglasses*
la inundación	= *flood* (inundar = *to flood*)
la limosna	= *alms, charity*
el lodo	= *mud*
el lujo	= *luxury*
la madrugada	= *dawn, early rising* (madrugar = *to get up early in the morning*)
el martillo	= *hammer*
el mendigo	= *beggar*
el muelle	= *dock, pier*
el murmullo	= *murmur* (murmurar = *to murmur*)
el neumático	= *tire of a car*

el ocaso	= *sunset*
la ola	= *wave (in the ocean)*
la orilla	= *border, strip of land, like a beach*
el parador	= *inn, resting place* (parar = *to stop*)
el peatón	= *pedestrian*
el pinchazo	= *blowout (of a tire)*
el recuerdo	= *memory, souvenir* (recordar = *to remember*)
el relámpago	= *lightning* (relampaguear = *to lighten, to flash, to sparkle*)
el remolcador	= *tow truck, tug* (remolcar = *to tow*)
el semáforo	= *traffic light*
el serrucho	= *handsaw*
el suspiro	= *sigh* (suspirar = *to sigh*)
el susurro	= *whisper* (susurrar = *to whisper, to murmur, to rustle*)
la tabla	= *board (for a game, or surfing)*
la temporada	= *season*
el toldo	= *awning, tent, tarpaulin*
el trueno	= *thunder* (tronar = *to thunder*)
la tubería	= *plumbing, tubing*
descalzo	= *shoeless, barefooted* (calzar = *to shoe*)
desinflado	= *flat, deflated* (desinflar = *to deflate*)
despejado	= *clear* (despejar = *to clear, to become bright*)
mentiroso	= *liar* (mentir = *to lie*)
perspicaz	= *astute, wise*
albergar	= *to lodge* (el albergue = *lodging*)
alquilar	= *to rent* (el alquiler = *rent*)
anhelar	= *to long for* (el anhelo = *longing, strong desire*)
arrancar	= *to start (a car), to yank out, to pull out*
arrimarse	= *to come close to, to approach*
asomarse	= *to appear, as in a window*
circular	= *to go around, to move around*
demorar	= *to delay* (la demora = *delay*)
detenerse	= *to stop*
erigir	= *to erect, to put up*
escampar	= *to clear off*
embotellamiento	= *traffic jam*
frenar	= *to brake* (el freno = *brake of a car*)
olfatear	= *to smell* (el olfato = *the sense of smell*)
parar	= *to stop*
pronosticar	= *to predict, to foretell* (el pronóstico = *prediction*)
remar	= *to row (a boat)* (el remo = *oar for a rowboat*)
saltar	= *to jump* (el salto = *leap, jump*)

secuestrar   = *to kidnap* (el secuestro = *kidnapping*)

velar   = *to sail* (la vela = *sail, candle*)

zarpar   = *to sail*

a causa de   = *because of*

a pesar de que   = *in spite of*

a propósito   = *on purpose, by the way*

al menos   = *unless*

con tal que   = *unless*

de un sentido   = *one-way* (*street*)

para que   = *in order to*

EJERCICIO A

Empareja cada palabra en la Columna A con la definición en la Columna B, escribiendo la letra de la mejor selección.

Columna A

___ 1. demorar
___ 2. descalzo
___ 3. a propósito
___ 4. madrugada
___ 5. relámpago
___ 6. zarpar
___ 7. gafas
___ 8. ombligo
___ 9. martillo
___ 10. arrimar
___ 11. freno
___ 12. perspicaz
___ 13. forastero
___ 14. desahogo
___ 15. toldo
___ 16. pinchazo
___ 17. remar
___ 18. inundación
___ 19. temporada
___ 20. pronosticar
___ 21. asomarse
___ 22. embotellamiento
___ 23. mendigo
___ 24. farol
___ 25. a causa de

Columna B

a. lo que se usa para parar un automóvil
b. sagaz, astuto
c. tardar en llegar
d. sin zapatos
e. herramienta para ensartar clavos
f. acercarse a algo, colocar cerca de algo
g. un neumático desinflado
h. un extranjero
i. mover por el agua usando remos
j. velar
k. cuando el agua cubre la tierra o la superficie de algún lugar
l. la luz repentina de una tormenta, seguida por el sonido del trueno
m. expresión para explicar por qué ocurre algo
n. aparecer en una apertura, como una ventana
o. para expresar un objetivo
p. parte del cuerpo donde entró el cordón umbilical
q. parte del año para una actividad
r. una luz para alumbrar una calle de noche
s. alivio de algo
t. una persona que pide limosnas o piedad de otra gente
u. una carpa, especie de protección del sol y el tiempo
v. gran conjunto de automóviles que impide el movimiento
w. predecir algo, como el tiempo
x. objeto que se usa para proteger los ojos de la luz del sol
y. parte del día muy temprano por la mañana

EJERCICIO B

Escoge la mejor palabra para cumplir el sentido de la oración.

Durante las vacaciones del verano pasado, participé en un viaje de servicio a un país en el extranjero. Mientras mis mejores amigos se fueron rumbo a un hotel de (1) en la Florida, preparados para (2) tendidos al sol en las playas en desahogo completo, yo buscaba (3) en una iglesia en una comunidad pequeña, armado con un (4) , (5) , y un (6), preparado para construir una casa en la comunidad. Mis amigos pasaron su tiempo en el mar, en barcos (7) , o (8) en lagos cerca del hotel. Nada les ocurrió aparte de uno que se cayó al agua cuando (9) del barco al (10) al (11) durante un chubasco y se deslizó en la superficie mojada. Miraban (12) la televisión para ver lo que diría el meteorólogo al (13) el tiempo. Afortunadamente, estaba (14) la mayoría del tiempo. De vez en cuando sufrieron por un (15) (16) todos los otros visitantes a la playa, pero lo pasaron bien por la mayor parte.

Para mi grupo, llovía a cántaros cuando llegamos. El avión, procedente de otro lugar, demoró varias horas para salir por problemas mecánicos. Pronto (17) el cielo de todas las nubes, dejándonos con (18) por todas partes. (19) un (20) para protegernos (en la (21) lluviosa nunca se sabía cuándo empezaría a llover), e iniciamos el trabajo. (22) tuviéramos bastante tiempo para concluir la obra, nos levantábamos bien temprano por la (23) y no nos deteníamos hasta después del (24) . Para llegar al sitio, manejábamos un coche destartalado, con frenos de calidad dudosa. Todas las tardes a las cuatro en punto, casi se podía (25) la lluvia y la tormenta siempre nos advertía de su llegada con un (26) y (27), y repentinamente, se oía el rumor de gotas dando contra la vegetación hasta llover como si alguien hubiera destapado la (28) celestial. Por supuesto, todos nos mojábamos, y al regresar al santuario, nos quitábamos los zapatos e íbamos (29) mientras se secaban los zapatos. De noche, por la luz del (30) en la esquina, charlábamos del día. Trabajábamos todos los días (31) que lloviera todo el día, en cuyo caso jugábamos con los chicos del pueblo o tocábamos guitarras y cantábamos.

Cuando regresamos a casa, comparamos las vacaciones entre los amigos. Los de la playa regresaron quejándose de los (32) pidiendo limosnas en las calles, de los (33) con quienes bebían en los clubes nocturnos, y todo tipo de cosas sin importancia. Mientras tanto, yo me acordaba de las sonrisas de mis amigos nuevos, sus padres (34) y del bien que habíamos hecho (35) toda la lluvia. Me sentía muy agradecida por la experiencia y (36) pasar más tardes compartiendo el trabajo y la satisfacción con otros. Especialmente recordé la feria con que terminamos nuestra estancia allí, los (37) y los (38) y la música tan viva de la fiesta. No me quejo de nada.

____ 1. a) lujo	b) semáforo	c) serrucho	d) lodo
____ 2. a) remar	b) pararse	c) broncearse	d) anhelar
____ 3. a) gafas	b) albergue	c) clavos	d) atavíos
____ 4. a) pinchazo	b) peatón	c) deshabitados	d) martillo
____ 5. a) remolca- dores	b) clavos	c) trueno	d) relámpago
____ 6. a) tubería	b) parador	c) toldo	d) serrucho
____ 7. a) veleros	b) desinflados	c) descalzos	d) mentirosos
____ 8. a) bronceando	b) erigiendo	c) saltando	d) remando
____ 9. a) se asomó	b) saltó	c) albergó	d) olfateó
____ 10. a) arrancar	b) pronosticar	c) arrimarse	d) anhelar

___ 11. a) peatón	b) serrucho	c) muelle	d) embotel-lamiento
___ 12. a) a causa de	b) a pesar de	c) para que	d) a propósito
___ 13. a) pronosticar	b) velar	c) anhelar	d) olfatear
___ 14. a) descalzo	b) despejado	c) desinflado	d) perspicaz
___ 15. a) lodo	b) semáforo	c) ocaso	d) embote-llamiento
___ 16. a) a propósito	b) a causa de	c) para que	d) a menos que
___ 17. a) escampó	b) se asomó	c) demoró	d) saltó
___ 18. a) lujo	b) martillo	c) lodo	d) serrucho
___ 19. a) Nos paramos	b) Erigimos	c) Saltamos	d) Demoramos
___ 20. a) peatón	b) serrucho	c) toldo	d) semáforo
___ 21. a) temporada	b) arruga	c) madrugada	d) gafa
___ 22. a) A causa de	b) A menos que	c) A propósito	d) Para que
___ 23. a) madrugada	b) temporada	c) muralla	d) inundación
___ 24. a) martillo	b) toldo	c) ocaso	d) mendigos
___ 25. a) saltar	b) olfatear	c) erigir	d) broncear
___ 26. a) relámpago	b) albergue	c) farol	d) forastero
___ 27. a) parador	b) poniente	c) trueno	d) lujo
___ 28. a) gafa	b) tubería	c) madrugada	d) arruga
___ 29. a) mendigos	b) desinflados	c) mentirosos	d) descalzos
___ 30. a) semáforo	b) farol	c) pinchazo	d) peatón
___ 31. a) a menos	b) por lo menos	c) no menos	d) a causa de
___ 32. a) desinflados	b) lujosos	c) perspicaces	d) desamparados
___ 33. a) despojados	b) mentirosos	c) despejados	d) escampados
___ 34. a) mentirosos	b) lujosos	c) perspicaces	d) desplegados
___ 35. a) a causa de	b) a pesar de	c) a propósito	d) a menos que
___ 36. a) anhelaba	b) arrimaba	c) se asomaba	d) albergaba
___ 37. a) inundaciones	b) fuegos artificiales	c) gafas	d) madrugadas
___ 38. a) cohetes	b) ombligos	c) remolcadores	d) desahogos

RESPUESTAS

Ejercicio A

1. c	6. j	11. a	16. g	21. n
2. d	7. x	12. b	17. i	22. v
3. o	8. p	13. h	18. k	23. t
4. y	9. e	14. s	19. q	24. r
5. l	10. f	15. u	20. w	25. m

Ejercicio B

1. a—lujo
2. c—broncearse
3. b—albergue
4. d—martillo
5. b—clavos
6. d—serrucho
7. a—veleros
8. d—remando
9. b—saltó
10. c—arrimarse
11. c—muelle
12. d—a propósito
13. a—pronosticar
14. b—despejado
15. d—embotellamiento
16. b—a causa de
17. a—escampó
18. c—lodo
19. b—Erigimos

20. c—toldo
21. a—temporada
22. d—Para que
23. a—madrugada
24. c—ocaso
25. b—olfatear
26. a—relámpago
27. c—trueno
28. b—tubería
29. d—descalzos
30. b—farol
31. a—a menos
32. d—desamparados
33. b—mentirosos
34. c—perspicaces
35. b—a pesar de
36. a—anhelaba
37. b—fuegos artificiales
38. a—cohetes

EJERCICIO C: PRÁCTICA DE LECTURA

Lee la selección para practicar el reconocimiento del vocabulario. Luego utiliza las palabras en la Práctica Oral y las Situaciones.

Abundan los **embotellamientos** en cualquier lugar donde haya mucho tráfico y poco terreno, como en los **balnearios** y en los grandes centros urbanos. Los **semáforos** que aseguran el flujo del tráfico, a menudo lo impiden cuando cambian de color para permitir a los **peatones** cruzar las calles o para dejar a otros coches entrar en la calle. Por supuesto, en las calles estrechas un coche **estropeado** en medio del camino puede resultar en mucha **congestión** por todas partes. Y cuando llega el **remolcador** para quitar el vehículo del camino, a veces no cabe en la calle. Un **pinchazo** en un lugar **inoportuno**, un **semáforo** que no **funciona** bien, los **forasteros** perdidos que buscan **estacionamiento**, la multitud de turistas buscando **recuerdos** en las tiendas, todo contribuye a la congestión urbana, aun en los **balnearios** más remotos y lujosos. Aunque muchas veces se encuentran calles de **un sentido** para facilitar la **circulación** de vehículos, difícilmente se puede disfrutar del **desahogo** veraniego cuando hay que preocuparse con el tráfico todo el tiempo.

No obstante, siempre hay necesidad de descansar, de ir de vacaciones. Las mujeres **anhelan** el momento cuando pueden **colgar el delantal** y subir al coche para ir de vacaciones, no importa adonde. Al **tendernos** en la arena caliente de la playa, escuchando el **murmullo** de las **olas** en la **orilla**, el **susurro** de las hojas de las palmas y el **suspiro** de las **brisas**, perdemos nuestras preocupaciones. Para los hombres, las vacaciones ofrecen la oportunidad de **relajarse** con los amigos, nadar en las **olas**, **bucear** o **montar tablas** en las **olas**. Eso sí, no olvidemos que la luz fuerte del sol produce **daños** en la piel, como **quemaduras y arrugas** más tarde en la vida. Todas las actividades al aire libre estimulan la buena salud. Y las vacaciones nos **proporcionan** tiempo para pensar un poco y **recuperar** las fuerzas.

Preguntas sobre la lectura

1. ¿Para qué sirven los semáforos?
2. ¿Cuáles son las causas de los embotellamientos y la congestión urbana?
3. ¿A quién se llama para quitar un coche estropeado de una calle?
4. ¿Por qué se va de vacaciones?
5. ¿Cómo se pasa el tiempo en la playa?
6. ¿Qué actividades hay para hacer en la playa?
7. ¿Qué peligros hay al quedarse demasiado tiempo al sol del mediodía?

EJERCICIO D: PRÁCTICA ORAL

Contesta las preguntas usando el vocabulario de esta unidad.

1. ¿Cuán distintos son los balnearios en las montañas de los de la costa?
2. ¿Por qué es importante descansar?
3. ¿Haría un joven las mismas actividades con la familia que con sus mejores amigos en las vacaciones? Explica tu respuesta.
4. ¿Cuáles son los beneficios de los viajes de servicio?
5. ¿Quiénes se benefician más de los viajes de servicio comunitario, los que dan o los que reciben? Explica.
6. A pesar de todas las advertencias, ¿por qué entran algunas personas al océano cuando hay peligro de corrientes fuertes?
7. ¿Sería interesante ser salvavidas en la playa o en una piscina durante el verano? ¿Por qué?
8. ¿Qué recuerdos de vacaciones se destacan en tu memoria y por qué? ¿Cómo son?

EJERCICIO E: SITUACIONES

Discute las situaciones usando el vocabulario de esta unidad.

1. Estás encargado de arreglar las vacaciones para la familia. Describe los preparativos que harías.
2. Eres es dueño de un balneario en las montañas. Prepara un anuncio para atraer a clientes al tu lugar. Haz lo mismo para un balneario cerca de una playa.
3. Describe un verano típico para un estudiante de la secundaria en los EEUU.

Los Negocios

el alambre	= *wire for fences*
el almacén	= *warehouse, storehouse*
la bancarrota	= *bankruptcy*
el bolsillo	= *pocket*
la caja	= *box*
la cartera	= *wallet, pocketbook*
el combustible	= *fuel*
el comerciante	= *merchant*
el comestible	= *food*
la compra	= *the purchase*
el costal	= *sack, gunny sack, for carrying grain, for example*
la cuenta	= *account (bank account), bill for services or merchandise*
el dependiente	= *clerk*
la deuda	= *debt* (deber = *to owe, to have to,* + *inf.*)
el dueño	= *owner*
la empresa	= *company*
el escaparate	= *window, store window case*
la fábrica	= *factory* (fabricar = *to manufacture*)
los fondos	= *funds*
las fresas	= *strawberries*
la ganancia	= *earnings*
el guacamayo	= *macaw*
la huelga	= *strike by employees or workers*
el impuesto	= *tax* (imponer = *to impose*)
la lechuga	= *lettuce*
el lobo	= *wolf*
el loro	= *parrot*
la manifestación	= *demonstration, by workers or people* (manifestar = *to show*)
el mono	= *monkey*
el patrón	= *boss, chief*
el peso	= *the weight* (pesar = *to weigh*)
la procedencia	= *of origin* (proceder = *to come from*)
el propietario	= *owner*
el presupuesto	= *budget*
el recibo	= *receipt for a purchase* (recibir = *to receive*)
el rollo	= *rolls (such as of currency, wire, or film)*
el sueldo	= *salary*

la tarjeta de crédito	= *credit card*
el trámite	= *transaction*
la venta	= *sale* (vender = *to sell*)
la vitrina	= *window glass*
avisar	= *to advise, to warn*
arriesgar	= *to risk* (el riesgo = *risk*)
confeccionar	= *to make, to produce*
darse cuenta	= *to realize, to become aware of, to learn*
enfermarse	= *to get sick* (enfermedad = *sickness*)
esconder	= *to hide* (el escondite = *hiding place*)
escurrirse	= *to slip away, to slide, to sneak off*
invertir	= *to invest money* (inversión = *investment*)
realizar	= *to fulfill, to realize in the sense of "to complete"*
rebajar	= *to lower prices* (la rebaja = *the reduction, rebate, discount*)
reemplazar	= *to replace*
regatear	= *to bargain over prices*
saborear	= *to taste, to savor* (el sabor = *taste, flavor*)
sobrar	= *to be left over, to have left over*
surtir	= *to supply* (el surtido = *supply*)
a la vez	= *at the same time*
al contado	= *in cash, form of payment*
al extranjero	= *abroad, in a foreign country*
al fin y al cabo	= *in the end, finally*
debido a	= *owing to*
de hecho	= *in fact*
de venta	= *for sale*
de vez en cuando	= *from time to time*
en efectivo	= *in cash, form of payment*
quizás, quizá	= *perhaps*
tal vez	= *perhaps*
todavía	= *still*

EJERCICIO A

Empareja cada palabra en la Columna A con la definición en la Columna B, escribiendo la letra de la mejor selección.

Columna A

___ 1. escaparate
___ 2. sabor
___ 3. fresa
___ 4. dueño
___ 5. costal

Columna B

a. una bolsa grande para llevar cosas como arroz
b. extranjero
c. anuncio del deseo de recibir pago por algo
d. lo que se debe a otra persona
e. acción hecha por obreros contra una empresa

____ 6. caja

____ 7. quizás

____ 8. de venta

____ 9. riesgo

____ 10. huelga

____ 11. empresa

____ 12. deuda

____ 13. a propósito

____ 14. regatear

____ 15. guacamayo

____ 16. fábrica

____ 17. surgir

____ 18. presupuesto

____ 19. ajeno

____ 20. alambre

f.　cable para construir una cerca, un gallinero o un cerco para animales

g.　lugar para ver desde la calle lo que se vende en una tienda

h.　dinero disponible para algo

i.　discutir el precio de mercancía

j.　lugar para confeccionar productos

k.　un pájaro tropical de colores azul, rojo, amarillo y verde

l.　propietario

m.　gusto al poner algo en la boca

n.　objeto, generalmente cúbico, en el que se ponen cosas

o.　compañía

p.　una acción con cierto peligro

q.　una fruta roja del verano

r.　brotar

s.　tal vez

t.　con intención

EJERCICIO B

Escoge la mejor palabra para cumplir el sentido de la oración.

Cuando pasé por el (1) de mi tienda favorita de animales domésticos, al otro lado de la (2) vi el (3) más precioso que jamás había visto en la vida. Me miró de una manera tan (4) que no pude resistir la (5) y entré en la tienda. Al hablar con el (6), (7) de que ese animal podría ser mío por $100 porque estaba (8) ese día. (9) un poco porque vi que tenía muchas ganas de vendérmelo. Concluimos la (10) y me dio un (11). (12), (13) la falta de (14) de animales exóticos el propietario estaba pensando declararse en (15). (16) lagartos en la tienda, pero se vendían fácilmente los pájaros tropicales, como los (17) y los (18). Me dijo que no sabía por qué tanta gente quería comprar los pájaros exóticos, porque su cuidado exigía mucho espacio. Era necesario tener una jaula grande de (19), como un (20), para guardarlos. Le pagué al (21) cien dólares (22), me lo puso en un costal, y salí de la tienda muy satisfecha con la (23). Me aseguró que si no me gustara, o si se (24) el animal, me lo (25). El lagarto no dijo nada mientras lo llevaba a casa.

Cuando llegué a casa lo puse en su nuevo hogar en el sótano, con unos papeles, una (26) de un árbol, y alimentación y agua. Por supuesto, se (27) por debajo del papel para (28) de inmediato, (29) porque no le gustó toda la luz que le caía donde lo tenía colocado. (30) salía para beber un poco de agua. El próximo día salí otra vez para comprar una (31) más grande. No le compraba (32) especiales, le ofrecía lechuga y otras verduras. Cuando salía para comer, (33) las hojas un poco, pero nunca comió mucho. Pronto vi que no tendría que (34) nada de mi (35) en darle de comer. Todavía no me decía nada, ni para quejarse, ni para alabarme por haberlo comprado.

Al fin y al cabo, lo devolví a la tienda porque nunca me respondió cuando le dirigí la palabra. Ahora sé por qué había tantos lagartos de venta. Los lagartos no hablan mucho.

___ 1. a) costal   b) fondo   c) trámite   d) escaparate

___ 2. a) vitrina   b) huelga   c) venta   d) manifestación

___ 3. a) hilo   b) alambre   c) lagarto   d) costal

___ 4. a) lastimosa   b) cotidiana   c) liviana   d) nociva

___ 5. a) gallardía   b) tentación   c) caja   d) deuda

___ 6. a) presupuesto   b) lobo   c) propietario   d) sueldo

___ 7. a) realicé   b) escurrí   c) eché la culpa   d) me di cuenta

___ 8. a) de hecho   b) de venta   c) debido a   d) en efectivo

___ 9. a) Regateamos   b) Regalamos   c) Escondimos   d) Surtimos

___ 10. a) venta   b) deuda   c) bancarrota   d) caja

___ 11. a) presupuesto   b) propietario   c) dueño   d) recibo

___ 12. a) De venta   b) De hecho   c) Al contado   d) En efectivo

___ 13. a) debido a   b) de venta   c) al contado   d) en el extranjero

___ 14. a) presupuesto   b) dueño   c) impuesto   d) surtido

___ 15. a) procedencia   b) bancarrota   c) fábrica   d) ganancia

___ 16. a) Regateaban   b) Surtían   c) Sobraban   d) Invertían

___ 17. a) dueños   b) rollos   c) guacamayos   d) fondos

___ 18. a) loros   b) lobos   c) propietarios   d) impuestos

___ 19. a) escaparate   b) fondo   c) alambre   d) impuesto

___ 20. a) fresa   b) deuda   c) fábrica   d) gallinero

___ 21. a) impuesto   b) fondo   c) dependiente   d) sueldo

___ 22. a) de hecho   b) en efectivo   c) a la vez   d) debido a

___ 23. a) compra   b) fresa   c) huelga   d) manifestación

___ 24. a) regateara   b) realizara   c) se enfermara   d) sobrara

___ 25. a) advertiría   b) reemplazaría   c) invertiría   d) arriesgaría

___ 26. a) fresa   b) lechuga   c) rama   d) procedencia

___ 27. a) regateó   b) invirtió   c) estalló   d) escurrió

___ 28. a) surtir   b) sobrar   c) saborear   d) esconderse

___ 29. a) en efectivo   b) quizás   c) aunque   d) todavía

___ 30. a) Debido a   b) De vez en cuando   c) Al contado   d) En el extranjero

___ 31. a) caja   b) lechuga   c) vitrina   d) procedencia

___ 32. a) comestibles   b) huelgas   c) fábricas   d) cajas

___ 33. a) sobraba   b) saboreaba   c) regateaba   d) surgía

___ 34. a) invertir   b) escurrir   c) esconder   d) arriesgar

___ 35. a) dueño   b) propietario   c) presupuesto   d) alambre

RESPUESTAS

Ejercicio A

1. g	6. n	11. o	16. j
2. m	7. s	12. d	17. r
3. q	8. c	13. t	18. h
4. l	9. p	14. i	19. b
5. a	10. e	15. k	20. f

Ejercicio B

1. d—escaparate
2. a—vitrina
3. c—lagarto
4. a—lastimosa
5. b—tentación
6. c—propietario
7. d—me di cuenta
8. b—de venta
9. a—Regateamos
10. a—venta
11. d—recibo
12. b—De hecho
13. a—debido a
14. d—surtido
15. b—bancarrota
16. c—Sobraban
17. c—guacamayos
18. a—loros
19. c— alambre
20. d—gallinero
21. c—dependiente
22. b—en efectivo
23. a—compra
24. c—enfermara
25. b—reemplazaría
26. c—rama
27. d—escurrió
28. d—esconderse
29. b—quizás
30. b—De vez en cuando
31. a—caja
32. a—comestibles
33. b—saboreaba
34. d—arriesgar
35. c—presupuesto

EJERCICIO C: PRÁCTICA DE LECTURA

Lee la selección para practicar el reconocimiento del vocabulario. Luego utiliza las palabras en la Práctica Oral y las Situaciones.

El tema de la globalización de los **negocios** llama la atención en las tiendas y los mercados, donde se ve **mercancía** producida en el **extranjero** que se vende por menos de lo que nos cuesta producirla en los Estados Unidos. Pero la economía de veras es muy **compleja**, como se ve si se siguen las **huellas** de un producto de la **fábrica** al mercado. Casi todos los productos tienen una historia internacional. Los productos para el mercado doméstico en su **mayoría proceden** de otros países en desarrollo, los zapatos llegan de China, Brasil o Italia. Los **aparatos** electrónicos **provienen** de **empresas** asiáticas o coreanas, o quizás de un país escandinavo. Algunos automóviles se producen en el sur de los Estados Unidos, pero otros vienen de Asia. **De hecho**, un coche contiene partes **fabricadas** en todas partes del mundo.

No sólo la **mercancía** nos llega de países **extranjeros**, sino también algo tan **cotidiano** como la comida. Las frutas frescas nos **ofrecen** un **sabor** delicioso del sol y la tierra de donde vienen: las uvas chilenas, las **fresas** mexicanas, las naranjas brasileñas, todas nos **avisan** de su **procedencia**. Como se sabe, el petróleo viene de los países árabes o de Rusia. El café nos llega en **costales** de los países latino-americanos. En otros **negocios**, las **imágenes radiográficas** de los médicos se leen en India, y muchas de las llamadas telefónicas que hacemos para hacer reservaciones con las líneas aéreas o pedir **mercancía** de un catálogo pasan por el aire a otros países.

Ha **cambiado** también el **modo** de pagar la **mercancía**, que ahora se hace por **tarjeta de crédito** o una transacción electrónica **bancaria**. Es posible **invertir fondos**, pagar las **cuentas**, **ahorrar** dinero y realizar cualquier **trámite** sin **tocar** un **billete**. El **sueldo** se paga electrónicamente en muchos lugares. El dinero **en efectivo** está desapareciendo en muchos lugares porque casi nunca se paga **al contado**. A veces, **debido al peso** del peso, se requieren **costales** para llevar la **pesada moneda** de países que sufren de inflación. Y los **rollos** de **billetes** ya no **caben** dentro de un **bolsillo** o una **cartera** normal. Los **billetes** que sí se usan **surgen** de **cajeras automáticas**, y casi nunca se ve a un **banquero** humano a menos que se tenga necesidad de **pedir** un **préstamo** del banco o de **arreglar** algo **tocante** a una **cuenta**.

Poco a poco, el **mercado virtual** está **reemplazando** el **mercado** regular. Pero en otros lugares se encuentran los mercados al **aire libre**, donde se puede todavía **regatear** con los vendedores. Especialmente en los fines de semana, se ven **mercados** o **ventas** de garaje. Sin importar el **tamaño** de la **venta**, el cliente en esos lugares busca **rebajas** y a menudo las encuentra. En cualquier plaza en un país de habla española se ve mucha libertad de comercio. La **ganancia** del comerciante en ese tipo de lugar es pura **ganancia**. Muchas veces ni se pagan los **impuestos de venta**.

Preguntas sobre la lectura

1. ¿De dónde proceden muchos productos de venta en los Estados Unidos?
2. ¿Qué tipo de trabajo se hace en otros países?
3. ¿En qué es diferente la manera de pagar las cuentas hoy en día?
4. ¿Por qué no se lleva mucha moneda en efectivo en los países con mucha inflación?
5. ¿En qué se diferencia la venta de mercancía en un mercado al aire libre de la de un almacén?
6. Describe el mercado virtual.
7. Describe cómo será el mercado en el futuro. ¿Cómo sería diferente?

EJERCICIO D: PRÁCTICA ORAL

Contesta las preguntas usando el vocabulario de esta unidad.

1. Describe al empleado ideal.
2. Describe al propietario ideal.
3. ¿Cuáles son los negocios más importantes para una comunidad?
4. ¿Qué negocios producen la ganancia más grande?
5. ¿Qué problemas tienen los negocios que dependen de productos de otros países?
6. ¿Es buena la globalización del comercio moderno? Explica tu respuesta.
7. ¿Cuáles son las ventajas de ser propietario de un propio negocio? ¿Las desventajas?
8. En tu comunidad, ¿hay muchos productos de otros países? Descríbelos.

EJERCICIO E: SITUACIONES

Discute las situaciones usando el vocabulario de esta unidad.

1. Una persona desea comprar una tienda de música. Desarrolla un plan para promocionarla.
2. Eres propietario de una tienda y tienes una entrevista con un joven que quiere conseguir un puesto en tu tienda. Elabora la conversación con él, describiéndole todo que quieres que haga.
3. Eres un hombre que acaba de conseguir un trabajo de media jornada porque todavía tienes que estudiar para graduarte de la escuela. El patrón quiere que trabajes más de lo planeado, o de lo contrario arriesgas perder el trabajo. Explícale por qué no puedes hacerlo y convéncelo que te deje seguir trabajando.
4. Un joven desea invertir su sueldo para ahorrar dinero para su educación universitaria. Desarrolla un plan para invertirlo. ¿En qué tipos de empresas debe invertir su dinero? ¿Por qué?
5. Explica los gastos de un presupuesto para vivir en un apartamento cerca de la universidad a que asistirás y cómo manejarás tu dinero.

El Trabajo y Las Carreras

el abogado	= *lawyer*
la alfarería	= *pottery, pottery making*
el anuncio	= *advertisement* (anunciar = *to announce, to advertise*)
el basurero	= *trashman* (la basura = *trash, garbage*)
el bombero	= *fireman*
la carrera	= *career, a race (of cars or horses)*
el consultorio	= *doctor's office*
la contabilidad	= *accounting* (contar = *to count, to relate a story*)
el deber	= *duty*
el derecho	= *law, right*
el empleo	= *job, work* (emplear = *to hire, to employ, to use*)
el encargado	= *in charge of, responsible for* (encargar = *to put in the care of*)
el entrevistador	= *interviewer*
la facultad	= *a school in a university, like a department*
la formación	= *preparation, background, training* (formar = *to form*)
el gerente	= *manager*
la incertidumbre	= *uncertainty* (cierto = *certain, sure*)
la informática	= *data processing*
la jornada	= *day's work*
la pereza	= *laziness, sloth* (perezoso = *lazy*)
la pesadilla	= *nightmare*
la promoción	= *advertising*
la prueba	= *test, proof* (probar = *to prove, to test, to try*)
el puesto	= *position, stall (for selling goods)*

el remordimiento	= *remorse, regret* (remorder = *to cause remorse*)
el reto	= *challenge, threat, menace*
el sacerdote	= *priest*
el solicitante	= *applicant* (solicitar = *to solicit, to ask for*)
el tripulante	= *crewmember* (la tripulación = *the crew of a plane or ship*)
la uña	= *fingernail*
la zozobra	= *anxiety*
analfabeto	= *illiterate, uneducated*
atónito	= *astonished, amazed*
capaz	= capable *(la capacidad* = capacity*)*
diestro	= *skillful, handy, clever* (adiestrar = *to train, to teach*)
desafortunadamente	= *unfortunately*
eclesiástica	= *relating to the church*
hábil	= *talented*
incómodo	= *uncomfortable*
ingenioso	= *ingenious, clever*
insólito	= *unusual, unaccustomed*
riguroso	= *demanding, rigorous* (el rigor = *rigor, difficulty*)
sólido	= *solid, massive, firm*
afrontar	= *to face, to confront*
arrojar	= *to throw*
aconsejar	= *to advise* (el consejero = *adviser, counselor*)
adelantarse	= *to get ahead* (delante de = *in front of*)
anunciar	= *to announce, to advertise* (el anuncio = *ad, announcement*)
conformar	= *to conform*
conseguir	= *to get*
contratar	= *to hire* (el contrato = *contract*)
cumplir	= *to fulfill*
desafiar	= *to challenge* (el desafío = *challenge, dare*)
despedir	= *to fire from a job, to let go (from a job)*
destrozar	= *to shatter*
ejecutar	= *to accomplish, to do a job*
ejercer	= *to perform, to exert, to practice* (el ejercico = *exercise, practice*)
entrevistar	= *to interview* (la entrevista = *interview*)
equivocarse	= *to be mistaken* (la equivocación = *mistake*)
esforzarse	= *to strive, to try* (el esfuerzo = *effort, strong attempt*)
experimentar	= *to experience*
hacerse	= *to become*
indagar	= *to investigate* (la indagación = *investigation*)

involucrar	= *to involve*
naufragar	= *to shipwreck* (el náufrago = *shipwrecked person*)
obtener	= *to get*
otorgar	= *to grant, to authorize, to consent to, to agree to*
precipitar	= *to hurry, to hasten, to rush*
promocionar	= *to promote*
reclamar	= *to demand (one's rights, for example)*
reclutar	= *to recruit*
roer	= *to gnaw, to bite*
solicitar	= *to apply for, to solicit* (el solicitante = *applicant*)
sujetar	= *to subdue*
verter	= *to spill, to shed, to empty*
vigilar	= *to watch over, to keep vigil*

EJERCICIO A

Empareja cada palabra en la Columna A con la definición en la Columna B, escribiendo la letra de la mejor selección.

Columna A

____ 1. naufragar
____ 2. precipitar
____ 3. conformar
____ 4. reclamar
____ 5. contabilidad
____ 6. insólito
____ 7. pereza
____ 8. vigilar
____ 9. zozobra
____ 10. promoción
____ 11. tripulante
____ 12. verter
____ 13. arrojar
____ 14. conseguir
____ 15. promocionar
____ 16. diestro
____ 17. reto
____ 18. analfabeto
____ 19. sigiloso
____ 20. despedir
____ 21. indagar
____ 22. reclutar
____ 23. puesto
____ 24. encargado
____ 25. pesadilla

Columna B

a. un sueño malo
b. tirar, lanzar, echar
c. ansiedad
d. obtener
e. estimular interés en comprar
f. una persona que trabaja en un barco o un avión
g. amenaza
h. algo para generar entusiasmo
i. sin saber leer ni escribir
j. lo que pasa cuando un barco se pierde en una tempestad
k. muy capaz
l. silencioso
m. sin ánimo, sin ganas de trabajar
n. decir a un empleado que ya no trabaja en la empresa
o. investigar
p. tener la responsabilidad por algo
q. derramar
r. observar algo o a alguien
s. raro, diferente, anormal
t. un empleo, una posición
u. profesión financiera
v. concordar o estar de acuerdo
w. exigir, los derechos, por ejemplo
x. reunir personas para algo
y. apurar

EJERCICIO B

Escoge la mejor palabra para cumplir el sentido de la oración.

La primera vez que <u>(1)</u> un <u>(2)</u> después de graduarme, me sorprendió lo difícil que era. Al principio sólo sabía que no quería <u>(3)</u> secretaria, enfermera en un <u>(4)</u>, ni profesora de niños de un jardín de infantes. Pero tampoco tenía la <u>(5)</u> para hacerme profesional como doctora, abogada, ni <u>(6)</u>, ni contadora, ni nada. Primero <u>(7)</u> la <u>(8)</u> de las empresas que anunciaban puestos vacantes, sin encontrar nada que me gustara. Entonces me <u>(9)</u> con una gran multitud de empresas, donde los <u>(10)</u> me <u>(11)</u> con cuidado, y la <u>(12)</u> de las entrevistas casi me <u>(13)</u>. Siempre salía <u>(14)</u> las <u>(15)</u>, aunque sabía que era tan <u>(16)</u> como cualquier otro. Por fin, <u>(17)</u> un <u>(18)</u> de recepcionista en un hospital; era trabajo de <u>(19)</u> completa por unos seis meses. Después, tuve que volver a iniciar la búsqueda. Por fin encontré una posición de secretaria en una iglesia, oficio que no <u>(20)</u> con mucha destreza. El <u>(21)</u> era muy amable, pero ese trabajo de índole eclesiástica tampoco me sirvió para encontrar el sendero a una <u>(22)</u>. Fue un trabajo sin oportunidad para <u>(23)</u>. Gracias a Dios, no me <u>(24)</u> por todos los errores que hice porque no sabía ni taquigrafiar. De veras, fue un <u>(25)</u> producir una página sin <u>(26)</u> varias veces. Por supuesto, pronto <u>(27)</u> a ese puesto también. Se dice que al cerrar una puerta, ya se abre otra, y así fue.

Llegué a la universidad lista para entrenarme para una carrera legítima, como <u>(28)</u>, medicina, <u>(29)</u>, contabilidad, cualquier profesión que me <u>(30)</u> una vida <u>(31)</u>. Una vez en la universidad en la <u>(32)</u> de Lenguas Extranjeras, me <u>(33)</u> para enseñar unas clases y vi que me fascinaba el proceso de aprendizaje de los estudiantes. Pronto me <u>(34)</u> por la senda para conseguir un título, mientras seguía enseñando todo el tiempo. La carrera me había encontrado y me hice profesora a pesar de no quererlo cuando era niña. Nunca he sentido ningún <u>(35)</u> por haber tomado esa decisión. La enseñanza es una carrera <u>(36)</u>, valiosa y segura. También, siempre le satisface al profesor ver en los estudiantes la chispa de entendimiento cuando de repente comprenden algo. Ahora <u>(37)</u> sobre distintas carreras a mis estudiantes. La búsqueda de la carrera perfecta es rigurosa pero no tiene que ser una <u>(38)</u>.

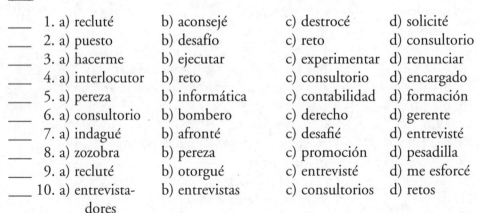

	1.	a) recluté	b) aconsejé	c) destrocé	d) solicité
	2.	a) puesto	b) desafío	c) reto	d) consultorio
	3.	a) hacerme	b) ejecutar	c) experimentar	d) renunciar
	4.	a) interlocutor	b) reto	c) consultorio	d) encargado
	5.	a) pereza	b) informática	c) contabilidad	d) formación
	6.	a) consultorio	b) bombero	c) derecho	d) gerente
	7.	a) indagué	b) afronté	c) desafié	d) entrevisté
	8.	a) zozobra	b) pereza	c) promoción	d) pesadilla
	9.	a) recluté	b) otorgué	c) entrevisté	d) me esforcé
	10.	a) entrevistadores	b) entrevistas	c) consultorios	d) retos

___ 11. a) naufragaron   b) vigilaron   c) renunciaron   d) despidieron

___ 12. a) zozobra   b) pereza   c) uña   d) amenaza

___ 13. a) reclamó   b) destrozó   c) reclutó   d) experimentó

___ 14. a) solicitando   b) promocio- nando   c) royendo   d) vertiendo

___ 15. a) alfarerías   b) uvas   c) pesadillas   d) uñas

___ 16. a) hábil   b) insólito   c) analfabeta   d) atónita

___ 17. a) conseguí   b) naufragué   c) precipité   d) otorgué

___ 18. a) desafío   b) empleo   c) consultorio   d) tripulante

___ 19. a) jornada   b) propaganda   c) pesadilla   d) contabilidad

___ 20. a) solicité   b) conseguí   c) entrevisté   d) ejecuté

___ 21. a) bombero   b) sacerdote   c) reto   d) basurero

___ 22. a) informática   b) carrera   c) cartera   d) contabilidad

___ 23. a) esforzarme   b) solicitar   c) precipitar   d) adelantarme

___ 24. a) despidió   b) reclutó   c) precipitó   d) royó

___ 25. a) bombero   b) derecho   c) desafío   d) remordimiento

___ 26. a) equivocarme   b) indagar   c) involucrar   d) verter

___ 27. a) renuncié   b) despedí   c) roí   d) involucré

___ 28. a) sacerdote   b) derecho   c) empleo   d) puesto

___ 29. a) carrera   b) informática   c) pereza   d) jornada

___ 30. a) indagara   b) reclutara   c) involucrara   d) otorgara

___ 31. a) sigilosa   b) atónita   c) insólita   d) cómoda

___ 32. a) alfarería   b) pesadilla   c) Facultad   d) formación

___ 33. a) reclutaron   b) vigilaron   c) precipitaron   d) vertieron

___ 34. a) otorgué   b) indagué   c) precipité   d) vigilé

___ 35. a) reto   b) remordimiento   c) bombero   d) puesto

___ 36. a) capaz   b) incómoda   c) atónita   d) sólida

___ 37. a) precipito   b) aconsejo   c) involucro   d) vigilo

___ 38. a) jornada   b) zozobra   c) pesadilla   d) uña

RESPUESTAS

Ejercicio A

1. j	6. s	11. f	16. k	21. o
2. y	7. m	12. q	17. g	22. x
3. v	8. r	13. b	18. i	23. t
4. w	9. c	14. d	19. l	24. p
5. u	10. h	15. e	20. n	25. a

Ejercicio B

1. d—solicité	20. d—ejecuté
2. a—puesto	21. b—sacerdote
3. a—hacerme	22. b—carrera
4. c—consultorio	23. d—adelantarme
5. d—formación	24. a—despidió
6. b—bombero	25. c—desafío
7. a—indagué	26. a—equivocarme
8. c—promoción	27. a—renuncié
9. c—entrevisté	28. b—derecho
10. a—entrevistadores	29. b—informática
11. b—vigilaron	30. d—otorgara
12. a—zozobra	31. d—cómoda
13. b—destrozó	32. c—Facultad
14. c—royendo	33. a—reclutaron
15. d—uñas	34. c—precipité
16. a—hábil	35. b—remordimiento
17. a—conseguí	36. d—sólida
18. b—empleo	37. b—aconsejo
19. a—jornada	38. c—pesadilla

EJERCICIO C: PRÁCTICA DE LECTURA

Lee la selección para practicar el reconocimiento del vocabulario. Luego utiliza las palabras en la Práctica Oral y las Situaciones.

Uno de los **derechos** que tiene una persona en la sociedad capitalista es el de seguir cualquier **carrera** que le guste. La selección de una carrera a veces **depende de** los intereses de la persona y otras veces corresponde a las **habilidades** de la persona. La persona **capaz por lo general** trabajará con una variedad de **empresas** durante su vida. Se puede empezar con una **formación** fuerte, **conseguir** un título y luego estudiar medicina, **derecho, ingeniería** u otro campo de especialización en la universidad. La persona **analfabeta** no tendrá las mismas oportunidades, pero sí puede establecer su propia **empresa**. Tendría que **indagar** las posibilidades, **solicitar** un préstamo del banco o un amigo, crear **promoción** para **promocionar** su negocio y manejar bien sus **recursos**. Por otra parte, las grandes **empresas reclutan** trabajadores entre los graduados de las universidades todos los años. Si una persona se dedica al arte, es un poco más difícil establecerse. La **zozobra** que resulta de la **incertidumbre** de encontrar trabajo que pague bastante a veces procede de falta de planeamiento. Si va a pasarse la vida trabajando, vale que la pase en un negocio **involucrado** en lo que más le interese.

La **entrevista** muchas veces produce gran ansiedad porque el solicitante joven no se da cuenta de sus derechos. Hay ciertos temas que no se deben preguntar. En la **entrevista** no debe figurar la religión, la edad, el sexo, la **raza,** ni la política del solicitante. Pero en realidad, **desafortunadamente** hay discriminación. Y a veces el **entrevistador** sabe que hay muchos **solicitantes** y no tiene que **contratar** a una persona que no le guste por cualquier razón.

Para que funcione una sociedad, se necesitan diversos tipos de trabajadores. Hay un **empleo** para cada uno, y bastará con **cumplir** con el **deber** para que todo salga bien y todos gocen de la buena vida. O por lo menos, esto es lo que nos dice la teoría. La **prueba** se presenta cuando el joven **afronta** la vida con todas las posibilidades **desplegadas** para escoger la **carrera** más apropiada. Si usted no sabe lo que quiere hacer, vale **probar** una variedad de asignaturas en la universidad, participar en una variedad de actividades en la comunidad, o **experimentar** el mundo de los negocios trabajando a **jornada incompleta.** Vale tener presente, también, que siempre puede cambiar de camino y seguir otra **carrera** después de **emprender** una, **con tal que** tenga los **recursos** financieros para hacerlo. A veces se **empeña** el **porvenir** al **perseguirse** un sueño. Pero más vale **esforzarse** por **realizar** el sueño que vivir con el **remordimiento** de un sueño **incumplido.** Así, al fin de su vida, no llorará por las oportunidades perdidas.

Preguntas sobre la lectura

1. ¿De qué depende la selección de una carrera?
2. ¿Qué preparativos se hacen para prepararse para una carrera?
3. ¿Qué posibilidades tienen los que no tienen una buena educación?
4. ¿Cuáles son las necesidades de una sociedad?
5. ¿Cuándo se da cuenta un joven de qué quiere hacer para ganarse la vida?
6. ¿Cómo se puede aprender de las posibilidades disponibles si no sabe lo que desea hacer?
7. ¿De qué depende la posibilidad de cambiar de idea en cuanto a una carrera?
8. ¿Por qué vale la pena seguir los sueños en la vida?

EJERCICIO D: PRÁCTICA ORAL

Contesta las preguntas usando el vocabulario de esta unidad.

1. ¿Cuáles son las ventajas de hacerse profesional?
2. ¿Cómo puede contentarse con un trabajo manual?
3. Para un joven, ¿qué le aconsejan sus padres o profesores que haga?
4. ¿Es más importante ganar mucho dinero o estar contento en la vida? Explica tu respuesta.
5. ¿Cómo sería una entrevista para un empleo? Descríbe la experiencia.
6. ¿Por qué se ponen tan nerviosos muchos solicitantes al entrevistarse para un empleo?
7. ¿Sirve lo que se aprende en la escuela ahora para una carrera en el futuro? Explica tu respuesta.
8. ¿Qué se necesita aprender para tener éxito en un empleo?

EJERCICIO E: SITUACIONES

Discute las situaciones usando el vocabulario de esta unidad.

1. Estás encargado de contratar a un dependiente para la tienda de música. Discute cómo sería una entrevista con un joven que solicita el empleo.

2. No sabes qué carrera seguir. Imagínate una conversación con un consejero o tus padres para ayudarte a tomar una decisión. Discute tus intereses y posibilidades.

3. Quieres tener un trabajo durante el verano para ver cómo sería trabajar todos los días. Imagínate el tipo de trabajo que querrías hacer y la entrevista para conseguirlo.

4. Un día en tu escuela hay un anuncio de una feria para promocionar varios programas preparatorios para ciertas carreras como medicina, ingeniería, derecho, informática, contabilidad y ventas para grandes empresas. Describe las oportunidades potenciales de esos trabajos.

5. En una época de gran desempleo, ¿cómo se encuentra un empleo de nuevo? ¿Cuáles son algunos de los problemas de las personas de cierta edad que no tienen título universitario ni adiestramiento en tecnología contemporánea? ¿Qué pueden hacer esas personas para mejorar sus posibilidades? ¿Cuáles serían algunos de sus obstáculos?

Practice for Conversation

I. Autobiografía (Ud. y su familia)

VOCABULARIO

Sustantivos

el acontecimiento	event	*la habilidad*	talent
los adolescentes	teens	*la identidad*	identity
la característica	characteristic	*la independencia*	independence
el desarrollo	development	*la niñez*	childhood
la edad	age	*el suceso*	event

Verbos

asemejar	to resemble	*parecer*	to seem
establecer	to settle, establish		

Adjetivos

aplicado	industrious	*modesto*	modest
extrovertido	outgoing	*perezoso*	lazy
hablador	talkative	*simpático*	kind
introvertido	introspective	*tímido*	timid

Contesta a las preguntas en español en oraciones completas:
(Answer the following questions in Spanish in complete sentences for the practice of using correct verb forms.)

Tu niñez

1. ¿Ha cambiado tu personalidad mucho? ¿Cómo?
2. ¿Cuál fue el acontecimiento más importante para ti cuando eras niño o niña?
3. ¿Cuál fue el suceso más emocionante para ti cuando eras niño o niña?
4. ¿Dónde vivían tú y tu familia cuando eras niño?
5. De todos los lugares en que ti hayas vivido, ¿cuál te gustó más? ¿Por qué?
6. ¿Crees que el lugar en el cual creciste influyó mucho en tu desarrollo psicológico? Explica.
7. ¿Adónde has tú viajado? ¿Qué lugar te interesó más?
8. ¿Adónde le gustaría poder viajar si pudieras viajar a cualquier lugar? ¿Por qué?
9. ¿Has visto muchos cambios en tu vida? ¿Cuáles?
10. ¿Hubo una experiencia que te haya influido más que otra en tu vida? Descríbela.

Tus hermanos o hermanas

11. ¿Tienes hermanos? ¿Te llevas bien con ellos? Describe en detalle, con ejemplos, cómo te llevas con ellos y por qué.
12. ¿Cuáles son algunas de las ventajas y desventajas de tener hermanos?
13. ¿Te gustaría o no ser el único hijo o la única hija de la familia?
14. ¿Crees que hay una diferencia entre lo que se espera del primer nacido de la familia y del último?
15. ¿Hay mucha diferencia entre las personalidades de los hermanos de una familia? ¿Por qué?
16. ¿Cuáles son algunas de las razones por las cuales riñen los niños de una familia?
17. ¿Cuáles son las ventajas de tener muchos familiares? ¿Las desventajas?

Tus padres

18. ¿Te llevas bien con tus padres? Describe en detalle, con ejemplos, cómo son tus relaciones con tus padres.
19. ¿A quién te pareces en tu familia? ¿A tu papá o a tu mamá? ¿Cómo? ¿En qué aspectos te pareces a tus padres?
20. ¿Por qué es tan difícil establecer su propia identidad para los jóvenes? Explica con ejemplos de tu propia vida.
21. ¿Cómo deben los padres castigar a los hijos que les desobedecen? Da un ejemplo.
22. ¿Por qué es difícil a veces para los padres saber a quién creer y qué pensar de lo que les dicen sus hijos?
23. ¿Qué lecciones has aprendido de tus padres?
24. ¿Qué responsabilidades deben los chicos tener en la casa?
25. ¿Qué contribución pueden los chicos hacer en una familia?
26. ¿Siempre les dices la verdad a tus padres? ¿Por qué, ya sea sí o no?
27. ¿Es difícil para tú a veces admitir culpabilidad de algo o piensas que siempre tienes razón?

Tradiciones familiares

28. ¿Qué tradiciones tiene tu familia?
29. ¿Cómo celebran Uds. los cumpleaños de los miembros de la familia?
30. ¿Cuál es el cumpleaños más importante para ti y por qué?
31. ¿Cómo celebran tú y tu familia los días feriados como el Día de la Independencia?
32. ¿Tienes parientes que viven cerca de o en la misma ciudad? ¿Te gustaría más si vivieran cerca o lejos? ¿Por qué?

Tu futuro

33. ¿Dónde querrás vivir en el futuro? ¿Cerca de tu familia o no? ¿Por qué?
34. Explica cómo podrías cambiar tus relaciones con tus padres en el futuro.
35. ¿Querrás casarte algún día? ¿Por qué?
36. ¿Cómo será tu esposo o esposa?
37. ¿Cómo esperas desarrollar tus talentos o habilidades?
38. ¿Piensas que tu personalidad cambiará o no? Explica.

II. La escuela

VOCABULARIO

Sustantivos

el aula	classroom	*la materia, la asignatura*	subject
el bachillerato	high school diploma	*la matrícula*	registration
la beca	scholarship	*la mayoría*	the majority
la carrera	career	*el nivel*	the level
la cifra	number	*las notas, las calificaciones*	grades
el comité	committee	*el papel*	role
la comprensión	comprehension	*el pensamiento*	thought
la conferencia	lecture	*el período*	period
el conocimiento	knowledge	*la presión*	pressure
el curso	course (of study)	*la primaria*	elementary school
el derecho	right	*el privilegio*	privilege
la desventaja	disadvantage	*el procedimiento*	procedure
el director	principal	*la prueba*	test
la disciplina	discipline	*el puntaje*	score
la enseñanza	the teaching	*el requisito*	requirement
la especialización	major	*la sabiduría*	wisdom
el estrés	stress	*la secundaria*	high school
la facultad	faculty	*el sistema*	system
la habilidad	skill, talent	*la tarea*	work
el horario	schedule	*tiempo completo*	full time
la lectura	reading	*el título*	diploma
la licenciatura	university degree	*la ventaja*	advantage, benefit

Verbos

aburrirse	to get bored	*entrenarse*	to train
acostumbrarse	to get used to	*escoger*	to choose
aprender	to learn	*experimentar*	to experience
aprobar	to pass	*gozar de*	to enjoy
aprovecharse	to take advantage of	*graduarse*	to graduate
		imponer	to impose
asistir a	to attend	*influir*	to influence
comportarse	to behave	*ingresar*	to enroll
conseguir	to get	*intentar*	to try, attempt
consistir en	to consist of	*matricular*	to register
dedicarse	to dedicate oneself	*quejarse*	to complain
discutir	to discuss	*realizar*	to fulfill
distraer	to distract	*repasar*	to review
educar	to educate	*salir bien*	to do well
enseñar	to teach, show	*solicitar*	to apply
entender	to understand	*suspender, reprobar*	to fail

Modismos

dictar (una clase)	to give (a class) (una conferencia = a lecture)	*presentarse a*	to apply for
		presentarse al examen	to take an exam
estar cansado	to be tired	*prestar atención*	to pay attention
estudiar mucho	to study hard	*sacar (buenas)*	to get (good)
ganarse la vida	to earn a living	*notas*	grades (malas notas = bad grades)
hacer una pregunta	to ask a question		
interesarse por	to be interested in	*tener éxito*	to be successful
llamar la atención	to call one's attention to	*tomar apuntes*	to take notes

Adjetivos

aburrido	boring	*extracurricular*	extracurricular
agotado	worn out	*infatigable*	untiring
alternativo	alternative	*llamativo*	eye-catching
analfabeto	illiterate	*ocioso*	lazy, slothful
anticuado	ancient, old	*optativo*	elective
antipático	mean	*perezoso*	lazy
aplicado, trabajador	hard working	*predilecto*	favorite
cotidiano	daily	*satisfecho*	satisfied
divertido	fun	*simpático*	nice
emocionante	exciting	*social*	social
estudiantil	student	*torpe*	dense
estupendo	great	*tranquilo*	quiet
exigente	demanding		

Los edificios

1. ¿Son nuevos o viejos los edificios de tu escuela? Descríbelos.
2. ¿Es muy importante tener edificios muy modernos o no? ¿Por qué?
3. Da instrucciones para llegar a tu casa de tu escuela.
4. Da instrucciones a tus padres para llegar al aula en que se reúne tu primera clase del día.
5. Si uno se enferma en la escuela, ¿adónde se va para recibir atención?
6. Describe la cafetería de tu escuela. ¿Es adecuada o no?
7. Frecuentemente se dice que la comida en las cafeterías de las escuelas no es buena. ¿Por qué no les gusta a muchos estudiantes comer en las cafeterías?
8. ¿Qué recomiendas para mejorar la oferta de comida en la cafetería?
9. ¿Cómo es tu escuela? ¿Grande? ¿Pequeña? ¿Cuántos estudiantes tiene, aproximadamente? ¿Cuántos profesores? Describe tu escuela en detalle.
10. ¿Cuáles son algunas ventajas de las escuelas grandes? ¿Desventajas?
11. ¿Cuáles son las ventajas de escuelas pequeñas? ¿Desventajas?
12. ¿Qué tipo de ambiente tiene una escuela con edificios viejos?
13. Si fueras arquitecto encargado de diseñar una escuela nueva, ¿cómo mejorarías el planeamiento de edifizio o edificios?
14. Si entraras en una escuela con dibujos por todas las paredes y suelos sucios, ¿qué pensarías del lugar?

Las escuelas nuevas y las viejas

15. ¿Cómo son diferentes las escuelas modernas de las de tus padres?
16. ¿Crees que las escuelas modernas son mejores que las de tus padres?
17. ¿Qué necesitaban estudiar tus padres para conseguir trabajo después de la escuela?
18. ¿Cómo ha cambiado la materia que se enseña en las escuelas modernas?
19. ¿Cuál debe ser el papel de los padres en las escuelas superiores?
20. ¿Qué conflictos hay a veces en las escuelas entre los intereses de los padres y la comunidad?
21. Hay una tendencia en ciertas comunidades de permitir que las compañías privadas manejen los negocios de las escuelas públicas. ¿Qué opinas de dejar a una compañía privada que maneje una escuela?

Tipos de escuelas

22. ¿Crees que es buena idea tener escuelas distintas para los varones y las muchachas? ¿Por qué?
23. ¿Cuáles son las diferencias entre las escuelas públicas y las privadas?
24. ¿Cuáles son las ventajas y desventajas de las escuelas públicas?
25. ¿Crees que es mejor tener mucha diversidad de estudiantes en una escuela o es mejor un grupo más homogéneo?
26. ¿Qué se puede hacer para asegurar la diversidad estudiantil en tu escuela?
27. Si pudieras escoger a cualquier escuela a que asistir, ¿a cuál escogerías? ¿Por qué?

Las clases

28. ¿Por qué se aburren muchos estudiantes en sus clases?
29. ¿Cuál es la clase más difícil para ti? ¿Por qué?
30. ¿Cuál es la clase más fácil?
31. ¿Por qué son más fáciles algunas clases que otras?
32. ¿Qué puedes hacer para mejorar tus notas en la escuela?
33. ¿Cuánto tiempo deben los estudiantes dedicar a los estudios cada noche?
34. Describe la mejor manera de estudiar para un examen importante.
35. ¿Qué significan las notas que los estudiantes reciben en tu escuela?
36. Si un estudiante está suspendiendo una clase, ¿crees que los padres deben poder exigirle enfocarse más en los estudios y quitarle algunos privilegios?
37. ¿Se debe aprobar a los estudiantes que no sepan la materia en los cursos? ¿Por qué sí o no?
38. Si fueras director de una escuela y se te presentara un padre que quería que su hijo aprobara un curso sin haber hecho nada, ¿qué harías?
39. Comenta sobre la presión para sacar buenas notas en tu escuela.
40. ¿Por qué es más difícil aprender en algunas clases y no en otras?
41. ¿Qué les distrae más a los estudiantes en una clase?
42. ¿Cuáles son las ventajas de tener un código de vestimenta en la escuela?
43. ¿Por qué es importante aprender y saber leer aun cuando todo el mundo aprende tanto de las imágenes visuales ahora?
44. ¿Crees que las escuelas deben ofrecer cursos tratando de problemas sociales, como el SIDA, el abuso de las drogas, etc.? Explica.
45. En muchas escuelas secundarias, menos muchachas que muchachos siguen estudios de matemáticas y ciencias. ¿Por qué?

46. ¿Crees que los muchachos reciben más atención del profesor o profesora que las muchachas? Explica por qué crees que sí o que no.
47. ¿Quiénes deben determinar los temas a estudiarse de las escuelas, los estudiantes, los padres, los profesores, o un comité comunal de educación? ¿Por qué?
48. ¿De qué se quejan más los estudiantes de tu escuela?

Actividades extracurriculares

49. ¿Qué importancia tienen los deportes en una escuela? ¿Deben ser tan importantes? Explica.
50. ¿Son demasiado importantes los deportes en la escuela?
51. ¿Hay un programa de bellas artes en tu escuela?
52. Describe la actividad extracurricular más importante de una escuela.
53. ¿Tiene tu escuela muchos bailes? Descríbelos.
54. ¿Tienen un trabajo muchos de los estudiantes después de las clases?
55. ¿Qué se aprende en las actividades extracurriculares que no se aprende en las clases?

Escuela primaria

56. ¿Son generalmente buenos tus recuerdos del primer año de la escuela primaria? Descríbelos.
57. ¿Cómo son los profesores de la primaria?
58. ¿Sería fácil o difícil ser un maestro o maestra bueno en las escuelas primarias?

La universidad

59. ¿Por qué quieren tantos estudiantes asistir a la universidad ahora?
60. ¿Cómo tiene que prepararse para poder matricularse en la universidad?
61. ¿Por qué es tan difícil para muchos estudiantes conseguir una beca para la universidad?
62. ¿Qué cualidades buscan las universidades en los solicitantes de becas?
63. ¿Por qué cuesta tanto la educación universitaria hoy día?
64. ¿Cuál debe ser el papel de los deportes en la universidad?
65. ¿Qué es lo que le influiría más a un estudiante de la secundaria en la selección de una universidad?
66. ¿Cómo es una buena preparación para los estudios universitarios? Explica.
67. ¿Vale la educación universitaria todo lo que cuesta hoy día? ¿Por qué?
68. ¿Defiendes la libertad académica en las universidades? ¿Debe una persona tener el derecho de decir lo que se le antoje?

La tecnología y la educación

69. ¿Cuál ha sido el efecto de la tecnología en la educación?
70. ¿Cómo será la escuela del año 2020?
71. ¿Cuáles son algunas de las ventajas de usar computadoras en las aulas de las escuelas?
72. ¿Se puede sustituir las computadoras por los profesores en las salas de clase? ¿Cómo?
73. ¿Cómo ha cambiado el propósito de las escuelas hoy día?
74. Describe tu escuela ideal.

75. Si los estudiantes del futuro pudieran sentarse en casa y estudiar sus leccio- nes por medio de la tecnología moderna, con teléfono y televisión, ¿qué necesidad habría para las escuelas tal como las conocemos hoy?

76. Se dice que en el futuro no se necesitaría saber nada, sino tan sólo saber cómo y dónde buscar lo que se necesita. ¿Sería posible o no?

77. ¿Cuál ha sido el efecto de la televisión en la enseñanza y las maneras en que aprenden los chicos? ¿Es tanto como el efecto de la computadora?

La facultad y administración

78. ¿Qué características tienen los profesores buenos?

79. ¿Por qué hay más mujeres que enseñan que hombres?

80. ¿Cómo debería ser director de una escuela secundaria? Explica cómo se podría ser buen director.

81. ¿Por qué no son buenos algunos profesores?

82. Muchas veces en las escuelas grandes los directores parecen no enterarse bien de los asuntos cotidianos de la escuela. ¿Qué resultados tiene esta situación?

La enseñanza

83. Para poder gozar de mucho éxito en la vida ¿se necesita más una educación buena o la experiencia práctica? ¿Por qué?

84. ¿Por qué es importante la buena educación?

85. ¿Cuál debe ser el propósito de las escuelas? ¿Deben tratar de enseñar valo- res?

86. ¿Crees que la libertad académica le da al estudiante o profesor el derecho de decir cualquier cosa? En efecto, ¿en qué consíste la libertad académica? ¿Por qué importante?

87. ¿Se debe enseñar ideas y conceptos controvertidos en las escuelas?

88. Actualmente a muchas escuelas les faltan los fondos para desarrollar un pro- grama adecuado y así preparar a sus estudiantes para el futuro. ¿Qué debe- rían esas escuelas poder hacer para mejorar sus programas y para atraer mejores profesores?

Los compañeros de clase

89. ¿Cuál es la ventaja de tener amigos en otras escuelas?

90. ¿Por qué es importante participar en las actividades en la escuela?

91. ¿Qué características determinan quiénes serán los estudiantes más popular- es en una escuela?

92. Describe el gobierno estudiantil en tu escuela.

93. ¿Es más importante ser inteligente o popular?

94. ¿Sería fácil o difícil acostumbrarse a las rutinas de tu escuela para un nuevo estudiante? ¿Por qué?

95. Cuando por primera vez llega un nuevo estudiante a una nueva escuela, ¿qué le aconsejarías para hacer nuevas amistades?

96. ¿Cuál ha sido la experiencia más inolvidable que te haya sucedido en la escuela?

La disciplina en las escuelas

97. ¿Por qué se rebelan muchos estudiantes contra los dictámenes de la vieja generación?

98. ¿Hay problemas en muchas escuela con la disciplina? ¿Cómo sería posible mantener buena disciplina en la escuela sin violar los derechos personales de los estudiantes?

99. ¿Cómo se debe castigar a los estudiantes que desobedecen la autoridad de los profesores y a los directores de la escuela?

100. ¿Qué derechos deben los estudiantes tener en una escuela?

III. El ocio

Sustantivos

las amistades	friendships	*la función*	show
la atracción	attraction	*el lujo*	luxury
la aventura	adventure	*el ocio*	leisure
la banda	band	*la orquesta*	orchestra
la ciencia ficción	science fiction	*el pasatiempo*	pastime
el cine	the movies	*la película*	a film
la competencia	contest, match	*la revista*	magazine
el concierto	concert	*la sinfonía*	symphony
la entrada	ticket	*el teatro*	theater
el entretenimiento	entertainment	*el video*	video
el espectáculo	show	*el videocasete*	videocassette
la estrella	star	*la videograbadora*	video camera

Verbos

aplaudir	to clap, to applaud	*fatigarse*	to wear out
descansar	to rest	*gozar de*	to enjoy
distraerse	to amuse oneself	*oír*	to hear
divertirse	to have a good time	*regocijar*	to delight
entretener	to entertain	*reírse*	to laugh
escuchar	to listen to	*relajarse*	to relax
estrenar	to show	*tocar*	to play music

Adjetivos

aburrido	boring	*lento*	slow
atrevido	daring	*maravilloso*	marvelous
cómico	funny	*pavoroso*	frightening
diverso	diverse	*relajado*	relaxed
divertido	fun, amusing	*sorprendente*	surprising
emocionante	moving	*soso*	dull
estelar	stellar	*vivaz*	lively
juvenil	juvenile		

En general

1. ¿Por qué es tan importante el ocio para mucha gente hoy?
2. ¿Es necesario gastar mucho dinero en diversiones?
3. Describe una actividad que no cuesta mucho dinero.
4. ¿Cuál es la diferencia entre los entretenimientos de los niños pequeños y los adolescentes?
5. ¿Cómo cambia la manera de divertirse a medida que crece un joven?
6. ¿Cuáles son algunas de las actividades o deportes populares en la playa?
7. ¿Cuáles son algunas de las maneras de disfrutar de las vacaciones en las montañas?
8. ¿Cómo ha cambiado la tecnología la manera en que uno se divierte hoy en día?
9. Como resultado de los avances de la tecnología muchas de las actividades son actividades solitarias. ¿Qué se pierde con este tipo de actividad? ¿Es bueno o malo?
10. Los pasatiempos solitarios resultan en cierto ensimismamiento de la persona que participa en ellos. ¿Es buena o mala esta tendencia a la soledad?
11. Muchos muchachos pasan mucho tiempo hablando por teléfono para relajarse. ¿Qué discuten?
12. ¿Hay una diferencia entre lo que discuten las muchachas de lo que discuten los muchachos? ¿Cuál?

Las lecturas

13. ¿Es más divertido leer periódicos o revistas o mirar programas de televisión para entretenerse?
14. ¿Si las revistas fueran emitidas por medios electrónicos, las leería más gente?
15. ¿Hay un protocolo que determina quién llama a quién cuando un muchacho quiere salir con una muchacha? ¿Debe una muchacha llamar a un muchacho?
16. ¿Cómo han cambiado las normas sociales para los jóvenes de hoy?
17. Cuando una pareja sale para cenar en un restaurante elegante, ¿quién debe pagar la cuenta?

18. ¿Cuánto tiempo pasan los jóvenes hablando por teléfono o enviando mensajes electrónicos a sus amigos?

La música

19. Hay muchos tipos de conciertos: conciertos de cantantes, de grupos de rock, de orquestas filarmónicas. ¿Qué tipo te gusta más y por qué?
20. ¿Qué valor tienen las lecciones de música para los jóvenes? ¿Cómo puede ser pasatiempo la música?
21. ¿Cuáles son algunos de los instrumentos de una orquesta sinfónica?
22. ¿Quál es la diferencia entre la música clásica y la música popular, de rock u otro tipo?
23. ¿Qué se aprende estudiando música?
24. ¿Es necesario tomar lecciones para tocar bien un instrumento?
25. ¿Por qué se relaciona el éxito en los estudios de las matemáticas y la música?

Las películas

26. ¿Se debe tener censura de películas para los jóvenes?
27. Se dice que a los jóvenes les gustan las películas de acción, aventura, o ciencia ficción más que otro tipo. ¿Hay una diferencia entre el tipo de película que atrae a los varones y el que atrae a las muchachas? Explica.
28. Describe las características de una película exitosa en la actualidad.
29. ¿Quiénes son tus actores y actrices favoritos? ¿En qué películas se destacaron?
30. Si tú fueras director de películas, ¿a qué actor o actriz te gustaría contratar?
31. ¿Por qué les atraen tanto a tantas personas todos los detalles de las vidas privadas de las estrellas?
32. ¿Por qué son tan admiradas por los jóvenes las estrellas de la pantalla?
33. ¿Son los actores y las actrices admirados por las mismas razones? Comenta por qué.
34. ¿Cómo son diferentes las películas modernas de las de hace treinta o cuarenta años?

Televisión

35. Se dice que muchos noticieros se parecen más a programas de entretenimiento que de noticias. ¿Por qué?
36. ¿Qué revelan los programas de televisión de los valores de la sociedad?
37. Muchos critican que hoy hay menos diferencia entre la realidad y la fantasía en la televisión. ¿Por qué?
38. Al mirar programas de otras culturas se nota que hay una diferencia entre el contenido y el estilo de presentar la materia visualmente. ¿Por qué?
39. ¿Qué pasará al cine como negocio cuando se pueda mirar todas las películas en la televisión en su propia casa?
40. ¿Por qué son tan divertidos los vídeos para los jóvenes hoy?
41. ¿Qué se aprende mirando la televisión?
42. ¿Qué tipos de habilidades se desarrollan mirando la televisión?
43. ¿Es posible utilizar la televisión mejor para educar a la población? ¿Cómo?

44. Se dice que el tipo de programa que ve un joven influye mucho sobre su personalidad. ¿Por qué?
45. Muchos jóvenes no miran mucho la televisión hoy en día. ¿Qué hacen en vez de mirarla?
46. ¿Cuál es la diferencia entre ver la televisión y pasar horas en la red, mirando la pantalla de su computadora?

Los juegos electrónicos
47. ¿A qué se atribuye la popularidad de los juegos electrónicos?
48. ¿Es posible llegar a ser adicto a los juegos electrónicos? ¿Cuáles serían los síntomas del adicto?
49. ¿Qué habilidades se aprenden jugando a los juegos electrónicos?
50. ¿Por qué utiliza el ejército y la fuerza aérea los juegos electrónicos para el adiestramiento de algunos soldados y pilotos?
51. ¿Qué atractivo tienen los juegos electrónicos como *Call of Duty, Black Ops*? ¿Cómo puede este juego beneficiar a una persona? ¿Cómo puede hacerle la vida más difícil?

IV. Las amistades

Sustantivos

la amistad	friendship	*la confianza*	trust

Verbos

aconsejar	to advise	*cuidarse de*	to take care of
aguantar	to tolerate	*desear*	to desire, to wish
apoyar	to support	*envidiar*	to envy
codiciar	to covet	*extrañar*	to miss
comportarse	to behave	*llevarse (bien)*	to get along with
confiar, contar con	to trust, count on	*mentir*	to lie
		odiar	to hate
crecer	to grow	*preocuparse*	to worry

Modismos

contar con	to count on	*tener celos*	to be jealous
echar de menos	to miss		

Adjetivos

afectuoso	affectionate	*manso*	gentle
bello	beautiful	*mayor*	older
cariñoso	caring	*mejor*	best
codicioso	jealous	*menor*	younger
comprensivo	understanding	*mezquino*	mean
confiable	trustworthy	*mutuo*	mutual
egoísta	self-centered	*peor*	worst
feo	ugly	*sensato*	reasonable
fiel	loyal	*simpático*	nice
íntimo	intimate, close	*sincero*	sincere
lisonjero	flattering	*vivaz*	vivacious

Las amistades

1. ¿Qué características se destacan en un amigo bueno?
2. ¿A menudo se buscan características diferentes en las amigas que en los amigos? ¿Por qué?
3. ¿Cómo resuelven sus problemas los buenos amigos?
4. ¿Cómo se puede mantener la amistad con alguien si a los padres de uno no les gusta el amigo o amiga?
5. ¿Cuáles son los beneficios de tener muchos amigos?
6. ¿Es necesario tener muchos amigos para estar contento?
7. ¿Por qué tienen algunas personas celos de sus amigos?
8. ¿Qué ventajas hay de tener amigos de otras generaciones y de otras escuelas?
9. Muchas veces se ve que las personas que son buenos amigos cuando son jóvenes no lo son al llegar a su adolescencia. ¿Por qué es normal cambiar los amigos al entrar en una nueva etapa de la vida?
10. ¿Qué se aconsejaría a un joven que no tiene muchos amigos para que pueda encontrar a algún amigo nuevo?
11. ¿Cuál sería tu reacción si uno de tus amigos mintiera a otra persona que es amigo de ustedes?
12. Si un amigo pidiera a otro hacer algo ilegal, ¿qué sería tu reacción?
13. ¿Dónde se reúnen los jóvenes normalmente fuera de la escuela? ¿Por qué usan ese lugar?
14. ¿Es posible mantener la amistad si un amigo se muda a otra ciudad? Explica cómo sería posible o no mantenerla a larga distancia.

V. El trabajo

Sustantivos

la carrera	career		*la huelga*	strike
el comerciante	retailer		*el jefe*	boss
el dueño, el propietario	owner		*el juez*	judge
			el líder	leader
el empleo, el trabajo	work		*la manifestación*	demonstration
			el negocio	business
la entrevista	interview		*el obrero*	worker
la fábrica	factory		*el sindicato*	union
la ficha	token		*la solicitud*	application
el formulario	form		*el sueldo*	pay
el gerente	manager		*el taller*	shop

Profesiones y Vocaciones

el abogado	lawyer		*el mecánico*	mechanic
el alcalde	mayor		*el médico, doctor*	doctor
el atleta	athlete		*el ministro*	minister
el basurero	garbage collector		*la niñera*	babysitter
			el obrero	worker
el bombero	firefighter		*el panadero*	baker
el campesino	farmer		*el párroco*	priest
el carnicero	butcher		*el periodista*	journalist
el carpintero	carpenter		*el piloto*	pilot
el comerciante	merchant		*el plomero*	plumber
el concejal	council member		*el policía*	police officer
la criada	maid		*el redactor*	editor
el director	director		*el reportero*	reporter
la enfermera	nurse		*el sacerdote*	priest
el fotógrafo	photographer		*la secretaria*	secretary
el funcionario	civil servant		*el soldado*	soldier
el ingeniero	engineer		*el trapero*	rag picker
el marinero	sailor			

Verbos

aprovecharse	to take advantage of		*llenar*	to fill
			lograr	to achieve
avanzar	to advance		*negociar*	to negotiate
conseguir	to get		*obtener*	to obtain
contratar	to hire		*rechazar*	to reject
despedir	to fire		*rellenar*	to fill out
entrevistar	to interview		*trabajar*	to work

Modismos

ganarse la vida	earn a living

Para conseguir un trabajo

1. ¿Cómo puede una agencia de trabajos ayudar en la búsqueda de empleo?
2. ¿Dónde se puede encontrar noticias de puestos vacantes?
3. ¿Qué tipo de datos se preguntan en formularios de solicitud?
4. ¿Es difícil para los jóvenes conseguir trabajo? ¿Por qué?
5. ¿Qué se necesita saber para poder avanzar en el empleo?
6. ¿Cómo influye un empleo después de las clases sobre los estudios en la escuela?

Trabajos para el futuro

7. ¿Debe una educación solamente prepararle a una persona a conseguir un empleo después de graduarse?
8. ¿Cuán diferentes serán los trabajos del futuro de los de hoy?
9. ¿Será posible hacer todo el trabajo en computadoras en la casa en el futuro?
10. ¿Cuán diferentes podrían ser los trabajos del siglo veintiuno que los del siglo veinte?

La entrevista

11. ¿Qué sería lo más difícil de pedir al solicitar una posición con una compañía?
12. En una entrevista para un empleo, ¿cómo se puede preparar para tener éxito?
13. ¿Cómo se debe vestirse para entrevistarse?
14. ¿Hay preguntas que no se deben preguntar al entrevistar a alguien para un empleo? ¿Cuáles serían algunos temas que no se aconseja discutir?
15. ¿Qué se puede hacer al encontrar discriminación en el trabajo?

Las carreras

16. ¿Por qué les impresionan tanto a los niños pequeños los oficios de bombero, policía o cartero?

17. ¿Cuál es la diferencia entre una carrera y un empleo cualquiera?

18. ¿Cuál debe ser la base para escoger una carrera?

19. ¿Qué carreras serán más necesarias en el futuro?

20. Si el único empleo posible fuera con una compañía responsable de gran abuso del medio ambiente, ¿se debe trabajar para ella? Explica.

21. ¿Cómo se diferencian los trabajos actuales de los de hace cincuenta años?

22. ¿Cuáles son las responsabilidades de una empresa para sus empleados? ¿Viceversa?

23. ¿Qué papel tienen los sindicatos en las industrias modernas?

24. ¿Cómo sería su jefe o gerente idóneo?

25. ¿Hay algún tipo de trabajo que rechazaría aunque si necesitara trabajo? ¿Cuál? ¿Por qué?

26. ¿Debe el gobierno garantizar empleo para todos? ¿Por qué sí o no?

27. ¿Cuál sería un empleo perfecto en tu opinión? Explica.

28. Difícilmente se consigue trabajo sin experiencia, pero para los adolescentes es muy difícil conseguir la experiencia necesaria. ¿Cómo sería posible conseguirla para obtener un puesto?

29. Muchos dicen que el servicio de interno es una buena alternativa al puesto que paga un salario. ¿Cuáles son los beneficios de trabajar como interno?

30. Compara y contrasta los beneficios de un empleo aburrido que ofrece un sueldo alto y uno que sólo ofrece satisfacción con el trabajo.

31. En una época de gran desempleo, ¿cómo se encuentra un empleo de nuevo? ¿Cuáles son algunos de los problemas de las personas de edad mayor sin título universitario o conocimientos tecnológicos? ¿Qué pueden ellos hacer para mejorar su situación? ¿Cuáles son algunos de los obstáculos de esas personas en cuanto a sus posibilidades de obtener trabajo?

VI. La salud

Sustantivos

el aliento	breath	*la lengua*	tongue
el antibiótico	antibiotics	*la mano*	hand
la aspirina	aspirin	*la medicina*	medicine
el bigote	beard	*el médico, el doctor*	doctor
la boca	mouth		
el brazo	arm	*la mejilla*	cheek
el cabello	hair (head)	*la muñeca*	wrist
la cabeza	head	*las nalgas*	hips
las caderas	hips	*la nariz*	nose
el cáncer	cancer	*los oídos*	ears (inner)
la cara, el rostro	face	*los ojos*	eyes
el catarro	cold	*las orejas*	ears
las cejas	eyebrows	*los párpados*	eyelashes
el cinturón	waist	*las pastillas*	pills
la columna vertebral	spine	*las píldoras*	pills
		el pecho	chest, breast
el cuello	neck	*el pie*	foot
el cuerpo	body	*la pierna*	leg
la cura	cure	*el pelo*	hair (body)
el curandero	healer	*la receta*	prescription
los dedos	fingers, toes	*el régimen, la dieta*	diet
los dientes	teeth	*el remedio*	remedy
el dolor	pain	*el resfriado*	cold
la enfermedad	illness	*la rodilla*	knees
la espalda	back	*la salud*	health
la fiebre	fever	*el talón*	heel
la frente	forehead	*la temperatura*	temperature
la garganta	throat	*el tobillo*	ankle
los hombros	shoulders	*el torso*	torso
el hospital	hospital	*el yeso*	plaster cast
la inyección	injection, shot		

Verbos

atender	to attend	*mantenerse*	to keep in
auscultar	to listen to (heart)	*mejorarse*	to get better
		morir	to die
bostezar	to yawn	*operar*	to operate
cuidar	to care for	*padecer*	to suffer
doler	to ache, hurt	*ponerse*	to become
ejercer	to exercise	*recuperar*	to recuperate
empeorar	to get worse	*respirar*	to breathe
enfermarse	to get sick	*romper*	to break
estornudar	to sneeze	*sentirse*	to feel
fallecer	to die	*sufrir*	to suffer
fracturar	to break	*toser*	to cough
lastimarse	to get hurt		

Adjetivos

consciente	conscious	*peligroso*	dangerous
eficaz	effective	*roto*	broken
grave	serious	*sano*	healthy
manso	gentle		

Modismos

guardar cama	to stay in bed

La buena salud

1. ¿Cómo se mantiene de buena salud?
2. ¿Se preocupan mucho los jóvenes hoy de la salud o no? Explica.
3. ¿Es buena idea hacer ejercicio para mantener la buena salud? ¿Por qué? ¿Qué tipo de ejercicio es mejor? ¿Qué le recomendarías a un amigo que haga para mantenerse en buena salud?
4. Se ha dicho que muchos jóvenes no se ejercitan bastante. ¿Qué condiciones o situaciones contribuyen a la falta de ejercicio entre los adolescentes?
5. ¿Quiénes se preocupan más de su salud?
6. ¿Qué peligros hay para las muchachas que quieren parecerse a modelos que se ven en revistas para las jóvenes de hoy?

7. ¿Qué se debe enseñar de la salud en los cursos de salud en las escuelas?
8. ¿Dónde se aprende lo que se necesita saber para mantenerse de buena salud?
9. ¿En qué consiste una comida saludable?
10. ¿Cuáles son las influencias de la dieta en la salud?
11. ¿Por qué es muy difícil cambiar los gustos de los jóvenes en cuanto a la comida?
12. ¿Por qué les gusta a tantos jóvenes comer mucho azúcar?
13. ¿Por qué no es bueno comer mucho azúcar?
14. ¿Por qué no comen bien muchos jóvenes?
15. ¿Cuáles con algunos de los cambios que se ven en las costumbres de las familias en cuanto a las comidas?
16. ¿Es saludable la comida que se compra en los supermercados? Explica.
17. ¿Hay prácticas poco higiénicas en la producción de comida? Comenta.
18. ¿Deben los padres obligar a los niños a comer comida que no les gusta, como zanahorias?
19. ¿Quién debe tener la responsabilidad de comprar y preparar la comida en una casa? ¿Por qué?
20. ¿Cuánta relación hay entre la salud y la personalidad de una persona?
21. ¿Cuánto influyen las actitudes hacia la vida en la salud? ¿Por qué? ¿Puede dar un ejemplo?
22. ¿Qué relación hay entre la salud física y mental?

Las enfermedades

23. Cuando tú tienes un catarro, ¿qué puedes hacer para aliviar los síntomas?
24. ¿Por qué cuesta tanto hoy día recibir buena atención médica?
25. ¿Por qué tiene tan mala fama la comida de las cafeterías en las escuelas?
26. ¿Cómo afecta la falta de desayuno al comportamiento de los niños en las escuelas? ¿Cómo puede remediarse esto?
27. Una de las carreras más populares ahora es la de cocinera profesional. ¿Cómo se explica esta popularidad?
28. De veras, ¿es necesaria la comida orgánica para gozar de buena salud?
29. ¿Existe una correlación entre la comida y el cáncer? Explica cómo se relacionan.
30. ¿Hay una correlación entre la dieta y la diabetes? Explica cómo se relacionan.

En el hospital

31. ¿Cómo son las enfermeras en el hospital?
32. Si se le rompe la pierna, ¿qué se hace?
33. ¿Por qué se debe visitar a los amigos cuando están en el hospital?
34. ¿Qué se le lleva a un amigo en el hospital para animarlo?

VII. La casa

Sustantivos

la acera	sidewalk	*la hierba*	grass
la alcoba	bedroom	*la madera*	wood
la arquitectura	architecture	*la mecedora*	rocking chair
el azulejo	tile	*los muebles*	furniture
el baño	bathroom	*la pared*	wall
el barrio	neighborhood	*el patio*	patio
la buhardilla	attic	*la reja*	grating
la butaca	easy chair	*la sala*	living room
la casa	house	*el sótano*	basement
el cemento	cement	*el suelo*	floor
el césped	lawn	*el techo*	roof
la choza	hut	*la vecindad*	area
la cocina	kitchen	*el vecindario*	neighborhood
el despacho	office	*el vecino*	neighbor
el desván	attic	*la ventana*	window
el diván	sofa	*la verja*	grill
el domicilio	residence	*el vestíbulo*	foyer
el dormitorio	bedroom	*el vidrio*	glass (window)
el edificio	building	*la vivienda*	housing
el estante	bookcase	*el zaguán*	entry

Verbos

construir	to construct	*hervir*	to boil
destruir	to destroy	*lavar*	to wash
fregar	to scrub	*limpiar*	to clean
freír	to fry	*regar*	to water

Adjetivos

arquitectónico	architectural	*impresionante*	impressive
elegante	elegant		

La casa

1. ¿Cuál es tu habitación favorita en una casa? ¿Por qué?
2. ¿Cómo se diferencian las casas de los vecindarios suburbanos de los urbanos?
3. ¿Es diferente la arquitectura de las casas en las regiones donde hace frío y las del sur, donde hace más calor? Explica esta diferencia.
4. ¿Cuán diferentes son las arquitecturas de las casas del oeste en comparación con las del norte?
5. En general, ¿tienen las casas en el sur un sótano o no? ¿Por qué?
6. ¿Cuáles son las ventajas de tener una buhardilla?
7. ¿Por qué cuesta más vivir en una ciudad que en una zona rural?
8. En algunos lugares existe un movimiento hacia las casas más pequeñas. ¿A qué se puede atribuir este movimiento?
9. Generalmente, ¿vive una familia toda la vida en la misma casa o no? Explica por qué.

La vivienda

10. ¿Por qué necesitan unas personas una casa de un solo piso?
11. En su barrio o vecindario, ¿son iguales arquitectónicamente todas las casas, o son diferentes? ¿Cómo?
12. ¿Cuáles son las ventajas de una casa en la ciudad en vez del campo?
13. ¿Cuáles son algunas de las desventajas de vivir en la ciudad? ¿Cuáles son las ventajas de vivir en el campo?
14. ¿Cuáles son las desventajas de vivir en el campo?
15. ¿Qué problemas hay con ser dueño de su propia casa?
16. ¿Por qué cuesta mucho mantener una casa?
17. ¿Cuáles son algunas de las ventajas de alquilar una casa en vez de ser propietario?

La arquitectura

18. ¿Qué revelan las preferencias artísticas y la arquitectura en cuanto a la personalidad de una familia?
19. ¿Cómo influyen los colores de las paredes en las actitudes o las emociones de los habitantes de la casa?
20. ¿Por qué hay tanta diferencia entre la arquitectura de las casas de varias regiones del país?
21. ¿Cómo son diferentes los estilos arquitectónicos de las casas en otros países?
22. ¿Qué determina el material de que se construye una casa?
23. ¿Cuáles son algunos de los mejoramientos de las casas modernas?
24. ¿Qué tipos de aparatos se necesitan en una cocina para preparar la comida?
25. En muchas casas la cocina es la habitación más usada por la familia. ¿Por qué?
26. ¿Cómo se diferencian las cocinas de las casas modernas de las viejas?
27. ¿Cómo se diferencian las casas viejas de las casas modernas? ¿Qué cuarto ha cambiado más?

28. ¿Para qué sirve un garaje además de guardar un coche o varios coches?
29. ¿Cómo se diferencian las casas de vacaciones de las casas en que se vive todo el año?

Responsabilidades caseras

30. ¿Cuáles son algunos de los aparatos que se usan para limpiar en la casa?
31. ¿De dónde vendrá todo el polvo en una casa?
32. ¿Por qué se debe limpiar la casa frecuentemente?
33. ¿Deben los padres pagar a los jóvenes que hacen tal tipo de trabajo para la familia?
34. ¿Qué problemas presenta una casa en un lugar con mucha hierba y césped?
35. ¿Deben los padres pagar a sus hijos por ayudar con las tareas domésticas?
36. ¿Qué responsabilidades deben tener los chicos en casa? ¿Por qué?

VIII. Las relaciones

Sustantivos

el parentesco	lineage	*el vínculo*	tie
los parientes	relatives		

Verbos

aguantar	to tolerate	*envidiar*	to envy
aislar	to isolate	*influir*	to influence
amparar	to help	*mantener*	to maintain
apoyar	to support	*ofender*	to offend
atrever	to dare	*querer*	to love, to wish
confiar	to confide	*reaccionar*	to react
confiar en	to trust	*relacionar*	to relate
enajenar	to alienate	*socorrer*	to help

Adjetivos

amistoso	friendly	*cariñoso*	loving

Modismos

contar con	to count on	*estrechar las relaciones*	to become closer

Relaciones entre miembros de la familia

1. ¿En quién se puede confiar más, un miembro de su familia o un amigo?
2. ¿Cómo se diferencian las relaciones entre amigos y miembros de una familia?
3. ¿Qué se les aconsejaría a unos hermanos que riñen todo el tiempo?
4. ¿Por qué hay adolescentes aislados de sus padres?
5. ¿Por qué tienen algunos adolescentes problemas de comunicación con sus padres?
6. ¿Cómo cambia la relación con los padres si falta el padre o la madre en la familia?
7. Actualmente muchas familias son más pequeñas que antes. ¿Cómo han cambiado las relaciones familiares entre las familias más pequeñas?
8. ¿Por qué es difícil mantener las buenas relaciones con parientes que viven lejos?
9. ¿Es natural que las relaciones con algunos parientes sean mejores que con otros? ¿Por qué?
10. ¿Cómo se puede estrechar las relaciones entre la familia y los parientes que viven lejos?
11. ¿Promueve la tecnología como *Twitter* la comunicación intergeneracional o sirve para aislar a los jóvenes de los viejos aún más?
12. ¿Qué papel desempeñan los abuelos en la familia moderna, ya que ahora no viven con ellos como antes?
13. Se dice que la cultura estadounidense moderna se obsesiona con la juventud. ¿A qué se puede atribuir esa obsesión?

Relaciones entre amigos

14. Describe el comportamiento apropiado para mostrar respeto a un amigo.
15. ¿Es fácil o difícil hacerse amigo de una persona muy diferente que ti? ¿Por qué?
16. ¿Es natural que algunas personas no puedan portarse bien con otras? ¿Por qué?

Relaciones entre miembros de una comunidad

17. ¿Dónde aprende uno a relacionarse bien con otras personas?
18. ¿Por qué hay tantos problemas en las escuelas entre los distintos grupos étnicos?
19. ¿Cómo se mejorarían las relaciones entre las razas en las escuelas secundarias de este país?
20. ¿Qué les sugeriría a los estudiantes que hicieran para mejorar las relaciones entre los estudiantes de su escuela?
21. Muchas personas dicen que el énfasis en clubes exclusivos para grupos étnicos subraya las diferencias entre ellos en vez de estimular la cooperación mutua. Explica el razonamiento.
22. ¿Es posible llevarse bien con todo el mundo o no? ¿Por qué?

IX. La ropa

Sustantivos

la blusa	blouse	*la moda*	fashion
el bolsillo	pocket	*los pantalones*	pants
la bufanda	scarf	*los pantalones cortos*	shorts
los calcetines	socks		
la camisa	shirt	*el pañuelo*	handkerchief
la camiseta, el jersey	t-shirt	*el rebozo*	shawl
		la ropa	clothes
la chaqueta	jacket	*el saco*	blazer
el cinturón	belt	*el sombrero*	hat
el estilo	style	*el traje*	suit, dress
la falda	skirt	*el vestido*	suit
la gorra	cap	*los zapatos*	shoes
la manga	sleeve		

Verbos

probarse	to try on	*vestirse*	to dress

Modismos

estar de moda	to be in style	*ir de compras*	to go shopping

Lo que lleva usted

1. ¿Qué tipo de ropa se lleva para momentos de ocio?
2. ¿Qué tipo de ropa es apropiado para asistir a una ocasión formal? Descríbela.
3. ¿Qué tipo de ropa se llevaría para unas vacaciones en la playa? ¿En las montañas y esquiando?
4. ¿Qué tipo de ropa se lleva a la escuela durante el año escolar?
5. ¿Deben los chicos usar uniformes en la escuela o no? ¿Por qué?
6. ¿Cuáles son algunas de las ventajas de tener un uniforme para la escuela?
7. ¿Quién debe lavar y planchar la ropa de los adolescentes en casa? ¿Por qué?
8. ¿Cómo debe procederse con ropa que se ha dejado de usar?
9. Se dice que a los muchachos no les gusta ir a comprar ropa con sus madres. ¿Es verdad o no? ¿Por qué?
10. ¿Cómo se explica la diferencia entre las hijas y los hijos en cuanto a la preocupación por la ropa?

El estilo y la moda

11. ¿Cuál es la diferencia entre el estilo y la moda en cuanto a la ropa?
12. ¿Por qué los estilos cambian tanto?
13. ¿Cuál es la relación entre las estaciones y la ropa que se lleva en ellas? Descríbela.
14. Describe la diferencia entre la ropa que llevaban los padres cuando eran jóvenes y la que los jóvenes llevan actualmente.
15. Se dice que es más aceptable vestirse de manera casual actualmente que hace diez o quince años. ¿Por qué?
16. ¿Es mejor la ropa que cuesta más que la que cuesta menos? ¿Por qué?
17. ¿Se debe juzgar a otros en base de la ropa que llevan?
18. ¿Qué revela la ropa de la personalidad de la persona que la lleva?
19. ¿Qué se observa del vestido típico de los hombres de negocios? Describe la ropa de un hombre de negocios.
20. Se dice que las chicas se preocupan más de la ropa que los chicos. ¿Es verdad o no? Explica.

X. La comunidad

Sustantivos

el aeropuerto	airport	el estadio	stadium
el alcalde	mayor	el ferrocarril	railroad
la aldea	village	el gobierno	government
el almacén	store, grocery store	la iglesia	church
el apartado postal	P. O. box	la manzana	city block
el autopista	highway	la cuadra	block
el ayuntamiento	town council	el mercado	market
el banco	bench, bank	la parada	bus stop
el buzón	mailbox	el parque	park
la caja	box	la plaza	plaza (public square)
la calle	street	el pueblo	town, people
la carretera	highway	el restaurante	restaurant
la casa de correo	post office	el supermercado	supermarket
el centro	downtown	el taller	shop
la elección	election	la tienda	store
la escuela	school	el vecindario, el barrio	neighborhood
la estación	station		

Verbos

gobernar	to govern	votar	to vote
ubicar	to situate, to locate		

Su comunidad

1. ¿Cómo son las comunidades pequeñas en los EEUU? ¿Cómo se difieren esas comunidades pequeñas de las grandes, como la ciudad de Nueva York?
2. ¿Cuáles son las ventajas de una ciudad grande? ¿Las desventajas?
3. ¿Cuáles son las ventajas de una comunidad pequeña? ¿Las desventajas?
4. ¿Hay una correlación entre el tamaño de la comunidad en que tú vives y el tipo de personalidad que posee dicha comunidad? Explica cuál sería y da un ejemplo.
5. ¿Por qué les gusta a algunas personas y familias mudarse a menudo mientras que para otras eso ni se les ocurre?
6. ¿Qué tipos de lugares debe una comunidad mantener para el uso de toda la gente que vive allí?
7. ¿Cuáles son las responsabilidades de las personas dentro de la comunidad?
8. ¿Qué tipo de gobierno debe tener una comunidad?
9. ¿Qué propósito sirven los parques en una comunidad?
10. ¿Qué tipo de servicios debe el ayuntamiento suministrar para la población?
11. ¿Qué importancia tienen los modos de transporte en el desarrollo de una comunidad?
12. ¿Qué se puede hacer para aliviar los embotellamientos de tránsito en las carreteras si la gente se niega a dejar el coche en el garaje?
13. ¿Qué propósito sirven las iglesias en una comunidad?
14. ¿Cuántas escuelas debiera haber en una comunidad?
15. ¿Es mejor que los concejales o delegados de un consejo municipal sean elegidos por la comunidad o nombrados por el alcalde? Explica por qué una alternativa sería mejor que la otra.
16. ¿Qué lugares debieran existir para los jóvenes en una comunidad? ¿Para los mayores de edad? ¿Para los minusválidos?
17. ¿Qué impacto tiene el clima en una comunidad?
18. ¿Quién tiene la responsabilidad de preparar una comunidad para cualquier catástrofe?
19. ¿Es mejor tener mucha diversidad en una comunidad o no? ¿Cómo pueden mantenerse las buenas relaciones entre los distintos grupos si la hay? ¿Qué beneficios aporta la diversidad? ¿Qué problemas?
20. ¿Qué papel deben las iglesias desempeñar para mejorar la comunicación entre los distintos grupos?
21. ¿Cómo cambia el medio ambiente de una comunidad cuando se construye una fábrica grande en ella?
22. Si se cuenta con una atracción para los turistas, ¿cómo cambia una comunidad para acomodarlos?
23. ¿Qué tipo de tradición comunitaria es mejor para estrechar las relaciones entre todos en una comunidad? Descríbela en detalle.

24. ¿Cuánto debe figurar la historia en la vida de una comunidad? Describe en detalle y da un ejemplo.
25. ¿Cómo difieren las distintas regiones de nuestro país?
26. ¿A qué se atribuyen las diferencias entre las regiones?
27. Compara y contrasta la vida en una comunidad pequeña y una grande.
28. ¿Cómo cambiará la vida en una comunidad cuando la mayoría de la gente que trabaja lo hace desde su propia casa?
29. ¿Qué cambio cambiaría a la comunidad en que vives y por qué?
30. Se dice que la seguridad es el aspecto más importante en la calidad de vida en una comunidad. ¿En qué consiste la seguridad?
31. Se dice que algunas comunidades son mejores que otras para los adolescentes. ¿Qué es para ellos una buena comunidad?

La Tecnología

1. ¿Facilita la tecnología moderna la comunicación con todo el mundo o la complica debido al exceso de información y las complicaciones técnicas?
2. Se dice que programas como Facebook crean un sentido de autoestima falso para las personas que lo usan. ¿Estás de acuerdo o en desacuerdo?
3. Mucha gente cree que sería un beneficio para la raza humana crear niños con características superiores mediante manipulación genética. Defiende o critica esta idea.
4. Se dice que la falta de privacidad amenaza los derechos humanos de la gente, pero para la generación joven esta falta parece no representar ningún peligro. ¿Representa la falta de privacidad entre las redes sociales un ataque contra los derechos de privacidad del usuario? Defiende o critica la idea.

Practice for the Oral Examination

(Section II, Part B)

Interpersonal Speaking
(Simulated Conversation)

Description

The objective of the informal speaking part is to provide a sample of speech in a simulated conversation. On the page with the script, you will see a text box with a set of directions. There are two boxes, one in English and another in Spanish. Below the directions you will see two points. Letter A will give you printed information in Spanish about the context of the conversation. The information is given in both Spanish and English. Letter B is the conversation script. To begin the task, you will have 30 seconds to read the outline provided. Next you will hear a message, followed by one minute in which you can read through the outline again. After the one minute has passed, the conversation will be played without pauses. The lines that are recorded are in a shaded box and your part is in an unshaded part. In each case there is a very general description of the kind of information or response that is appropriate. After each time the other person speaks, there will be 20 seconds for you to record your response. There will be five or six places for you to participate in the conversation. At times you may be asked to initiate the conversation in response to a stimulus, such as a telephone ring.

Suggestions

Clearly, there is a wide range of expressions that would be appropriate in each conversation. The conversation cannot be so specific that there is only one correct response or answer to a question. It will be helpful to know a range of expressions that are common in conversations at different points of the talk. For example, if you are asked to give a greeting, you should have a number of them. Pick an expression that would correspond to the context. If you are to talk to a close friend, you would use *tú* in addressing him or her. If it is morning, you would say *Buenos días*, instead of *Buenas noches*. If you are to close the conversation, you can close with any number of expressions, from *Hasta luego* to a more formal kind of closing for a more formal conversation, such as *Gracias por los consejos*, or *Le agradezco mucho por su ayuda*.

There will be times for you to express reactions, issue an invitation, make a suggestion, ask a question for additional information or for clarification, or make an observation about a familiar topic. Some of the expressions are short and could be used at the beginning of your response while you formulate what you are going to say. Expressions such as *¡Qué va!, ¡Ni idea!, ¡Qué lata!, ¡Qué idea!, ¡No me digas!, ¡Ni modo!, A ver, bueno pues,* are all exclamations that continue a conversation and fulfill the requirements of the conversation, while at the same time they give you time to think.

In addition to vocabulary, be sure to make a mental note of the grammar you may want to use in the conversation. There may be natural opportunities to use the subjunctive, for example. When you are asked to give a reaction, you can use the subjunctive following a verb of emotion, doubt, or an impersonal expression. When you are asked to make a recommendation, you can use the subjunctive after a verb of volition, such as *querer, recomendar, aconsejar, sugerir,* or *mandar, exigir, requerir,* or the most common one, *pedir.* The grammar you use in the informal speaking part is similar to the kind you would use in the informal writing part of the exam. You might want to quickly review some of the suggestions for grammar from page 447.

In a normal conversation, some hesitation is acceptable, but long pauses while you translate from English to Spanish are going to be obvious. To maintain a natural flow to the conversation, think ahead. When you see that a reaction is called for in the script, you can make a mental note of words to expect to either hear or use. Remember that writing out words or sentences takes time. If you start writing down things to say, you will lose too much of the 30 seconds allotted. When you look at the script before listening to the conversation, make a quick mental note of:

- where the conversation takes place
- with whom you are speaking
- what the main topic is, and
- what kind of information you need to supply in the conversation.

Standard informal and formal greetings should be so familiar to you that you do not need to spend time thinking about them. If you know how to begin and end the conversation, you can focus on the middle part when you review the script before recording your responses. The rest of the topic will be about something every teenager might have in common, so you can anticipate the topics in part, if you think through your own life experiences.

Strategies for completing the informal speaking part of the exam should include the following points:

- Read the outline carefully, especially after reading letter A with the explanation of the context of the conversation.
- Know the instructions so well that you do not have to pay much attention to them so that you can have more time to study the outline of the conversation. The extra time is useful for remembering expressions and structures you may want to use.
- Decide immediately whether to use *tú, Ud.,* or *Uds.*
- Jot down words that you might want to use on the lines in the booklet where you are to speak. For example, if the outline says that you are to thank someone, you can jot down *agradezco,* or if the script calls for you to reject an offer to do

something, you could jot down *lo siento que no* (then use the subjunctive). If the outline asks for details, think ahead about words associated with the topic, such terms used in sports, at school, or at a party.

- Try to visualize the person with whom you are speaking. It is easier to talk to someone face to face than on a telephone.

- If you do not understand a sentence that you hear, pick one word that you may have understood and talk about it. Try to make it fit into the context you have been given.

- Rephrase if you get stuck with a sentence that you cannot complete because of one word you do not know.

- Use as much of the 20 seconds as you can. Do not leave long pauses because you do not elaborate. The directions in the script are very general, but you can be very specific in giving examples or narrating events in your responses.

- Correct yourself if you know you have made a mistake.

- Relax and say something. If you do not say anything there is nothing to evaluate.

Script Sample

Below is a sample of a script similar to the sort you will see on the informal speaking part, and of the steps you will follow to do this part.

Directions: You will now take part in a conversation. First, you will have 30 seconds to read the script for both parts. The conversation will begin and will follow the script. When the speaker finishes, you will hear a tone and then have 20 seconds to respond. The tone will sound at the end of 20 seconds, indicating that you should end speaking and listen to the next part. You should engage in the conversation as much as possible.

1. You have 30 seconds to review the script for both parts.

Imagina que un amigo te dejó un mensaje telefónico en tu ausencia, pidiéndole llamarlo por teléfono.

(a) Lo llamas.
(b) Escuchas la voz de tu amigo y hablas con él.

Paco:	(El teléfono suena. Paco contesta.)
Tú:	(Salúdalo.)
	(Explica la razón por la llamada.)
Paco:	(Le explicas por qué dejó el mensaje.)
Tú:	(Reacciona a su idea.)
Paco:	(Continúa la conversación.)
Tú:	(Otra vez, reacciona.
	Hazle una pregunta.)
Paco:	(Contesta a la pregunta. Hace su propia pregunta.)
Tú:	(Contesta a la pregunta de Paco.)
Paco:	(Se pone de acuerdo.)

Tú: (Finaliza los planes.)
           (Despídete.)

Paco: (Se despide y cuelga el teléfono.)

2. Please note that, in the exam, every time it is your turn to speak, you will have 20 seconds to do so. When the speaker finishes, you will hear a tone and then have 20 seconds to respond. The tone will sound at the end of 20 seconds, indicating that you should end speaking and listen to the next part. You should engage in the conversation as much as possible.

NOTE: For the purpose of this sample only, we are providing the following dialogue script for your reference.

CD 3 Track 8

(El teléfono suena.)

Paco: **Hola.**

Tú: Salúdalo.
         Explica la razón por la llamada.

Paco: **Ah, sí, gracias por llamarme. Querría invitarte a acompañarme a la escuela este fin de semana. Hay un drama buenísimo que se da, se llama *Sueño*.**

Tú: Reacciona a su idea.

Paco: **Me dijeron que nuestro compañero de clase es fantástico en el drama.**

          Interpreta el papel de un rey. Como recuerdas, leímos una parte de este drama en la obra *La vida es sueño* en la clase de español hace un mes. Me gustaron esos versos de "¿Qué es la vida? Una ilusión," ... etcétera.

Tú: Otra vez, reacciona.
         Hazle una pregunta.

Paco: **Sí. Los otros de la clase ya han ido y dicen que les gustó. ¿Te gustará ir conmigo? Te invito.**

Tú: Contesta a la pregunta de Paco.

Paco: **¡Estupendo! Te encontraré enfrente del teatro a las siete.**

Tú: Finaliza los planes.
         Despídete.

Paco: **De acuerdo, amigo. Nos vemos. (Paco cuelga el teléfono.)**

3. The recording is finished. You will check to see that your voice was recorded.

Now study the model and do the practices, so that when you get to the exam the task will be familiar to you. You can easily imagine your own sample conversations with a little practice. The more you practice, the more comfortable and relaxed you will be and the better your speech sample will be.

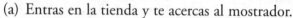

Practice Exercises for Interpersonal Speaking

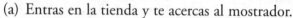

PRACTICE CONVERSATION ONE

Tú estás de viaje. Te encuentras en una ciudad desconocida y te has perdido en el centro, no muy lejos del hotel. Tienes que preguntar a alguien cómo se llega al hotel. Entras en una tienda para preguntar a un dependiente cómo llegar allá.

(a) Entras en la tienda y te acercas al mostrador.
(b) El dependiente te saluda.

Dependiente:	(Te salúda.)
Tú:	(Responde apropiadamente.)
	(Hazle una pregunta.)
Dependiente:	(Contesta a la pregunta.)
	(Te hace una pregunta.)
Tú:	(Responde que no tiene la dirección.)
Dependiente:	(Te pide otros nombres.)
Tú:	(Le nombra otro lugar.)
Dependiente:	(Responde con otra pregunta.)
Tú:	(Le das otro dale descriptivo.)
	(Le pidele la dirección.)
Dependiente:	(Te dice que la reconoce.)
	(Te instruye cómo llegar.)
Tú:	(Reacción a.)
	(Te despides del dependiente.)
Dependiente:	(Se despidete.)

PRACTICE CONVERSATION TWO

Durante su último año de escuela superior, tú has visitado una universidad en la cual quieres matricularte y donde hablas con el guía estudiantil que te acompaña en tu visita. Tú y el guía hablan.

(a) El guía te encuentra frente al centro estudiantil de la universidad.
(b) Te acercas, le llamas la atención con cortesía, te presentas, e inicias la conversación. Empieza ahora.

Tú:	(Te preséntate al guía.)
Guía:	(Te responde.)
	(Te hace una pregunta.)
Tú:	(Le cóntestale.)
Guía:	(Responde con entusiasmo.)
	(Le invitas a seguirle mientras habla.)
Tú:	(Hazle una pregunta.)
Guía:	(Te responde con un hecho interesante.)
Tú:	(Reacciona.)
	(Hazle una observación.)
Guía:	(Añade algo a la historia.)
Tú:	(Ofrece una conclusión.)

CD 3
Track
9

CD 3
Track
10

PRACTICE CONVERSATION THREE

Tú eres un estudiante nuevo en una escuela. Tu familia acaba de mudarse a esta nueva ciudad y tú tienes que cultivar un nuevo grupo de amigos en la escuela.

(a) Es el primer día de clases y te sienta cerca de una chica.
(b) Ella inicia la conversación.

Chica:	(Saluda.)
	(Te hace una pregunta.)
Tú:	(Responde.)
Chica:	(Te hace otra pregunta.)
Tú:	(Contesta la pregunta.)
	(Hazle una pregunta.)
Chica:	(Contesta a tu pregunta.)
	(Ofrece datos personales.)
Tú:	(Respóndele con información personal.)
Chica:	(Te invita.)
Tú:	(Responde a la invitación.)
Chica:	(Continua la conversación.)
	(Te hace una pregunta.)
Tú:	(Infórmale que no puedes.)
	(Sugiere una alternativa.)
Chica:	(Termina la conversación.)

PRACTICE CONVERSATION FOUR

Este verano necesitas encontrar empleo para ahorrar dinero para la universidad. Tienes una entrevista con la gerenta de una compañía donde quieres obtener empleo. Imagina la conversación entre tú y la gerenta.

(a) Entras en la oficina de recursos humanos para hablar con la gerenta de la compañía.
(b) Solicitas empleo en la oficina.

Gerenta:	(Te saluda.)
Tú:	(Responde apropiadamente.)
Gerenta:	(Te hace una pregunta.)
Tú:	(Explícale tus razones.)
Gerenta:	(Reacciona de buena manera.)
	(Te hace otra pregunta.)
Tú:	(Responde.)
	(Cuéntale algo que has hecho.)
	(Expresa tus esperanzas.)
	(Pregúntale cuánta experiencia hace falta para el trabajo.)
Gerenta:	(Te contesta.)
	(Te ofrece un puesto.)
Tú:	(Reacciona favorablemente.)
	(Acepta.)
Gerenta:	(Te responde.)
Tú:	(Dale las gracias.)
	(Despídete te de ella.)

PRACTICE CONVERSATION FIVE

Para la próxima edición del periódico de tu revista estudiantil necesitas entrevistar al director de la cafetería de su escuela porque los alumnos acaban de hacer una encuesta sobre la comida en la cafetería y la falta de comida nutritiva en el menú.

(a) Te encuentras con el director en su oficina, ubicada cerca de la cafetería.

(b) Él te saluda y empieza la conversación.

Director:	(Te saluda.)
Tú:	(Respóndele apropiadamente.)
Director:	(Comentario sobre sus relaciones con los estudiantes.)
	(Te hace una pregunta.)
Tú:	(Explícale el propósito de la visita.)
	(Hazle una pregunta.)
Director:	(Contesta a la pregunta.)
Tú:	(Cuéntale los resultados de la encuesta.)
	(Hazle otra pregunta.)
Director:	(Te hace una pregunta de respuesta.)
Tú:	(Comunica los deseos de los estudiantes.)
Director:	(Propone una idea.)
Tú:	(Reacciona favorablemente.)
Director:	(Responde con sus deseos.)
Tú:	(Despídete de él.)

PRACTICE CONVERSATION SIX

Llamas por teléfono a un amigo para pedirle consejo sobre un proyecto que ambos necesitan llevar a cabo para una clase de ciencias. Tienen que arreglar los planes para terminar con el proyecto.

(a) Ambos tienen que preparar una presentación oral y decidir quién hará qué parte del proyecto.

(b) Tu amigo, Diego, sabe más que tú del tema. Conversan por teléfono. Él habla primero.

	(Suena el teléfono.)
Diego:	(Saludos.)
Tú:	(Salúdalo.)
	(Explícale el tipo de ayuda que necesitas.)
Diego:	(Responde.)
Tú:	(Acepta su oferta.)
	(Propon algo que puedes hacer.)
Diego:	(Está de acuerdo.)
	(Hace una pregunta.)
Tú:	(Expresa tu inquietud con las matemáticas.)
	(Responde con una sugerencia.)
Diego:	(Sugiere un plan de acción.)
Tú:	(Ponte de acuerdo.)
	(Hazle una pregunta.)

Diego: (Concluye los planes.)
Tú: (Responde.)
            (Despídete de él.)
Diego: (Se despide.)

PRACTICE CONVERSATION SEVEN

Imagina que estás en el norte, en febrero, y necesitas una blusa de cierto estilo para un papel en un drama en la escuela. Vas a comprarla. Entras en una tienda y hablas con una dependienta sobre lo que necesitas.

(a) En la tienda la dependienta se acerca y te saluda.

(b) Le comunicas lo que necesitas. Ella es muy simpática.

Dependienta: (Se dirige a ti.)
Tú: (Responde apropiadamente.)
                (Explícale lo que necesitas.)
Dependienta: (Comenta sobre tu pedido.)
                (Comenta sobre la mercancía.)
                (Ofrece mostrártela.)
Tú: (Agradécele.)
                (Dile lo que buscas en particular.)
Dependienta: (Te sugiere algo.)
                (Te hace una pregunta.)
Tú: (Contesta la pregunta.)
                (Expresa una preferencia.)
                (Hazle otra pregunta.)
Dependienta: (Contesta.)
                (Expresa una opinión.)
Tú: (Responde.)
Dependienta: (Concluye el trato.)
Tú: (Expresa gratitud.)
Dependienta: (Te responde.)
                (Te invita a volver.)

PRACTICE CONVERSATION EIGHT

Imagina que trabajas en un restaurante. Un día un cliente entra para almorzar. Parece que es la primera vez que esta persona ha venido al restaurante.

(a) El cliente que entra es un hombre vestido de manera informal. Parece muy simpático.

(b) Eres el mesero que debe servirle. Tú inicias la conversación cuando el cliente se sienta.

Tú: (Dirígete te apropiadamente al cliente.)
            (Hazle una pregunta.)
Cliente: (Responde.)
            (Pide más información.)
Tú: (Responde.)
            (Hazle otra pregunta.)

Cliente:	(Te pide información.)
Tú:	(Nombra unos platos.)
Cliente:	(Te pide una sugerencia.)
Tú:	(Sugiere uno de los platos que nombró recién.)
	(Descríbelo con más detalle.)
Cliente:	(Acepta tu sugerencia.)
	(Te hace una pregunta.)
Tú:	(Nombra la selección.)
Cliente:	(Completa su selección.)
Tú:	(Termina la conversación.)

PRACTICE CONVERSATION NINE

Un día te despiertas con síntomas tan malos que no puedes asistir a tus clases. Tienes que llamar a la enfermera de la oficina médica de tu doctor para pedir una cita.

(a) Te has enfermado. Tienes síntomas de gripe. Llamas a la oficina de tu doctor.

(b) La enfermera contesta. Ella empieza a hablar cuando suena el teléfono.

	(Suena el teléfono.)
Enfermera:	(Saludo apropiado.)
Tú:	(Responde apropiadamente.)
	(Explica el motivo de tu llamada.)
Enfermera:	(Te hace una pregunta.)
Tú:	(Explica tus síntomas.)
Enfermera:	(Te hace otras preguntas.)
Tú:	(Contesta.)
	(Haz una pregunta.)
Enfermera:	(Comenta sobre tu estado.)
	(Hace una pregunta.)
Tú:	(Explica que sí, pero con una condición.)
Enfermera:	(Responde.)
Tú:	(Responde apropiadamente.)
	(Despídete.)
Enfermera:	(Se despide.)

PRACTICE CONVERSATION TEN

Después de un partido de fútbol especialmente emocionante, tú y un amigo están en un restaurante, charlando del partido. Maldonado, un jugador del equipo opuesto, recibió un trofeo por ser el jugador más valioso del partido. Uds. discuten tal selección.

(a) Ambos hablan sobre la selección de Maldonado. Tú crees que mereció haber sido seleccionado.

(b) Tu amigo, Juan, piensa que no lo mereció.

Juan:	(Expresa una opinión.)
Tú:	(Expresa una opinión contraria.)
Juan:	(Reacciona.)

Tú:	(Defiende tu opinión.)
Juan:	(Pide justificación.)
Tú:	(Explica tu razonamiento.)
Juan:	(Reacciona.)
Tú:	(Consuela a tu amigo.)
	(Haz una pregunta.)
Juan:	(Acepta por fin.)
	(Hace una pregunta.)
Tú:	(Expresa tu opinión sobre el resultado del partido.)
Juan:	(Concluye el tema.)

Scripts of the Practice Conversations

PRACTICE CONVERSATION ONE

(a) Tú entras en la tienda y te acercas al mostrador.

(b) El dependiente te saluda.

Dependiente:	Buenas tardes, señor. ¿En qué puedo servirle?
Tú:	(Respondes apropiadamente.)
	(Le haces una pregunta.)
Dependiente:	Bueno, no estoy seguro. Me parece familiar pero en este momento no lo recuerdo exactamente. ¿Tiene Ud. la dirección?
Tú:	(Respondes que no tiene la dirección.)
Dependiente:	A ver, ¿por casualidad está cerca de un lugar bien conocido? Quizás si supiera yo otro negocio o restaurante cerca, podría reconocerlo.
Tú:	(Le nombras otro lugar.)
Dependiente:	Tampoco reconozco ese lugar. Puede ser que sea tan nuevo que no lo conozco. Pues, ¿recuerda Ud. otro detalle, como el color del edificio, algo en las ventanas de enfrente, unas escaleras, algo distinto?
Tú:	(Le das otro detalle descriptivo.)
	(Le pides la dirección.)
Dependiente:	Ah, sí. ¡Ese hotel! Es pequeño, pero muy bueno. Está a una distancia de dos cuadras. Doble Ud. aquí a la izquierda, siga recto hasta llegar a la próxima esquina. Está en esa bocacalle.
Tú:	(Reacción apropiada.)
	(Te despides del dependiente.)
Dependiente:	No hay de qué.

PRACTICE CONVERSATION TWO

(a) El guía te encuentra frente al centro estudiantil de la universidad.

(b) Te acercas, le llamas la atención con cortesía, te presentas, e inicias la conversación. Empieza ahora.

Tú:	(Preséntate al guía.)
Guía:	Mucho gusto, Ramón. Bienvenido a nuestra universidad. Estaba esperándote. Bueno, todos los estudiantes tienen interés en ver los dormitorios, los gimnasios, la biblioteca y la cafetería. Podríamos terminar con la cafetería y tomar un café. Dime, ¿qué deseas visitar primero?
Tú:	(Contéstale.)
Guía:	Veo que has oído mucho sobre el programa de ciencias. Ese programa es muy bueno. Mira, ¿por qué no empezamos a caminar a la facultad de ciencias mientras te doy algunos datos sobre el programa que quizás no conozcas?
Tú:	(Hazle una pregunta.)
Guía:	Sí, ese profesor es muy famoso, pero también muy excéntrico. Un día los estudiantes desenchufaron su computadora antes de que él entrara. Al ver que la computadora no funcionaba, el profesor se puso un gorro extraño y pretendió ser un mago. Como es un genio, ¡hizo todos los cálculos en su cabeza!
Tú:	(Reacciona.)
	(Haz una observación.)
Guía:	Después de lucirse ante los estudiantes, el profesor les dijo que todos podían ser magos como él y lo único que necesitaban era estudiar más. Y les dio diez problemas de cálculo adicionales que debieron resolver.
Tú:	(Ofrece una conclusión.)

PRACTICE CONVERSATION THREE

CD 3 Track 11

(a) Es el primer día de clases y te sientas cerca de una chica.

(b) Ella inicia la conversación.

Chica:	Hola. Creo que no te conozco. ¿Eres estudiante nueva aquí?
Tú:	(Responde.)
Chica:	¿De dónde viniste, Raquel?
Tú:	(Contesta la pregunta.)
	(Hazle una pregunta.)
Chica:	Sólo llevo dos años aquí, pero los alumnos son muy comprensivos. Me hicieron sentirme muy cómoda inmediatamente. Pero tienes que aprovechar toda oportunidad para conocerlos. Si tienes algunos intereses especiales, puedes encontrar fácilmente a otros alumnos con intereses iguales ya que hay muchos clubes. ¿Qué te gusta hacer en tu tiempo libre?
Tú:	(Respóndele con información personal.)
Chica:	¡Ni me digas! También me encanta el boliche. Siempre hay mucho tiempo para charlar con los amigos mientras se juega. Mira, tenemos un equipo de boliche en la escuela. ¿Por qué no vienes con nosotros este viernes?
Tú:	(Responde a la invitación.)

Chica:	Nos reunimos a las siete aquí en el estacionamiento para ir todos juntos. ¿Puedes?
Tú:	(Le informas que desea ir con ellos en el futuro, pero el viernes que viene no podrás.)
Chica:	Pues, habrá otra oportunidad en el futuro. Bueno, ya ha entrado la profesora. No le gusta cuando hablamos después de empezar la clase.

PRACTICE CONVERSATION FOUR

(a) Tú entras en la oficina de recursos humanos para hablar con la gerenta de la compañía.

(b) Tú solicitas empleo en la oficina.

Gerenta:	Muy buenos días, Sr. Díaz. ¿Cómo está Ud.?
Tú:	(Respondes apropiadamente.)
Gerenta:	Le agradezco por venir a hablar con nosotros. Tenemos un grupo de empleados muy dedicados en esta oficina y estamos muy orgullosos del trabajo que hacemos. Nuestro trabajo es un poco especializado, pero sí tenemos algunos puestos de internado para verano para estudiantes especiales. ¿Con qué motivo quiere Ud. trabajar para una compañía de telecomunicaciones?
Tú:	(Le explicas tus razones.)
Gerenta:	Um, muy interesante. Su interés en los aspectos técnicos es muy importante. Pero, ¿tiene Ud. alguna experiencia con la aplicación de esa tecnología que le interesa al trabajo que hacemos nosotros?
Tú:	(Le cuentas algo que ha hecho.)
	(Le expresas tus esperanzas.)
	(Le haces una pregunta.)
Gerenta:	Por supuesto que siempre es mejor tener experiencia antes de tener un puesto de responsabilidad, pero sé que eso es muy difícil para los jóvenes cuando están empezando sus carreras. Le podemos ofrecer un puesto en la oficina si quiere empezar la semana que viene.
Tú:	(Aceptas la oferta.)
Gerenta:	Excelente. Estoy segura que esta esperiencia nos beneficiará a los dos. No olvide llamarme si tiene otra pregunta.
Tú:	(Le das las gracias.)
	(Te despides de ella.)

PRACTICE CONVERSATION FIVE

(a) Te encuentras con el director en su oficina, ubicada cerca de la cafetería.

(b) Él te saluda y empieza la conversación.

Director:	Buenos días, Margarita. ¿Qué tal?
Tú:	(Le respondes apropiadamente.)

Director:	Me alegro. Uds. no me visitan mucho. ¿A qué debo el placer de tu visita hoy?
Tú:	(Explicas el propósito de la visita.)
	(Te haces una pregunta.)
Director:	Había oído que Uds. estaban haciendo esa encuesta. Me interesa saber qué opinan los estudiantes del menú. Sabes que es un negocio muy delicado equilibrar el dinero que recibimos de los alumnos con los gastos por la comida y el mantenimiento del local.
Tú:	(Le cuentas los resultados de la encuesta.)
	(Le haces otra pregunta.)
Director:	¿Qué proponen los estudiantes que ofrezcamos en el menú?
Tú:	(En tu respuesta comunicas los deseos de los estudiantes.)
Director:	Siempre queremos satisfacer los deseos de los estudiantes. A ver si podemos formar un comité estudiantil para oír sus consejos.
Tú:	(Reaccionas a la idea.)
Director:	Entonces podemos dirigirnos al problema juntos para ofrecer algo que sea más saludable y algo con lo que no perdamos dinero. Muchas gracias por haber venido para hablar conmigo. Esperaré tu llamada para reunirnos otra vez.
Tú:	(Te despides de él.)

PRACTICE CONVERSATION SIX

(a) Ambos tienen que preparar una presentación oral y decidir quién hará qué parte del proyecto.

(b) Tu amigo, Diego, sabe más que tú del tema. Conversan por teléfono. Él habla primero.

	(Suena el teléfono.)
Diego:	Hola, habla Diego.
Tú:	(Saludos.)
	(Le explicas el tipo de ayuda que tú necesitas.)
Diego:	Oye, no hay problema. Está bien si esto es lo que quieres hacer. Yo puedo hacer todos los cálculos de los problemas que tenemos que resolver si esto es un problema para ti.
Tú:	(Aceptas su oferta.)
	(Propones algo que puede hacer.)
Diego:	Perfecto. Esto será más fácil para mí también. Como sabes, no me gusta hablar frente a la clase. Siempre me pone muy nervioso. ¿Cuándo quieres que te dé la materia?
Tú:	(Expresas tu inquietud con las matemáticas.)
	(Respondes con una sugerencia.)
Diego:	Entonces sería buena idea juntarnos para que te explique las respuestas. ¿Por qué no nos encontramos en el Waffle House esta noche para hablar?
Tú:	(Te pones de acuerdo.)
	(Le haces una pregunta.)

Diego: Digamos a las diez. Esto me dará tiempo para terminar con toda la tarea.

Tú: (Respondes.)
    (Te despides de él.)

Diego: Hasta luego.

PRACTICE CONVERSATION SEVEN

(a) En la tienda la dependienta se te acerca y te saluda.

(b) Comunicas lo que necesitas. Ella es muy simpática.

Dependienta: Buenos días, señorita. ¿En qué puedo servirle hoy?

Tú: (Respondes apropiadamente.)
    (Le explicas lo que necesitas.)

Dependienta: Como ve Ud., no tenemos mucha ropa de ese tipo este mes. Cuando hace mucho frío generalmente tenemos más para la nieve que para el sol. Pero sí tengo algunos artículos en espera de las necesidades de viajeros que van a Florida. Déjeme mostrárselos.

Tú: (Le agradeces.)
    (Le dices lo que buscas en particular.)

Dependienta: Tenemos unas blusas preciosas en colores muy bonitos que le harán juego con el color del pelo. ¿Cuál es su talla?

Tú: (Contestas la pregunta.)
    (Expresas una preferencia.)
    (Le haces otra pregunta.)

Dependienta: Sí. Por supuesto. Tenemos la amarilla en un tamaño grande, si la quiere. El color amarillo le cae muy bien. ¿Quiere probársela?

Tú: (Respondes.)

Dependienta: Ha hecho una seleción muy buena. Estoy segura de que estará muy satisfecha.

Tú: (Expresas gratitud.)

Dependienta: El placer es mío. Vuelva Ud. cuando necesite otra ropa de verano. Adiós.

PRACTICE CONVERSATION EIGHT

(a) Un cliente que entra es un hombre vestido de manera informal. Parece muy simpático.

(b) Eres el mesero que debe servirle. Inicias la conversación cuando el cliente se sienta.

Tú: (Te diriges apropiadamente al cliente.)
    (Le haces una pregunta.)

Cliente: Buenas tardes. Sí, querría un vaso de agua, por favor. Me podría dar el menú?

Tú: (Respondes.)
    (Le haces otra pregunta.)

Cliente:	Creo que estoy listo para pedir algo. Pero querría saber si Uds. tienen una especialidad de casa.
Tú:	(Nombras unos platos.)
Cliente:	Todo me parece bueno. ¿Tiene Ud. alguna sugerencia para ayudarme a decidir?
Tú:	(Sugieres un plato de los que nombraste recién.)
Cliente:	Sí, creo que hoy tengo hambre para pollo asado. ¿Y los vegetales del día?
Tú:	(Le nombras la selección.)
Cliente:	Bueno, tomaré los tomates y los pepinos. Gracias.
Tú:	(Terminas la conversación.)

PRACTICE CONVERSATION NINE

CD 3
Track
17

(a) Te has enfermado. Tienes síntomas de gripe. Llamas a la oficina de tu doctor.

(b) La enfermera contesta. Ella empieza a hablar cuando suena el teléfono.

	(Suena el teléfono.)
Enfermera:	Buenos días. La oficina del doctor González.
Tú:	(Respondes apropiadamente.)
	(Explica el motivo de su llamada.)
Enfermera:	¿Cuáles son los síntomas que tiene Ud.?
Tú:	(Explicas tus síntomas.)
Enfermera:	Ya oigo que no se siente bien. ¿Qué temperatura tiene Ud.? ¿Qué toma para la tos?
Tú:	(Contestas.)
	(Haces una pregunta.)
Enfermera:	Bueno, una temperatura tan alta casi siempre indica una infección. Puede ser que el doctor querrá verlo. Parece que hay posibilidad de que se mejore más rápido si lo ve pronto. Otro paciente canceló para las dos. ¿Puede venir a esa hora?
Tú:	(Explicas que sí, pero con una condición.)
Enfermera:	Dejémoslo para las dos, y si no puede, avíseme.
Tú:	(Respondes apropiadamente.)
	(Te despides.)
Enfermera:	Esperamos verlo esta tarde.

PRACTICE CONVERSATION TEN

CD 3
Track
18

(a) Ambos hablan sobre la selección de Maldonado. Tú crees que mereció haber sido seleccionado.

(b) Tu amigo, Juan, piensa que no lo mereció.

Juan:	No puedo creer que le dieron el trofeo del jugador más importante del partido a Maldonado. Nosotros casi lo vencimos.
Tú:	(Expresas una opinión contraria.)

Juan:	¡Ni modo! ¿En qué piensas? No jugó limpio. Los árbitros no vieron la mitad de lo que hacía él.
Tú:	(Defiendes tu opinión.)
Juan:	¿Dices que lo único que cuenta es ganar? ¿No crees que hay otras cosas quizás más importantes?
Tú:	(Explicas tu razonamiento.)
Juan:	Bueno, no estoy convencido. Maldonado tuvo suerte esta vez. Y no se debe confundir la suerte con el talento.
Tú:	(Consuelas a tu amigo.)
	(Haces una pregunta.)
Juan:	Quizás tengas razón. Puede ser que en un día cualquiera, cada cual puede ganar. Si nosotros hubiéramos tenido una jugada más, quizás hubiéramos podido ganar. ¿No lo crees?
Tú:	(Expresas tu opinión sobre el resultado del partido.)
Juan:	Bueno, habrá otro día. Y un día alguien lo vencerá. Y lo tendrá bien merecido. Todavía me molesta que recibiera el trofeo.

Presentational Speaking

Description

The objective of the formal oral presentation is to evaluate how well you can integrate various skill areas. It consists of a question that has two prompts from the source material. One of the prompts is written, and you will have five minutes to read it. The second prompt is an audio selection that will be played for you. You should take notes as you listen, so that you can refer to specifics found in the audio source (which will only be played once). After you have read and listened to the source material, you will have two minutes to consider the way you want to answer the question. After two minutes have passed, you will begin to record your response. At the end of two minutes you will be told to stop.

The question will deal with the sort of speech sample you would provide in an academic setting, or in a formal presentation to a group of people. It will require you to tell about something that has happened, to present an opinion to persuade someone of your opinion, to present information about a topic, or to make some other kind of comment about the topic of the question.

Recommendations

Cultural topics are considerations in preparing the questions and in the intended responses. You need to pull knowledge from a wide variety of sources, including the information from both source materials, your own experience, and what you know or have learned so far about the topic. You may be expected to comment and make predictions about what is going to happen in certain instances.

The written text could come from a literary selection, or newspapers, or any other source of written language. The audio will come from any kind of broadcast source. You should be familiar with those sources from your preparation in other chapters of this book.

Both content and language count in the evaluation of this skill area. You need to be able to synthesize what you hear. Do not simply repeat words you hear in the sources. You also need to be able to retell what has happened in some cases, or describe what is going to happen. You may have to summarize arguments about a topic, or defend or agree with a point of view. Your speech sample needs to show the best vocabulary and grammar you have at your command. For a complete description of the rubrics refer to pages 9–13.

Scoring of the speech sample takes into consideration the following points:

- pronunciation
- fluency
- vocabulary
- grammar
- organization
- inclusion of source material
- appropriate references to sources

Scoring Speech Samples

When the speech sample is rated, you should think about the rubrics for three general categories of performance.

Low: The response at this level has limited content. It may omit points from either or both of the source materials provided. It may not even be connected to the question that is asked. The delivery of the presentation is fragmented, marked by frequent pauses or moments when the student seems to be at a loss for a particular word. The response may contain words that are lifted from the printed text or spoken on the audio source, with little original language used at an appropriate level. The speaker may resort to English words, or invent words in Spanish based on English vocabulary. The Spanish may show great influence from English structures. The pronunciation may be so poor that it is difficult to recognize the Spanish words that the speaker is trying to say. Overall, the response in this category demonstrates that the speaker communicates in Spanish with significant difficulty.

Medium: This response does deal with the topic of the question. It may contain a very complete reference to either the print or the audio source. The response shows some organization and development of thought. The basic structures are correct and the vocabulary is appropriate. There is good self-correction. The student shows comprehension of the source materials, and some familiarity with the topic, at least enough to respond to the question appropriately. Pronunciation and intonation are good and do not interfere with comprehension. There are still linguistic lapses in expression. The sample may begin well but be weaker at the end, or it may not have a conclusion. Overall, the sample at this level is good.

High: The sample in this category clearly shows strong competence and proficiency in the use of Spanish. The sample answers the question, taking into account information from both source materials. The information is rephrased to fit into what the speaker wishes to say.

There is a natural transition from one sentence to another, and the language shows creative ability with the words used. The speaker refers to the source materials, but at the same time is able to articulate original ideas about the topic. There may be some minor lapses in grammar or vocabulary and some pauses, but none that interrupts the flow of the sample. The speaker at this level clearly has a strong command of the language.

Suggestions

When you prepare to take this part of the exam, keep in mind the context. Some of the practices at the end of the grouped vocabulary chapter would be a good place to review some contexts. Remember that cultural material is always a component of these questions. Any way that you can relate the vocabulary to what you know about the Spanish-speaking world will be helpful in thinking about possible topics. Some suggestions for preparing for the formal oral presentation include:

- Read the question carefully.
- Take notes on the audio selection.
- Use the two minutes you have to think about what you want to say.
- Do not write out sentences to read. You will not have enough time to write out two minutes worth of presentation, and the ending will be weak.
- Write down infinitives you may want to use.
- Begin with a topic sentence; an idea you will develop in your two minutes.
- Think about how you want to close your presentation.
- Practice speaking about anything for two minutes, so you know how long two minutes are.
- Use complete sentences in your presentation.
- Do not merely quote whole sentences from the sources, use your own words.
- Do not try to translate literally what you want to say from English to Spanish.
- Practice often.
- Relax.

Sample Question

Now try some of the exercises in this book. Below is a sample of a typical question. For each practice, read the passage, then listen to the audio selection. Use your own paper to take notes. Refer to the transcripts when necessary.

Directions: Below you will see a question with two accompanying sources of information. You have five minutes to read the printed text. After five minutes, you will hear a recording. You should take notes in the space provided. After the recording has been played, you will have two minutes to plan your response to the questions. After two minutes, you will be instructed to begin your recording. At the end of two minutes you will be told to stop recording. This will be the end of the language examination.

Imagina que debes comentaren una clase tus opiniones sobre la pregunta que viene a continuación. En tus comentarios debes incluir información proveniente de los dos materiales suplementarios.

¿Cómo ha cambiado el estatus de la mujer en la sociedad?

Presentational Speaking
Fuente núm. 1
Sor Juana Inés de la Cruz. Mujer Moderna en el Siglo XVIII

De niña gozó de todo un mundo de letras, debido a su estancia con su abuelo materno, quien le abrió las puertas de la literatura. A la edad de nueve años, la joven Juana de Asbaje y Ramírez de Santillana, su nombre completo, ya había aprendido el latín, a causa de toda la literatura a su alcance. Su nombre recorrió todo la región, hasta llegar a oídos del Virrey de Nueva España. La invitó a la corte, y allí permaneció como dama de honor para la Virreina la Marquesa. Parece que pasó varios años disfrutando de una vida que correspondía al nivel social al que se había levantado. Pero por ser hija natural, la oportunidad de casarse le resultó remota.

Después de dos años, la joven tan encantadora y lista renunció los placeres de la corte y se dedicó a la iglesia, entrando en el convento de San Jerónimo donde cumplió el término de sus años en este mundo. Una vez internada en el convento, se dedicó a las letras, amontonando una impresionante biblioteca de unos 4.000 libros, una cantidad asombrosa en aquel entonces. Floreció intelectualmente y concentró los esfuerzos en estudiar todo un rango de asuntos, de la teología, la pintura, la ciencia, y, sobre todo, las letras. A medida que pasaban los años, su renombre aumentaba a la vez, hasta que se dio con un padre celoso de su potencia e influencia. La buena monja se empeñaba en reclamar su fidelidad a la voluntad de Dios en cuánto investigaba. Sus razonamientos no persuadieron a los obstinados clérigos. Resignada, Sor Juana no quiso continuar su carrera literaria. Se sometió, rindiendo sus pertenencias a los pobres. Murió poco después, una de las estrellas de la literatura colonial de México, sin que lo quisieran sus detractores. Unas de sus palabras más famosas se encuentran en los famosos versos de una redondilla.

> Hombres necios que acusáis
> a la mujer sin razón,
> sin ver que sois la ocasión
> de lo mismo que culpáis;
> . . .
>
> Bien con muchas armas fundo
> que lidia vuestra arrogancia,
> pues en promesa e instancia
> juntáis diablo, carne y mundo.

Presentational Speaking
Fuente núm. 2 (Audio)

CD 3
Track
19

Listen to the CD. A script of the recording is on pages 436–437.

Practice Exercises for Presentational Speaking

Question: Compara y contrasta las características de un barrio como La Boca con El Pueblo Mágico en México en cuanto al color local.

Presentational Speaking
Fuente núm. 1
La Boca
(*Alojargentina.com*)

En un barrio típico de inmigrantes de los más distintos orígenes, entre los que se destacan griegos, yugoslavos, turcos e italianos, sobre todo genoveses. La calle Caminito, de apenas 100 metros de longitud, es peatonal. Es una calle tan pequeña como particular. En ella no hay puertas. Algunas ventanas, algún balcón lleno de plantas y de ropas colgadas a secar. Sus paredes pintadas de diferentes colores recuerdan a Venecia. En ellas hay todo tipo de murales, cerámicas y distintos adornos. Al principio era simplemente un ramal del ferrocarril, llena de tierra, yuyales y piedras. Al lugar se lo llamaba "la curva," la que luego se convirtió en "un caminito" que acortaba distancias. Ese fue el famoso "caminito" por el que transitaba a diario Juan de Dios Filiberto, quien luego escribió el tango que lleva su nombre. La iniciativa de ponerle ese nombre a la calle surgió nada menos que de su amigo Benito Quinquela Martín. Hoy es una calle turística, no sólo visitada por los extranjeros, sino por argentinos de todo el país, orgullosos de ese lugar tan pintoresco. El Club Atlético Boca Juniors, ubicado en Brandsen 805, es uno de los clubes de fútbol más importantes del país y fue fundado por cinco jóvenes habitantes del barrio de la Boca en 1905. El nombre de la institución fue tomado directamente del barrio, pero se le agregó la palabra "Juniors" que le daba a la denominación algo más de prestigio, contrastando con la fama de "barrio difícil" que se había ganado la Boca por aquel entonces. Su estadio de fútbol tiene capacidad para 50.000 espectadores y en su barrio social y deportivo se practican otras disciplinas deportivas.

Presentational Speaking
Fuente núm. 2 (Audio)

Listen to the CD. A script of the recording is on page 437.

Practice Exercise Two

Question: Compara las ventajas de una universidad grande y una pequeña, basando tu presentación en las dos fuentes a continuación.

Presentational Speaking
Fuente núm. 1
¿Cuáles son las ventajas de estar en una universidad grande?

Imagino que con "grande" te refieres al tamaño de la universidad, la cantidad de alumnos, carreras y profesores.

Mira, todo depende de tu capacidad de adaptación así como de los requisitos que busques en tu carrera; es decir, si buscas un espacio pequeño y concentrado o un mundo universal (de ahí el nombre de *universidad*).

Por supuesto, en una universidad, como su nombre lo indica, vas a encontrar infinidad de cosas, pero hay algunas más grandes que otras.

Las ventajas y desventajas pueden ser muchas, dependiendo de la universidad o institución de educación superior, pero generalizando, aquí te las enmarco.
Ventajas de universidad "grande":
—Conoces y convives con gente de distintas carreras
—Hay gente de todo tipo, literalmente de TODO tipo
—Nunca te faltará un universo de conocimientos para adquirir, ya sea en tu carrera o en otras
—Las instalaciones serán variadas de acuerdo a las necesidades de cada carrera
—El ambiente puede ser muy bueno debido a la cantidad y diversidad de los estudiantes
—El prestigio, tratándose de una universidad que abarca mucho puede ser muy fuerte, y por ende un arma importante al egresar
—No faltarán ferias, seminarios, pláticas, contacto con empresas, egresados, etc.
—Mucha gente conocerá tu universidad, y por ende, ahí tienes una carta de presentación reconocida por todos.

(www.espanol.answers.yahoo.com/question/index?qid=20090615171502AA85Syp)

Presentational Speaking
Fuente núm. 2 (Audio)

Listen to the CD. A script of the recording is on pages 437–438.

Practice Exercise Three

Question: Compara la idea de migración en la época colonial en México con la moderna de España en cuanto al significado del movimiento de poblaciones, basando tu presentación en las fuentes a continuación.

Presentational Speaking
Fuente núm. 1
Evolución de la población española mediante modelo de potenciales de población 1900–2006

Los mapas de modelos gravitatorios—entre ellos las cartografías de potenciales de población—suponen la visualización de las interacciones espaciales y ofrecen un gran "peso explicativo" pues refunden gráficamente población, distancia, y valores absolutos. Cuanto más grande sea la población de los núcleos y menor la distancia entre ellos, tanto mayores serán visual y cuantitativamente las inferencias recíprocas de potencial. Ambos indicadores se encuentran correlacionados ya que la posición relativa de un emplazamiento tiene su origen en las interacciones posibles con las otras localidades del espacio en el que se ubica. Además, entre otros aspectos positivos, permite visualizar geometrías variables en el tiempo reflejando perfectamente el carácter proteico y proteiforme de las "modernas cuencas de vida" que han transformado las relaciones del hombre con el territorio.

Bajo estas premisas de representación cartográfica se analizan los cambios espaciales en la distribución de los efectivos demográficos en España. Más de una centuria de fuertes transformaciones se multiplica por 2,37, pasando de los poco más de dieciocho millones de 1900 a los casi cuarenta y cinco de 2006.

La evolución de la población responde a la particular idiosincrasia de que todos sus procesos se han iniciado más tardíamente, con mayor intensidad y rapidez que en el resto de Europa occidental. Ello ha supuesto que variemos a posiciones extremas en baja natalidad, aumento del envejecimiento, concentración de la población en los espacios urbanos, o crecimiento de la población inmigrante en períodos temporales muy reducidos. Y estas transformaciones radicales se han acelerado en el último cuarto del siglo pasado marcando espacial y temporalmente a la distribución de la población española.

Pero este crecimiento se ha producido de manera desigual, diferenciándose una España costera y urbana dinámica, frente a una España de interior y rural que inexorablemente se ha ido vaciando.

Estas diferencias confirman algunas hipótesis por las que la población sigue el curso de la riqueza, siguiendo una correlación directa entre el cambio demográfico-territorial y los diferentes ciclos socioeconómicos que se han producido en la última centuria.

El estudio de la serie animada de mapas de potenciales poblacionales correspondientes al período 1900–2006 permite, a grandes rasgos, comprender este período de cambios sin precedente que ha supuesto la modernización de nuestro país y su incorporación al modelo socioeconómico europeo.

(mappamonde.mgm.fr/actualites/atlas_esp_es.html)

Presentational Speaking
Fuente núm. 2 (Audio)

Listen to the CD. A script of the recording is on page 438.

Practice Exercise Four

Question: Compara y contrasta el concepto de la popularidad en cuanto al corrido mexicano y la música clásica, basando tu presentación en las fuentes a continuación.

Presentational Speaking
Fuente núm. 1
El corrido
(InfoMorelos.com)

El corrido es una parte central de la música popular mexicana. Se ha convertido en una de las fuentes más eficientes para la difusión de las historias heroicas o románticas. Estas historias, frecuentemente se ubican en el ambiente de la revolución de 1910; sin embargo, ahora también se abarcan temas como el narcotráfico y la política contemporánea. Los temas más populares y difundidos son el amor engañado, la queja del débil frente al poderoso, el énfasis en actos guerreros, la habilidad especial en el manejo de las armas y el desafío después de haber sufrido alguna injusticia.

En los tiempos de la revolución, los cantantes viajeros recitaban los corridos en las calles o las plazas públicas, para comunicar novedades acerca de los acontecimientos importantes, así como lo habían hecho los trovadores de la Edad Media. La fuerte difusión de los corridos también tiene que ver con la venta de los textos impresos en papel de colores en las ferias y fiestas populares. Estas impresiones frecuentemente estaban ilustradas por el entonces totalmente desconocido artista José Guadalupe Posada.

Estas hojas servían frecuentemente para la difusión de ideas revolucionarias. Eran algo así como celdas de lo subversivo que, normalmente, fueron ignoradas por parte de la censura, ya que estas hojas se consideraban como "asuntos del populacho" sin importancia.

El musicólogo Vicente T. Mendoza opina que el primer corrido fue "Macario Romero," que data del año 1898 y surgió en el estado de Durango. El texto relata un acontecimiento del año 1810.

El corrido es recitado o cantado y tiene parte de sus raíces en la música popular española. La voz principal a veces es apoyada por un refrán cantado por un coro. El acompañamiento consiste principalmente en instrumentos de cuerda, tales como la guitarra, el violín y el guitarrón. A veces también tocan instrumentos de viento, sobre todo trompeta.

Sin embargo, frecuentemente una guitarra basta para cantar los corridos, presentando historias de infidelidad, borracheras, tragedias familiares, atrevidas aventuras y amores a un público que escucha sorprendido, admirado o indignado.

Además existen diferentes concursos para la composición y representación de corridos. Hoy en día, Chabela Vargas, Amparo Ochoa, Cuco Sánchez, Vicente Fernández y otros son los intérpretes más destacados de los corridos tradicionales, mientras que los Tigres del Norte son el representante más conocido del corrido contemporáneo.

CD 3
Track
23

Presentational Speaking
Fuente núm. 2 (Audio)

Listen to the CD. A script of the recording is on page 439.

Practice Exercise Five

**Question: ¿Se asemejan todos los que empiezan a aprender algo nuevo, donde-
quiera estén y cuantos años tengan? Compara la experiencia de los latinoamericanos que se esfuerzan por aprender la nueva tecnología y los que sí tienen la
tecnología pero que deben adaptarse constantemente al cambio en ella. Basa tu
presentación en las fuentes que se encuentran a continuación.**

Presentational Speaking
Fuente núm. 1
Cuando todos pierden.
Por José Buendía Hegewisch
(www.etcetera.com.mx/articulo.php?articulo=3527)

La brecha digital separa a los que crecieron o no con computadoras e Internet,
divide generaciones, distancia países y transforma el trabajo, las redes sociales y el
espacio público. La revolución en telecomunicaciones altera los patrones de los
medios y su modelo de negocio. El surgimiento de nuevos servicios y equipos para
la difusión de contenidos multimedia transfigura a la industria mediática, al poder
público y a la sociedad porque hoy todos pueden comunicarse con datos, voz e imágenes en multiplicidad de formatos y en toda dirección.

Hoy no hay ámbito ajeno a estar o no conectado a la red. Pero el país se retrasa
respecto a esta revolución por falta de consenso y de un horizonte que defina el modelo de radiodifusión y telecomunicaciones para los próximos 5, 10 ó 20 años. Si bien
el acceso a la infraestructura indica el grado de desarrollo, la falta de una política
pública o de un marco legal moderno muestra desconexión de las élites empresariales
y políticas con el futuro. La posibilidad de una reforma a la radiodifusión y telecomunicaciones se ha disuelto, una y otra vez, en la reiteración de argumentos manidos
y cansinos de generaciones que no se formaron con computadora potente e Internet.
Y mientras llegan los acuerdos, el mundo se mueve todos los días con o sin nosotros
y nuestras leyes. El problema es que nosotros cada vez vamos más despacio.

Es un hecho que mientras en el mundo crece el uso de la banda ancha para proveer
servicios de telecomunicaciones, aquí mantenemos estructuras legales de hace medio
siglo que datan de cuando apenas mudaba la televisión al color, además de que los
medios públicos funcionan casi en el vacío legal y en la indefensión financiera. El
status quo no favorece mayor competencia, ni mayor pluralidad de medios, o nuevas
inversiones y operadores de calidad en beneficio del consumidor. Las leyes tampoco
estimulan la convergencia, el desarrollo de bandas y servicios que requiere la industria para invertir y transitar en modelos de negocios. La indefinición jurídica afecta
particularmente a los medios públicos, que son los más vulnerables al control político
y a la incertidumbre financiera. La discrecionalidad que caracteriza al régimen de
concesiones tampoco abona en la certidumbre jurídica que demandan los empresarios en derechos de propiedad El poder público tampoco gana nada con la falta de
acuerdos que ayuden a definir el papel de las telecomunicaciones en el desarrollo
nacional o el modelo de medios que necesita la democracia en el país. Los derechos

ciudadanos a la información y la promoción de libertades como la de expresión se mantienen constreñidos por la concentración mediática.

Y posiblemente, la reforma posible de las comunicaciones lo sea a partir de esta constatación: de la necesidad de cambiar porque como hoy estamos simplemente nadie gana nada, o cuando menos nadie logra nada en algo en lo que todos nos podríamos beneficiar.

Presentational Speaking
Fuente núm. 2 (Audio)

Listen to the CD. A script of the recording is on pages 439–440.

Practice Exercise Six

Directions: After the question below, there are two sources for you to read and listen to in order to answer the question. You will have 5 minutes to read the article, then you will listen to the audio selection. You should take notes as you listen. You will have 2 minutes to plan your answer, and 2 minutes to record it.

Instrucciones: A continuación se encuentran dos selecciones, una impresa y una auditiva que deberás leer y escuchar para responder la pregunta. Tendrás 5 minutos para leer el artículo y después escucharás la selección auditiva. Debieras tomar notas mientras escuchas. Luego, tendrás 2 minutos para planear tu respuesta y 2 minutos para grabarla.

Question: Compara y contrasta las dos teorías sobre qué es la adolescencia propuestas por los dos psicólogos citados a continuación.

Presentational Speaking
Fuente núm. 1
Kurt Lewin y el desarrollo adolescente
(psicologia.laguia2000.com/la-adolescencia/kurt-lewin-y-el-desarrollo-adolescente)

La teoría del campo de Kurt Lewin da importancia en esta etapa de transición al hecho de que el adolescente, que ya no es un niño ni tampoco un adulto, tenga que cambiar de grupo.

Mientras es niño puede compartir tanto su propio grupo como el de los adultos, pero cuando llega a la adolescencia necesita un grupo de pares, los cuales se caracterizan por su ambigüedad.

Un adolescente puede sentirse perdido, anhelando encontrar un ambiente de iguales que le ofrezca un marco de referencia confiable donde lo puedan comprender, porque se siente inseguro y no sabe bien cual es su rol en la sociedad.

Lewin propone el concepto de espacio vital que representa la suma y la interacción de una persona y todos los factores del ambiente, e interpreta que la conducta es producto de ese espacio y no solamente una respuesta a estímulos.

El espacio vital se compone de distintas regiones o fronteras que para el adolescente casi siempre no son fáciles de franquear.

Se trata de actividades que requieren que sea mayor de edad o por lo menos contar con la autorización de los padres, como por ejemplo manejar vehículos u otras tareas también poco accesibles, como tomar bebidas alcohólicas o tener relaciones sexuales, todos objetivos que le interesan pero que le resultan generalmente inaccesibles, ya sea por restricciones paternas como legales o morales.

Al sentirse extraviado frente a un campo que cambia velozmente y un entorno familiar que se opone a sus requerimientos, puede caer en una crisis que lo llevará a refugiarse en sí mismo, permanecer retraído, insociable, malhumorado, confundido y lleno de agresividad reprimida que lo inclinará a tomar posiciones extremas.

Esa incertidumbre es el resultado de su desorientación y falta de conocimiento de cuál es su propio lugar y situación. Incluso su propio cuerpo se transforma rápidamente en la imagen de un desconocido en quien le cuesta confiar porque lo perturba.

Este sentimiento de inestabilidad modifica su estado emocional y puede cambiar su visión del mundo.

Kurt Lewin define a la adolescencia como un período de transición en el que se producen grandes cambios que afectan al individuo debido a la rapidez en que se producen y por la modificación radical de su espacio vital, que se vuelve inestructurado y desconocido y que lo hace sentir inseguro de sí mismo.

En sociedades modernas, el adolescente puede sentirse como un hombre marginal que se encuentra en la frontera entre dos grupos, el de los niños y el de los adultos, sin pertenecer a ninguno de los dos; porque la pretensión de acercarse a cualquiera de estos dos grupos mayoritarios lo hace sentir frustrado, disminuido, inestable e incomprendido.

Al mismo tiempo pertenece al grupo minoritario de los adolescentes, sin poder de participación o decisión, que adopta las conductas impropias del hombre marginado. Esto le produce un conflicto, forzándolo a elegir valores, formas de pensar y actitudes del mundo de los niños y de los adultos que lo ayuden a resolver situaciones que a la vez no produzcan resistencia o rechazo en su nuevo grupo.

Dentro de ese marco social puede ser sensible o tímido o bien descarado y escandaloso, pero su conducta también puede revelar impulsos altamente agresivos.

El conflicto de valores produce gran estrés emocional porque no es fácil que un adolescente sea reconocido con seriedad fuera de sus pares.

Un adolescente puede llegar a decisiones extremas y rebelarse a todo, porque es el momento de la vida en que se pone en tela de juicio lo establecido y la oportunidad de arriesgarse a intentar el cambio.

La teoría de Kurt Lewin observa el aspecto dinámico de la conducta adolescente y lo describe como un juego de fuerzas positivas y negativas en su espacio vital, que tiene en cuenta las diferencias individuales y culturales, ya que la sensibilidad frente a las influencias de ambiente cambia significativamente en cada persona.

En sociedades con marcos de referencias rígidos la transición será más difícil y cuanto más profunda sea la brecha generacional mayores serán las dificultades.

Presentational Speaking
Fuente núm. 2 (Audio)

Listen to the CD. A script of the recording is on pages 440–441.

Practice Exercise Seven

Directions: After the question below, there are two sources for you to read and listen to in order to answer the question. You will have 5 minutes to read the article, then you will listen to the audio selection. You should take notes as you listen. You will have 2 minutes to plan your answer, and 2 minutes to record it.

Instrucciones: A continuación se encuentran dos selecciones, una impresa y una auditiva que deberás leer y escuchar para responder la pregunta. Tendrás 5 minutos para leer el artículo y después escucharás la selección auditiva. Debieras tomar notas mientras escuchas. Luego, tendrás 2 minutos para planear tu respuesta y 2 minutos para grabarla.

Question: Compara a la persona que nació antes de la revolución tecnológica con los que nacieron después.

Presentational Speaking
Fuente núm. 1
Que vengan los nativos digitales
Por Alejandro Piscitelli e Israel Piña Camacho
(www.etcetera.com.mx/articulo.php?articulo=1067)

¿Cómo se relaciona un nativo digital?
Un verdadero nativo digital no se limita a manejar herramientas o mandar mensajes o a navegar sin ton ni son. Es una persona que tiene criterio, que filtra, que produce y coproduce. Un nativo digital auténtico aprovecha esas herramientas para pasar a un estadio diferente del que teníamos nosotros. Es una persona que básicamente tiene conocimiento en medios (expresión mediática) y que puede producir. Se autodenomina "prosumidor" (productor-consumidor de información).
Producen en red, a diferencia de los analógicos.
   Viven en red, son en red. Para ellos no hay ninguna diferencia entre el mundo real y el virtual, cosa que es obvia porque tampoco la hay para nosotros. Este intento de separar lo real de lo virtual es una tontería enorme porque cuando uno lee un libro está en el mundo virtual, cuando uno habla por teléfono está en el ciberespacio; cuando uno desata la imaginación está en el ciberespacio; cuando uno ve una película y suspende la incredulidad está en el ciberespacio. Entonces los nativos digitales te dicen que no usan la red: ellos son la red, viven la red; se conectan. Pensar es estar en red, producir colaborativamente.
   El año pasado, Nicholas Carr, un economista muy importante, para provocar sacó una nota que tuvo una enorme repercusión en la revista *The Atlantic* que decía "¿Google nos está estupidizando?". También salió un libro de un par de autoras que trabajan más el tema de alfabetización tradicional-analógica; dice que como estamos perdiendo los hábitos lectores nos estamos volviendo tontos, y que esta generación de los nativos digitales era la generación de los distraídos, incapaces de concentrarse, comprender, argumentar y, en consecuencia, de ser ciudadanos políticos.

Son tesis que están documentadas con investigaciones, con análisis; reportes que, en definitiva, ya decían en los años 90 Karl Popper y, especialmente, Giovanni Sartori en *Homo Videns*: que la pérdida del homo legens, del lector, estaría estupidizándonos en términos históricos. También a finales de los 90, un lingüista italiano que se llama Raffaele Simone, en su obra *La tercera fase*, rebatía todas estas cosas diciendo que la mejor forma de pensar y de aprovechar todo esto no es en términos dicotómicos, sino al revés: en términos de síntesis.

Esto no es un conflicto entre pantalla y libro, entre nativos e inmigrantes o colonos. Es un conflicto cultural más de fondo que tiene que ver con cierta analogía gramática: con lo que fue la muerte de los tipógrafos o la de los copistas medievales al aparecer la imprenta. En esa época desaparece una corporación; ahora es mucho más complejo, lo que está desapareciendo es un monopolio del saber, de la palabra escrita y del experto. Un monopolio que se está erosionado no por Internet o por la tecnología, sino por su propia incapacidad de cumplir con lo que prometía, porque a Auschwitz no lo inventó Internet, ni a las dictaduras latinoamericanas, ni a las crisis financieras. Nunca se supo tanto como hoy y, sin embargo, nunca el mundo fue más inseguro, más inestable. No se puede ver esta dialéctica pantalla-papel sólo en términos tecnológicos, hay que verlo en términos de un cambio epocal: están terminando 500 años de hegemonía de la imprenta; están terminando 500 años de economía controlada o de estados nacionales. Todo se erosiona al mismo tiempo, nunca había pasado una cosa así.

Presentational Speaking
Fuente núm. 2 (Audio)

Listen to the CD. A script of the recording is on pages 441–443.

> END OF
> CD 3

Practice Exercise Eight

Directions: After the question below, there are two sources for you to read and listen to in order to answer the question. You will have 5 minutes to read the article, then you will listen to the audio selection. You should take notes as you listen. You will have 2 minutes to plan your answer, and 2 minutes to record it.

Instrucciones: A continuación se encuentran dos selecciones, una impresa y una auditiva que deberás leer y escuchar para responder la pregunta. Tendrás 5 minutos para leer el artículo y después escucharás la selección auditiva. Debieras tomar notas mientras escuchas. Luego, tendrás 2 minutos para planear tu respuesta y 2 minutos para grabarla.

Question: Compara y contrasta la producción de energía por centrales eólicas con las solares.

Fuente núm. 1
Energía eólica en buenas manos
(www.enbuenasmanos.com/articulos/muestra.asp?art=409)

Ventajas de la energía eólica

Es una de las fuentes más baratas, puede competir en rentabilidad con otras fuentes energéticas tradicionales como las centrales térmicas de carbón (considerado tradicionalmente como el combustible más barato), las centrales de combustible e incluso con la energía nuclear, si se consideran los costes de reparar los daños medioambientales.

El generar energía eléctrica sin que exista un proceso de combustión o una etapa de transformación térmica supone, desde el punto de vista medioambiental, un procedimiento muy favorable por ser limpio, exento de problemas de contaminación, etc. Se suprimen radicalmente los impactos originados por los combustibles durante su extracción, transformación, transporte y combustión, lo que beneficia la atmósfera, el suelo, el agua, la fauna, la vegetación, etc.

La energía eólica evita la contaminación que conlleva el transporte de los combustibles, gas, petróleo, gasoil, carbón. Reduce el intenso tráfico marítimo y terrestre cerca de las centrales. Suprime los riesgos de accidentes durante estos transportes: desastres con petroleros (traslados de residuos nucleares, etc.). No hace necesaria la instalación de líneas de abastecimiento: canalizaciones a las refinerías o las centrales de gas.

La utilización de la energía eólica para la generación de electricidad presenta nula incidencia sobre las características fisicoquímicas del suelo o su erosionabilidad, ya que no se produce ningún contaminante que incida sobre este medio, ni tampoco vertidos o grandes movimientos de tierras.

Al contrario de lo que puede ocurrir con las energías convencionales, la energía eólica no produce ningún tipo de alteración sobre los acuíferos ni por consumo, ni por contaminación por residuos o vertidos. La generación de electricidad a partir del viento no produce gases tóxicos, ni contribuye al efecto invernadero, ni destruye la capa de ozono, tampoco crea lluvia ácida. No origina productos secundarios peligrosos ni residuos contaminantes.

Desventajas de la energía eólica

El aire, al ser un fluido de pequeño peso específico, implica fabricar máquinas grandes y en consecuencia caras. Su altura puede igualar a la de un edificio de diez o más plantas, en tanto que la envergadura total de sus aspas alcanza la veintena de metros, lo cual encarece su producción.

Desde el punto de vista estético, la energía eólica produce un impacto visual inevitable, ya que por sus características precisa unos emplazamientos que normalmente resultan ser los que más evidencia la presencia de las máquinas (cerros, colinas, litoral). En este sentido, la implantación de la energía eólica a gran escala, puede producir una alteración clara sobre el paisaje, que deberá ser elevada en función de la situación previa existente en cada localización.

Un impacto negativo es el ruido producido por el giro del rotor, pero su efecto no es más acusado que el generado por una instalación de tipo industrial de similar entidad, y siempre que estemos muy próximos a los molinos.

También ha de tenerse especial cuidado a la hora de seleccionar un parque si en las inmediaciones habitan aves, por el riesgo de mortandad al impactar con las palas, aunque existen soluciones al respecto como pintar en colores llamativos las palas, situar los molinos adecuadamente dejando "pasillos" a las aves, e, incluso en casos extremos hacer un seguimiento de las aves por radar llegando a parar las turbinas para evitar las colisiones.

Presentational Speaking
Fuente núm. 2 (Audio)

Listen to the CD. A script of the recording is on pages 443–444.

Scripts for Presentational Speaking Exercises

SAMPLE QUESTION
FUENTE NÚM. 2 (AUDIO)

Programa *Nuestra América,*
La Habana, 16 de enero 2006

Michelle Bachelet, Nueva Presidenta de Chile

Santiago de Chile, 15 de enero. Michelle Bachelet ganó hoy las elecciones chilenas tras derrotar al derechista Sebastián Piñera, lo que la convertirá en la primera presidenta de Chile, reportó EFE.

El Ministerio del Interior chileno informó hoy de que, con el 97,71% de los votos escrutados, Bachelet obtuvo el 53,49% frente al 46,50% de Piñera.

El derrotado candidato de la derecha, Sebastián Piñera, reconoció su derrota y felicitó a su rival, a quien deseó "el mayor de los éxitos."

La victoria de Bachelet causó una explosión de alegría en su coalición, en donde el senador democratacristiano Andrés Zaldívar afirmó que la electa Presidenta gobernará para todos los chilenos, "los que votaron por ella y los que no lo hicieron."

Diversas agencias de prensa se referían en la noche de ayer a que casi medio millón de chilenos se lanzaron a las calles para vitorear a Michelle Bachelet, agitando banderas y cantando *Vuelvo,* la canción mítica del grupo local Illapu, que narra la emoción de miles de exiliados durante la dictadura militar, entre ellos la Presidenta electa.

El Gobierno de Bachelet, que tomará posesión de su cargo el 11 de marzo, será el cuarto de la coalición de centroizquierda Concertación por la Democracia desde 1990, destacó EFE.

Desigualdad: Reto para Próximo Presidente

Santiago de Chile, 15 de enero.—El próximo presidente enfrentará el desafío de altos niveles de desigualdad social y desempleo. Organismos oficiales confirman que el 20% más acaudalado de los chilenos percibe 15 veces más que el 20 más pobre, y de esa cifra de poderosos, el 1% resulta particularmente concentrador de riquezas.

Chile está ubicado entre los 15 primeros países (de 130) con peor desigualdad de ingresos a nivel mundial y según el Instituto Nacional de Estadísticas, aún 532.607 personas se mantienen analfabetas: 258.262 hombres y 274.345 mujeres. De acuerdo con el último censo, existe un 4,7% de indigentes, es decir 728.063 personas, mientras un 14,08% enfrenta el desamparo no indigente (2.179.653).

PRACTICE EXERCISE ONE
FUENTE NÚM. 2 (AUDIO)

Santa Clara del Cobre es nombrada nuevo "Pueblo Mágico"
Por Elizabeth Cruz

Nombrado recientemente como Pueblo Mágico, el pueblo colonial de Santa Clara del Cobre, Michoacán, se caracteriza por haber conservado a través de generaciones la tradición artesanal del metal que le da nombre, ya que cada pieza es el resultado de calor, martillazos y la vasta imaginación de cada uno de los hombres que han hecho de estos artículos su forma de vida.

Santa Clara es una pequeña localidad que ofrece a sus visitantes no sólo el encanto de sus artesanías, sino la belleza de sus casas blancas con techos de teja roja, de entre las que destaca un kiosko con techo de cobre que se ilumina con los rayos del sol en medio de la plaza principal.

Aunque se tiene conocimiento que los antiguos indígenas de la región ya utilizaban el metal para la creación de diversos artículos como hachas, aretes y otros objetos ornamentales, fue hasta la llegada del obispo Vasco de Quiroga cuando se perfeccionaron las técnicas artesanales existentes, pues fue él quien introdujo el proceso de fundición y martillado que persiste hasta nuestros días.

En Santa Clara también es posible visitar el Museo del Cobre, donde se exponen antiguos objetos encontrados en el lugar, fabricados por los tarascos, así como piezas artísticas ganadoras de concursos nacionales e internacionales. Asimismo, existe una escuela-taller y una cooperativa que lleva el nombre de Vasco de Quiroga, además de la Casa del Artesano, lugares donde se imparte capacitación y preparación para los nuevos artistas.

Para una mejor experiencia de viaje, te recomendamos visitar este nuevo "Pueblo Mágico."

(www.mexicodesconocido.com.mx/notas/91469-Santa-Clara-del-Cobre-es-nombrada-nuevo-%E2%80%9CPueblo-M%C3%A1gico%E2%80%9D)

PRACTICE EXERCISE TWO
FUENTE NÚM. 2 (AUDIO)

Las ventajas de las universidades pequeñas

¿A su hija o hijo le encantan las clases de pequeños grupos con discusiones en las que tiene prioridad la participación activa y el conocimiento directo? En ese caso, su hijo o hija debería plantearse ir a una universidad pequeña. Algunas posibles ventajas asociadas con las universidades de menor tamaño son clases de tamaño pequeño, oportunidades directas de conocimiento, especialidades diseñadas de forma individual, fuerte sistema de asesoría, y los asesores conocen muy bien a los estudiantes, gran sentido de comunidad, los catedráticos, no asistentes, enseñan la mayoría de las clases, y oportunidad de conocer bien a los profesores.

Si bien las universidades pequeñas suelen ofrecer un fuerte sentido de comunidad, el entorno también dificulta a los estudiantes salirse o entrar en grupos sociales con la misma facilidad que permite una universidad con miles de alumnos. Cuando usted y su hija o hijo visiten una pequeña universidad, hablen con estudiantes para entender cómo es la vida social y qué tipo de actividades no académicas existen.

Las pequeñas universidades son perfectas para aquellos estudiantes que se sienten bien en entornos de pequeños grupos, se sienten estimulados por altos niveles de interactuación entre profesores y alumnos, y que están interesados en desarrollar especialidades creativas, individuales enfocadas en áreas de interés específicas.

Generalmente las universidades pequeñas son capaces de cumplir con los intereses únicos de su hijo o hija y sus necesidades. Al contrario de los establecimientos más grandes, las universidades de menor tamaño alientan a los estudiantes a explorar áreas distintas a su campo de estudios.

(www.collegeboard.com/padres/buscar/explorar)

**PRACTICE EXERCISE THREE
FUENTE NÚM. 2 (AUDIO)**

Identidad social y nacional en América Latina: ¿mito o realidad?
Por Dr. Ángel Rodríguez Kauth
(topis.com.arg)

En todo caso, la identidad de los pueblos iberoamericanos, desde el período en que Iberoamérica estaba habitada por aborígenes hasta la actualidad, solamente tiene como constante una continuidad geográfica, la que vio la luz durante el siglo XIX. Desde que se puso en marcha la gran corriente inmigratoria, proveniente de Europa hacia nuestras costas, hecho que ocurrió desde finales de aquel siglo y hasta aproximadamente 1930, la identidad de nuestros pueblos fue modificándose. Ese movimiento migratorio fue cambiando la identidad—nacional, social y cultural—de cada uno de los pueblos integrados en una Nación/Estado; de tal suerte fue aquel fenómeno, que se ha ido constituyendo una identidad nacional diferente a la existente en la época precolombina y, en estos momentos en que los aluviones inmigratorios se producen dentro del espacio geográfico de toda América—en especial entre países limítrofes—es posible hablar de una suerte de "latinoamericanización" de nuestros pueblos. Cosa ésta que fundamentalmente está afectando—por ejemplo—a los Estados Unidos de Norteamérica, merced a la "invasión" de hispanohablantes que llegan del resto del continente.

En este lugar no puede dejar de recordarse que América Latina no es un mosaico de culturas ibéricas e indígenas, también en ella han participado activamente las culturas africanas—Brasil, Cuba, Haití, etc.—las europeas centrales y orientales y, en la actualidad, las corrientes de inmigraciones asiáticas que están dejando marcada su impronta.

Obvio es que todos estos episodios de características migratorias-inmigratorias conllevan en su seno la modificación de las pautas de cualquier metodología con que se pretende estudiar la identidad de tales pueblos.

PRACTICE EXERCISE FOUR
FUENTE NÚM. 2 (AUDIO)

Música Clásica

Por lo general, "música clásica" es un término que se usa para referirse a la música culta o académica compuesta en el medioevo, renacimiento y barroco hasta el período contemporáneo; los más puristas consideran a la música clásica sólo como la compuesta en el período clásico, que se extiende entre los tiempos finales de J. S. Bach y el fin de la vida de Beethoven. El interés por la música clásica podría parecer algo anacrónico, pero la verdad es que hoy goza de gran popularidad, tal vez no como las corrientes populares por razones obvias, pero siempre ha contado con un gran número de seguidores y entusiastas de todas las edades. Música tan antigua como la del medioevo y el renacimiento cobran fuerza e interés entre la juventud, reviviendo instrumentos hermosos e impresionantes como, por ejemplo, la viola de gamba, instrumento popular entre los nobles de los siglos XV y XVII.

Para referirnos a la música clásica, uno debe hacer una gran distinción entre ésta y las otras ramas de la música. Ésta es claramente más seria, para un oído especial o más refinado; en todo caso nos referimos por "seria" al hecho de ser característicamente profunda y estudiada, y no en el sentido de ser grave e inaccesible.

La música clásica se caracteriza por ser la primera rama musical que unió perfectamente el desempeño de los instrumentos con las voces de personas. Al mismo tiempo se debe mencionar que la música clásica logra la unión de varios instrumentos para dar paso al desempaño de una orquesta como tal. Con ello se logra una potente dramatización a través de la música en sí. Entre los instrumentos de música clásica más conocidos están el violín, el piano de cola, el violonchelo, el contrabajo, el arpa, la trompeta, el trombón, la flauta, el clarinete y los instrumentos de percusión.

Desde sus inicios la música clásica fue adaptada por las personas más cultas de cada sociedad. Aquellas que tenían el acceso a manuscritos y por supuesto, eran parte integral de alguno de los distintos estamentos que conformaban la elite en sus respectivas épocas.

(www.buscarinformacion.com/musica/musica_clasica.html)

PRACTICE EXERCISE FIVE
FUENTE NÚM. 2 (AUDIO)

Cibercomunidades, medios virtuales, hipertextos, portales y otras promesas de la era digital.
Por Dr. José Luis Orihuela
(Encuentro Internacional Comunicación e Integración PUCE, Quito, octubre de 1999. *terra.es*)

El desafío profesional al que nos enfrentamos en el terreno de la comunicación no consiste simplemente en "adaptarse al cambio," como si de una moda se tratase, ni tampoco se limita a utilizar con naturalidad un nuevo lenguaje. Lo que se plantea como exigencia es mucho más radical y pasa por comprender y controlar las nuevas características de los medios de la comunicación pública. De lo que se trata es de ser protagonistas, no espectadores, de la revolución tecnológica, para poder convertir en realidades las promesas de la era digital.

Señalaré a continuación una serie de convergencias y transiciones que constituyen las notas dominantes del nuevo medio:

- Internet ha provocado la disolución de las fronteras que separaban a los medios en función de su soporte y de los formatos de información.

- El teléfono (es decir las redes de telecomunicaciones) se fusiona con la radio y la televisión y emerge el pointcasting, un sistema de difusión audiovisual a la vez universal y personalizado.

- Finalmente, la comunicación pública y la autoridad editorial se han separado. El papel tradicional de los editores como filtro ... aparece hoy al menos cuestionado y desde luego compartido.

Aquí, la pregunta correcta no es cómo pueden contribuir las nuevas tecnologías de la comunicación al proceso de integración regional y a la preservación de la paz, sino qué tenemos que hacer nosotros para conseguirlo.

El poder, en la era digital, ya no es el control del espacio sino del conocimiento. Las guerras hoy se libran con armas controladas por los mismos ordenadores que se utilizan para hacer *Toy story, Titanic* o *La amenaza fantasma*.

Si se trata de hablar de los medios y de la paz, habrá que recordar el carácter instrumental de la tecnología y en consecuencia la urgente necesidad de educar a los usuarios.

Es de vital importancia que nos planteemos la necesidad de extender y democratizar el acceso a Internet en Hispanoamérica, de incorporar nuestros contenidos culturales y nuestra lengua a la Red.

La lengua es uno de los factores estratégicos de mayor importancia en el proyecto de unión entre América Latina y la Red.

Finalmente, los medios masivos de la región pueden impulsar iniciativas conjuntas como el intercambio de profesionales, el desarrollo de programas de prácticas para estudiantes, y la producción en conjunto de materiales (suplementos, programas o servicios de información).

PRACTICE EXERCISE SIX
FUENTE NÚM. 2 (AUDIO)

La adolescencia, según G. Stanley Hall
(psicologia.laguia2000.com/la-adolescencia/la-adolescencia-segun-g-stanley-hall)

Inspirado en la teoría evolucionista de Darwin, G. Stanley Hall elaboró la teoría psicológica de la recapitulación, que sostiene como principio que la historia de todos los hechos de la humanidad se ha integrado al sistema genético de cada hombre.

Por lo tanto, la ley de recapitulación dice que un ser humano comienza su vida a partir de un comportamiento primitivo y salvaje y va transformándose hasta llegar a una forma de vida más civilizada en su madurez.

Se puede inferir desde esta teoría, que el desarrollo del hombre comprende patrones de comportamientos que no se pueden evitar, que no cambian, y que no dependen de la sociedad ni de la cultura.

La idea de Hall propiciaba la práctica de la tolerancia de las conductas inaceptables por parte de padres y educadores ya que las consideraba como etapas necesarias del desarrollo, asegurando a la vez que dichos comportamientos intolerables desaparecían espontáneamente en la etapa siguiente.

Las etapas evolutivas que propone Hall son: infancia, niñez, juventud y adolescencia.

Desde el nacimiento hasta los cuatro años corresponde a la etapa de la infancia, representando la etapa animal de los humanos, cuando la especie utilizaba cuatro patas para movilizarse, predominando en ese período el desarrollo sensorio motor.

Entre los cuatro y los ocho años es el momento de la niñez, etapa en que el niño se comporta en forma similar al modo de vida del hombre de las cavernas.

Desde los ocho a los doce años, durante la juventud, o preadolescencia, el joven reitera la vida rutinaria del salvajismo. Este es el período en que un individuo está predispuesto a adaptarse, a la ejercitación, el adiestramiento y la disciplina.

La adolescencia es la etapa comprendida entre los doce o trece años, la pubertad, hasta la adultez, tardía para Hall, entre los 22 y 25 años.

Hall describe a la adolescencia como un período de "tormenta e ímpetu", un período revolucionario, sentimental, apasionado y trágico.

La adolescencia corresponde a una época en que la humanidad se encontraba en un estado de transición turbulenta.

Para Hall, la adolescencia es un segundo nacimiento porque es cuando aparecen las características esencialmente humanas.

El adolescente vive una vida emotiva fluctuante con tendencias contradictorias. Puede expresar mucha energía y actividad desmedida y alternativamente mostrarse indiferente y desganado.

PRACTICE EXERCISE SEVEN
FUENTE NÚM. 2 (AUDIO)

Fuente núm. 2 (Audio)
¿Es recomendable que los padres de un menor se creen un perfil en la red social de su hijo para aconsejarle?
Por Jordi Sabate Martí
(www.consumer.es/web/es/tecnologia/internet/2010/04/08/192110.php)

Introducción del interlocutor y Gemma Martínez, investigadora de la Universidad del País Vasco:

A diferencia de sus progenitores, las próximas generaciones de jóvenes serán nativos digitales. Crecerán vinculados de una manera íntima al ordenador y a una cultura digital que a sus padres se les antojará casi marciana. Por ello, numerosos expertos en educación y sociología alertan de que deben acompañarles durante sus primeros años de navegación por Internet, así como asesorarles en el mundo de las redes sociales.

Interlocutor: ¿Es malo que el menor utilice las redes sociales?

Gemma Martínez: La respuesta adecuada sería: depende. Si un menor entra en una red social sin tener nociones básicas sobre las normas de privacidad que ha de seguir en este entorno (contactos que debe y no debe aceptar, publicación de información personal o fotos, accesibilidad a su perfil, etc.), puede ser perjudicial. En cambio, si el menor utiliza bien esta herramienta, el uso de redes sociales y otras soluciones de comunicación servirá para reforzar los lazos de amistad con sus amigos. Los padres no pueden olvidar, en el caso concreto de las redes sociales, que los menores de catorce años no pueden acceder.

Interlocutor: ¿Es perjudicial que los menores accedan a contenidos sexuales o violentos online?

Gemma Martínez: Si un menor de nueve años accede de forma accidental a contenidos sexuales o violentos, puede suponer para él una situación de incomodidad y malestar porque carece de la capacidad para analizar de forma crítica esos contenidos. Ahí es donde la figura de los padres cobra un papel imprescindible. Para un adolescente, el hecho de encontrarse con contenidos sexuales o violentos no es tan grave, ya que se le presupone una capacidad crítica para evitarlos.

Interlocutor: ¿Cómo pueden los padres discernir entre lo bueno y lo malo de Internet?

Gemma Martínez: Los padres sólo pueden discernir qué es apropiado para sus hijos en Internet si ellos usan también la Red. Por fortuna, entre 2005 y 2006, el número de padres usuarios de Internet con hijos que también navegan ha aumentado de modo considerable. Pero en el caso de España, un 15% de los padres cuyos hijos utilizan Internet desconocen el medio.

Interlocutor: Parece que los padres responsables deben hoy en día esforzarse más para educar a sus hijos porque han de asimilar conceptos nuevos. ¿Es así?

Gemma Martínez: A los padres no se les exige más que antes, sino algo diferente. Los padres (dicen) que sus hijos saben más que ellos y eso no es del todo cierto.

Un niño puede manejar Internet con más rapidez que sus padres porque desde edades muy tempranas se enfrenta al ordenador. En cambio, un adulto tiene capacidad crítica y una visión más objetiva de los contenidos beneficiosos o perjudiciales con los que su hijo se encuentra en Internet. El comportamiento del menor en la Red es similar al de la vida real, pero en este caso los padres no han de perder de vista que Internet cuenta con las posibilidades de anonimato e inmediatez.

Interlocutor: ¿Los padres irán siempre por detrás de sus hijos en el aprendizaje digital? ¿Sería buena idea dejarse guiar por ellos en este nuevo mundo?

Gemma Martínez: No todos los padres van por detrás de sus hijos en el aprendizaje digital. Pero hay resultados recientes que demuestran que en Europa los padres aumentan su uso de Internet.

Interlocutor: ¿Hay que vigilar todo lo que hace un hijo en Internet?

Gemma Martínez: Con los adolescentes, un padre no puede navegar con ellos porque ya han adquirido una cierta madurez personal y estar a su alrededor mientras utilizan Internet puede suponer una intromisión en su intimidad. A estas edades, muchos menores también han desarrollado las habilidades suficientes como para desinstalar filtros del ordenador y borrar todo rastro de sus acciones en Internet.

En cambio, si la comunicación entre padres e hijos acerca de lo que hacen en Internet es de confianza, los padres tienen que saber cuáles son los sitios que más frecuenta y cuáles son los posibles peligros para él.

PRACTICE EXERCISE EIGHT
FUENTE NÚM. 2 (AUDIO)

CD 4
Track
1

¡Energía solar para la gente!
Por David Dickson, Director, SciDiv.net
(www.medioambienteonline.com/site/root/resources/feature_article/8324.html)

En principio, la energía solar es una solución casi perfecta para las necesidades energéticas de los países en desarrollo. Es universal y de acceso gratuito, particularmente cerca de la línea ecuatorial, donde se encuentran muchos de estos países.

La energía solar es el último recurso de energía renovable. Su uso no agota las reservas, ni emite mucho dióxido de carbono a la atmósfera, convirtiéndola en la respuesta ideal al desafío del cambio climático.

Uno de los logros de la última conferencia sobre el clima—que con frecuencia se pasa por alto—fue el acuerdo sobre el Fondo Clima Verde, que busca recaudar y distribuir alrededor de US$30 mil millones anuales en los próximos tres años para ayudar a los países en desarrollo a expandir el uso de sus tecnologías renovables e integrarlas en sus planes de desarrollo.

El Fondo refleja la aceptación creciente de que el desarrollo de las fuentes de energía renovables es crucial para sacar de la pobreza a los más pobres del mundo de un modo ambientalmente sostenible.

Pero el fracaso de los gobiernos para alcanzar un compromiso pone de relieve que la política energética ha sido y es altamente política. Poderosos intereses (que puede incluir los de los consumidores en el mundo desarrollado) a menudo tienen la misma influencia en la política que las oportunidades tecnológicas.

Si la energía solar contribuye efectivamente al desarrollo sostenible, debe ser una parte integral de las estrategias de innovación basadas en la comunidad.

Hasta hace poco, la barrera principal para la captación de la energía solar era la poca eficiencia—y el relativamente alto costo—de convertirla en una forma utilizable. Pero los avances científicos están debilitando rápidamente esta barrera. Las tecnologías fotovoltaicas, que usan reacciones químicas para convertir la luz del sol en electricidad avanzan rápidamente, al igual que las baterías usadas para almacenar electricidad hasta que se la necesite.

A medida que los costos de conversión y almacenamiento disminuyen, el potencial de la tecnología solar para ayudar a las comunidades pobres inevitablemente aumentará.

Si las ventajas del juego en el campo económico fueran prioritarias, la combinación de gran necesidad/gran demanda y la caída de costos sería suficiente para garantizar la rápida difusión de la energía solar a lo largo del mundo en desarrollo.

Desafortunadamente el campo de juego no está nivelado. Los costos de capital de los dispositivos solares siguen siendo considerables, especialmente para los pobres. Y los subsidios gubernamentales para la energía producida por las fuentes no renovables—destinadas ostensiblemente a mantener asequibles sus precios—con frecuencia han distorsionado el mercado siguiendo los intereses de los proveedores de energía convencional.

PART SIX

GRAMMAR

Grammar Review

The following section is a brief review of the most commonly missed points of grammar. The items are divided according to the structural function of words. In some of the previous sections you are referred to this section so that you can understand why you have made inappropriate choices in the fill-in-the-blank sections or on the multiple choice section. You need to categorize the kinds of errors you make so that you can learn to recognize the structure. If you do not understand the overall rule, then you will spend time learning specific examples, which may or may not help you on the actual exam.

Tonic Stress and Written Accents

In Spanish the stress (an elevation of the pitch of voice) occurs normally on the second to last syllable of a word when the word ends with any vowel (**a, e, i, o, u**), or the letters **s** or **n**, and no accent is written over the syllable. For words that end with the letters **r, j, l, or z**, the stress normally falls on the last syllable. For this reason, all infinitives have a stress on the last syllable. Any deviation from this rule is indicated by writing an accent above the stressed syllable.

When an accent is needed to stress a syllable containing a diphthong (two vowels, a strong and a weak one), or a triphthong (three vowels, one strong and two weak), the accent is written over the strong vowel in the syllable. For example, in the second person plural forms an accent is written over the **á**is and **é**is to indicate the stress on the last syllable of that verb form as in averig**uái**s and entreg**uéi**s.

At times the accent is written over a weak vowel to form two syllables out of one. For example: ata**ú**d has two syllables because the two vowels are equally emphasized. Normally, in the **au** combination, the sound of the **a** dominates because it is the strong vowel.

Sometimes an accent is written over a vowel to differentiate one part of speech from another. Such is the case with the words **él** (he), and **el** (the), **si** (if), and **sí** (yes), **tú** (you) and **tu** (your), and **mí** (me), and **mi** (my), **dé** (give) and **de** (from), **sé** (be, I know) and **se** (reflexive pronoun). Accents are used to differentiate demonstrative pronouns from demonstrative adjectives, **ése**, ese, etc., as well as interrogative pronouns from relative pronouns, such as **quién** from **quien** and **cuándo** from **cuando**.

Nouns

Gender of Nouns

Masculine

All nouns are either masculine or feminine, with the gender of the noun usually indicated by the vowel at the end of the word. Generally, nouns that end with **-o** or **-or** are masculine. Frequently on the AP exam you will find the exception to this general rule. You should learn the gender of all nouns when you learn the word. It is helpful to remember that nouns that end with **-ama**, **-ema**, and **-ima** are frequently masculine in spite of the fact that they end with the vowel **-a**. Common nouns that fall into this category are:

el clima	*el planeta*	*el sistema*	*el problema*
el día	*el tema*	*el lema*	*el diploma*
el mapa	*el poema*	*el monarca*	*el Papa*
el cometa	*el idioma*	*el tranvía*	*el albacea*

Usually the names of men, male animals, jobs, and titles concerning men, seas, rivers, mountains, trees, metals, languages, days, months, colors, and infinitives used as nouns are all considered masculine nouns.

Feminine

Most words that end with the vowel **-a** are feminine, along with words that end with **-ción**, **-dad**, **-ie**, **-umbre**, **-ud**, and **-sión**. For words that end in **-dor**, a masculine ending, an **-a** is added onto the **-dor** ending, thereby making the noun feminine. You should also remember that **mano** is feminine. (*La mano, las manos.*)

Some exceptions to the rule that words that end in **-ud** are feminine are the words:

el ataúd	*el césped*	*el talmud*

There are some nouns that end with the vowel **-a** that are feminine, but require the masculine singular article because the noun begins with a stressed **a** vowel. Some of these nouns are:

el agua	*el alma*	*el ama*	*el ave*
el águila	*el hada*	*el hacha*	*el haba*

When other adjectives modify these nouns, the adjectives take the feminine form:

el *agua fría*   **el** *ave negra*

In the plural forms, these nouns take feminine articles. For example:

las aguas	*las almas*	*las amas*	*las aves*
las águilas	*las hadas*	*las hachas*	*las habas*

Masculine nouns end with the letters **-o**, **-aje**, or with **-or** (except for *la sor, la flor, la coliflor,* and *la labor*).

Making Nouns Plural

To make nouns plural: if the noun ends with a vowel you add **-s**. If the noun ends with a consonant (anything other than **-a, -e, -i, -o, -u**) add **-es** to the word. If the noun ends with the letter **z**, it changes to **c** before the **-es** is added to the end.

For example:

la luz, las luces.

If the noun carries a written accent on the last syllable, remove the written accent since the stress will normally fall on the second to last syllable of any word that ends in the letter **s**.

For example:

*la civiliza***ción** (with a written accent)
*las civiliza***ciones** (no written accent)

Some nouns will add a written accent when they become plural forms.
For example:

el jov*en* (no written accent)
los já*v*enes (with a written accent)

With a few nouns the syllable that carries the tonic stress shifts when the noun is made plural, such as: **ré***gimen*—*regí*menes, *es***pé***cimen*—*especí*menes, *ca***rá***cter*—*carac***te***res.*

If the written accent occurs on the third to last syllable, do not change it.

Compound nouns that end in a plural form, such as the word *parabrisas*, do not add an **-es** to the end. But the number of the article changes from **el** *parabrisas*, for example, to **los** *parabrisas*. Days of the week that end with **-es** also do not take **-es**, but rather take a plural article, *el jueves, los jueves.*

Nouns that end with an accented vowel also add **-es**. For example *el rubí, los rubíes.*

Remember that if the accent is not written in the correct location, no credit is given for that item in the fill-in-the-blank section of the writing part of the exam.

Pronouns

Pronouns are words that function in the place of nouns. There are seven kinds of pronouns. For each person and number they are:

Personal (Subject) Pronouns

These pronouns function as the subject of verbs.

	Singular	Plural
First Person	*yo*	*nosotros, nosotras*
Second Person	*tú*	*vosotros, vosotras*
Third Person	*él*	*ellos*
	ella	*ellas*
	usted	*ustedes*

(*Usted* can be abbreviated: *Ud.* or *Vd.; ustedes* as *Uds.* or *Vds.*)

These pronouns come before the verbs in declarative sentences. They normally come after the verb in questions, but sometimes are used before.

Direct Object Pronouns

These function as the object of the verb and answer the questions who or what.

	Singular	Plural
First Person	*me*	*nos*
Second Person	*te*	*os*
Third Person	**lo**	**los**
	la	**las**

In Spain the form *le* is used in place of *lo* when the noun the pronoun replaces is masculine.

Indirect Object Pronouns

These function as indirect objects of the verb and answer the questions, *to, for, from, by who* or *whom.*

First Person	*me*	*nos*
Second Person	*te*	*os*
Third Person	*le*	*les*

Reflexive Pronouns

These pronouns show that the action of the verb reflects back on the subject.

First Person	*me*	*nos*
Second Person	*te*	*os*
Third Person	*se*	*se*

Notice in all of the above three types of pronouns, that the first and second forms are the same, only the third person forms are different.

These pronouns are located in the following places:
Before:

1. conjugated verb forms,
2. negative commands.

After and attached to:

1. affirmative commands,
2. present participles (verb forms ending with **-ando** and **-iendo**),
3. infinitives.

When there are two object pronouns, the indirect object pronoun always comes before the direct object pronoun. When a reflexive pronoun and a direct object pronoun are used together, the reflexive object pronoun comes before the direct object pronoun.

When the double object pronouns are both third person (indirect object: *le* or *les*, and the direct object: *lo, la, los, las*), the indirect object is changed to *se*.

When one or two pronouns are added to an affirmative command, an accent is written over the syllable where the stress falls on the verb if the pronouns were not there.

For example:

Lea Ud. el libro. Léalo Ud. (*Lea* is two syllables, **e** is the stem of the verb.)
Lea Ud. el libro a su hermano. Léaselo Ud.

When one or two pronouns are added to a present participle, an accent is written over the beginning of the present participle ending.

For example:

Estoy leyendo el libro. Estoy leyéndolo.
Estoy leyendo el libro a mi hermano. Estoy leyéndoselo.
Imaginaos que estáis vistándonos cuando suena el teléfono.
Estabáis peinándoos cuando llegamos si mal no me acuerdo.

When two pronouns are added to an infinitive, an accent is written over the infinitive ending.

For example:

Voy a leer el libro a mi hermano. Voy a leérselo.

When one pronoun is added to an infinitive, no accent is written over the infinitive ending because the stress normally falls on the last syllable of infinitives since the words end with the letter **r**.

For example:

Voy a leer el libro a mi hermano. Voy a leerlo a mi hermano.
Voy a leer el libro a mi hermano. Voy a leerle el libro.

Prepositional Pronouns

These pronouns function as the object of a preposition, such as *a, de, en, por, para, sobre, sin,* and *con.* Any preposition, simple or compound, requires the use of these forms.

	Singular	Plural
First Person	*mí*	*nosotros, nosotras*
Second Person	*ti*	*vosotros, vosotras*
Third Person	*él*	*ellos*
	ella	*ellas*
	usted	*ustedes*

In the prepositional pronouns, notice that except for the first and second persons singular, these pronouns are the same forms as for the subject pronouns. In addition to the above forms, with the preposition *con* there is a special form, *conmigo, contigo,* and *consigo.*

Demonstrative Pronouns (this, that, these, those)

These forms are either masculine or feminine, depending on the gender of the nouns to which they refer.

este	*estos*	*ese*	*esos*	*aquel*	*aquellos*
esta	*estas*	*esa*	*esas*	*aquella*	*aquellas*

When the antecedent (the thing to which these pronouns refer) is a whole idea or phrase, the neuter form can be used:

esto   *eso*   *aquello*

Indefinite Pronouns

These forms have positive and negative forms.

algo   *nada*
alguien   *nadie*

Relative Pronouns

These pronouns function to introduce dependent clauses.

el que (la que, los que, las que)
el cual (la cual, los cuales, las cuales)
quien quienes

Adjectives

Most of the problems you will find with adjectives are in recognizing the gender of some of the nouns. Usually on the exam there are no clues as to the gender of the nouns; the modifiers are indeterminate because they end in **e**, are possessive adjectives, or there are no modifiers, such as articles. Make sure when you learn nouns that you learn the gender from the beginning so you can avoid problems with agreement of adjective endings and nouns.

All adjectives agree in gender and number with the nouns they modify. This means that if a noun is feminine, singular or plural, the ending of the adjective is feminine, singular or plural.

For example:

La *mujer alt***a** *lleva* **una** *chaqueta negr***a**.
Las *mujeres alt***as** *llevan* **unas** *chaquetas negr***as**.

If the noun is masculine, singular or plural, the endings are masculine, singular or plural.

For example:

El *hombre alt***o** *lleva* **un** *hermos***o** *traje negr***o**.
Los *hombres alt***os** *llevan* **unos** *hermos***os** *trajes negr***os**.

If the adjective ends in an **e**, it cannot agree in gender, only in number.
For example:

El *elefante gigant***e** *es muy inteligent***e**.
Los *elefantes gigant***es** *son muy inteligent***es**.

If an adjective ends with **-or**, **-ón**, **-án**, or **-ín**, an **a** is added to form the feminine singular, and **-as** for the feminine plural.
For example:

El *nuev***o** *criado es muy trabajad***or.**
La *nuev***a** *estudiante es muy trabajad***ora.**
Las *nuev***as** *estudiantes son muy trabajad***oras.**

Some adjectives are invariable; their endings do not change no matter what the gender of the noun they modify. Some of these are:

maya   azteca   marrón   rosa   alerta   hipócrita

In many cases the **past** participles (forms of the verb ending with **-ado** or **-ido**) can function as adjectives. In these cases, when the past participle always ends with **-o**, simply make the vowel on the end agree in gender and number with the nouns the past participles/adjectives modify. Remember that some past participles are irregular. In some cases there is a different form derived from the verb for the adjective, instead of the past participle. For example, *despertar* has as its past participle, *despertado*. But when used as an adjective, the form is *despierto*. The same is true of the following verbs:

concluir	*concluido*	*concluso*
elegir	*elegido*	*electo*
soltar	*soltado*	*suelto*
sujetar	*sujetado*	*sujeto*
bendecir	*bendecido*	*bendito*
convertir	*convertido*	*converso*
maldecir	*maldecido*	*maldito*

There are a few verbs for which the present participle can be used as an adjective:

hervir	*hirviendo*
arder	*ardiendo*

Position of Adjectives

In general, adjectives that refer to quantity come **in front** of the noun, such as numbers and definite articles.

In general, adjectives that refer to descriptive qualities or characteristics of nouns come **after** the noun.

When there are two or more descriptive adjectives that refer to the same nouns, sometimes one is placed before the nouns; otherwise, they both follow the nouns and are joined by a conjunction, **y**, or are separated by a comma.

There are some adjectives that can come before or after a noun, but whose meaning is determined by where they are placed. The following adjectives are the most common ones of this type:

Adjective	Meaning Before	Meaning After
cierto	some	sure, certain
grande	great, famous	large
mismo	same	only
nuevo	another	modern, just made
solo	only	lone
pobre	unfortunate	destitute, penniless
simple	uncomplicated	silly, stupid
viejo	former	elderly
diferentes	various	not the same
antiguo	former	antique

Some adjectives drop the final -**o** before masculine singular nouns. These adjectives are: **bueno**, **malo**, **primero**, **tercero**, **veintiuno**, **uno**, **alguno**, and **ninguno**. The adjectives **alguno** and **ninguno** add a written accent when the final -**o** is dropped: **algún**, **ningún**.

The adjective **grande** drops the final **-de** before masculine and feminine nouns. For example:

Una **gran** *dama*   *Un* **gran** *hombre*

The number **ciento** drops the final **-to** before any nouns, masculine or feminine. For example:

cien *años*   **cien** *noches*

The title **santo** drops the final **-to** before all masculine names except those beginning with **Do** or **To**. For example:

San Amselmo   **Santo Domingo**
San Isidro   **Santo Tomás**

Nominalization of Adjectives

Placing **lo** before an adjective means that it can be used as a noun. For example:

Lo importante (The important thing)
Los rojos (The red ones)

Possessive Adjectives

The possessive adjectives are:

mi, mis	=	my	*nuestro, -a*	= our
			nuestros, -as	
tu, tus	=	your	*vuestro, -a*	= your
			vuestros, -as	
su, sus	=	his	*su, sus*	= their
		her		your
		its		
		your		

Possessive adjectives agree in gender and number with the objects that are possessed, not with the possessor. For example:

El chico llevó **sus** *libros.* = The boy took his books.
(**Sus** is plural because **libros** is plural.)

Demonstrative Adjectives

The demonstrative adjectives are:

este = this (masculine)	*estos* = these (masculine)
esta = this (feminine)	*estas* = these (feminine)
esto = this (neuter)	
ese = that (masculine)	*esos* = those (masculine)
esa = that (feminine)	*esas* = those (feminine)
eso = that (neuter)	
aquel = that (masculine)	*aquellos* = those (masculine)
aquella = that (feminine)	*aquellas* = those (feminine)

The significant point of grammar to remember about demonstrative adjectives is the difference between *ese (esos, esa, esas)* and *aquel* (*aquellos, aquella, aquellas*). *Ese* refers to objects or persons nearer at hand than *aquel*. This distance can be expressed in temporal or spatial dimensions. For example: *En aquellos días vivía un rey muy poderoso ...* meaning *in those long ago times there lived* .... (Distance in time is implicit since *aquellos* is used.)

The following suffix can be added to adjectives: *-ísimo*

When the suffix is added to an adjective that ends with **-co**, the spelling is changed to preserve the **k** sound of the **c**.

For example:

poco	*poquísimo*
rico	*riquísimo*

Comparatives of Inequality

To form the comparatives of adjectives and adverbs the following structures are used:
Place **más** or **menos** before the noun, adjective, or adverb; then follow it with **que**.
For example:

*Este estudiante tiene **más** libros **que** el otro.*
*Este estudiante tiene **menos** libros **que** el otro.*
*Este chico es **más** aplicado **que** el otro.*
*Este chico es **menos** aplicado **que** el otro.*
*Este chico trabaja **más** rápidamente **que** el otro.*
*Este chico trabaja **menos** rápidamente **que** el otro.*

The following adjectives have irregular forms in the comparative:

Adjective	Comparative
bueno (good)	**mejor** (better)
malo (bad)	**peor** (worse)
joven (young)	**menor** (younger)
viejo (old)	**mayor** (older)

These comparative forms cannot agree in gender with the nouns they modify, but they can be made plural.

For example:

Esta máquina es **mejor que** *la otra.*

Estas máquinas son **mejores que** *las otras.*

Esta máquina es **peor que** *la otra.*

Estas máquinas son **peores que** *las otras.*

Esta casa es **mayor que** *la otra.* (This house is older than the other one.)

Estas casas son **mayores que** *las otras.* (These houses are older than the other ones.)

The irregular forms for the adjectives **mucho** and **poco** are **más** and **menos**.
For example:

Hay **mucha** *gente en la cafetería.*

Hay **muchas** *personas en la cafetería.* (There are many people in the cafeteria.)

Hay **más** *personas en la cafetería.* (There are more people in the cafeteria.)

Hay **poca** *gente en la cafetería.* (There are few people in the cafeteria.)

Hay **pocas** *personas en la cafetería.* (There are a few people in the cafeteria.)

Mayor in the comparative form means greater and **menor** means lesser.
For example:

El asunto de **mayor** *importancia es la cuestión de moralidad.* (The matter of greater importance is the question of morality.)

Es de **menor** *importancia preocuparse de este asunto.* (It is of lesser importance to worry about this matter.)

Comparatives of Equality

The comparatives of equality are formed as follows:

as + adjective or adverb + as

tan + adjective or adverb + **como**

For example:

Este chico es **tan** *alto* **como** *su compañero.* (This boy has as much talent as his friend.)

Este chico corre **tan** *rápido* **como** *su compañero.* (This boy runs as fast as his friend.)

as + the noun + as

tanto (**a**) + noun + **como**

For example:

Este chico tiene **tanto** *talento* **como** *su compañero.* (This boy has as much talent as his friend.)

Este chico tiene **tanta** *energía* **como** *su compañero.* (This boy has as much energy as his friend.)

Este chico tiene **tantos** *libros* **como** *su compañero.* (This boy has as many books as his friend.)

Este chico tiene **tantos como** *su compañero. (This boy has as many as his friend or This boy has as much as his friend.)*

Superlative Constructions

The superlatives of adjectives are formed by placing a definite article (**el**, **la**, **los**, **las**) before the comparative forms.

For example:

Este chico es **el más** *alto* **de** *la clase.* (This boy is the tallest in the class.)
Este chico es **el mejor** *jugador de fútbol* **de** *la clase.* (This boy is the best soccer player in the class.)

Notice that the English word *in* is rendered with **de**.
The expressions for *as soon as possible* are:

cuanto antes
lo más pronto posible
tan pronto como posible

Absolute Superlatives

When no comparison is expressed, the ending **-ísimo** (**-a**, **-os**, **-as**) is added to the adjective.

For example:

Tiene **muchísimos** *problemas.* (He has many, many problems.)
Tiene **muchísima** *tarea.* (He has a lot of work.)

Adjectives ending in a vowel drop the vowel before adding **-ísimo**. Adjectives that end in **-co** change the **co** to **qu**; endings of **-go** change the **g** to **gu**, **z** changes to **c** and **-ble** changes to **-bil**.

For example:

*Esta película es mal**a**—Esta película es mal**í**sima.*
*Este hombre es ri**co**—Este hombre es ri**qu**ísimo.*
*Este libro es lar**go**—Este libro es lar**gu**ísimo.*
*Este chico está feli**z**—Este chico está feli**c**ísimo.*
*Este profesor es ama**ble**—Este profesor es ama**bil**ísimo.*

When the absolute superlative form is added to an adverb, the form is invariable; it always ends with **-ísimo**.

Verbs

Verbs have four different kinds of forms: (1) the infinitive, (2) the conjugated verb, (3) the past participle, and (4) the present participle.

Infinitives

Infinitives are somewhat different in Spanish than they are in English. In Spanish the function of an infinitive in a sentence can be as the subject of a conjugated verb, the object of a conjugated verb, or the object of a preposition. When the infinitive functions as the subject of a sentence, it is translated into English as a gerund.

For example:

El caminar le ayuda mantenerse en forma. (Walking helps you stay in shape.)
Me gusta caminar por el parque. (I like to walk through the park.)

When the infinitive functions as the object of a verb, it can also be translated as a gerund.

For example:

Su padre le dejó salir en seguida. (His father let him leave immediately.)
No pudo soportar más las injurias del gentío en la calle. (He could not stand the insults of the crowd in the street.)

As the object of a preposition, the translation of the infinitive depends upon the preposition used. The preposition **a** is used after verbs of motion, beginning, inviting, helping, and exhorting.

After the preposition **a** and article **el**, the infinitive indicates that two things are happening simultaneously.

For example:

Al divisar la costa por la neblina, lloró por pura alegría. (Upon seeing the coast through the mist, he cried out of joy.)

In conversational Spanish, the preposition **a**, followed by an infinitive is sometimes used in place of a direct command.

For example:

¡A ver! (Let's just see!)

When the preposition **con** comes before the infinitive, the meaning is one of concession or manner.

For example:

Con dedicar más tiempo al trabajo, lo acabarás. (With a harder effort, you will finish it or If you work a little harder, you will finish it.)

When the infinitive follows the preposition **de**, some kind of condition is indicated. For example:

De haberlo pensado un poco más, no lo habría hecho. (If he had thought about it a little more, he would not have done it.)

Notice that in this case, the clause introduced by the preposition is part of an if-then statement, and has replaced the clause that normally contains the past subjunctive.

The preposition **por** followed by an infinitive indicates motive for an event or situation.

For example:

No le permitieron entrar por no llevar una corbata ni traje formal. (They did not let him in because he was not wearing proper attire.)

The preposition **sin** indicates a negative meaning.
For example:

El asunto todavía quedó sin resolver. (The matter is still unresolved.)

The preposition **para** indicates purpose and means *in order to*.
For example:

Lo invitó para hacerle sentirse bien acogido. (She invited him to make him feel very welcome.)

Conjugated Verb Forms

There are three conjugations: verbs that end with **-ar**, verbs that end with **-er**, and verbs that end with **-ir**. For each conjugation there are different endings indicating tenses and moods. The tenses are:

<u>Indicative</u>	<u>Subjunctive</u>
Present	Present
Present Progressive	Present Progressive
Present Perfect	Present Perfect
Imperfect	Past (Imperfect)

<u>Indicative</u>	<u>Subjunctive</u>
Past Progressive	Past Progressive
Pluperfect	Past Perfect
Preterite	
Pluscuamperfect	
Future	
Future Progressive	
Future Perfect	
Conditional	
Conditional Progressive	
Conditional Perfect	

Within each of these tenses there are four different categories of verbs: (1) regular conjugations, (2) irregular conjugations, (3) stem changing conjugations, and (4) orthographic or spelling change conjugations. To conjugate verbs in all of these categories, take the infinitive ending off of the stem of the verb (the **-ar, -er, -ir** ending) and add the appropriate ending (the ending that agrees with the subject of the verb). For each kind **except** regular verbs, however, there are changes that must be made in the stem of the verb in many verbal tenses. Irregular verbs have forms that do not conform to any regular pattern and these must be memorized. Stem changing verbs can be classified so that the changes are more easily remembered. Orthographic verbs have spelling changes that occur for the letters **c**, **g**, and **z** when they are followed by certain vowels.

1. REGULAR VERBS

To conjugate verbs, for the following tenses, take off the infinitive ending, (**-ar**, **-er**, or **-ir**) and add the following endings:

Simple Indicative Tenses

Present Indicative of **-ar** verbs		Present Indicative of **-er** verbs		Present Indicative of **-ir** verbs	
-o	-amos	-o	-emos	-o	-imos
-as	-áis	-es	-éis	-es	-ís
-a	-an	-e	-en	-e	-en

Preterite Indicative of **-ar** verbs		Preterite Indicative of **-er** verbs		Preterite Indicative of **-ir** verbs	
-é	-amos	-í	-imos	-í	**-imos**
-aste	-asteis	-iste	-isteis	-iste	-isteis
-ó	-aron	-ió	-ieron	-ió	-ieron

Imperfect Indicative of **-ar** verbs		Imperfect Indicative of **-er** verbs		Imperfect Indicative of **-ir** verbs	
-aba	-ábamos	-ía	-íamos	-ía	-íamos
-abas	-abais	-ías	-íais	-ías	-íais
-aba	-aban	-ía	-ían	-ía	-ían

The following endings are added to the infinitive form of all three conjugations:

Future Indicative

-é	-emos
-ás	-éis
-á	-án

Conditional Indicative

-ía	-íamos
-ías	-íais
-ía	-ían

(Notice that these endings are the same as endings for the second and third conjugation imperfect endings, except that they are only added to the end of the infinitives.)

Compound Indicative Tenses

To form the compound or perfect tenses, conjugate the verb **haber** in each of the above tenses and follow it with the past participle. The past participle is formed by removing the **-ar**, **-er**, or **-ir** endings and adding **-ado** for **-ar** verbs and **-ido** for **-er** and **-ir** verbs. The forms for the verb **haber** in each of the above tenses are:

Present Indicative		Imperfect Indicative	
he	*hemos*	*había*	*habíamos*
has	*habeis*	*habías*	*habíais*
ha	*han*	*había*	*habían*

Preterite Indicative		Conditional Indicative	
hube	*hubimos*	*habría*	*habríamos*
hubiste	*hubisteis*	*habrías*	*habríais*
hubo	*hubieron*	*habría*	*habrían*

Future Indicative	
habré	*habremos*
habrás	*habrán*
habrá	*habrán*

There are a number of irregular past participles that are commonly found on the Advanced Placement exam. They are as follows:

abrir	**abierto**	*revolver*	**revuelto**
cubrir	**cubierto**	*deshacer*	**deshecho**
descubrir	**descubierto**	*satisfacer*	**satisfecho**
decir	**dicho**	*bendecir*	**bendicho**
hacer	**hecho**	*maldecir*	**maldicho**
morir	**muerto**	*imponer*	**impuesto**
poner	**puesto**	*oponer*	**opuesto**
romper	**roto**	*suponer*	**supuesto**
soltar	**suelto**	*sobreponer*	**sobrepuesto**
volver	**vuelto**	*componer*	**compuesto**
envolver	**envuelto**	*resolver*	**resuelto**
devolver	**devuelto**		

SIMPLE SUBJUNCTIVE

Present Subjunctive

To form the present subjunctive, notice that the endings for **-er** and **-ir** verbs are identical.

-ar		**-er** and **-ir**	
-e	*-emos*	*-a*	*-amos*
-es	*-éis*	*-as*	*-áis*
-e	*-en*	*-a*	*-an*

Past (Imperfect) Subjunctive

There are two sets of endings that can be used interchangeably, although there are some regional preferences for one or the other in some cases in the Spanish-speaking world.

-ar (Set 1)		**-er** and **-ir (Set 1)**	
-ara	*-áramos*	*-iera*	*-iéramos*
-aras	*-arais*	*-ieras*	*-ierais*
-ara	*-aran*	*-iera*	*-ieran*

-ar (Set 2)		**-er** and **-ir (Set 2)**	
-ase	*-ásemos*	*-ese*	*-ésemos*
-ases	*-aseis*	*-eses*	*-eseis*
-ase	*-asen*	*-ese*	*esen*

Compound Subjunctive Tenses

To form the present perfect or the pluperfect subjunctive, conjugate the verb **haber** in either the present or the past subjunctive with a past participle (**-ado, -ido**). (See **past participles for discussion of irregular past participles.**)

haya	*hayamos*	*hubiera o hubiese*	*hubiéramos o hubiésemos*
hayas	*hayais*	*hubieras o hubieses*	*hubieseis o hubieseis*
haya	*hayan*	*hubiera o hubiese*	*hubieran o hubiesen*

2. IRREGULAR VERBS

There are only a dozen or so irregular verbs that you are likely to use on the exam. They are: **caber, dar, decir, estar, hacer, ir, oír, poder, poner, querer, saber, ser, tener, traer, valer, venir, ver.**

CABER

Present Indicative

quepo	cabemos
cabes	cabéis
cabe	caben

Present Subjunctive

quepa	quepamos
quepas	quepáis
quepa	quepan

Preterite Indicative

cupe	cupimos
cupiste	cupisteis
cupo	cupieron

Past Subjunctive

cupiera	cupiéramos
cupieras	cupierais
cupiera	cupieran

Imperfect Indicative

cabía	cabíamos
cabías	cabíais
cabía	cabían

Future Indicative

cabré	cabremos
cabrás	cabréis
cabrá	cabrán

Conditional Indicative

cabría	cabríamos
cabrías	cabríais
cabría	cabrían

DAR

Present Indicative

doy	damos
das	dais
da	dan

Present Subjunctive

dé	demos
des	deis
dé	den

Preterite Indicative

di	dimos
diste	disteis
dio	dieron

Past Subjunctive

diera	diéramos
dieras	dierais
diera	dieran

Imperfect Indicative

daba	dábamos
dabas	dabais
daba	daban

Future Indicative

daré	daremos
darás	daréis
dará	darán

Conditional Indicative

daría	daríamos
darías	daríais
daría	darían

DECIR

Present Indicative

digo	decimos
dices	decís
dice	dicen

Present Subjunctive

diga	digamos
digas	digáis
diga	digan

<u>Preterite Indicative</u>

dije	*dijimos*
dijiste	*dijisteis*
dijo	*dijeron*

<u>Past Subjunctive</u>

dijera	*dijéramos*
dijeras	*dijerais*
dijera	*dijeran*

(The imperfect indicative is regular.)

<u>Future Indicative</u>

diré	*diremos*
dirás	*diréis*
dirá	*dirán*

<u>Conditional Indicative</u>

diría	*diríamos*
dirías	*diríais*
diría	*dirían*

ESTAR

(The verb **andar** is conjugated the same as the verb **estar** in the preterite.)

<u>Present Indicative</u>

estoy	*estamos*
estás	*estáis*
está	*están*

<u>Present Subjunctive</u>

esté	*estemos*
estés	*estéis*
esté	*estén*

<u>Preterite Indicative</u>

estuve	*estuvimos*
estuviste	*estuvisteis*
estuvo	*estuvieron*

<u>Past Subjunctive</u>

estuviera	*estuviéramos*
estuvieras	*estuvierais*
estuviera	*estuvieran*

<u>Imperfect Indicative</u>

estaba	*estábamos*
estabas	*estabais*
estaba	*estabam*

(The future and conditional forms of this verb are regular.)

HACER

<u>Present Indicative</u>

hago	*hacemos*
haces	*hacéis*
hace	*hacen*

<u>Present Subjunctive</u>

haga	*hagamos*
hagas	*hagáis*
haga	*hagan*

<u>Preterite Indicative</u>

hice	*hicimos*
hiciste	*hicisteis*
hizo	*hicieron*

<u>Past Subjunctive</u>

hiciera	*hiciéramos*
hicieras	*hicierais*
hiciera	*hicieran*

(The imperfect forms of this verb are regular.)

<u>Future Indicative</u>

haré	*haremos*
harás	*haréis*
hará	*harán*

<u>Conditional</u>

haría	*haríamos*
harías	*haríais*
haría	*harían*

IR

Present Indicative		Present Subjunctive	
voy	*vamos*	*vaya*	*vayamos*
vas	*vais*	*vayas*	*vayáis*
va	*van*	*vaya*	*vayan*

Preterite Indicative		Past Subjunctive	
fui	*fuimos*	*fuera*	*fuéramos*
fuiste	*fuisteis*	*fueras*	*fuerais*
fue	*fueron*	*fuera*	*fueran*

Imperfect Indicative	
iba	*íbamos*
ibas	*ibais*
iba	*iban*

(The future and conditional forms of this verb are regular.)

OÍR

Present Indicative		Present Subjunctive	
oigo	*oímos*	*oiga*	*oigamos*
oyes	*oís*	*oigas*	*oigáis*
oye	*oyen*	*oiga*	*oigan*

Preterite Indicative		Past Subjunctive	
oí	*oímos*	*oyera*	*oyéramos*
oíste	*oísteis*	*oyeras*	*oyerais*
oyó	*oyeron*	*oyera*	*oyeran*

Whenever the verb ending contains an unstressed **i** in the ending after a vowel in the stem, as in the third person singular and plural of the second and third conjugation infinitives (-**ió**), the **i** is changed to **y**. This happens with the verbs **creer, poseer,** and **leer** in the preterite: **creyó, leyó.** Notice that this will not happen with verbs that end with -**ar** because there is no **i in the third person singular or plural preterite endings**.

(The imperfect, future, and conditional forms of this verb are regular.)

PODER

Present Indicative		Present Subjunctive	
puedo	*podemos*	*pueda*	*podamos*
puedes	*podéis*	*puedas*	*podáis*
puede	*pueden*	*pueda*	*puedan*

Preterite Indicative		Past Subjunctive	
pude	*pudimos*	*pudiera*	*pudiéramos*
pudiste	*pudisteis*	*pudieras*	*pudierais*
pudo	*pudieron*	*pudiera*	*pudieran*

(The imperfect forms for this verb are regular.)

Future		Conditional	
podré	podremos	podría	podríamos
podrás	podréis	podrías	podríais
podrá	podrán	podría	podrían

PONER

Present Indicative		Present Subjunctive	
pongo	ponemos	ponga	pongamos
pones	ponéis	pongas	pongáis
pone	ponen	ponga	pongan

Preterite Indicative		Past Subjunctive	
puse	pusimos	pusiera	pusiéramos
pusiste	pusisteis	pusieras	pusierais
puso	pusieron	pusiera	pusieran

(The imperfect forms of this verb are regular.)

Future		Conditional	
pondré	pondremos	pondría	pondríamos
pondrás	pondréis	pondrías	pondríais
pondrá	pondrán	pondría	pondrían

QUERER

Present Indicative		Present Subjunctive	
quiero	queremos	quiera	queramos
quieres	queréis	quieras	queráis
quiere	quieren	quiera	quieran

Preterite Indicative		Past Subjunctive	
quise	quisimos	quisiera	quisiéramos
quisiste	quisisteis	quisieras	quisierais
quiso	quisieron	quisiera	quisieran

(The imperfect forms of this verb are regular.)

Future Indicative		Conditional Indicative	
querré	querremos	querría	querríamos
querrás	querréis	querrías	querríais
querrá	querrán	querría	querrían

SABER

Present Indicative		Present Subjunctive	
sé	sabemos	sepa	sepamos
sabes	sabéis	sepas	sepáis
sabe	saben	sepa	sepan

<u>Preterite Indicative</u>

supe	supimos		
supiste	supisteis		
supo	supieron		

<u>Past Subjunctive</u>

supiera	supiéramos
supieras	supierais
supiera	supieran

(The imperfect indicative forms of this verb are regular.)

<u>Future Indicative</u>

sabré	sabremos
sabrás	sabréis
sabrá	sabrán

<u>Conditional Indicative</u>

sabría	sabríamos
sabrías	sabríais
sabría	sabran

SER

<u>Present Indicative</u>

soy	somos
eres	sois
es	son

<u>Present Subjunctive</u>

sea	seamos
seas	seáis
sea	sean

<u>Preterite Indicative</u>

fui	fuimos
fuiste	fuisteis
fue	fueron

<u>Past Subjunctive</u>

fuera	fuéramos
fueras	fuerais
fuera	fueran

<u>Imperfect Indicative</u>

era	éramos
eras	erais
era	eran

(The future and conditional forms of this verb are regular.)

TENER

<u>Present Indicative</u>

tengo	tenemos
tienes	tenéis
tiene	tienen

<u>Present Subjunctive</u>

tenga	tengamos
tengas	tengáis
tenga	tengan

<u>Preterite Indicative</u>

tuve	tuvimos
tuviste	tuvisteis
tuvo	tuvieron

<u>Past Subjunctive</u>

tuviera	tuviéramos
tuvieras	tuvierais
tuviera	tuvieran

(The imperfect forms of this verb are regular.)

<u>Future Indicative</u>

tendré	tendremos
tendrás	tendréis
tendrá	tendrán

<u>Conditional Subjunctive</u>

tendría	tendramos
tendrías	tendríais
tendría	tendrían

TRAER

Present Indicative		Present Subjunctive	
traigo	*traemos*	*traiga*	*traigamos*
traes	*traéis*	*traigas*	*traigáis*
trae	*traen*	*traiga*	*traigan*

VALER

Present Indicative		Present Subjunctive	
valgo	*valemos*	*valga*	*valgamos*
vales	*valéis*	*valgas*	*valgáis*
vale	*valen*	*valga*	*valgan*

Preterite Indicative		Past Subjunctive	
valí	*valimos*	*valiera*	*valiéramos*
valiste	*valisteis*	*valieras*	*valierais*
valió	*valieron*	*valiera*	*valieran*

(The imperfect forms of this verb are regular.)

Future Indicative		Conditional Indicative	
valdré	*valdremos*	*valdría*	*valdríamos*
valdrás	*valdréis*	*valdrías*	*valdríais*
valdrá	*valdrán*	*valdría*	*valdrían*

VENIR

Present Indicative		Present Subjunctive	
vengo	*venimos*	*venga*	*vengamos*
vienes	*venís*	*vengas*	*vengáis*
viene	*vienen*	*venga*	*vengan*

Preterite Indicative		Past Subjunctive	
vine	*vinimos*	*viniera*	*viniéramos*
viniste	*vinisteis*	*vinieras*	*vinierais*
vino	*vinieron*	*viniera*	*vinieran*

(The imperfect forms of this verb are regular.)

Future Indicative		Conditional Indicative	
vendré	*vendremos*	*vendría*	*vendríamos*
vendrás	*vendréis*	*vendrías*	*vendríais*
vendrá	*vendrán*	*vendría*	*vendrían*

VER

Present Indicative		Present Subjunctive	
veo	*vemos*	*vea*	*veamos*
ves	*veis*	*veas*	*veáis*
ve	*ven*	*vea*	*vean*

Preterite Indicative		Past Subjunctive	
vi	*vimos*	*viera*	*viéramos*
viste	*visteis*	*vieras*	*vierais*
vio	*vieron*	*viera*	*vieran*

Imperfect Indicative	
veía	*veíamos*
veías	*veíais*
veía	*veían*

(The future and conditional indicative forms of this verb are regular.)

3. STEM CHANGING VERBS

Verbs whose conjugated forms have a change in the stem (the radical) of the verb can be classified as follows: Class I, Class II, or Class III.

CLASS I

All of the verbs in Class I are **-ar** and **-er** infinitives. These verbs have a change **only** in the **present tense**. The change is from **e** to **ie** and **o** to **ue** in the first, second, and third persons singular and the third person plural. It does not have a change in the first and second person plural because the stress is on the ending of the verb form, not on the stem of the verb. An example of these two changes is:

Present Indicative

pensar (ie)		*volver (ue)*	
pienso	*pensamos*	*vuelvo*	*volvemos*
piensas	*pensáis*	*vuelves*	*volvéis*
piensa	*piensan*	*vuelve*	*vuelven*

In the subjunctive forms, all the stem changes occur exactly as they do in the indicative, in all of the same persons and numbers:

Present Subjunctive

piense	*pensemos*	*vuelva*	*volvamos*
pienses	*penséis*	*vuelvas*	*volváis*
piense	*piensen*	*vuelva*	*vuelvan*

These verbs are indicated in dictionaries with the letters of the change in parentheses after the infinitive. Other verbs of this Class I change are: *sentarse, empezar, encontrar, contar, costar, despertar, atravesar, recomendar, comenzar, entender, volver, envolver, devolver, revolver, perder, defender, rogar, negar, nevar, oler, soltar, mover, mostrar, demostrar, llover, jugar.*

The verb ***oler*** is irregular in the present because an **h** is added to the beginning of the verb:

Present Indicative		Present Subjunctive	
huelo	olemos	**h**uela	olamos
hueles	oléis	**h**uelas	oláis
huele	**h**uelen	**h**uela	**h**uelan

The verb is regular in all other tenses and forms.

CLASS II

These stem changing verbs are all third conjugation verbs (they end with **-ir**). These verbs change **e** to **ie** and **o** to **ue** in the same persons and numbers as the Class I verbs (first, second, and third persons) in the present tense, but also have a change in the preterite forms. The preterite changes are **e** to **i** and **o** to **u** in the third persons singular and plural.

Present Indicative

sentir (ie,i)		*dormir (ue,u)*	
s**ie**nto	sentimos	d**ue**rmo	dormimos
s**ie**ntes	sentís	d**ue**rmes	dormís
s**ie**nte	s**ie**nten	d**ue**rme	d**ue**rmen

Preterite Indicative

sentir (ie,i)		*dormir (ue,u)*	
sentí	sentimos	dormí	dormimos
sentiste	sentisteis	dormiste	dormisteis
s**i**ntió	s**i**ntieron	d**u**rmió	d**u**rmieron

In the present subjunctive the **e** changes to **ie** in the first, second, and third singular and the third plural forms, and changes from **e** to **i** in the first and second persons plural:

Present Subjunctive

sentir (ie,i)		*dormir (ue,u)*	
s**ie**nta	s**i**ntamos	d**ue**rma	d**u**rmamos
s**ie**ntas	s**i**ntáis	d**ue**rmas	d**u**rmáis
s**ie**nta	s**ie**ntan	d**ue**rma	d**ue**rman

In the preterite forms the change occurs in all forms in the past subjunctive:

sentir (ie,i)		*dormir (ue,u)*	
s**i**ntiera	s**i**ntiéramos	d**u**rmiera	d**u**rmiéramos
s**i**ntieras	s**i**ntierais	d**u**rmieras	d**u**rmierais
s**i**ntiera	s**i**ntieran	d**u**rmiera	d**u**rmieran

Morir is the only other Class II verb in which **o** changes to **ue**. Other verbs that are similar to the above verbs are: *divertirse* and *arrepentir*.

The present participles (**-iendo**) will have the change in the stem of the participle, from **e** to **i** and **o** to **u**. For example: s**i**ntiendo and d**u**rmiendo.

CLASS III

These stem changing verbs all end in **-ir** and change **e** to **i** in the first, second, and third persons singular, and third person plural in the present tense. The change in the preterite is from **e** to **i** in the third persons singular and plural. There are no **o** to **ue** changes.

pedir (i,i)

Present Indicative			Present Subjunctive	
pido	*pedimos*		*pida*	*pidamos*
pides	*pedís*		*pidas*	*pidáis*
pide	*piden*		*pida*	*pidan*

Notice the same stem change occurs in all forms of the present subjunctive.

Preterite Indicative			Past Subjunctive	
pedí	*pedimos*		*pidiera*	*pidiéramos*
pediste	*pedisteis*		*pidieras*	*pidierais*
pidió	*pidieron*		*pidiera*	*pidieran*

The same stem change occurs in all forms of the past subjunctive.

Other verbs that are conjugated like *pedir* are: *elegir, pedir (impedir, despedir), servir, vestir, reñir,* and *reír.*

The verb *reír* has the following changes in accent marks because it is a single syllable stem:

Present Indicative			Present Subjunctive	
río	*reímos*		*ría*	*riamos*
ríes	*reís*		*rías*	*riáis*
ríe	*ríen*		*ría*	*rían*

Preterite Indicative			Past Subjunctive	
reí	*reímos*		*rieran*	*riéramos*
reíste	*reísteis*		*rieras*	*rierais*
rio	*rieron*		*riera*	*rieran*

In the above forms notice that *reír* is a stem changing verb, so the stem contains an **i** in the third person singular and plural, and the accent falls in the normal position for the preterite **-ir** conjugations.

The present participles of Class III verbs will have the stem change of **e** to **i**: *pidiendo, riendo.*

4. ORTHOGRAPHIC VERBS

Verbs that have spelling changes because of the sequence of certain consonants, **c, g,** and **z** when followed by certain vowels, are called orthographic verbs.

The vowels **a** and **o** are hard vowels; **e** and **i** are soft vowels. When the letter **c** is followed by a hard vowel, the sound of **c** is the same as **k** in English. (*Sacar* in Spanish is pronounced as if the **c** were a **k**.) When the **c** is followed by a soft vowel the **c** has an **s** sound. (*Conocer* is pronounced as if the **c** were an **s** in the last syllable.) Therefore, wherever the initial vowel of an ending is the opposite of what is found in the infinitive, there are the following spelling changes:

1. **-car** infinitives. Change the **c** to **qu** when the ending begins with an **e** or an **i**:

Buscar
(preterite indicative, first person singular)

busqué	*buscamos*
buscaste	*buscasteis*
buscó	*buscaron*

(Notice that only the first person singular ending begins with the letter **e**, so it is the only one that changes spelling.)

Buscar
(present subjunctive, all forms)

busque	**busquemos**
busques	**busquéis**
busque	**busquen**

(Notice that all of these endings begin with the letter **e** so there is a change in the spelling. Notice also that there is no accent on the first person singular form.)

Some other common verbs that have this change are: *practicar, explicar, tocar, comunicar, ahorcar, abarcar, embarcar, arrancar, atacar, equivocar, provocar, destacar, marcar, ubicar, evocar, sacar,* and *volcar.*

2. **-cer** infinitives. Add a **z** before the **c**:

Conocer

(present indicative, first person singular only)

*cono**z**co*	*conocemos*
conoces	*conocéis*
conoce	*conocen*

(Notice that all the other endings begin with the letter **e**, which is soft, so no other change is needed.)

Conocer

(present subjunctive, all forms)

*cono**z**ca*	*cono**z**camos*
*cono**z**cas*	*cono**z**cáis*
*cono**z**ca*	*cono**z**can*

(Notice that all of the endings in the subjunctive begin with a hard vowel, so all the forms change.)

Some other common verbs that have these changes are: *parecer, perecer, fallecer, crecer, nacer, merecer, establecer, padecer, obscurecer, anochecer, amanecer, acontecer, aborrecer, apetecer, aparecer, complacer, carecer, desaparecer, empobrecer, enriquecer, embrutecer, enrojecer, entristecer, envejecer, florecer, permanecer, pertenecer, torcer,* and *yacer.*

3. -ducir infinitives:

(In the present indicative, add a **z** before the **c** in the first person singular indicative.)

Traducir
(present indicative, first person singular)

tradu**z**co	traducimos
traduces	traducís
traduce	traducen

(Notice that the first person singular indicative is the only ending that begins with a hard vowel, so it is the only one that adds **z** before **c**.)

Traducir
(present subjunctive, all forms)

tradu**z**ca	tradu**z**camos
tradu**z**cas	tradu**z**cáis
tradu**z**ca	tradu**z**can

(Notice that all the endings begin with the letter **a** so all of the forms add the **z**.) In the preterite change the **c** to **j**:

Traducir
(preterite indicative, all forms)

tradu**j**e	tradu**j**imos
tradu**j**iste	tradu**j**isteis
tradu**j**o	tradu**j**eron

Traducir
(past subjunctive, all forms)

tradu**j**era	tradu**j**éramos
tradu**j**eras	tradu**j**erais
tradu**j**era	tradu**j**eran

Some other common verbs that are conjugated like *traducir* are: *producir, conducir, balbucir, lucir, deducir,* and *reducir.*

The letter **g** has two sounds depending on which letter follows it. When **g** is followed by the letter **a**, **o**, or **u** (as in *pagar*), it has a hard sound like the **g** in the English word *go.*

When the letter **g** is followed by the letter **e** or **i**, then the sound is soft, as in the English word, *general.*

4. -gar infinitives. Add a **u** before the endings with soft vowels:

Pagar
(first person singular in the preterite only)

pag**u**é	pagamos
pagaste	pagasteis
pagó	pagaron

(Notice that the first person is the only ending that begins with the letter **e** in the preterite, so it is the only form that changes in this tense.)

Pagar
(present subjunctive, all forms)

pag**u**e	pag**u**emos
pag**u**es	pag**u**éis
pag**u**e	pag**u**en

(Notice that all of the present subjunctive endings begin with the letter **e** so all the forms add the **u** before the ending.)

Some other common verbs that are conjugated like *pagar* are*: jugar, llegar, rogar, negar, ahogar, investigar, indagar, obligar, abrigar, castigar, interrogar, embriagar, propagar, entregar, cegar, colgar, desasosegar, fregar,* and *desplegar.*

5. **-ger** infinitives. Change the **g** to **j** before **a** and **o**:

Escoger
(present indicative, first person singular only)

esco**j**o	escogemos
escoges	escogéis
escoge	escogen

(Notice that the first person singular is the only ending that begins with a hard vowel (**a** or **o**) so it is the only form that changes in the indicative.)

Escoger
(present subjunctive, all forms)

esco**j**a	esco**j**amos
esco**j**as	esco**j**áis
esco**j**a	esco**j**an

(Notice that all forms change because the endings all begin with the letter **a**.)

6. **-gir** infinitives. Change the **g** to **j** before **a** and **o**.

Dirigir
(present indicative, first person singular only)

diri**j**o	dirigimos
diriges	dirigís
dirige	dirigen

(Notice that these forms are the same as for the **-ger** ending infinitives for all the same reasons.)

Dirigir
(present subjunctive, all forms)

diri**j**a	diri**j**amos
diri**j**as	diri**j**áis
diri**j**a	diri**j**an

(Notice that these forms are the same as for the **-ger** verbs for all the same reasons.)

Some other common verbs that are conjugated like *dirigir* are: *elegir, mugir,* and *exigir.*

7. -guir infinitives. Drop the **u** when the ending begins with a hard vowel:

Seguir
(present indicative, first person singular only)

*si**g**o*	*seguimos*
sigues	*seguís*
sigue	*siguen*

(Notice that the first person singular is the only ending that begins with a hard vowel, **o**, so it is the only form with a change.)

Seguir
(present subjunctive, all forms)

*si**ga***	*si**ga**mos*
*si**ga**s*	*si**gá**is*
*si**ga***	*si**ga**n*

(Notice that all of the subjunctive endings begin with the letter **a**, so the **u** is dropped in all six forms.)

8. -zar infinitives. Change the **z** to **c** before endings that begin with soft vowels:

Empezar
(preterite indicative, first person singular only)

*empe**c**é*	*empezamos*
empezaste	*empezasteis*
empezó	*empezaron*

(Notice that the first person singular is the only ending that begins with a soft vowel, **e**.)

Empezar
(present subjunctive, all forms)

*empie**c**e*	*empe**c**emos*
*empie**c**es*	*empe**c**éis*
*empie**c**e*	*empie**c**en*

(Notice that these endings all begin with a soft vowel, **e**, so these forms all change to **c**.)

Some other common verbs that are conjugated like *empezar* are: *analizar, utilizar, comenzar, almorzar, rezar, gozar, avergonzar, cruzar, cazar, destrozar, sollozar, tropezar, esforzar, adelgazar, calzar,* and *reemplazar.*

9. -uir infinitives. Add **y** before the ending when the stem is stressed:

Construir
(present indicative, all forms)

*constru**y**o*	*construimos*
*constru**y**es*	*construís*
*constru**y**e*	*constru**y**en*

(Notice that in the first and second persons plural, the first letter of the ending is stressed, so the forms do not add **y**.)

Construir
(present subjunctive, all forms)

*constru**y**a*	*constru**y**amos*
*constru**y**as*	*constru**y**áis*
*constru**y**a*	*constru**y**an*

(Notice that all forms change because the stem for the subjunctive is the first person singular, present indicative.)

Remember that for **-uir** ending infinitives in the preterite indicative, the unstressed **i** is changed to a **y**:

Construir
(preterite indicative)

construí	*construimos*
construiste	*construisteis*
*constru**y**ó*	*constru**y**eron*

Some other common verbs that are conjugated like *construir* are: *destruir, atribuir, influir, distribuir, sustituir, concluir, disminuir, excluir, fluir,* and *instruir.*

The following verbs have changes in the written diacritical marks because of the phonetics:

10. **-uar** infinitives. Add written accent marks when conjugated in order to retain the stress on the stem of the verb:

Present Indicative

Graduar
(first, second, and third person singular, and third plural)

*grad**ú**o*	*graduamos*
*grad**ú**as*	*graduáis*
*grad**ú**a*	*grad**ú**an*

(Notice that the stress in the first and second person plural forms is on the first letter of the ending, so the accent mark is omitted.)

Present Subjunctive

Graduar
(first, second, and third person singular, and third plural)

*grad**ú**e*	*graduemos*
*grad**ú**es*	*graduéis*
*grad**ú**e*	*grad**ú**en*

(Notice that these changes are in the same persons and number as the indicative forms.)

11. **-guar** adds a dieresis over the **u** (**ü**) when the ending begins with an **e**, in order to keep the hard sound of the letter **g** that is found in the infinitive:

Preterite Indicative

Averiguar
(first person singular)

*averig**ü**é*	*averiguamos*
averiguaste	*averiguasteis*
averiguó	*averiguaron*

(Notice that only the first person singular ending begins with **e**.)

Present Subjunctive

Averiguar

averigüe	*averigüemos*
averigües	*averigüéis*
averigüe	*averigüen*

(Notice that since all of these endings begin with the letter **e**, the dieresis is written on the letter **u** to preserve the hard sound of the **g**.)

Other verbs like *averiguar* are: *santiguar* and *apaciguar*.

12. -iar infinitives add an accent on the stem.

Present Indicative

Enviar

envío	*enviamos*
envías	*enviáis*
envía	*envían*

(Notice that these changes occur where the stress should fall on the stem, not on the first letter of the ending.)

Present Subjunctive

Enviar

envíe	*enviemos*
envíes	*enviéis*
envíe	*envíen*

(Notice that the accent is added in the same forms as in the present indicative.)

Use of the Indicative Mood

The indicative mood is used in main clauses, simple declarative statements, or questions where no doubt, uncertainty, or contrary-to-fact information is expressed. With the indicative mood, the simple present corresponds to several different meanings in English. For example: *hablo* = I **talk**, I **am talking**, I **do talk**, **Do** I **talk...?** and **Am** I **talking...?** In the past there are two simple tenses: the imperfect and the preterite. The imperfect is used to describe background information about an event, to describe an action that was going on at some time in the past without regard for when it began and/or ended, an action that was going on when something else happened, habitual action, repetitive action in the past, and for telling time. The preterite tense is used to stress the fact that an event took place in a finite period of time in the past. An action expressed using the preterite is one that is completed, a definite beginning and/or ending to the action is communicated through the selection of the preterite tense. These actions are said to be narrated instead of described. The preterite is also used to relate events or actions in a series in the past. There are five verbs whose meanings are different in the preterite, based on the meaning implied from the selection of the tense. They are:

Conocer: in the preterite *conocer* means *to meet*.
in the imperfect *conocer* means *knew*.

For example:

> *Yo la conocí en la fiesta.* (I met her at the party.)
> *Yo la conocía antes de la fiesta.* (I knew her before the party.)

Querer: in the affirmative preterite *querer* means *to try.*
      in the negative preterite *querer* means *to refuse.*
      in the imperfect *querer* means *wished* or *wanted.*

For example:

> *Yo quise llamarte anoche.* (I tried to call you last night.)
> *No quise llamarte otra vez.* (I refused to call you again.)
> *Yo quería llamarte anoche.* (I wanted to call you last night.)

Poder: in the preterite *poder* means *managed,* with accomplished action implied.
      in the imperfect *poder* means *could.*

For example:

> *El chico pudo ir a la fiesta.* (The boy managed to go to the party.)
> *El chico podía ir a la fiesta.* (The boy was able to go to the party./
> The boy could go to the party.)

Saber: in the preterite *saber* means *found out.*
      in the imperfect *saber* means *knew.*

For example:

> *Ayer supe la dirección.* (Yesterday I found out the address./
> Yesterday I discovered the address.)
> *Ayer sabía la dirección.* (Yesterday I knew the address.)

Tener: in the preterite *tener* means *received.*
      in the imperfect *tener* means *had.*

For example:

> *Ayer tuve una carta.* (Yesterday I received a letter.)
> *Ayer tenía una carta.* (Yesterday I had a letter.)

The future is used to express actions that have not yet taken place. This tense is also used to express conjecture (the probability or supposition) that something will happen. This meaning is expressed in English with phrases such as *I wonder..., What can be...?* and the like.

The conditional tense expresses the same meaning in the past. This tense is frequently expressed by one of the several meanings of the verb *would.* (In English *would* can indicate a variety of other time frames, such as past, or provisional actions.) For example, *He would go when he had the time.*

The conditional tense in Spanish is also used to communicate probability or conjecture in the past. Its meanings correspond to the future of probability, except in the past instead of the present tense.

For example:

¿Qué hora será? (What time can it be?/I wonder what time it is?)
¿Qué hora sería? (What time could it be?/I wonder what time it was?)

The compound tenses are used to refer to a time frame immediately prior to a specified point in time. For example, the present perfect refers to a period of time immediately before the present, as in: *He has done his homework.* The pluperfect and pluscuamperfect (the imperfect and the preterite of *haber* + a past participle, respectively) refer to a period of time occurring before a specified point in time in the past.
For example:

Había hecho la tarea cuando sus amigos llegaron. (He had done his work when his friends arrived.)

The future perfect corresponds to a time occurring before another referenced point of time in the future, but after the present.
For example:

Ellos se habrán ido cuando yo llegue. (They will have gone by the time I arrive.) (My arrival will take place in the future, and they will go after that future time when I arrive.)

The Use of the Subjunctive

The conventions for using the subjunctive are changing; they vary according to location and who is using it, so there is a lot of variety in the way the subjunctive is used. The following guidelines for using the subjunctive are generally accepted as standard, if there is such a thing in Spanish grammar outside of the *Real Academia Española* in Spain.

The subjunctive mood expresses doubt, uncertainty, hypothetical situations, contrary to fact situations, and anything not considered by the speaker to be a fact. The subjunctive mood is used in **dependent** or **subordinate** clauses and some **independent** clauses.

In **independent** clauses the subjunctive is frequently used after *quizás* or *tal vez*, which can introduce either the indicative or the subjunctive, depending on the degree of conjecture or probability the speaker wishes to communicate. After the expression *Ojalá* the present or the past subjunctive is used. Often the past subjunctive is used as a softened request, a polite way to make a request of someone, such as in *¿Quisiera usted ...?* or *¿Pudiera usted ...?* The subjunctive is used in elliptical statements, clauses that begin with *Que*. There are a variety of ways to translate these expressions.
For example:

¡Que se divierta esta noche! (I hope you have a good time tonight!)
¡Que te vaya bien! (May you have a good trip!)
¡Que duermas bien! (Sleep tight! Get a good night's sleep!)

In subordinate clauses the subjunctive usually occurs in noun, adjective, or adverb clauses. As a rule, there is a change of subject; the subject of the verb in the main clause is different from the subject of the verb in the dependent clause. When there is no change of subject, an infinitive functions as the object of the verb.

For example:

> *Yo quiero leer el libro.* (I want to read the book.)
>
> *Yo quiero que tú leas el libro.* (I want you to read the book.)
>
> *Me alegro de estar aquí.* (I am glad to be here.)
>
> *Me alegro que estés aquí.* (I am glad you are here.)

In noun clauses the subjunctive is used when the verb in the main clause expresses a request, a wish, desire, approval, opposition, preference, suggestion, recommendation, advisability, necessity, obligation, or a command. Some common verbs of this type are: *querer, pedir, desear, prohibir, mandar, rogar, permitir, dejar, impedir, sugerir, recomendar, exigir, oponer, requerir, aconsejar, hacer,* and *preferir.*

At times *decir* indicates volition (a request), and at other times it expresses facts. When it indicates a request, then the subjunctive is used. The other times, it is followed by the indicative.

For example:

> *Él dice que su hermano viene mañana.* (He says that his brother is coming tomorrow.)
>
> *Él le dice a su hermano que venga mañana.* (He tells his brother to come tomorrow.)

Notice that when the verb indicates a request, an indirect object pronoun is often used. The English translation of the sentence often uses an infinitive construction instead of the subjunctive.

After verbs that express an emotion, the subjunctive is used in the dependent clause. Some common verbs of this type are: *alegrarse de, estar contento, lamentar, molestar, parecerle extraño, sentir,* and *arrepentir.*

After verbs that express doubt or denial the subjunctive is used. Common verbs of this type are *negar, dudar, no estar seguro,* and *no estar cierto.*

For example:

> *Dudo que vengan.* (I doubt that they are coming.)
>
> *Niego que lo escriban.* (I deny that they are writing it.)

When the negative of the above verbs is used, however, a certainty is expressed and the indicative is used.

For example:

> *No dudo que vienen.* (I do not doubt that they are coming.)
>
> *No niego que lo escriben.* (I do not deny that they are writing it.)

After an impersonal expression (the verb *ser* + an adjective), the subjunctive is used. The verb *ser* can be used in any tense, but it is always in the third person singular form, meaning *it is, it was, it will be,* etc.

For example:

> *Será preciso que lean.* (It will be necessary for them to read.)
>
> *Puede ser que lo tengan.* (It could be that they have it.)

Often an infinitive construction can be used in place of a subordinate clause containing the subjunctive. When the infinitive is used, the verb *ser* is preceded by an indirect object pronoun that is the subject of the verb in the subordinate clause in English.

For example:

> *Les fue imposible asistir.* (It was impossible for them to come.)
> *Fue imposible que asistieran.* (It was impossible for them to come./It was impossible that they come.)

The only impersonal expressions that require the indicative mood are those that express a certainty, such as *es obvio, es evidente, es claro, es seguro, es verdad, es cierto,* and *no cabe duda.* (Remember that the verb *es* can be in any other tense also: *es, fue, era, será sería, ha sido, había sido, habrá sido,* and *habría sido,* or even the present participle *siendo necesario.*)

For example:

> *Es obvio que les gusta leer.* (It is obvious that they like to read.)
> *Fue obvio que les gustaba leer.* (It was obvious that they liked to read.)

When any of the above impersonal expressions of certainty are negated, then the subjunctive is used since doubt is then implied.

For example:

> *No es obvio que les guste leer.* (It is not obvious that they like to read.)

In adjective clauses, the subjunctive is used if the antecedent (the noun that the clause modifies) is indefinite, unknown to the speaker, uncertain, hypothetical, or nonexistent.

For example:

> *Buscan un apartamento que sea barato.* (They are looking for an apartment that is inexpensive.)
> *Buscan un estudiante que pueda traducirlo.* (They are looking for a student who can translate it.)
> *No encontraron ningún estudiante que pudiera leerlo.* (They did not find any student who read it.)
> *No hay nadie que recuerde toda esa historia.* (There is no one who remembers all of that story.)

When the antecedent is indefinite, the personal *a* is often omitted. The absence of a personal *a*, then frequently indicates the subjunctive is necessary.

For example:

> *Buscan un estudiante que sepa de ingeniería eléctrica.* (They are looking for a student who knows electrical engineering.)
> *Buscan al estudiante que sabe de ingeniería eléctrica.* (They are looking for the student who knows electrical engineering.)

The construction *por ... que* indicates the subjunctive. The phrase is expressed several ways in English.

For example:

> *Por rico que sea, no me casaré con él.* (No matter how rich he may be, I will not marry him.)
>
> *Me quedaré hasta la conclusión, por tarde que sea.* (I will stay until the end, however late that may be.)
>
> *Por mucho que se quejaran, los estudiantes hicieron el trabajo.* (For all the complaining they did, the students still did the work.)

In adverbial clauses the kind of conjunction determines whether the subjunctive is used or not. After the following conjunctions, the subjunctive is always used, regardless of the tenses of the verbs: *para que, con tal que, a menos que, a ser que, a fin de que, antes de que, sin que, a no ser que,* and *en caso de que.* The preposition *de* in most of the above adverbial conjunctions is normally omitted. These conjunctions, except for *antes de que,* introduce clauses of concession, proviso, or purpose.

For example:

> *El chico hizo la tarea para que pudiera ir a la fiesta.* (The boy did the chores so that he could go to the park.)
>
> *Ella dijo que vendría con tal que viniera su compañera.* (She said she would come provided that her companion came.)
>
> *Salieron sin que los viéramos.* (They left without our seeing them.)

Notice the variety of ways that the subjunctive is expressed in English, especially the last example where English uses a gerund, and Spanish uses the subjunctive.

Two adverbial conjunctions that take either the subjunctive or the indicative depending on the meaning desired by the speaker are: *de manera que* and *de modo que.* The selection depends on the kind of information that is being communicated.

For example:

> *El conferenciante habló de manera que todos los delegados lo oyeron.* (The speaker spoke so that the delegates understood him./The speaker spoke in such a way that the delegates understood him.) (Whichever the meaning, the delegates understood him.)
>
> *El conferenciante hablo de manera que todos los delegados le oyeran.* (The speaker spoke in a way that the delegates could understand him.)
> (It is unknown whether the delegates understood him or not.)

Aunque and *a pesar de que* also can take either the subjunctive or the indicative according to what the speaker wishes to communicate. The selection of the subjunctive expresses uncertainty about the facts in the mind of the speaker, and the indicative expresses the opposite meaning.

For example:

> *Aunque lloverá mañana, iremos.* (Although it will rain tomorrow, we will go.)
> (The speaker is reasonably certain it will rain.)
>
> *Aunque llueva mañana, iremos.* (Although it may rain tomorrow, we will go.)
> (The speaker makes no statement about whether it will rain or not.)

In adverbial clauses of time, the sequence of tenses is especially important. After the following adverbial conjunctions, use the subjunctive if the verbs in the independent clause are in the future (the action has not yet taken place), and the subjunctive in the subordinate clause: *en cuanto, tan pronto como, cuando, después, hasta que, mientras, una vez que.* The subjunctive is used because since these events have not taken place yet, they cannot be considered factual.

For example:

> *Pídales que se queden hasta que volvamos.* (Ask them to remain until we return.)
> *Te veremos tan pronto como llegues.* (We will see you as soon as you get here.)
> *Lo agradecerá cuando venga.* (They will thank him when he comes.)

When the action or event takes place in the past, the indicative is used. When the above sentences, for example, are expressed in the past, notice that the subjunctive is not used, since once the event has occurred, it is a fact, or is perceived as fact by the speaker.

For example:

> *Les pidió que se quedaran hasta que volvimos.* (He asked them to stay until we returned. OR We did return.)

The subjunctive is still used in the dependent noun clause after *pedir*, but after the adverbial conjunction, *hasta que*, the indicative is used.

For example:

> *Te vimos tan pronto como llegaste.* (We saw you as soon as you arrived. OR We saw you return; it is a fact.)
> *Lo agradecí cuando vino.* (I thanked him when he came. OR He came; it is a fact.)

The use of the subjunctive after *si* depends upon the tense of the verb, also, and the construction in which it occurs. After *si*, the present subjunctive is so seldom used that it is not likely to appear on the exam. (The exception would be when *si* means *cuando*.) When the present or future indicative is used, *si* is followed by the present indicative, or future.

For example:

> *Le pago si hace el trabajo.* (I pay him if he works.) (The speaker does not know if he will work or not, but when he works he gets paid.)

Compare this sentence with:

> *Le pagaré cuando trabaje.* (I will pay him when he works.) (I will pay him when he works, but he has not worked yet. I have not paid him yet.)
> *Si hará el trabajo, le pagaré.* (If he will do the work, I will pay him.)

When the sentence structure indicates an *if-then* statement, then the **past** subjunctive is used in the *if* portion of the sentence, or in both clauses. The subjunctive is used in the *if* portion of the sentence because the information expressed in that kind of clause is contrary to fact, which requires the use of the subjunctive.

For example:

> *Le pagaría si trabajara.* (I would pay him if he would work.)

(This sentence structure using the conditional, implies very strongly that he will not work. The information communicated through the use of this grammar is that it is uncertain whether he will work or not. The meaning implied is *if he would work, which he probably would not do,* meaning that his working is contrary to fact.)

In the past perfect (pluperfect and pluscuamperfect), the helping verb *haber* is conjugated in the appropriate tenses.

For example:

> *Le habría pagado si hubiera trabajado.* (I would have paid him if he had worked.)

Look at the following sequence of tenses to help fix in mind the progression from what is perceived as fact by the speaker, to hypothetical statements (*if-then* sentences.)

> *Si tengo dinero, voy a la fiesta.* (If I have money I will go to the party.)
> *Si tenía dinero, iría a la fiesta.* (If I had money, I would go to parties.)
> *Si tuviera dinero, iría a la fiesta.* (If I had the money, I would go to the party.)
> *Si hubiera tenido dinero, habría ido a la fiesta.* (If I had had money, I would have gone to the party.)

Another case where the past subjunctive is always used because it expresses contrary to fact information is after the expression *como si,* meaning *as if.* Even in English this structure uses the English equivalent of the subjunctive.

For example:

> *Les habló como si fueran niñitos.* (He spoke to them as if they were children.)
> *Les habla como si fueran niñitos.* (He speaks to them as if they were children.)
> *Les hablará como si fueran niñitos.* (He will speak to them as if they were children.)
> *Les ha hablado como si fueran niños.* (He has spoken to them as if they were children.)
> *Les había hablado como si hubieran sido niños.* (He had spoken to them as if they had been children.)

The other instance in which the subjunctive is used is in imperative sentences—commands.

A command is really a portion of a sentence in which the speaker means *I want that...* or *I order that....* For example, in the following cases, notice how the part of the sentence that is in parentheses actually expresses what is the main clause, followed by the dependent noun clause, with the subjunctive used after the verb that expresses volition.

(Yo quiero que usted) Diga la verdad. (I want that you) Tell the truth.

(Yo mando que usted) No revele el secreto. (I order that you) Do not reveal the secret.

(Yo exijo que ustedes) Lean el libro. (I require that you) Read the book.

(Yo pido que nosotros) Aceptemos su oferta. (I request that we) Accept their offer.

The one difference between the simple declarative sentence that uses the subjunctive in the dependent noun clause, and the imperative sentence is that the location of pronouns is different for imperative sentences.

For example:

Dígamelo. (Tell it to me.)

The pronouns are added to the end of the verb since it is a command form:

(Yo quiero que usted) me lo diga. (I want that you) tell it to me.

There is a command form for every person and number except the first person singular. The subjunctive is used for commands in all forms except for the second person singular and plural affirmative commands. The following shows which verb form to use for which command.

Second Person Singular, **Tú**:

Affirmative form: the third person singular **present indicative**

For example:

Entrega (tú) los papeles. (Turn in the papers.)

Negative form: the second person, singular **present subjunctive**
For example:

No entregues (tú) los papeles. (Do not turn in the papers.)

Third Person Singular, **Usted**:

Affirmative and negative forms: the third person singular, **present subjunctive**
For example:

Entregue Ud. los papeles. (Turn in the papers.)
No entregue Ud. los papeles. (Do not turn in the papers.)

First Person Plural, **Nosotros, Nosotras**:

Affirmative and negative forms: the first person plural, **present subjunctive**
For example:

Entreguemos los papeles. (Let's turn in the papers.)

When the reflexive pronoun, **nos**, is added to affirmative forms, the final *s* of the ending is dropped.
For example:

> *Sentémonos.* (Let's sit down.)

Frequently the expression *Vamos a + infinitive* is used in place of the subjunctive command form. The one exception to this rule for formation of the *nosotros* command is the verb *irse* in the affirmative, which is simply *Vámonos.* (The negative form conforms to the rule: *No nos vayamos.*)

<u>Second Person Plural, **Vosotros, Vosotras**</u>:

Affirmative form: the infinitive with *d* in place of *r* of the infinitive ending
For example:

> *Entregad los papeles.* (Turn in the papers.)

[When the reflexive pronoun is added to the affirmative form, the *d* is not used. Simply take off the *r* from the infinitive and add the pronoun, *os*.
For example:

> *Acostaos.* (Go to bed.)

When the infinitive is an -**ir** verb, an accent is written over the **i** of the infinitive ending when the pronoun is attached.
For example:

> *Servíos.* (Serve yourselves.)

The exception to this rule is the verb *ir*, whose second person plural form, affirmative, is **Idos.**]

Negative form: the second person plural of the **present subjunctive**
For example:
No entreguéis los papeles. (Do not turn in the papers.)

<u>Third Person Plural, **Ustedes**</u>:

Affirmative and negative forms: the third person, plural, **present subjunctive**
For example:

> *Entreguen Uds. los papeles.* (Turn in the papers.)
> *No entreguen Uds. los papeles.* (Do not turn in the papers.)

All of the above mentioned forms are for regular, stem changing, and spelling change verbs. There are, however, different forms for some irregular verbs.

For the second person singular irregular verbs, the affirmative and negative forms are:

Infinitive	Affirmative	Negative
decir	*di*	*no digas*
hacer	*haz*	*no hagas*
ir	*vé*	*no vayas*
poner	*pon*	*no pongas*
salir	*sal*	*no salgas*
ser	*sé*	*no seas*
tener	*ten*	*no tengas*
valer	*val*	*no valgas*
venir	*ven*	*no vengas*

For the third person singular and plural commands, the irregular forms are derived from the first person, singular, present indicative. That means that the only forms that cannot be determined from the present tense are those irregular first person singular forms that end in **-oy**. The irregular third person forms for these kinds of verbs are:

dar	*doy*	*dé usted, den ustedes*
estar	*estoy*	*esté usted, estén ustedes*
ir	*voy*	*vaya usted, vayan ustedes*
saber	*sé*	*sepa usted, sepan ustedes*
ser	*soy*	*sea usted, sean ustedes*

The Past Participle

When the past participle functions verbally, the ending is invariable; it always ends in **-o.** It will always follow the verb *haber* when it functions as a part of a verbal form. When the past participle functions as an adjective, however, after the verbs *ser, estar,* or any other verb, then the ending must agree in gender and in number with the noun to which it refers.

Some verbs have irregular past participles. They are:

abrir	*abierto*
cubrir	*cubierto*
decir	*dicho*
escribir	*escrito*
hacer	*hecho*
imprimir	*impreso*
morir	*muerto*
poner	*puesto*
soler	*suelto*
ver	*visto*
volver	*vuelto*

Any of the compound forms of these verbs will take an irregular past participle form, such as *descubrir, desdecir, predecir, describir, deshacer, proponer, componer, satisfacer, devolver, envolver, revolver, prever*, etc.

Past participles also commonly function as absolutes. This use is found mainly in written language.

For example:

> *Determinada la ruta que había de seguir, salieron.* (Having decided on the route they were to follow, they left.)

In conversation the past participle can follow the verb *tener* to indicate that something is done.

For example:

> *Tengo hecha la tarea para mañana. (I have the chores for tomorrow done.)*

The Passive Voice

The structure of the passive voice is almost a formula. The agent in the true passive voice is either expressed or strongly implied. Sometimes the difference between the selection of the true passive and the substitute for the passive depends on what the speaker wishes to emphasize—either the fact that the act was done **by** someone, or some aspect of the action itself.

The structure for the true passive is:

TO BE + PAST PARTICIPLE + POR + THE AGENT

For example:

> *La tienda fue cerrada por el gerente.* (The store was closed by the manager.)

The agent is the person acting upon the subject; the agent does the action.

Notice that in Spanish the object comes before the verb. Also notice that the past participle agrees in gender and number with the noun to which it refers: *la tienda* is the antecedent for *cerrada*.

When the agent is not emphasized, or when the subject is a nonspecific subject (often expressed as *one, they,* or *you* in English), it is possible to use the pronoun **se** and the third person singular or plural of the verb instead of the true passive construction.

For example:

> *Se cierran las tiendas a las cinco.* (The stores are closed at five o'clock. OR They close the stores at five o'clock.)

Another way to express this in Spanish is with the third person plural.

For example:

> *Dicen que el español es fácil.* (They say that Spanish is easy.)
>
> *Se dice que el español es fácil.* (They say that Spanish is easy. OR It is said that Spanish is easy.)

This construction is not to be confused with the use of the past participle with the verb *estar*, which indicates resultant action. In this case the past participle also agrees in gender and number with the noun it modifies.

For example:

> *La tienda estaba cerrada cuando llegué y tuve que volver a casa.* (The store was closed when I arrived and I had to return home.)

Present Participles

When the present participle is used as an adverb in Spanish, it is called a *gerundio*. The term has not been used in this book to avoid any confusion about what precisely is meant by a *gerundio*, or a present participle. Remember that in English a gerund is a present participle that functions as a noun. (For example: Running is good for your health.) Remember that in Spanish the present participle, or *gerundio*, can never function as a noun. In its place an infinitive is used. (*El correr es muy saludable.*) The present participle is formed by removing the infinitive ending and adding **-ando** for **-ar** verbs and **-iendo** for **-er** and **-ir** verbs. For verbs that end in **-er** or **-ir**, the **i** changes to **y** when the unstressed **i** comes between two other vowels.

For example:

leer	*leyendo*
creer	*creyendo*
construir	*construyendo*
traer	*trayendo*
ir	*yendo*

Class II and III stem changing verbs have a change in the stem in the present participle. These verbs will change the **e** or **u** to an **i** or **u,** respectively.

For example:

dormir	*d**u**rmiendo*
morir	*m**u**riendo*
sentir	*s**i**ntiendo*
reír	*r**i**endo*
vestir	*v**i**stiendo*
pedir	*p**i**diendo*

Verbally, the only use of the present participle is as a part of the progressive forms. *Estar* followed by the present participle is the progressive form. (See below.)

When this part of speech functions verbally, the ending in invariable; it always ends in **-o.** The present participle never functions as an adjective (it can never modify a noun). Even when the present participle is used adverbially, it is invariable.

For example:

> *Estábamos jugando al fútbol ayer.* (We were playing soccer yesterday.)

In the adverbial usage, the present participle tells how something is being done. For example:

> *El chico salió corriendo porque ya era tarde.* (The boy left running because it was already late.)

The present participle frequently follows verbs of perception, such as *oír, ver, percibir, sentirse, mirar, escuchar,* etc. In these cases the word describes more about the verb.

For example:

> *Oí al gato maullando fuera de la puerta cerrada.* (I heard the cat mewing outside the closed door.)

The verbs *continuar* and *seguir* take the present participle normally to complete their meaning.

For example:

> *Los chicos siguieron cantando dulcemente.* (The boys continued singing sweetly.)
>
> *Continuamos divirtiéndonos toda la noche.* (We continued to have a good time all night.)

At times the present participle can also provide explanatory or parenthetical information.

For example:

> *Temí que mi hermano, no estando yo presente, cometiera algún disparate.* (I feared that my brother, I not being present, would commit some blunder.)
>
> *Pasando ayer por el mercado, encontré a mi antigua novia.* (Going through the market yesterday, I met my former girlfriend.)

Progressive Forms

The progressive forms are always expressed with *estar + the present participle.*

The verb *estar* is conjugated in any desired tense and the present participle is added. These forms are not used as much in Spanish normally as they are in English because the simple tenses in Spanish are translated into the progressive as one of the meanings. The progressive forms are used to underscore the fact that something is actually in the process of taking place.

For example:

> *Estoy leyendo este libro en este momento.* (I am reading this book at this moment.)
>
> *Estaba leyendo cuando entraron los chicos.* (He was reading when the children came in.)
>
> *Estará volando a la Florida mientras tú manejarás.* (He will be flying to Florida while you will be driving.)

The one instance where the Spanish will not use the progressive form where English does is in a time expression using *hacer*. What in English is the present perfect progressive becomes a simple tense in Spanish.

For example:

> *Hace unos meses que **estudio** el español.* (I **have been studying** Spanish for a few months.)
>
> ***Hacía** unos meses que estudiaba el español.* (He **had been studying** Spanish for a few months.)

Adverbs

Adverbs modify verbs, adjectives, or other adverbs. The ending **-mente** is added to the adjectives that end with **-e** or any consonant.

For example:

> *general—generalmente*
> *frecuente—frecuentemente*

When the adjective ends with **-o**, then the ending **-mente** is added to the feminine form of the adjective.

For example:

> *rápido—rápidamente*

When two adverbs are used together, the first adverb in the feminine form of the word and the ending **-mente** is added to the second adverb only.

For example:

> *Los rayos solares del amanecer se abrieron paso lenta y brillantemente al este.*

Frequently adverbs are replaced by prepositional phrases.

For example:

> *generalmente*   *por lo general*
> *cuidadosamente* *con cuidado*
> *cortésmente*   *con cortesía*

PART SEVEN

MODEL EXAMS

Model Exam 1
ANSWER SHEET

Section I

Part A

1. Ⓐ Ⓑ Ⓒ Ⓓ
2. Ⓐ Ⓑ Ⓒ Ⓓ
3. Ⓐ Ⓑ Ⓒ Ⓓ
4. Ⓐ Ⓑ Ⓒ Ⓓ
5. Ⓐ Ⓑ Ⓒ Ⓓ
6. Ⓐ Ⓑ Ⓒ Ⓓ
7. Ⓐ Ⓑ Ⓒ Ⓓ
8. Ⓐ Ⓑ Ⓒ Ⓓ
9. Ⓐ Ⓑ Ⓒ Ⓓ

10. Ⓐ Ⓑ Ⓒ Ⓓ
11. Ⓐ Ⓑ Ⓒ Ⓓ
12. Ⓐ Ⓑ Ⓒ Ⓓ
13. Ⓐ Ⓑ Ⓒ Ⓓ
14. Ⓐ Ⓑ Ⓒ Ⓓ
15. Ⓐ Ⓑ Ⓒ Ⓓ
16. Ⓐ Ⓑ Ⓒ Ⓓ
17. Ⓐ Ⓑ Ⓒ Ⓓ
18. Ⓐ Ⓑ Ⓒ Ⓓ

19. Ⓐ Ⓑ Ⓒ Ⓓ
20. Ⓐ Ⓑ Ⓒ Ⓓ
21. Ⓐ Ⓑ Ⓒ Ⓓ
22. Ⓐ Ⓑ Ⓒ Ⓓ
23. Ⓐ Ⓑ Ⓒ Ⓓ
24. Ⓐ Ⓑ Ⓒ Ⓓ
25. Ⓐ Ⓑ Ⓒ Ⓓ
26. Ⓐ Ⓑ Ⓒ Ⓓ
27. Ⓐ Ⓑ Ⓒ Ⓓ

28. Ⓐ Ⓑ Ⓒ Ⓓ
29. Ⓐ Ⓑ Ⓒ Ⓓ
30. Ⓐ Ⓑ Ⓒ Ⓓ
31. Ⓐ Ⓑ Ⓒ Ⓓ
32. Ⓐ Ⓑ Ⓒ Ⓓ
33. Ⓐ Ⓑ Ⓒ Ⓓ
34. Ⓐ Ⓑ Ⓒ Ⓓ

Part B

35. Ⓐ Ⓑ Ⓒ Ⓓ
36. Ⓐ Ⓑ Ⓒ Ⓓ
37. Ⓐ Ⓑ Ⓒ Ⓓ
38. Ⓐ Ⓑ Ⓒ Ⓓ
39. Ⓐ Ⓑ Ⓒ Ⓓ
40. Ⓐ Ⓑ Ⓒ Ⓓ
41. Ⓐ Ⓑ Ⓒ Ⓓ
42. Ⓐ Ⓑ Ⓒ Ⓓ
43. Ⓐ Ⓑ Ⓒ Ⓓ

44. Ⓐ Ⓑ Ⓒ Ⓓ
45. Ⓐ Ⓑ Ⓒ Ⓓ
46. Ⓐ Ⓑ Ⓒ Ⓓ
47. Ⓐ Ⓑ Ⓒ Ⓓ
48. Ⓐ Ⓑ Ⓒ Ⓓ
49. Ⓐ Ⓑ Ⓒ Ⓓ
50. Ⓐ Ⓑ Ⓒ Ⓓ
51. Ⓐ Ⓑ Ⓒ Ⓓ
52. Ⓐ Ⓑ Ⓒ Ⓓ

53. Ⓐ Ⓑ Ⓒ Ⓓ
54. Ⓐ Ⓑ Ⓒ Ⓓ
55. Ⓐ Ⓑ Ⓒ Ⓓ
56. Ⓐ Ⓑ Ⓒ Ⓓ
57. Ⓐ Ⓑ Ⓒ Ⓓ
58. Ⓐ Ⓑ Ⓒ Ⓓ
59. Ⓐ Ⓑ Ⓒ Ⓓ
60. Ⓐ Ⓑ Ⓒ Ⓓ
61. Ⓐ Ⓑ Ⓒ Ⓓ

62. Ⓐ Ⓑ Ⓒ Ⓓ
63. Ⓐ Ⓑ Ⓒ Ⓓ
64. Ⓐ Ⓑ Ⓒ Ⓓ
65. Ⓐ Ⓑ Ⓒ Ⓓ
66. Ⓐ Ⓑ Ⓒ Ⓓ
67. Ⓐ Ⓑ Ⓒ Ⓓ
68. Ⓐ Ⓑ Ⓒ Ⓓ
69. Ⓐ Ⓑ Ⓒ Ⓓ
70. Ⓐ Ⓑ Ⓒ Ⓓ

Model Exam 1

SPANISH LANGUAGE

SECTION I–PART A
LISTENING COMPREHENSION

TIME—APPROXIMATELY 35 MINUTES

Dialogues

Directions: Listen to the following dialogues. After each one, listen to the questions about the dialogue and select the best answer from the choices printed below. Write your answers on the answer sheet.

DIALOGUE 1

1. (A) Quiere acompañarlo a un concierto.
   (B) Quiere ir a un espectáculo con Elena.
   (C) Quiere ir a un partido de fútbol.
   (D) Quiere visitar a su abuelo.

2. (A) No puede esperar hasta que llegue el grupo.
   (B) A él y a su amigo les encanta el grupo.
   (C) A él no le gusta tanto como le gusta a su amiga.
   (D) Los odia tanto que mentirá para escapar de la obligación.

3. (A) Juan aconseja que no le diga la verdad a Elena.
   (B) Juan le recomienda que lleve a su amiga a visitar a su abuela.
   (C) Juan sugiere que Miguel haga las dos actividades.
   (D) Juan sugiere que Miguel le diga a ella que está enfermo.

4. (A) Su amiga es buena amiga de su abuela.
   (B) Elena puede adivinar cuando Miguel le miente.
   (C) Elena es casi un miembro de la familia.
   (D) Miguel nunca le dice nada a su amiga.

5. (A) Juan propone que vayan al partido de fútbol.
   (B) Juan sugiere que le diga que tienen que ir a la biblioteca.
   (C) Juan recomienda que vayan a la biblioteca el domingo.
   (D) Juan recomienda que diga otra mentira a Elena.

GO ON TO THE NEXT PAGE.

497

6. (A) Miguel decide ir al partido de fútbol.
   (B) Miguel decide asistir al concierto con Elena.
   (C) Miguel decide visitar a su abuela.
   (D) Miguel decide hacer la tarea e ir a la biblioteca.

 DIALOGUE 2

7. (A) Rafael no está bien porque se enfermó antes de un examen.
   (B) Rafael no está bien porque no salió bien en un examen.
   (C) Rafael está deprimido porque tuvo que ir a una fiesta.
   (D) Rafael está deprimido porque pasó mucho tiempo en la biblioteca.

8. (A) Todo sucedió el fin de semana pasado.
   (B) Su desastre ocurrió el día anteayer.
   (C) Pasó ayer.
   (D) Pasó ese mismo día.

9. (A) No estudió porque un amigo le invitó a una fiesta.
   (B) No estudió porque algunos amigos le invitaron a jugar.
   (C) No estudió porque quería leer revistas en la biblioteca.
   (D) No estudió porque se aburrió estudiando.

10. (A) Anita festejó a los jugadores de fútbol.
    (B) Anita festejó a su amigo Rafael.
    (C) Anita celebró la visita de un estudiante extranjero.
    (D) Anita invitó a la clase de historia a su casa.

11. (A) Su mamá lo felicitó por su buen éxito.
    (B) Su mamá se alegró de que pudiera jugar con sus amigos.
    (C) Su mamá se enfadó mucho.
    (D) Su mamá lo complació permitiéndole salir ese fin de semana.

12. (A) Una fiesta en casa de Anita.
    (B) Un partido de fútbol.
    (C) La visita de un estudiante de intercambio.
    (D) La visita de Mani, el portero famoso de Los Reyes.

13. (A) Caprichoso
    (B) Descarado
    (C) Consentido
    (D) Desdichado

Short Narratives

Directions: Now you will hear two short narratives. After each one, you will hear a series of questions. From the multiple choices given in Section I, Part A narratives, select the best answer and indicate your choice on the model exam answer sheet.

SHORT NARRATIVE 1

14. (A) Algo para comer.
    (B) Un animal doméstico.
    (C) Una maleta llena de ropa.
    (D) Una gallina viva.

15. (A) El tonto había interpretado las instrucciones de otra manera.
    (B) El tonto se había comido toda la gallina.
    (C) El tonto estaba dormido en el gallinero.
    (D) El tonto había matado la gallina.

16. (A) El tonto estaba muy orgulloso de su gallinero.
    (B) El tonto quería probar que las gallinas tenían una pata.
    (C) El cura quería ver cómo dormían las gallinas.
    (D) El tonto quería mostrarle al cura donde dormía.

17. (A) El muchacho sabía cuidar bien de la maleta.
    (B) El muchacho sabía que las gallinas tenían una pata.
    (C) El muchacho sabía racionalizar lo que había hecho.
    (D) El muchacho podía imaginar las gallinas sin patas.

SHORT NARRATIVE 2

18. (A) El que habla es profesor de música.
    (B) El que habla es crítico de música clásica.
    (C) El que habla es estudiante de un músico famoso.
    (D) El que habla es músico profesional.

19. (A) Tocaban de manera muy apasionada.
    (B) Tocaban de manera muy restringida.
    (C) Tocaban como si fueran moribundos.
    (D) Tocaban con gran libertad de movimiento.

20. (A) Después de practicar mucho tiempo decidió que no le gustó la vieja manera.
    (B) Decidió seguir las sugerencias de su maestro.
    (C) Siempre practicaba de la manera más natural para sí mismo.
    (D) Nunca tocaba de otra manera.

21. (A) Descubrió una técnica que le permitió mover la mano más.
    (B) Descubrió una técnica con la cual pudo tocar más notas sin mover la mano.
    (C) Supo que tocaba mejor con los brazos pegados a los costados.
    (D) Supo que era posible escandalizar a su profesor de música.

GO ON TO THE NEXT PAGE.

22. (A) Acabó adoptando la forma de su estudiante.
    (B) Acabó despidiéndose de su estudiante.
    (C) Acabó pretendiendo que le gustaba lo que hizo su estudiante.
    (D) Se escandalizó por lo que hacía su estudiante.

Longer Selections

> **Directions:** Now you will hear two selections of longer duration. After each one you should press pause in your player, read the multiple-choice answers given in Section I, Part A Longer Selections, and indicate your response on the model exam answer sheet. Since the questions are printed in the book along with the multiple-choice answers, you will not hear the questions on the disk. Allow three minutes to answer each question. When you have finished marking your answers, press play to listen to the second selection.

LONGER SELECTION 1

23. ¿Qué suceso cuenta este narrador?
    (A) Narra lo que pasa en un día cualquiera de escuela.
    (B) Narra lo que pasó el día de solicitar entrada en la escuela.
    (C) Narra el día de un examen muy difícil.
    (D) Narra la visita de los padres a la escuela.

24. ¿Cómo se sentían los niños?
    (A) Nerviosos.
    (B) Alegres.
    (C) Deprimidos.
    (D) Seguros de sí mismos.

25. ¿Dónde tendría lugar esta escena?
    (A) En un liceo provincial.
    (B) En un jardín de infantes.
    (C) En un colegio cosmopolita.
    (D) En una escuela de párvulos.

26. ¿Por qué se preocupaban algunos estudiantes?
    (A) No saben mucho de matemáticas.
    (B) No tuvieron tiempo para solucionar el problema.
    (C) Los padres sufrían gran ansiedad.
    (D) Los estudiantes más listos no querían auxilio de sus compañeros.

27. ¿Cómo era el maestro?
    (A) Parecía bruto.
    (B) Compasivo.
    (C) Era tirano cruel.
    (D) Ensimismado.

GO ON TO THE NEXT PAGE.

28. ¿Cómo enfrentaban los alumnos el desafío del día?
    (A) Los más listos cirulaban soluciones clandestinamente.
    (B) Unos alumnos imitaban animales feroces, como leones.
    (C) Los más habladores susurraban respuestas a sus compañeros.
    (D) Los más traviesos tiraban bolitas de papel a otros alumnos.

LONGER SELECTION 2

29. ¿A quién se dirige este experto del protocolo internacional?
    (A) A los presidentes de naciones.
    (B) A cualquiera deseosa de asegurar que los huéspedes se sientan en casa.
    (C) A los directores de protocolo contratados para arreglar cenas.
    (D) A los anfitriones de huéspedes ilustres en funciones formales.

30. ¿Cuál es el propósito de tener un protocolo?
    (A) Para que el hombre sea tratado como si fuera rey en su casa.
    (B) Para que todos los invitados al Palacio Real se comporten cortésmente.
    (C) Para facilitar la comunicación y respetar la dignidad de cada persona.
    (D) Para que una persona se sienta confiada al aceptar una invitación.

31. ¿Dónde debe sentarse a una pareja o un matrimonio?
    (A) Siempre se coloca al hombre cerca de una señora o señorita guapa.
    (B) Hay que colocar a la señora al lado de otra para que puedan conversar.
    (C) Hay que alternar los géneros para promocionar conversación.
    (D) Es buena idea separarlos para evitar disputas durante la cena.

32. ¿Por qué no se sientan las mujeres en las puntas de la mesa?
    (A) Es más difícil emparejar este sitio, y por eso no se pone a una señora allí.
    (B) Es un sitio peligroso y para evitar que alguien le roce, no se la pone allí.
    (C) Es más fácil entablar conversación con otra persona que esté al lado.
    (D) Es mala suerte colocarlas en ese sitio, por eso no se lo hace.

33. ¿Qué remedio hay cuando un invitado no puede venir, dejándolo con doce?
    (A) Se puede matar a uno de los invitados.
    (B) Siempre se puede invitar siempre a una persona más y contar con la ausencia de una.
    (C) Se puede invitar a otro amigo íntimo al último momento.
    (D) Se puede llamar a un invitado y cancelar la invitación.

34. ¿Con qué autoridad habla esa persona en la narrativa?
    (A) Es director de protocolo del Palacio Real Española.
    (B) Es director de una escuela para los embajadores españoles.
    (C) Es director de mayordomos del Palacio Real Española.
    (D) Es director de información para invitados al Palacio Real Española.

End of Part A.
You may check your answers on the questions about the
Longer Selections or you may go on to Part B.

SECTION I–PART B
READING COMPREHENSION

TIME—APPROXIMATELY 45 MINUTES

Directions: Read the following passages. After each passage there are a number of questions or incomplete statements for you to answer, based on the information provided in the reading selection. Choose the response that best answers the question or completes the sentence.

SELECTION 1

Me callé entonces, y durante un tiempo que no pude medir, pero que pudo ser muy largo, no cambiábamos una palabra. Yo fumaba; él levantaba de rato en rato los ojos a la pared,—al exterior, a la lluvia, como si esperara

Línea oír algo tras aquel sordo tronar que inundaba la selva. Y para mí, ganado por
(5) el vaho de excesiva humedad que llegaba de afuera, persistía el enigma de aquella mirada y de aquella nariz abierta al olor de los árboles mojados.

—¿Usted ha visto un dinosaurio?

Esto acababa de preguntármelo él, sin más ni más.

Lo miré fijamente; él hacía lo mismo conmigo.

(10) —Jamás. ¿Usted lo ha visto?

—Sí.

No se le movía una pestaña mientras me miraba.

—¿Aquí?

—Aquí. Ya ha muerto ... Anduvimos juntos tres meses.

(15) *¡Anduvimos juntos!* Me explicaba ahora bien la luz ultra histórica de sus ojos.

—Era un nothosaurio... Pero yo no fui hasta su horizonte; él bajó hasta nuestra edad... Hace seis meses. Ahora... ahora tengo más dudas que usted sobre todo esto. Pero cuando lo hallé a la orilla del Paraná, al crepúsculo,
(20) no tuve duda alguna de que yo desde ese instante quedaba fuera de las leyes biológicas. Durante tres meses fue mi compañero nocturno. Cuando nuestra fraternidad era más honda, era las noches de lluvia. Cuando la lluvia llegaba por fin y se desplomaba, nos levantábamos y caminábamos horas y horas y horas sin parar. Mi vida de día proseguía su curso normal aquí
(25) mismo, en esta casa. Vivía maquinalmente de día, y sólo despertaba al anochecer. No sé qué tiempo duró esto. Sólo sé que una noche grité, y no conocí el grito que salía de mi garganta. Y que no tenía ropa, y sí pelo en todo el cuerpo. En una palabra, había regresado a las eras pasadas por obra y gracia de mi propio deseo. Por eso, lo busqué una noche y cuando lo
(30) encontré, el odio de diez millones de años de vida atemorizada cayó sobre la cabeza del monstruo. Ambos murieron esa noche.

GO ON TO THE NEXT PAGE.

35. ¿Dónde parece haber ocurrido este acontecimiento?

    (A) En una casa urbana.
    (B) En la selva más remota.
    (C) Cerca de un río sudamericano.
    (D) En las afueras de una ciudad.

36. ¿Qué contó el hombre al narrador?

    (A) Contó su regreso a una época prehistórica.
    (B) Relató la muerte de dos dinosaurios.
    (C) Narró un encuentro con un salvaje.
    (D) Contó una extraña amistad entre un salvaje y un monstruo.

37. ¿Cómo cambió la vida del hombre?

    (A) Se volvió loco porque dudaba que pudiera existir un dinosaurio.
    (B) Su vida cambió cuando él mismo se convirtió en dinosaurio.
    (C) Se convirtió en salvaje hirsuto capaz de matar al dinosaurio
    (D) Cambió cuando se perdió para siempre en el sueño del dinosaurio.

38. ¿De qué se dio cuenta una noche el hombre?

    (A) Supo que el monstruo vivía sólo de día.
    (B) Supo que había regresado a la época del dinosaurio.
    (C) Supo que al fin y al cabo las leyes biológicas siempre rigen.
    (D) Reconoció el salvaje dentro de sí mismo.

39. ¿De qué tenía miedo el hombre?

    (A) Temía que el monstruo se lo comiera.
    (B) Temía que se matara a sí mismo.
    (C) Temía que el salvaje lo matara.
    (D) Temía que no fuera verdad la existencia del dinosaurio.

40. En la línea 31, ¿a qué se refiere la palabra *ambos* en la oración: *Ambos murieron esa noche*?

    (A) Se refiere al hombre y al monstruo.
    (B) Se refiere al dinosaurio y al hombre.
    (C) Se refiere al odio y la amistad y el odio del dinosaurio.
    (D) Se refiere al dinosaurio y al monstruo.

41. ¿Qué actitud parece tener el hombre del suceso al contarlo al narrador?

    (A) Lo narró como si fuera la historia más natural del mundo.
    (B) Parecía dudoso de su propia narración, como si lo dudara él mismo.
    (C) Lo narró en tono incrédulo porque sabía que parecería una ilusión.
    (D) Lo narró con un tono irónico para parecer más crédulo.

GO ON TO THE NEXT PAGE.

42. ¿Cómo se relaciona la lluvia con lo que contaba el hombre?

   (A) La lluvia representaba el regreso a la época prehistórica.
   (B) Al llover se borraban las fronteras entre realidad e ilusión.
   (C) La lluvia es una alusión a los mitos de la creación del universo.
   (D) La lluvia no tiene nada que ver con lo que contaba el hombre.

SELECTION 2

    ¡Esto sí que es una gran venta! Ahora, visitar a familiares y amigos le cuesta hasta un 35 por ciento menos de nuestras tarifas ya rebajadas. Aeronaves quiere celebrar con usted su nuevo y cómodo servicio a Mérida, México, y a Tegucigalpa, Honduras, vía Houston, ¡con tarifas super-
(5) especiales! Y para celebrar en grande, se han rebajado las tarifas a todas las ciudades que sirve en Latinoamérica. Pero apúrese, porque debe comprar sus boletos de ida y vuelta, mínimo 7 días antes de viajar, y sólo tiene hasta el 8 de febrero para comprarlos. La nueva y comodísima terminal internacional de Aeronaves en el aeropuerto hace más fácil que nunca viajar a Lati-
(10) noamérica, incluyendo los trámites de aduana e inmigración. Además, cada vez que viaja con Aeronaves, gana millaje con nuestro programa Número Uno, una de las maneras más rápidas de ganar viajes gratis. ¡Inscríbase y comience a ganar! Para detalles y reservaciones, llame a su agente de viajes.

    Estas tarifas están basadas en la compra de boletos de ida y vuelta, los que
(15) deben adquirirse no más tarde del 8 de febrero, o sea una semana en adelante. Los boletos deben comprarse un mínimo de 7 días antes de viajar. La máxima estadía es de 60 días y todos los viajes deben terminar el 23 de marzo del año actual, o antes. No se permite viajar del 27 de marzo al 2 de abril. Es mandatorio pasar la noche de un sábado en el viaje. El importe de
(20) los boletos no es reembolsable. Hay un cargo de US$75 si se hacen determinados cambios en las reservaciones. Solicite los detalles. Las tarifas pueden no estar disponibles en todos los vuelos y los asientos son limitados. Ningún otro descuento es aplicable. El cargo por seguridad de US$10 y el impuesto de embarque de los EEUU de US$6 por persona a Centroamé-
(25) rica, no están incluidos. El cargo por seguridad de US$6 y el impuesto de embarque de EEUU de US$6 a México, tampoco están incluidos. Estas tarifas son para viajes que se originan en Tejas. El servicio a Guayaquil comenzará el 6 de febrero. Estas tarifas están sujetas a la aprobación del gobierno y pueden cambiar sin previo aviso.

43. ¿Qué tipo de materia representa este trozo?

   (A) Es un anuncio de servicios aéreos para fomentar el turismo.
   (B) Es un contrato legal entre una línea aérea y sus empleados.
   (C) Es un aviso gubernamental de responsabilidades de líneas aéreas.
   (D) Es de un folleto de turismo de una agencia de viajes.

GO ON TO THE NEXT PAGE.

44. ¿Qué oferta se anuncia en esta selección?

   (A) Se anuncian maneras de conseguir viajes sin pagar con el nuevo
       programa Número Uno.
   (B) Se anuncian problemas con los trámites de aduanas e inmigración.
   (C) Se ofrecen maneras de evitar el pago de impuestos y tarifas.
   (D) Se anuncia que se han disminuido algunos vuelos al sur de EEUU.

45. ¿Con qué motivo se promueve esta oferta?

   (A) Se celebran el Año de la Familia.
   (B) Se celebran el establecimiento del programa Número Uno.
   (C) Se celebra su nuevo servicio del nuevo aeropuerto.
   (D) Se celebra iniciar vuelos con destinos distintos para la línea.

46. Una persona puede aprovechar esta oferta con tal que

   (A) compre el boleto sin hacer ningunos cambios en el itinerario.
   (B) se salga rumbo al sur de Tejas en el viaje.
   (C) se inscriba en el programa Número Uno.
   (D) permanezca no más de tres meses.

47. Si una persona quiere viajar a Tegucigalpa, Honduras, ¿cuánto le costaría extra?

   (A) No le costará extra.
   (B) Le costará $10 más.
   (C) Le costará $16 más.
   (D) Le costará $6 más.

48. Si por alguna razón una persona no puede usar el boleto, ¿qué recurso tiene?

   (A) Se puede recibir un reembolso por el precio del boleto.
   (B) A veces con tal que pague US$75 se puede cambiarlo.
   (C) Se puede usarlo para recibir un descuento en otro boleto.
   (D) El boleto cuenta para millaje en el programa Número Uno.

49. ¿En qué consiste el texto del segundo párrafo?

   (A) Es una enumeración de para aprovechar el servicio.
   (B) Es una contradicción de lo que ofrecen en el primer párrafo.
   (C) Es una noticia del gobierno para aclarar las legalidades.
   (D) Es un rechazo de responsabilidad de cumplir todos los términos de la
       oferta.

50. ¿En qué mes habría aparecido este texto?

   (A) En el mes de enero.
   (B) En el mes de febrero.
   (C) En el mes de marzo.
   (D) En el mes de abril.

GO ON TO THE NEXT PAGE.

SELECTION 3

El Periquillo Sarmiento por Fernando Lizardi

"Ninguno diga quién es, que sus obras lo dirán." Este proloquio es tan antiguo como cierto; todo el mundo está convencido de su infalibilidad; y así ¿qué tengo yo que ponderar mis malos procederes cuando con referirlos

Línea se ponderan? (*A*) Lo que apeteciera, hijos míos, sería que no leyerais mi vida
(5) como quien lee una novela, sino que pararais la consideración más allá de la cáscara de los hechos, advirtiendo los tristes resultados de la holgazanería, inutilidad, inconstancia y demás vicios que me afectaron; haciendo análisis de los extraviados sucesos de mi vida, indagando sus causas, temiendo sus consecuencias y desechando los errores vulgares que veis adoptados por
(10) mí y por otros; empapándoos en las sólidas máximas de la sana y cristiana moral que os presentan a la vista mis reflexiones, y en una palabra, desearía que penetrarais en todas sus partes la substancia de la obra; que os divirtierais con lo ridículo; que conocierais el error y el abuso para no imitar el uno ni abrazar el otro, y que donde hallarais algún hecho virtuoso os enamora
(15) rais de su dulce fuerza y procurarais imitarlo. Esto es deciros, hijos míos, que deseara que de la lectura de mi vida sacarais tres frutos, dos principales y uno accesorio: amor a la virtud, aborrecimiento al vicio y diversión. (*B*) Por esto, más que por otra cosa, me tomo la molestia de escribiros mis más escondidos crímenes y defectos; si no lo consiguiera, moriré al menos con
(20) el consuelo de que mis intenciones son laudables. Basta de digresiones, que está el papel caro.

Luego que entré me conoció y me dijo: ¡oh, Periquillo, hijo!, ¿por qué extraños horizontes has venido a visitar este Tugurio? No me hizo fuerza su estilo porque ya sabía yo que era muy pedante, y así le iba a relatar mi aven
(25) tura con intención de mentir en lo que me pareciera; pero el doctor me interrumpió diciéndome: ya, ya sé la turbulenta catástrofe que te pasó con tu amo el farmacéutico. En efecto, Perico, tú ibas a despachar en un instante al pacato paciente del lecho al féretro improvisamente, con el trueque del arsénico por la magnesia. Es cierto que tu mano trémula y
(30) atolondrada tuvo mucha parte de la culpa, mas no la tiene menos tu preceptor el *fármaco*, y todo fue por seguir su capricho. (C) Yo le documenté que todas estas drogas nocivas y *venenáticas* las encubriera bajo una llave bien segura que sólo tuviera el oficial más diestro, y con esta asidua diferencia se evitarían estos equívocos mortales; pero, a pesar de mis insinuaciones,
(35) no me respondía más sino que eso era particularizarse e ir contra la secuela de los fármacos, sin advertir que «es propio del sabio mudar de parecer», *sapientis est mutare consilium*, y que «la costumbre es otra naturaleza», *consuetudo est altera natura*. Allá se lo haya. (*D*) Pero dime, ¿qué te has hecho tanto tiempo? Porque si no han fallado las noticias que en alas de la fama han penetrado mis *aurículas*, ya días hace que te lanzaste a la calle de la
(40) oficina de Esculapio.

(Primera página de Tomo III)

(www.cervantesvirtual.com/servlet/SirveObras/45708404323403873765679/p0000001)

GO ON TO THE NEXT PAGE.

51. ¿A quién o quiénes se dirigió el narrador?

   (A) A otros reos y ladrones.
   (B) A los de Periquillo
   (C) A los antiguos amos.
   (D) A los amantes de las buenas modalidades.

52. ¿Qué había escrito?

   (A) Un reportaje policiaco.
   (B) Una obra sobre el papel caro.
   (C) Un libro sobre proverbios útiles.
   (D) Una exposición de sus hurtos y delitos.

53. ¿Con qué motivo escribió?

   (A) Esperaba que otros aprendan de su ejemplo.
   (B) Para salvarse quería confesar sus crímenes.
   (C) Para entretener al lector, fabricaba un cuento.
   (D) Quería que sus lectores quisieran imitarlo.

54. ¿Qué tipo era este escritor?

   (A) Era fiel.
   (B) Era pícaro.
   (C) Era mezquino.
   (D) Era moralista.

55. ¿Qué le había pasado a Periquillo antes de visitar al Tugurio?

   (A) Había matado a su amo, un fármaco.
   (B) Intentó sin éxito envenar a un hombre.
   (C) Salió del empleo de un doctor para hacerse pastor.
   (D) Quería hacerse farmacéutico como su antiguo amo.

56. ¿Qué quiere decir el proverbio *La costumbre es otra naturaleza*?

   (A) La naturaleza de la costumbre no es tan fuerte como la naturaleza
       biológica.
   (B) Las dos se asemejan porque cada una tiene una lógica correspondiente.
   (C) La fuerza de la costumbre no supera la de la naturaleza.
   (D) La costumbre conforma a su propio razonamiento, el cual difiere del otro.

57. ¿Cómo era el hombre con quien Periquillo hablaba?

   (A) Era divertido.
   (B) Era aburrido.
   (C) Era perezozo.
   (D) Era audaz.

GO ON TO THE NEXT PAGE.

58. Al principio, ¿qué idea tenía Periquillo de qué haría?

   (A) Pensaba estafar a su oyente.
   (B) Quería enseñarle una lección.
   (C) Planeaba robar a un doctor.
   (D) Proponía al principio esconder la verdad de su intención.

59. ¿Qué otro proverbio expresa la misma idea que *Ninguno diga quién es, que sus obras lo dirán*?

   (A) Cada loco con su tema.
   (B) Dime con quién andas, y te diré quién eres.
   (C) Quién se acuesta con perros, se levanta con pulgas.
   (D) El que mucho habla, mucho yerra.

60. ¿Dónde se intercalaría la siguiente oración? *Ése es mi deseo*

   (A) *A*
   (B) *B*
   (C) *C*
   (D) *D*

SELECTION 4

Las emociones venden

La ficción que tiene una mayor respuesta es la que conmueve emocional-mente al público, la que los hace sentir identificados y les brinda la oportunidad de ver los caminos alternativos que transita el héroe.

Línea   La pantalla chica necesitó acercar la cámara a las imágenes y agrandar los
(5)   acontecimientos para poder captar el interés del público, al no poder monopolizar toda la atención del espectador, como lo hacía el cine, por tener que compartirla con los estímulos del entorno.

Los programas televisivos de mayor "rating" son los que estimulan las emociones de los espectadores. La vida íntima de los artistas se vuelve
(10) pública y todos hacen leña del árbol caído, poniendo todos sus esfuerzos en llevar agua para su propio molino y conservar sus trabajos.

Vemos hasta qué punto es capaz la gente de hacer pública su manoseada intimidad para aparecer en pantalla y la oportunidad de lograr sus cinco minutos de fama.

(15)   Los libros de autoayuda, ayudan y venden porque, a su manera, son accesibles y terapéuticos y permiten tomar conciencia de los errores y de los fracasos en todos los ámbitos, debido principalmente a los problemas emocionales que perturban la vida de la gente.

Hay que aprender a controlarlas emociones, porque si no lo hacemos son
(20) ellas las que nos controlan.

GO ON TO THE NEXT PAGE.

El movimiento de la "Nueva Era", inspirada en prácticas espirituales orientales que invadieron América en la década de los años sesenta, inundó el mercado con bibliografía relacionada con la sanación espiritual, el valor del pensamiento positivo, del control emocional y del desarrollo de la
(25) autoestima.

El concepto de inteligencia emocional se extendió a todos los ámbitos de la sociedad, instalándose en el campo educativo, terapéutico y empresarial, como una herramienta útil para el control de las emociones y el logro de los objetivos personales.

(30) Los nuevos recursos psicológicos exceden el campo terapéutico y abarcan el área espiritual, y el discurso sanador es utilizado para curar el alma.

Sin embargo, a pesar de toda esta avalancha de competencia tratando de rescatar a los seres humanos perdidos, la psicología clínica pudo salvarse de la extinción y todavía su labor sigue siendo preferida y reconocida; aunque
(35) mucha gente tenga mayor acceso a la información, que antes permanecía entre las cuatro paredes de un consultorio.

Lo que antes para un terapeuta representaba años de trabajo analítico para descubrir, hoy en día se hace en un solo programa de televisión, donde nadie tiene reparos en vaciar su interioidad sin ninguna escrúpulo, si tiene
(40) la posibilidad de conmover al público lo suficiente como para continuar más tiempo frente a las cámaras.

Una psicoterapia siempre resulta operativa y puede dar buenos resultados, aún con el peor de los psicólogos, por lo tanto, cualquier otra forma de discurso terapéutico que movilice ansiedades y satisfaga la necesidad emo-
(45) cional del público consumidor, puede ser válida y producir algún nivel de transformación.

Vivimos en un mundo desfachatado o bien la gente se ha liberado de los fantasmas que intentan torturarlos y puede en forma mediática deshacerse de ellos.

(50) Esta posibilidad hoy tiene un precio y está a la venta por cualquier medio que despierte el interés del público.

(psicologia.laguia2000.com/psicologia-social/las-emociones-venden)

61. Psicológicamente, ¿qué función sirve la ficción?

    (A) Fomenta el desarrollo de ideas fantásticas que entretienen más.
    (B) Promueve la autoestima, lo cual resulta en una persona egoísta.
    (C) Facilita que el público huya de su entorno que refleja su propia realidad.
    (D) Sirve para estimular la imaginación para sugerir soluciones de problemas.

62. ¿Qué resultado tiene la pantalla chica que acerca la cámara a la imagen?

    (A) Crea la ilusión de grandeza.
    (B) Inspira más confianza en el fotógrafo.
    (C) Produce un espectador más crédulo.
    (D) Disminuye el impacto del entorno verdadero.

GO ON TO THE NEXT PAGE.

63. ¿Por qué tiene el terapeuta otro papel en la sociedad moderna?

   (A) Porque cuando se paga mucho, se cree que es mejor.
   (B) Porque el público ahora no confían en los psicólogos.
   (C) Porque el programa realista los ha reemplazado en gran medida.
   (D) Porque todos los terapeutas quieren estrenar en sus propios programas.

64. ¿Qué dictan los nuevos escrúpulos a los participantes de programas realistas?

   (A) Que ellos gocen de mucho tiempo delante la cámara.
   (B) Que ellos tengan conciencia de las buenas modalidades.
   (C) Que ellos adapten sus propios escrúpulos a los del programa.
   (D) Que ellos se sacrifiquen por el bien del programa, si es necesario.

65. ¿Cómo puede el peor de los psicólogos dar resultado con una buena intención?

   (A) Ellos sólo tienen que portarse de manera sincera.
   (B) Ellos tienen que ser bien adiestrados.
   (C) Ellos necesitan prestar atención a la ética profesional.
   (D) Ellos sólo tienen que dar al público lo que reclaman.

66. ¿En qué consiste la inteligencia emocional?

   (A) La madurez para saber la diferencia entre varios tipos de emociones.
   (B) El poder de reconocer cuándo necesita guardar silencio para salvarse.
   (C) La sabiduría sacada sólo de una educación académica y formal.
   (D) El reconocimiento de modos de remediar sus problemas sin recurrir a la tele.

67. ¿Cuáles son las condiciones bajo las que uno se quede ante la cámara?

   (A) Con tal que se goce de sus cinco minutos de fama pública.
   (B) Con tal que se sirva al público y resulte en una transformación personal.
   (C) Con tal que el público consumidor esté bien satisfecho emocionalmente.
   (D) Con tal que no haga daño a la persona que se encuentra en el programa.

68. ¿Qué método moderno tiene el público de transformarse?

   (A) Se puede comunicar con una emisora de algún tipo.
   (B) Se puede contratar a un terapeuta privado para tratarlo.
   (C) Se puede consultar a un psicólogo de un programa para ayudarle.
   (D) Se puede formular un plan que será realizado por un grupo de profesionales.

GO ON TO THE NEXT PAGE.

69. ¿Qué precio tiene la nueva manera de transformarse?

(A) No cuenta nada con tal que la gente promociona al emisor.
(B) El público pagará lo que cobra la gente que se somete al programa.
(C) Cuesta lo normal que se pagará a cualquier terapeuta psicológico.
(D) El público pagará lo que quiere para ver a alguien revelarse por completo.

70. ¿Cómo difiere el mundo actual del pasado en cuanto al estado psicológico?

(A) Con recursos modernos, la gente es más capaz de adaptarse a la vida.
(B) La gente parece más dispuesta a revelarse en público que en el pasado.
(C) El público moderno sufre de tantos trastornos como antes, no se difieren.
(D) El mundo antiguo sufría de más problemas porque no tenía la televisión.

STOP

End of Section I

SPANISH LANGUAGE
SECTION II–PART A
Interpersonal Writing
TIME—APPROXIMATELY 10 MINUTES

Directions: Below you will see instructions for a writing sample that responds to the topic described. Be sure to include the information mentioned in your response. You will have 10 minutes to write your message in the space provided. Be sure that your message contains at least 60 words.

Tú has pedido una carta de recomendación a un profesor para enviarla con tu solicitud de ingreso a una universidad. Escríbele una carta mencionando los siguientes puntos:

- Salúdalo.
- Menciona lo que recuerdas más de su clase.
- Menciona tus esperanzas para el empleo.
- Agradécele y despíde apropiadamente.

_____

_____

_____

_____

_____

_____

_____

_____

_____

_____

_____

_____

_____

_____

_____

_____

_____

_____

_____

GO ON TO THE NEXT PAGE.

Presentational Writing (Integrated Skills)

TIME—55 MINUTES

> **Directions:** You will now read a question that is based on information contained in Sources 1–3. The sources are both print and audio. First, read the printed material. Next, you will hear the audio material. You should take notes on the spaces provided in the test booklet while you listen. Take about 7 minutes to read and about 3 minutes to listen to the audio. Take 5 minutes to plan. Then, you will have 40 minutes to write your essay.
>
> In your essay you should make reference to specific information from all the source materials. Do not simply summarize what is contained in them. Incorporate them into your essay and cite them in the proper manner. Use appropriate grammar and vocabulary. Your essay should be at least 200 words in length.

Los inmigrantes aportan muchos beneficios culturales a los países adonde van. ¿En qué sentido están cambiando las vidas culturales de los anfitriones?

Fuente núm. 1
Movimientos humanos e inmigración
(Fórum, Barcelona 2004. *www.barcelona2004.org/esp/contenidos/dialogos/*)

El Congreso Mundial MHI trata los movimientos humanos y la inmigración desde una triple perspectiva: intercultural, interdisciplinaria e intersectorial.

Los actores de las migraciones se han convertido en los protagonistas de los cambios sociales en este cambio de siglo. Han cambiado los motivos que los mueven de un lugar a otro. Las trayectorias de la migración definen itinerarios nuevos, cambiantes y reversibles, pero sobre todo proyectan la imagen del migrante como una persona que constituye un proyecto personal. La movilidad de las personas genera además redes que tejen las comunidades transnacionales en el mundo, nuevos proyectos vitales e imancipadores (para las mujeres, para los jóvenes, para las comunidades políticas...). Todavía quedan por resolver desplazamientos humanos que son consecuencia de las guerras y las desigualdades. Y al mismo tiempo, es necesario tener muy en cuenta que detrás de cada proyecto migratorio se esconde una gran riqueza humana, social y política.

La inmigración en estados plurinacionales nos obliga a revisar de qué manera se construyen las identidades. Desde el punto de vista de las identidades nacionales que todavía no han encontrado un sitio en un estado, los cambios sociales relativos a la identidad (inmigración, comunidades transnacionales, gestión de corrientes, etc.) fuerzan una nueva definición de los mismos referentes de identidad nacional sin renunciar al anhelo de cohesión social y de creación de vínculos culturales comunitarios.

GO ON TO THE NEXT PAGE.

Fuente núm. 2
Vale la pena mirar el experimento migratorio de España. Por Marcela Sánchez (*washingtonpost.com,* jueves, 13 de octubre, 2005)

El gobierno español estima que gracias a la amnistía, trabajadores previamente ilegales aumentarán las contribuciones al fondo de seguridad social este año en un 3 por ciento. Aunque es una cifra todavía modesta, se espera que las contribuciones aumenten. Por otra parte, en balance, los inmigrantes—en su mayoría jóvenes y con pocas personas a su cargo—representan menos demandas al sistema de seguridad pública, según Walter Actis, un especialista en inmigración de la organización de investigación social con sede en Madrid, Colectivo Ioé. Según cifras oficiales, casi un 80 por ciento de los que ya han sido legalizados están entre los 16 y los 39 años de edad.

El programa ya está dando un importante vistazo a una fuerza laboral que hasta ahora se había desempeñado lejos del alcance gubernamental. Funcionarios españoles están descubriendo, por ejemplo, que inmigrantes ilegales ganan mejores salarios de lo que pensaban. En vez de contribuir $990 dólares anualmente a la seguridad social, están contribuyendo $1.300 dólares en promedio.

Esto claramente proveerá cierto incentivo para que los trabajadores regresen a sus países de origen, pero no será suficiente si las oportunidades siguen siendo muy inferiores a las de Europa. No hay duda que mejores niveles de vida en América Latina son el camino seguro para reducir el flujo de inmigrantes ilegales y es por eso que algunos consideran la legalización un importante factor de desarrollo.

Una vez que los inmigrantes puedan ir y volver libremente, ganar más, ahorrar más e invertir más, los propios inmigrantes ayudarán a preparar a sus países para su retorno. Enrique Iglesias, secretario general de la Cumbre Iberoamericana y una de las voces más respetadas acá y en Washington sobre América Latina, dijo en una entrevista que los inmigrantes podrían convertirse en "puentes" para el desarrollo de la región, mucho más allá de lo que ya hacen a través de sus multimillonarias remesas. Pero para que eso suceda, agregó, "no se puede aceptar que los inmigrantes permanezcan fuera del circuito" como ciudadanos de tercera clase.

Fuente núm. 3 (Audio)

Listen to the CD.

SECTION II–PART B
FREE RESPONSE (SPEAKING)

Interpersonal Speaking (Simulated Conversation)

TIME—APPROXIMATELY 10 MINUTES

> **Directions:** You will now take part in a conversation. First, you will have 30 seconds to read the script for both parts. The conversation will begin and will follow the script. When one speaker finishes, you will hear a tone and then have 20 seconds to respond. The tone will sound at the end of 20 seconds, indicating that you should end speaking and listen to the next part. You should engage in the conversation as much as possible.

Tu amiga te llama y te dice que sus padres acaban de darle permiso para invitarte para que la acompañe en un viaje a Florida durante las vacaciones escolares de primavera. Discuten los planes.

    (a) Tu amiga se llama Eva. Te llama para darte las noticias.
    (b) Colaboras en los planes.
    (The words in parentheses indicate what you will hear on the recording.)

	(Suena el teléfono.)
Eva:	(Saluda.)
	(Te da las noticias.)
Tú:	Reacciona.
	Pide detalles.
Eva:	(Te dice adonde van.)
Tú:	Expresa emoción.
	Haz una pregunta.
Eva:	(Explica sus esperanzas.)
Tú:	Ponte de acuerdo con ella.
	Agrega un deseo propio.
Eva:	(Explica por qué no se puede.)
Tú:	Expresa un sentimiento apropiado.
Eva:	(Ofrece otra actividad alternativa.)
Tú:	Acéptala.
Eva:	(Concluye la conversación, despidiéndose.)
Tú:	Te despídete.
	Cuelgas el teléfono.

Presentational Speaking

TIME—APPROXIMATELY 10 MINUTES

Directions: Below you will see a question with two accompanying sources of information. You have 5 minutes to read the printed text. After 5 minutes, you will hear a recording. You should take notes in the space provided. After the recording has been played, you will have 2 minutes to plan your response to the questions. After 2 minutes, you will be instructed to begin your recording. At the end of 2 minutes you will be told to stop recording. This will be the end of the language examination.

Imagínate que tienes que presentar un reportaje sobre el siguiente tema. En tu presentación incluye la información contenida en los dos materiales suplementarios.

Se ha comentado mucho la importancia de conservar las tradiciones folclóricas de la gente. En una presentación de dos minutos, compara la agricultura tradicional con la moderna en las regiones inacaicas.

Fuente núm. 1
La destrucción de la agricultura incaica.
Por Antonio Elio Brailovsky y Dina Foguelman
(*www.holistica2000.com.ar/ecocolumna226.htm*)

El imperio incaico fue un espectacular ejemplo de eficiencia en el manejo de la tierra y en el respeto al equilibrio ecológico de la región. Ningún sistema posterior consiguió alimentar a tanta población sin degradar los recursos naturales. Los incas basaron su civilización en una relación armónica con su ambiente natural, integrado por los frágiles ecosistemas andinos, y desarrollaron complejos y delicados mecanismos tecnológicos y sociales que les permitieron lograr una sólida base económica sin deterioros ecológicos.

Se pueden ver aún las terrazas de cultivo, construidas como largos y angostos peldaños en los faldeos de las montañas, sostenidos por piedras que retenían la tierra fértil. Las terrazas cumplían la función de distribuir regularmente la humedad. Allí el agua de lluvia iba filtrándose lentamente desde los niveles superiores a los inferiores, utilizándose plenamente la escasa cantidad de líquido disponible. En las áreas más lluviosas y en las de mayor pendiente, las terrazas permitían evitar la erosión, al impedir que el escurrimiento superficial del agua de lluvia arrastrara las partículas del suelo. También facilitaron el aprovechamiento de los diversos pisos ecológicos.

El suelo de las terrazas se mezclaba con guano, el excremento de aves marinas acumulado en las islas y costas. Este recurso era cuidadosamente administrado, porque de él dependía en buena medida la alimentación de la población: para extraerlo, cada aldea tenía asignada una parte de isla o costa, marcada con mojones de piedra que no era permitido alterar. "Había tanta vigilancia en guardar aquellas aves, que al tiempo de la cría a nadie era lícito entrar en las islas, so pena de la vida, porque no las asombrasen y echasen de sus nidos. Tampoco era lícito matarlas en ningún tiempo, so la misma pena," dice el Inca Garcilaso de la Vega.

GO ON TO THE NEXT PAGE.

Había muy poco suelo que fuera naturalmente apto para el cultivo y había que construirlo metro a metro. Su explotación no hubiera sido posible sin riego, porque la mayor parte de la zona andina es árida o semiárida. Había que ir a buscar el agua a las nacientes de los arroyos y encauzarla mediante una red de canales. Se describen algunos principales, de muchos kilómetros de largo y hasta cuatro metros de diámetro, pero aun para una pequeña superficie aterrazada se consideraba que valía la pena hacer un canal de gran longitud. Para eso, se hacía un surco a lo largo de las montañas y se lo cubría con grandes losas de piedra unidas con tierra para que el ganado no lo destruyese. A veces, al cruzar un valle, era necesario sostener el canal sobre columnas para que el nivel del agua no perdiese altura, construyéndose acueductos similares a los romanos.

Fuente núm. 2 (Audio)

Listen to the CD.

CD 4
Track
10

STOP

End of Model Exam 1

Answer Key

MODEL EXAM 1

Section I

Part A

1. C	10. C	19. B	28. A
2. C	11. C	20. C	29. B
3. A	12. B	21. B	30. C
4. C	13. A	22. A	31. C
5. D	14. A	23. C	32. A
6. B	15. A	24. A	33. C
7. B	16. B	25. D	34. A
8. C or D	17. C	26. A	
9. D	18. D	27. B	

Part B

35. C	44. A	53. A	62. D
36. D	45. D	54. B	63. C
37. C	46. B	55. B	64. C
38. D	47. C	56. B	65. A
39. A	48. B	57. B	66. D
40. D	49. A	58. D	67. C
41. B	50. A	59. B	68. C
42. B	51. D	60. B	69. D
43. A	52. D	61. B	70. B

Model Exam 2

ANSWER SHEET

Section I

Part A

1. Ⓐ Ⓑ Ⓒ Ⓓ
2. Ⓐ Ⓑ Ⓒ Ⓓ
3. Ⓐ Ⓑ Ⓒ Ⓓ
4. Ⓐ Ⓑ Ⓒ Ⓓ
5. Ⓐ Ⓑ Ⓒ Ⓓ
6. Ⓐ Ⓑ Ⓒ Ⓓ
7. Ⓐ Ⓑ Ⓒ Ⓓ
8. Ⓐ Ⓑ Ⓒ Ⓓ
9. Ⓐ Ⓑ Ⓒ Ⓓ

10. Ⓐ Ⓑ Ⓒ Ⓓ
11. Ⓐ Ⓑ Ⓒ Ⓓ
12. Ⓐ Ⓑ Ⓒ Ⓓ
13. Ⓐ Ⓑ Ⓒ Ⓓ
14. Ⓐ Ⓑ Ⓒ Ⓓ
15. Ⓐ Ⓑ Ⓒ Ⓓ
16. Ⓐ Ⓑ Ⓒ Ⓓ
17. Ⓐ Ⓑ Ⓒ Ⓓ
18. Ⓐ Ⓑ Ⓒ Ⓓ

19. Ⓐ Ⓑ Ⓒ Ⓓ
20. Ⓐ Ⓑ Ⓒ Ⓓ
21. Ⓐ Ⓑ Ⓒ Ⓓ
22. Ⓐ Ⓑ Ⓒ Ⓓ
23. Ⓐ Ⓑ Ⓒ Ⓓ
24. Ⓐ Ⓑ Ⓒ Ⓓ
25. Ⓐ Ⓑ Ⓒ Ⓓ
26. Ⓐ Ⓑ Ⓒ Ⓓ
27. Ⓐ Ⓑ Ⓒ Ⓓ

28. Ⓐ Ⓑ Ⓒ Ⓓ
29. Ⓐ Ⓑ Ⓒ Ⓓ
30. Ⓐ Ⓑ Ⓒ Ⓓ
31. Ⓐ Ⓑ Ⓒ Ⓓ
32. Ⓐ Ⓑ Ⓒ Ⓓ
33. Ⓐ Ⓑ Ⓒ Ⓓ
34. Ⓐ Ⓑ Ⓒ Ⓓ

Part B

35. Ⓐ Ⓑ Ⓒ Ⓓ
36. Ⓐ Ⓑ Ⓒ Ⓓ
37. Ⓐ Ⓑ Ⓒ Ⓓ
38. Ⓐ Ⓑ Ⓒ Ⓓ
39. Ⓐ Ⓑ Ⓒ Ⓓ
40. Ⓐ Ⓑ Ⓒ Ⓓ
41. Ⓐ Ⓑ Ⓒ Ⓓ
42. Ⓐ Ⓑ Ⓒ Ⓓ
43. Ⓐ Ⓑ Ⓒ Ⓓ

44. Ⓐ Ⓑ Ⓒ Ⓓ
45. Ⓐ Ⓑ Ⓒ Ⓓ
46. Ⓐ Ⓑ Ⓒ Ⓓ
47. Ⓐ Ⓑ Ⓒ Ⓓ
48. Ⓐ Ⓑ Ⓒ Ⓓ
49. Ⓐ Ⓑ Ⓒ Ⓓ
50. Ⓐ Ⓑ Ⓒ Ⓓ
51. Ⓐ Ⓑ Ⓒ Ⓓ
52. Ⓐ Ⓑ Ⓒ Ⓓ

53. Ⓐ Ⓑ Ⓒ Ⓓ
54. Ⓐ Ⓑ Ⓒ Ⓓ
55. Ⓐ Ⓑ Ⓒ Ⓓ
56. Ⓐ Ⓑ Ⓒ Ⓓ
57. Ⓐ Ⓑ Ⓒ Ⓓ
58. Ⓐ Ⓑ Ⓒ Ⓓ
59. Ⓐ Ⓑ Ⓒ Ⓓ
60. Ⓐ Ⓑ Ⓒ Ⓓ
61. Ⓐ Ⓑ Ⓒ Ⓓ

62. Ⓐ Ⓑ Ⓒ Ⓓ
63. Ⓐ Ⓑ Ⓒ Ⓓ
64. Ⓐ Ⓑ Ⓒ Ⓓ
65. Ⓐ Ⓑ Ⓒ Ⓓ
66. Ⓐ Ⓑ Ⓒ Ⓓ
67. Ⓐ Ⓑ Ⓒ Ⓓ
68. Ⓐ Ⓑ Ⓒ Ⓓ
69. Ⓐ Ⓑ Ⓒ Ⓓ
70. Ⓐ Ⓑ Ⓒ Ⓓ

Model Exam 2

**SPANISH LANGUAGE
SECTION I–PART A
LISTENING COMPREHENSION**

TIME—APPROXIMATELY 35 MINUTES

Dialogues

Directions: Listen to the following dialogues. After each one, listen to the questions about the dialogue and select the best answer from the choices printed below. Write your answers on the answer sheet.

DIALOGUE 1

1. (A) Quería discutir los problemas que tiene con sus padres.
   (B) Sus padres le dijeron que lo visitara.
   (C) Tiene que consultar con él sobre una beca para la universidad.
   (D) Desea considerar su futuro estudiantil.

2. (A) Que asistiera a una universidad local.
   (B) Que los acompañara a una universidad pequeña.
   (C) Que consultara con el Señor Gómez acerca de la selección.
   (D) Que escogiera una universidad preferida por ellos.

3. (A) En ingles
   (B) En historia
   (C) En química
   (D) En matemáticas

4. (A) Le faltaba tener éxito en ciencias.
   (B) A ninguno de sus profesores le gustaba.
   (C) Por falta de interés no estudiaba idiomas.
   (D) No pidió ayuda de sus profesores cuando le hacía falta comprensión.

GO ON TO THE NEXT PAGE.

5. (A) Le sugiere tener más comunicación con sus profesores.
   (B) Le recomienda abandonar el curso de inglés.
   (C) Lo manda a discutir sus problemas con sus padres.
   (D) Le dice que estudie bien los folletos de la universidad.

6. (A) Una universidad pequeña en una ciudad cercana.
   (B) Una universidad grande en una ciudad cercana.
   (C) Una universidad pequeña en una ciudad lejana.
   (D) Una universidad grande en una ciudad lejana.

7. (A) Mezquino
   (B) Considerado
   (C) Consciente
   (D) Astuto

DIALOGUE 2

8. (A) Luisa le pidió llamarla.
   (B) Celia le dijo a Luisa que la llame.
   (C) Elena le dijo que la llame.
   (D) Celia le pidió comunicar algunas noticias.

9. (A) Otras chicas chismean de ella.
   (B) No sabe dónde están sus amigas.
   (C) Necesita consejos de sus amigas.
   (D) No tiene amigas en quienes confiar.

10. (A) En una oficina
    (B) En una biblioteca
    (C) En una tienda de libros
    (D) En una tienda de refrescos

11. (A) Hace mucho frío donde trabaja.
    (B) A veces ella se queda sola de noche allí.
    (C) Hay vagabundos que se pasean por el lugar.
    (D) La policía nunca acude cuando ella los necesita.

12. (A) Un borracho la estorbó.
    (B) Un hombre la amenazó por teléfono.
    (C) Un dependiente peligroso entró.
    (D) Rodrigo la molestó.

13. (A) Su prudencia
    (B) Su perspicacia
    (C) Su industria
    (D) Su indolencia

Short Narratives

Directions: Now you will hear two short narratives. After each one, you will hear a series of questions. From the multiple choices given in Section I, Part A narratives, select the best answer and indicate your choice on the model exam answer sheet.

SHORT NARRATIVE 1

14. (A) En una noche lluviosa
    (B) En una noche fría
    (C) En un día con viento
    (D) En un día soleado

15. (A) Personajes mitológicos
    (B) Líderes de países modernos
    (C) Santos patrones de niños cubanos
    (D) Personajes religiosos que traían regalos

16. (A) sobre todo, cosas lujosas
    (B) sobre todo, zapatos y medias
    (C) sobre todo, cosas prácticas
    (D) sobre todo, juguetes

17. (A) Como no eran sus padres, no sabían qué les gustaría a los niños.
    (B) Faltaban lugares donde comprar regalos.
    (C) Les resultaba más fácil regalarles cosas para la escuela que darles juguetes.
    (D) Sabían que a los niños no les gustaban más los juguetes porque habían crecido.

18. (A) Payasos que la habían divertido.
    (B) Zapatos que le hizo Mauricia.
    (C) Días feriados sin sus padres.
    (D) Un año de Navidad en el Oriente.

19. (A) Suntuosos
    (B) Grandiosos
    (C) Antiguos
    (D) Incómodos

SHORT NARRATIVE 2

20. (A) Una isla
    (B) Una orilla
    (C) Una leyenda
    (D) Una montaña

GO ON TO THE NEXT PAGE.

21. (A) Los chilotes
    (B) Los hijos
    (C) La naturaleza
    (D) El patrimonio de la humanidad

22. (A) Superficiales
    (B) Cautelosos
    (C) Tacaños
    (D) Afables

23. (A) Una experiencia cultural y visual
    (B) Un suceso económico
    (C) Un acontecimiento gastronómico
    (D) Un descubrimiento arqueológico

24. (A) La naturaleza se contrasta con lo comercial.
    (B) Los chilotes quieren asemejarse con los extranjeros.
    (C) La gastronomía se manifiesta en las costumbres.
    (D) El pasado conservado liga con el presente vital.

25. (A) Un crucero marítimo
    (B) Un balneario
    (C) Una tienda de antigüedades
    (D) Un asilo de ancianos

Longer Selections

> **Directions:** Now you will hear two selections of longer duration. After each one you should press pause in your player, read the multiple-choice answers given in Section I, Part A Longer Selections, and indicate your response on the model exam answer sheet. Since the questions are printed in the book along with the multiple-choice answers, you will not hear the questions on the disk. Allow three minutes to answer each question. When you have finished marking your answers, press play to listen to the second selection.

CD 4 Track 15

LONGER SELECTION 1

26. ¿Qué narraba el *Popol Vuh*?
    (A) La historia de una tribu mexicana
    (B) La procedencia de los maya quiché
    (C) La conversión de los indígenas al cristianismo
    (D) La conquista de los indígenas por los españoles

27. ¿De qué materia se crearon los hombres?
    (A) De materia vegetal
    (B) De la tierra del altiplano
    (C) De los dioses gemelos de la muerte
    (D) Del aliento de Hunahpú y Xbalanqué

GO ON TO THE NEXT PAGE.

28. ¿Cómo era el primer texto impreso después de la conquista española?
    (A) Apareció en lengua quiché.
    (B) Fue una traducción al español.
    (C) Tomó la antigua forma pictórica.
    (D) Combinó ambas lenguas a la vez.

29. ¿Dónde se conserva una copia del primer libro impreso en español y quiché?
    (A) En la universidad de Guatemala.
    (B) En una universidad estadounidense.
    (C) En Francia, donde un abad francés lo dejó.
    (D) En España, donde un padre dominicano lo depositó.

30. ¿Qué significa que el *Popol Vuh* sea el "Libro del Consejo"?
    (A) Significa el petate sobre el cual se sentaban los reyes indígenas.
    (B) Significa los orígenes de los linajes indígenas.
    (C) Significa la autoridad de los gobernantes de las tribus.
    (D) Significa la narrativa de la creación del mundo.

LONGER SELECTION 2

CD 4 Track 16

31. ¿Por qué se celebra La Tomatina?
    (A) Para vender muchos tomates.
    (B) Para protestar contra el gobierno.
    (C) Para entretener a la población valenciana.
    (D) Para honrar la tradición de 50 mil años de historia.

32. ¿Cómo se originó la celebración?
    (A) Un joven se enfadó con un vendedor de tomates.
    (B) Un gigante de un desfile atacó a un espectador.
    (C) Algunas personas se vieron envueltas en un disturbio.
    (D) Una persona le quitó el disfraz a otra en una pelea.

33. ¿Qué reacción provocó el acontecimiento original?
    (A) El Ayuntamiento no quiso permitir una repetición.
    (B) El gobierno distribuyó tomates para mejorar la fiesta.
    (C) Los vendedores trajeron más y más tomates para dárselos al público.
    (D) El público observó la prohibición del Ayuntamiento contra la fiesta.

34. Hoy en día, ¿cómo se ha mejorado la fiesta?
    (A) Sólo se permiten tomates.
    (B) Se organizaron más juegos.
    (C) La gente lleva palos para defenderse.
    (D) Se usa jabón para limpiar los palos con jamón.

STOP

End of Part A.
You may check your answers on the questions about the
Longer Selections or you may go on to Part B.

SECTION I–PART B
READING COMPREHENSION

TIME—APPROXIMATELY 45 MINUTES

Directions: Read the following passages. After each passage there are a number of questions or incomplete statements for you to answer, based on the information provided in the reading selection. Choose the response that best answers the question or completes the sentence.

SELECTION 1

Salió no más el 10—un 4 y un 6—cuando ya nadie lo creía. A mí que me importaba, hacía rato que me habían dejado seco. Pero hubo un murmullo feo entre los jugadores acodados a la mesa de billar y los mirones que forma-
Línea ban rueda. Renato Flores palideció y se pasó el pañuelo a cuadros por la
(5) frente húmeda. Después juntó con pesado movimiento los billetes de la apuesta, los alisó uno a uno, y doblándolos en cuatro, a lo largo, los fue metiendo entre los dedos de la mano izquierda, donde quedaron como otra mano rugosa y sucia entrelazada perpendicularmente a la suya. Con estudiada lentitud puso los dados en el cubilete y empezó a sacudirlos. Un doble
(10) pliegue vertical le partía el entrecejo oscuro. Parecía barajar un problema que se le hacía cada vez más difícil. Por fin se encogió de hombros.

—Lo que quieran... —dijo.

Ya nadie se acordaba del tachito de la coima. Jiménez, el del negocio, presenciaba desde lejos sin animarse a recordarlo. Jesús Pereyra se levantó y
(15) echó sobre la mesa, sin contarlo, un montón de plata.

—La suerte es la suerte—dijo con una lucecita asesina en la mirada—. Habrá que irse a dormir.

Yo soy hombre tranquilo, en cuanto oí aquello, gané el rincón más cercano a la puerta. Pero Flores bajó la vista y se hizo el desentendido.

(20) —Hay que saber perder—dijo Zúñiga sentenciosamente, poniendo un billetito de cinco en la mesa. Y añadió con retintín—: Total, venimos a divertirnos.

—¡Siete pases seguidos! —comentó, admirado, uno de los de afuera.

Flores lo midió de arriba a abajo.

(25) —¡Vos, siempre rezando!—dijo con desprecio.

GO ON TO THE NEXT PAGE.

35. ¿Cuál era la profesión de los personajes?

    (A) banqueros
    (B) tahures
    (C) impíos
    (D) reos

36. ¿Qué hacían todos los hombres?

    (A) Contaban dinero.
    (B) Jugaban a las cartas.
    (C) Resolvían problemas filosóficos.
    (D) Buscaban la suerte en los dados.

37. ¿Qué hacía el narrador?

    (A) Participaba en el juego.
    (B) Aconsejaba a Renato Flores.
    (C) Sólo observaba lo que pasaba.
    (D) Buscaba salida del lugar.

38. ¿Qué actitud revelaba la cara de Renato Flores?

    (A) cólera
    (B) codicia
    (C) zozobra
    (D) tensión

39. ¿Por qué se haría Renato Flores el desentendido?

    (A) Se divertía mucho.
    (B) Era un hombre religioso.
    (C) Temía que hubiese violencia.
    (D) Estaba distraído por el calor del lugar.

40. ¿Qué significaba los números seguidos?

    (A) Que Flores tenía mucha suerte.
    (B) Que sufrió un percance fortuito.
    (C) Que alguien hacía trampa de alguna manera.
    (D) Que le salían los números impares a menudo.

41. ¿Quién parece tener más suerte?

    (A) Zúñiga.
    (B) Jiménez.
    (C) Renato Flores.
    (D) Jesús Pereryra.

GO ON TO THE NEXT PAGE.

SELECTION 2

El origen de la fiesta de las Fallas se sitúa en los últimos años del siglo XV, cuando los carpinteros de la ciudad, en vísperas de la fiesta de su patrón San José, quemaban frente a sus talleres, en las calles y plazas públicas, los trastos

Línea inservibles junto con los artilugios de madera que empleaban para elevar los
(5) candiles que les iluminaban mientras trabajaban en los meses de invierno.

En la actualidad, son más de 350 las fallas que se queman en la ciudad de Valencia la noche del 19 de marzo, durante la tradicional cremà. Estos impresionantes monumentos de cartón piedra que invaden las calles tras la plantà, el 15 de Marzo, compiten en ingenio y belleza, desde unas estruc-
(10) turas piramidales que garantizan una perfecta caída y posterior conversión en cenizas, satirizando sobre los últimos acontecimientos de la vida política, social y cultural.

Las fallas van tomando poco a poco la ciudad transformándola en un auténtico espectáculo que cobra más fuerza a medida que se acerca su fin.
(15) Quien visite Valencia durante los días previos a la llamarada final se verá irremediablemente envuelto por la fiesta. Tendrá ocasión de pasearse entre las fallas que se instalan en cada esquina mientras escucha la música de las bandas o come chocolate con buñuelos; sentir que los cimientos retumban todos los días a las 14,00 horas, con la mascletà que se dispara desde la plaza
(20) del Ayuntamiento; ver una corrida de toros; asistir a la ofrenda a la Virgen de los Desamparados, el 17 y el 18 de marzo, que convierte la fachada de la Basílica en un auténtico tapiz de flores y la plaza de la Virgen en un jardín; o disfrutar de la magia de los castillos de fuegos artificiales que llegan a su punto culminante la noche del 18 de marzo, nit del foc.

(25) (*www.pueblos-espana.org/comunidad+valenciana/valencia/valencia/*)

42. ¿Cuál fue el origen de las fallas?

   (A) La gente quería honrar al alcalde de la ciudad de Valencia.
   (B) Tuvo origen en la dedicación de candiles en la Basílica durante la cremá.
   (C) Unos carpinteros quemaron sus desperdicios y otros objetos en público.
   (D) Alguna gente hizo fuegos en las calles para iluminar la ciudad de noche.

43. Actualmente, ¿cómo se hacen las fallas?

   (A) Los artesanos las hacen de cartón.
   (B) Los carpinteros las hacen de madera.
   (C) Los valencianos las producen con piedras.
   (D) La gente las construyen de artilugios.

44. ¿Dónde se sitúan las fallas?

   (A) en la plaza del Ayuntamiento
   (B) en los jardines
   (C) en la Basílica
   (D) en las esquinas

45. ¿Con qué motivo se construyen las fallas?

   (A) Para mostrar la dedicación religiosa.
   (B) Para conmemorar figuras sacadas de la historia.
   (C) Para burlarse cómicamente de personas actuales.
   (D) Para satírizar las grandes figuras religiosas de hoy y del pasado.

46. ¿Qué es la mascletà?

   (A) Fuegos artificiales diurnos.
   (B) Una corrida de toros.
   (C) Fuegos artificiales nocturnos.
   (D) Un desfile de carrozas.

47. ¿Qué pasa durante la última noche?

   (A) Toda la gente se reúne en la plaza de la Basílica y del Ayuntamiento.
   (B) Todo el mundo se divierte admirando las fallas por toda la ciudad.
   (C) La Virgen aparece vestida de flores delante de la Basílica.
   (D) Hay obras de magia en los castillos de fuegos artificiales.

SELECTION 3

Era la 'cenicienta' del torneo colombiano, eterno colero; los rivales lo miraban con desdén; del General Santander, su estadio, decían que era el más grande del mundo porque nunca se llenaba y si sólo dos veces bajó a
Línea segunda división es porque apenas a partir de 1992 se implantó el descenso
(5) en el país.

Hoy el Cúcuta Deportivo es el campeón defensor del fútbol colombiano, está entre los mejores ocho clubes del continente después de golear al Toluca y fue el primero de los 16 equipos de la Copa Mustang en conseguir su clasificación a los cuadrangulares semifinales.

(10) Pero tras ocho años en la B, serios problemas económicos y con el estadio incompleto y destartalado, apareció en el panorama Ramiro Suárez Corzo. Una de las banderas de su campaña a la Alcaldía de Cúcuta fue salvar al club y lo primero que hizo cuando asumió en 2004 fue liderar la compra del equipo pese al deseo de Pachón por mantenerlo. Al final el negocio
(15) se hizo por 1.200 millones de pesos.

La inyección de capital no se hizo esperar y sólo un año después se logró el ascenso. Pero las aspiraciones iban más allá de cambiar los viajes en bus de la B por el de aviones en la A, y para reaparecer en primera se buscó a Jorge Luis Pinto como entrenador. Una reunión de tres minutos fue sufi-
(20) ciente para llegar a un acuerdo y Pinto, apenado, le dijo a Suárez que alargaran la reunión para que no pensaran que no era seria.

GO ON TO THE NEXT PAGE.

La gestión del hoy seleccionador nacional tuvo éxito inmediato. En el primer semestre de 2006 clasificó a los cuadrangulares semifinales y sólo tres puntos separaron al equipo de disputar la final. En el segundo intento (25) se logró el campeonato, que significó el fruto recogido tras tanto sufrimiento. La transformación de la institución incluía también un nuevo escudo que al comienzo fue resistido. Hasta el obispo de la ciudad afirmó que en su diseño se veían cachos y garras como de demonio.

La clave del Cúcuta no es un secreto. El club tiene el apoyo de todos, (30) desde el Alcalde hasta el último habitante del departamento, lo que ha permitido que su patrimonio haya ascendido a 4.000 millones. Con una nómina de jugadores desahuciados por otros equipos, el plantel sabe que más que nombres, tiene hombres.

(www.semana.com/wf_InfoArticulo)

48. ¿Qué tipo de deporte se jugaba en el General Santander?

   (A) tenis
   (B) fútbol
   (C) fútbol americano
   (D) juegos olímpicos

49. ¿Por qué se llamaba al club la 'cenicienta' del continente?

   (A) Jugaba en un estadio arruinado.
   (B) Perdía continuamente y casi nunca podía progresar.
   (C) Había muchos aficionados que los apoyaban.
   (D) Tras unos cambios estratégicos, el club empezó a tener suerte.

50. Entre 1992 y 2004, ¿qué sucedió para el club?

   (A) El estadio se derrumbó.
   (B) Se adoptó una bandera nueva.
   (C) Se invirtió en nuevo liderazgo.
   (D) Se cambiaron los buses por aviones.

51. Para 2006, ¿qué pasó con el club?

   (A) Gozó de más éxito.
   (B) Perdió su nuevo escudo.
   (C) Recibió la bendición del demonio.
   (D) Sufrió una pérdida en el campeonato ese año.

52. ¿Cuál sería la clave del triunfo?

   (A) Hay un nuevo patrimonio.
   (B) Ahora se obtiene mucha más plata.
   (C) Hay respaldo de la municipalidad y el pueblo.
   (D) Hay mayor confianza gracias al nuevo estadio.

GO ON TO THE NEXT PAGE.

SELECTION 4

En efecto, con el tal teatro, se había introducido en la existencia de las dos hermanas un elemento de desorden. Se trasnochaba y se pasaban las horas muertas discurriendo trajes y adornos Concha no pensaba más que en estu-

Línea diar ensayar su papel; a los ensayos la acompañaba, por supuesto, Dolores,

(5)   cosida a sus enaguas; con todo, era muy arduo vigilar, en la confusión de entradas y salidas al vestuario y escenario; al regresar a su casa, Concha sacó del bolsillo un papel dobladito, echándolo en el regazo de la hermana, le dijo desenfadadamente:

—Mira eso.

(10)   Dolores lo cogió, palideciendo, con los dedos ávidos. Era una declaración amoroso, y al través de las frases, tomadas indudablemente de algún libro de fórmulas, epistolario-amatorias, de los *volcanes que ardían en el corazón*, las *amorosas llamas*, y otras simplezas del estilo, percibió Dolores así como un olor de honradez, que se exhalaba de la gruesa letra, del tosco papel, y

(15)   sobre todo del párrafo final, que contenía una proposición de casamiento y una afirmación de limpios y sanos propósitos. Respiró. Al menos, no era un señorito, sino un artesano, un igual suyo, resuelto a casarse. Casarse a Concha, ante un cura, con un hombre de bien, era el ensueño de Dolores. Creyó no obstante, que su dignidad le imponía el deber de enojarse un

(20)   poco, y de exclamar:

—¿Y cuándo te ha dado ese papelito, vamos a ver?

—Hoy… Cuando pasé al cuarto para vestirme, allí detrás de la decoración, me lo dio.

—¡Valiente papamoscas! Y tú, ¿qué dices?

(25)   —Mujer… ¿y qué he de decir? Si me pide que le conteste, le diré que hable contigo.

—Eso es, eso es, las cosas derechitas.— murmuró Dolores, del todo satisfecha.

Y así sucedió. Dolores no cabía en sí del júbilo. Fue a contar al confesor

(30)   el caso, y le ponderó las prendas del mozo, un chico honrado, formal, ebanista, que tardaría en casarse lo que tardase en poder establecer por cuenta propia un almacén de muebles. Nadie le conocía una querida: ni jugador, ni borracho. Vivía con su madre, muy viejecita. En fin, sin duda la Virgen de Amparo había oído las oraciones de Dolores. Otras habían andado tras

(35)   de los señoritos, de los empleaditos, de los dependientes de comercio: ¿y para qué? Para salir engañadas, como había salido ella. —Cada oveja con su pareja, hija, confirmó tranquilamente el Padre.— Sólo que…a pesar de todos las bondades del novio…conviene no descuidarse, ¿eh?… Tu obligación es no perderlos de vista, hasta que tengan encima las bendiciones.

(40)   *La dama joven* por Emilia Pardo Bazán (páginas 26–28)

(books.google.com/books)

GO ON TO THE NEXT PAGE.

53. ¿Qué palabra mejor describe la actitud de Dolores hacia su hermana?

    (A) Cariñosa.
    (B) Compasiva.
    (C) Desconfiada.
    (D) Celosa.

54. ¿Por qué vigilaba tanto Dolores a Concha?

    (A) Temía por su propia reputación.
    (B) Temía que algún amoroso le decepcionara.
    (C) Se preocupaba mucho por su éxito profesional.
    (D) Le tenía tanto amor que no soportaba la idea de perderla.

55. ¿Qué carrera parece tener Concha?

    (A) Ama.
    (B) Modelo.
    (C) Estudiante.
    (D) Miembro de un elenco.

56. ¿Qué pensaba Dolores que era el papel que sacó Concha?

    (A) Que era una invitación a cenar para las dos.
    (B) Que era una carta fatigosa de un aficionado.
    (C) Que era una carta de un seguidor enloquecido por amor.
    (D) Que era una propuesta de una cita que Concha quería ocultarle.

57. ¿Qué quería Dolores más que nada para Concha?

    (A) Quería que tuviera mucho éxito.
    (B) Quería que confiara más en ella.
    (C) Quería que ganara mucho dinero.
    (D) Quería que se encontrara con un hombre bueno.

58. ¿En qué consiste la dignidad de Dolores?

    (A) Consistía en comportarse como señora docta.
    (B) Consistía en someterse a la autoridad religiosa.
    (C) Constaba de llevar encima la buena fama familiar.
    (D) Constaba de portarse como si fuera moza humilde.

59. Según Dolores, ¿cómo eran los señoritos?

    (A) Eran fanfarrones y perezosos.
    (B) Eran hombres parsimoniosos.
    (C) Eran ambiciosos y muy aplicados.
    (D) Eran hombres honrados de familias buenas.

GO ON TO THE NEXT PAGE.

Model Exam 2

60. ¿Cómo sabía tanto Dolores sobre los señoritos?

    (A) Los observaba menudamente en el lugar.
    (B) Una vez algún señorito la había decepcionado.
    (C) De conocerlos antes ella sabía que eran iguales suyas.
    (D) Eran amigos de Concha, quien le había presentado a unos.

61. ¿Cómo se describe una situación de las cosas derechitas?

    (A) La hermana menor se quejaría de los deseos a la mayor.
    (B) La menor concurriría debidamente a la mayor de la familia.
    (C) Los bien intencionados siempre disfrazarían sus planes de otros.
    (D) Las novias hablarían a solas para acertar que se enamoren de veras.

62. ¿Por qué tardó tanto el escritor del papel mucho tiempo en buscar pareja?

    (A) Era un señorito que quería aumentar dinero antes de casarse.
    (B) Prefería a una mujer más madura con quien contratar matrimonio.
    (C) Por ser perspicaz, tenía bien planeada la vida, aun el matrimonio.
    (D) Por ser muy avaro, no quiso el amparo de su padre para establecerse.

63. ¿Qué quiere decir cada *oveja con su pareja*?

    (A) Para cada persona, hay alguien que le corresponde.
    (B) Los animales del campo son como los seres humanos.
    (C) Las ovejas son muy inteligentes y saben escoger a sus parejas.
    (D) Hasta las ovejas necesitan casarse para vivir feliz en la vida.

SELECTION 5

       Los acuarios proliferaron en plena fiebre científica de comienzos del siglo veinte en las ciudades costeras. Cien años más tarde se llaman oceanarios y su misión de acercar el mundo marino, exhibiendo una recreación natural

Línea de su fauna y su flora, se ha afianzado. Cumplen además la triple función

(5) de conservar, investigar y concienciar de la necesidad de proteger el planeta. Con el convencimiento de que se salvaguarda mejor lo que se conoce, el espectador de estos escaparates acuáticos contempla el resultado de un trabajo preciso de biólogos y profesionales que velan por el funcionamiento perfecto unas instalaciones complejas y una organización eficaz. Todo para

(10) lograr acercar la biodiversidad de los mares y mostrar el ecosistema, el patrimonio universal que se esconde debajo del agua.

       A primera hora de la mañana comienza la actividad en el complejo laberinto de zonas privadas y espacio público. La parte franca, la que disfrutan los visitantes, la conforman salas de cristal recorridas por pasillos. Antes de

(15) que estos accedan, se inspeccionan los acrílicos y el metacrilato, se observa el agua y se comprueba que reine la armonía dentro de ella. En el otro lado del cristal la actividad se multiplica. Se toman pruebas de agua, se controlan los filtros, los sensores, los vasos, las tuberías y los comprensores, las tomas de mar y las bombas que permiten el intercambio del agua. Pese a que todo

(20) el sistema está informatizado, la inspección visual es constante.

GO ON TO THE NEXT PAGE.

Los miles de animales y plantas que pueblan las aguas llegan del mar o son criados en cautividad, pero sea cual sea su procedencia, antes de pasar a convivir en la reproducción oceánica del oceanario salvan una cuarentena. A pesar de que la imitación es perfecta y flora y fauna viven en un hábitat
(25) idéntico, las nuevas incorporaciones pueden suponer un peligro de alteración de los ácidos y microorganismos. Para evitarlo, todas las especies, grandes o pequeñas, viven sus primeros días en el acuario en pequeños tanques esperando el momento de pasar a las aguas definitivas. La cuarentena es un proceso complicado pero de vital importancia porque es donde se
(30) consigue que los peces se aclimaten, se acostumbren al alimento que recibirán, y también donde se les desparasita y se les cura las heridas. Cuando el pez está en óptimas condiciones puede pasar a la exposición.

En el acuario no hay corrientes que limpien las aguas, ni los animales pueden huir de un foco intoxicado. La limpieza es clave. Todos los días se
(35) sifona la suciedad del fondo, ya sean excrementos, algas o restos de comida. Se realiza de manera mecánica con herramientas específicas para cada espacio, pero cuando el tamaño del vaso impide la manipulación de mangueras son los buzos quienes se encargan de mantener la higiene de paredes, suelo y decorados.

(40) Visitar un acuario es tener la oportunidad de imaginar un viaje en el submarino del capitán Nemo, el protagonista de 20.000 leguas de viaje submarino. Tras los cristales reina la vida inalcanzable del fondo de los océanos. Pero un acuario no es solo la suma de recipientes con millones de metros cúbicos de agua en los que se expone el ciclo de animales y plantas, en los
(45) que se pueden ver peces tropicales, corales, atunes, medusas, tortugas. También son centros científicos que realizan labores de investigación y conservación de la fauna y la flora marina. Se desarrollan proyectos medioambientales ahora más necesarios que nunca, porque vivimos un tiempo en que la salud de algunos mares, deteriorada por la actividad humana, pone
(50) en riesgo la salud de todo el planeta.

(revista.consumer.es/web/es/20100501/actualidad/informe1/75560.php)

64. ¿Cuál será el propósito de un acuario?

(A) Crear la ilusión de la vida submarina en la superficie del mar.
(B) Rescatar a animales marítimos heridos por pescadores deportivos.
(C) Enseñar al público de su responsabilidad para cuidar del ecosistema oceánico.
(D) Atraer al público para enriquecer la ciudad donde está el patrimonio universal.

65. ¿Qué es la cuarentena?

(A) Un tipo de vaso en el que se guardan animales para observarlos.
(B) Un tipo de tratamiento que recibe un animal enfermo para curarlo.
(C) El tiempo necesario para preparar el acuario para recibir el animal.
(D) Un modo mediante el cual se acierta que se adapte el animal al medio ambiente nuevo.

GO ON TO THE NEXT PAGE.

66. ¿Cómo se limpia el vaso grande del acuario?

    (A) Hay peces que comen materias dañosas en el acuario.
    (B) Hay buceadores encargados de mantener la limpieza.
    (C) Hay herramientas mecánicas que se utilizan para limpiarlo.
    (D) Hacen correr chorros de agua para intercambiar las aguas.

67. ¿Cómo se mantiene todo un sistema tan complejo en el acuario?

    (A) Con mucha tubería.
    (B) Por inspección visual.
    (C) Por ciencia de ordenador.
    (D) Con bombas y mangueras.

68. ¿Por qué le gusta tanto al público visitar el acuario?

    (A) Lo inaccesible y secreto siempre le fascinan al público.
    (B) Le gusta visitar al Capitán Nemo cuando visitan el acuario.
    (C) Al público le encanta la idea de ser animal acuático.
    (D) Le atrae la oportunidad de aprender del alimento procedente del mar.

69. ¿Qué importancia tiene el acuario?

    (A) Es la única manera de salvar las especies en peligro de desaparecer.
    (B) No hay otro lugar donde se puede observar la vida inútil del mar.
    (C) Las indagaciones científicas logradas allí son imprescindibles.
    (D) Al visitar el acuario los niños se entusiasman por hacerse científicos.

70. Según el artículo, ¿a qué se atribuye el deterioro del mar?

    (A) El descuido del ser humano.
    (B) El calentamiento global de las aguas.
    (C) El maltrato del océano por los marineros.
    (D) La sobreproducción de la industria pescadera.

STOP

End of Model Section 1

SPANISH LANGUAGE
SECTION II–PART A

Interpersonal Writing
TIME—APPROXIMATELY 10 MINUTES

> **Directions:** Below you will see instructions for a writing sample that responds to the topic described. Be sure to include the information mentioned in your response. You will have 10 minutes to write your message in the space provided. Be sure your message consists of at least 60 words.

Acabas de recibir una oferta de empleo de verano con un club de deportes. Escribe un mensaje a un amigo que tuvo ese puesto el año anterior. En tu mensage debes:

- Saludarle.
- Explicar la razón por la que le escribes.
- Pedirle consejos en cuanto al trabajo.
- Despedirte.

GO ON TO THE NEXT PAGE.

Presentational Writing (Integrated Skills)

TIME—APPROXIMATELY 55 MINUTES

Directions: You will now read a question that is based on information contained in Sources 1–3. The sources are both print and audio. First, read the printed material. Next, you will hear the audio material. You should take notes on the spaces provided in the test booklet while you listen. Take about 7 minutes to read and about 3 minutes to listen to the audio. Take 5 minutes to plan. Then, you will have 40 minutes to write your essay.

In your essay you should make reference to specific information from all the source materials. Do not simply summarize what is contained in them. Incorporate them into your essay and cite them in the proper manner. Use appropriate grammar and vocabulary. Your essay should be at least 200 words in length.

¿Hasta qué punto se relaciona el éxito y la felicidad en la vida con el nivel de educación que se alcanza?

Fuente núm. 1
¿Cuál es el valor de una buena educación?
(EFA - Global Monitoring Report 2003/04)

Está suficientemente demostrado que los beneficios de la educación para las personas y la sociedad son tanto mayores cuanto mejor es la calidad de la educación. Por ejemplo, los mejores resultados escolares—tal como se miden por las puntuaciones conseguidas por los alumnos en las pruebas de aprovechamiento escolar—guardan una estrecha relación con la obtención de ingresos más elevados en el mercado de trabajo. Por consiguiente, las diferencias en la calidad de la educación parecen indicar diferencias de productividad entre los trabajadores. Además, en el caso de los trabajadores de los países en desarrollo, las repercusiones de la calidad de la educación en los salarios parecen ser mayores que en el caso de los trabajadores de sociedades más industrializadas. Algunos trabajos de investigación empíricos han demostrado que una educación de calidad mejora el potencial económico nacional. Una vez más, la calidad de la mano de obra—medida también por las puntuaciones obtenidas en las pruebas—parece ser un importante factor determinante del desarrollo económico y, por lo tanto, de la capacidad de los gobiernos para disminuir la pobreza.

La calidad de la educación influye de todas esas maneras en el ritmo de enriquecimiento de las sociedades, en el grado en que los individuos pueden mejorar su eficacia, productividad e ingresos personales, y en los medios por los que la sociedad puede llegar a ser más equitativa y menos vulnerable a las enfermedades y carencias en materia de salud. Por consiguiente, la calidad de la educación influye considerablemente en las perspectivas de realización de todo un amplio conjunto de objetivos personales y metas del desarrollo.

Fuente núm. 2
Felicidad y Salud: Una aproximación al bienestar en el Río de la Plata

Por Mariana Gerstenbluth, Máximo Rossi y Patricia Triunfo
Departamento de Economía, Facultad de Ciencias Sociales,
Universidad de la República, Montevideo, Uruguay
(http://decon.educ.uy/publica/2007/1507.pdf)

Tradicionalmente la felicidad ha sido objeto de reflexión desde el punto de vista filosófico, pero desde la óptica de otras disciplinas debido, básicamente, a la dificultad de la medición del objeto.

En particular, la ciencia económica ha estado ajena debido al desarrollo de teorías ordinales de la utilidad que hicieron parecer innecesarios los enfoques basados en teorías cardinales de la misma. Sin embargo, en los últimos años han surgido diversos trabajos, los cuales basados en el autorreportaje de los individuos, intentan establecer los determinantes de la felicidad; cómo podrían alcanzar las sociedades estados de felicidad más elevados, así como explicar ciertas paradojas. Por ejemplo, en la actualidad los individuos se ven beneficiados por el progreso económico a través de una mayor disponibilidad de bienes y servicios, así como en las innovaciones organizacionales, lo cual permite satisfacer las preferencias a más bajo costo económico que en el pasado; a la vez que el progreso económico puede generar un freno al bienestar a través de la insatisfacción permanente de los individuos.

…

En cuanto a la educación, las diferencias entre los países analizados son sustantivas; mientras que en Argentina ninguna variable es significativa, en Uruguay se encuentran diferencias entre aquellos que tienen educación primaria ó secundaria (completa e incompleta) respeto a quienes tienen un nivel educativo menor. De hecho, tener estos niveles educativos disminuye la probabilidad promedio de ser feliz entre 16 y 19 puntos porcentuales aproximadamente. Dado que se está controlando por el ingreso, estos resultados pueden estar recogiendo heterogeneidad inobservable por nivel educativo, en particular niveles de aspiraciones distintos que no se condicen con los logros alcanzados. Sin embargo, los resultados para los datos agrupados regionales muestran que tener formación terciaria completa incrementa en aproximadamente seis puntos porcentuales la probabilidad promedio de ser feliz, respeto a quienes tienen primaria completa o menos.

Al analizar otras variables que aproximan la situación socioeconómica de los individuos, en primer lugar se encuentra que estar desocupado o ser inactivo no influye en la satisfacción con la vida de los individuos, resultado únicamente similar a lo encontrado para España. En segundo lugar, la privación de bienes por parte del hogar reduce la probabilidad de ser feliz en aproximadamente 16, 22, 20 puntos porcentuales para Uruguay, Argentina y Río de la Plata respectivamente, confirmando la relación inversa entre ingreso y felicidad reportada para otros países. Del mismo modo, se confirma la importancia de la comparación interpersonal, al encontrarse que una mejor autopercepción del ingreso relativo aumenta la probabilidad de ser feliz entre 6 y 8 puntos porcentuales.

Fuente núm. 3 (Audio)
Listen to the CD.

GO ON TO THE NEXT PAGE.

SECTION II–PART B
FREE RESPONSE (SPEAKING)

Interpersonal Speaking (Simulated Conversation)

TIME—APPROXIMATELY 10 MINUTES

> **Directions:** You will now take part in a conversation. First, you will have 30 seconds to read the script for both parts. Then, you will listen to a message, after which you will have one minute to read the script again. When you have had one minute to read the script again, the conversation will begin and will follow the script. When one speaker finishes you will hear a tone and then have 20 seconds to respond. The tone will sound at the end of 20 seconds, indicating that you should end speaking and listen to the next part. You should engage in the conversation as much as possible.

(a) Imagina que has oído un anuncio clasificado de un empleo para el verano que viene. Escucha el anuncio. (Responderás al anuncio.)
(You will hear a classified ad on the recording. You will respond to the ad.)

(b) La conversación
(The words in parenthesis indicate what you will hear on the recording.)

La empleada:	(Te saluda.)
Tú:	Salídala.
	Hazle una pregunta.
La empleada:	(Te contesta.
	Te da más datos.
	Te hace una pregunta.)
Tú:	Contesta a la pregunta.
La empleada:	(Continúa la conversación.
	Te hace otra pregunta.)
Tú:	Responde a la pregunta.
	Ofrece más detalles.
La empleada:	(Te dice más.
	Te ofrece una posición.)
Tú:	Acepta la oferta.
	Explícale una condición.
La empleada:	(Continúa la conversación.
	Te hace una pregunta.)
Tú:	Respóndele. Dale las gracias.
La empleada:	(Finaliza el trato.
	Se despide.)

GO ON TO THE NEXT PAGE.

Presentational Speaking

TIME—APPROXIMATELY 10 MINUTES

> **Directions:** Below you will see a question with two accompanying sources of information. You have 5 minutes to read the printed text. After 5 minutes, you will hear a recording. You should take notes in the space provided. After the recording has been played, you will have 2 minutes to plan your response to the questions. After 2 minutes, you will be instructed to begin your recording. At the end of 2 minutes you will be told to stop recording. This will be the end of the language examination.

Discute la importancia de las vacaciones para el individuo y para la economía mundial.

Fuente núm. 1
¿Vacaciones en extinción?
Peter Bate
(www.iadb.org/idbamerica/archive/stories/1998/esp/c798h1.htm)

Había una vez futuristas que imaginaban un mundo en que los rigores del trabajo cederían paso al ocio. Pero hasta ahora los efectos combinados de la globalización, la liberalización económica y el progreso tecnológico sugieren que el tiempo libre es cada vez más escaso, una tendencia ciertamente perturbadora para la industria turística.

Hay 18 países de América, Europa y Asia que en 1996 contribuyeron el 73 por ciento del gasto mundial en turismo. Sus estadísticas indican que el tiempo disponible para hacer turismo disminuirá en el futuro. Las presentes tendencias globales están creando condiciones de feroz competencia: los gobiernos se afanan por mejorar sus economías, las empresas se esfuerzan por aumentar la productividad y los trabajadores anteponen la estabilidad laboral a aumentar las vacaciones pagas.

Es muy improbable que los japoneses, famosos por no tomar ni siquiera breves vacaciones, aspiren a más tiempo libre mientras su economía esté en recesión. En Estados Unidos es costumbre que los incrementos en productividad se traduzcan sólo en aumentos salariales. Hasta en Europa, donde tradicionalmente han sido norma las generosas vacaciones pagas, algunos líderes políticos han comenzado a objetar la abundancia de ocio.

El turismo además compite con actividades de recreación como los espectáculos, los deportes o los pasatiempos que no requieren viajar. Estudios indican que hoy en día los consumidores no quieren pasar mucho tiempo alejados de otros intereses, como sus jardines o sus animales domésticos, mucho menos de sus empleos. Poniendo buena cara al mal tiempo, los participantes en la reunión afirmaron que avizoran un futuro en que la gente podría tener menos tiempo para el ocio, pero lo aprovecharán con más frecuencia.

Fuente núm. 2 (Audio)
Listen to the CD.

Answer Key
MODEL EXAM 2

Section I

Part A

1. D	10. C	19. C	28. D
2. D	11. B	20. A	29. B
3. C	12. A	21. C	30. C
4. D	13. D	22. D	31. C
5. A	14. D	23. A	32. C
6. A	15. D	24. D	33. A
7. C	16. C	25. B	34. B
8. A	17. D	26. B	
9. C	18. C	27. A	

Part B

35. B	44. D	53. C	62. C
36. D	45. C	54. B	63. A
37. C	46. A	55. C	64. C
38. D	47. B	56. D	65. D
39. C	48. B	57. D	66. B
40. C	49. B	58. C	67. B
41. C	50. C	59. A	68. A
42. C	51. A	60. B	69. C
43. A	52. C	61. B	70. A

PART EIGHT

APPENDICES

Audioscripts for Model Exams

MODEL EXAM 1 SCRIPTS
Section I—Part A
Listening Comprehension

DIALOGUE 1

NAR 1: ¡Hola, Juan! Hombre, hace mucho tiempo que no te veo. ¿Qué haces?

NAR 2: ¡Miguel! ¡Hola! Estaba pensando en ti justamente ayer. Vi en la tele que el equipo boliviano vendrá la semana que viene para jugar una exhibición en el estadio. Sé que te interesas mucho en el fútbol. ¿Quieres ir conmigo?

NAR 1: Sí, sí, lo vi también. Me gustaría acompañarte, pero es que prometí a Elena llevarla a un concierto de los Zafios Ingleses que dan un espectáculo ese mismo día. Qué lástima, ¿verdad? Ojalá que pudiera ir al partido porque ese grupo de músicos es malísimo, pero a ella le encanta. ¿Qué puedo hacer?

NAR 2: Pues, déjame pensarlo un poco. Acaso pueda pensar en algo para liberarte. ¿No puedes decirle que tu abuela está enferma y tienes que visitarla esa noche?

NAR 1: Ojalá que fuera tan fácil. No, es que ella está bien enterada de lo que pasa con mi familia. Pues, otra vez, podemos ir a un partido.

NAR 2: No nos rindamos de inmediato, podemos pensar en algo. ¿No tenemos un reportaje para el lunes? Puedes decirle que te hace falta preparar algunas investigaciones en la biblioteca. Así es—tienes que pasar todo el día ese sábado en la biblioteca.

NAR 1: Sé que tienes buenas intenciones, Juan. Pero es que di la palabra. Ésa con los bolivianos no sería la última oportunidad. Habrá otras. Gracias por tu ayuda. Tal vez la próxima vez.

Preguntas

Número 1.   ¿Qué quiere Juan hacer con su amigo?

Número 2.   ¿Qué piensa Miguel de los Zafios Ingleses?

Número 3.   ¿Qué le recomienda Juan que haga su amigo?

Número 4.   ¿Por qué piensa Miguel que no lo creería su amiga?

Número 5.   ¿Qué otra idea tiene Juan?

Número 6.   ¿Qué decisión toma Miguel al fin de la conversación?

DIALOGUE 2

NAR 1:   ¡Hola, Rafael! ¿Qué hay de nuevo?

NAR 2:   No mucho. Ando un poco deprimido, de veras.

NAR 1:   Pues, ¿por qué? ¿No me dijiste ayer por la mañana que todo te iba bien? Ah, ya recuerdo. También me dijiste que había un examen en la clase de historia el primer período. ¿Verdad? Debe tener algo que ver con ese examen.

NAR 2:   Pues, quizás. Pero por la tarde anteayer cuando me senté para estudiar, empecé a pensar en las revistas que había en la biblioteca. Y luego, pensé en las fotos de Mani, el portero del Equipo Real. Y luego, antes de darme cuenta de lo que hacía, salí de la biblioteca. Me encontré con Roberto y algunos de los otros y nos reunimos en el parque para jugar al fútbol.

NAR 1:   Bueno, Rafael, todavía tuviste tiempo para estudiar esa noche.

NAR 2:   Sí, pero Anita me había invitado a su casa esa noche para un baile con un grupo de sus amigas. Ella quería acoger al estudiante peruano que está en la escuela de intercambio. Fue una fiesta magnífica. No me fue posible salir hasta tarde.

NAR 1:   No me digas. La primera clase es de historia y no tuviste tiempo para estudiar.

NAR 2:   Ya lo ves. Estoy seguro de que lo suspendí. Y cuando volví a casa ayer, mi mamá me interrogó. Cuando supo lo que me pasó, me regañó. Ahora no puedo salir este fin de semana.

NAR 1:   ¡Hombre! Es una lástima porque tenemos esa competencia con Los Reyes de San Miguel Allende este sábado por la tarde.

NAR 2:   Sí, pues, no hay remedio. Mi mamá está decidida.

Preguntas

Número 7.   ¿Qué le pasa a Rafael?

Número 8.   ¿Cuándo sucedió el desastre para Rafael?

Número 9.   ¿Por qué no estudió Rafael?

Número 10.   ¿A quién festejó Anita en su fiesta?

Número 11.   ¿Cómo reaccionó la mamá de Rafael?

Número 12.   ¿Qué perderá Rafael ese fin de semana?

Número 13.   ¿Qué tipo de estudiantes es Rafael?

SHORT NARRATIVE 1

Un día iba pasando un cura por un pueblo y llegó a una casa donde había un muchacho algo tonto. El cura le dio una maleta, en la cual tenía una gallina cocinada, para que se la cuide.

A la noche, el tonto abrió la maleta y le comió una pata a la gallina. El cura fue después y vio que faltaba una pata; entonces le dijo al muchacho:

—¿Me has comido la pata de la gallina?

—¡No! ¡la gallina tiene una sola pata!

—No puede ser.

—Vamos al gallinero, y va a ver que las gallinas tienen una sola pata.

Llegan al gallinero y las gallinas estaban dormidas, paradas en una pata, y con la otra pata escondida bajo el ala. El cura las vio, y entonces gritó, espantándolas:

—¡Shííiu!

Entonces las gallinas despertaron, se asustaron y soltaron la pata escondida, y el cura dijo:

—¿Has visto que tienen dos patas?

Y el tonto le contestó:

—Si usted le hubiera hecho ¡shííiu! a su gallina, ésta hubiera soltado la pata también.

Preguntas

Número 14.   ¿Qué dejó el cura con el muchacho?

Número 15.   Cuando el cura volvió, ¿qué descubrió?

Número 16.   ¿Por qué le mostró el mozo el gallinero al cura?

Número 17.   ¿Por qué no era muy tonto el muchacho?

SHORT NARRATIVE 2

Principalmente creo que he simplificado la técnica del violoncelo, lo he hecho más natural,—dijo Pablo Casals.—He dado mayor libertad a los brazos. Antiguamente los violoncelistas tocaban adoptando una postura muy artificial y completamente agarrados, quedando entumecidos. Tenían la costumbre de mantener los codos pegados a los costados. Yo no podría hacer tal cosa. Nunca me preocupé demasiado de mí mismo. Así, pues, practiqué una natural utilización de los brazos. Y lo mismo con las manos al manejar los dedos. Los violoncelistas acostumbraban a mover continuamente las manos. Yo abrí la mano, dándole más alcance; ahora puedo tocar cuatro notas sin tener que mover la mano mientras que antes sólo podía tocar tres. Mi profesor estaba, desde luego, escandalizado viéndome actuar con tal postura, pues no tenía yo más que trece años cuando ya había empezado a desarrollar mi propia técnica, pero terminó por aceptarla cuando vio los resultados que yo obtenía con ella.

Preguntas

Número 18.   ¿Quién habla en esta selección?

Número 19.   ¿Cómo tocaban los violoncelistas cuando el narrador empezó su carrera?

Número 20.   ¿Cómo hizo su descubrimiento?

Número 21.   ¿Qué descubrimiento hizo?

Número 22.   A fin de cuentas, ¿cómo reaccionó su profesor?

LONGER SELECTION 1

Estamos aquí ya en los exámenes. Por las calles del rededor de la escuela no se oye hablar de otra cosa a chicos, padres y madres, hasta a las ayas: exámenes, calificaciones, temas, suspensión, mediano, bueno, notable, sobresaliente: todos repiten las mismas palabras. Ayer tocó el examen de Composición, hoy el de Aritmética. Era conmovedor ver a todos los padres conduciendo a sus hijos a la escuela, dándoles los últimos consejos por la calle, y a muchas madres que los llevaba hastan las bancas para mirar si había tinta en el tintero, probar si la pluma escribía bien, y se volvían todavía desde la puerta para decir: —¡Animo! ¡Valor! ¡Cuidado!—Nuestro maestro examinador era Coato, aquel de las barbazas negras que grita como un león, y que jamás castiga. Se veían caras de muchachos blancas como el papel. Cuando el maestro rompió el sobre del oficio del Ayuntamiento mandando el problema que debía servir para tema de examen, no se oía ni una mosca. Dictó el problema en alta voz, mirando ya a uno, ya a otro, con miradas severas: pero se comprendía que si hubiera podido dictar al mismo tiempo la solución para que todos hubiesen sido aprobados, lo habría hecho de buena gana. Después de una hora de trabajo, muchos empezaron a desesperarse, porque el problema era difícil. Uno lloraba. Y muchos no tienen culpa de no saber, ¡pobres chicos! pues no han tenido mucho tiempo para estudiar, y los han descuidado los padres. ¡Pero había una providencia! Había que ver el trabajo que se daba Deroso para ayudar a todos, para hacer pasar de mano en mano una cifra y una operación, sin que lo descubriesen, interesado por unos y por otros, como si fuese nuestro propio maestro. También Garrón, que está fuerte en Aritmética, ayudaba al que podía, hasta Nobis, que, encontrándose apurado, se había vuelto cortés. Estardo estuvo más de una hora inmóvil, sin pestañear, sobre el problema, con los puños en las sienes y los codos en la banca, y después hizo todo en cinco minutos. El maestro daba vueltas por entre los bancos diciendo: —¡Calma! ¡Calma! ¡No hay que precipitarse!—Y cuando veía a alguno descorazonado, para darle ánimo y hacerle reír, abría la boca, imitando al león, como si fuese a tragárselo. Hacia las once, mirando al través de las persianas, vi muchos padres impacientes que se paseaban. Poco antes de las doce llegó mi padre, y alzó los ojos a la ventana donde yo caía; ¡pobre padre mío! A las doce en punto todos habíamos concluido. Era de ver la salida. Todos venían al encuentro de nosotros, preguntándonos, hojeando los cuadernos, confrontando los trabajos.—¡Cuántas operaciones! ¿Cuál es el total? ¿Y la substracción? ¿Y la respuesta? ¿Y la coma de los decimales?—Mi padre me arrancó de las manos el borrador, miró y dijo:—¡Está bien! —

LONGER SELECTION 2

NAR 1:   Tenemos el placer de hablar con José Antonio de Urbina, diplomático profesional y experto en protocolo en la Corte española, quien ha escrito un libro que se titula *El arte de invitar.* Buenos días.

NAR 2:   Buenos días. El gusto es mío.

NAR 1:   ¿Hay un protocolo español distinto del protocolo austríaco, alemán, belga o inglés? ¿O hay un protocolo internacional?

NAR 2: Hay un protocolo internacional, que es en realidad europeo, ¿verdad? El español, que siempre tuvo gran prestigio, pues, es el mismo. Lo que pasa es que luego en cada país hay matices que son consecuencia de su cultura, de su identidad, etcétera. Pero la esencia es el protocolo europeo.

NAR 1: Este libro, ¿lo ha escrito Ud. para que lo conozcan y se lo sepan de memoria los presidentes de comunidades autónomas, los políticos, o para que nosotros, los ciudadanos de a pie, lo leamos, así, curioseemos en ese gran mundo y sus problemas?

NAR 2: Pues, no. El objetivo es que sea útil para todos, para todos. Curiosamente, cuando estaba escribiendo al principio, pues me di cuenta de que tanto personaje importante—reyes, presidentes—esto le va a asustar al lector de a pie, y por eso ya la segunda mitad la dedico más al lector común. Pero digo lo que es verdad, que, en esencia, el banquete de estos de gala en el Palacio Real y la mesa a la cual, por ejemplo, una señora, unos señores, reúnen unos amigos, en esencia, es lo mismo.

NAR 1: ¿Y cuál es, digamos, la base, la médula de esa esencia, para que aprendamos, por lo menos, lo fundamental?

NAR 2: Pues, la médula es, sencillamente, que la gente esté confortable, que se sienta en su casa. Por supuesto, si hay que comer, que la comida sea buena, ¿verdad? Pero lo esencial es que se encuentren cómodos, porque si no están cómodos, ¿para qué sirve el invitar?

NAR 1: Pero vamos a ver, vamos a ver. Eh, lo de chico, chica, chico, chica, señora, señora... ¿Eso es correcto, no?

NAR 2: Sí, sí, sí, claro.

NAR 1: Eso hay que hacerlo así.

NAR 2: Eso hay que hacerlo.

NAR 1: Parejas o matrimonios juntos, nunca.

NAR 2: Claro, hay que dejarles a los pobres que descansen un poco, y para eso se separan.

NAR 1: ¿Es cierto que hay que hablar en un plato con el de la derecha y en otro con el de la izquierda?

NAR 2: No. Eso depende, porque a lo mejor uno quiere hablar con la de la izquierda, que es una señora, a lo mejor está deseando porque además de que es muy simpática es muy guapa y resulta que ella está hablando con el otro.

NAR 1: Y qué, qué violento, ¿verdad? cuando queda uno descolocado en medio de dos personas que están hablando con otros y no con, con uno. Queda uno solo ahí, es incómodo.

NAR 2: Sí, sí, pasa, pasa. Entonces uno está esperando un poco al quite, es como la caza, ¿verdad? Ya está. Entonces, le dice uno cualquier cosa, entabla conversación, y a veces pasa que uno está demasiado con el de la derecha o la de la izquierda, y entonces es el otro el que se encuentra, ¿eh?

NAR 1: El que se pica.

NAR 2: Sí.

NAR 1: Así que hay que sentarse hombre, mujer, hombre, mujer, nunca las parejas juntas... Eh, dice usted en el libro que las señoras nunca deben estar en las puntas de la mesa.

NAR 2: Claro, es una elemental, diría yo, cortesía hacia la mujer, ¿verdad? Las puntas es un poco el último sitio. No hay que dejar los últimos sitios con señoras.

NAR 1: Sí. En una casa, tal vez esta noche muchos de nuestros oyentes vayan a reunirse con ocho o nueve amigos. Eh, para que se sienten diez personas o doce, ¿hay algún truquillo especial o alguna alerta que quiera usted hacer para que no se caiga en determinado...?

NAR 2: Sí, bueno, hay que tener mucho cuidado con el número trece.

NAR 1: Ah, no. ¿Trece, no?

NAR 2: Nunca.

NAR 1: Porque si son trece, ¿qué hacemos? ¿Matamos a uno o invitamos a otro?

NAR 2: Nunca. No, por una razón. La gente es mucho más supersticiosa de lo que creemos. No lo dice, por supuesto.

NAR 1: Ah, ¿pero cuenta a ver si hay trece?

NAR 2: Pero, como el número trece es mala suerte, pues trece nunca. Y entonces, ¿qué haces? Catorce. Pero si se te descuelga un invitado en el último momento quedas en trece. Y claro, pues, ahí está el cuidado. El truco es, le llamas a un íntimo amigo: —*Mira, me pasa esto. ¿Quieres venirte a casa porque es que hemos quedado en trece...?* —*Y por supuesto va, claro.*

Section II–Part A
Presentational Writing (Integrated Skills)

Fuente núm. 3
(Listen to the recording first. Read the text below only after completing your essay, to verify that you heard all the information correctly.)

El Museo del Barrio celebra 30 años de excelencia promoviendo el arte latino en los Estados Unidos. Por Tania Saiz-Sousa
(*elmuseo.org/30annprs.html*)

Fundado en 1976, El Museo del Barrio ha tenido un gran impacto en la vida cultural de la ciudad de Nueva York, y es ahora una parada principal en la acreditada Milla de los Museos en Manhattan.

"Estamos orgullosos de las raíces puertorriqueñas de El Museo del Barrio, y también hemos extendido nuestra misión para así abarcar a las diversas comunidades latinas que hoy residen en la ciudad de Nueva York," comentó Susana Torruella Leval, directora ejecutiva. "Nuestro trigésimo aniversario marca un momento clave en nuestra historia. Estamos muy entusiasmados con los nuevos diálogos multiculturales y con las oportunidades para preservar y presentar la herencia cultural de los nuevos miembros de nuestra comunidad. También, aumentaremos el ámbito de nuestra colección permanente y exposiciones, y presentaremos nuevos programas educativos para la comunidad, grupos escolares y público asistente a nivel nacional e internacional," agregó Leval.

El aumento considerable en términos de las exposiciones, los programas educativos y número de visitantes—los cuales se han multiplicado en un 500% en los últimos cinco años—preparan a El Museo para los retos del nuevo milenio, y para alcanzar sus planes a corto y largo plazo. Estos planes incluyen la apertura del Teatro Heckscher en el verano del 2000, una joya arquitectónica de los años veinte con murales espectaculares y capacidad para 600 personas, el cual se encuentra localizado en el edificio que ocupa el Museo; la expansión de su tienda de souvenirs Imanosí, en la actualidad un lugar muy importante para impulsar las obras de los artistas latinos a nivel local y nacional; y la creación de ¡Las Américas Cafés!, un lugar de reunión informal donde se servirán cafés, refrescos y bocadillos caribeños y latinoamericanos.

Section II—Part B
Interpersonal Speaking

Tu amiga te llama y te dice que sus padres acaban de darle permiso para invitar te a Ud. para que la acompañe en un viaje a Florida durante las vacaciones escolares de primavera. Discuten los planes.

       (a) Tu amiga se llama Eva. Te llama para darte las noticias.
       (b) Colabora en los planes.

(Suena el teléfono.)

Eva: Hola, ¿te cuento? ¡Mis papás me dieron permiso para invitarte a acompañarnos a Florida! Iremos cuando lleguen las vacaciones de primavera, ¿qué te parece?

(20-second pause)

Eva: Vamos a ir a Disney World y después seguramente iremos a nadar y a pescar en el océano.

(20-second pause)

(Hace una pregunta.)

Eva: ¡Ay sí! Espero que nos dejen manejar el coche y así podamos salir con todos los amigos de allá.

(20-second pause)

Eva: No, no creo que podamos andar a caballo, porque el rancho de mi tío está en el norte del estado y eso está muy lejos.

(20-second pause)

Eva: ¡Pero sí podemos ir a bailar todas las noches! Los papás se acuestan temprano, pero sé que nos permitirán salir hasta las 11.

(20-second pause)

Eva: Bueno, me voy de compras. Qué buenas noticias, ¿no? Adiós, te llamo mañana.

(20-second pause)

Presentational Speaking

Fuente núm. 2 (Audio)
El uso del suelo en América Latina
(*www.eurosur.org/medio_ambiente*)

Análisis más detallados revelan que una tendencia importante de la agricultura latinoamericana ha sido la conversión de cultivos tradicionales como frijol y maíz a "nuevos" cultivos como oleaginosas, en particular soya y sorgo. Se calcula que de la tierra incorporada al cultivo entre 1970 y 1980 cerca de 62% fue para oleaginosas, específicamente soya, y que otro 24% se destinó a trigo, arroz y sorgo. Entre 1978 y 1983 el área destinada al cultivo de soya aumentó en dos millones de hectáreas. El aumento de los cultivos de exportación ha ido asociado con la reducción del uso de la tierra para cultivos tradicionales como el frijol negro en Brasil o el maíz en México.

Se observa también una clara relación entre deforestación y aumento de pastizales para ganadería: entre 1974 y 1983 la producción ganadera en América Latina aumentó 28%. De las tierras de los Andes orientales colombianos incorporadas entre 1960 y 1980 sólo 16% fueron para cultivos, mientras que 54% se dedicaron a la producción ganadera y 31% no fueron utilizadas del todo. Más de la mitad de los nuevos ranchos ganaderos son propiedades de más de 500 hectáreas.

Desde la perspectiva espacial, no cabe duda de que las actividades agropecuarias son las que tienen mayor incidencia sobre el medio ambiente dadas sus extensiones y, por lo tanto, el espacio afectado, la magnitud de las explotaciones y el hecho que América Latina es fundamentalmente una región centrada en la agricultura.

Los impactos que causan las modificaciones del suelo por la intervención humana se han ido magnificando con la creciente mecanización, la aplicación de agroquímicos, en particular fertilizantes sintéticos, plaguicidas, herbicidas y fungicidas, así como el uso de variedades genéticas mejoradas de elevado rendimiento, el aumento del riego, etcétera.

Algunas estimaciones señalan que la superficie cultivable de América Latina podría ampliarse hasta alcanzar entre 27% y 32% del total; sin embargo, esta ampliación de tierras cultivables se haría a costos crecientes. Hay que distinguir entre la incorporación propiamente dicha de nuevas tierras y la recuperación de tierras degradadas. Por ejemplo, se calcula que la incorporación de tierras en áreas desérticas costaría alrededor de 20.000 dólares por hectárea; pero la recuperación de terrazas y bancales abandonados en las zonas andinas altas de Perú y Bolivia sería del orden de los 2.000 dólares por hectárea, y un costo similar tendría la recuperación de tierras salinizadas en las áreas costeras regadas del Perú.

MODEL EXAM 2 SCRIPTS
Section I–Part A
Listening Comprehension

DIALOGUE 1

Un consejero y un estudiante hablan de sus alternativas.

Sr. Gómez: Pasa, Raúl. Me alegra verte aquí esta mañana. Hace tiempo que no te veo y tenemos mucho que discutir, ¿verdad? ¿Ya has visto los materiales que te di sobre las universidades que deseas considerar para el año que viene?

Raúl: Hola, Sr. Gómez. Sí. Muchas gracias por mandármelos. Mis padres también están interesados en verlos. Estaban contentos de oír que yo vendría a verlo esta mañana. Pero yo todavía no he tomado una decisión respecto a cual universidad planeo ingresar. Mis padres me recomendaron que solicite ingreso en por lo menos diez universidades diferentes.

Sr. Gómez: Pues, para eso estoy, para ayudarte a aclarar la situación. Con el éxito que has gozado hasta este punto, me parece posible que tengas una gran selección. Todo depende de lo que quieras.

Raúl:
No estoy seguro. Algunos amigos me han recomendado que los acompañe a las escuelas que ya han elegido, pero éstas están muy lejos y son muy enormes, y eso me inquieta un poco.

Sr. Gómez:
Vale. Entonce, lo más útil sería pensar en tus intereses. De lo que veo en el trasunto, parece que el año pasado tuviste las notas más altas en química y las más bajas en historia. Por lo general, esto refleja un mayor interés en las ciencias y una falta del mismo en historia, o bien, que te gustaba más un profesor que otro. ¿Verdad?

Raúl:
Las lenguas siempre me han costado mucho, especialmente el inglés. En general, escribir es para mí algo muy difícil de hacer y no tengo ninguna habilidad en ese campo. Y creo que al profe yo no le gustaba tampoco.

Sr. Gómez:
Lo dudo. ¿Por qué crees eso?

Raúl:
Todo el año me regañó mucho, especialmente cuando tardaba en entregarle mis composiciones. Siempre hice mis tareas y leí todas las lecturas que nos dio y tomé buenos apuntes, pero siempre salí mal en los exámenes. Nunca alcancé más de setenta en ninguno de ellos.

Sr. Gómez:
¿Fuiste alguna vez a verlo para discutir el problema?

Raúl:
No, pero el año entrante seguramente lo haré.

Sr. Gómez:
Sería buena idea. Esto me sugiere que quizás sería mejor buscar una universidad que tenga clases más pequeñas, lo cual te permitiría hablar más a menudo con tus profesores.

Raúl:
Puede ser. Eso también le gustaría a mis padres, porque ellos se preocupan mucho al saber que siempre suelo tardar en enfocarme en las materias. Bueno, ahora me doy cuenta que hemos hablado de todo menos de estudiar...

Sr. Gómez:
Todavía te queda un año aquí para esforzarte en los estudios y remediar las notas. Mira esos folletos sobre universidades y hablaremos de nuevo el lunes.

Raúl:
Se lo agradezco mucho. Y lo veo el lunes.

Preguntas:

Número 1.   ¿Con qué motivo visitó Raúl al Señor Gómez?

Número 2.   ¿Qué querían los amigos de Raúl?

Número 3.   ¿En qué campo sobresale Raúl?

Número 4.   ¿Qué problemas académicos sufrió Raúl durante el año?

Número 5.   ¿Qué propone el Señor Gómez para remediar la situación?

Número 6.   Al fin de la conversación, ¿qué tipo de universidad seleccionará Raúl?

Número 7.   A fin de cuentas, ¿qué tipo de alumno es Raúl?

CD 4
Track
12

DIALOGUE 2

Dos muchachas discuten un problema de una amiga mutua.

Rosa: Ana, Luisa acaba de mandarme un mensaje, pidiéndome llamarte. Dice que va a reunirse con Elena dentro de una hora porque tiene un problema y quiere que todas nosotras le ayudemos.

Ana: ¡De veras! Esta mañana me enteré que tenía un problema. Me dejó un mensaje en el celular. Y después me llamó Celia.

Rosa: ¿Te dio más datos?

Ana: Sólo me dijo que Elena mencionó que tenía que ver con su empleo en la librería.

Rosa: Sí. Me dijo que sucedió algo anoche que la molestó mucho. A mí siempre me ha preocupado que ella deba quedarse para cerrar la librería. Mira que a esas horas ella está con todo el dinero recaudado del día y con muy poca gente en la tienda. Nunca se sabe qué persona peligrosa anda suelta a esas horas.

Ana: Ella me contó de una noche en que hacía un frío terrible y entró un hombre ebrio para calentarse. Elena no sabía qué hacer para echarlo de la tienda. Aunque le tenía lástima por su lastimoso estado, no podía soportar su olor ni los gritos que largaba a todos los clientes. Gracias a Dios, pudo llamar a la policía.

Rosa: Ahora lo recuerdo. Pero, ¿cuál será su problema esta vez? Quizás tenga que ver con el otro dependiente de la tienda. Se tienen antipatía mutua. Él se llama Rodrigo. Según Elena, es un escándalo que él se lo pase sin hacer nada y que hable por celular todo el tiempo mientras ella debe arreglar la mercancía y mantener todo en orden.

Ana: He oído que es un perezoso. No es justo que ella haga todo el trabajo y él gane tanto como ella.

Rosa: Pero es pariente del propietario. No hay remedio, has que aguantar a los que tienen vínculos familiares.

Ana: Verdad. Pues, sabremos cuando nos reunamos más tarde. ¿Quieres que pase por tu casa para llevarte?

Rosa: Sí, gracias. Por el camino te contaré algunos disparates que cuenta Rodrigo.

Preguntas:

Número 8. ¿Por qué llamó Rosa a Ana?

Número 9. ¿Qué problema tiene Elena?

Número 10. ¿Dónde trabaja Elena?

Número 11. ¿Por qué se preocupa Rosa por el trabajo de Elena?

Número 12. ¿Por qué Elena llamó a la policía una noche?

Número 13. ¿En qué característica personal de Rodrigo se fija Elena?

SHORT NARRATIVE 1

Recuerdo de unos días feriados de unos chicos.

El Día de Reyes por la mañana la abuela nos entregó los regalos. Libros, un par de estilográficas, jerseys y cosas así. Se acabó para siempre la alegría de los juguetes—empezaban a ser un problema, según decían ellas, los regalos. (Mauricia ponía mi zapato en el hueco de la chimenea. Como no me bastaba, tejió una media enorme, de lanas sueltas, que resultaba, *"de tanto colores como la túnica de José."* Y todos los regalos que enviaba mi padre se convertían allí en el regalo de los Reyes Magos de Oriente. Días antes, si veía nubes alargadas, preguntaba: "Mauri, dime, ¿es aquel el camino de Oriente?" Un año me trajeron un payaso tan grande como yo, y lo abracé. Pero, ¿para qué recordarlo?)

Cogimos los regalos de la abuela, y la besamos. Tía Emilia me dio un frasco de perfume francés que tenía sin abrir. "Ya eres una mujer," dijo. Y también me besó. (Todos se besaban mucho por aquellos días.)

Cargados con nuestros libros, Borja y yo fuimos a la sala de estudio. Nos instalamos en las butacas, uno frente al otro, junto al balcón. El sol se sentía cálido, a través del cristal. Una mosca tardía zumbaba torpemente de un lado a otro.

Borja se derrumbó en la butaca. Era muy grande y tapizada de cuero, con algún rasguño que otro, oscurecida en muchos puntos. Pasó una pierna sobre uno de los brazos, balanceádola.

Mis libros no valían gran cosa. Los había elegido tía Emilia.

Preguntas:

Número 14.   ¿Cuándo ocurre la descripción?

Número 15.   ¿Quiénes eran los Reyes Magos?

Número 16.   ¿Qué cosas dieron los parientes a los niños?

Número 17.   ¿Por qué decían la abuela y tía Emilia que los regalos empezaban a ser un problema?

Número 18.   ¿Qué recordaba la narradora en la selección?

Número 19.   ¿Cómo eran los muebles en la sala de estudio?

SHORT NARRATIVE 2

Una promoción de Chiloé, Chile

La esencia de Chiloé se queda en la "orilla." Una orilla que muchas veces permanece oculta y que reserva sus secretos a quiénes intentan ver un poco más allá. Más allá de la mágica isla, más allá de los mitos y leyendas, Chiloé emerge con contenido. Despuntan sus iglesias Patrimonio de la Humanidad. Deslumbran sus bellezas naturales y atractivos turísticos que asoman por dondequiera. Sorprenden sus isleños que todavía transitan sus paisajes arraigados a una "cultura viva," pero en constane transición. Desde este rincón austral, desde este "mundo perdido," te invitamos a conocer el verdadero Chiloé. No aquel que aparece en las postales. No aquel que se pega en las retinas por tanto mensaje cliché repetido durante vacaciones. Como hijos de esta tierra, te ofrecemos nuestra experiencia para descubrir aquello que realmente nos hace únicos e irrepetibles. Esta es una invitación a recorrer con nuevos ojos la diversidad cultural de los chilotes. Su calidez. Su adaptación a las transformaciones y cambios que ya comienzan a sentirse. Este es un viaje al influjo de las grandezas y las pobrezas que el chilote de antes y el de ahora refleja en sus construcciones culturales, y en su relación con el ambiente natural. Belleza escénica. Diversidad de entornos y colores. Riqueza patrimonial. Este es un recorrido a través de lo profundo de la vida isleña. Un cruce de mundos que todavía sigue vivo en medio de traucos, pincoyas y caleuches.

Preguntas:

Número 20.   ¿Qué es Chiloé?

Número 21.   ¿A qué se refiere *aquello que realmente nos hace únicos e irrepetibles?*

Número 22.   ¿Cómo se describe a los habitantes del lugar?

Número 23.   ¿En qué consiste un recorrido por Chiloé?

Número 24.   ¿En qué consiste el cruce de mundos?

Número 25.   ¿Qué tipo de negocio se hallaría en Chiloé?

LONGER SELECTION 1

El *Popol Vuh*

El Popol Vuh presenta una versión mitológica de la creación del mundo, seguida por un relato de las aventuras de los dioses gemelos, Hunahpú y Xbalanqué, en tiempos primordiales, anteriores a la creación del ser humano. Los triunfos de los héroes en contra de las fuerzas primordiales y los dioses de la muerte dan lugar a la creación del hombre a partir del maíz. La segunda parte del texto se concentra en los orígenes de los linajes gobernantes del reino quiché, su migración hacia el altiplano de Guatemala, su conquista del territorio, el establecimiento de su ciudad principal y la historia de sus reyes hasta la conquista española.

El texto original del siglo XVI se ha perdido. Se sabe que estaba escrito en idioma quiché, pero utilizando el alfabeto español. Al principio y al final del libro, los autores mencionaron que lo escribían porque ya no era posible ver un libro llamado *Popol Vuh*, que existía antiguamente. Se ha especulado mucho sobre la naturaleza de este libro, que debió existir antes de la conquista española. Es probable que haya sido un manuscrito pictórico similar a los códices postclásicos que se conocen en el centro de México.

El texto más antiguo que se conserva del *Popol Vuh* es una transcripción del texto quiché hecha a principios del siglo XVIII por el fraile dominico Francisco Ximénez, que también hizo la primera traducción conocida al español. Ximénez presentó en doble columna el texto quiché junto a la versión española, y lo tituló "Empiezan las Historias del Origen de los Indios de esta Provincia de Guatemala." Este manuscrito se encuentra en la colección Ayer de la Biblioteca Newberry de la ciudad de Chicago. Fue extraído de la biblioteca de la Universidad Nacional de Guatemala por el abate francés Charles Etienne Brasseur de Bourbourg, quien lo publicó por primera vez en forma completa en 1861. Desde entonces, se han realizado numerosas ediciones y traducciones.

La palabra *Popol Vuh* significa literalmente "libro de la estera." Entre los pueblos mesoamericanos, las esteras o petates eran símbolos de la autoridad y el poder de los reyes. Eran utilizadas como asientos para los gobernantes, cortesanos de alto rango y cabezas de linajes. Por esta razón, el título del libro se ha traducido como "Libro del Consejo."

LONGER SELECTION 2

La Tomatina: fiesta del tomate en España

El pueblo español de Buñol, tiene una larga historia que se remonta a más de 50 mil años. Sin embargo, en la actualidad es conocido por una fiesta que se festeja desde hace sólo 60: la Tomatina. Es uno de los días más célebres del calendario valenciano, en el que se lleva a cabo la lucha vegetal más grande del mundo con 30 mil personas y 200 toneladas de tomate. Si pensabas que tal cosa era imposible, entérate en esta nota.

Buñol es una ciudad en el centro de Valencia y ha sido testigo fiel de la historia española. Ocupada por romanos, árabes, moros y franceses, las influencias extranjeras son apreciables en muchos de los edificios, pero también en pequeñas cosas de la vida diaria. Como toda fiesta de pueblo, cada habitante contará su propia versión de los hechos. Nosotros elegimos contarles una de las versiones de cómo empezó la Tomatina; la menos increíble, pero la que más se acerca a la verdad.

Corría el año 1945 y se estaba celebrando en el centro de la ciudad un desfile de "Gigantes y Cabezudos." Parece que en esa época todos se peleaban por participar y disfrazarse. Según cuentan, un joven que quería ser parte del desfile, golpeó a uno de los que estaban disfrazados, tirándolo al suelo. Este hombre, totalmente indignado, comenzó a golpear a todo el mundo, iniciando una verdadera batalla campal. De pronto, a alguien se le ocurrió utilizar las verduras de un puesto de hortalizas cercano como munición y todos lo imitaron, abriendo los cajones de tomate que estaban en exhibición.

Como siempre, el orden público se hizo presente y se multó a los revoltosos. Fue tan memorable el episodio que al año siguiente se congregaron en la plaza con una gran cantidad de cajones de tomates. Todo el pueblo participó de la ya conocida "Tomatina," a pesar de la desaprobación del gobierno que año tras año, prohibía la batalla vegetal.

Las actividades más comunes son, en primer lugar, las carreras de sacos, o carreras de embolsados. En ellas unas cuantas personas introducen la parte inferior de su cuerpo en sacos de tela e intentan llegar a la meta, saltando. Otro juego tradicional son las "cucañas," que se celebran en España en casi todas las fiestas populares. Para las cucañas es necesario el tronco de un árbol o un palo pulido. En la cima del palo se cuelga un trofeo, en este caso un jamón, y luego se enjabona toda la superficie de madera. El ganador es aquella persona que pueda subir el palo enjabonado y tomar el trofeo.

Section II–Part A
Presentational Writing (Integrated Skills)

Fuente núm. 3

(Listen to the recording first. Read the text below only after completing your essay, to verify that you heard all the information correctly.)

Vida moderna en Hispanoamérica

—¿Por qué no estudiaste en la universidad?

—Yo no ingresé a la universidad porque no pude aprobar el examen de admisión, los varios años que di el examen.

—A la persona que no va a la universidad, ¿qué caminos le quedan?

—Bueno, el que no ingresa a la universidad tiene que ponerse a trabajar de todas maneras, para contribuir al sostenimiento de la casa. Uno se ve obligado a trabajar porque la familia no lo considera productivo y porque la familia necesita el dinero... y porque uno también necesita el dinero para obligaciones sociales, salir con alguna chica, salir con los muchachos, y eso no puede hacerse si no se tiene más que un terno. Pero un muchacho de clase media no puede, sin avergonzar a la familia, no puede conseguir un trabajo de obrero. Entonces tiene que buscar trabajo de un empleado de cualquier forma, digamos un banco...

—O de oficinista...

—Exacto. Quizás en la administración pública, trabajar en un ministerio, quizás.

—Pero un muchacho de las masas puede trabajar en una fábrica o un taller, o puede tratar de establecer un comercio pequeño, quizás una tienda, puede ser chofer de ómnibus. Y lo interesante es que algunas actitudes no han cambiado. No están basadas solamente en lo económico de la persona, sino en lo que la persona hace para obtener dicho dinero. Yo por mi cuenta, cuando estaba en la secundaria, me había puesto a aprender electrónica. Las personas que se dedican a la reparación de aparatos electrónicos en el Perú son considerados obreros. Mi familia se opuso vehementemente a que yo tuviera nada que ver con la electrónica, arreglando televisores, lo cual es una profesión obrera, y lo cual a mi familia nunca le pareció bien, aunque fuera al doble de sueldo de un empleado de algún ministerio. El hecho de que un empleado de ministerio es un empleado y el señor que repara televisores es un obrero es mucho más importante que su sueldo, socialmente. A mi familia todavía no le gusta mucho que yo esté trabajando de supervisor de electricistas. Aún siempre me preguntan, "¿Y? ¿Todavía estás trabajando en lo mismo?"

Section II–Part B
Interpersonal Speaking

Se anuncia un puesto vacante este verano para un guardavidas en la piscina munici-pal en el Parque Central de la ciudad. El ayuntamiento prefiere contratar a una per-sona que sea responsable, y que tenga prueba de habilidad para el trabajo. Se necesita llevarse bien con la gente y mostrar el mando con menores de edad.

La conversación

La empleada:	Buenos días, señor.¿En qué puedo servirle?
(20-second pause)	
La empleada:	Qué bueno que esté para el empleo de guardavidas. Es buen trabajo para un joven porque puede pasar el tiempo al aire libre, gozando del sol. ¿Lleva Ud. experi-encia con ese tipo de trabajo? ¿O puede demostrarnos que está calificado para el puesto?
(20-second pause)	
La empleada:	Siempre vale tener tanta experiencia. Pero sabe Ud. que siempre hay muchos niños que acuden a la frescura del agua a medida que se calienta el tiempo. Muchas veces no están acostumbrados a hacer caso a nadie. Puede ser difícil mantener el ojo en todos a la vez. ¿Tiene expe-riencia con el cuidado de los niños en alguna capacidad?
(20-second pause)	
La empleada:	Qué bueno. Al satisfacer estos requisitos del empleo, creo que sólo necesita Ud. rellenarme este formulario. Las horas serán de las nueve de la mañana a las seis de la tarde, todos los días durante junio, julio y agosto. Puede empezar el lunes.
(20-second pause)	
La empleada:	Creo que podremos acomodarlo y darle unos dos días para acompañar a sus padres. Muchas gracias por venir. Que lo pase bien y si hay algún problema, no deje de llamarme.
(20-second pause)	
La empleada:	Dicho y hecho. Bienvenido y espero que se divierta un poco también.
(20-second pause)	

Presentational Speaking

Fuente núm. 2

La necesidad del descanso es vital, pero tampoco se trata de pasar todas las vacaciones acostado durmiendo, sino que el ideal implica la suspensión temporal de una actividad para ser reemplazada por otra. Es decir, sustituir las tareas que hacemos en forma cotidiana por iniciativas que nos produzcan placer, agrado, relajo y satisfacción.

Agostini enfatiza en que, "lo más importante es que las actividades que se escojan sean motivadas para la persona que está de vacaciones." En palabras simples, la idea es hacer todo aquello que uno a lo largo del año quiere realizar pero que por falta de tiempo no hace. Leer un buen libro, pasear, dormir sin poner el despertador, hacer deporte, cocina, ordenar, juntarse con los amigos, vitrinear, caminar, ir al cine, ver televisión, jugar cartas, etc.

Las opciones de vacaciones pueden ser muy diversas y dependen de las posibilidades que se tengan. Sin embargo, se deben cuidar los siguientes factores: dormir lo suficiente (es la mejor manera de reponerse), alimentarse de manera equilibrada (ojalá cuatro veces al día), tratar de cambiar de entorno, hacer alguna actividad física y permitirse el ocio sin cargo de conciencia por no estar haciendo algo "productivo."

"Las alternativas para reposar y pasarlo bien son muy personales, por ello lo más importante es respetar los propios intereses y gustos que nos dejan una sensación de relajo y placer," destaca el profesional.

Spanish-English Glossary

A

abajo   under, underneath, below, down
  para abajo   downward
abandonar   to leave, to forsake, to give up, to abandon
abarcar   to include, to embrace, to take in
abastecer   to supply, to purvey
abatir   to throw down, to overthrow
abdicar   to abdicate, to leave
la **abeja**   bee
ablandarse (el corazón)   to soften, to mellow, to relent
abogado   lawyer
abolir   to abolish
abonar   to subscribe to, to pay
abrazar   to hug, to embrace
el **abrazo**   hug, embrace
abreviar   to abbreviate
abrigado   sheltered, protected, clothed warmly
el **abrigo**   coat, overcoat
  el abrigo de piel   fur coat
abrir   to open
abrochar   to button up, to button down, to buckle up
abrumar   to crush, to overwhelm, to oppress
absorber   to absorb, to soak up
abuelo, -a   grandfather, grandmother
aburrirse   to get bored, to become bored
acá y allá   here and there
acabar(se)   to finish
  acabar con   to end with
  acabar de   to have just + inf.
acalorado, -a   hot, heated

acaramelado, -a   caramel covered
acaso   perhaps, maybe, by chance
  por si acaso   just in case
acatar   to respect, to heed
acceder   to agree, to consent
el **accidente**   accident
la **acción**   action
accionar   to work, to act
las **acciones**   stocks
el **aceite**   oil
la **aceituna**   olive
acentuar(se)   to accentuate
aceptar   to accept
la **acequia**   irrigation ditch
la **acera**   sidewalk, pavement
acercarse   to approach, to go near
el **acero**   steel
acertar (ie)   to ascertain, to be right, to guess
aclarar   to clarify
acoger   to welcome, to make welcome
acomodado   comfortable
acomodar   to accommodate
acompañar   to accompany
aconsejar   to advise
acontecer   to happen, to occur, to take place
el **acontecimiento**   event, happening
acordarse de   to remember
acorralar   to enclose, to corner
acostarse   to go to bed
acostumbrar   to be accustomed to
la **actitud**   attitude
la **actividad**   activity
la **actuación**   action, conduct

actual   present, modern
la **actualidad**   present time
  en la actualidad   at the present moment
actuar   to act, to behave
acudir   to come
  acudir a   to come to, to aid, to heed
el **acuerdo**   agreement, understanding
  de acuerdo con, a   in accordance with
  de mutuo acuerdo   in mutual agreement
  estar de acuerdo con   to be in agreement with
  ponerse de acuerdo   to bring to an agreement
el **acumulador**   battery (car)
acusar   to accuse
el **adagio**   adage
adaptar   to adapt
adelantar   to move forward, to progress
¡adelante!   Go on! Come in!
  en adelante   from now on, henceforth, in the future
adelgazar(se)   to get thin, to slim down
además   moreover, in addition
  además de   besides
adentro   inside
adiestrar   to train, to instruct, to guide
el **adiós**   goodbye
la **adivinanza**   riddle, prediction
adivinar   to guess, to divine
el **adivino**   magician, fortune-teller, sage
admirar   to admire
adoctrinar   to indoctrinate

adornarse   to adorn oneself

el **adorno**   ornament, adornment

adosar   to lean, to attach

adquirir   to acquire

el **advenedizo**   upstart

el **advenimiento**   coming, arrival, advent

advertencia   warning, piece of advice

advertir   to advise, to warn

el **afán**   hard work, industry, zeal

afectar   to affect

el **afecto**   affection, fondness

afianzar   to guarantee, to strengthen, to reinforce

el **aficionado**   amateur

afirmar   to affirm

afrontarse   to confront, to face up to

las **afueras**   outskirts, outside, out-of-doors, suburbs

agacharse   to lean over, to bend down, to duck

agarrar   to grasp, to seize

agasajar   to treat kindly, to regale

el **agente publicitario**   publicity agent

agitar   to shake, to wave, to excite, to rouse

agitarse   to get excited

agobiar   to burden

agonizar   to agonize

agotarse   to become exhausted

agraciado   pretty, attractive, graceful

agradable   agreeable

agradar   to please

agradecer   to thank

agregar   to add

agrícola   farming, agricultural

agruparse   to form a group, to crowd together

el **agua**   water

   hacerse agua la boca   to make one's mouth water

el **aguacate**   avocado

aguantar   to put up with, to stand, to tolerate, to bear

aguardar   to wait for, to await

agudo   sharp

el **águila**   eagle

la **aguja**   needle

el **agujero**   hole

aguzar   to sharpen

ahí   there

   de ahí   from there

el **ahijado**   godchild, adopted child

ahogar   to drown

ahorcar   to hang

ahorrar(se)   to save

airoso   ventilated, windy, graceful, elegant

aislar   to isolate

el **ajedrez**   chess

ajeno   other people's

el **ajo**   garlic

el **ajonjolí**   sesame

ajustar   to adjust

el **ala**   wing

alabar   to praise

la **alabanza**   praise

el **alambrado**   wire netting, wire fencing

el **álamo**   poplar tree

alargar   to lengthen, to prolong

el **alarido**   howl, yell, shriek

el **alba**   dawn

albergar   to lodge, to stay

el **alboroto**   uproar, disturbance

la **alcachofa**   artichoke

el **alcalde**   mayor

el **alcance**   reach

   al alcance de   within reach of

   tener al alcance   to have within reach

la **alcancía**   money box, piggy bank

alcanzar   to reach, to achieve

   alcanzar la felicidad   to find happiness

la **alcoba**   bedroom

la **aldea**   village, town

alegrar   to allege, to claim

alegrarse   to be happy

la **alegría**   happiness

alejado, -a   faraway

el **alejamiento**   estrangement, removal, absence

alejar(se) de   to back away from, distance oneself from

el **alemán**   German

alentar   to encourage, to inspire

el **alero**   eaves (house), fender (of a car)

la **alfarería**   pottery, ceramic

el **alfil**   bishop (chess)

la **algazara**   uproar

algunas cuantas   some, few

la **alhaja**   jewel, gem, piece of jewelry

la **alhambrada**   wire fencing, wire netting

el **aliento**   breath

alimentar(se)   to nourish

el **alimento**   food

aliviar   to relieve, to ease, to alleviate

el **alma**   soul

el **almacén**   department store, shop, warehouse

la **almendra**   almond

el **almíbar**   syrup (not medicine)

la **almohada**   pillow

el **almuerzo**   lunch

alojar   to house, to lodge, to stay a night

el **alpinismo**   mountain climbing

alquilar   to rent

el **alquiler**   rent

alrededor de   around, about, encircling

los **alrededores**   the outskirts, the out-of-doors

el **altavoz**   speaker

alto   high, tall, stop

la **altura**   height

aludir   to allude

el **alumbrado** light

alumbrar to light, to enlighten

alusivo allusive, referring to

el **alza** rise

el **alzamiento** lifting, raising

alzar to raise, to lift

allá there

  el **más allá** the beyond

  más allá farther on, beyond

el **ama de casa** housewife

amable pleasant, agreeable

el **amaestrador** tamer

amanecer to get daylight

la **amapola** poppy (flower)

amar to love

amargo bitter

el **amargor**, la **amargura** bitterness

amarillo yellow

amarrar to tie up, to make fast, to moor

la **amatista** amethyst

ambicionar to aspire, to strive for, to seek

ambiental environmental

el **ambiente** environment

  el **medio ambiente** natural environment

ambos both

la **amenaza** threat

amenazar to threaten

la **ametralladora** machine gun

amigable friendly

la **amistad** friendship

amontonarse to add up, to amass

amortizar to amortize, to pay off

amparar to help, to aid

ampliar to enlarge

amplio wide, large

la **ampolleta** hourglass, electric bulb

el **analfabetismo** illiteracy

analizar to analyze

ancho wide

el **anciano** old man

anclar to moor, to anchor

andar to walk

  andar angustiado to worry, to stew about

el **anfiteatro** amphitheater

el **ángulo** angle

la **angustia** anxiety

anhelante yearning, longing

anhelar to long for, to pine for, to yearn for

el **anillo** ring

animar to animate, to encourage

  animarse a to take heart, to regain courage

el **ánimo** spirit, will, heart

el **anochecer** to become night

el **ansia** anxiety, worry

ansioso anxious

anteayer day before yesterday

el **antepasado** ancestor

anterior before, anterior

anticuado antiquated

antiguo old, ancient

antojar(se) to fancy, to feel like

anular to repeal, to revoke, to invalidate

anunciar to announce

el **anuncio** ad, news, announcement

añadir to add to, to increase

el **añil** indigo

el **año** year

  año tras año year after year

antaño long ago

apaciguar to pacify

apagado put out, extinguished

apagar to put out, to turn off

el **aparato** machine

aparecer to appear, to turn up

apartar(se) to depart from, to forsake, to go away a distance

aparte de aside from

apático apathetic, listless

el **apellido** father's name, family name

apenas scarcely

la **apertura** opening, hole

apetecer to appeal to, to look tasty

aplastar to smash

aplaudir to applaud

aplicar(se) to apply oneself

apodar to nickname

apoderarse de to seize, to take power

apolillado moth-eaten

apoltronado idle, lazy

aporrear to hit, to give a beating

la **aportación** contribution

aportar to contribute, to provide

apoyar to support

el **apoyo** support

apreciar(se) to appreciate

aprender to learn

el **aprendiz** apprentice

el **aprendizaje** apprenticeship

aprestarse a to get ready, to make up

apresurar to hurry

apretar to squeeze, to clasp, to bring together

el **apretón** squeeze, difficulty

aprisionar to imprison

aprobar to approve, to pass (a course, a bill)

el **aprovechamiento** benefit, gain, betterment

aprovechar(se) to take advantage of

aproximarse to get close, to go up to, to near

apuntar to aim, to sharpen, to point

apurar(se) to be in a hurry, to hurry

el **apuro** hurry, difficulty

el **árbol** tree

arcano arcane, secret

el **archivo** archive, library

arder to burn

  ardiente burning

el **arecife** reef

la **arena** sand

el **argumento** plot

el **armario**   cupboard, wardrobe

la **armonía**   harmony

el **arquitecto**   architect

la **arquitectura**   architecture

la **artesanía**   craft, craftwork

el **artículo de fondo**   lead article, editorial

arrancar   to tear off, to pluck out, to start up

arrastrar   to drag, to trail, to pull, to haul

arrebatar   to snatch away

arreglar   to arrange, to fix

el **arrendamiento**   lease

arrepentir(se)   to repent, to be sorry

arriba   above

arriesgar   to risk

arrimar   to bring close, to dock

arrodillar(se)   to kneel, to kneel down

arrojar   to throw, to toss

el **arrozal**   rice field

el **ascenso**   ascent, raise

asegurar   to assure, to insure, to ensure

asemejar   to resemble, to seem like

asequible   available, obtainable

asesinar   to assassinate, to murder, to kill

asiduo   industrious, hard working

el **asiento**   seat

asiento delantero   back seat (in a car)

asiento trasero   front seat (in a car)

asiento de ventanilla   window seat (on an airplane)

la **asignatura**   course

asimilarse   to assimilate, to become one of a group

la **asistencia**   attendance

asistir   to attend (school)

asomar(se)   to show up, to appear at

asombroso   surprising

asqueroso   awful, vile, nasty

asustar   to surprise, to scare

atacar   to attack

atar   to tie, to tie up

atemorizar   to terrify

atender   to attend to (patients, business)

atenerse   to abide, to stick to, to hold

el **aterrizaje**   landing (of an airplane)

el **aterrizaje forzoso**   emergency landing

aterrizar   to land

el **atleta**   athlete

la **atmósfera**   atmosphere, environment

atónito   astonished, amazed

atormentar   to torment

el **atraco**   mugging, attack

atraer   to attract

atrancar   to bar, to block, to clog up

atrapar   to catch

atrás   behind

atrasar   to get behind, to retard

atravesar   to cross

atrever(se)   to dare, to venture

atrevimiento   daring, boldness

atribuir   to attribute to, to ascribe

atropellar   to run over

el **auge**   peak

aumentar   to augment, to increase

aun   even

aun cuando   even when

aún   still, yet

aunque   even though

auscultar   to auscultate

la **ausencia**   absence

el **auxilio**   help

pedir auxilio   to ask for help

avanzar   to advance

avergonzar   to be ashamed, to shame

averiguar   to verify, to check

el **avión**   airplane

avisar   to advise, to warn, to inform

el **aviso**   notice, warning

la **ayuda**   help

ayudar   to help

el **ayuntamiento**   city hall

la **azafata**   stewardess

el **azar**   chance, accident

azotar   to whip, to beat

la **azotea**   flat roof, terrace roof

azteca   Aztec

el **azúcar**   sugar

B

el **bachillerato**   diploma

bailar   to dance

el **baile**   dance

bajar   to take down, to come down

bajar de   to take, come down from

bajo   short, low

el **baloncesto**   basketball

balbucear   to stutter, to stammer, to babble

bancario   bank *(adj.)*

giro bancario   bank draft

el **banco**   bank, park bench

la **bandera**   flag

el **banquero**   banker

bañar(se)   to bathe

la **bañera**   bathtub

el **baño**   bathroom

barato   cheap, inexpensive

la **barbilla**   chin

el **barco**   ship

por barco   by ship

la **barra**   bar, rod, lever, ingot

barrer   to sweep

el **barril**   barrel

el **barrio**   neighborhood, suburb

la **base**   base, basis, foundation

basta con   suffice with, enough with

bastar to be enough, to suffice

la **basura** trash, garbage

el **batidor** mixer

batir to beat

el **baúl** trunk, chest

bautizar to baptize

el **bautizo** baptism

la **baza** trick (in cards)

la **bebida** drink

la **beca** scholarship

el **bejuco** liana, rattan, reed, vine

Belén Bethlehem

bélico warlike

la **belleza** beauty

el **beneficio** benefit

besar to kiss

la **biblioteca** library

el **bibliotecario** librarian

la **bicicleta** bicycle

los **bienes** goods

los **bienes muebles** personal property

el **bienestar** well-being

la **bienvenida** welcome

dar la bienvenida to welcome

¡Bienvenido! Welcome!

la **blusa** blouse

la **boca** mouth

boca abajo face down

boca arriba face up

el **bocadillo** snack, bite

la **bocina** horn (mechanical)

la **boda** wedding

la **bola** ball

el **boletín de noticias** news bulletin, announcement

el **boleto** ticket

boleto de ida y vuelta round trip ticket

el **boliche** bowling, small grocery shop

la **bolsa** bag, purse, pocket

el **bolsillo** pocket

la **bomba** bomb

el **bombero** fireman

el **bombín** bowler (hat), derby (hat), bicycle pump

los **bombones** bon bons

bordar to embroider

el **borde** side (of the road), edge

el **borracho** drunk, intoxicated person

el **borrador** eraser

borrar to erase

la **borrasca** storm, squall, flurry

bostezar to yawn

las **botas** boots

el **bote** boat

la **botella** bottle

el **botín** loot, booty

el **botiquín** medicine chest

el **botones** buttons, bellhop

el **brazo** arm

el **bribón** rascal, rogue

brincar to jump

brindar to toast (one's health)

el **brindis** toast

la **brisa** breeze

el **broche** brooch, pin

la **broma** joke

broncear(se) to tan, to get a suntan

brotar to sprout, to bud, to spring up

la **bruma** mist, fog

bruñir to polish, to burnish

bucear to dive

la **buhardilla** attic

el **búho** owl

la **bulla** uproar, noise

el **bulto postal** package

burlarse de to laugh at, to make fun of

el **burócrata** civil servant

buscar to search for, to look for

la **búsqueda** search

C

caber to fit

no cabe duda there is no doubt

la **cabeza** head

la **cabina de teléfono** telephone booth

el **cabo** cape (land), corporal

al fin y al cabo at last, finally

el **cacto** cactus

cada each

la **cadena** chain

caer(se) to fall (down)

la **cafetera** coffeepot

la **caja** box

el **cajero** teller (in a bank)

la **cal** lime (mineral)

calabaza gourd

calado soaked

el **calamar** squid

la **calavera** skull

los **calcetines** socks

calmar(se) to calm down, to be quiet

calvo bald

calzar to put on shoes

los **calzoncillos** underpants

la **calle** street

callejero in, of the street

la **cama** bed

la **cámara** chamber

la **Cámara de Diputados** chamber of deputies

el **camarero** waiter

cambiar to change

el **cambio** change

casa de cambio de moneda foreign money exchange

la **camilla** stretcher, small bed

caminar to walk

la **camisa** shirt

la **campana** bell

el **campesino** farmer

el **campo** countryside, field

el **canal** channel, tunnel

la **canasta** basket

la **cancha** court (for sports), playing field

la **canción** song

la **cantidad** quantity

canoso white-haired, gray-haired

cansarse to get tired

el **cansancio** weariness, fatigue

el, la **cantante** singer

la **caña** cane, reed, rattan

la **caoba** mahogany

capacitado talented, able, capable

el **capital** capital, capital sum

la **capital** capital city

el **capitalista** capitalist

el **capó** hood (of a car)

el **capricho** whim

la **cara** face

  la **cara de pocos amigos** long-faced (irritated)

el **caracol** snail, sea shell

la **cárcel** jail, cell

carecer to be lacking, to need

el **cargador** loader

el **cariño** affection, love

cariñoso affectionate, loving

el **carnaval** carnival

la **carne** meat

  carne de res beef

  carne de ternera veal

  carne de cerdo pork

el **carnet** card

  carnet de identidad identification card

la **carnicería** butcher shop

el **carnicero** butcher

caro expensive

la **carrera** career, race

la **carretera** highway, interstate, road

la **carroza** float (in a parade)

la **carta** letter (mail)

el **cartel** poster

la **cartera** wallet

el **cartero** mailman

la **casa** house

  casa de coreos post office

casado married

casar(se) to marry, to get married

la **cascada** cascade, waterfall

la **cáscara** shell (of eggs, nuts), husk, peel (of fruit)

el **casco** helmet

casero pertaining to a household

casi almost

castigar to punish

la **casualidad** chance, occasion

  por casualidad by chance

la **catarata** cataract, waterfall

el **catarro** cold (illness)

el **catedrático** tenured professor, endowed chair

el **caucho** rubber

caudal wealth, volume, flow

la **causa** cause

  a causa de because of

cautelosamente cautiously, warily

cavilar to wonder

la **cebolla** onion

ceder to transfer to, to give up

las **cejas** eyebrows

celoso jealous

el **cementerio** cemetery

cenar to dine

la **censura** censorship

el **centro** downtown, center

  centro comercial commercial center

ceñir to encircle, to surround

cepillar(se) to brush

el **cepillo** brush

  cepillo de dientes toothbrush

cerca near

la **cercanía** neighborhood

el **cerdo** pig

el **cerebro** brain

cesar to stop, to cease

la **ciencia** science

  ciencia ficción science fiction

el **científico** scientist

cierto sure, certain

la **cifra** figure (numerical)

la **cigarra** cicada, cricket

el **cilindro** cylinder

el **cine** movie theater, movies

la **cinta** tape, ribbon

la **cinturón** waist, belt

la **cifra** figure, number

el **círculo** circle

circular to circulate, to go around, to run

la **cita** appointment, date

la **ciudad** city

el **ciudadano** citizen

las **claras** egg whites

claro clear

  ¡Claro que sí! Certainly! Clearly! Surely!

clavar to nail

la **clave** key

el **clavo** nail

el **cliente** client

el **club** club, association

la **cobardía** cowardice

cobrar to charge, to cost

la **cocina** kitchen

cocinar to cook

el **coche** car

  coche-cama sleeping car (on a train)

  coche-comedor dining car (on a train)

codiciar to covet

el **codo** elbow

el **cojín** cushion

la **col** cabbage

la **cola** tail

  hacer cola to wait in line

la **colcha** bedspread

el **colchón** mattress

el **colega** colleague

colgar to hang up

el **colibrí** hummingbird

colocar to place

colorado colored, reddish

la **comadre** kinswoman, friend (female)

la **comarca** region, area

el **comedor** dining room, cafe

el **comentarista** commentator

comenzar to start, to begin

comercial commercial

la **cometa** bite

cometer to commit

cómico comical, funny

la **comida** food, meal

como like, as

¿**cómo?** what? how?

¡**cómo!** how!

la **cómoda** wardrobe, dresser

cómodo comfortable

el **compañero** companion, friend

compañero de cuarto roommate

la **compañía** company

compartir to share

el **compatriota** countryman

la **competencia** competition, race, contest

comportar(se) to behave

el **comprador** buyer

comprar to buy, to purchase

ir de compras to go shopping

comprometerse to compromise, to promise

comprometerse a to promise to

la **computadora** (Latin America) computer

comulgar to share, to partake of communion

la **comunidad** community

con with

con tal (de) que provided that

concebir to conceive, to think of

conceder to concede, to give in

concretar to express explicitly

el **concurso** race, competition

conducir to drive, to lead to

el **conductor** driver, leader

el **conejo** rabbit

conejo de Pascua Easter rabbit

confiar to entrust, to trust

conformarse to agree to, to comply, to put up with

confortable comfortable

la **confusión** confusion

congelar to freeze

la **congestión** congestion, cold (illness)

la **conjetura** conjecture

conjugar to conjugate

conjurar to conjure, to evoke

conmemorar commemorate

conocer to know (people), to meet

conseguir to obtain, to get

el **consejo** advice

consentir to agree, to consent

conservador conservative

conservar to preserve

conspirar to conspire

la **constitución** constitution

construir to build, to construct

consultar to consult

el **consultorio** doctor's office, waiting room

el **consumo** consumption, use

contado cash

al contado in cash

el **contador** bookkeeper, accountant

la **contaminación ambiental** environmental pollution

contaminar to contaminate

contagiar to transmit a disease

contar to count, to tell

contemplar to contemplate

contestar to answer, to respond

continuo continuous

a continuación below, following, immediately after

el **contrabajo** double bass (instrument)

el **contrabando** smuggled goods, contraband

el/la **contrabandista** smuggler

contratar to hire

contravenir to infringe

contribuir to contribute

convenir to agree upon, to arrange

convertir to convert

convertirse en to change into

la **convivencia** coexistence

la **convocatoria** examination session

la **copa** drink, small glass

copiar to copy

copioso abundant, plentiful, copious

el **corazón** heart

la **corbata** necktie

la **cordillera** mountain range

el **coro** choir

coronar to crown

el **corredor** runner

corregir to correct

el **correo** mail

oficina de correos post office

correo aéreo air mail

correo ordinario regular mail, surface mail

correo certificado registered mail

correr to run

correr las cortinas to close the curtains

correr las olas to surf

la **correspondencia** mail, correspondence

corresponder to correspond

corriente running

la **corriente** current

cortar to cut

cortés courteous

la **cortesía** courtesy

corto short

la **cosedora** seamstress

coser to sew

la **costa** coast

costar to cost

las **costillas** ribs

costoso costly, dear, expensive

la **costumbre** custom

cotidiano daily, everyday

crecer to grow, to grow up

el **crédito de vivienda (la hipoteca)** mortgage

la **creencia** belief

creer to believe

criar to raise

el **crimen** crime, criminal

el **cristal**   glass, windowpane

el **crucero**   crossing, cruise

crujir   to creak

cruzar   to cross

el **cruce de camino**
  intersection

cuadra   city block

cuadro   painting
  a cuadros   plaid

cual(es)   which
  ¿cuál(es)?   which one(s)?

cualquier   whichever

cuando   when
  ¿cuándo?   when?

¿cuánto?   how many, how
  much

el **cuarto**   room

el **cuello**   neck

la **cuenta**   bill
  a fin de cuentas   all things
  considered
  cuenta corriente   checking
  account
  cuenta de ahorros   savings
  account
  darse cuenta de   to realize

el **cuento**   story

el **cuero**   leather

el **cuerpo**   body

cuesta arriba   uphill

cuestionar   to question

cuidar(se) de   to take care of

cuidado   care

culpable   guilty

el **cumpleaños**   birthday

cumplir   to fulfill
  cumplir ... años   to be ...
  years old

la **cuota**   quota

el **cupón**   coupon, ticket

curso   course, subject; course,
  direction flow

CH

el **chaleco**   vest

la **chamarra**   jacket

chamuscar   to singe, to char,
  to burn

la **chaqueta**   jacket

la **charla**   chat, talk

charlar   to chat

chequear   to check on

chillar   to scream, to shriek

el **chisme**   gossip

la **chispa**   spark, glimmer of
  fire

chisporrotear   to sizzle, to
  crackle

el **chiste**   joke

chocar   to hit against, to crash

el **chofer**   driver

el **chorizo**   sausage

chupar   to suck

D

dactilar   dactyl, referring to a
  finger

los **dados**   dice

dañar(se)   to injure, to harm

los **daños**   harm, dangers

dar   to give
  dar fin a   to finish
  dar a luz   to give birth
  dar la bienvenida   to
  welcome
  dar una clase   to give a class
  dar una paliza   to give a
  beating
  dar una película   to show a
  movie
  dar una vuelta   to turn
  around
  darse cita con   to meet with
  darse cuenta de   to realize
  dárselo a   to give to

el **dátil**   date (fruit)

de   of, from, by
  ¿de dónde?   from where

deber   ought to, to owe

débil   weak, frail

el **decano**   dean

decidir   decide
  decidirse a   to decide to

decir   to say, to tell
  querer decir   to mean, to
  want to say
  es decir   that is to say

la **declaración**   statement

dedicar   to dedicate
  dedicarse a   to dedicate
  oneself to

el **dedo**   finger, toe

deducir   to deduct

defectuoso   defective

defender   to defend

dejar   to leave, to let, to stop
  dejar de   to stop
  dejárselo a   to permit, to let

delante de   in front of

deleitar   to delight, to please

el **deleite**   delight, pleasure

el **delfín**   dolphin

delirar   hallucinate

el **delito**   crime

la **demanda**   demand, request

demás   the rest
  lo, los demás   the rest, the
  others

demonios   devils
  ¿dónde demonios?   where
  in the devil?

demorar   to delay
  la **demora**   delay, layover

demostrar   to demonstrate, to
  show how

el/la **dentista**   dentist

el/la **dependiente**   clerk

deplorar   to deplore

el **deporte**   sport

el, la **deportista**   sportsman,
  sportswoman

deportivo   sport, sporty,
  sporting

deprimir   to depress

derecho   right
  a la derecha   to the right
  derechos de aduana   duty
  (customs tax)

derramar   to spill

derribar   to knock down, to
  overthrow

derrocar   to bring down, to
  pull down

la **derrota**   defeat

derrumbar   to tumble down

el **desacuerdo**   disagreement

desafiar   to defy

desahogar to comfort

desamparado helpless, sad

desanimar to depress, to discourage

desarrollar to develop

desasosegar to unsettle, disturb

el **desasosiego** uneasiness, anxiety, restlessness

desatinar to exasperate, to bewilder

desayunar(se) to have breakfast

el **desayuno** breakfast

descalzo barefooted

descansar to rest, to relax

el **descanso** rest, break

descender to descend, to come down from

descifrar to read, to decode

descolgar to take down

descompuesto broken

descongelar to defrost

describir to describe

el **descuento** discount

descuidar to neglect

desde from, since

desdeñar to disdain, to scorn

desdibujar to blur, to get blurred

desdichado unhappy, unfortunate

desdoblar to unfold

desear to wish, to want

es de desear to be hoped

desechable disposable

desembolsar to pay out

desempeñar to carry out, to fulfill, to play a role

el **desempleo** unemployment

el **deseo** wish

el **desfile** parade

desgraciadamente unfortunately

deshabitado uninhabited

deshilar to unravel, to fray

el **desierto** desert

desilusionar to disillusion, to deceive

desinflado flat

la **deslealtad** loyalty

deslizar to slip

desmayarse to faint

el **desmayo** fainting

desnudar to undress

la **desnutrición** malnutrition

desobedecer disobey

el **despacho** office, den

la **despedida** goodbye

despedir to fire

despedirse to say goodbye

despegar to take off

el **despegue** take-off (an airplane)

despejar to clear off

la **despenalización** legalization

despeñar to hurl, to throw

despertar to awaken

despertarse to wake up

desplegar to spread out, to fan out, to unfurl

desplomar to topple over, to collapse

desprender to turn off

desproveer to deprive

destacar to stand out

destapar to uncover, to uncork

desteñido discolored

el **destinatario** addressee

el **destornillador** screwdriver

destrozar to destroy

destruir to destroy

el **desván** attic

desvelarse to stay awake

la **desventaja** disadvantage

desvestir(se) to undress, to get rid of

el **detalle** detail

detenerse to stop

determinado certain, determined

detrás de behind

devolver to give back, to return

el **día** day

el **diablo** devil

el **diagnóstico** diagnosis

el **diario** newspaper

diariamente daily

dibujar to draw

el **dibujo** drawing

dibujos animados comic strip

la **dictadura** dictatorship

dictar to dictate, to give

dictar una conferencia to give a lecture

el **diente** tooth

difícil difficult

difundir to diffuse, to divulge

dilatar to expand

el **dilema** dilemma

diligencia diligence, speed, dispatch

diminuto small

el **diputado** deputy, representative

la **dirección** address

dirigir(se) to go toward, to direct toward

la **discoteca** discotheque

discriminado discriminated

la **disculpa** excuse, apology, plea

el **discurso** speech, discussion

el **diseño** design

el **disfraz** mask, disguise

disfrazar to mask, to cover up

disfrutar to enjoy

disimular to hide, to conceal

disminuir to diminish, to lessen

disparar to shoot, to fire a weapon

dispersar to disperse, to spread out

disponer to make available

la **disponibilidad** availability

disponible available, disposable

la **disposición** arrangement, provision, disposal

dispuesto a available for

la **disputa** dispute, argument

distinto different

distrito district

la **diversión** diversion, entertainment

divertido funny, enjoyable

divertirse to have fun, to enjoy

divisar to see, to glance, to make out

divorciado divorced

el **divorcio** divorce

divulgar to divulge, to reveal

doblar to fold over, to turn

doble double

 habitación doble double room

la **docena** dozen

la **doctrina** doctrine

el **documental** documentary

doler to hurt, to ache

el **dolor** ache, pain

doloroso painful

el **domicilio** house

el **dominó** dominoes

la **doncella a caballo** horseback girl

donde where

 ¿dónde? where?

 ¿adónde? to where?

dorado golden

dormir to sleep

 dormirse to go to sleep

el **dormitorio** bedroom

la **droga** drug

la **ducha** shower

ducharse to take a shower

el **dueño** owner

el **dulce** sweet

los **dulces** candy

durar to last

E

echar to throw, to toss

 echar al buzón to mail

la **edad** age

el **educador** educator, teacher

el **efectivo** cash

el **efecto** effect

efectuar to effect, to perform, to carry out

eficaz efficient, effective

egresar to leave, to exit, to graduate

el **eje** axis, axle

ejecutar to execute, to accomplish

el **ejecutivo** executive

el **ejemplo** example

el **ejercicio** exercise

el **ejército** army

elaborar to elaborate, to embellish, to work out

elegir to elect

elogiar to praise

embarazada pregnant

embarcar to set out, to set sail, to get on board

el **embotellamiento** bottleneck, traffic jam

la **emoción** emotion

empapar(se) to soak, to get wet

empeñarse en to commit, to begin, to get involved

empezar to begin, to start

el **empleado** employee

el **empleo** work, job

emprender to begin

la **empresa** company

empujar to push

el **enamorado** lover

enamorarse de to fall in love with

encadenar to chain, to shackle, to link up

encajar to join, to insert, to fit

encantado delighted

encantar to delight, to enchant

encarar to face

el **encarcelamiento** jail, imprisonment

el **encargado** one responsible for

encargar to take charge of, to be responsible for

encariñarse con to become fond of

encarnar to embody

encender to turn on, to light

encerrar to enclose

encima de over, on top of

encinta pregnant

encomendar to entrust

encontrar to find, to meet up with

el **encuentro** meeting

la **encuesta** survey

endosar to endorse

enfadado angry

enfadar(se) to get angry

enfermar(se) to get sick

la **enfermedad** illness, sickness

la **enfermera** nurse

el **enfermo** sick man, patient

enfocar to focus

el **enfoque** focus

enfrentarse to confront

enfriar to chill

engañar to deceive, to cheat

engordar(se) to get fat

engrasar to grease

engreído conceited

engrudar to paste (papers)

enlatar to can, to preserve

enlazar to tie together

enloquecer to go crazy

enojarse to get angry

enriquecer to get rich

ensayar to test, to try out

la **enseñanza** instruction, learning

enseñar to learn, to show

 enseñar a to teach to

el **ensimismamiento** pensiveness, absorption

ensordecedor deafening

ensuciar to get dirty

entablar to begin, to start

entender to understand

enterarse de to learn about

enterrar to bury

entibiar to warm

entonar to intone, to chant

entornar to leave ajar

entrañable dear, beloved

las **entrañas** entrails, insides

entrar (en) to enter

entre between, among

entregar to hand in

entrenarse to train, to practice

entretejer to weave

entretenido entertaining

el **entretenimiento** entertainment

la **entrevista** interview

entusiasmado enthusiastic

enumerar to list, to ennumerate

envasar to can, to preserve

enviar to send

envolver to wrap up

envuelto wrapped, enclosed

enyesado plastered

  estar enyesado in a plaster cast

la **época** age, epoch

equilibrio equilibrium, balance

el **equipaje** equipment, luggage

el **equipo** team

equivocado mistaken

equivocar(se) to mistake

erguir to raise, to lift up

erigir to erect, to build

erizar to bristle

errar to wander, to make mistakes

la **escala** scale, stopover

la escalera stairs

escampar to clear up (weather)

escandalizar to scandalize

escapar to escape

el **escaparate** store window

escaso scarce

la **escena** scene

el **escenario** setting

la **escenificación** planning, setting, staging

la **esclavitud** slavery

la **escoba** broom

escoger to choose

los **escombros** rubble

esconder to hide

escribir to write

el **escritor** writer

escudriñar to scrutinize, to look over

esforzarse to make an effort

eslabonar to link together, to connect

la **espada** sword

la **espalda** back

espantoso frightful, scary

los **espárragos** asparagus

la **especialización** specialty

el **espectáculo** show, performance

el **espejo** mirror

la **espera** wait

espesar to thicken

las **espinacas** spinach

el **espíritu** spirit

el **esposo** husband

el **esqueleto** skeleton

la **esquina** corner

establecer to establish

la **estación** season, station

la **estadística** statistic

el **estado** state

  estado civil civil state

estallar to break out, to explode

la **estancia** estate, large landholding

el **estaño** tin

estar to be

  estar dispuesto a to be willing

  estar en onda to be in style

  estar por to be for

estatal of the state

el **este** east

estirar to stretch

el **estómago** stomach

estorbar to bother, to trouble

estornudar to sneeze

la **estrategia** strategy

estrechar to bring together, to make close

estrecho narrow

la **estrella** star

estrellarse to crash

estremecer to shake

estrenar to show (for the first time)

el **estreno** opening night of a show

estricto strict

estropear to damage, to spoil, to ruin

el **estruendo** roar, din

el **estudiante** student

estudiantil student *(adj.)*

estupendo great, fantastic, stupendous

la **etapa** stage

la **etiqueta** label

europeo European

evitar to avoid

el **examen** exam, test

examinar(se) to examine

la **exigencia** need, requirement

exigir to require

el **éxito** success

expender to spend, to circulate

la **experiencia** experience

experimentar to experience, to experiment

explicar to explain

exponer to talk about, to present

extender to extend, to lengthen

extinguir to extinguish

extrañar to miss, to seem strange

extraño strange, odd

F

la **fábrica** factory

fabricar to manufacture, to make

la **fábula** fable

fácil easy

la **facilidad** talent, ability

la **factura** bill, invoice

facturar el equipaje to check baggage, to bill, to invoice

la **facultad** faculty

la **faena** chore, duty

la **falda** skirt, lap

faltar to be lacking, to need

fallar to fail, to give way

fallecer to fail, to die

familiar familiar, familial

el **farmacéutico** druggist

la **farmacia** pharmacy, drugstore

fastidiado tired, worn out, bored

el **fastidio** weariness

fastidiar to wear out, to run ragged

fatigar to get tired

la **fecha** date (time)

felicitar to congratulate

¡**Felicitaciones!** Congratulations!

¡**Feliz cumpleaños!** Happy Birthday!

la **feria** carnival, fair

el **feriado** holiday

el **ferrocarril** railroad

festejar to celebrate

la **festividad** festivity

la **fibra** fiber

la **ficha** token, index card, filing card

el **fichero** file, filing cabinet, record

la **fiebre** fever

la **fiesta** party

figurar(se) to imagine

fijar(se) to notice, to take note of

filmar to film

la **filosofía** philosophy

el **filósofo** philosopher

el **fin** end

a **fines de** at the end

por **fin** at last

fin de año end of the year

fin de semana weekend

financiero financial

la **firma** signature

la **flecha** arrow

flojo slack, loose, weak

la **flor** flower

florecer to flower

fluir to flow

folklórico folk *(adj.)*

los **fondos** funds

la **forma** shape, form

en **forma** in shape, in form

la **fórmula** formula

el **formulario** form (for an application)

fortalecer to fortify

la **foto** photo

fracasar to fail

fracturar(se) to fracture, to crack

la **franja** strip, band

franquear to stamp

el **franqueo** postage

la **franqueza** frankness, candor

con **franqueza** openly

el **frasco** bottle, vial

la **frazada** blanket

la **frecuencia** frequency

con **frecuencia** frequently

el **fregadero** kitchen sink

fregar to rub, to scrub

frenar to brake, to stop

el **freno** brake (on a car)

la **frente** front, forehead

fresco fresh

el **frigorífico** refrigerator

los **frijoles** beans

frotar to rub, to stir

la **fruición** fulfillment, completion

la **frutería** fruitstand

el **fuego** fire

los **fuegos artificiales** fireworks

fuera outside, out-of-doors

fuerte strong

fuerza laboral labor force

fulgir to shine

fumar to smoke

la **función** show, role, function

funcionar to work (a machine), to run (a machine)

el **funcionario** bureaucrat

la **funda** pillowcase

fundar to found, to set up, to establish

fundir to melt, to blend, to found

furioso angry

furtivo furtive, sneaky, sly

fusilar to shoot

el **fútbol** soccer

G

el **gabinete** closet, office, cupboard

gallardo elegant, brave

el **gallo** rooster

la **gana** desire, will

tener gana de to feel like, to desire

la **ganadería** ranching

el **ganadero** cattle rancher

el **ganado** cattle

las **ganancias** earnings, winnings

ganar to win, to earn

la **ganga** bargain, deal

el **garaje** garage

garantizar to guarantee

la **garganta** throat

la **gasa** gauze

la **gaseosa** carbonated beverage

la **gasolina** gasoline, gas

gastado spent, wasted

gastar to spend, to waste

el **gato** cat

a **gatas** on all fours

el **gemelo** twin

el **general** general

por lo **general** in general

el **gerente** agent, manager

el **gimnasio** gymnasium

la **gira** tour, trip

girar to spin, to revolve

girar un cheque to write a check

el **girasol** sunflower

el **globo** balloon, globe

el **gobernador** governor

gobernar to govern

el **golpe**   hit, strike

  golpe de estado   military takeover

golpear   to hit, to strike

el **gorro**   cap, hat

la **gota**   drop

gotear   to drip

gozar de   to enjoy

grabar   to tape

gracias   thanks

gracioso   delightful, graceful

graduarse   to graduate

el **grafista**   graphic artist

el **granjero**   rancher

la **grasa**   grease, fat

gratis   free

gratuito   free

la **gravedad**   severity, gravity

la **grieta**   crack, aperture

el **grillo**   cricket

la **gripe**   cold (illness)

gritar   to shout, to yell

el **grito**   shout, yell, scream

gruñir   to snarl, to grumble

los **guantes**   gloves

el **guardarropa**   closet

la **guardería infantil**   childcare, nursery

la **guerra**   war

el, la **guía**   guide

  la **guía telefónica**   telephone book

guiñar   to wink

el **guión**   script

la **guitarra**   guitar

gustar   to be pleasing to

el **gusto**   pleasure, enjoyment

  mucho gusto en conocerle   very nice to meet you

H

haber   to have (auxiliary verb only)

las **habas**   beans

las **habichuelas**   beans

hábil   able, talented

la **habilidad**   talent, skill

la **habitación**   room

habitación doble   room for two

habitación sencilla   single room

habitar   to live

hablar   to speak, to talk

  ¡ni hablar!   you don't say!

hacer   to do, to make

  hacerse   to become

el **hada**   fairy

halar   to pull

hallar   to find, to discover

el **hallazgo**   discovery

el **hambre**   hunger

  tener hambre   to be hungry

harto   fed up with, full

  estar harto   to be fed up with, to be full

hasta que   until

  hasta pronto   see you soon

hay   there is, there are

  no hay de qué   you are welcome

  hay que   one must, it is necessary

la **hazaña**   exploit, deed

hechizar   to entrance, to charm, to cast a spell

el **hecho**   fact

  de hecho   in fact

el **helado**   iced, ice cream

helar   to freeze

el **hielo**   ice

heredar   to inherit

herido   injured, hurt

herir   to wound, to hurt

hervir   to boil

el/la **hermano, -a**   brother/sister

la **herramienta**   tool

la **hierba**   grass

el **hierro**   iron

el **hígado**   liver

el/la **hijo, -a**   son/daughter

  hijo de vecino   neighbor child

el **hilo**   thread, fiber, strand

el **himno**   hymn, anthem

hinchar   to swell, to swell up

la **hipoteca**   mortgage on a house

hispánico   hispanic

hispano   hispanic

las **historietas**   comics

el **hito**   milestone

el **hogar**   home

la **hoja**   leaf, sheet of paper

la **hojalata**   tinplate

hojear   to leaf through (pages)

el **hombre**   man

el **hombro**   shoulder

los **hongos**   mushrooms

la **hora**   time, hour

  ¿qué hora es?   what time is it?

  ya es hora   it is time

  es hora de   it is time to

el **horario**   schedule

la **hormiga**   ant

hormiguear   to swarm, to teem

hornear   to bake

el **horno**   oven

hospedar   to lodge, to stay

hospitalizar   to hospitalize

hubo   there was, there were

el **hueco**   hole, cavity, hollow

la **huelga**   strike, work action (labor union)

la **huella**   track

el **hueso**   bone

el **huésped**   guest

el **huevo**   egg

huir   to flee

humillado   humiliated

hundir   to sink, to submerge, to collapse

el **huracán**   hurricane

hurtar   to steal, to cheat, to rob

I

ida   going, departure

  ida y vuelta   round trip

el **idioma**   language

el **ídolo**   idol

ignorar   to be unaware of, to ignore

igual equal

la **igualdad** equality, evenness

la **imagen** image

imaginar(se) to imagine

el **imperio** empire

el **impermeable** raincoat

imponer to impose

importar to matter, to import

  importarle a uno to matter to oneself

el **importe** value, cost, total

impresionar to impress, to move

impreso printed (*past participle of* imprimir)

el **impreso** printed form

el **impuesto** tax

inca Inca

incauto unwary, gullible

el **incendio** fire

inclinarse to be inclined, to lean toward

inconsciente unconscious, unaware, thoughtless

inconstante fickle, changeable, variable

el **inconveniente** inconvenience

incorporarse to sit up in bed

inculcar to instill, to teach

incurrir to incur

indagar to investigate

la **indagación** investigation

el **indígena** native, indigenous

indignarse to get angry

el **individuo** individual (*n. and adj.*)

indudable undoubtedly

ineludible inescapable

inesperado unexpected

inferir to infer

infestar to infest

el **informe** report

la **informática** data processing

infundir to inspire, to instill

la **ingeniería** engineering

el **ingeniero** engineer

ingresar to enter, to go in, to enroll

los **ingresos** income

iniciar to initiate, to start

inmediato immediately

  de inmediato immediately

inmigrar to immigrate

inolvidable unforgetable

inoportuno untimely, unfortunate

la **inquietud** anxiety, restlessness

inscribirse to register, to enroll

insensato foolish, senseless

insolente insolent, disrespectful

insólito unusual, unaccustomed

el **insomnio** insomnia

inspirar to inspire

el **instituto** institute

el **instrumento** instrument

integrar to join

íntegro whole, entire, complete

intentar to attempt, to try

intercalar to insert

intercambiar to exchange

interesarse en to be interested in

el **interés** interest

  tasa de interés rate of interest

el **interlocutor** interviewer

internar to enroll, to board, to admit

interponer to put between, to interject

el **intérprete** player, performer

interpretar el papel de to act a part

interrogar to ask, to interrogate

interrumpir to interrupt

intervenir to intervene

introducir to introduce, to stick in

la **inundación** flood

inundar to flood

invertir to invest

involuntario involuntary, reflex

la **inyección** injection, shot

  poner una inyección to give an injection

ir to go

  ir de compras to go shopping

  irse to go away

irritarse to get annoyed

la **isla** island

el **itinerario** itinerary

izquierdo left

  a la izquierda to the left

J

el **jabón** soap

jactarse to brag, to boast

jadear to pant, to breathe hard

el **jamón** ham

el **jarabe** syrup (medicine)

el **jardín** garden

el **jardinero** gardener

la **jaula** cage

el **jefe** boss, chief, leader

la **jornada** day's work, day's journey

  media jornada part-time work

  jornada completa full-time work

la **joya** jewel

la **joyería** jewelry store

jubilarse to retire

judío Jew, Jewish

el **juego** game

el **juez** judge

el **jugador** player

jugar to play

el **juguete** toy

jurar to swear

justificar to justify

justo just, exact, correct, equitable

la **juventud** youth

juzgar to judge

L

el **labio** lip

labrar to carve, to chisel, to farm, to till

lacerar to slash, to scar, to cut

el **ladrón**   thief, robber

el **lago**   lake

lamentar   to lament, to be sorry

lamer   to lick

la **lámpara**   lamp

la **lana**   wool

lanzar (se)   to throw, to send up

el **lápiz**   pencil

largar (se)   to let go, to release

largo   long

   a lo largo   lengthwise, throughout

   a largo plazo   in installments

   larga distancia   long distance

la **lástima**   pity

lastimar   to hurt

la **lata**   can (tin can)

el **latido**   beat (of heart)

el **lavabo**   washbasin

la **lavadora**   washing machine

el **lavaplatos**   dishwasher

lavar   to wash

   lavarse   to wash oneself

el **lecho**   bed

la **lechuga**   lettuce

la **lechuza**   owl

la **lectura**   reading

la **lengua**   language, tongue

   sacar la lengua   stick out one's tongue

el **lenguaje**   language

lentamente   slowly

las **letras**   letters (of the alphabet)

el **letrero**   sign (on a store, on a wall)

levantar   to raise

   levantarse   to get up

la **ley**   law

la **leyenda**   legend

la **liana**   vine

liberar   to free

la **libertad de expresión**   freedom of expression

la **libra**   pound

libre   free

la **libreta (talonario) de cheques**   checkbook

la **licenciatura**   degree (educational degree)

la **licuadora**   blender

licuar   to liquify, to melt

el **líder**   leader

la **liebre**   hare

la **liga**   league

ligar   to tie, to bind together

ligeramente   lightly

ligero   light

el **límite**   limit

el **limón**   lemon

la **limosna**   alms, charity

el **limpiaparabrisas**   windshield wiper

limpio   clean

la **línea**   line

liso   smooth, flat, plain

lisonjero   flattering, pleasing

la **lista**   list

   lista de espera   waiting list

   pasar lista   to call roll

listo   ready, clever, witty

   estar listo   to be ready

liviano   light, slight

loco   crazy

el **lodo**   mud

lograr   to achieve, to attain

la **lombriz**   worm

el **loro**   parrot

la **lotería**   lottery

lozano   lush, luxurious; self-assured

lucir   to shine, to appear

luchar   to fight

luego   then

el **lugar**   place, site

el **lujo**   luxury

el **lustrabotas**   shoeshine boy

lustrar   to shine, to polish

el **luto**   mourning

la **luz**   light

LL

la **llama**   flame

la **llamada**   call

llamada equivocada   wrong number

llamar   to call

   llamarse   to call oneself, to be named

el **llano**   plain, prairie

la **llanta**   inner tube (on a car). Mexico: tire

la **llanura**   plains

la **llave**   key

la **llegada**   arrival

llegar   to arrive

llenar   to fill

llevar   to carry, take

   llevarse bien   to get along with

llover   to rain

la **llovizna**   drizzle

la **lluvia**   rain

M

la **madera**   wood

la **madre**   mother

la **madrugada**   dawn

madrugar   to get up at the crack of dawn

maduro   ripe, mature

la **maestría**   mastery, teaching profession

el **mago**   magician

el **mal**   evil

mal(-o,-a)   bad

   mal aliento   bad breath

maldecir   to curse

la **maleta**   suitcase, bag

el **maletín**   briefcase

maltratar   to mistreat

el **mamífero**   mammal

manchar   to stain, to spot

mandar   to order, to command

el **mando**   order, command

mandón   bossy, pushy

manejar   to drive, to manage

la **manga**   sleeve, cuff

el **manglar**   mangrove swamp

manifestar   to demonstrate, to declare

una **manifestación**   a demonstration

la **mano** hand

la **manta** blanket, spread, cape

mantener to maintain, to keep up

  mantenerse en forma to stay in shape

el **mantenimiento** maintenance

la **manzana** apple, city block

el **mañana** future

  la **mañana** morning

el **mapa** map

maquillar(se) makeup (cosmetics)

la **máquina** machine

  la **máquina de afeitar** electric razor

  la **máquina de escribir** typewriter

el **maratón** marathon, race

la **maravilla** wonder, marvel

maravillar(se) to wonder

la **marca** brand name, trade name

marcar to mark, to dial

marcharse to go away, to set in motion

marear to get seasick

el **mareo** dizziness, seasickness

los **mariachis** Mexican musicians

la **marioneta** marionette

los **mariscos** shellfish

el **martillo** hammer

la **masa** mass, dough

masticar to chew

la **materia** matter, subject matter, material

  materia prima raw material

la **maternidad** maternity, motherhood

matinal morning

la **matrícula** registration

el **matrimonio** matrimony, married couple

maya Maya

mayor greater, older

la **mayoría** the majority, the greatest part

la **mayúscula** upper case, capital letters

el **mecánico** mechanical

la **mecedora** rocking chair

el **medicamento** medication, drug, medicine

el **médico** doctor

la **medida** measure

  a medida que at the same time as

medio en broma half in jest

los **medios** means, methods

  medios de comunicación means of communication

medir to measure

la **mejilla** cheek

mejor better

  a lo mejor perhaps, maybe

mejorar to get better

el **mendigo** beggar

menester necessary

menor younger

menor de edad underage

el **mensaje** message

mensual monthly

menudo small

  a menudo often

mero mere, simple

la **mercadería** merchandise, commodity, goods

el **mercado** market

la **mercancía** goods, merchandise

mero mere, simple

el **mes** month

la **mesa** table

el **mestizo** half-caste, mixed breed (half Indian, half Spanish)

la **meta** goal, objective

el **miedo** fear

  tener miedo to be afraid

la **miel** honey

mientras (que) while

la **miga** crumb

mimado spoiled

la **mina** mine

el **mineral** mineral

la **minería** mining

minero miner

la **minifalda** miniskirt

mirar to look at

la **misa** mass (church service)

  misa de gallo midnight mass

el **misionero** missionary

la **mitad** half

el **mito** myth

la **mochila** backpack, bookbag, knapsack

la **moda** fashion, trend

  estar de moda to be in fashion

  estar pasado de moda out of date, dated

el **modelo** model

modificar to modify

la **mofeta** skunk

mojar(se) to get wet

moler to grind, to mill

molestar to bother

la **moneda** coin, money, currency

el **monje** monk

el **mono** monkey

la **montaña** mountain

montar to ride

  montar a caballo to ride a horse

  montar en bicicleta to ride a bicycle

  montar en moto to ride a motorcycle

la **moraleja** moral (of a story)

moreno dark-skinned, dark-haired

mortificar to mortify, to embarrass

mosquitero mosquito net

mosquito mosquito

el **mostrador** counter (in a store), showcase

mostrar to show

la **moto(cicleta)** motorcycle

moverse to move

la **muchedumbre** multitude

mudar to change

mudarse to move (change residence)

el **mueble** piece of furniture

los **muebles** furniture

la **muela** molar, tooth

el **muelle** dock, pier

la **muerte** death

el **muerto** dead man

la **mujer** woman

la **muleta** crutch

la **multa** fine

el **mundo** world

la **muñeca** doll, wrist

el **muñeco** puppet, doll

la **música** music

el **músculo** muscle

N

el **Nacimiento** Nativity

el **nacimiento** birth

nada nothing

de nada you are welcome

nadie no one, nobody

las **nalgas** buttocks

la **naranja** orange

el **narcotraficante** drug dealer

el **narcotráfico** drug traffic

la **nariz** nose

narrar to tell, to narrate

la **natación** swimming

natal by birth, natal

ciudad natal native city, city of origin

naufragar to shipwreck

el **náufrago** shipwrecked person

la **náusea** nausea

la **nave** ship

navegar to navigate, to sail

la **Navidad** Christmas

el **necio** fool

nefasto ill-fated, dreadful

negar to deny

negociar to negotiate

los **negocios** business

hombre/mujer de negocios businessman, businesswoman

el **negro** African American, black

nevar to snow

la **nevera** refrigerator

el **neumático** tire (in a car)

ni ... ni neither ... nor

el **nieto** grandson

la **nieve** snow

ningún (-o, -una) none, no one *(adj.)*

no más (México) no more, nothing more

nocivo noxious, harmful

la **noche** night

nocturno evening, nightly

el **norte** north

la **nota** grade, note

la **noticia** news

la **novena** novena (prayer)

el/la **novio, -a** boy/girlfriend

nuevo new

la **nuez** nut

el **número** number

O

obligar to force, to require

obligatorio obligatory, imperative

el **obrero** worker

obtener to get

el **ocaso** sunset

el **océano** ocean

ocultar to hide, to cover up

la **ocupación** job, occupation

ocupado busy

odiar to hate

el **oeste** west

la **oferta** offering, offer

la **oficina** office

el **oficio** vocation, calling, duty, job

ofrecer to offer

el **oído** ear (inner)

ojear to eye, to stare at

el **ojo** eye

la **ola** wave

oler to smell

olfatear to sniff, to smell

el **olor** smell

olvidar to forget

la **olla** pot, cooking vessel, ceramic pot

opinar to think, to have an opinion

opresivo oppressive

optativo choice, alternative

óptico optical

el **orden** order (general)

la **orden** command, order (specific)

el **ordenador** (Spain) computer

la **oreja** ear (external)

el **orgullo** pride

orgulloso proud

la **orilla** shore, bank (of a river)

oscilar to waver, to fluctuate

oscurecer to get dark

el **oso** bear

las **ostras** oysters

otorgar to grant, to authorize, to give

P

el **paciente** patient

padecer to suffer from

pagar to pay

el **pago** pay, wages

el **país** country

el **pájaro** bird

la **palabra** word

la **paliza** thrashing

la **paloma** dove

la **palomita de maíz** popcorn

palpar to touch

la **pampa** region of Argentina

el **pan** bread

pan de molde soft, thin-crusted bread

la **panadería** bakery

el **panadero** baker

los **pantalones** pants

la **pantalla** screen

la **pantorrilla** calf (of a leg)

el **pañuelo** handkerchief

la **papa, patata** potato

Papá Noel Santa Claus

el **papel** paper, role (in a play)

papel de Navidad Christmas wrapping paper

papel higiénico toilet paper

el **paquete** package

el **par** pair

para for, in order to

¿**para qué?** what for?

la **parada** stop (bus)

el **paraguas** umbrella

parar(se) to stop

parecer to seem

parecerse to resemble, to seem like

la **pared** wall

la **pareja** pair, couple

el **pariente** relative, kin

el **paro** work stoppage, unemployment

parpardear to blink

partidario fan, partisan of

el **partido** party (political); match, game (sport)

el **párrafo** paragraph

el **pasaje** passage

el **pasajero** passenger

pasar to pass, to happen

pasar lista to call roll

pasar de moda to go out of style

pasar por to come/go by

la **Pascua** Easter

pasearse to stroll, to walk

el **paso** step, pace

la **pasta** paste

pasta dentífrica toothpaste

el **pastel** dessert, pie

la **pastelería** bakery shop

la **pastilla** pill

pastilla para dormir sleeping pill

el **pastor** shepherd, pastor

la **pata** foot (animals)

la **patente** license

las **patillas** sideburns

el **patinador** skater

la **patria** native land, fatherland

el **patrocinador** sponsor

paulatinamente slowly, little by little

el **pavo** turkey

el **payaso** clown

la **paz** peace

el **peatón** pedestrian

pecar to sin, to err

el **pecho** chest, breast

pedir to ask for, to order

pedir prestado to borrow

pegar to hit, to strike (a blow)

peinar(se) to comb

pelar to peel

el **peldaño** step (of a stair)

pelear to fight

la **película** film, movie

el **peligro** danger

el **pelo** hair

la **pelota** ball

la **peluquería** barbershop

la **pena** pain, bother

valer la pena to be worthwhile

pena de muerte death penalty

el **pendiente** earring, pendant

penetrante penetrating

el **pensamiento** thought

pensar to think

pensar de to think about, have an opinon

pensar en to think about, to ponder

pensar + inf. to intend

peor worse

el **pepino** cucumber

la **pera** pear

el **percance** misfortune

la **percusión** percussion

perder to lose

perder el vuelo to miss a flight

perderse to get lost

las **pérdidas** losses

perdurable eternal, everlasting

perdurar to last

la **peregrinación** pilgrimage

el **perfume** perfume

el **periódico** newspaper

el **periodista** reporter (newspaper)

el **periodismo** journalism

el **perjuicio** prejudice, damage

la **permanencia** permanence, stay

permeable permeable

el **permiso** permission

pero but

perseguir to follow, to pursue

el **personaje** character (in a book)

personal personal

perspicuo clear, intelligible

las **pertenencias** possessions

perturbar disturb

pesar to weigh

a pesar de in spite of

la **pescadería** fishing

el **pescado** fish (out of water)

pescar to fish

el **peso** weight

la **pestaña** eyelash

la **pestilencia** pestilence, plague

la **picadura** sting, bite (of an insect)

picar to bite, to peck at, to pierce

el **pie** foot

a pie on foot

de pie standing

la **piedra** rock, stone

la **piel** skin, fur

la **pierna** leg

la **pieza** piece, room

la **píldora** pill

el **piloto** pilot, driver (of a motorcycle)

la **piratería aérea** air piracy

la **piscina** swimming pool

el **piso** floor

la **pista** track

pista de aterrizaje landing strip

la **placa** license plate

el **placer** pleasure

la **plancha** iron

a la plancha grilled

planchar   to iron
planear   to plan
plano   flat, even, level
la **planta**   plant
la **planta baja**   ground floor
plantear   to set forth, to expound, to state
la **plata**   silver
el **plátano**   plantain
platicar   to chat, to talk
el **plato**   dish
la **playa**   beach
la **plaza**   public square, marketplace, room
el **plazo**   period of time
   comprar a plazos   buy in installments
el **pleito**   lawsuit, case
pleno   full
la **pluma**   fountain pen
la **población**   population
la **pobreza**   poverty
poco   few, little
   por poco que   if ... at all
   por mucho que   however much ...
podar   to prune, to trim
poder   to be able
podrido   rotten
el **policía**   police, policeman
   la **mujer policía**   policewoman
el **político**   politician
la **póliza**   policy (insurance)
el **polvo**   dust, powder
el **pollo**   chicken, chick
poner   to put
   poner atención   to pay attention
   poner una inyección   to give a shot
   poner la mesa   to set the table
   ponerse   to become
   ponerse en cola   to get in line
el **poniente**   west
popular   popular
el **póquer**   poker

por   by, through, on behalf of, for
   por fin   finally
   por lo menos   at least
   por poco   barely
   ¿por qué?   why?
   por supuesto   of course
los **pormenores**   details
los **posadas**   bullfighting, guesthouse
la **posesión**   possession
posponer, postergar   to postpone
el **postulante**   candidate
postular   to postulate, to request
potente   powerful, strong
preceder   to precede
el **precio**   price
precisar   to specify
predecir   to foretell, to forecast
la **predilección**   preference
preferir   to prefer
pregonar   to shout, to proclaim
la **pregunta**   question
   hacer preguntas   to ask questions
preguntar   to ask, to question
el **prejuicio racial**   racial prejudice
premiar   to award
la **prenda**   pledge, security
   prenda interior   underwear
la **prensa**   press
preocupar   to worry
la **preparación**   preparation, training
preparar(se)   to get ready
las **preparativos**   preparations
presenciar   to witness
presentar   to present
   presentarse al examen   to take an exam
   me gustaría presentarle(te) a ...   I would like to present to you...
el **presentimiento**   foreboding

presentir   to have a premonition
preservar   to protect, to preserve
la **presión**   pressure
   presión alta   high pressure
el **préstamo**   loan
prestar   to lend
   prestar atención   to pay attention
el **presupuesto**   budget
prevenir   to prevent
prever   to foresee
primer (-o, -a)   first
el **primo**   cousin
el **principio**   beginning
   a principios de   at the beginning of
la **prisa**   rush, hurry
   tener prisa   to be in a hurry
probar   to try, to test
la **procedencia**   origin, source
procedente de   coming from
el **procedimiento**   method, procedure, proceeding
el **proceso**   process
el **producto**   product
el **proeza**   exploit
el **profesor**   teacher, professor
el **programador**   computer programmer
el **promedio**   middle, average
prometer   promise
la **promoción**   promotion
pronosticar   to foretell
el **pronóstico**   prediction, forecast, omen
pronto   soon
   tan pronto como   as soon as
la **propaganda**   propaganda
   la **propaganda comercial**   ads, commercials
propagar   to propagate, to generate
la **propina**   tip, gratuity
propio   own, proper
   propiamente dicho   strictly speaking

proponer   to propose, to suggest

proporcionar   to furnish, to provide

el **propósito**   purpose
  a propósito   by the way

proteger   to protect

proveer   to provide

la **provisión**   provision

provocar   to provoke

proyectar   to project

el **proyecto**   project

la **prueba**   test, trial (run)

el **psicólogo**   psychologist

la **publicidad**   publicity

pudrir   to rot

la **puerta**   door

el **puesto**   position
  el **puesto de periódicos**   newsstand

pulir   to polish

el **pulmón**   lung

pulular   to swarm, to infest

pulverizar   to smash, to pulverize

la **puntería**   aim, marksmanship

el **punto**   point
  punto de vista   point of view
  a puntillas   on tiptoe

Q

que   that, than

¿qué?   what?
  ¿por qué?   why?
  ¿qué tal?   how are you?
  ¡qué lata!   what a mess!
  ¡qué lástima!   what a pity!
  ¡qué lío!   what a mess!
  ¡qué tontería!   what foolishness!

quebrar   to break

quedar   to stay, to remain
  quedarse con   to be left with

el **quehacer**   chore, small task

quejarse   to complain

quemar   to burn

querer   to wish, to want, to love
  querer decir   to mean to say

querido   dear, beloved

el **queso**   cheese

la **quiebra**   bankruptcy

quien   who, whom

¿quién?   who? whom?

la **química**   chemistry, chemical

la **quinceañera**   girl celebrating her fifteenth birthday

quisiera   I would like...

quitar(se)   to take off

quizá, quizás   perhaps

R

el **racimo**   bouquet

la **ración**   serving

la/el **radio**   radio (set)

la **ráfaga**   gust, burst

la **raíz**   root

la **rama**   branch

el **ramo**   bouquet, bunch

la **rana**   frog

el **rascacielos**   skyscraper

rascar   to scratch

rasgar   to tear

rasguear   to strum (a guitar)

raspar   to scrape

el **rastro**   trail

la **rata**   rat

el **rato**   while, time, period

la **raya**   line
  a rayas   striped (design)

el **rayo**   ray, lightning
  rayos equis   x-rays

la **rayuela**   hopscotch

la **raza**   race (of people), ethnic group

la **razón**   reason

realizar   to fulfill, to accomplish

realmente   really, actually, truly

la **rebaja**   discount
  en rebaja   on sale

rebajar   to lower the price, to discount

el **rebozo**   shawl

el **recado**   message

la **recámara**   chamber, dressing room

la **receta**   prescription, recipe

recetar   to prescribe

rechazar   to reject, to refuse

recibir   to receive

reciclado   recycled

reclamar   to demand, to petition

reclutar   to recruit, to round up, to conscript

recobrar   to recover

recoger   to collect, to pick up
  recoger la mesa   to clear the table

recompensar   to reward, to pay

recordar   to remember

recorrer   to go around, to tour

el **rector**   director

el **recuerdo**   memory, token, souvenir

recuperar   to recuperate, to get back

la **Red**   net, network

redactar   to edit

reembolsar   to repay

reemplazar   to replace

referirse a   to refer to

reflejar   reflect

el **refrán**   refrain, saying

el **refugio**   refuge

refutar   to dispute, to refute

regalar   to give as a gift

el **regalo**   gift

regañar   to quarrel

regar   to water

regatear   to bargain, to haggle

el **régimen militar**   military regime

regir   to govern

registrar   to register, to record, to search (in an investigation)

el **reglón**   ruler (measuring stick)

regocijar   to delight, to cheer, to amuse

rehusar   to decline, to refuse

relajar   to relax

el **relámpago**   lightning

releer   reread

el **reloj**   clock, watch (timepiece)

el **remedio**   remedy

   no tener más remedio there is no other way

el **remitente**   sender

remitir   to send

remontarse   to go back to, to date from

rendido   exhausted

la **rendija**   crack, rip

rendir   to exhaust, to tire out

rendirse   to surrender

renunciar   to renounce, to turn one's back on

reñir   to quarrel

el **reo**   convicted criminal

reparar   to repair

repartir   to deliver

repasar   to review

repentinamente   suddenly

   de repente   suddenly

repetir   to repeat

repicar las campanas   to ring the bells

reprimir   to repress

reponer   to replace

el **reportaje**   report

representar   to represent, to play a role

reprobar   to condemn

repugnar   to repel

requerir   to request, to require

el **requisito**   requirement

la **resaca**   undertow, undercurrent, hangover

resaltar   to project, to stand out

resbalar   to slip

rescatar   to rescue

el **resfriado**, el **resfrío**   cold (illness)

   coger un resfriado   to catch a cold

resolver   to solve

respaldar   to back, to endorse

respirar   to breathe

resplandecer   to shine, to gleam

la **respuesta**   answer

restar   to subtract

el **resultado**   result

resultar   to end in, to result in

resumir   to summarize

retirar   to remove, to draw back, to leave

el **retraso**   setback

retratar   to portray

retumbar   to resound, to thunder

reunir   to get together, to unite, to join

la **reunión**   meeting

revelar   reveal

el **revendedor**   reseller

reventar   to burst, to give way

revisar   to revise

la **revista**   magazine

revolver   to revolve, to stir

los **Reyes Magos**   the Wise Men

rezar   to pray

el **riesgo**   risk

rifar   to raffle

riguroso   rigorous, severe

el **rincón**   corner

el **riñón**   kidney

el **río**   river

el **ritmo**   rhythm

robar   to rob

el **robo**   theft

rociar   to sprinkle

el **rocío**   dew

rodar   to film, to roll

rodear   to surround

la **rodilla**   knee

roer   to nibble, to gnaw

rogar   to beg

la **romería**   pilgrimage

romper   to break

la **ropa**   clothes, clothing

el **ropero**   closet, wardrobe

rozar   to rub against, to graze

la **rueda**   wheel

el **ruido**   noise

el **ruiseñor**   nightingale

rumbo a   toward, in the direction of

la **ruta**   route

S

la **sábana**   sheet

saber   to know

el **sabor**   taste

saborear   to taste

sacar   to take out

   sacar notas   to get grades

sacudir   to shake, to tremble

la **sala**   room, living room

   sala de espera   waiting room

salado   salty

el **salario**   salary

la **salida**   exit

salir   leave

salivar   to salivate, to drool

salobre   brackish, salty

el **salón**   room, salon

   salón de actos   assembly hall

salpicar   to splatter

saltar   to jump

el **salto**   jump

la **salud**   health

saludar   to greet

el **salvavidas**   life preserver, lifeguard

salvar   to save

salvo   except

la **sandalia**   sandal

la **sandía**   watermelon

la **sangre**   blood

el **santo**   saint

saquear   to loot, to rob, to steal

la **sartén**   frying pan

la **secadora**   clothes dryer

secar   to dry

la **sed**   thirst

   tener sed   to be thirsty

la **seda**   silk

la **sede**   headquarters

seguir   to follow, to keep on

segundo second

la **seguridad** safety, security

seguro sure

    estar seguro to be sure

el **seguro** insurance

seleccionar to choose

el **sello** stamp

la **selva** forest, jungle

el **semáforo** traffic light

la **Semana Santa** Holy Week

sembrar to sow

la **semilla** seed

sencillo simple, plain, one-way ticket or token

    habitación sencilla single room

el **sendero** path

sentarse to sit down

el **sentimiento** feeling

sentir to feel, to regret

    sentirse mal/bien to feel bad/good

la **sequía** drought

la **señal** the sign

    señales del tránsito traffic signs

la **serpiente** snake

el **servicio** service

servir to serve

sigilosamente quietly

el **siglo** century

siguiente following

silbar to whistle

la **silla** chair, seat

la **silla de ruedas** wheelchair

el **sillón** large chair

silvicultura forestry

sin without

    sin cesar without end

    sin embargo nevertheless

el **sindicato** union

la **sinfonía** symphony

sino rather

el **síntoma** symptom

la **soberanía** sovereignty

sobornar to bribe

sobrar to have left over, to have more than enough

el **sobre** envelope

sobre about, on top of

sobregirar to overdraw an account

sobrepasar to exceed

sobresaltar to startle, to scare

el **sobreviviente** survivor

el, la **socialista** socialist

el **socio** associate, partner

socorro help

    pedir socorro to call for help

el **soldado** soldier

soler to be accustomed

el **solicitante** applicant

solicitar un empleo apply for a job

la **solicitud** application

sollozar to sob, to weep

sólo only, just

solo lone, alone

el **soltero** bachelor

someter to put down, to subdue

sonar to ring, to sound

sonreír to smile

soñar to dream

    soñar con to dream about

soplado a mano hand-blown

soplar to blow

soportar to tolerate, to stand

sordo deaf

sorprender to surprise

la **sorpresa** surprise

sortear to draw in a lottery, to draw lots

sosegar to calm, to quiet down

sospechoso suspicious

subir to go up

subir a to climb

subrayar to underline, to emphasize

el **subsidio** subsidy, grant, aid

la **subvención** subsidy, grant

suceder to happen, to take place

el **suceso** event, happening

sucio dirty

sucumbir to succumb, to submit

la **sucursal** branch

el **sudor** sweat

la **suegra** mother-in-law

el **sueldo** salary, pay

suele ser it usually is

el **suelo** floor

el **sueño** dream

la **suerte** luck

sufrir to suffer

sugerir to suggest

sumamente extremely, highly

sumar to add (math)

suministrar to supply, to provide, to furnish

superar to overcome, to exceed

suponer to suppose

supuesto supposed

    por supuesto of course

el **sur** south

el **surtido** supply, stock

suspender to fail (a course)

suspirar to sigh

sustituir to substitute

T

el **tablón de anuncios** bulletin board

tacaño miserly, stingy, cheap

el **tacón** heel (of a shoe)

tal such

    ¿qué tal? how are you?

tallado carved

tallar to carve

el **taller** shop, place of business

el **tallo** stem

el **tamaño** size

tampoco neither

el **tanque de gasolina** gas tank

tanto so much, as much

    estar al tanto to be up on

    por lo tanto therefore

    tanto ... como as much ... as

las **tapas** snacks, appetizers

la **taquilla**   ticket window

tardar en   to be late in ..., to delay

la **tarea**   homework, work, chore

la **tarifa**   fare

la **tarjeta**   card

   tarjeta de crédito   credit card

   tarjeta postal   postcard

la **tasa de interés**   interest rate

la **taza**   cup

el **teatro**   theater

la **tecnología**   technology

tejer   to weave

tejido   weaving

la **tela**   cloth

la **televisión**   television

la **telenovela**   soap opera

el **televidente**   television viewer

el **televisor**   television set

el **telón**   curtain

el **temor**   fear

la **tempestad**   storm

la **temporada**   season (of sports, weather, events)

tenderse   to stretch out

tener   to have

   tener lugar   to take place

teñir   to tint

terminar   to end

el **término**   end, term

la **ternera**   calf (animal)

la **ternura**   tenderness, care, love

la **tertulia**   gathering, get-together

la **terraza**   terrace

el **terremoto**   earthquake

el **terreno**   land, piece of land

el **tesoro**   treasure

el **testigo**   witness

el **testigo ocular**   eyewitness

tibio   tepid, lukewarm

el **tiburón**   shark

el **tiempo**   time, weather

tieso   rigid, stiff

las **tijeras**   scissors

la **tina**   bathtub

el **tinte**   dye, coloring agent

tinto   colored

   vino tinto   red wine

el/la **tío, -a**   uncle/aunt

la **tira**   strip

   tira cómica   comic strip

la **tirada**   throw

tirar   to throw, to toss

titular   to title

el **título**   title

la **toalla**   towel

el **tobillo**   ankle

tocar   to knock, to touch, to play an instrument

todo   all, everything

   ante todo   before everything else

   sobre todo   above all

tomar   to take, to have

tomar apuntes   to take notes

tomar asiento   to take a seat

la **tontería**   foolishness

   ¡qué tontería!   what stupidity!

el **topacio**   topaz

el **torbellino**   whirlwind, tornado

torcer   to twist, to wring

la **tormenta**   storm, tempest

la **torta**   cake

la **tortilla**   tortilla

   tortilla española   Spanish tortilla

la **tortuga**   turtle

la **tos**   cough

toser   to cough

la **tostadora**   toaster

el **trabajador**   worker

tragar   to swallow

el **traje**   suit

el **trámite**   procedure

la **trampa**   trap, trick

tranquilo   calm, tranquil

transitar   to travel

el **tránsito**   traffic, passage

transmitir   to transmit

transmutar   to transmute, to change radically

el **transporte**   transportation

el **trapo**   rag, piece of cloth

transtrocar   to change, to transform

tratar   to try, to be about

   tratar con   to deal with

   tratar de   to try, to attempt

la **travesura**   mischief

el **tren**   train

el **trigo**   wheat

el **tripulante**   crew

trotar   to jog

el **trueno**   thunder

el **tuerto**   one-eyed, blind in one eye

la **tumba**   tomb, grave

tutear   to speak using "tú" verb forms

U

último   last

único   only, singular

   único hijo   only son

uniforme   uniform

el **universitario**   university student

la **uña**   fingernail

la **urraca**   crow

útil   useful

la **uva**   grape

V

la **vaca**   cow

vaciar   to empty

vacilar   to hesitate, to waiver

vagar   to wander

la **vajilla de plata**   silverware

el **valor**   worth

el **valle**   valley

el **vaquero**   cowboy

los **vaqueros**   jeans

la **variedad**   variety

el **varón**   male

el **vaso**   glass (for drinking)

el **vecino**   neighbor

el **vehículo**   vehicle

velar   to stay awake

la **velocidad**   speed

velozmente   rapidly

la **vena** vein

el **vencimiento** due

   fecha de vencimiento due date (for payment)

venir to come

la **venta** sale

la **ventaja** advantage

la **ventanilla** window (for selling)

el **verano** summer

la **verbena** carnival, fair

verde green

la **verdulería** market for vegetables

la **verdura** greens, vegetables

verificar to verify, authenticate

vespertino evening *(adj.)*

el **vestido** dress

la **vestimenta** clothing, garments

vestirse to get dressed

la **vez** time (in a series)

   otra vez again

   a veces at times

el **viaje** trip

el **viajero** traveler

la **vida** life

la **videocasetera** videorecorder

el **vidrio** glass

el **viento** wind

el **Viernes Santo** Good Friday

vigilar to watch over, to guard

el **villancico** Christmas carol

villanos lowly, common

el **vínculo** tie, bond

el **vino** wine

la **viña** vineyard

virar to veer, to turn, to curve

la **vista** view

   por lo visto apparently

la **viuda** widow

la **vivienda** housing

el **voceador** announcer (shouter, yeller)

vociferar to yell, to scream, to shout

el **volante** steering wheel

volcar to knock over

voltear to swing around, to sling, to turn

la **voluntad** will, volition

volver to return

   volver en sí to come to, to come around

   volverse to become, to go (crazy)

el **voto** vote

la **voz** voice

   voz en cuello shouting

el **vuelo** flight

la **vuelta** return, a spin around

el **vuelto** change (money)

Z

el **zafiro** sapphire

zambullir to plunge, to dip

la **zanahoria** carrot

el **zancudo** mosquito, gnat

el **zapato** shoe

zarpar to sail

la **zona** zone

la **zona postal** zip code

zozobra anxiety

zumbar to buzz

el **zumo** juice

Bibliography

Part Two, Chapter Two (Short Narratives)

Group One
> Narrative One.   Mikes, George: *Los Norteamericanos en su Salsa.* Translator, Juan G. de Luaces. Buenos Aires: Editorial Borocaba, 1953, p. 123.
>
> Narrative Two.   "Vuelven las Mujeres Toreras," *Mundo Hispánico*, Año XXVII, No. 320, noviembre 1974, p. 36.

Group Two
> Narrative One.   "José Guadalupe Posada," *Américas*, diciembre 1965, pp. 28–35.*
>
> Narrative Two.   Kelemen, Pal: "El Arte del Tejido," *Américas*, enero 1967, p. 2.*

Group Three
> Narrative One.   Regato, J.A. del: "Rebelde sin Odios: Jose Martí," *Américas*, febrero 1967, pp. 29–30.*
>
> Narrative Two.   Bareiro Saguier, Rubén: "El Guaraní: Certificado de Patria del Paraguayo," *Américas*, abril 1964, p. 7.*

Group Four
> Narrative One.   Goff, Charles W.: "Las Huesas de Machu Picchu" (abridged), *Américas*, septiembre 1966, pp. 9–18.*
>
> Narrative Two.   Zuleta Alvarez, Enrique: "1967: Año de Ruben Darío. Poeta de América" (abridged), *Américas*, marzo 1967, pp. 10–18.*

Group Five
> Narrative One.   Ward, Catherine: "La Epopeya del Gaucho," *Américas*, diciembre 1965, p. 8.*
>
> Narrative Two.   Stirling, Marion W.: "Los Olmecas" (abridged), *Américas*, diciembre 1969–enero 1970, pp. 3–10.*

Group Six
> Narrative One.   Macaya, Margarita O. de: "CIM" (abridged), *Américas*, septiembre 1966, pp. 37–41.*
>
> Narrative Two.   Zendegui, Guillermo de: "Cuando la Florida Era Española," *Américas*, octubre 1974, pp. 25–33.*

Group Seven
> Narrative One.   Johnson, Beverly Edna: "Popol Vuh," *Américas*, octubre 1974, pp. 8–10.*
>
> Narrative Two.   Zalamea, Luís: "La Quinta de Bolívar," *Américas*, enero 1966, p. 21.*

Group Eight

Narrative One. Cowes, Roberto A.: "El Hallazgo de Cocle," *Américas*, 1966, p. 19.*

Narrative Two. Nicolle, Edgar A.: "Café al Instante," *Américas*, febrero 1975, p. 26.*

Group Nine

Narrative One. Stoetzer, Carlos: "Alejandro von Humboldt," *Américas*, agosto 1972, p. S-19.*

Narrative Two. Gussinyer Alfonso, José: "Salvamiento Arqueológico" (abridged), *Américas*, abril 1971, pp. 15–19.*

Part Two, Chapter Three (Longer Listening Selections)

Narrativa número 1: *Puerta del Sol*, enero 1990, p. 4. Edited by Roger L. Ott. Nashville: Champs-Elysées, Inc.

Narrativa número 2: *Puerta del Sol*, mayo 1990, p. 2. Edited by Roger L. Ott. Nashville: Champs-Elysées, Inc.

Narrativa número 3: *Puerta del Sol*, febrero 1991, p. 5. Edited by Roger L. Ott. Nashville: Champs-Elysées, Inc.

Narrativa número 4: *Puerta del Sol*, diciembre 1989, p.1. Edited by Roger L. Ott. Nashville: Champs-Elysées, Inc.

Narrativa número 5: *Puerta del Sol*, abril 1991, p. 4. Edited by Roger L. Ott. Nashville: Champs-Elysées, Inc.

Entrevista número 1: *Puerta del Sol*, abril 1991, p. 4. Edited by Roger L. Ott. Nashville: Champs-Elysées, Inc.

Entrevista número 2: *Puerta del Sol*, enero 1991, p. 4. Edited by Roger L. Ott. Nashville: Champs-Elysées, Inc.

Entrevista número 3: *Puerta del Sol*, enero 1991, p. 5. Edited by Roger L. Ott. Nashville: Champs-Elysées, Inc.

Entrevista número 4: *Puerta del Sol*, marzo 1990, p. 5. Edited by Roger L. Ott. Nashville: Champs-Elysées, Inc.

Entrevista número 5: *Puerta del Sol*, febrero 1990, p. 5. Edited by Roger L. Ott. Nashville: Champs-Elysées, Inc.

Entrevista número 6: *Puerta del Sol*, marzo 1991, p. 5. Edited by Roger L. Ott. Nashville: Champs-Elysées, Inc.

Part Three, Chapter Four (Vocabulary and Grammatical Structures)

Selección 1. González, Fernando: "Soda Stereo," *El Nuevo Herald*, Miami, 8 de marzo de 1996, p. 11D.

Selección 2. Niurka, Norma: "El Ballet Nacional de España," *El Nuevo Herald*, Miami, viernes 8, 1996, p. 9D.

Selección 3. Waters, Gaby, and Graham Round: *Crimen en el Vuelo Nocturno*, E. G. Anaya, Madrid, 1986. p. 22.

Selección 4. Haney, Daniel Q.: "El Estrés," *El Nuevo Herald*, Miami, 28 de enero de 1996, p. 9A.

Selección 5. "Manuel Pellegrini Fue Confirmado en la UC," *La Época Internet*, 16 de mayo de 1996, http://www.reuna.cl.

---

*Reprinted from Américas, a bimonthly magazine published by the General Secretariat of the Organization of American States in English and Spanish.

Selección 6.   Hervas, Mercedes: "El Propuesto *V-Chip*," *El Periódico*, Barcelona, 19 de diciembre de 1995, p. 61.

Selección 7.   Alvarez Bravo, Armando: "La Vida Seria de Luis Rodríguez", *El Nuevo Herald*, Miami, 28 de enero de 1996, pp. 1–2E.

Selección 8.   Rojas, Manuel: "Hijo de Ladrón," Zig-Zag, Santiago, Chile, 1964, pp. 101–102.

Selección 9.   Díaz-Plaja, Fernando: "El Español y los Siete Pecados Capitales," Alianza Editorial, Madrid, 1986, pp. 95–96.

Selección 10.   Rojas, Manuel: "Hijo de Ladrón," Zig-Zag, Santiago, Chile, 1964, p. 103.

Selección 11.   Búfalo, Enzo del: "Estado, Sociedad y Pobreza en América Latina," *Reforma y Democracia*, Centro Latinoamericano de Administración para el Desarrollo, N°5, Caracas, Venezuela, enero de 1996, pp. 9–10.

Selección 12.   Marías, Julián: "Tercera: ¿Excesiva Originalidad?," ABC, http://www.abc.es, 16 de mayo de 1996.

Part Three, Chapter Six (Reading Strategies)

Selection One.   Díaz-Plaja, Fernando: *El Español y los Siete Pecados Capitales*. Madrid: Editorial Alianza, 1986, p. 302.

Selection Two.   Paz, Octavio: *Libertad bajo la Palabra*. México: Fondo de Cultura Económica, 1960, p. 159.

Selection Three.   Rulfo, Juan: "¡Diles que no me Maten!" in *El Llano en Llamas*. México: Fondo de Cultura Económica, 1953, p. 91.

Selection Four.   Reproducido con autorización de ABC de Madrid, domingo 31 de mayo de 1992, p. 81.

Setting and/or Origin

Selection One.   Cortázar, Julio: "Reunión" in *Todos los Fuegos el Fuego*. Editorial Sudamericana, 1975, p. 67.

Selection Two.   Reproducido con autorización de ABC de Madrid, domingo 31 de mayo de 1992, p. 121.

Selection Three.   Matute, Ana María: *Primera Memoria*. Barcelona: Ediciones Destino, 1960, p. 81.

Time

Passage One.   Reproducido con autorización de ABC de Madrid, domingo 31 de mayo de 1992, p. 100.

Character, Object Definition and Identification

Passage One.   Matute, Ana María: "La Consciencia" in *Historias de Artamila*. Barcelona: Ediciones Destino, 1961, p. 120.

Passage Two.   Reproducido con autorización de ABC de Madrid, domingo 31 de mayo de 1992, p. 100.

Purpose and Reason

Passage One.   Cortázar, Julio: "La Isla a Mediodía" in *Todos los Fuegos el Fuego*. Editorial Sudamericana, 1975, p. 118.

Passage Two.   Fuentes, Carlos: "Chac Mool" in *Los Días Enmascarados*. México: Fondo de Cultura Económica, 1954, p. 16.

Interpretation

Passage One.   "Prefectura Naval Argentina," *Información Argentina*, agosto 1973, p. 27.

Passage Two.   Matute, Ana María: "El Arbol de Oro" in *Historias de Artamila*. Barcelona, Ediciones Destino, 1961, p. 157.

Parallel Structures

Passage One.   Unamuno, Miguel de: "Verdad y Vida" in *Mi Religión y Otros Ensayos*. Madrid: Espasa-Calpe, p. 16. Reprinted by courtesy of the Heirs of Miguel de Unamuno.

Passage Two.   Rulfo, Juan. "¡Diles que no me Maten!" in *El Llano en Llamas*. México: Fondo de Cultura Económico, 1953, p. 83.

Tone or Attitude

Passage One.   Mikes, George: *Los Norteamericanos en su Salsa*. Buenos Aires: Editorial Borocaba, 1953, p. 51.

Passage Two.   Arreola, Juan José: "En Verdad os Digo" in *Confabulario*. México: Joaquín Mortíz, 1971, p. 19.

Intended Reader

Passage One.   Ott, Ernst: *Supérese Pensando*. Bilbao: Ediciones Mensajero, 1987, página preliminar.

Part Three, Chapter Six (Practice Reading Comprehension Passages)

Primer Grupo

Selección Uno.   Amicis, Edmundo de: *Corazón (Diario de un Niño)*. Buenos Aires, publisher unknown, n.d., p. 62.

Selección Dos.   Matute, Ana María: *Primera Memoria*. Barcelona: Editorial Destino, 1960, p. 200.

Selección Tres.   *El País*, domingo 9 de junio de 1991, p. 45.

Selección Cuatro.   Díaz-Plaja, Fernando: El Español y los siete Pecados Capitales. Madrid: Editorial Alianza, 1986, pp. 126–127.

Segundo Grupo

Selección Uno.   Delgado, Jaime: "Siqueiros," *Mundo Hispano*, febrero 1974, p. 52.

Selección Dos.   *El Informador Hispano*, Ft. Worth, TX, 7 de enero de 1993, p. 27.

Selección Tres.   Denevi, Marcos: *Rosaura a las Diez*. New York: Scribner's, 1964, p. 92.

Selección Cuatro.   *El Periódico U.S.A.*, McAllen, TX, 14 de abril de 1993, p. 1.

Tercer Grupo

Selección Uno.   Tome Bona, Javier María, *Mundo Hispánico*, diciembre 1973, p. 50.

Selección Dos.   LACSA ticket.

Selección Tres.   Letter from the Junta de Castilla y León (author's private correspondence).

Selección Cuatro.   Unamuno, Miguel de: *Tres Novelas Ejemplares y Un Prólogo*. Madrid: Espasa-Calpe. Reprinted by courtesy of the Heirs of Miguel de Unamuno.

Cuarto Grupo

Selección Uno.   Fuentes, Carlos: *Tiempo Mexicano*. México: Joaquín Mortíz, 1973, pp. 82–83.

Selección Dos.   *Cambio 16*, 19 de marzo de 1984, p. 642. Reprinted with permission of *Cambio 16*.

Selección Tres.   Alsasr, Collin, McCormick: "Tres Balsas en el Pacífico," *Mundo Hispánico*, agosto 1973, p. 40.

Selección Cuatro.   Arreola, Juan: "Baltasar Gerard" in *Confabulario*. México: Joaquín Mortíz, 1971, p. 75.

Quinto Grupo

Selección Uno.   Menasche, Marcelo: *Y Van Dos...* Buenos Aires: Editorial Samet, 1931, p. 100.

Selección Dos.   Menasche, Marcelo: *Y Van Dos...* Buenos Aires: Editorial Samet, 1931, p. 62.

Selección Tres.   Ingenieros, José: *La Simulación en la Lucha por la Vida*. Buenos Aires: Editorial Tor, 1955, p. 164.

Selección Cuatro.   Lindemann, Hans A.: *Pláticas Filosóficas*, Zig-Zag, Santiago, 1940, pp. 147–148.

Part Four, Chapter Seven (Free-response Grammatical Structures)

Group One.   Linares, Luis G. de: "Tiempo Presente," *Semana*, 1 de junio de 1992, p. 19.

Group Two.   Matute, Ana María: *Primera Memoria*. Barcelona: Ediciones Destino, 1960, p. 14.

Group Three.   *Semana*, 24 de junio de 1992, p. 98.

Group Four.   *Semana*, 24 de junio de 1992, p. 78.

Group Five.   1993 Olympics advertisement.

Group Six.   *Semana*, 1 de junio de 1992, p. 27.

Group Seven.   *El País. Semanal*, domingo 9 de junio de 1991, p. 123.

Group Eight.   *El País. Semanal*, 6 de septiembre de 1991, p. 56.

Group Nine.   *El País. Semanal*, domingo 9 de junio de 1991, p. 25.

Group Ten.   Montero, Rosa, *El País. Semanal*, domingo 9 de junio de 1991, p. 8.

Group Eleven.   *El País,* domingo 9 de junio de 1991, p. 128.

Group Twelve.   Mikes, George: *Otras Personalidades que he conocido*. Buenos Aires, Ediciones Peuser, 1946, p. 95.

Group Thirteen.   Castellano, Rosario: *Los Convidados de Agosto*. México: Ediciones Era, 1975, p. 158.

Group Fourteen.   Gómez-Quintero, Ela: *Al Día en los Negocios* (adaptation). New York: McGraw-Hill, Inc., 1984, p. 285. Reproduced with permission of McGraw-Hill, Inc.

Group Fifteen.   Valdés, Carlos, *Diario Las Americas,* Miami, sábado 6 de noviembre 1993, p. 2B.

Group Sixteen.   Hamill, Pete: "Bilingue...Monolingue," *Más*, Vol. 1, No. 1, otoño 1989, p. 62.

Group Seventeen.   Russell, Bertrand: *Ensayos Impopulares*. México: Editorial Hermes, 1952, p. 179.

Group Eighteen.   Russell, Bertrand: *Ensayos Impopulares*. México: Editorial Hermes, 1952, p. 45.

| Group Nineteen. | Amicis, Edmundo de: *Corazón (Diario de un Niño)*. Buenos Aires: Publisher unknown, n.d., p. 63. |
| Group Twenty. | Amicis, Edmundo de: *Corazón (Diario de un Niño)*. Buenos Aires: Publisher unknown, n.d., p. 28. |

Part Seven, Model Exam 1

Listening Comprehension

Short Narrative One.	Soldao, Juan: "El Cura y el Muchacho Tonto" in *Cuentos Folklóricos de Argentina*. Buenos Aires: Editorial Universitaria de Buenos Aires, 1962, p. 122.
Short Narrative Two.	"Pablo Casals," *Mundo Hispánico*, No. 309, diciembre 1973, p. 12.
Longer Selection One.	Amicis, Edmundo de: *Corazón (Diario de un Niño)*. Buenos Aires: Publisher unknown, n.d., p. 296.
Longer Selection Two.	*Puerta del Sol*, octubre 1990, p. 3.

Reading (Vocabulary and Grammatical Structures in Context)

Ejercicio 1:	"Una demora sin sentido," *La nación*, edición electrónica, San José, Costa Rica, 10 de mayo de 1996.
Ejercicio 2:	Walsh, Rodolfo: "Cuento para tahures," *Cuentos argentinos de misterio*, E. Dale Carter, Jr. and Joe Bas eds. Appleton-Century-Crofts, New York, 1968, p. 35.
Ejercicio 3:	Author's personal file.

Reading Comprehension

Selection Number One.	Quiroga, Horacio: "El Sueño" in *El Salvaje*. Buenos Aires: Hemisferio, 1953, p. 9.
Selection Number Two.	*La Voz de Houston*, adapted from an advertisement for Continental.
Selection Number Three.	Lizardi, Fernández de: "El Periquillo Sarmiento" in Hespelt: *An Anthology of Spanish American Literature*, New York: Appleton-Century-Crofts, 1946, p. 148.

Writing (Section II, Part A)

Alarcón, Pedro Antonio de: *El Escándalo,* Mexico: Editorial Novaro, 1958, p. 85.